Réunion

+ Randonnées et plongées

Cofondateurs : Philippe GLOAGUEN et Michel DUVAL

Directeur de collection et auteur
Philippe GLOAGUEN

Secrétaire général
Gavin's CLEMENTE-RUIZ

Rédacteurs en chef
Amanda KERAVEL (France)
Benoît LUCCHINI (Étranger)

Directrice administrative
Bénédicte GLOAGUEN

Conseiller à la rédaction
Pierre JOSSE

Responsable voyages
Carole BORDES

Direction éditoriale
Élise ERNEST

Rédaction
Isabelle AL SUBAIHI
Emmanuelle BAUQUIS
Mathilde de BOISGROLLIER
Thierry BROUARD
Marie BURIN des ROZIERS
Diane CAPRON
Véronique de CHARDON
Laura CHARLIER
Florence CHARMETANT
Fiona DEBRABANDER
Anne-Caroline DUMAS
Éléonore FRIESS
Géraldine LEMAUF-BEAUVOIS
Olivier PAGE
Alain PALLIER
Anne POINSOT
André PONCELET

2021/22

hachette

TABLE DES MATIÈRES

PRÉAMBULE

ARRIVER – QUITTER

LA RÉUNION UTILE

IMPORTANT : DERNIÈRE MINUTE

Entre deux parutions du *Routard*, des événements fortuits (conditions sanitaires, catastrophes naturelles, mais aussi formalités, taux de change, conditions d'accès aux sites, fermetures inopinées, etc.) peuvent modifier vos projets de voyage. Pour éviter les déconvenues, nous vous recommandons de consulter la rubrique « Guide » par pays de notre site • *routard.com* • et plus particulièrement les dernières ***Actus voyageurs.***

UNE PANDÉMIE INOUÏE !

Depuis toujours, ***Le Routard*** **soutient aux hôteliers et restaurateurs** qui accueillent nos lecteurs avec sourire et professionnalisme. Inlassablement, nos enquêteurs sont à l'aff ût de ces établissements, pour le plus grand bonheur de nos lecteurs. Malgré toute notre vigilance, certains d'entre eux auront fermé quand ce livre sortira. Cette terrible **pandémie de Coronavirus** a, on le sait, des conséquences importantes pour tous les professionnels du tourisme. Des adresses familiales et accueillantes que nous continuerons à soutenir et mettre en valeur. **Nous sommes de tout coeur avec eux !**

☎ **112 :** c'est le numéro d'urgence commun à la France et à tous les pays de l'UE, à composer en cas d'accident, agression ou détresse. Il permet de se faire localiser et aider en français, tout en améliorant les délais d'intervention des services de secours.

Plage de Grand-Anse

LA RÉDACTION DU ROUTARD

(sans oublier nos 50 enquêteurs, aussi sur le terrain)

Jean-Sébastien, Olivier, Mathilde, Thierry, Alain, Gavin's, Éléonore, Anne-Caroline, André, Laura, Florence, Véronique, Isabelle, Géraldine, Fiona, Amanda, Benoît, Emmanuelle, Bénédicte, Philippe, Carole, Diane, Anne, Marie.

La saga du *Routard* : en 1971, deux étudiants, Philippe et Michel, avaient une furieuse envie de découvrir le monde. De retour du Népal germe l'idée d'un guide différent qui regrouperait tuyaux malins et itinéraires sympa, destiné aux jeunes fauchés en quête de liberté. 1973. Après 19 refus d'éditeurs et la faillite de leur première maison d'édition, l'aventure commence vraiment avec Hachette. Aujourd'hui, le *Routard*, c'est plus d'une cinquantaine d'enquêteurs impliqués et sincères. Ils parcourent le monde toute l'année dans l'anonymat et s'acharnent à restituer leurs coups de cœur avec passion.
Merci à tous les routards qui partagent nos convictions : liberté et indépendance d'esprit ; découverte et partage ; sincérité, tolérance et respect des autres.

NOS SPÉCIALISTES RÉUNION

Thomas Rivallain : transbahuté dès l'enfance dans le combi familial, les sens affûtés en tournée musicale ou louvoyant sur les itinéraires bis, tout est prétexte aux carnets de route pour cet admirateur de fleuves. Souvent parti là où on ne l'attend pas, il travaille ses guides en Anjou, auprès de l'indomptable Loire. En bon apôtre du voyage, Thomas ne croit que ce qu'il voit.

Cédric Fischer : grandir entouré de voyageurs, ça donne la bougeotte ! Mais peu importe la destination. Pour lui, le voyage, c'est d'abord les rencontres... surtout hors piste autour d'une spécialité locale (capital !) et d'un bon cru (tout aussi vital !). L'appel de la route, ce fut en stop dès le lycée et à la fac d'histoire, puis avec le *Routard* depuis 2000.

Benoît Lucchini : corse, élevé au grain du 9-3, il a commencé avec une carte Interrail à 17 ans. Il arpente les terres chaudes avec passion deux ans plus tard puis les mers froides comme pêcheur (illégal) de saumon sur un chalutier américain, avant un grand tour du monde. Son credo depuis 30 ans au *Routard* : multiplier les rencontres, s'émerveiller et écrire pour partager ses émotions.

UN GRAND MERCI À NOS AMI(E)S SUR PLACE

Pour cette nouvelle édition, nous remercions particulièrement :

- **L'équipe de l'IRT ;**
- **Catherine Glavnik** et l'office de tourisme intercommunal du Nord ;
- **l'office de tourisme de L'Entre-Deux ;**
- **l'office de tourisme Sud sauvage** ;
- **toutes les antennes de l'office de tourisme intercommunal de l'Est ;**
- **l'office de tourisme de Cilaos ;**
- **Alain Courbis,** directeur de l'Espace culturel de Saint-Paul ;
- **Catherine Dostes,** pour ses conseils précieux ;
- **Hervé Eveillard,** pour ses innombrables tuyaux.

« OSONS LE PAS DE CÔTÉ »

Le surtourisme ? Tous concernés. Et pourtant, à l'écart des grands flux touristiques, il existe plein de pépites méconnues, souvent oubliées des circuits trop encombrés. Ici un site ignoré ; là un quartier secret ; plus loin un village caché au charme discret, avec un troquet d'une autre époque. Il existe une infinité de lieux peinards que l'on a envie de mettre en avant avec ce pictogramme. Un vagabondage enfin calme favorisé aussi par les **visites aux heures creuses**. Vive le *slow trip* !

#osonslepasdecote

Pictogrammes du Routard

Établissements

- Hôtel, auberge, chambre d'hôtes
- Camping
- Restaurant
- Terrasse
- Boulangerie, sandwicherie
- Pâtisserie
- Glacier
- Café, salon de thé
- Café, bar
- Bar musical
- Club, boîte de nuit
- Salle de spectacle
- Boutique, magasin, marché

Infos pratiques

- Office de tourisme
- Poste
- Accès Internet
- Hôpital, urgences
- Adapté aux personnes handicapées

Sites

- Présente un intérêt touristique
- Point de vue
- Plage
- Spot de surf
- Site de plongée
- Recommandé pour les enfants
- Inscrit au Patrimoine mondial de l'Unesco
- Pas de côté

Transports

- Aéroport
- Gare ferroviaire
- Gare routière, arrêt de bus
- Station de métro
- Station de tramway
- Parking
- Taxi
- Taxi collectif
- Bateau
- Bateau fluvial
- Piste cyclable, parcours à vélo

I.S.B.N. 978-2-01-787106-4

NORD
SAINT-DENIS
p. 83
Les Hauts de Saint-Denis
SAINT-DENIS
Aéroport La Réunion-Roland-Garros
Saint-Bernard
Ste-Clotilde
St-François
Le Brûlé
Les Hauts de Saint-Paul et Saint-Gilles
Pointe des Galets
LA CÔTE SOUS LE VENT
p. 101
Le Port
La Possession
PARC DES
Plaine des Fougères
Baie de Saint-Paul
Sans-Souci
Dos-d'Âne
Saint-Paul
Savannah
Bois-de-Nèfles
la Roche-Écrite
2 277
Cap la Houssaye
Boucan-Canot
Cap Homard
Pte des Aigrettes
Cirque de Mafate
le Cimendef
2 227
Grand-Îlet
Le Bélier
Cirque de Salazie
Le Bernica
La Petite-France
Saint-Gilles-les-Bains
Saint-Gilles-les-Hauts
L'Ermitage-les-Bains
La Saline
Piton Maïdo
2 203
Hell-Bourg
Piton des Neiges
3 071
La Saline-les-Bains
Route des Tamarins
Trois-Bassins
le Grand Bénare
2 896
Bras-Sec
2 350
Cilaos
Îlet-à-Cordes
La Chaloupe-Saint-Leu
Cirque de Cilaos
Saint-Leu
la Fenêtre
1 574
le Dimitile
Piton-Saint-Leu
la Pointe-au-Sel
Le Tévelave
Les Makes
le Souffleur
Les Hauts de Saint-Leu
L'Entre-Deux
Les Avirons
Le Quatorzième
Étang-Salé
Étang-Salé-les-Bains
La Rivière
Saint-Louis
Pointe de l'Étang-Salé
Le Tampon
Aéroport de Pierrefonds
Saint-Pierre
Barrière de Corail
Pointe du Parc
N 1
N 1A
N 2
N 3
N 4
N 5
D 3
D 4
D 6
D 9
D 10
D 11
D 12
D 13
D 22
D 27
D 41
D 42
D 52
D 241
RF 7
RF 8
RF 9
0
5
10 km
Barrière de corail

Sites inscrits au Patrimoine mondial de l'Unesco
panoramas accessibles en voiture
Pas de côté
Sainte-Marie
Sainte-Suzanne
N 2
Quartier-Français
LA CÔTE AU VENT p. 197
NATIONAL HAUTS
Saint-André
OCÉAN INDIEN
Pointe de la Rivière-du-Mât
RN 2002
Bras-Panon
D 48
Cascade du Chien
Salazie
Saint-Benoît
Le Sud sauvage et la côte est
D 53
N 3
Forêt de Bélouve
Forêt de Ravenales
Cascade de Takamaka
RF 2
Grand Étang
D 3
Sainte-Anne
1 528
Forêt de Bébour
Les hautes plaines et le piton de la Fournaise
L'INTÉRIEUR DE L'ÎLE p. 215
Sainte-Rose
Premier-Village
Plaine-des-Palmistes
D 57
L'intérieur de l'île
Petite-Plaine
Deuxième-Village
Piton-Sainte-Rose
Coulées (1977)
Grand-Bassin
Col de Bellevue
1 606
PARC NATIONAL DES HAUTS
Pointe des Cascades
Bois-Blanc
Anse des Cascades
Bourg-Murat
Plaine-des-Cafres
Nez-de-Bœuf
2 136
Pas de Bellecombe
RF 5
Plaine des Sables
Piton de la Fournaise
Coulées (1998)
Coulées (2002, 2004 et 2005)
Le Vingt-Troisième
D 36
Cratère Bory
2 632
Coulées (2007)
Coulées (1986)
le Grand Brûlé
COULÉES DE LAVE
Les environs de Saint-Joseph
Le Tremblet
Grand-Coude
Cascade de Grand-Galet
La Plaine-des-Grègues
La Crête
Pointe de la Table
Petite-Île
Le Baril
Saint-Philippe
Manapany
Vincendo
Saint-Joseph
Langevin
LA CÔTE SUD-EST p. 162
Grande Anse

LA RÉUNION

Le Grand-Brûlé, volcan actif

Kass pa la tèt la plï i farin, Soley va rovnir
(Après la pluie, le beau temps)
Dicton créole

En plein hémisphère sud, à près de 10 000 km de l'Hexagone (ici appelé « métropole »), « l'île intense » flirte avec le tropique du Capricorne, et leurs amours sont toujours tumultueuses.
L'île de La Réunion est **vivante,** surprenante, continuellement en mouvement. Sous un climat ensoleillé et chaleureux, sa population est habituée de longue date aux cyclones et autres **caprices de la nature.** Des entrailles de la Fournaise jaillissent des flots de lave si puissants parfois qu'ils parviennent à gagner la mer pour créer de nouveaux territoires. Les vents ont façonné les côtes et les paysages jusqu'à l'intérieur des terres. Il n'est pas question de passer ses journées allongé au soleil, il y a trop à voir et à faire, ici.
Une grande partie de l'île Bourbon est devenue **parc national** en 2007, puis les pitons, cirques et remparts ont été à leur tour inscrits au Patrimoine mondial de l'Unesco en 2010. À La Réunion, la nature semble exploser de tous côtés, que l'on soit au bord d'une falaise de lave noire comme du charbon, au pied d'un piton aiguisé et verdoyant, face à une kyrielle de chutes d'eau, perdu dans un cirque sauvage, au bord d'un lagon vert et bleu ou au-dessus de ce fameux et **fascinant volcan.**
Mais la vraie richesse de l'île, c'est sa population, forte d'un **métissage étonnant** venu de tout l'océan Indien : Africains, Indiens, Malgaches, Comoriens, Chinois et aussi métropolitains se sont retrouvés ici, comme dans une véritable réunion de famille, pour faire revivre leurs traditions et en créer de nouvelles. Vous serez conquis par les Réunionnais, **naturellement accueillants,** tolérants, avec leurs coutumes, leur cuisine épicée, leurs redoutables punchs et leurs accents chantants. Les amoureux de bonne chère apprécieront aussi la **richesse culinaire** de l'île, ses plats à l'ancienne transmis de génération en génération et ses saveurs pas forcément épicées. Oui, la générosité de cette île est sans limite !

Fruits exotiques

© Rieger Bertrand/hemis.fr

NOS COUPS DE CŒUR

Flâner parmi les étals des marchés hauts en couleur, comme ceux de Saint-Paul ou de Saint-Pierre.

Les très pittoresques « bazars sou pie'bois » font partie des incontournables réunionnais. Flânez-y tout en buvant un jus de fruits frais, en grignotant un samoussa et en remplissant votre cabas de gâteaux patate, de bijoux locaux… Plein d'idées originales ! *p. 92, 111, 171*

***Bon à savoir :** le marché de Saint-Paul (en plein air) se tient le ven tte la journée et le sam mat, celui de Saint-Pierre (en plein air) le sam mat. Ce dernier a d'ailleurs terminé 3e au concours national des plus beaux marchés de France 2019.*

© Spani Arnaud/hemis.fr

2 **S'émerveiller devant de fabuleux panoramas facilement accessibles par la route.**

Parmi les plus impressionnants, Mafate depuis le piton Maïdo, le cirque de Cilaos depuis Les Makes, le cirque de Salazie depuis le refuge de Bélouve, le Petit-Serré à Saint-Joseph, la cascade de Takamaka dans les Hauts de Bras-Panon ou encore le piton de la Fournaise depuis le pas de Bellecombe après avoir traversé la lunaire plaine des Sables… Autant d'occasions d'en prendre plein les yeux sans guère d'effort. *p. 112, 158*

Bon à savoir : se lever tôt pour éviter les nuages. Souvent, le temps se couvre dès le milieu de la matinée.

3 Survoler le lagon ou les cirques en ULM.

Moins cher que l'hélicoptère, mais surtout présentant moins de nuisances et tout aussi impressionnant. Les sites survolés : le Maïdo, les cirques, le lagon… Un moyen de découverte extraordinaire qui laisse des souvenirs inoubliables. Veillez cependant à ce que le prestataire respecte bien la réglementation (couloirs aériens, horaires des vols…) par respect pour les habitants, en plus des règles de sécurité. p. 72

Bon à savoir : *départ généralement tôt le matin (la visibilité et la luminosité sont meilleures) depuis Saint-Pierre, Saint-Gilles-les-Hauts, voire Saint-Denis, avec des circuits variables.*

© Philippe Ughetto/Photononstop

© Richard Bouhet/AFP Creative/Photononstop

4 **Se frotter aux sports extrêmes.**
À La Réunion, les éléments et le climat ont façonné un formidable terrain d'aventure pour la pratique des sports de plein air et à sensations. Un lieu idéal pour s'essayer au parapente à Saint-Leu, à une descente de canyon au cœur de l'île ou à tombeau ouvert à VTT depuis le Maïdo… À moins de gagner la mer pour pratiquer la plongée, en respectant scrupuleusement les consignes « risque requin », ou, plus inattendu, de se lancer dans l'exploration de tunnels de lave ! Et ici, même la rando peut s'avérer extrême. *p. 61*

***Bon à savoir :** infos et prestataires sur • reunion.fr •*

5 Assister depuis le littoral au passage des baleines à bosse et des dauphins ou s'adresser aux professionnels de Saint-Gilles pour une sortie en mer.

En août-septembre, les baleines sont au large des côtes, elles quittent les eaux froides des mers du Sud pour venir mettre bas dans l'océan Indien. Leur chant et leurs sauts constituent un spectacle absolument unique. *p. 131*

***Bon à savoir :** une charte a été mise en place pour respecter la tranquillité des cétacés, vu l'afflux des touristes et de bateaux certains jours. Si vous optez pour une observation en mer, veillez à ce que le prestataire ait bien le label* O²CR *délivré par la préfecture.*

© Haltner Thomas/Prisma/Age fotostock

6 Musarder entre les vieilles maisons traditionnelles des villages créoles.

Les plus beaux villages se trouvent dans les Hauts, là où la vie s'écoule avec moins de frénésie et où la culture est la plus intense, même si c'est à Saint-Denis que l'on trouve la plus grande concentration de bâtiments historiques. Certains villages mettent en valeur leur patrimoine architectural comme à Hell-Bourg (cirque de Salazie), d'autres leur artisanat (comme à L'Entre-Deux), leur gastronomie… *p. 94, 159*

***Bon à savoir :** repérer les circuits de découverte des vieilles maisons et les balades guidées. S'adresser aux offices de tourisme.*

© Spani Arnaud/hemis.fr

© Karsten Wrobel/Alamy/Hemis

7 **Grimper au piton des Neiges au lever du jour pour découvrir les remparts du cirque de Cilaos se teintant de couleurs rougeoyantes.**
Cette ascension est sans conteste la plus belle randonnée de La Réunion. Au sommet, le plus haut de l'île (3 071 m), on a déjà vu de la neige ! Le panorama est fantastique : les cirques de Cilaos et de Salazie, les plaines des Cafres et des Palmistes, les sommets voisins. Cette rando nécessite une bonne condition physique (dénivelée de 1 700 m) ! *p. 228*
Bon à savoir : *elle peut se faire en une journée, en partant très tôt de Cilaos avec une lampe de poche, à moins de passer la nuit en refuge.*

8 Respirer à pleins poumons les effluves subtils du jardin des Parfums et des Épices de Mare-Longue, près de Saint-Philippe.

Une plongée dans un jardin d'éden tropical, planté d'arbres fruitiers, de plantes médicinales, ornementales, de bois de couleur, de plants d'épices et autres espèces aromatiques propres à l'océan Indien. Ici sont rassemblées 1 500 espèces sur 3 ha. Un concentré de senteurs et de couleurs, régal pour les yeux et véritable révélation pour l'esprit. En sortant, vous ne regarderez plus un jardin de la même façon ! *p. 186*

***Bon à savoir :** ouv tlj, visite libre ou guidée.*

© Azam Jean-Paul/hemis.fr

9 **Arpenter la route du littoral entre Saint-Philippe et Piton-Sainte-Rose après la pluie, quand les fumerolles s'échappent du sol.**

Là, on entre vraiment dans le vif du sujet : la Fournaise ! La route traverse l'enclos, cette zone inconstructible (vous comprendrez vite pourquoi !), entre le rempart du Tremblet et celui de Bois-Blanc. On peut y admirer les différentes coulées refroidies ou en cours de refroidissement qui ont marqué l'actualité de ces dernières années. Spectaculaire depuis la route, et encore plus sous terre ! *p. 191*

Bon à savoir : *l'exploration de tunnels de lave avec des guides professionnels est possible.*

© Spani Arnaud/hemis.fr

(10) **Partir à la découverte du sentier du littoral sur la côte est, une balade photogénique entre la pointe Corail et le port miniature de l'anse des Cascades.**

Magnifique balade, ce sentier emprunte un itinéraire préservé, dans un environnement de vacoas et de rivages sauvages. *p. 193*

Bon à savoir : *le sentier ne présente aucune difficulté et peut se parcourir en famille. Compter 1h30-1h45 aller.*

© Rosine Mazin/Photononstop

(11) **Plonger le regard dans les vertigineuses gorges de Takamaka.**

En venant de Bras-Panon, une charmante route traverse d'abord des champs de canne avant de grimper à flanc de montagne en suivant la rivière des Marsouins. Au bout, si la route est ouverte, on est récompensé par un spectacle grandiose : pitons acérés, gorges profondes recouvertes d'une dense végétation, striée de cascades gigantesques. Un site que les plus aventureux iront taquiner de plus près en canyoning ! *p. 204*

Bon à savoir : *c'est l'un des endroits où il pleut le plus à La Réunion, et même dans le monde ! N'oubliez pas un vêtement étanche, un bon…*

12 **Apprendre les secrets de la culture de la vanille à l'exploitation de la famille Roulof, à Saint-André.**

Il s'agit d'une vraie exploitation en activité, l'un des rares endroits où vous verrez les gousses in situ et comprendrez tout le cycle. On réalise ici toutes les étapes de la production, de la plantation à la commercialisation. On accompagne M. Roulof ou son épouse (très sympa !) dans les champs derrière la maison, pour une visite pleine d'anecdotes. *p. 211*

Bon à savoir : *fermé les dim et j. fériés ; on peut même réaliser une fécondation, en nov-déc.*

© Rieger Bertrand/hemis.fr

S'offrir un bain de vie créole à l'îlet de Grand-Bassin, après avoir dévalé les falaises abruptes depuis Bois-Court.

13

Ce Mafate en miniature ne compte que quelques habitations. Les bons marcheurs peuvent faire l'aller-retour en une journée et se requinquer d'un repas à midi. Compter 1h30-2h la descente ; 2h-2h30 la remontée pour une dénivelée de 670 m. Le plus sympa est encore de passer la nuit dans l'îlet, en vivant le temps d'une journée au rythme du soleil. On peut aussi se contenter de la vue depuis le belvédère de Bois-Court qui s'avance au-dessus du vide. *p. 263*

Bon à savoir : *mieux vaut être en bonne condition physique ; accès déconseillé après de fortes pluies.*

Se croire sur une autre planète en découvrant l'univers silencieux de la plaine des Sables.

14

À 2 360 m, sur la route du Volcan, halte obligatoire au belvédère du pas des Sables qui domine ce paysage lunaire rouge et noir. Néant minéral et palette d'artiste, on jurerait une piste d'atterrissage pour Martiens ! Si les nuages se font plus légers, vous apercevrez le cône grisonnant du volcan, au bout de la route. *p. 270*

Bon à savoir : *la météo est imprévisible, aussi des webcams diffusent les images du piton sur le site • fournaise.info • Pratique pour connaître le temps qu'il fait avant de monter.*

15 **Partir quelques jours en randonnée sur les traces des marrons (esclaves en fuite) dans les reliefs du cirque de Mafate.**

Le plus sauvage des 3 cirques de l'île leur servit de refuge. Et pour cause, aucune route n'y mène ! On peut y accéder à pied par de petits sentiers de montagne ou bien se contenter de l'admirer depuis le spectaculaire belvédère du Maïdo. Mais ce serait dommage car les Mafatais sont très hospitaliers. Et puis il y a cette nature qui explose à chaque détour… *p. 243*

Bon à savoir : *on peut y randonner à la journée, mais compter 5 j. pour visiter l'ensemble des îlets (des hameaux), tous différents.*

16 **Se joindre aux chasseurs de trésor et tenter de retrouver le fabuleux butin de La Buse.**

Nombre de pirates ont fréquenté La Réunion. En 1721, La Buse notamment captura dans la rade de Saint-Denis le vice-roi des Indes portugaises. Mais bien mal acquis ne profite jamais. Arrêté 10 ans plus tard, il fut pendu, ayant juste le temps de jeter à la foule le plan de la cachette de son butin. Personne n'a pu le déchiffrer. On cherche toujours. On trouve la tombe de La Buse au cimetière marin de Saint-Paul. Mais même là, le doute subsiste… *p. 109*

© Giulio Gil/hemis.fr

© Rieger Bertrand/hemis.fr

17 **Tomber en admiration devant la vie sous-marine.**
Île volcanique, La Réunion livre des fonds marins au relief étonnant et une longue barrière de corail éclatante de vie. Les plus beaux sites se concentrent surtout sur la côte ouest. On évolue dans un univers parsemé de coraux magnifiques où batifolent quantité d'espèces tropicales, certaines découvertes récemment sur la côte est, suite aux éruptions qui ont gagné la mer et ont réchauffé les eaux littorales. Alors, baptême de plongée ou sortie en PMT (palmes-masque-tuba), jetez-vous à l'eau, en respectant scrupuleusement les consignes dues au risque requin ! *p. 57*
Bon à savoir : la meilleure période va d'oct à avr, mais de déc à mars, c'est aussi la période des cyclones.

© Robert Fonlupt/Asso. Saranghi Océan Indien

18 **S'offrir un voyage musical au musée des Musiques et Instruments à Hell-Bourg.**
Inattendu, rare et poétique sont les maîtres mots de ce lieu qui présente une riche collection privée d'instruments de musique de l'océan Indien (avec un détour toutefois jusqu'en Afrique de l'Ouest et en Chine). Un musée unique en son genre, imaginé par des passionnés. *p. 238*
Bon à savoir : fermé le lun.

19 **Déguster en fin de repas un rhum arrangé maison… avec modération.**
Rhum-coco, rhum-vanille, rhum-ananas, rhum-goyave, rhum-mangue…

Il existe autant de recettes que de Réunionnais ! Ici, « arranger » le rhum est un sport national. C'est un mélange de rhum traditionnel et de fruits qu'on laisse macérer de 6 mois à 2 ans avec le *faham*, une orchidée sauvage. Effet garanti ! Offrir un *p'tit rhum* arrangé après un bon repas est une marque du savoir-vivre créole. Un peu comme les eaux-de-vie de nos campagnes. Mais il vaut mieux dormir sur place !
***Bon à savoir :** on trouve sur les marchés des « préparations pour rhums arrangés » ainsi que des recettes sur* • distilleriesavanna.com • *ou* • rhum-charrette.com •

Coulée de lave du piton de la Fournaise

ITINÉRAIRES CONSEILLÉS

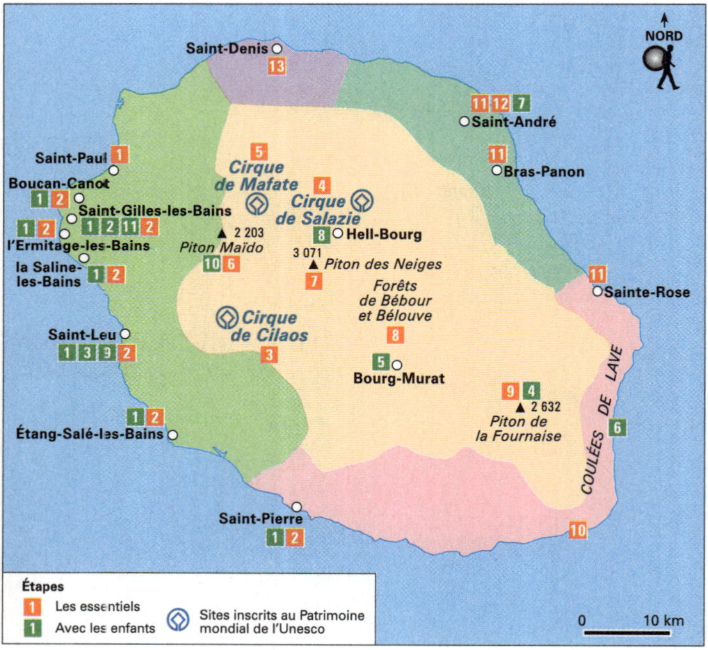

Les essentiels

Compte tenu des distances, l'idéal est de séjourner en plusieurs endroits différents pour en profiter au maximum. À partir de **Saint-Paul (1)** (pittoresques marché vendredi ou samedi et cimetière marin), c'est sur la côte ouest que l'on trouve les **jolies plages (2).** Mais le plus beau se cache dans l'intérieur de l'île, montagneux et escarpé. 3 cirques, 3 ambiances : **Cilaos (3)** et **Salazie (4),** accessibles par la route, et surtout **Mafate (5),** pour randonneurs uniquement. On peut aussi découvrir ce cirque isolé depuis le **piton Maïdo (6).** Panorama exceptionnel ! Les marcheurs aguerris ne manqueront pas le lever de soleil depuis le sommet de l'île, le **piton des Neiges (7).** En éruption ou non, admirez également l'incontournable **volcan de la Fournaise (9),** en profitant aussi des **forêts primaires de Bélouve et Bébour (8)** (avec vue plongeante sur Salazie en prime !) et avant de rejoindre la **côte sud (10)** et ses paysages tantôt verdoyants, tantôt volcaniques. Entre Sainte-Rose et Saint-André, faites vos emplettes dans les **vanilleraies (11)** et à la **distillerie de Saint-André (12)** avant de regagner **Saint-Denis (13),** au riche patrimoine créole. Et pour vous persuader que vous ne rêvez pas, si vous pouvez, offrez-vous un inoubliable **tour de l'île en ULM.**

Avec les enfants

On a vu pire comme vacances ! Commençons par la mer, direction les **plages de la côte ouest (1)** bien sûr, **l'aquarium** et le **sentier sous-marin de Saint-Gilles (2)** ou encore **Kélonia (3),** l'observatoire de tortues de Saint-Leu. Pour le cours de géologie en direct, la **route du Volcan (4) et le piton lui-même,** la **Cité du volcan (5)** à Bourg-Murat et la route qui traverse les **coulées de lave (6)** dans le Sud-Est. Pour découvrir la culture créole, **l'exploitation de vanille de la famille Roulof à Saint-André (7),** la **maison Folio à Hell-Bourg (8)** ou le **musée Stella Matutina (9)** sur l'exploitation de la canne à sucre de Saint-Leu. Pour en prendre plein les yeux en le méritant, visez les randos faciles qui jalonnent l'île, dont les **« sentiers marmailles »,** spécialement destinés aux enfants (infos dans les offices de tourisme). Et sans se fatiguer, la vue panoramique sur Mafate depuis le **piton Maïdo (10)** ou une **sortie pour observer les baleines (11)** en août-septembre au départ de Saint-Gilles pour ceux qui ont été sages.

Saint-Gilles-les-Bains, côte ouest

Pas de vacances sans Histoire…

Ni sans culture créole ! Outre le **cimetière marin,** arrêt obligé à **Saint-Paul (1),** un vendredi ou un samedi pour le **marché créole** haut en couleur. Pour le patrimoine bâti et l'histoire coloniale, rendez-vous à **Saint-Denis (2)** et à **Hell-Bourg (3, maison Folio)** ou encore au **musée Villèle (4)** de Saint-Gilles-les-Hauts. Découvrez la palette de religions qui se côtoient en toute harmonie sur l'île, entre la **mosquée de Saint-Denis (5),** les **temples hindous (6)** et l'originale **église de Sainte-Anne (7).** En plus des nombreux **festivals de musique traditionnelle,** on suggère le **musée Stella Matutina de Saint-Leu (8),** le **musée des Arts décoratifs de l'océan Indien** et **l'usine sucrière du Gol (9)** de Saint-Louis (à moins d'opter pour *la villa* à Saint-Denis, dans le même esprit), le **musée des Musiques et Instruments à Hell-Bourg (3)** ou encore la **Saga du Rhum (10)** à Saint-Pierre.

Marche et nature

Pour les randonneurs aguerris, il n'y a que l'embarras du choix avec, en vedettes, **Mafate (1)** sur un ou plusieurs jours, la **descente dans le volcan (2)** et l'ascension du **piton des Neiges (3).** Mais également toutes sortes de balades plus faciles comme les **forêts primaires de Bébour et de Bélouve (4),** le **sentier du littoral de la côte est (5)** et les Hauts de l'île en général (Saint-Denis, Saint-Joseph, Saint-Leu, le Dimitile…). Pour les amateurs de botanique, on suggère la **Vallée Heureuse (6),** un jardin créole dans les Hauts de Saint-Denis, le **conservatoire botanique de Saint-Leu (7),** le **Domaine du Café Grillé (8)** à Saint-Pierre ou encore le

jardin des Parfums et des Épices (9) près de Saint-Philippe. Et pour se frotter à une nature exceptionnelle, le **passage des baleines (10),** observable depuis le littoral en août-septembre, la lunaire **plaine des Sables (11)** sur la route du piton de la Fournaise, les **coulées de lave (12)** sur la route du Sud sauvage, sans oublier les nombreuses **cascades comme celles de Grand-Galet (13)** ou de **Takamaka (14).**

Sensations fortes

Le must de La Réunion, c'est le **survol de l'île en ULM (1)** (départ de Saint-Pierre, Saint-Gilles-les-Hauts et même Saint-Denis). Les plus aventureux pénétreront le **cœur du volcan en randonnée (2) ou en rando spéléologique (3)** dans les tunnels de lave (sauf en cas d'éruption bien sûr !). En plus de la rando un peu partout, jusqu'au sommet du **piton des Neiges (4),** également au programme : **canyoning** ou **rafting** (à **Salazie (5)** par exemple), **parapente depuis Saint-Leu (6)** ou encore **plongée** sur la côte ouest, en respectant scrupuleusement les consignes dues au risque requin. Les plus sportifs s'inscriront à la course par excellence, la **Diagonale des Fous,** en octobre : 162 km en 3 jours et 9 000 m de dénivelée !

Saint-Leu, temple tamoul

L'anse des Cascades

Interview #experienceroutard

Par la rédaction du *Routard*

Pourquoi aime-t-on particulièrement cette destination ?

Pour l'extraordinaire leçon de vivre ensemble offerte par les Réunionnais. En raison de son histoire originale, cette île surprenante est avant tout un creuset multiethnique singulier, pour ne pas dire unique, où la notion de melting-pot n'est pas un vain mot. Africains, Indiens, Malgaches, Chinois, Indiens et métropolitains ont créé avec le temps une communauté qui fonctionne, se respecte et se reconnaît d'abord comme créole. Coutumes, cultures et religions ont fini par cohabiter ou même fusionner, au gré des nombreux métissages.

Une rencontre marquante ?

La production sucrière est la grosse affaire de La Réunion. En visitant l'usine de Stella Matutina, où les imposantes machines reposent désormais du sommeil du juste, on a eu la chance d'y être accueillis par les enfants des anciens ouvriers, devenus guides. L'histoire du sucre résumant la leur, leurs anecdotes, c'est du vécu ! Descendants des engagés, ces ouvriers étrangers recrutés pour pallier le manque de main-d'œuvre au lendemain de l'abolition de l'esclavage, ils savent tout des rudes conditions de travail, des méthodes paternalistes de management, mais aussi de l'intégration des hommes et des femmes conduisant à un heureux métissage.

Une activité à faire absolument ?

Une randonnée... dans un tunnel de lave ! À La Réunion, les nombreuses éruptions ont provoqué la formation de galeries au dessin bouleversé, aux parois vitrifiées pleines de surprises. Le mieux, c'est de participer à une sortie en musique. Certains guides proposant carrément des miniconcerts sous terre, l'effet est garanti !

Un souvenir de voyage inoubliable ?

S'arracher du sol en parapente pour découvrir l'île autrement. Porté par les courants ascendants, on ressent une incroyable impression de liberté alors que se dessinent loin en contrebas les contours des côtes et des contreforts des montagnes. Avec un peu de chance, avant d'atterrir en douceur sur la plage, on assistera même aux flâneries des baleines et des tortues. Magique !

La spécialité locale à goûter absolument ?

Une salade de palmistes. C'est rare, c'est un peu cher, mais qu'est-ce que c'est bon ! Les palmistes, un genre de palmier qui doit être bichonné 7 ans avant d'être exploité, se trouvent fort bien du côté de Saint-Philippe. Attendez d'être dans le coin pour tester ce plat frais et savoureux. Pour terminer, bien sûr, un shot de café bourbon pointu. Un must. Il est si peu caféiné qu'on peut en siffler plusieurs tasses si on a le budget.

LES QUESTIONS QU'ON SE POSE AVANT LE DÉPART

• Infos détaillées dans le chapitre « La Réunion utile » *p. 41.*

➢ Quels sont les documents nécessaires ?

La carte d'identité suffit aux Européens qui se limitent au territoire français. Munissez-vous toutefois de votre passeport si vous devez aller sur des îles voisines, comme l'île Maurice, et de votre carte européenne d'assurance maladie pour les Européens non français.

➢ Quelle est la meilleure saison pour y aller ?

Difficile à dire... De mai à novembre, c'est la saison « fraîche », le reste de l'année, c'est l'été austral, autrement dit la saison chaude et des pluies. Ça peut être dur, dur pour les randonneurs ! Les plongeurs sont plus gâtés, la température de l'eau est idéale toute l'année. Par ailleurs, les cyclones sont de passage de décembre à mars et, de mi-décembre à mi-janvier, certains établissements sont fermés pour cause de congés.

➢ Quel est le temps de vol ?

Environ 11h.

➢ Quel est le décalage horaire ?

2h de plus qu'en métropole en été, 3h en hiver, mais il faut vivre au rythme créole, se lever et se coucher avec le soleil.

➢ Le coût de la vie est-il élevé ?

La vie est plus chère qu'en métropole... Mais en mangeant sur les marchés, en surveillant les boissons et en optant pour les gîtes, on s'en tire plutôt bien. Ne pas oublier dans le budget la location éventuelle d'une voiture, bien pratique, et les activités sportives annexes, qui peuvent être assez coûteuses.

➢ Comment se déplacer ?

En bus, le réseau est bien organisé, les liaisons rapides entre les principales grandes villes et peu chères. Mais le plus pratique reste, évidemment, de louer une voiture, surtout si l'on explore la montagne.

➢ Côté santé, quelles recommandations ?

Être à jour de ses vaccins traditionnels suffit et, bien sûr, se renseigner sur les conditions du moment concernant le coronavirus. Privilégier surtout la prévention contre les moustiques, vecteurs de maladies comme la dengue ou le chikungunya. Notez que les hôpitaux de l'île sont les mieux équipés de l'océan Indien.

➢ Peut-on y aller avec des enfants ?

Bien sûr ! Quelques jolies plages au bord du lagon, un vrai volcan pour illustrer les cours de géologie et des randos de tous niveaux, vraiment extraordinaires ! Bonne alternative aux hôtels, les meublés de tourisme, plus adaptés aux cavalcades des enfants. Repérez nos meilleurs sites grâce au symbole 🚸.

➢ Quelles sont les plus belles randos à faire ?

L'intérieur de l'île, avec ses 3 cirques – Cilaos, Salazie et Mafate –, offre des paysages époustouflants. Notamment depuis le piton Maïdo, le gîte de Bélouve ou jusqu'au piton des Neiges... sans oublier l'attraction *number one* de l'île, le piton de la Fournaise, qui lui aussi offre de remarquables randonnées de tous niveaux.

ARRIVER – QUITTER

EN AVION

▲ AIR FRANCE

Rens et résas au ☎ 36-54 (coût d'un appel local), sur • airfrance.fr •, dans les agences Air France et dans ttes les agences de voyages.

➢ Au départ de Paris-Orly, Air France propose jusqu'à 11 vols directs/sem sur Saint-Denis.

Air France propose à tous des tarifs attractifs toute l'année. Pour consulter les meilleures offres du moment sur Internet, allez directement sur la page « Nos meilleurs tarifs » sur *• airfrance.fr • Flying Blue,* le programme de fidélité gratuit d'Air France-KLM, permet de gagner des *miles* en voyageant sur les vols Air France, KLM, Transavia et les compagnies membres de *Skyteam,* mais aussi auprès des nombreux partenaires non aériens *Flying Blue...* Les *miles* peuvent ensuite être échangés contre des billets d'avion ou des services (surclassement, bagage supplémentaire, accès salon...) ainsi qu'auprès des partenaires. Pour en savoir plus, rendez-vous sur *• flyingblue.com •*

▲ AIR AUSTRAL

– Paris : 10, pl. de Catalogne, 75014. ☎ 0825-013-012 (0,15 €/mn). • air-austral.com • Ⓜ Gaîté ou Montparnasse-Bienvenüe.

– En vente également dans ttes les agences de voyages.

➢ 1 vol/j. au départ de Roissy-Charles-de-Gaulle à destination de Saint-Denis et jusqu'à 5 vols supplémentaires/sem.

➢ 2 vols directs/sem au départ de Marseille.

➢ 3 vols directs/sem au départ de Roissy-Charles-de-Gaulle vers Mayotte et jusqu'à 4 vols supplémentaires/sem.

➢ Départ quotidien depuis 18 villes de province et depuis Bruxelles en partenariat avec le TGV Air (gare SNCF et avion dans le même terminal CDG2).

Bon à savoir : Air Austral propose un *pass* « Îles Vanilles » offrant des avantages tarifaires sur son réseau aérien régional à tout acheteur d'un billet long-courrier vers l'océan Indien. Pour plus de renseignements, consulter le site internet : *• air-austral.com/a-propos-dair-austral/les-iles-vanilles.html •*

▲ CORSAIR INTERNATIONAL

Rens et résas : ☎ 39-17, tlj 7h-23h (prix d'appel + 0,35 €/mn). • corsair.fr • Résas dans ttes les agences de voyages.

➢ Corsair propose 1 vol/j. au départ de Paris-Orly-Sud pour Saint-Denis. Pré et post-acheminement TGV Air depuis plusieurs villes de province.

▲ FRENCH BEE

• frenchbee.com •

➢ La compagnie *low-cost* propose plusieurs vols/sem avec Saint-Denis au départ de Paris.

LES ORGANISMES DE VOYAGES

En France

▲ CERCLE DES VACANCES

– Paris : 4 rue Gomboust (angle 31, av. de l'Opéra). ☎ 01-40-15-15-01. • cercledesvacances.com • Ⓜ Pyramides ou Opéra. Lun-ven 9h-20h, sam 10h-18h30.

Tour opérateur spécialiste du vrai voyage sur mesure, à destination des îles de l'océan Indien et de la Polynésie française : Réunion, Maurice, Rodrigues, Maldives, Zanzibar... Ses experts partageront avec vous leurs conseils pour faire de votre voyage une expérience inoubliable. Parce que chaque voyage est unique, Cercle des Vacances propose différents types de voyage : séjours, voyage au volant de votre voiture de location, combinés de plusieurs îles (Réunion-Maurice, Réunion-Maurice-Seychelles, Maurice-Rodrigues), voyages de noces, et un large choix d'hôtels (du *B & B* de charme à l'hôtel de luxe)... Également un service liste de mariage gratuit, et possibilité d'organiser votre mariage sur place ! Leurs équipes sauront vous proposer des petits plus qui font la différence : un survol en hélicoptère, un dîner romantique sur la plage au coucher de soleil, ou encore un petit déjeuner en pirogue...

▲ COMPTOIR DES VOYAGES

• comptoir.fr • Lun-sam 9h30-18h30.
– Paris : 2-18, rue Saint-Victor, 75005. ☎ 01-53-10-30-15. Ⓜ Maubert-Mutualité.
– Bordeaux : 26, cours du Chapeau-Rouge, 33800. ☎ 05-35-54-31-40.
– Lille : 76, rue Nationale, 59160. ☎ 03-28-04-68-20.
– Lyon : 10, quai Tilsitt, 69002. ☎ 04-72-44-13-40. Ⓜ Bellecour.
– Marseille : 12, rue Breteuil, 13001. ☎ 04-84-25-21-80. Ⓜ Estrangin.
– Nice : 62, rue Giofreddo, 06000. ☎ 04-97-03-64-80.
– Toulouse : 43, rue Peyrolières, 31000. ☎ 05-62-30-15-00. Ⓜ Esquirol.

En plus de 30 ans, Comptoir des Voyages s'est imposé comme la référence incontournable du voyage sur mesure en immersion, avec plus de 90 destinations sur les 5 continents. Ses conseillers-spécialistes construisent des voyages uniques en s'adaptant à votre budget, vos goûts et vos envies. Pour favoriser les rencontres et l'immersion dans la vie locale, ils privilégient des hébergements typiques et des expériences authentiques. Sur place, des *greeters* francophones partagent avec vous conseils et bonnes adresses le temps d'un café. Sur votre smartphone, l'application mobile Luciole vous informe sur le déroulé de votre voyage et vous guide grâce à un GPS hors connexion. Comptoir des Voyages est membre d'Agir pour un tourisme responsable depuis 2009, labellisation ATR renouvelée par Ecocert Environnement en 2019.

▲ LA ROUTE DES VOYAGES

• laroutedesvoyages.com • Agences ouv lun-ven 9h-19h (18h ven). Rdv conseillé.
– Paris : 10, rue Choron, 75009. ☎ 01-55-31-98-80. Ⓜ Notre-Dame de Lorette.
– Angers : 6, rue Corneille, 49000. ☎ 02-41-43-26-65.
– Annecy : 4 bis, av. d'Aléry, 74000. ☎ 04-50-45-60-20.
– Bordeaux : 19, rue des Frères-Bonie, 33000. ☎ 05-56-90-11-20.
– Lorient : 42, av. de la Perrière, 56100. ☎ 06-15-48-82-69. Sur rdv uniquement, lun-jeumer.
– Lyon : 59, rue Franklin, 69002. ☎ 04-78-42-53-58.
– Toulouse : 9, rue Saint-Antoine-du-T, 31000. ☎ 05-62-27-00-68.

25 ans d'expérience de voyage sur mesure sur les 5 continents ! 15 pays en Europe complètent à présent leur offre. Cette équipe de voyageurs passionnée a développé un vrai savoir-faire du voyage personnalisé : écoute, conseils, voyages de repérage réguliers et des correspondants sur place soigneusement sélectionnés avec qui ils travaillent en direct. Son engagement à promouvoir un tourisme responsable se traduit par des possibilités de séjours solidaires à insérer dans les itinéraires de découverte individuelle. Elle a aussi créé un programme de compensation solidaire qui permet de financer des projets de développement locaux.

▲ TERRES DE CHARME & ÎLES DU MONDE

☎ 01-55-42-74-10. • terresdecharme.com •
– Paris : 3, rue de Villebois-Mareuil, 75017.

Artisans du voyage individuel sur mesure depuis plus de 20 ans, leurs scénaristes du voyage ont à cœur de faire partager leurs passions en concevant des séjours authentiques, inoubliables et singuliers aux quatre coins du monde. C'est la rareté et le charme savamment dosés qui animent l'équipe pour créer des voyages placés sous le

signe d'émotions intenses. Sandals privés glissant le long du Nil, camp privatif au cœur du Masaï Mara, îles exclusives de l'océan Indien, décors magiques des Caraïbes, sites cachés en Asie, trains de luxe et de légende... Telles sont quelques-unes des propositions de Terre de Charme & Îles du Monde pour faire de votre voyage une expérience unique.

▲ TERRES LOINTAINES

• terres-lointaines.com • Lun-ven 9h-19h, sam 10h-18h.
– Paris : ☎ 01-75-60-63-50.
– Bordeaux : ☎ 05-33-09-09-10.
– Lyon : ☎ 04-65-07-02-70.
– Lille : ☎ 03-59-61-59-40.
– Nantes : ☎ 02-52-59-48-00.
– Marseille : ☎ 04-65-07-02-80.

Terres Lointaines affiche clairement son ambition : démocratiser le voyage sur mesure au prix le plus juste. Convaincu qu'un voyage réussi est un voyage qui dépasse les attentes du client, c'est en visant l'excellence que Terres Lointaines met le monde à votre portée, en individuel ou en petit groupe allant jusqu'à 12 personnes. Afrique, Amériques, Asie, Europe, Océanie... La palette de destinations proposée est vaste avec des conseillers à l'écoute de vos envies. Grâce à leur expertise et à des partenaires locaux de confiance Terres Lointaines crée des voyages de qualité pour vous offrir des découvertes exceptionnelles et de merveilleux souvenirs.

▲ TERRES RÉUNIONNAISES

• terres-reunionnaises.com •

Contactez Terres Réunionnaises, une agence locale de confiance, pour organiser votre voyage sur mesure à La Réunion. Les conseillers, fins connaisseurs du terrain et de la réalité du pays, vous accompagnent dans la préparation de votre voyage, en couple, en famille ou en groupe d'amis. Vous avez ainsi accès à un service personnalisé en bénéficiant d'un prix accessible. Étant membre de *bynativ*, la communauté des agences de voyages locales, Terres Réunionnaises vous propose un maximum de garanties et de services : règlement de votre voyage en ligne de façon sécurisée, possibilité de souscrire à une assurance de voyage et de bénéficier de garanties solides en cas d'imprévu. De quoi voyager de façon authentique et en toute tranquillité !

▲ VOYAGEURS DANS LES ÎLES

☎ 01-42-86-16-39. • voyageursdumonde.fr •
– Paris : La Cité des Voyageurs, 55, rue Sainte-Anne, 75002. ☎ 01-42-86-16-00. Ⓜ Opéra ou Pyramides. Lun-sam 9h30-19h. Avec une librairie spécialisée sur les voyages.
Également des agences à Bordeaux, Grenoble, Lille, Lyon, Marseille, Montpellier, Nantes, Nice, Rennes, Rouen, Strasbourg et Toulouse, ainsi qu'à Bruxelles et Genève.

Parce que chaque voyageur est différent, que chacun a ses rêves et ses idées pour les réaliser, Voyageurs du Monde conçoit depuis plus de 30 ans des projets sur mesure. Les séjours proposés sur 120 destinations sont élaborés par leurs 180 conseillers voyageurs. Spécialistes par pays et même par région, ils vous aideront à personnaliser les voyages présentés à travers une trentaine de brochures d'un nouveau type et sur le site internet où vous pourrez également découvrir les hébergements exclusifs et consulter votre espace personnalisé. Au cours de votre séjour, vous bénéficiez des services personnalisés Voyageurs du Monde, dont la possibilité de modifier à tout moment votre voyage, l'assistance d'un concierge local, la mise en place de rencontres et de visites privées et l'accès à votre carnet de voyage via une application iPhone et Android. Voyageurs du Monde est membre de l'association ATR (Agir pour un tourisme responsable) et a obtenu sa certification Tourisme Responsable AFAQ AFNOR.

> Voir aussi au sein de chaque ville les agences locales que nous avons sélectionnées.

Comment aller à Roissy et à Orly ?

Toutes les infos sur notre site *• routard.com •* dans les dossiers pratiques sur

COMPTOIR
DES VOYAGES
© Romain Gaillard/REA/Comptoir des Voyages - IM 075100064
Annick & Philippe, vos hôtes à Saint-Paul
Et si on ne parlait pas seulement de vanille et de rhum arrangé ?
Découvrez la Réunion, la vraie
L'immersion, la plus belle façon de voyager
Des Greeters qui donnent les clés de leur pays
Des expériences immersives et authentiques
Des hébergements qui privilégient la rencontre
Luciole, notre appli voyage avec GPS
www.comptoir.fr - 01 85 08 23 58

l'avion et les aéroports ou sur *● parisaeroport.fr/passagers/acces ●*

En Belgique

▲ **VOYAGEURS DU MONDE**
● voyageursdumonde.fr ●
– Bruxelles : chaussée de Charleroi, 23, 1060. ☎ 02-543-95-50.
Le spécialiste du voyage en individuel sur mesure. Voir texte dans la partie « En France ».

En Suisse

▲ **STA TRAVEL**
Rens et résas : ☎ 058-450-49-49.
● statravel.ch ●
– Fribourg : rue de Lausanne, 24, 1700. ☎ 058-450-49-80.
– Genève : rue Pierre-Fatio, 19, 1204. ☎ 058-450-48-00.
– Genève : rue Vignier, 3, 1205. ☎ 058-450-48-30.
– Lausanne : bd de Grancy, 20, 1006. ☎ 058-450-48-50.
– Lausanne : à l'université, Anthropole, 1015. ☎ 058-450-49-20.
Agences spécialisées notamment dans les voyages pour jeunes et étudiants. 150 bureaux STA et plus de 700 agents du même groupe répartis dans le monde entier sont là pour donner un coup de main *(Travel Help).*
STA propose des tarifs avantageux : vols secs *(Blue Ticket),* hôtels, écoles de langues, *work & travel,* circuits d'aventure, voitures de location, etc. Délivre la carte internationale d'étudiant et la carte Jeune.

▲ **VOYAGEURS DU MONDE**
● voyageursdumonde.com ●
– Genève : rue de la Rôtisserie, 19, 1204. ☎ 022-519-12-10. Lun-ven 9h30-19h, sam 9h30-18h30.
– Lausanne : rue du Bourg, 6 (2e etage), 1003. Lun-ven 9h-18h30 et sam sur rdv seulement.
Voir texte dans la partie « En France ».

QUITTER LA RÉUNION EN AVION

✈ ***Aéroport La Réunion-Roland-Garros :*** *à 10 km à l'est de Saint-Denis, en dir. de Sainte-Marie. Pour des infos en temps réel : ☎ 02-62-48-81-81 ou consulter le site ● reunion.aeroport.fr ●*
✈ ***Aéroport de Pierrefonds :*** *à 5 km de Saint-Pierre vers Saint-Louis. Infos sur les vols 24h/24 : ☎ 02-62-96-80-00. ● pierrefonds.aeroport.fr ●*
Pour les coordonnées des compagnies aériennes, se reporter à la rubrique « Adresses et infos utiles » de Saint-Denis et à celles d'« Arriver – Quitter » de Saint-Pierre.

Vers la métropole

➢ Avec *Air France, Air Austral, Corsair International, French Bee* : voir plus haut « En avion ».

Vers l'île Maurice

➢ Avec *Air Mauritius,* nombreux vols/j. au départ de Saint-Denis et de Saint-Pierre.
➢ Avec *Air Austral,* vols quotidiens au départ de Saint-Denis et de Saint-Pierre.

Vers le reste de l'océan Indien et l'Afrique

➢ ***Madagascar :*** avec *Air Austral* et *Air Madagascar* ou via Maurice avec *Air Mauritius.*
➢ ***Rodrigues :*** plusieurs vols/j. via Maurice avec *Air Mauritius* et 1 vol direct/sem avec *Air Austral.*

LA RÉUNION UTILE

ABC de La Réunion

- ***Superficie :*** 2 512 km², soit un territoire 3,5 fois plus petit que la Corse.
- ***Population :*** 860 000 hab. (2020), département français d'outre-mer le plus peuplé (plus que la Guadeloupe et la Martinique réunies) ; 80 % vivent sur la côte.
- ***Chef-lieu :*** Saint-Denis.
- ***Villes principales :*** Saint-Denis (147 000 hab.) ; Saint-Paul (106 000 hab.) ; Saint-Pierre (84 000 hab.) ; Le Tampon (80 000 hab.) ; Saint-André (56 000 hab.).
- ***Monnaie :*** l'euro.
- ***Langues :*** le français et le créole principalement.
- ***Statut :*** territoire français d'outre-mer depuis le 19 mars 1946, doté d'un conseil régional et d'un conseil départemental (DROM).
- ***Devise :*** *Je fleurirai partout où je serai porté.*
- ***Religions :*** catholique en majorité, musulmane et hindoue.
- ***Point culminant :*** le piton des Neiges (3 070 m).
- ***Patrimoine mondial de l'Unesco :*** pitons, cirques et remparts inscrits en 2010 ; maloya inscrit en 2009 au titre de Patrimoine immatériel.
- ***Signes particuliers :*** densité de 345 hab./km² (3 fois la moyenne nationale) ; le volcan actif le plus au sud de France.

AVANT LE DÉPART

Formalités

– Nous sommes dans un département français : une ***carte d'identité*** suffit aux Européens et aux Suisses. Mais un ***passeport*** en cours de validité est parfois nécessaire si vous voulez vous rendre dans les îles ou pays voisins, et dans ce cas, il vous faudra, théoriquement, avoir avec vous un billet de retour ou de continuation de voyage.
– Noter que le livret de famille n'est pas une pièce d'identité et ne sera en aucun cas accepté par les services de police.
– Pour les Canadiens, pas de visa nécessaire pour un séjour de moins de 3 mois.
IMPORTANT : vérifiez bien auprès de votre compagnie aérienne le poids de bagages autorisé. Les contrôles sont désormais très stricts, notamment au niveau du bagage cabine. Et pour votre valise en soute, le surpoids guette vite si vous rapportez un peu trop de rhum par exemple.

Adresses et infos utiles

■ ***Central de réservation Île de La Réunion :*** ☎ *02-62-90-78-78.* • *contact@explorelareunion.com* • *explorelareunion.com* • *Lun-ven*

9h-12h30, 13h30-17h. Accueil téléphonique ou par courriel seulement. Bien pratique pour organiser son voyage. Informations et réservations pour tous les hébergements et les activités de pleine nature (terre, mer ou dans les airs). Documents randos et conseils par les experts de la destination. Location de voitures. Propose sur le site des circuits à la carte, des « bons plans » et des « tops 5 ». Infos également sur place dans les offices ou les maisons de tourisme et les agences réceptives partenaires qui peuvent faire les réservations.
– Noter que *Île de La Réunion Tourisme (IRT)* a mis en place la ***charte Qualité Tourisme Île de La Réunion,*** à laquelle adhèrent les structures qui garantissent aux touristes un séjour répondant à leurs besoins.
– ***Guide Run :*** édité par l'IRT, on le trouve un peu partout dans l'île, notamment dans les offices et maisons de tourisme. C'est un annuaire en couleur, qui donne les adresses des hébergements, restos, loueurs de voitures, activités sportives, etc.

Île de La Réunion Tourisme (IRT) : *10, pl. de Catalogne, 75014 Paris. ☎ 01-40-75-02-79. • irtparis@reunion.fr • Ⓜ Gaîté.* Toutes les infos sur l'île. Offre également plusieurs publications gratuites très bien faites sur les hôtels, les randonnées, les meublés... ou encore une carte détaillée de l'île. Envoi de documentation sur demande.

■ ***Relais départemental des Gîtes de France :*** *4, rue Jules-Thirel, porte 21, 97460* ***Saint-Paul.*** *☎ 02-62-72-97-81. • gdf974@gmail.com • gites-de-france-reunion.com •* Chambres d'hôtes, gîtes ruraux, gîtes d'étape, tables d'hôtes et auberges de campagne...

Sites internet

• ***routard.com*** • Le site de voyage nº 1, avec plus de 800 000 membres et plusieurs millions d'internautes chaque mois. Pour s'inspirer et s'organiser, près de 300 guides destinations actualisés, avec les infos pratiques, les incontournables et les dernières actus, ainsi que les reportages terrain et idées week-end de la rédaction. Partagez vos expériences avec la communauté de voyageurs : forums de discussion avec avis et bons plans, carnets de route et photos de voyage. Enfin, vous trouverez tout pour vos vols, hébergements, voitures et activités, sans oublier notre sélection de bons plans, pour réserver votre voyage au meilleur prix.

• ***reunion.fr*** • Portail officiel de la destination, nombreuses informations utiles, des centaines des prestataires mis à jour en permanence. Au travers d'une quarantaine d'« Expériences à vivre », le site propose des découvertes et des rencontres inoubliables entre des acteurs locaux et de petits groupes de voyageurs (découverte de la culture tamoule lors d'une visite d'un temple « malbar », sortie canyon suivie d'un repas traditionnel dans un lieu magique, immersion authentique chez un agriculteur et planteur de vétiver...). Partage, originalité et convivialité au programme. • reunion.fr/nos-experiences •

• ***azenda.re*** • Tout sur l'activité culturelle de l'île : concerts, cinéma, expos...

• ***la-vague.net*** • ***allonslareunion.com*** • ***creole.org*** • Des portails touristiques de l'île, pratiques pour préparer son voyage.

• ***cartedelareunion.fr*** • Un site pratique avec notamment une carte des aires de pique-nique sur l'ensemble de l'île, la météo, des cartes des randonnées et cascades...

> Pensez à scanner pièce d'identité, carte bancaire, billet d'avion et *vouchers* d'hôtel. Ensuite, adressez-les-vous par e-mail, en pièces jointes. En cas de perte ou de vol, rien de plus facile pour les récupérer. Les démarches seront bien plus rapides.

Assurances voyages

■ ***Assurance Routard par AVI International :*** *40, rue Washington, 75008 Paris. ☎ 01-44-63-51-00. Ⓜ George-V. • avi-international.*

com • Enrichie année après année par les retours des lecteurs, *Routard Assurance* est devenue une assurance voyage incontournable. Tout est compris : frais médicaux, assistance rapatriement, bagages, responsabilité civile... Vous avez besoin d'un médecin, d'un conseil médical ou d'une prise en charge dans un hôpital ? Appelez simplement le plateau *AVI Assistance* disponible 24h/24, leur réseau est l'un des plus complets actuellement. Vous avez eu des frais de santé en voyage ? Envoyez les factures à votre retour, *AVI* vous rembourse sous une semaine. Avant votre départ, n'hésitez pas à les appeler pour des conseils personnalisés. Et téléchargez l'appli mobile pour garder le contact avec l'assistance 24h/24 et disposer de l'un des meilleurs réseaux médicaux à travers le monde.

■ ***AVA assurance Voyages et assistance :*** *25, rue de Maubeuge, 75009 Paris.* ☎ *01-53-20-44-20.* • *ava.fr* • Ⓜ *Cadet.* Un autre courtier fiable pour ceux qui souhaitent s'assurer en cas de décès-invalidité-accident lors d'un voyage à l'étranger, mais surtout pour bénéficier d'une assistance rapatriement, perte de bagages et annulation. Attention, franchises pour leurs contrats d'assurance voyage.

■ ***Pixel Assur :*** *18, rue des Plantes, BP 35, 78601 Maisons-Laffitte.* ☎ *01-39-62-28-63.* • *pixel-assur.com* • *RER A : Maisons-Laffitte.* Assurance de matériel photo et vidéo tous risques (casse, vol, immersion) dans le monde entier. Devis en ligne basé sur le prix d'achat de votre matériel. Avantage : garantie à l'année.

ARGENT, BANQUES

Avertissement

Si vous comptez effectuer des retraits d'argent aux distributeurs, il est ***très vivement conseillé*** d'avertir votre banque avant votre départ (destination et dates). En effet, ***votre carte peut être bloquée dès le 1er retrait*** pour suspicion de fraude. C'est de plus en plus fréquent. Bonjour les tracasseries administratives pour faire rentrer les choses dans l'ordre, et on se retrouve vite dans l'embarras !

– La ***monnaie locale*** est bien sûr l'euro.
– Les ***guichets automatiques bancaires*** s'appellent des ***gabiers.*** Ceux de la *Banque de La Réunion (BR)* sont traduits en créole.
– Les ***cartes de paiement*** ne sont pas acceptées dans la plupart des chambres et tables d'hôtes ainsi que dans les gîtes de randonnée, mais on peut retirer du liquide dans les mêmes conditions qu'en métropole, sauf dans le cirque de Mafate.
– Les ***chèques-vacances, tickets-restaurant*** et ***chèques-déjeuner*** sont bien répandus.

Avant de partir, notez donc bien le numéro d'opposition propre à votre banque (il figure souvent au dos des tickets de retrait, sur votre contrat ou à côté des distributeurs de billets), ainsi que le numéro à 16 chiffres de votre carte. Bien entendu, conservez ces informations en lieu sûr et séparément de votre carte.

Par ailleurs, l'assistance médicale se limite aux 90 premiers jours du voyage et l'assistance véhicule aux cartes haut de gamme (renseignez-vous auprès de votre banque). N'oubliez pas de VÉRIFIER LA DATE D'EXPIRATION DE VOTRE CARTE DE PAIEMENT avant votre départ !

– ***Petite mesure de précaution :*** si vous retirez de l'argent dans un distributeur, utilisez de préférence les distributeurs attenants à une agence bancaire. En cas de pépin avec votre carte (carte avalée, erreurs de numéro...), vous aurez un interlocuteur à portée de tongs pendant les heures ouvrables.

Afin d'éviter d'être limité, vous pouvez demander à votre banque de relever votre plafond de carte de crédit pendant votre déplacement. Utile surtout avec les cautions pour les locations de voiture.

BUDGET

L'***hébergement*** dans les hôtels de la côte n'est pas bon marché si l'on cherche la vue et le confort, mais grâce aux chambres d'hôtes et aux locations saisonnières, on peut s'en tirer à meilleur compte.
Côté ***restauration,*** c'est dans les établissements créoles que l'on trouve les plats les moins chers et, de plus, ils sont copieux (le riz, ça cale !). On se passe facilement d'entrée ou de dessert. Encore moins cher : les plats à emporter, une excellente formule proposée par bon nombre de restaurants. Ils sont souvent 2 fois moins chers que les mêmes plats dégustés sur place. En revanche, les restos de poisson ou les établissements touristiques sont forcément plus coûteux, allant jusqu'à dépasser parfois les tarifs métropolitains, le long de la côte ouest.
Niveau ***transports,*** le bus reste le moyen de déplacement le plus économique. L'ensemble de l'île est plutôt bien desservi, mais quand on s'écarte des axes côtiers, les fréquences diminuent largement. Il est vrai que sans voiture, il est très difficile de découvrir les Hauts et les coins les plus reculés (souvent les plus beaux). D'une manière générale, les tarifs de location de voitures sont légèrement inférieurs à ceux pratiqués en métropole, sauf chez les loueurs nationaux (voir la rubrique « Transports »).
Les plus fortunés prévoiront des ***extras,*** comme le survol de l'île en ULM ou en hélico (génial mais cher) ou les sports de plein air et à sensations en vogue dans l'île (parapente, canyoning, plongée, etc.). Si on peut se passer de l'hélico et de l'ULM, cela vaut vraiment la peine, en revanche, de prévoir un budget pour les activités de montagne et de mer. Mais la randonnée reste de loin la manière la plus saine, la plus écolo et la moins onéreuse pour profiter des beautés de l'île !

Recommandation à ceux qui souhaitent profiter des réductions et avantages proposés dans *Le Routard* par les hôteliers et les restaurateurs.

À l'hôtel, pensez à les demander au moment de la réservation ou **à l'arrivée.** Ils ne sont valables **que pour les réservations en direct et ne sont pas cumulables** avec d'autres offres promotionnelles (notamment sur Internet). Au restaurant, parlez-en **au moment** de la commande et surtout **avant** que l'addition ne soit établie. Poser votre *Routard* sur la table ne suffit pas : le personnel de salle n'est pas toujours au courant, et une fois le ticket de caisse imprimé, il est souvent difficile de modifier le total. En cas de doute, montrez la notice relative à l'établissement **dans le *Routard* de l'année,** et, bien sûr, ne manquez pas de nous faire part de toute difficulté rencontrée.

Hébergement

D'une manière générale, nous indiquons des fourchettes de prix allant de la chambre double la moins chère en basse saison à celle la plus chère en haute saison. En ce qui concerne les chambres d'hôtes, le petit déjeuner est compris dans le prix, c'est pourquoi nous ne le précisons pas pour chaque adresse. Quant aux cartes de paiement, elles n'y sont généralement pas acceptées. Dans le cas contraire, nous indiquons si le petit déj est en plus et si les CB sont acceptées. Pour les hôtels, le tarif mentionné est celui d'une nuit en chambre double, sans petit déjeuner.
Voici nos échelles de prix par rubrique.
- ***Très bon marché :*** moins de 40 € la chambre double pour 1 nuit ou dans les 15-20 € la nuitée par personne. Principalement les AJ, les refuges, les gîtes d'étape et de randonnée, les pensions ainsi que certaines (rares) chambres d'hôtes.
- ***Bon marché :*** de 40 à 60 €.
- ***Prix moyens :*** de 60 à 80 €.
- ***Chic :*** de 80 à 100 €.
- ***Plus chic :*** de 100 à 150 €.
- ***Beaucoup plus chic :*** au-delà de 150 €.

Restauration

Les adresses gastronomiques sont chères, mais le midi, même les restaurants chics proposent souvent un plat du jour autour de 10-15 €, qui tient lieu de repas. Sinon les petites adresses bon marché et locales sont légion. On peut également se faire un repas rapide composé de *bouchons, bonbons piments,* samoussas, sandwichs, etc., dans un petit stand de rue ou une camionnette-snack. Une addition ultralégère, c'est bon, et on tient largement jusqu'au soir. On vous suggère par ailleurs d'essayer au moins 1 ou 2 fois durant votre séjour une table d'hôtes chez l'habitant. Les menus oscillent généralement entre 20 et 30 €, ils sont bons et très (voire trop) copieux. Enfin, notez que les vins sont importés et souvent revendus à des prix élevés. Optez plutôt pour une bouteille de *Cilaos* (le *Perrier* local) ou encore une bière locale.
Les fourchettes de tarifs que nous indiquons correspondent grosso modo à un repas sans les boissons. Sachez qu'on cale souvent avant le dessert !
- ***Très bon marché :*** moins de 10 €.
- ***Bon marché :*** de 10 à 20 €.
- ***Prix moyens :*** de 20 à 35 €.
- ***Chic :*** de 35 à 50 €.
- ***Plus chic :*** au-delà de 50 €.

CLIMAT

On est dans l'hémisphère sud : il faut donc ***inverser les saisons*** pour s'y retrouver ! Vu la proximité du tropique du Capricorne, le ***climat*** de l'île est de type ***tropical humide.*** Atténuée par l'océan, la température sur la côte varie entre 18 et 31 °C. En revanche, en altitude (parfois élevée à l'intérieur), elle peut chuter à 4 °C et dépasse rarement les 25 °C. Le thermomètre peut même descendre en dessous de zéro en haute montagne. À 1 800 m, les gelées sont fréquentes, notamment la nuit, en juillet et août. Prévoir des ***vêtements légers*** (short, chemisette et bien sûr maillot de bain) pour la côte, un ***pull*** et un ***coupe-vent*** pour la montagne (et de bonnes chaussures de marche).
En fait, pour bien comprendre le climat (assez compliqué au final), il faut combiner quelques réalités géographiques : tout d'abord distinguer le *bord de mer* et l'*intérieur des terres* (en altitude donc), et par ailleurs faire une différence

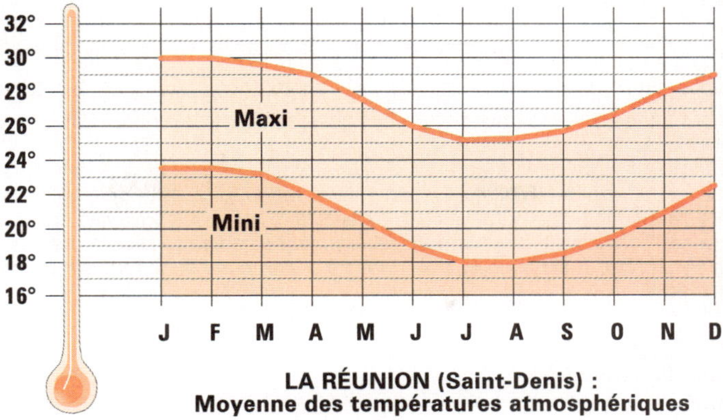

LA RÉUNION (Saint-Denis) :
Moyenne des températures atmosphériques

entre la ***côte sous le vent*** (c'est-à-dire protégée du vent – la côte ouest) et la ***côte au vent*** (exposée au vent – la côte est).
Résultat : la pluviométrie est très inégale sur l'île. Un grand principe : sur la côte ouest, il pleut rarement, tandis qu'à l'est, il pleut très souvent ! La raison est simple : les nuages, arrivant de l'est, « accrochent » en premier les reliefs situés à proximité de cette côte. Sur l'ensemble de l'île, le mois de février est le plus arrosé. Sachez enfin que La Réunion figure en tête de peloton au niveau mondial pour les records de pluie sur des périodes allant de 12 heures à 2 semaines. Enfin, l'année 2019 fut la plus chaude depuis 50 ans selon Météo France Océan Indien (+ 1,2° d'anomalie), particulièrement en décembre.
Infos détaillées et météo par ville sur : • meteofrance.re/climat/reunion •

Les saisons australes

– ***L'hiver austral :*** de mai à novembre, c'est la saison « fraîche ». Pendant cette période, il pleut rarement, sauf à l'est, entre Sainte-Rose et Saint-Joseph. À cette époque, les températures sont moins élevées et la nuit commence à tomber vers 18h. En août-septembre, les baleines sont au large des côtes.
– ***L'été austral :*** de novembre à avril, c'est la saison chaude, mais aussi... celle des pluies. C'est la période où il fait le moins souvent beau : moiteur de l'air et, parfois, des *avalasses,* pluies torrentielles de courte durée en fin de journée. Beaucoup de nuages dans l'intérieur et en altitude : se lever tôt pour profiter des paysages somptueux.
Décembre est le mois des fleurs (ah ! les flamboyants...), mais aussi le mois des fruits (litchis et mangues José). Revers de la médaille : beaucoup de touristes et des vacances scolaires courant janvier. Les hôtels, les chambres d'hôtes, les refuges qui sont encore ouverts (et ne sont pas eux-mêmes en vacances) affichent souvent complet en janvier.

Quand peut-on y aller ?

En fonction des saisons et de votre situation dans l'île, vous connaîtrez un climat bien différent, et ce à la même période. Si vous cherchez le ***soleil*** et la ***plage,*** l'hiver austral est préférable sur la côte ouest. Pour la ***randonnée,*** l'hiver austral est également la période la plus conseillée, mais il risque de faire plus froid, surtout en altitude. En été austral, saison des pluies, certains sentiers ne sont pas praticables suite à de fortes précipitations. Bon à savoir !

La période cyclonique a lieu en principe de décembre à mars. Pas de panique pour autant ! De toute façon, déjà, janvier est déconseillé : c'est la période des vacances scolaires (comme août en métropole), et tout est bondé (plages, restos...).
Une seule donnée fiable en permanence : la température moyenne de l'eau est idéale toute l'année (autour de 26 °C de novembre à mai et environ 23 °C de mai à octobre).
IMPORTANT : en dehors du mois de juin, traditionnellement plus calme, il est quasiment impératif de réserver depuis la métropole l'hébergement, la voiture de location et éventuellement les activités, que vous voyagiez ou non en groupe. Enfin, notez que ***pendant les vacances scolaires réunionnaises, de fin décembre à fin janvier, bon nombre d'adresses sont tout simplement fermées.***

CYCLONES

D'abord, une remarque rassurante : La Réunion étant bien équipée (c'est l'île la plus riche de l'océan Indien), les cyclones y sont rarement meurtriers. Ce n'était pas le cas autrefois, mais désormais les dégâts sont avant tout matériels : quelques vieilles cases s'écroulent, des arbres sont arrachés, les toits de tôle s'envolent, les panneaux publicitaires et (c'est plus gênant) les pancartes de signalisation aussi... Une expérience qui reste impressionnante, évidemment. Les Réunionnais se précipitent dans les supermarchés pour se ravitailler en eau, bougies, conserves, etc. Beaucoup de Réunionnais vous diront qu'un bon cyclone calme les esprits pour un certain temps. Pour la population, les effets néfastes sont surtout les coupures d'eau et d'électricité, les routes barrées et – après le cyclone – les inondations, ravageuses quand les ravines déferlent pendant plusieurs jours.

LES NOMS DES CYCLONES

Depuis le XVIIIe s, on donne un nom aux cyclones. Façon de conjurer le sort ? Certainement misogyne, le météorologue Wragge prenait des prénoms de femmes... ou de politiciens qu'il n'aimait pas. Depuis 1979, face aux critiques féministes, les cyclones sont baptisés alternativement par des prénoms masculins et féminins. Les listes sont d'ailleurs établies à l'avance.

Les 3 stades d'alerte cyclonique

Se tenir informé en lisant la presse, en écoutant la radio et en téléphonant aux services de Météo France (répondeurs avec message enregistré). Entre décembre et mars, dès que le temps se couvre, il vaut mieux consulter Météo France avant d'entreprendre une randonnée. ● *meteofrance.re* ●
– ***Le temps en direct, partout dans l'île, et bulletin météo marine :*** ☎ *32-50 (2,99 €/appel + prix de l'appel).*
– ***Le point cyclone :*** ☎ *0897-65-01-01 (0,60 €/appel).*
La Réunion dispose de 3 systèmes d'alerte.
– ***Préalerte :*** un cyclone est annoncé sur l'océan Indien, il approche suivant l'immuable ligne nord-est/sud-ouest, mais ne se manifeste pas encore. La vie continue normalement, toutefois il est officiellement interdit de partir en montagne ou en mer. Les habitants doivent vérifier leurs cases, élaguer les branches fragiles, commencer à acheter des produits de base, comme des bougies et de l'eau.
– ***Alerte orange :*** le cyclone approche des côtes. Les écoliers ne vont plus en classe et les paysans doivent rentrer leurs bêtes. Les voitures circulent encore normalement, mais seulement pour assurer les transports nécessaires. Ne pas

prendre son automobile si l'on n'est pas obligé de le faire. Si vous êtes sur la côte, ne montez pas dans les cirques, vous y seriez bloqué pendant toute la durée du cyclone sans possibilité de redescendre.
– ***Alerte rouge :*** le monstre va bientôt s'abattre sur l'île. Danger imminent ! L'alerte rouge est toujours annoncée par Météo France avec 3h d'avance, pour permettre aux entreprises de fermer leurs portes et aux habitants de rentrer chez eux. Interdiction absolue de sortir, à pied ou en voiture, et même de téléphoner, à cause des chocs électriques que peuvent occasionner les lignes brisées... Patience. Écouter souvent la radio pour se tenir informé de l'évolution du cyclone. La période d'alerte rouge peut durer entre 1 et 3 jours, au cas où le monstre ferait un 2d passage.

Après le cyclone (phase de sauvegarde)

La vigilance est conseillée, car les routes sont jonchées de branches et d'arbres cassés, de fils tombés à terre, de pierres détachées des falaises. Gare aux éboulements sur les routes de montagne et sur la corniche à la sortie de Saint-Denis. Bon, après ces souffles dévastateurs, vous aurez mérité de respirer un peu, à votre rythme... Il faut tout de même attendre quelques jours pour retrouver un bleu turquoise sur le lagon et boire l'eau du robinet.

DANGERS ET ENQUIQUINEMENTS

Voici la liste des pépins qui ne vous arriveront pas une fois que vous aurez lu ces lignes !
– Les ***moustiques*** piquent de jour comme de nuit. Des épidémies de chikungunya ou de dengue sont possibles, ce fut le cas pour la dengue en 2018, 2019 et même 2020, alors que sévissait déjà la Covid-19. On conseille vivement de privilégier les traitements préventifs et de se couvrir les bras et les jambes dans la mesure du possible. Ne pas hésiter à consulter les sites de l'OMS *(• who.int/fr •)* ou de l'Institut de veille sanitaire *(• santepubliquefrance.fr •)* en cas de doute.
Sinon, peu de risques importants à signaler, hormis ceux liés aux activités sportives.
– En dehors des requins (voir plus bas), un autre danger à éviter, côté plage : les ***vagues*** (souvent hautes) et les ***courants*** qui mènent vers le large. Ne pas ignorer les panneaux affichés sur les plages et éviter de se baigner quand la mer paraît trop agitée. Les accidents sont rares, mais ils arrivent le plus souvent suite à des imprudences.
– Ne pas sous-estimer les habituels ***coups de soleil.*** Celui-ci tape très fort entre 11h et 15h, même s'il y a des nuages, voire du brouillard en montagne, surtout quand on se rend au volcan ! Les peaux toutes roses de « métros » feront particulièrement attention.
– Une bonne nouvelle : ***aucun animal venimeux dans l'île.*** Les couleuvres que vous verrez peut-être ne sont pas dangereuses. En revanche, si les petits scorpions ne sont pas mortels, leur piqûre fait beaucoup plus mal qu'une simple piqûre de guêpe, alors attention ! Sinon, quelques petites araignées *(bibes)* dans les cases, des grandes *(babouks)* en dehors, mais pas méchantes, et un mille-pattes géant (appelé *cent-pieds* !), en voie de disparition, dont la piqûre est douloureuse elle aussi.
– Un mot sur les ***chiens errants :*** ils sont plutôt débonnaires et rarement agressifs dans les villes. Les autochtones ont des rapports beaucoup plus distants avec eux que les métropolitains, et ils font un peu partie du paysage.
– Enfin, avant de se lancer dans une grande randonnée en montagne, se renseigner sur les ***prévisions météo*** et l'***état d'ouverture des sentiers.*** À ce sujet, bien lire notre rubrique « Randonnées » plus loin.

Le risque requin

ARRÊTÉ PRÉFECTORAL

La baignade à La Réunion est possible mais, en raison du « risque requin », la préfecture a pris un arrêté portant réglementation de la baignade et de certaines activités nautiques dans la bande des 300 m du littoral de La Réunion. Cet arrêté est prorogé annuellement depuis 2013. **La baignade et les activités nautiques utilisant la force motrice des vagues (de type surf, *bodyboard, bodysurf, longboard, paddleboard*) ne sont autorisées que dans les 22 km de lagons entre Saint-Gilles et Saint-Pierre et dans des espaces aménagés et surveillés.** Il s'agit notamment des piscines naturelles créées en bord de mer à Boucan-Canot, Étang-Salé, Grand-Anse, Manapany-les-Bains, et des bassins protégés comme la Caverne à la pointe au Sel à Saint-Leu, le bassin Pirogue à Étang-Salé, le bassin Bleu à Sainte-Anne, la cascade Jacqueline à la marine de Langevin... Des coins de baignade pour se rafraîchir toute l'année. Ouf !

D'autres espaces ont été aménagés grâce à des filets antirequins. Ce sont des zones d'expérimentation opérationnelle appelées ZONEX. On les trouve à Boucan-Canot et aux Roche-Noires notamment.

Dans tous les cas, il convient bien sûr de se renseigner auprès des postes de MNS avant de se baigner pour savoir si les dispositifs sont opérationnels. Suivez les dernières infos sur • *info-requin.re* •

En dehors des 22 km de lagons et de ces espaces, c'est interdit.

On a compté en moyenne, sur les 30 dernières années, une attaque officielle par an, dont certaines mortelles, mais c'était l'exception. Seulement, depuis 2011, on observe une recrudescence d'attaques (une vingtaine), dont plusieurs mortelles. C'est un sujet complexe et un vrai challenge pour l'image de l'île, que les acteurs essaient de relever ensemble. Plusieurs hypothèses ont été avancées sur le comportement des requins bouledogues et requins tigres. Mais on peut aussi constater que certains accidents sont bien souvent liés à l'imprudence des usagers de l'eau qui n'ont pas respecté les consignes de sécurité...
Des filets ne laissant passer que les petits poissons et les tortues et de nouveaux dispositifs de sécurisation type sonars, drones et équipements de protection individuelle sont régulièrement testés par le Centre de ressources et d'appui pour la réduction du risque requins. Ce centre a été créé pour aider les communes à équiper les sites de baignade et d'activités nautiques. Renseignez-vous sur les sites équipés, les projets évoluent.
Respectez à la lettre la couleur des drapeaux (vert : toute sécurité ; orange : dangereux mais surveillé ; rouge : interdit) et les arrêtés préfectoraux concernant la réglementation des baignades et activités nautiques. Des panneaux se chargeront d'ailleurs de vous rappeler à l'ordre.

L'île aux embouteillages

À La Réunion, les voitures se vendent comme des petits pains (de l'ordre de 20 000 voitures neuves par an) – conséquence de la frénésie de consommation et d'une politique de transports tournant le dos au train. Or, le réseau routier n'est pas extensible compte tenu de la topographie de l'île (la population est concentrée sur la frange littorale, en deçà de 400 m d'altitude). Résultat : il y a trop de voitures et pas assez de place dans les rues et sur les routes, de l'ordre de 450 000 véhicules sur un territoire de 2 500 km². Ajoutez à cela l'usure rapide des routes littorales ainsi que les dégâts occasionnés par les passages des cyclones, et vous comprendrez mieux pourquoi les principales agglomérations sont si embouteillées aux heures de pointe. En réalité, c'est un véritable fléau, qui ne fait que s'aggraver d'année en année !

– ***Un conseil :*** pour échapper aux embouteillages, qui peuvent vraiment gâcher vos vacances, évitez d'entrer en voiture dans les villes, notamment à Saint-Denis, ***entre 7h et 9h*** du matin et d'en sortir ***entre 16h30 et 18h.*** Comme partout, ***ce sont les heures de pointe.*** D'énormes embouteillages à signaler aussi le dimanche soir, entre 17h et 20h, sur la route littorale reliant Saint-Gilles-les-Bains à Saint-Denis et dans la région de Saint-Pierre. Après la plage, l'embouteillage ! Tristes tropiques !

– Pratique : le service radio-guidage de Radio Free Dom *(● freedom.fr ●)* permet d'anticiper les bouchons et, quand on le peut, de moduler ses déplacements.

« L'autoroute à cailloux »

Vous ne pourrez pas converser avec un Réunionnais sans aborder le sujet de la ***route du littoral,*** entre Saint-Denis et Le Port. Sa physionomie actuelle date de 1976, année de l'acte de décès de l'autorail. La route est protégée par des filets déflecteurs et des murets, mais cela n'empêche pas les autorités de basculer parfois les voies : côté mer après de fortes pluies et côté montagne en cas de forte houle. ***En 1999 a été mise en service une 3-voies alternée.*** Malgré toutes ces dépenses, les chutes de pierres ont occasionné de nombreux accidents, entraînant la mort de plusieurs personnes.

Le gros chantier, c'est la construction d'une nouvelle route sur l'océan (littéralement !), entre Saint-Denis et La Possession, en doublement de cette fameuse route du littoral. Quand on vous dit : « la route la plus chère du monde », « la tueuse du *ti'train* », « l'autoroute à cailloux », on parle de ***cette NRL (Nouvelle Route du littoral) de 12,5 km (dont 5,4 km de viaduc) estimée au bas mot à 3 milliards d'euros*** (le double du budget initial). Ce projet fait couler beaucoup d'encre pour les « dérapages » financiers, les conséquences désastreuses sur l'environnement (marin entre autres) et l'absence d'alternative à la voiture... Et s'il devrait effectivement décongestionner le flot automobile sur quelques kilomètres, quid des voitures se retrouvant toutes in fine dans le même goulet d'étranglement en arrivant à Saint-Denis le matin !

La route des Tamarins

Afin de désengorger également le trafic sur la route côtière de l'Ouest, la ***route des Tamarins*** relie quant à elle, depuis 2009, Saint-Paul à Étang-Salé (en passant par les Hauts : Saint-Gilles, La Saline, Trois-Bassins, La Chaloupe, Piton-Saint-Leu et Les Avirons). Longue de 34 km, elle constitue un véritable défi technique, avec le franchissement de plus de 120 ravines. Des ouvrages d'art exceptionnels ont été élevés et quelques tunnels percés. Le tout à un coût là encore faramineux, dépassant le milliard d'euros. Avec elle on peut désormais parcourir les 3 quarts de l'île en 4-voies.

DÉCALAGE HORAIRE

Pas énorme malgré la distance avec la métropole. Ajouter 2h par rapport à l'heure d'été et 3h en hiver (de fin octobre à fin mars). Quand il est 12h à Paris, il est donc 14h ou 15h dans l'île, selon la saison. Faites-vous à l'idée qu'il fait nuit de bonne heure et qu'il y a peu de choses à faire après 20h (sinon la fête, bien sûr !). Vivez au rythme créole : levez-vous et couchez-vous avec le soleil.

HÉBERGEMENT

L'offre d'hébergement à La Réunion est suffisamment diversifiée pour que tous les budgets y trouvent leur compte, du camping à l'hôtel 5 étoiles. Les prix sont plus élevés entre Boucan-Canot et Saint-Leu, région la plus touristique. Les chambres et tables d'hôtes sont très prisées par les Réunionnais, qui réservent les meilleures pour les week-ends, des semaines à l'avance. *Conseil :* avril-mai, juillet-août, mais surtout octobre-décembre (par exemple lors de la Diagonale des Fous) sont les périodes les plus touristiques, et donc les plus chargées, du moins pour les hôtels de la côte ouest en bord de mer et pour les gîtes de randonnée. Beaucoup de monde partout... d'où la nécessité de réserver longtemps à l'avance.

À qui s'adresser ?

Le central de réservation *Île de La Réunion Tourisme* et les différents offices de tourisme fournissent toutes les infos sur l'ensemble des hébergements de l'île et peuvent aussi vous aider dans vos réservations pour les étourdis qui s'y prendraient au dernier moment. Sinon, adressez-vous au relais départemental des *Gîtes de France* pour les gîtes, chambres d'hôtes et auberges de campagne. Par ailleurs, nous mentionnons de nombreuses adresses ayant reçu le label *Qualité Tourisme Île de La Réunion* : les professionnels y adhèrent volontairement et s'engagent à proposer le meilleur à leur clientèle.

– *Sites utiles (infos et résas) : ● explorelareunion.com ● gites-de-france-reunion.com ● clevacances.com ●*

Le camping et le bivouac

Les campings sont peu nombreux. Il existe néanmoins des aires de bivouac et de camping à Mafate ainsi que quelques campings à la ferme ou chez l'habitant. Par ailleurs, on trouve des kiosques, avec barbecue, pris d'assaut les week-ends mais qui restent disponibles en semaine.

L'île se prête bien au bivouac. On peut facilement planter sa tente en bord de plage sur la côte ouest (Boucan-Canot, Grand-Fond, L'Ermitage, Trou-d'Eau, Saint-Leu, Étang-Salé) ainsi que sur la côte sud (Vincendo), ou tout simplement bivouaquer avec un hamac. Enfin, tout cela en restant discret quand même. Dans l'intérieur, c'est un peu plus compliqué car les températures sont beaucoup plus fraîches et le climat très humide. Il faut donc s'équiper en conséquence. Dans les Hauts, l'ONF accepte le bivouac pour une nuit. On conseille de respecter cette tolérance si l'on veut qu'elle perdure.

Les gîtes et refuges de randonnée

Les ***gîtes et refuges de randonnée*** sont des hébergements dans des lieux isolés, composés de dortoirs avec lits superposés, parfois de quelques chambres doubles. Tous sur les parcours de randonnée, dans des sites sublimes. Quelques-uns dans le cirque de Mafate (qui ne compte aucun hôtel). Ils servent des repas chauds le soir ainsi que des petits déjeuners. Confort sommaire, draps et couvertures fournis (un sac à viande est cependant recommandé), mais pas les serviettes ni le nécessaire de toilette. Des poêles à bois (ou à granulés, plus efficaces) chauffent les pièces principales, pas forcément les chambres. Ouverts toute l'année. Attention, ***la réservation est impérative.*** On peut se renseigner directement auprès des propriétaires ou sur le site *● reunion.fr ●* Noter qu'en période de sécheresse l'eau est rare et, sur le refuge du piton des Neiges, la douche n'est pas toujours possible.

Les chambres et les tables d'hôtes

Elles sont assez nombreuses et permettent de vivre à la créole et de partager un repas généralement très, voire trop, copieux ! Les chambres d'hôtes sont souvent situées dans les Hauts (mais loin de la côte) et pas toujours si faciles à trouver. Se faire préciser l'itinéraire. Un minimum de 2 nuits est parfois demandé. Certaines sont labellisées *Gîtes de France* ou *Clévacances.*

Les locations saisonnières (gîtes, meublés de tourisme)

– ***Les gîtes :*** souvent labellisés par les *Gîtes de France,* essentiellement pour les familles et des séjours d'une semaine.

– Les autres structures non labellisées *Gîtes de France* sont des appartements, maisons meublées, bungalows, loués en général à la semaine, du moins en haute saison. Certains sont labellisés *Clévacances.* Intéressant pour les familles ou quand on choisit de rayonner depuis un seul endroit. À ne pas négliger, surtout qu'avec la concurrence les prestations sont généralement de qualité (bon équipement électroménager, lit pour bébé...).

LANGUE CRÉOLE

La plupart des Réunionnais parlent le créole, même si la langue officielle est évidemment le français. Le créole (comme le cajun ou le québécois) est un « parler » français, provenant du français parlé au XVIIe s et intégrant ici des apports malgaches, tamouls, voire indo-portugais. Le créole de La Réunion est différent de ceux des Antilles ou de Guyane.

La langue créole est enseignée à l'université de Saint-Denis. À la maternelle, on parle surtout le créole (langue maternelle par définition), le français apparaissant plutôt en élémentaire. Depuis l'année 2000, les cours de l'élémentaire intègrent de plus l'histoire de l'île et de la zone océan Indien. Dire qu'il aura fallu attendre le IIIe millénaire pour arriver à cette révolution de programme... Même si pour un non-initié, les slogans publicitaires sur le bord des routes ou les instructions d'un distributeur de billets en créole font parfois sourire, on oublie tout simplement que plus de la moitié de la population ne parle en fait que le créole. Le créole reste le trait d'union le plus fort entre les différentes communautés et certainement le plus sûr moyen de s'intégrer et d'être acceptés (mahorais, comoriens ou « zoreils »).

Par ailleurs, noter que 21 % des Réunionnais (15 % chez les jeunes de 17 ans) étaient déclarés illettrés (Insee 2012), contre un taux de 7 % en métropole !

UNE SACRÉE MARMAILLE

En créole, on utilise ce mot affectueux signifiant « enfant ». Avec plus de 860 000 habitants, La Réunion est plus peuplée que la Guadeloupe et la Martinique réunies (environ 400 000 habitants pour chacune).

Prononciation et grammaire

Phonétiquement et grammaticalement, la langue créole ressemble un peu à un patois chantant. Les mots sont avalés, les liaisons très prononcées (*z'arabe* est un exemple typique), la grammaire simplifiée (*mi achète* pour « j'achète », *nave* pour « il y avait »). L'orthographe n'est pas stable : quand vous demandez à un créole comment écrire un mot, il répond (le sourire aux lèvres) : « Comme vous l'entendez. » Ça facilite le travail... Une 1re graphie phonétique, appelée

HÉRY DE BON CŒUR

Débarqué sur l'île Bourbon en 1820 pour y diriger une usine sucrière, le Breton Louis Héry (1808-1856) se convertit à l'enseignement et rédigea une adaptation des Fables de La Fontaine *en créole réunionnais, Fables créoles, dédiées aux dames de l'île Bourbon (1828). L'ouvrage est le 1er écrit connu dans cette langue et ne manque pas d'humour avec ses animaux péi. « Si vous tant content la misique, vous pé bien danser la polka. » Vous reconnaissez ?*

« Lékritir kréol », a vu le jour en 1977, mais elle a été supplantée par une graphie plus récente, la graphie Tangol, créée par l'écrivain Axel Gauvin et utilisée dans les collèges.
- ***Dictionnaire Kréol-Français,*** d'Alain Armand, 2e édition, 2014. 30 ans après sa 1re publication, la référence en la matière. Agrémenté de nombreuses citations.
- ***Guide créole réunionnais,*** de Gillette Staudacher, 2015, Assimil. Guide de conversation.

Petit lexique créole

- *Baba :* bébé.
- *Bat un carré :* se promener.
- *Ben :* oui.
- *Bertelle :* sac en vacoa que portent les créoles dans les Hauts.
- *Boug :* un mec, un gars.
- *Case :* maison (l'habitation est une exploitation agricole).
- *Cass l'armoire :* se mettre sur son trente et un, mettre ses plus beaux vêtements.
- *Coman i lé :* signe de politesse, pour dire bonjour. On répond « *lé la* ».
- *Coup de sec :* verre de rhum (bien sûr).
- *Dalon :* copain.
- *Gramoune :* personne âgée.
- *Ladi lafé :* commérages.
- *Lé bel :* c'est bien.
- *Lé mol :* c'est nul.
- *Lontan :* autrefois.
- *Marmaille :* enfant.
- *Mi aim a ou :* pas besoin qu'on vous traduise.
- *Mi connais pas :* je ne sais pas.
- *Moucater :* se moquer.
- *Péi :* du pays, local. Employé à toutes les sauces : marché *péi,* confitures *péi,* artisanat *péi...*
- *Pile plate :* petite bouteille de rhum en plastique.
- *Skisse a moin :* excusez-moi.
- *Tantine :* fille.
- *Taser :* draguer.
- *Ti' rack :* un coup de rhum.
- *Totoche :* souvent utilisé avant une phrase, pour marquer son étonnement. *Totoche ta maman,* le « nique ta mère » local.
- *Yab :* un créole blanc des Hauts.
- *Zamal :* cannabis local, de réputation mondiale.
- *Zorey* ou *Z'oreille :* Blanc de métropole.

Attention aux contresens ! Par exemple :

- *Baiser :* frapper.
- *Boucan :* cabane.
- *Coquer :* faire l'amour.
- *Linge :* le vêtement.
- *Nana :* il y a.
- *Roder :* chercher.

LIVRES DE ROUTE

- ***Chasseur de Noirs*** (Orphie), de Daniel Vaxelaire. Bien que né en Lorraine en 1948, Daniel Vaxelaire s'est créolisé et a renouvelé le roman historique. Il a écrit notamment cette histoire d'un chasseur de primes devenu défenseur de l'abolition de l'esclavage. Également un roman, ***L'Affranchi*** (éditions Phébus et Orphie), racontant l'ascension sociale d'Étienne, affranchi et instrumentalisé par son maître. Mais aussi un roman sur le célèbre Sitarane (***Les Buveurs de sang,*** Orphie, 2008) et de nombreux ouvrages pour la jeunesse, des nouvelles, etc.

– ***Du créole opprimé au créole libéré*** (L'Harmattan, 2000), essai d'Axel Gauvin. Né à Bois-de-Nèfles (Saint-Denis) en 1944, professeur de sciences naturelles, poète et romancier, Axel Gauvin milite pour la défense de la culture réunionnaise et de la langue créole. Parmi ses livres, citons également ***L'Aimé*** (Éditions du Seuil, 1990), l'histoire d'une résurrection sentimentale, ou encore ***Train fou*** (Éditions du Seuil, 2000).

– ***L'Empreinte française*** (Éditions du Rocher, 2005), de Jean-François Samlong. Né à Sainte-Marie en 1949, prof, poète et romancier à succès, il est le fondateur du mouvement Créolie. *L'Empreinte française* est un récit autobiographique où l'écrivain évoque son parcours entre cultures créole et française. Dans ***Le Nègre blanc de Bel-Air*** (Le Serpent à Plumes, 2002), un maître décide d'éduquer son esclave comme un Blanc. Dans ***L'Arbre de violence*** (Le Livre de Poche, 1996), il évoque la relation douloureuse entre un père et son fils.

– ***L'Aïeule de l'isle Bourbon*** (rééd. L'Harmattan, 2000), de Monique Agénor. Née à Saint-Denis en 1940, comédienne, cinéaste et romancière, Monique Agénor a reçu en 1994 le prix des Mascareignes pour ce livre. Elle a aussi publié un récit pour les plus jeunes, ***Les Enfants de la colline sacrée*** (Syros Jeunesse, 2005).

– ***Le Petit Désordre de la mer*** (Océan Éditions, 2010), de Joëlle Écormier. Née au Tampon en 1967, cette écrivaine se spécialise peu à peu dans la littérature pour enfants et adolescents. En 2009, elle reçoit le prix du roman de La Réunion des Livres pour *Le Petit Désordre de la mer,* « désordre » en créole signifiant « bruit ».

– ***Le Souffle des disparus*** (Livres sans frontières, 2011), de Bernadette Thomas, née aux Avirons, professeur de lettres. Inspiré d'une histoire réelle, le roman raconte le parcours d'un médium guérisseur sur fond de métissage. Autres romans de l'auteur : *Je veux ma place au soleil, La Terre Jumelle* (une trilogie d'heroic fantasy) ou encore *Jeanne il était une femme* (2018), un roman historique ayant pour cadre l'océan Indien au XVIIIe s et pour lequel Bernadette Thomas a reçu le prix du Livre insulaire 2019 de Ouessant.

– Un roman sur Kerguelen, ***Léone : pages de vie à Kerguelen*** (Orphie, 2000), de Françoise Sylvestre, prend La Réunion comme point de départ. Un ouvrage très bien documenté.

– Également une référence en matière de bel ouvrage, ***La Réunion du battant des lames au sommet des montagnes*** (rééd. Cormorans, 2017), de Catherine Lavaux, une véritable encyclopédie de l'île pour comprendre l'histoire et la culture réunionnaises.

– Un roman historique récent et bien documenté : ***La Vraie Couleur de la vanille*** (L'École des Loisirs, 2014), de Sophie Chérer, relate la fameuse découverte botanique d'Edmond Albius, jeune esclave noir adopté par un planteur blanc...

UN PROCÈS EXEMPLAIRE !

En 1817, l'esclave Furcy fit un procès à son maître pour retrouver sa liberté. La procédure dura 26 ans ! Né à La Réunion, il travailla 18 ans à Maurice. Il gagna en 1843... 5 ans avant l'abolition de l'esclavage. Devenu célèbre, il fit fortune comme confiseur. Lire cette histoire inimaginable et pourtant vraie dans L'Affaire de l'esclave Furcy *(Gallimard, 2010), de Mohammed Aïssaoui.*

– Un très bon et beau bouquin, ***Exil créole*** (2004), par *Artisan Reporter.* Le n° 1 d'une collection de récits de voyages, d'enquêtes et de reportages. Pour ceux qui veulent découvrir La Réunion d'une manière plus instructive. Des récits très différents les uns des autres, qui se lisent comme des nouvelles.

– ***Guide des volcans d'outre-mer*** (Belin, « Guides savants », 2007). Un ouvrage joliment illustré (photos, cartes, témoignages...) sur les volcans, petits ou grands, actifs ou non, de la France d'outre-mer. La Fournaise réunionnaise, de par sa forte activité, y tient une place de choix, bien évidemment. Double approche : à la fois géologique et touristique.

– Enfin, signalons ***L'Incroyable Histoire du café Bourbon pointu de La Réunion*** (Edilivre, 2016), d'Ansbert Alexandre Dijoux. À parcourir en dégustant une tasse de ce café unique, haut de gamme et adopté par de grands restaurants, un arabica naturellement décaféiné sauvé de la disparition par des passionnés.

Au rayon B.D.

– Les albums des aventures de ***Tiburce,*** le Titeuf local, un jeune créole dans la vie de tous les jours, avec des personnages typiques de La Réunion. Disponibles dans les librairies et grandes surfaces, ils sont une bonne entrée en matière sur la vie des Hauts.
– On recommande par ailleurs les albums engagés d'Appollo et de Serge Huo-Chao-Si, respectivement scénariste et dessinateur, publiés aux éditions Vents d'Ouest : ***La Grippe coloniale*** (2003) a remporté le grand prix de la critique à Angoulême en 2003 et traite du difficile retour des poilus à La Réunion. La série ***Fantômes blancs*** (*Maison rouge,* 2005, et *Bénédicte,* 2006) s'intéresse à la délicate question de l'esclavage. Autre album d'Apollo, en collaboration avec le dessinateur Lewis Trondheim, cette fois-ci : ***Île Bourbon 1730*** (Delcourt, 2007). Les pas de 2 ornithologues rêvant de capturer le dernier dodo croisent ceux de flibustiers (dont le célèbre La Buse), colons, marrons... et autres drôles d'oiseaux. Un chef-d'œuvre du genre.
– Également ***Les Grandes Dates de l'histoire de La Réunion*** chez Epsilon Éditions, sous forme de B.D., par Fabrice Urbatro et Gilles Gauvin (édité en français et en créole).

PERSONNES HANDICAPÉES

La marque Tourisme et Handicap

Créée par le secrétariat d'État à la consommation et au tourisme en partenariat avec les professionnels du tourisme et les associations représentant les personnes handicapées, elle permet d'identifier les lieux de vacances (hôtels, campings, sites naturels, etc.), de loisirs ou de culture (musées, monuments, etc.) mais aussi des offices de tourisme accessibles aux personnes en situation de handicap. Cette accessibilité, visualisée par un pictogramme correspondant aux quatre types de handicap (moteur, visuel, auditif et mental), garantit accueil, accessibilité et confort et une utilisation des services proposés avec un maximum d'autonomie dans un environnement sécurisant.

Pour connaître la liste des sites labellisés par départements • *tourisme-handicaps.org* •

Par ailleurs, dans notre guide, nous indiquons par le logo les établissements qui possèdent un accès ou des chambres pouvant accueillir des personnes handicapées. Certaines adresses sont parfaitement équipées selon les critères les plus modernes. D'autres, plus simples, plus anciennes aussi, sans répondre aux normes les plus récentes, favorisent l'accueil des personnes handicapées en facilitant l'accès à leur établissement, tant sur le plan matériel que sur le plan humain. Évidemment, les handicaps étant très divers, des lieux accessibles à certaines personnes ne le seront pas pour d'autres. Appelez donc auparavant pour savoir si l'équipement de l'hôtel ou du resto est compatible avec votre niveau de mobilité.

Malgré les combats menés par les nombreuses associations, l'intégration des personnes handicapées à la vie de tous les jours est encore balbutiante en France. Il tient à chacun de nous de faire changer les choses. Une prise de conscience est nécessaire, nous sommes tous concernés.

PLONGÉE

Jetez-vous à l'eau !

En vacances, c'est le moment ou jamais de vous jeter à l'eau... de jour comme de nuit ! Pourquoi ne pas profiter de votre escapade dans ces régions où les paysages sous-marins sont aussi idylliques que les rivages tropicaux ? Pour faire vos 1res bulles, pas besoin d'être sportif ni bon nageur. Il suffit d'avoir plus de 8 ans et d'être en bonne santé. Sachez que l'usage de certains médicaments est incompatible avec la plongée. De même, les femmes enceintes s'abstiendront formellement de toute incursion sous-marine. Sauf pour le baptême, un certificat médical vous sera demandé, et c'est dans votre intérêt. L'initiation des enfants requiert un encadrement qualifié dans un environnement approprié (site protégé, sans courant, matériel adapté).
Non, la plongée ne fait pas mal aux oreilles ; il suffit de souffler délicatement en se bouchant le nez pour rétablir la pression interne des tympans. Il ne faut pas forcer dans cet étrange « détendeur » que l'on met dans votre bouche, au contraire. Et le fait d'avoir une expiration active est décontractant puisque c'est la base de toute relaxation. Respectez impérativement les règles de sécurité, expliquées au fur et à mesure par votre moniteur. Attention : pensez à respecter un intervalle de 12 à 24h avant de prendre l'avion ou d'entamer une randonnée sur les hauteurs de l'île, afin de ne pas modifier le déroulement de la désaturation.

Les centres de plongée

Ici, comme en métropole, la plupart des clubs sont affiliés à la *Fédération française d'études et de sports sous-marins (FFESSM)* et d'autres rattachés à l'*Association nationale des moniteurs de plongée (ANMP).* L'encadrement – équivalent quelle que soit la structure – est assuré par des moniteurs brevetés d'État, véritables professionnels de la mer, qui maîtrisent le cadre des plongées, connaissent tous leurs spots « sur le bout des palmes » et affichent un souci permanent de la protection des fonds marins. Aussi les routard(e)s s'adresseront-ils à eux en priorité.
Un bon centre de plongée est un centre qui respecte toutes les règles de sécurité, sans négliger le plaisir. Méfiez-vous d'un club qui vous embarque sans aucune question préalable sur votre niveau ; il n'est pas « sympa », il est dangereux. Regardez si le centre est bien entretenu (rouille, propreté...), si le matériel de sécurité – obligatoire – (oxygène, trousse de secours, téléphone portable ou radio...) est à bord. Les diplômes des moniteurs doivent être affichés. Enfin, à vous de voir si vous préférez un centre genre « usine bien huilée » ou une petite structure souple pratiquant la « plongée à la carte et en petit comité », très répandue à La Réunion.

C'est la 1re fois ?

Alors, l'histoire commence par un baptême : une petite demi-heure pendant laquelle le moniteur s'occupe de tout et vous tient la main. Laissez-vous aller au plaisir ! Même si vous vous sentez harnaché comme un sapin de Noël déraciné hors saison, tout cet équipement s'oublie complètement une fois dans l'eau. Vous ne devriez pas descendre au-delà de 5-6 m. Puis l'histoire se poursuit par un apprentissage progressif.

Formation et niveaux

Les clubs de plongée délivrent des formations par niveau. Avec le *niveau 1,* vous descendez à 20 m accompagné d'un moniteur. Avec le *niveau 2,* vous êtes autonome dans la zone des 20 m, mais encadré jusqu'à la profondeur maximale

de 40 m. Passez ensuite le *niveau 3* et vous serez totalement autonome, dans la limite des tables de plongée. Enfin, le *niveau 4* prépare les futurs moniteurs à l'encadrement.
Les clubs délivrent un « carnet de plongée » indiquant votre expérience (et de bons souvenirs une fois les vacances terminées !).

Plonger à La Réunion

Île volcanique, La Réunion recèle des fonds marins au relief étonnant : failles, arches, tombants, et puis une longue barrière de corail (25 km environ) éclatante de richesse et de vie. Ici, on peut plonger toute l'année, mais la meilleure période va d'octobre à avril. L'eau y est généralement à 28 °C, tandis qu'elle descend à 23 °C pendant l'hiver austral. Attention, de décembre à mars : saison des pluies (il ne pleut pas tout le temps, rassurez-vous) et période des cyclones. Mieux vaut ne pas plonger après de fortes pluies car les ravines, en se déversant dans la mer, troublent l'eau, et l'aquarium promis se transforme en gros bouillon. Les professionnels des clubs de plongée ne sortent pas dans ce cas. On peut leur faire confiance.
La plongée réunionnaise se concentre essentiellement sur les récifs de la côte ouest. Débutants et confirmés évoluent dans un univers harmonieux, parsemé de coraux où batifolent des quantités de poissons tropicaux en tout genre : anges, papillons, cochers, chirurgiens, lions, perroquets, mérous, demoiselles, balistes, raies, barracudas, carangues, murènes, tortues et dauphins... Au nord et au nord-est, la plongée ne comporte aucun intérêt sinon quelques sites isolés mais poissonneux... Certes, un type de corail brûle, quelques poissons (très peu) piquent, et on parle (beaucoup) des requins (voir la rubrique « Dangers et enquiquinements »). Dans ce dernier cas, renseignez-vous auprès des professionnels, qui sont aux 1res loges.

Règle d'or

Respectez absolument l'environnement fragile qui vous entoure, ne touchez à rien, et ne donnez pas de nourriture aux poissons. La sauvegarde des sites et de leurs occupants dépend aussi de nous tous.

Pour en savoir plus

– Réservations possibles auprès du central de réservation *Île de La Réunion Tourisme.* ● *explorelareunion.com* ●
– ***Poissons de l'île de La Réunion*** (Orphie Pratique, 2010), de James Caratini et Thierry Soriano. Un guide complet, richement illustré de belles photos.

Nos meilleurs spots de plongée

Au nord-ouest (entre le cap la Houssaye et Saint-Gilles)

Passe de l'Ermitage : *plongée facile, à partir du niveau 1.* La plus belle plongée de Saint-Gilles, une vaste zone sur la barrière de corail où l'on découvre canyons, grottes et tunnels. Voir notamment l'énorme roche où les tortues viennent se faire nettoyer. Des coraux de toutes les couleurs et une bonne chance de rencontrer des bancs de raies-aigles.
Navarra : *plongeurs confirmés, niveau 3.* Grand navire de pêche coulé par 55 m de fond. La flore a colonisé le site, alors que les poissons batifolent : poissons-limes, mérous, raies, pastenagues, perroquets...
Hai Siang : *plongeurs confirmés, niveau 3.* Une belle épave coulée dans les années 1980 et posée sur un fond de 56 m. Un mérou, sorte de gardien, veille au bon déroulement de votre plongée. Agréable dans de bonnes conditions, sans courant.
Cap la Houssaye : *plongée facile, à partir du niveau 1.* Une pointe rocheuse le long de la côte. Il s'y cache une petite crique où foisonne une microvie (hippocampes, poissons-feuilles, poissons-fantômes...). Belle grotte, à la faune très riche.

Cheminée ou Trois Grottes : *plongeurs confirmés, à partir du niveau 2.* Plongée mythique qui débute par des couloirs sablonneux, puis une ouverture permet d'emprunter une cheminée étroite et riche en coraux et en éponges multicolores. Une large grotte et une arche ponctuent cette descente. Grande diversité d'espèces de poissons.

Tour de Boucan : *à partir du niveau 1.* Le spot phare de Boucan-Canot. Un gros rocher posé sur 20 m et jusqu'à 12 m de profondeur forme cette magnifique tour que l'on peut explorer de bas en haut, en spirale jusqu'à son sommet. Canyons, failles, grottes habillés par des gorgones à proximité de la tour. Vous surprendrez probablement des langoustes, perroquets, balistes et chirurgiens.

Maharani : *ts niveaux, idéal pour les baptêmes.* Voici un plateau de 3 à 15 m, percé de tunnels et de canyons. Classiques compagnons de plongée : mérous célestes, poissons-perroquets, papillons ou trompettes...

Zone Saliba : *à partir du niveau 1.* Un peu plus au large, en face du spot Maharani. Évolution entre 15 et 30 m, plusieurs plongées possibles sur cette même zone. Idéal en dérive. Gros bloc rocheux et grottes habités de gorgones. Beaucoup de faune en banc. Rencontre régulière de tortues.

Pain de sucre : *ts niveaux (attention tt de même à la houle).* Vaste zone repérable à un petit dôme rocheux immergé sur le bord de la N 1. Rochers, grottes, tunnels forment un ensemble original. De 3 à 20 m, cette plongée permet aussi de rencontrer coraux et poissons, entre autres les poissons-soldats qui montent la garde.

Roches merveilleuses : *plongeurs confirmés, niveau 3.* De 45 à 55 m, vastes grottes tapissées de superbes gorgones orange.

Pierre du préfet : *à partir du niveau 1.* Patate de corail entre 18 et 22 m, très visitée. Cavités et trous où se cachent poissons et crustacés : langoustes, crabes, perroquets. Idéal pour les sorties de nuit.

Canyons : *idéal pour les baptêmes.* À seulement 5 mn du port de Saint-Gilles, face à la plage des Brisants. Formé par d'anciennes coulées de lave de 3 à 20 m, véritable canyon sous-marin. Plongée dans un aquarium avec toute la faune récifale dans moins de 5 m de profondeur !

Au sud-ouest (autour de la baie de Saint-Leu)

Kiosques : *ts niveaux.* Failles et plateaux coralliens de 3 à 18 m. Très coloré. Remarquable arche de 1,20 m de diamètre.

Maison verte : *à partir du niveau 1.* De 5 à 25 m, voici de grosses structures (patates de 5 m de diamètre, arbustes...). Décor magnifique et multicolore (taux de recouvrement à 90 %). Faune abondante : poissons-chirurgiens, clowns, trompettes, langoustes.

Pointe au Sel : *à partir du niveau 2.* La plus connue. Grande variété d'espèces de poissons : mérous, perroquets, cochers, demoiselles, lions, balistes, carangues, thons (particulièrement impressionnants). La moindre grotte de corail sert d'abri aux murènes et aux mérous rouges. Plateau sur 25 m puis tombant tapissé de corail. Au bord, impression de vertige : la falaise pique jusqu'à 71 m ! Attention, un peu technique dès qu'il y a du courant. De grosses loches de mer accompagnent les plongeurs.

Sec Jaune et tombant des grottes : *à partir du niveau 1.* De 5 à 25 m, au sud de la pointe au Sel. Haut fond au relief escarpé avec de superbes patates recouvertes de corail de feu... jaune ! 2 grottes à la base du petit tombant, faune luxuriante.

L'Antonio Lorenzo : *à partir du niveau 2.* Épave coulée par 40 m de fond. Des bancs de lutjans, antennaires, ptéroïs et la murène léopard vous attendent... Cales facilement accessibles.

Au sud-ouest (à Étang-Salé)

Petit Tombant : *ts niveaux.* Le tombant possède une biodiversité exceptionnelle et permet à des plongeurs de tous niveaux d'évoluer en sécurité, du platier riche en corail jusqu'à 16 m de fond en bordure de tombant.

Poséidon : *à partir du niveau 3.* Un éperon rocheux entre 37 et 60 m, où les niveaux 3 pourront descendre sur l'arche et la grotte au pied du tombant. La plongée se termine sur les marches de Poséidon, une curiosité géologique formée par des orgues basaltiques horizontales.
Grottes du Portail : *ts niveaux.* Tunnels de lave situés entre 10 et 35 m. Déconseillé aux claustrophobes ! Faune cavernicole importante, crustacés ou poissons, mais aussi des raies.
Grottes sud : *à partir du niveau 2.* Elles percent un massif qui a son sommet à moins 27 m et sa base à moins 40 m. Elles sont grandes et suffisamment lumineuses pour évoluer en palanquée. Langoustes, mérous collés au plafond et même parfois un gros mérou patate.

Au sud (de Saint-Pierre à Grands-Bois)

Corail Garden : *pour plongeurs confirmés, à partir du niveau 2.* Un des sites les plus florissants de l'île. C'est aussi un tombant de 25 m de profondeur. À 18 m, une cheminée permet de se faufiler à l'intérieur de la roche, pour ressortir 10 m plus haut.
Petit Tombant aux Ancres : *à partir du niveau 2.* Face au port de Saint-Pierre. On peut admirer par 25 m de fond des canons, ancres, chaînes... Faune peu présente.
Grotte à Barjo : *à partir du niveau 2.* Ancien tunnel de lave dont la base est à 33 m. De gros poissons mais aussi des langoustes, porcelaines, et souvent une raie sur la petite plage de sable blanc.
Phare et Cafrine : *à partir du niveau 2.* Un site au relief étonnant. 2 falaises se font face avec, au milieu, un piton basaltique, remontant de 41 à 18 m.

POSTE

Affranchissement habituel pour adresser du courrier en métropole. Seule distinction, le délai : compter environ 3 jours pour qu'une lettre parvienne en France métropolitaine (ce qui, somme toute, est très raisonnable pour 10 000 km !).

RANDONNÉES

• Carte *p. 62-63*

Marche à suivre

Nous avons indiqué les marches les plus intéressantes à faire dans chaque chapitre, mais attention, **nos commentaires ne suffisent largement pas** pour se lancer dans ce genre de rando : une bonne carte IGN ou un topoguide est INDISPENSABLE. **Les temps de marche ne sont que très indicatifs (au minimum), variables en fonction du niveau de chacun, de l'âge et des conditions météo du moment.** Ceux indiqués sur les bornes (que nous avons souvent retenus dans nos textes) sont pour les marcheurs aguerris, sans sac à dos. Attention de bien vous renseigner avant et de ne pas vous surestimer **en prévoyant jusqu'à 40 % de marge** ! Il est par ailleurs **impératif de vérifier la météo et l'état des sentiers** avant de partir.

L'île de La Réunion est un endroit extraordinaire et particulièrement attrayant pour la marche. C'est même son grand point fort ! Un relief tourmenté, des montagnes omniprésentes, un sommet à plus de 3 000 m, un volcan spectaculaire, des cirques mystérieux, des failles impressionnantes et des forêts profondes... Il y en a pour tous les goûts. L'*ONF* a balisé des centaines de kilomètres de sentiers, de tous niveaux. Même pas besoin de marcher plusieurs jours pour goûter aux merveilles naturelles : certains panoramas à couper le souffle ne sont qu'à 2 ou 3h de marche, parfois seulement à 10 mn, voire au bout d'un parking ! Pourtant, pour découvrir les cirques, où se cachent les beautés secrètes de La Réunion, il est préférable de prendre son temps : des circuits de 5 à 7 jours permettent de voir l'essentiel, sac au dos.

Trouver chaussure à son pied

– Pour les grands marcheurs, se procurer le *Topo Guide de la FFRandonnée L'Île de la Réunion* (plus de 23 jours de randonnée sur les GR R1, GR R2 et GR R3) ou *52 balades et randonnées faciles,* de Luc Reynaud. Autre ouvrage : *La Réunion. Paradis des randonneurs dans l'océan Indien, 58 itinéraires,* de Walter Iwersen, éd. Rother. Également une soixantaine de balades et de randos proposées sous forme de fiches par les éditions Orphie.
– Pour organiser vos randonnées, plusieurs ***sites à consulter,*** dont • *andotec tec.reunion-parcnational.fr* •, • *reunion.fr/planifier/les-circuits-de-randonnee* • (fiches par circuit), • *mongr.fr* • ou encore • *runraid.free.fr* • et • *runrando.free.fr* • (avec une page sur les « sentiers marmailles » et les infos sur les sentiers fermés ou sur les cyclones). Sinon, s'adresser aux ***offices et maisons de tourisme*** pour obtenir toutes les informations pratiques sur les séjours en montagne ou sur les réservations dans les refuges et les gîtes. Autre site enfin : • *explorelareunion.com* •
– ***Cartes :*** les cartes IGN vous seront indispensables (celle au 1/75 000 couvre toute l'île). Les cartes les plus détaillées sont les IGN Top 25, n°s 4 401 à 4 406, selon les zones de randonnée choisies (certaines plastifiées et résistantes).

Conseils et numéros utiles

– ***S'informer sur la météo avant de partir :*** sur • *meteofrance.re* • ou au journal télévisé de 20h.
– ***IMPORTANT, pour connaître l'état des sentiers, téléphoner au préalable aux offices de tourisme du coin :*** les éboulements étant en effet fréquents, certains sentiers sont alors fermés d'un jour à l'autre, et on se casse le nez. Ces informations (arrêtés préfectoraux d'ouverture et de fermeture) sont également en ligne sur • *explorelareunion.com* • (rubrique « Pratique »).
– ***Vêtements :*** on est en zone tropicale, mais l'altitude vous le fera vite oublier. Prévoir un bon pull ou une polaire de qualité, un coupe-vent imperméable (genre cape de pluie), un bonnet (si, si !), des gants et, bien sûr, de bonnes chaussures de marche, légères et crantées, voire des chaussures pour traverser les rivières et une paire de tongs pour reposer les pieds le soir ; un système de purification de l'eau pour les aventuriers, sinon des bouteilles d'eau, une lampe de poche ou frontale. Indispensables : un chapeau, de la crème solaire et une gourde (de 2 à 3 l). Un sac à dos, normalement chargé, pour une rando de plusieurs jours, pèse entre 10 et 13 kg. Durant l'hiver austral, prévoir des vêtements chauds pour les nuits en altitude.
– ***Provisions et matériel :*** les provisions sont en général disponibles sur place (sauf le dimanche, voire le lundi), mais elles sont très chères dans le cirque de Mafate, approvisionné par hélico. La plupart des gîtes de randonnée servent des repas et des petits déjeuners. Apportez votre pique-nique pour le déjeuner ! Si vous réservez votre hébergement, le sac de couchage n'est pas indispensable (couvertures fournies) quand vous avez peu de place dans vos bagages. En revanche, le sac à viande est conseillé, de même qu'une serviette de bain. Pensez aux crèmes antimoustiques.

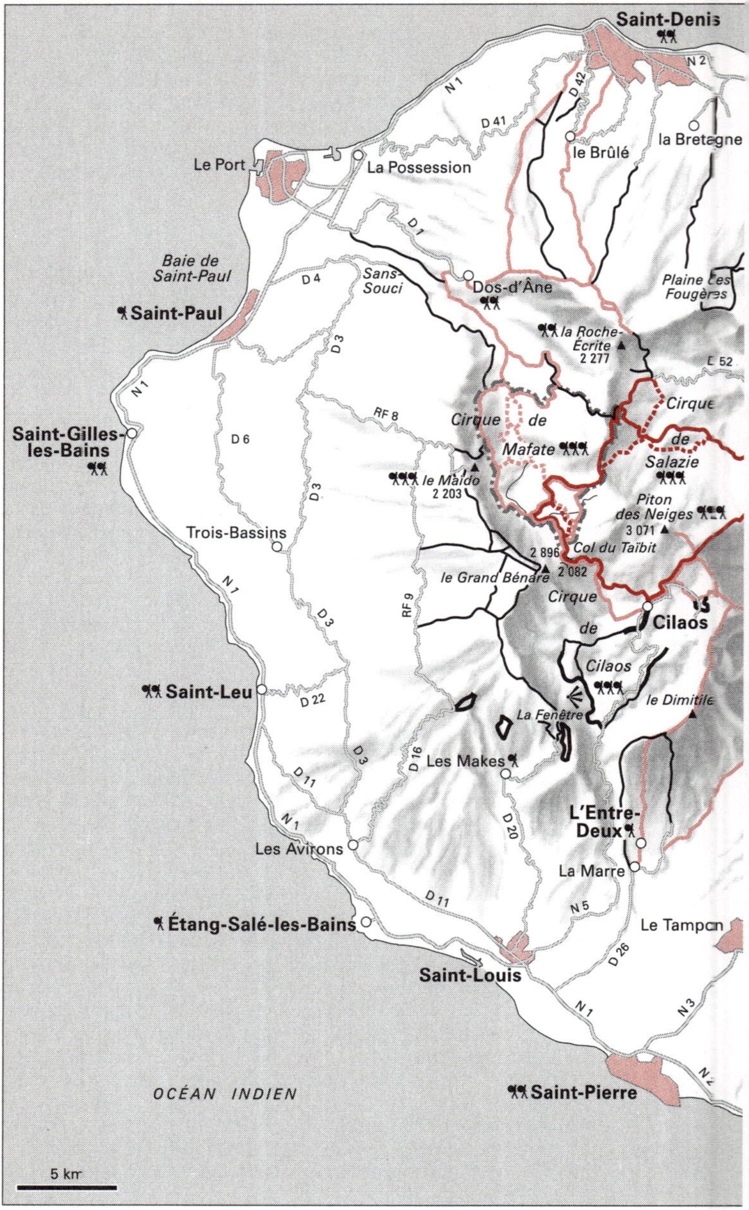

Saint-Denis
N 2
N 1
D 42
D 41
le Brûlé
la Bretagne
Le Port
La Possession
D 1
Baie de Saint-Paul
D 4
Sans-Souci
Dos-d'Âne
Plaine des Fougères
Saint-Paul
D 3
la Roche-Écrite
2 277
L 52
N 1
RF 8
Cirque de Mafate
Cirque de Salazie
Saint-Gilles-les-Bains
D 6
le Maïdo
2 203
D 3
Piton des Neiges
3 071
Trois-Bassins
2 896
Col du Taïbit
2 082
le Grand Bénare
N 1
RF 9
D 3
Cirque de Cilaos
Cilaos
Saint-Leu
D 22
le Dimitile
La Fenêtre
D 16
D 3
Les Makes
D 11
D 20
L'Entre-Deux
N 1
Les Avirons
La Marre
D 11
N 5
Étang-Salé-les-Bains
Le Tampon
D 26
Saint-Louis
N 1
N 3
N 2
OCÉAN INDIEN
Saint-Pierre
5 km

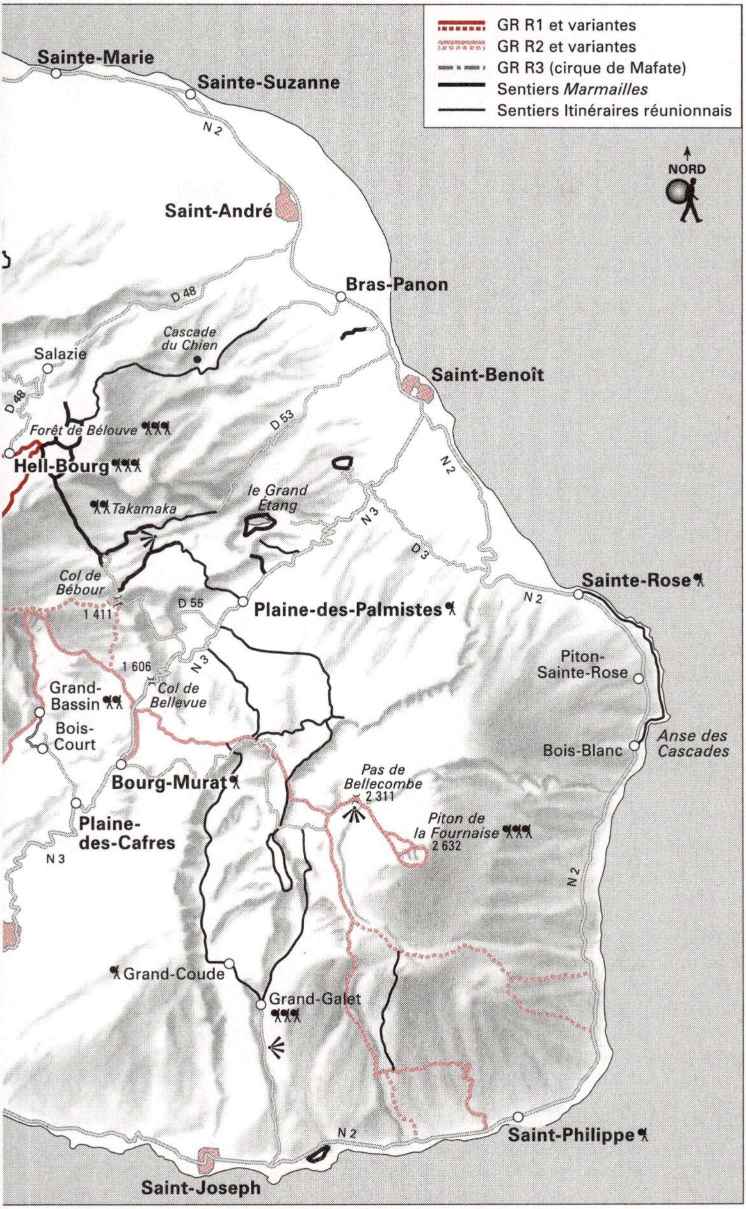
GR R1 et variantes
GR R2 et variantes
GR R3 (cirque de Mafate)
Sentiers Marmailles
Sentiers Itinéraires réunionnais
NORD
Sainte-Marie
Sainte-Suzanne
N 2
Saint-André
Bras-Panon
D 48
Cascade du Chien
Salazie
Saint-Benoît
D 48
D 53
Forêt de Bélouve
Hell-Bourg
N 2
Takamaka
le Grand Étang
N 3
D 3
Col de Bébour
1 411
D 55
Plaine-des-Palmistes
N 2
Sainte-Rose
1 606
N 3
Piton-Sainte-Rose
Grand-Bassin
Col de Bellevue
Bois-Court
Bois-Blanc
Anse des Cascades
Bourg-Murat
Pas de Bellecombe
2 311
Plaine-des-Cafres
Piton de la Fournaise
2 632
N 3
N 2
Grand-Coude
Grand-Galet
N 2
Saint-Philippe
Saint-Joseph

– Le long des sentiers de randonnée, ***remportez tous vos emballages avec vous,*** ne jetez rien, pas même les déchets prétendument biodégradables (épluchures et trognons, noyaux, pain...). Ceux-ci favorisent l'invasion du milieu par des prédateurs qui, jusque-là, en étaient absents. De même, il est interdit de prélever des écorces et de manger feuilles ou fruits (d'autant que certains peuvent être toxiques).
– ***Altimètres :*** attention, il faut s'en méfier car ils donnent de fausses indications à La Réunion. En air tropical, l'humidité, l'épaisseur de la troposphère et la température influent sur les mesures de pression. Tout altimètre sous-estime alors les variations de 5 m tous les 100 m.
– ***Partir tôt le matin :*** pour avoir le temps de rentrer si le temps se gâte et pour profiter des paysages (brouillard fréquent en altitude après 10h).
– ***Voiture :*** éviter de laisser une voiture de location au départ des sentiers de randonnée, surtout la nuit. Quelques vols sont à déplorer. Dans tous les cas, ne rien laisser à l'intérieur qui puisse tenter les voleurs (on peut retirer la plage arrière du véhicule pour montrer qu'il n'y a rien). Pour Mafate depuis Salazie/Grand-Îlet/Le Bélier, il existe un parking surveillé payant au col des Bœufs.
– ***NE JAMAIS PARTIR SEUL !*** La montagne a ses dangers et vous seriez bien embêté, avec une cheville foulée, pour vous faire rapatrier ou en cas d'agression (heureusement très rares et pas plus fréquentes qu'ailleurs). Les offices et maisons de tourisme peuvent vous fournir la liste des accompagnateurs en montagne diplômés d'État et très compétents, qui en plus vous décriront la flore et les traditions de la population des Hauts.
– ***Attention à la météo :*** La Réunion présente de très nombreux microclimats dus aux variations d'altitude, notamment. Au même moment, il peut pleuvoir dans une partie du cirque de Mafate et pas dans une autre. À 7h du matin, c'est grand bleu, 1h plus tard, vous pouvez être dans un brouillard londonien ! ***Ne jamais partir sous la pluie ou juste après*** (terrain glissant et risques d'inondation). Indispensable de ***se renseigner la veille sur les conditions météo,*** surtout avant de remonter une rivière (rivière des Galets, rivière Langevin, rivière Saint-Étienne...), sinon vous pourriez être surpris par la montée des eaux en très peu de temps.
– ***En cas de pépin :*** essayez de prévenir la gendarmerie la plus proche. Peloton de gendarmerie de haute montagne : ☎ *02-62-930-930 ou 112. Hélilagon* peut aussi venir vous chercher, mais ce sera facturé à la minute près *(☎ 02-62-55-55-55).*

Suivez le guide

■ ***Rando Run Trekking :*** *basé à **Étang-Salé.*** 📱 *06-92-85-22-56. • gilbert.aureche@gmail.com • randorun-trekking.com* • Propose des randos de tous niveaux, y compris sur 6 jours (le tour du piton des Neiges, les 3 cirques et la Fournaise), ainsi que la traversée de La Réunion en 2 semaines, un circuit découverte tout public de 10 jours ou le tour de Mafate en 5 jours. Également des randos à la carte de 1 ou 2 jours. La prise en charge peut se faire depuis l'aéroport. Labellisé Qualité Tourisme Île de La Réunion. De très bons échos sur ce prestataire.

■ ***Alpanes :*** *153, av. Daniel-Ramin, Grands-Bois, 97410* ***Saint-Pierre.*** 📱 *06-92-77-75-30. • contact@alpanes.com • alpanes.com • Réduc de 5 € pour 1 pers sur présentation de ce guide.* Canyoning, kayak, randonnée, trekking et séjours « formule tout compris ». Propose notamment du canyoning ludique à la journée sur toute l'île. Photos et vidéos offertes. Labellisé Qualité Tourisme Île de La Réunion. Toujours de très bons retours des lecteurs.

■ ***Horizon Réunion :*** *93, allée de la Source, 97410* ***Saint-Pierre.*** ☎ *02-62-02-40-00. • contact@horizon-reunion.com • horizon-reunion.com • Réduc de 25 €/pers pour tt séjour d'une durée min de 7 nuitées (valable sur les autotours ou treks) en mentionnant le code promo « ROUTARD21 » dans le formulaire de résa ou par mail à • contact@horizon-reunion.com* • Cette agence de voyages locale, labellisée Qualité Tourisme Île de La Réunion est spécialiste du voyage sur mesure à La Réunion et des combinés avec l'île Maurice. Une équipe de passionnés, experts de la destination, œuvrent à la valorisation d'un tourisme responsable. L'agence Horizon Réunion s'attache à concevoir des voyages de qualité personnalisés pour une découverte hors des sentiers battus de l'île intense en privilégiant les petites structures d'hébergement chez l'habitant ou les petits hôtels de charme.

Les GR et les grandes excursions

Il y a 3 GR à La Réunion. Le must pour les pros de la randonnée, puisqu'ils incluent les plus beaux sites.
Ces GR proposent de multiples variantes et se croisent même à plusieurs reprises. Les possibilités sont donc nombreuses si l'on veut concocter son propre itinéraire. Ils sont balisés de la même manière : bande blanche sur bande rouge pour l'itinéraire principal, le jaune remplaçant le blanc pour les variantes. De simples bandes parallèles indiquent que vous êtes sur le bon chemin ; quand elles se croisent, vous êtes dans la mauvaise direction ! Et bien sûr, quand une flèche accompagne les bandes, c'est qu'il faut tourner dans le sens indiqué...
À signaler : il est possible de ne faire que certains tronçons. On trouve des bus toutes les 2 ou 3 étapes. D'ailleurs, d'autres sentiers de petite randonnée empruntent les balisages des GR sur certaines distances.
Les GR sont praticables toute l'année, mais de décembre à mars (saison des cyclones), attention aux pluies fréquentes. Dans tous les cas, il est préférable d'être en bonne condition physique et de s'être entraîné avant d'attaquer un GR : les dénivelées sont importantes et certains parcours sont vraiment éprouvants. On ne rigole pas avec la haute montagne !

Le GR R1, le tour du Piton des Neiges par les 3 cirques

Il fait le ***tour du piton des Neiges*** (sommet de l'île) ***en passant par les 3 cirques*** (Salazie, Cilaos, Mafate). Une soixantaine de kilomètres pour l'itinéraire principal (mais il y a des variantes, dont les accès aux sentiers du GR R2 et du GR R3 à certains endroits) que l'on peut parcourir en 3 à 6 jours. Altitude moyenne de 1 750 m, avec des franchissements de cols à près de 2 000 m. Difficulté : dénivelée de 3 500 m. De nombreux points forts puisqu'il passe par les 3 cirques de l'île, où les paysages sont grandioses. C'est le meilleur moyen de découvrir La Réunion de l'intérieur : sommets, forêts, cascades et îlets sont au rendez-vous. Mais vous ne verrez ni la côte ni le volcan.

➢ ***Les étapes principales :***

- départ du village d'Hell-Bourg (Salazie) et marche jusqu'à la caverne Dufour (gîte), sur le plateau de Bélouve – compter 6h ;
- le lendemain matin, ascension du piton des Neiges (3 071 m) en 1h30, puis redescente sur Cilaos (hôtels) en 4h ;
- le 3e jour, marche de Cilaos jusqu'au cirque de Mafate via le col du Taïbit (2 082 m), nuit à Marla (gîte) – compter 6h ;
- le 4e jour, marche jusqu'au village mafatais de La Nouvelle puis jusqu'au col des Bœufs, nuit à Grand-Îlet ;
- le 5e jour, retour sur Hell-Bourg via Grand-Sable et Îlet-à-Vidot.

Le GR R2, traversée du nord au sud-est

Il propose une ***grande traversée de l'île,*** du nord au sud-est, ***en passant par 2 des cirques (Mafate, Cilaos) et le volcan*** du piton de la Fournaise.
Bien plus long que le 1er, puisqu'il traverse toute l'île ! En tout, 150 km, mais les variantes sont très nombreuses. On peut même rejoindre le GR R1 (par exemple, pour accéder au piton des Neiges) et avoir ainsi un panorama presque total des randonnées de l'île ! La diversité de ce sentier est étonnante. Les reliefs, la végétation et même le climat (on passe du littoral à la montagne et inversement)

changent fréquemment. Mais c'est essentiellement un parcours de montagne et les difficultés sont nombreuses : ça monte et ça descend souvent ! Récompense : le piton de la Fournaise en fin de parcours. Compter tout de même entre 11 et 12 jours de marche pour ce sentier, voire plus si vous prenez plusieurs variantes. Ceux qui n'ont pas assez de temps peuvent bien sûr le prendre en cours de route.

➢ ***Les grandes étapes :***

- départ de Saint-Denis (parc de la Providence) vers la Roche-Écrite (gîte) et Dos-d'Âne (gîte) ;
- traversée de Mafate (compter 4 nuits sur place en gîte) ;
- Cilaos (1 nuit) ;
- le piton des Neiges ;
- plaine des Cafres (nuit à Bourg-Murat), cette partie est homologuée GR R2 entre la plaine des Cafres et le piton Textor, soyez attentif au balisage ;
- montée au pas de Bellecombe (gîte) ;
- le piton de la Fournaise et redescente par Foc-Foc et la Vallée Heureuse sur Saint-Philippe. Ouf !

Le GR R3, le tour de Mafate

Il propose le ***tour du cirque de Mafate,*** en reprenant une partie des GR R1 et R2 reliés par un sentier. La Mecque de la randonnée réunionnaise, un petit paradis pour les marcheurs. Un cirque magnifique, entouré de murailles naturelles, des villages ou hameaux éparpillés avec des gîtes d'étape et des tables d'hôtes, et des paysages qui changent à chaque détour. Ah oui ! on oubliait, on n'y rencontre aucune voiture, puisque c'est réservé aux marcheurs, on entend surtout le bruit des hélicoptères. On vous en parle en détail dans le guide avec le temps de marche entre chaque îlet et, bien sûr, les hébergements.

LA DIAGONALE DES FOUS

Probablement l'une des courses les plus difficiles au monde, ce Grand Raid organisé au mois d'octobre consiste en la traversée de l'île au départ du sud. Le nombre de participants est limité, et les 2 600 chanceux parcourent l'île du sud-est au nord-ouest sur 162 km en passant par les Hauts avec plus de 9 000 m de dénivelée positive et en entamant la course par l'ascension du volcan. Ils poursuivent ensuite vers les cirques. L'arrivée est jugée à Saint-Denis après environ 22h de course pour les meilleurs.

➢ ***Les grandes étapes de la boucle, au départ du col des Bœufs*** (voir nos suggestions d'itinéraires détaillés dans « Le cirque de Mafate ») ***:***

- col des Bœufs/Marla ;
- Marla/Roche-Plate ;
- Roche-Plate/Lataniers ;
- Lataniers/Aurère ou Îlet-à-Malheur ;
- retour au col des Bœufs.

Le volcan

L'autre grande attraction pédestre de l'île, et celle-ci aussi est vivante, puisque la Fournaise se réveille régulièrement, offrant de magnifiques souvenirs aux chanceux. Nombreuses randos à faire dans la région du volcan : la descente dans l'enclos et la montée au piton de la Fournaise, une marche vers le Nez-Coupé de Sainte-Rose pour admirer les dernières coulées de lave, ou une expédition de 2 jours vers Saint-Philippe. Dans tous les cas, prudence : changements brusques de climat, sécurité (pas facile de marcher sur de la lave durcie !), aléas dus aux éruptions éventuelles... Un chapitre est consacré au volcan dans ce guide.

Le piton Maïdo et le piton des Neiges

Pour ces 2 autres musts de La Réunion, se reporter aux chapitres concernés (respectivement dans les Hauts de Saint-Paul pour le Maïdo et aux randonnées à partir de Cilaos ou de Plaine-des-Cafres pour le piton des Neiges).

SANTÉ

Bénéficiant des moyens d'un département métropolitain, les hôpitaux de l'île sont les mieux équipés de l'océan Indien, le CHR de Saint-Denis fait même figure de référence à tous niveaux. Eau potable partout, mais il est préférable, si l'on compte randonner (comme dans le cirque de Mafate), de prévoir sa propre eau en quantité suffisante. Seuls risques réels, la mer, le soleil (y compris en rando) et les moustiques : on en parle plus bas.

Quant à la Covid-19, il s'agit de suivre l'évolution de la pandémie et ses conséquences sur les déplacements touristiques. Un sujet presque à part de tout le reste tant les contraintes sont multiples et l'évolution incertaine dans le temps ainsi qu'en fonction des régions.

Pour demeurer en bonne santé, voici nos conseils.

– *Être à jour de ses vaccinations « universelles » (tétanos, polio, diphtérie...),* déjà recommandées pour la métropole. Pas de rage, pas de fièvre jaune et aussi peu de méningite à méningocoque qu'en métropole.

– Attention aux inconvénients liés aux éventuels voyages secondaires vers des contrées beaucoup moins privilégiées, Madagascar en particulier (attention alors au paludisme !). La vaccination contre l'hépatite A est alors primordiale, ainsi que celle contre la typhoïde (surtout pour les longs séjours).

– *Se méfier de quelques poissons rares :* certains contiennent dans leur chair des toxines qui peuvent entraîner des troubles parfois graves (paralysies, chutes de tension) et toujours désagréables (démangeaisons, fourmillements, vertiges...). C'est ce qu'on appelle la *ciguatera* ou « *gratte* ». Éviter de manger des poissons avant de les avoir montrés à quelqu'un du coin.

Centres de vaccination

Pour les centres de vaccination partout en France, dans les DOM-TOM, en Belgique et en Suisse, consulter le site internet • *astrium.com/espace-voyageurs/centres-de-vaccinations-internationales.html* •

Moustiques

> **PENSE-BÊTES**
>
> *Les moustiques piquent surtout entre 17h15 et 19h. Parfois, ils peuvent faire une gratte supplémentaire.*

À La Réunion, les moustiques ne transmettent pas le paludisme mais peuvent être vecteurs d'autres maladies : la dengue et le chikungunya notamment (des cas sporadiques de chikungunya ont été signalés depuis 2005 et des épidémies de dengue peuvent se produire comme en 2018, 2019, 2020...). On conseille de prévoir un bon répulsif en préventif. On peut s'en procurer sur place. Consulter les sites de l'OMS (• *who.int/fr* •) ou de l'Institut de veille sanitaire (• *santepubliquefrance.fr* •) en cas de doute.

Carte européenne d'assurance maladie

Pour les ressortissants de l'Union européenne (non français dans le cas de La Réunion), pensez à vous procurer la carte européenne d'assurance maladie. Cette carte fonctionne dans tous les pays membres de l'Union européenne, ainsi qu'en Islande, au Liechtenstein, en Norvège et en Suisse. C'est une carte plastifiée valable 2 ans, gratuite et personnelle (chaque membre de la famille doit avoir la sienne, y compris les enfants).

SPORTS ET LOISIRS

Nous mentionnons plusieurs structures ayant reçu le label *Qualité Tourisme Île de La Réunion* : les professionnels y adhèrent volontairement et s'engagent à proposer le meilleur à leur clientèle.

Randonnées et plongées

Pour ces 2 activités sportives, se reporter aux rubriques qui leur sont consacrées spécifiquement plus haut.

Canyoning et autres sports d'eaux vives

La Réunion est un paradis pour la descente de canyon. Ici, les éléments et le temps ont façonné un formidable terrain d'aventure pour la pratique des sports de montagne et d'eaux vives. L'eau qui a cheminé depuis le haut des sommets vers l'océan s'est frayé une multitude de passages, formant ainsi des rivières généreuses et des canyons encaissés dans un univers naturel d'une exceptionnelle beauté.

Quelques canyons incontournables

Les canyons de l'île, grâce à l'existence de microclimats, présentent chacun un visage particulier. Ainsi, dans l'Est et le Sud, la végétation luxuriante et le caractère aquatique dominent, et dans les cirques, l'eau abondante s'écoule au travers de décors minéraux impressionnants ; dans l'Ouest, où l'ensemble des canyons sont secs, il arrive parfois que quelques résurgences apportent un peu de fraîcheur. Mais l'île compte aussi des canyons énormes : le Trou-de-Fer, la rivière des Roches, Takamaka, la Ravine-Blanche...
- ***Pour l'initiation :*** Bassin-Bœuf à Sainte-Suzanne.
- ***Pour les amateurs :*** Trou-Blanc à Salazie, l'aqualand naturel, LE canyon à ne pas rater. Mais attention, en dehors des périodes de grosses pluies uniquement. Sinon, Fleurs-Jaunes à Cilaos ou encore Ti Cap ou Grain-Galet sur la rivière Langevin.
- ***Pour le public confirmé :*** Takamaka.

Sécurité

Les conditions à La Réunion ne sont pas les mêmes qu'en métropole, la météo des tropiques fait varier à grande vitesse les débits des rivières, canyons assez verticaux... Renseignez-vous impérativement auprès de professionnels avant de partir.

Les autres sports d'eaux vives

Parmi les autres sports d'eaux vives, mentionnons la randonnée aquatique (descente de rivières, mais sans corde), l'hydrospeed (allongé sur un flotteur), le rafting (essentiellement sur les rivières de l'Est et sur la rivière Langevin), le kayak, etc. Quelques spots pour l'initiation : rivière des Roches, rivière des Marsouins, rivière Langevin. Également Bassin-la-Mer/Bassin-la-Paix à Bras-Panon pour la randonnée aquatique.

Conseils pratiques

On conseille vivement de passer par un organisme agréé par le ministère de la Jeunesse et des Sports, qui vous emmènera dans des secteurs connus

et sûrs. Si vous décidez d'organiser vous-même votre descente, prenez les précautions élémentaires : ne partez pas seul, portez le casque, ayez avec vous un téléphone avec les numéros d'urgence... En saison cyclonique, les dépressions et cyclones peuvent engendrer des précipitations de plus de 1 000 mm en 24h. Et – en toute saison – des phénomènes localisés, de plus petite échelle et de durée de vie limitée, peuvent générer des précipitations importantes et soudaines sur n'importe quel point de l'île (150 mm en 3h n'est pas rare).
– ***Peloton de gendarmerie de haute montagne :*** ☎ *02-62-930-930 ou 112.*

Escalade et alpinisme

Les spécialistes d'escalade, voire d'alpinisme, trouveront sur le site de la Fédération française de la montagne et de l'escalade *(● ffme974.org ●)* la liste des falaises réunionnaises, classées par niveaux de difficulté. Parmi les musts : la cascade de Niagara à Sainte-Suzanne, le site de Fleurs-Jaunes ou le piton de Sucre à Cilaos, Grande-Ravine à Trois-Bassins ou encore Les Avirons (du côté de Saint-Leu). Pour se faire accompagner d'un guide de haute montagne, se renseigner par exemple auprès de :

■ ***Pranaventure :*** *1, chemin Roche-Tendre, 97436* ***Saint-Leu.*** *📱 06-92-24-56-58. ● pranaventure.com ●* Également spécialiste de canyoning.

■ ***Bureau Montagne Réunion :*** *☎ 02-62-66-83-65. ● bureaumontagnereunion@gmail.com ● bureau-montagne-reunion.re ●* Le plus grand groupement d'accompagnateurs en montagne de l'île de La Réunion, tous professionnels et passionnés. Propose toute l'année un programme de randonnées quotidiennes avec départ garanti dès le 1er inscrit et des formules à la carte sur toute l'île, de 1 à plusieurs jours.

Randonnée spéléologique

L'île version souterraine, dans une ambiance unique. Une activité originale qui a débuté à la fin des années 2000. Certaines éruptions volcaniques ont en effet provoqué la formation de tunnels de lave. La Réunion est d'ailleurs l'un des spots mondiaux de ce type de phénomène géologique, avec Hawaii ! On a l'étrange impression d'évoluer dans un univers en chocolat glacé. Les parois vitrifiées portent la mémoire de mouvements inachevés, des gouttes de lave soudainement figées par un air devenu trop frais, comme des dessins d'art abstrait. Une nouvelle éruption mal placée, et cet univers peut être englouti à jamais ! Alors, n'hésitez pas à en profiter... À l'intérieur, la température relativement constante avoisine les 22-24 °C.
Bien sûr, on ne s'aventure pas à la légère dans les cavités, et seules sont autorisées les sorties accompagnées de professionnels diplômés d'État de spéléologie (ou d'accompagnateurs en montagne titulaires du BAPAAT spéléologie et conventionnés par un brevet d'État de spéléologie exerçant à La Réunion). Compter un guide pour 6 personnes.
Pas de difficultés techniques particulières, de nombreuses galeries sont suffisamment vastes pour ne pas avoir à ramper. Mais les adeptes de virées plus sportives ont de quoi crapahuter. Les guides peuvent adapter le circuit en fonction des souhaits du groupe. *Compter 50-65 €/pers, casque et genouillères fournis. Prévoir des baskets et des vêtements de rechange.*

Quelques centres agréés (sports d'eaux vives, alpinisme, spéléologie)

■ ***Austral Aventure :*** *42, av. Amiral-Lacaze,* ***Hell-Bourg****, 97433 Salazie. ☎ 02-62-32-40-29. 📱 06-92-87-55-50. ● australaventure@gmail.com ● australaventure.fr ● Réduc de 10 % et photos numériques en HD de vos canyons offertes sur présentation de ce guide.* *Austral Aventure* propose tous les parcours de canyon et randonnée aquatique de La Réunion, particulièrement le fameux canyon de Trou-Blanc de Salazie. Labellisé Qualité Tourisme Île de La Réunion.

■ ***Raft Aventure :*** *Bras-Canot, îlet Coco, 97470* ***Saint-Benoît.*** *06-92-70-36-46. • contact@runaventures.com • runaventures.com • Réduc de 15 % sur présentation de ce guide.* Une équipe de moniteurs brevetés d'État qui en veulent. Rafting, *canoraft,* kayak gonflable sur la rivière des Marsouins (Saint-Benoît). Randonnée aquatique et *kayak jump* à la rivière des Roches. Kayak de mer, location et randonnée encadrée (toute l'année). Parcours d'initiation ou plus sportif, tout le monde y trouve son compte ! Les routards sont très bien accueillis.

■ ***Rafting Réunion :*** *38, îlet Coco, 97470* ***Saint-Benoît.*** *06-92-00-16-23. • resa@raftingreunion.fr • raftingreunion.fr • Durée : 1h30-2h30 selon parcours. Compter 40 € pour le raft et 50 € pour la rando aquatique ; dégressif et réduc. Réduc de 10 % sur présentation de ce guide.* Initiation à la rando aquatique (rivière des Roches), au rafting (rivière des Marsouins), mais aussi au *canoraft* ou au *kayak air boat.* Les plus sportifs opteront pour le *kayak jump.*

■ Également avec **Alpanes** (voir la rubrique « Randonnées ») : *153, av. Daniel-Ramin, Grands-Bois, 97410* ***Saint-Pierre.*** *06-92-77-75-30. • contact@alpanes.com • alpanes.com • Réduc de 5 € pour 1 pers sur présentation de ce guide.* Des sorties canyoning, en particulier sur la rivière Sainte-Suzanne. Labellisé Qualité Tourisme Île de La Réunion. Très bons retours de nos lecteurs.

■ ***Ricaric :*** *46, rue Cour-Vue-Belle, 97422* ***La-Saline-les-Bains.*** *06-92-86-54-85. • ricaric@canyonreunion.com • ricaric.re • canyonreunion.com •* Au programme, descente de canyon et visite de tunnels de lave pour ce spécialiste installé sur l'île depuis 1996. Du Ti Grain-Galet au Trou-de-Fer, du tunnel 2004 du Grand-Brûlé au tunnel du Bassin bleu de l'Éperon, l'équipe Ricaric propose une multitude de parcours, pour tous les niveaux, aux quatre coins de l'île. Labellisé Qualité Tourisme Île de La Réunion, Qualité Tourisme National, École française de canyon et de spéléologie, Fédération française de spéléologie.

■ ***Envergure Réunion :*** *06-93-43-23-52. • envergure.reunion@gmail.com • canyon-speleo.re • Réduc de 5 % sur présentation de ce guide.* Canyoning et tunnels de lave, accompagnés par une équipe de moniteurs passionnés et sensibles à la préservation de l'environnement. Cette agence propose les 12 plus beaux canyons de l'île *(compter 55-150 €).* Tunnels de la coulée 2004 ou du Bassin bleu à L'Éperon, Saint-Paul *(compter 50-65 €, 3h ou 4h30).*

On signale également quelques guides diplômés et indépendants :

■ ***Julien Dez :*** *06-92-11-50-13. • speleocanyon.re@gmail.com • Facebook : • SpeleoCanyon.re • Réduc de 5 € sur présentation de ce guide.* Entre autres, sortie « Découverte » selon le parc national de La Réunion et sorties « Spéléo-Musique » en période de pleine lune ! Labellisé Qualité Tourisme Île de La Réunion.

■ ***Volcanorun :*** *06-92-16-20-90. • roby.volcan@gmail.com • tunnelsdelave.re •* Visites accessibles à tous avec Roby Soriano. Également des randonnées au volcan. Labellisé Qualité Tourisme Île de La Réunion.

■ ***Sébastien Cluzet :*** *06-92-82-37-42. • contact@tunnels-lave.re • tunnels-lave.re •* Parcours découverte (dès 6 ans) ou sportif (dès 10 ans), bivouac sous terre...

VTT

On compte actuellement environ 300 km de pistes balisées pour VTT à La Réunion. Compte tenu du relief, l'île constitue un haut lieu de la descente, une activité à la portée de tous, dans la mesure où il existe des pistes pour tous les niveaux. Tous les ans se tient la *Mégavalanche,* descente marathon à laquelle participent les meilleurs mondiaux.

Centre agréé

■ ***Descente VTT :*** *167, rue du Général-de-Gaulle (face à l'aquarium), 97434* ***Saint-Gilles.*** *☎ 02-62-45-18-67. 📱 06-92-21-11-11 ou 06-92-88-54-58. À* ***Saint-Leu,*** *front de mer, 23, rue de la Compagnie des Indes (☎ 02-62-26-23-82). • randoreunion@wanadoo.fr • descente-vtt.com • Fermé lun.* *Descente VTT* réunit 2 enseignes que vous trouverez sous les noms *Télénavette* et *Rando Réunion Passion.* Service de remontées en minibus depuis Saint-Gilles et location de VTT et de trottinettes de descente. *Compter 20 € la montée (VTT non compris, possibilité d'en louer) ; 65 € la ½ journée accompagnée, incluant la loc d'un VTT. Réduc de 5 € pour 1 pers sur présentation de ce guide.* Sortie *freeride* possible sur vélo de marque, et propose la descente du célèbre Maïdo avec point de vue sur le cirque de Mafate avant le départ. Location de vélos électriques.

Surf

Depuis les attaques de requins-bouledogues, il faut bien admettre que ***le surf est en berne*** à La Réunion. Même les jeunes espoirs de l'équipe nationale en sont réduits à s'entraîner dans des conditions très sécurisées. La situation s'améliore cependant grâce aux dispositifs de prévention (filets et vigies). On peut se permettre quelques *rides* en respectant scrupuleusement les consignes et en prenant contact avec les clubs spécialisés. Et de nouvelles activités se sont du coup développées : le kitesurf et le *paddle* font de plus en plus d'adeptes sur l'île ! Pour plus de renseignements : ***Ligue réunionnaise de surf,*** *2, rue des Brisants, 97434* ***Saint-Gilles.*** *☎ 02-62-61-72-19. • surfingreunion.com •*

Sports équestres

Guère de possibilité de faire le tour entier de l'île, compte tenu du relief, mais quelques belles randonnées à cheval sont possibles par régions. Nous veillons à indiquer les meilleurs clubs dans les chapitres concernés. Notamment à Saint-Gilles, balades dans la savane au coucher du soleil avec *Shai-Ena (📱 06-92-88-70-00 ; • shaiena.com •).* À Étang-Salé, avec *Eldorado* et 2 clubs à la plaine des Cafres. À Grand-Étang, dans l'Est, la plus grande écurie de l'île, *Rico Noury (☎ 02-62-50-90-03).* Celle-ci organise même des randonnées sur plusieurs jours. Tous les tarifs et coordonnées des prestations encadrées par les professionnels diplômés d'État sont indiqués sur le site *• explorelareunion.com •*

Parapente

La Réunion entend bien devenir au parapente ce que Hawaii est au surf : le must, avec 300 jours de vol par an, grâce à son relief, ses microclimats et les alizés qui la traversent. 7 jours de suite à rester chez soi, voilà la pire des punitions pour le petit milieu des parapentistes de Saint-Leu. Ceux-là, comme les surfeurs, se sont installés dans le village balnéaire pour vivre au plus près leur passion. Que ce soit pour le site naturel de vol libre qu'est Saint-Leu avec atterrissage sur la plage, ou pour les vols d'exception le long des remparts des cirques, l'île en a fait craquer plus d'un.

Pour un baptême, le décollage du site des Colimaçons (800 m) à Saint-Leu, en pente douce, est idéal. On vous demande uniquement de faire quelques pas et de vous pencher un peu en avant. Le reste, c'est le moniteur, assis derrière l'élève sur la sellette, qui le gère. Depuis le ciel, on aperçoit la plage où l'on atterrit ; et avant, on survole le lagon avec, pour les plus chanceux, la possibilité de voir tortues, dauphins ou baleines.

Il existe des écoles et des sociétés de services qui proposent des baptêmes de l'air. Voir la rubrique « Loisirs sportifs » à Saint-Leu.

*– Pour tt rens, contacter la **Ligue de vol libre de La Réunion** (● lvlr.re ●) et le central de résa **Île de La Réunion Tourisme** (● explorelareunion.com ●).*

Les sites de décollage

– ***Colimaçons :*** à Saint-Leu, le plus important. Plusieurs sites (500 m, 800 m, 1 500 m, 2 000 m) et une pente-école. Il y a des navettes tous les jours et le stop fonctionne bien. Tous les parapentistes se retrouvent là ; bien pour rencontrer le milieu et connaître les autres sites.
– ***Dos-d'Âne :*** à La Possession. Beau site, avec la rivière des Galets dessous et Mafate derrière. Attention au vent du nord.
– ***Bellemène :*** à Saint-Paul, une belle pente-école.
– ***Piton Textor :*** au volcan.
– ***Maïdo :*** vol au-dessus de Mafate, mais pas de site de décollage balisé.
– ***Piton de l'Entonnoir :*** à Saint-Joseph.
– ***Piton-Rond :*** à La Plaine-des-Palmistes, difficulté pour se poser.

ULM

Une formule moins chère que l'hélicoptère, plus pratique pour les photos et en solo avec le pilote. Mais ne pas oublier que cela représente une nuisance pour certains habitants avec des fréquences de passage élevées. L'ULM ressemble parfois à un mini-avion lorsqu'il est conçu avec un cockpit entièrement fermé. Et de 58 à 100 CV, avec des pointes à 110 km/h, le pendulaire ou le trois-axes permettent d'assister à un spectacle grandiose, avec ou sans les cheveux dans le vent (sous le casque). Bien se faire préciser le type d'appareil à la réservation pour profiter de la meilleure vue (selon la taille des passagers, le positionnement des ailes pour les photos, etc.).
Les sociétés proposent différents trajets, du simple baptême au tour plus élargi jusqu'aux principaux points d'intérêt. Survols du Maïdo, des cirques, du piton des Neiges, des Plaines ainsi que du lagon. Mais pour le volcan, qui se trouve à plus de 40 km, le survol est interdit (car trop excentré) ou soumis à réglementation, et ce sont par conséquent les compagnies basées à Pierrefonds qui sont le plus indiquées pour s'y rendre (car plus proches). Bien vérifier donc l'étendue des assurances en fonction du lieu de départ. Également des départs de Saint-Paul et Sainte-Marie (aéroport de Saint-Denis).

Depuis Saint-Pierre

■ ***Planetair974 :*** *aéroport de Pierrefonds. 📱 06-92-61-92-04. ● planetair974@gmail.com ● planetair974.fr ● Circuits 110-180 € selon durée. CB refusées. Pour vos photos sans reflets, mise en place de la porte photo offerte sur présentation de ce guide (option à 20 €).* Ici, c'est la sécurité avant tout. On ne rigole pas avec la météo, et si les conditions ne sont pas ad hoc, on reporte. Mais une fois dans les airs, on se régale, car les ULM entièrement carénés (fermés) permettent une vision panoramique extraordinaire de tous les paysages survolés. Pierre et son équipe sont tous d'anciens pilotes militaires chevronnés ou professionnels civils.

■ ***Air-Aventures :*** *aéroport de Pierrefonds. 📱 06-92-22-28-28. ● air.aventures974@gmail.com ● air-aventures.com ● Réduc de 10 % sur le survol du volcan sur présentation de ce guide.* Cette équipe d'anciens navigants de l'armée de l'Air propose différents circuits à partir de 75 €. ULM confortables, un seul passager par avion. Durant le vol commenté, vous pouvez prendre des photos et des vidéos grâce à un orifice prévu à cet effet. Décollage dès 6h du matin, ce qui permet d'être rapidement au-dessus du volcan (avant les nuages). La compagnie a reçu le *Label Fédéral* et est autorisée à survoler le piton de la Fournaise.

Depuis Saint-Paul

■ ***Félix ULM Run :*** *base ULM de Cambaie, 97460* ***Saint-Paul.*** *☎ 02-62-43-02-59. 📱 06-92-87-32-32. ● felixreunion@gmail.com ● felixulm.com ● Baptême 50 € ; différents circuits, entre montagne (les cirques, plus le Trou-de-Fer) et mer (lagon), 75-250 €. Petite ristourne sur présentation de ce guide.* Plusieurs vols simultanés possibles (génial pour se prendre en photo !). Félix est un pionnier dans le genre, il connaît bien l'île et son métier. Il organise aussi des raids en ULM sur Madagascar et l'Afrique du Sud. S'il est absent, Dorothée le remplace. Labellisé Qualité Tourisme Île de La Réunion.

Hélicoptère

Un moyen de découverte extraordinaire, qui laisse des souvenirs épatants. Mais 1er hic : cela reste hyper cher (un peu moins en passant par une agence de voyages). Et surtout ***l'hélicoptère n'est pas sans nuisances sonores, loin de là.*** Tôt le matin, le bruit des moteurs étouffe le chant des oiseaux ! Même si elles respectent au plus près la législation, avec leurs rotations quotidiennes dans les 3 cirques des Hauts (Mafate, Cilaos et Salazie), ***les compagnies d'hélico ont fini par agacer nombre d'habitants des Hauts, ainsi que les randonneurs qui sont venus chercher le calme.*** Voler ou ne pas voler, à vous de décider ! Quoi qu'il en soit, éviter de voler très tôt le matin, ainsi que le dimanche. Théoriquement, le vol n'a lieu que si l'hélicoptère est plein. Confirmer à l'avance pour éviter toute déconvenue le jour J.

■ ***Corail Hélicoptères :*** *une base à* ***Saint-Gilles,*** *D 100, voie Cannière, échangeur Villèle, et une autre à l'****aéroport de Pierrefonds,*** *entre Saint-Louis et Saint-Pierre. ☎ 02-62-22-22-66 (tlj 6h30-20h). ● reunion@corailhelico.com ● corail-helicopteres.com ● Tarif moins de 12 ans. Réduc de 5 % pour 2 pers (adultes seulement et pas sur les vols Cilaos et Mafate) sur présentation de ce guide.* Cette société sérieuse dispose de 7 hélicoptères les plus silencieux qui soient, conçus pour les survols touristiques, avec visibilité et confort optimaux. Pilotes très pros, pas avares d'explications. Propose différents types de vols parmi lesquels le tour du volcan *(180 € ; 25 mn),* le tour de l'île (les 3 cirques, le volcan, le Trou-de-Fer et le lagon ; *280 €* ; *45 mn*), les 3 cirques, le Trou-de-Fer et le lagon *(250 € ; 35 mn)* et le vol « Excellence » comprenant le volcan, les cirques, les plus belles cascades de l'Est (Takamaka, Grand-Étang...) et le lagon *(320 € ; 55 mn).* Également l'Hélirando Mafate ou Grand-Bassin *(190 €).* Plus des offres promotionnelles au départ de Pierrefonds uniquement (hors réduction *Routard*). Labellisé Qualité Tourisme Île de La Réunion.

■ ***Hélilagon :*** *altiport de L'Éperon, 190, chemin Summer N° 2, CS 81018, 97864* ***Saint-Paul,*** *dans les Hauts de Saint-Gilles. ☎ 02-62-55-55-55. ● helilagon@helilagon.com ● helilagon.com ● Résa possible en ligne. Départ ttes les heures 7h-11h. Transfert gratuit depuis les hôtels de la côte ouest.* Flotte de 9 hélicoptères de 6 places. Propose plusieurs circuits : « Le Mafate et la baie de Saint-Paul » *(95 € ; 15 mn),* « Le Magique » (les cirques de Mafate et Salazie, le Trou-de-Fer et le littoral de l'Ouest et son lagon ; *210 €* ; *25 mn*), « Le Cœur de l'île » (le Trou-de-Fer et les 3 cirques, *250 €* ; *35 mn*), « L'Incontournable » (les 3 cirques, le Trou-de-Fer, le volcan et le lagon ; *279 €* ; *45 mn*) et « Le Must » (survol « L'Incontournable » + rivières et cascades comme le Voile de la mariée, la cascade Blanche, Takamaka, Grand-Étang, rivière des Remparts ; *319 €* ; *55 mn*). Possibilités d'excursions thématiques. Labellisé Qualité Tourisme Île de La Réunion.

TÉLÉPHONE, TÉLÉCOMMUNICATIONS

Pour ne pas appeler à des heures incongrues, n'oubliez pas le décalage horaire (+ 2h l'été et 3h en hiver, d'octobre à mars).

– ***France métropolitaine → La Réunion*** ou ***La Réunion → France métropolitaine :*** composer directement le numéro du correspondant à 10 chiffres (commençant par 02-62 pour les lignes fixes et 06-92 ou 06-93 pour les portables).
– ***Autres pays d'Europe et Canada → La Réunion :*** composer le 00262 avant le numéro de votre interlocuteur (sans le 0 et commençant par 262 pour une ligne fixe et 692 ou 693 pour un portable). Dans l'autre sens, ne pas oublier l'indicatif du pays appelé.

Le téléphone portable en voyage

Depuis 2017, un voyageur européen titulaire d'un forfait dans son pays d'origine peut utiliser son téléphone mobile ***au tarif national*** dans les 27 pays de l'Union européenne, sans craindre de voir flamber sa facture. Le mobile se connecte automatiquement à l'arrivée, le nom du réseau apparaissant à l'écran : Orange Réunion, SFR Réunion, Only ou Free Réunion. En fonction des abonnements, certains opérateurs fixent parfois des plafonds... Se renseigner. Cela est aussi valable pour la consommation de ***données internet 3G ou 4G,*** dont le volume utilisable sans surcoût dépend du prix du forfait national (se renseigner).

La connexion Internet en voyage

À La Réunion, les hôtels, une partie des restos, des bars, et mêmes certains espaces publics disposent du wifi gratuit. Mieux que la connexion 3G et 4G, le wifi permet de profiter d'un débit parfois supérieur.
Une fois connecté au wifi, vous avez accès à tous les services de la ***téléphonie par Internet. WhatsApp, Messenger*** (la messagerie de *Facebook*), ***Viber, Skype,*** permettent d'appeler, d'envoyer des messages, des photos et des vidéos aux quatre coins de la planète, sans frais. Il suffit de télécharger gratuitement ces applis sur son smartphone. Elles détectent automatiquement dans votre liste de contacts ceux qui utilisent la même appli.

TRANSPORTS

Malgré les dimensions réduites de l'île, sa découverte nécessite pas mal de déplacements à cause de la montagne. Le moyen de transport le plus pratique reste la voiture. La carte *Distances par la route* au début de la table des matières permet de mieux visualiser chaque tronçon, mais sans tenir compte des temps de trajet : emprunter la route des Tamarins est évidemment plus rapide que de monter à Cilaos !

La voiture

La meilleure solution, pour ceux qui en ont les moyens. Les loueurs sont présents à l'aéroport de Saint-Denis, nombreux aussi à Saint-Gilles-les-Bains. Le 4x4 n'est absolument pas indispensable, même en montagne. *Attention en montagne :* routes étroites, virages nombreux (et éboulements à certains endroits), bas-côtés profonds (pour l'écoulement des eaux de pluie) compliquent la conduite.
Veiller à ***rouler prudemment*** et lentement quand on regarde les paysages tout en écoutant du séga. Klaxonner dans les virages des Hauts et laisser passer les locaux qui ne sont pas en vacances, en mettant son clignotant tout en ralentissant, un signe très apprécié.
En période de pluies, se renseigner sur les routes éventuellement barrées. Attention aussi aux ***embouteillages*** qui se produisent matin et soir à l'entrée et à la sortie de Saint-Denis ou de Saint-Pierre, mais aussi de beaucoup de villes moyennes, comme en métropole ! Voir plus haut la rubrique « Dangers et enquiquinements ».
■ ***État des routes :*** ☎ *02-62-97-27-27.*

Distances entre les principales villes

Distances en km	CILAOS	HELL-BOURG	LE TAMPON	SAINT-ANDRÉ	SAINT-BENOÎT	SAINT-DENIS	SAINT-GILLES	SAINT-JOSEPH	SAINT-LEU	SAINT-LOUIS	SAINT-PAUL	SAINT-PHILIPPE	SAINT-PIERRE
HELL-BOURG	158		95	20	35	50	89	95	111	120	80	85	105
LE TAMPON	63	95		75	60	99	72	30	50	25	69	50	10
SAINT-ANDRÉ	138	20	75		15	30	69	85	91	100	60	65	85
SAINT-BENOÎT	123	35	60	15		45	132	70	106	85	75	50	70
SAINT-DENIS	112	50	99	30	45		39	105	61	74	30	95	89
SAINT-GILLES	85	89	72	69	132	39		82	22	47	9	102	62
SAINT-JOSEPH	73	95	30	85	70	105	82		46	35	79	20	20
SAINT-LEU	63	111	50	91	106	61	22	46		25	31	80	40
SAINT-LOUIS	38	120	25	100	85	74	47	35	25		44	55	15
SAINT-PAUL	82	80	69	60	75	30	9	79	31	44		99	59
SAINT-PHILIPPE	93	85	50	65	50	95	102	20	80	55	99		40
SAINT-PIERRE	53	105	10	85	70	89	62	20	40	15	59	40	

Quelques conseils pour la location

– ***Tous les grands loueurs sont présents à l'aéroport Roland-Garros,*** à Saint-Denis. Les bureaux des agences sont installés les uns à côté des autres à l'extérieur du hall d'arrivée. Mais on vous conseille fortement d'avoir fait votre ***réservation à l'avance.***

– Il y a également **de *nombreux petits loueurs locaux*** qui offrent des voitures d'occasion à des prix beaucoup plus intéressants et qui, pour certains, livrent gratuitement la voiture à l'aéroport. Mais l'état des véhicules peut être très variable. Beaucoup d'hôtels et de chambres d'hôtes peuvent se charger de faire la réservation pour vous. Cela peut éviter de mauvaises surprises à l'arrivée.

– Tarifs : pour 1 journée, compter de 30 à 45 € pour un véhicule de catégories A et B. Tarifs dégressifs à partir de 1 semaine de location. Pour les voitures louées à l'aéroport Roland-Garros (Saint-Denis), il faut s'acquitter d'une ***taxe*** d'environ 35 € en plus du prix de la location. Les tarifs des loueurs comprennent toujours le kilométrage illimité (sauf pour les annonces racoleuses à 15 € par jour hors taxes). La franchise varie quant à elle de 300 à... 1 500 € selon les loueurs et le type de véhicule. Elle correspond généralement à la caution demandée.

– Le ***prix de l'essence*** est globalement plus bas qu'en métropole. Il est plafonné par arrêté préfectoral ; vous ne paierez donc pas votre plein plus cher à Cilaos qu'à Saint-Denis.
– Sachez que le conducteur doit ***être âgé de plus de 21 ans*** et justifier d'un ***permis de plus de 1 an.*** Une empreinte CB sera demandée (la réclamer en fin de séjour s'il s'agissait d'un sabot).
– VÉRIFIEZ BIEN le ***contrat de location*** avant de signer, surtout pour les clauses concernant le vol ; pas mal de voitures visitées sur les parkings au départ de certains chemins de randonnée. Si vous avez eu un accrochage, n'attendez pas le dernier moment pour prévenir le loueur, vous seriez alors en situation délicate pour négocier, vu que votre avion ne vous attendra pas et que le loueur se fera un plaisir d'empocher la caution ou la franchise. Les litiges sont assez fréquents, alors posez bien toutes les bonnes questions AVANT de louer. Lors de l'état des lieux, vérifier vraiment tout, de l'attache-ceinture aux poignées de porte. Le mieux est de prendre des photos de la voiture sous toutes les coutures et de faire constater par écrit la moindre petite rayure avant de partir.

■ ***BSP AUTO :*** *☎ 01-43-46-20-74 (tlj 9h-21h30, w-e 20h). • bsp-auto.com • Remise spéciale de 5 % sur présentation de ce guide avec le code « routard21 ».* Les prix proposés sont attractifs et comprennent le kilométrage illimité et les assurances. *BSP Auto* propose exclusivement les grandes compagnies de location sur place, assurant un très bon niveau de service. Le plus : vous ne payez votre location que 5 jours avant le départ.

■ ***ITC Tropicar :*** *27, av. de Bourbon, à L'Hermitage, 97434* ***Saint-Gilles-les-Bains.*** *☎ 02-62-24-01-01 (central de résa). • itctropicar.re • Kilométrage illimité. Assistance 24h/24 avec remplacement immédiat du véhicule. Présent à l'aéroport.* Loueur depuis 30 ans à La Réunion. Labellisé Qualité Tourisme Île de La Réunion. Minimum 23 ans, et 2 ans de permis.

■ ***Hertz Remirex :*** *7, rue de la Pépinière, ZAE de la Mare, 97438* ***Sainte-Marie.*** *☎ 0825-951-974 (prix d'appel + 0,20 €/mn). • hertzreunion.com •* 5 points de vente sur l'île : aéroport Roland-Garros, Sainte-Marie, Saint-Gilles, Saint-Paul et Saint-Pierre. Livraison possible dans les hôtels. Large gamme de véhicules, de la petite économique au 4x4 en passant par la confort, les automatiques et les hybrides. Service assistance 24h/24. Labellisé Qualité Tourisme Île de La Réunion.

■ ***Jumbo Car :*** *aéroport Roland-Garros. ☎ 02-62-53-53-72. • resa.runcar@gbh.fr • jumbocar-reunion.com • À partir de 17 €/j. selon saison pour un véhicule de type Twingo. Réduc de min 10 % pour nos lecteurs sur Internet avec le code « ROUT2021 ».* 3 agences sur l'île, plus de 400 véhicules récents. Assistance 24h/24 et livraison à l'hôtel. Labellisé Qualité Tourisme Île de La Réunion.

■ ***Au Bas Prix Car Go :*** *agences à l'aéroport (aéroport de Roland-Garros, 97438* ***Sainte-Marie*** *; ☎ 02-62-48-81-89) et à* ***Saint-Denis*** *(☎ 02-62-21-05-24). • aubasprix.re • À partir de 36 €/j. pour 7 j., catégorie A. Sur présentation de ce guide et pour les catégories A, B et F en loc 4-13 j., réduc de 15 % pdt le 1er semestre de l'année et de 7 % le reste de l'année (remises à préciser lors de la résa).* Loueur discount depuis 35 ans. Parc de plus de 300 véhicules (répartis en 10 catégories). Labellisé Qualité Tourisme Île de La Réunion.

■ ***Run a Van :*** *63, rue du Général-Lambert, 97436* ***Saint-Leu.*** *📱 06-92-42-94-45 et 06-92-94-21-21. • contact@runavan.re • runavan.re • Compter 75-110 €/j. selon modèle de van. Réduc de 5 % fév-juin sur présentation de ce guide.* Offrez-vous la liberté de voyager sur toute l'île en autonomie complète grâce à des vans aménagés : *Westfalia, Camper Van, Sleeper Van.* La garantie d'un voyage unique au cœur de La Réunion !

La moto

Un autre moyen de profiter des charmes de l'île. Mais, ici comme ailleurs, les automobilistes ne respectent pas toujours les priorités et peuvent avoir une interprétation toute personnelle du code de la route : prudence ! Et un gros souci à signaler : les assurances ne couvrant plus les vols de motos, les loueurs demandent généralement pour les grosses cylindrées une caution de la valeur vénale de la moto (par CB ou chèque). En résumé : gare aux vols !

Le vélo

Pas facile, vu le relief de l'île. Pour ceux qui ont déjà les mollets musclés ! Les seuls itinéraires à peu près plats couvrent l'ensemble des routes du littoral, mais ce n'est pas simple en raison des vents contraires, des nombreux faux plats de la côte est, et des voitures qui foncent. En bref, le vélo sur les grands axes est largement déconseillé.

Néanmoins, ces dernières années, se sont développées de larges bandes jaunes destinées aux cyclistes le long des routes nationales, en particulier entre Saint-Paul et Étang-Salé-les-Bains ou au sud de Saint-Pierre. Il existe également un sentier littoral très prisé entre Saint-Denis et Sainte-Suzanne qui comprend une piste pédestre et une piste cyclable.

Les vrais sportifs se confronteront aux routes sinueuses qui mènent vers les cirques, dominées par les falaises. Sous le soleil ou sous la pluie, au crépuscule ou dans la lumière du matin, voici des images inoubliables. Les routes sont plus étroites, la circulation moins importante et la vitesse plus réduite (nettement). Bon courage !

Le bus

L'île est très bien desservie (surtout à l'ouest ; moins à l'est, où l'on ne trouve plus grand-chose après 18h). Les gares routières ou les offices de tourisme vous fourniront gracieusement la carte du réseau des bus de l'île sur laquelle figurent les différentes lignes. Un détail amusant pour ceux qui prennent les bus sur l'île : il faut frapper dans ses mains pour signaler au chauffeur quand on désire descendre !

On distingue 2 sortes de lignes :

– celles de la côte, les plus rapides et les plus importantes (il s'agit de *Car Jaune*). Ce réseau interurbain comprend 16 lignes (avec Wifi et clim) dont 4 *Express* et 1 *Z'Éclair*, permettant de visiter les 4 bassins du territoire (Nord, Ouest, Sud et Est) ;

– et celles qui desservent les Hauts et les environs des principales villes, très pittoresques. Plusieurs compagnies.

– ***Car Jaune :*** • *carjaune.re* • *– appli mobile disponible sur App Store et Play Store, et page Facebook.*

– ***Réseau Citalis :*** • *citalis.re* • Dessert les secteurs de Saint-Denis, Sainte-Marie et Sainte-Suzanne.

– ***Réseau Kar'Ouest :*** • *karouest.re* • Dessert les secteurs du Port, de La Possession, de Saint-Paul, de Saint-Gilles, de Trois-Bassins et de Saint-Leu.

– ***Réseau Alternéo :*** • *alterneo.re* • Dessert les secteurs des Avirons, d'Étang-Salé, de Saint-Louis, de Cilaos, de Saint-Pierre et de Petite-Île.

– ***Réseau Estival :*** • *cirest.fr* • Dessert les secteurs de Bras-Panon, La Plaine-des-Palmistes, Saint-André, Saint-Benoît, Sainte-Rose et Salazie.

Lignes principales de Car Jaune

– ***Bassin Nord-Est :*** ligne E1 Saint-Benoît/Saint-Denis Express par le Chaudron (lun-sam, départs réguliers, durée 1h) ; E2 Saint-Benoît/Saint-Denis par le bd Sud (tlj, départs réguliers, durée 1h20) ; E3 Saint-André/Saint-Denis par Sainte-Marie

VOTRE LOCATION DE VOITURE
À LA RÉUNION :
bsp-auto.com
+33 1 43 46 20 74
7j / 7
KM illimités
Assurances incluses
0€
Annulation offerte
J-5
Payez 5 jours avant le départ
€
'Zéro franchise' à petit prix
-5%
sur votre réservation avec le code
ROUTARD21

(lun-sam, départs réguliers, durée 55 mn) ; E4 Saint-André/Saint-Denis par Sainte-Suzanne (tlj, départs réguliers, un peu moins le dim et j. fériés, durée 50 mn).

– ***Bassin Nord-Ouest :*** ligne O1 Saint-Pierre/Saint-Denis Express par la route des Tamarins (tlj, 8-10 bus/j., durée 1h45) ; O2 Saint-Pierre/Saint-Denis Express par le littoral (tlj, départs réguliers, 2 fois moins nombreux dim, durée 1h50) ; O3 Saint-Paul/Saint-Denis Express par le pôle d'échanges du Port (lun-sam, départs réguliers, durée 55 mn) ; O4 Saint-Paul/Saint-Denis par le pont Vinh San (tlj, départs réguliers, moins nombreux dim et j. fériés, durée 1h10).

– ***Bassin Sud :*** S1 Saint-Benoît/Saint-Pierre par le Grand-Brûlé (tlj, 6 trajets/j., durée 2h20) ; S2 Saint-Benoît/Saint-Pierre par les Plaines (tlj, départs réguliers, 3 fois moins nombreux dim et j. fériés, durée 1h45) ; S3 Saint-Joseph/Saint-Paul par le littoral (tlj, lun-sam 12 trajets/j., 8 dim et j. fériés, durée 2h) ; S4 Saint-Pierre/Saint-Paul par les Hauts (tlj, départs réguliers, moins le dim et j. fériés, durée 1h50) ; S5 Entre-Deux/Saint-Pierre par la RD26 (lun-sam, 5 trajets/j., 3 dim et j. fériés, durée 40 mn) ; S6 Saint-Joseph/Le Tampon par Petite-Île (lun-sam, 2 trajets/j., durée 1h).

– ***Lignes spéciales :*** la ligne touristique T Saint-Pierre/Sainte-Marie par les plages (tlj, 7-9 départs, durée 2h) permet de relier les 2 aéroports de Roland-Garros et Pierrefonds et de visiter toute la côte ouest de l'île. Certains voyages de la ligne ZO Saint-Pierre/Sainte-Marie par la route des Tamarins desservent également l'aéroport Roland-Garros (lun-sam, 11-12 départs, durée 1h45). Ces minibus jaunes sont ***plus chers*** que ceux de *Car Jaune* classiques (5 €, contre 2 € pour les bus classiques ; il existe aussi des tickets à la journée, enfants, etc.), mais on y gagne largement en temps.

URGENCES

Urgences médicales

■ ***Appel d'urgence européen :*** *☎ 112.*

■ ***SAMU :*** *☎ 15. • chu-reunion.fr •*

■ ***SOS Médecin :*** *☎ 02-62-97-44-44 (nord) et 02-62-35-02-02 (sud).*

✚ ***Centre hospitalier régional Félix Guyon :*** *allée des Topazes, dans le quartier de Bellepierre, à **Saint-Denis.** ☎ 02-62-90-50-50.*

■ ***Pôle sanitaire Est :*** *30 N 3, ZAC Madeleine, BP 186, 97470 **Saint-Benoît.** ☎ 02-62-98-80-00. • gher-reunion.fr •*

■ ***Pharmacies de garde :*** pharmacies et médecins de garde sont signalés dans la presse du week-end, au commissariat de police, à la gendarmerie de la ville ou en composant le ☎ 17 ou le 02-62-90-60-44.

Perte/vol de carte de paiement

Le plus simple est de faire opposition en ligne via le site de votre agence bancaire ou son application mobile, ou en l'appelant directement. Sinon, voici les numéros des centres d'assistance des différentes cartes.

– ***Carte Visa :*** *numéro d'urgence (Europ Assistance) : ☎ 0800-90-1179. • visa.fr •*

– ***Carte MasterCard :*** *numéro d'urgence : ☎ 0892-705-705 (serveur vocal 0,34 € TTC/mn + prix d'appel), 24h/24 et tlj. • mastercardfrance.com •*

– ***American Express :*** *numéro d'urgence : ☎ 01-47-77-72-00, 24h/24 et tlj. • americanexpress.com •*

Il existe un serveur interbancaire d'opposition qui, en cas de perte ou de vol, vous met en contact avec le centre d'opposition de votre banque : *en France, ☎ 0892-705-705 (prix d'appel + 0,35 €/mn).*

Perte/vol de téléphone portable

Suspendre aussitôt sa ligne permet d'éviter de douloureuses surprises au retour du voyage ! Voici les numéros des 4 opérateurs français, accessibles depuis la France et l'étranger.

– ***Free :*** *depuis la France : ☎ 3244 ; depuis l'étranger : ☎ + 33-1-78-56-95-60.*
– ***Orange :*** *depuis la France : ☎ 0800-100-740 ; depuis l'étranger : ☎ + 33-969-39-39-00.*
– ***SFR :*** *depuis la France : ☎ 1023 ; depuis l'étranger : 📱 + 33-6-1000-1023.*
– ***Bouygues Télécom :*** *depuis la France comme depuis l'étranger : ☎ + 33-800-29-1000.*

Vous pouvez aussi demander la suspension de votre ligne depuis le site internet de votre opérateur.
Avant de partir, notez (ailleurs que dans votre téléphone portable !) votre numéro IMEI utile, pour bloquer à distance l'accès à votre téléphone en cas de perte ou de vol. Comment avoir ce numéro ? Il suffit de taper sur votre clavier *#06#

Besoin urgent d'argent liquide

Vous pouvez être dépanné en quelques minutes grâce au système ***Western Union Money Transfer.*** L'argent vous est transféré en moins d'1h. La commission, assez élevée, est payée par l'expéditeur. Possibilité d'effectuer un transfert auprès d'un des bureaux *Western Union* ou, plus rapide, en ligne, 24h/24 par carte de paiement *(Visa* ou *MasterCard)*.
Même principe avec d'autres organismes de transfert d'argent liquide comme ***MoneyGram, PayTop*** ou ***Azimo.*** Transfert en ligne sécurisé, en moins d'une heure. Dans tous les cas, se munir d'une pièce d'identité. Toutefois, en cas de perte/vol de papiers, certains organismes permettent de convenir d'une question/réponse type

pour pouvoir récupérer votre argent. Chacun de ces organismes possède aussi des applications disponibles sur téléphone portable. Consulter les sites internet pour connaître les pays concernés, les conditions tarifaires (frais, commission) et trouver le correspondant local le plus proche :
• *westernunion.com* • *moneygram.fr* • *paytop.com* • *azimo.com/fr* •
– Autre solution, envoyer de l'argent par ***La Banque postale*** : le bénéficiaire, muni de sa pièce d'identité, peut retirer les fonds dans n'importe quel bureau de poste du réseau local. Le transfert s'effectue avec un mandat ordinaire international (jusqu'à 3 500 €) et la transaction prend 4-5 jours en Europe (8-10 jours vers l'international). Plus cher, mais plus rapide, le mandat express international permet d'envoyer de l'argent (montant variable selon la destination – 34 pays au total) sous 2 jours maximum, 24h lorsque la démarche est faite en ligne. *Infos :* • *labanquepostale.fr* •

UNE PANDÉMIE INOUÏE !

Depuis toujours, ***Le Routard*** **soutien aux hôteliers et restaurateurs** qui accueillent nos lecteurs avec sourire et professionnalisme. Inlassablement, nos enquêteurs sont à l'affût de ces établissements, pour le plus grand bonheur de nos lecteurs. Malgré toute notre vigilance, certains d'entre eux auront fermé quand ce livre sortira. Cette terrible **pandémie de Coronavirus** a, on le sait, des conséquences importantes pour tous les professionnels du tourisme. Des adresses familiales et accueillantes que nous continuerons à soutenir et mettre en valeur. **Nous sommes de tout cœur avec eux !**

SAINT-DENIS ET SES ENVIRONS

SAINT-DENIS

(97400) 147 000 hab.

• Plan *p. 84-85*

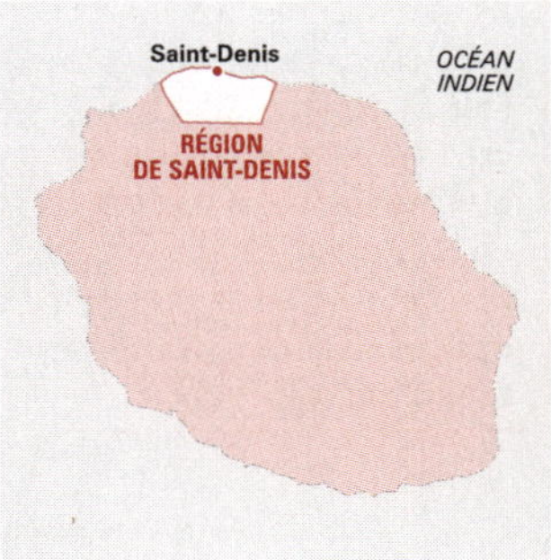

Saint-Denis est la plus grande ville de l'outre-mer. Cette Ville d'art et d'histoire compte à elle seule plus de 50 monuments classés historiques (plus du tiers du patrimoine de l'île). Implantée entre mer et montagne, encadrée par 2 rivières, avec ses terrasses de cafés et ses décapotables prises dans les embouteillages du soir, Saint-Denis est bien typiquement française... Pourtant, en fouinant un peu, on découvre le charme des « boutiques z'arabes », la majesté d'arbres centenaires en plein centre-ville, la beauté de l'architecture créole et surtout le métissage de ses habitants. Tendez l'oreille, vous capterez des mots en créole, en mahorais, en chinois, en hindi, en malgache... Et la fin de la prière (vers 13h), quand tous les fidèles quittent la mosquée, rappellera à certains des souvenirs d'Afrique du Nord.

Une journée idéale passe par une flânerie le long de la rue de Paris où se situent les musées, un tour au marché, une balade au jardin de l'État, puis un verre au parc Barachois, la promenade en bord de mer au coucher du soleil, sans oublier un passage par l'office de tourisme, qui mérite doublement votre visite, car c'est un lieu chargé d'histoire.

Notre coup de cœur nocturne : le point de vue « des Trois-Bancs », sur les rampes de la route de la Montagne. L'espace, aménagé, offre un panorama remarquable sur le plan en damier de la ville. Ce site est très prisé des jeunes amoureux dionysiens...

UN PEU D'HISTOIRE

En 1665, Étienne Régnault, qui sera le 1er gouverneur de l'île Bourbon, accoste à La Réunion. Un des bateaux de l'expédition s'est perdu en cours de route et arrive avec beaucoup de retard sur l'île, en 1667. Régnault baptise la rivière où mouille ce bateau du nom de celui-ci : *Saint-Denis*. Il s'y fait construire une modeste demeure et décide d'y fonder une ville. Longtemps simple village peuplé de colons et d'esclaves, Saint-Denis va connaître un prodigieux essor grâce au gouverneur Mahé de La Bourdonnais, un marin du roi, originaire de Saint-Malo, qui décide, en 1738, d'y établir un port et d'en faire la nouvelle capitale de l'île, à la place de Saint-Paul. Le port ne résistera pas aux nombreux cyclones, mais la ville ne cessera de s'agrandir.

Adresses et infos utiles

- **1** Office de tourisme intercommunal du Nord (A3)
- **2** Air France (A1)
- **3** Air Mauritius (B2)
- **4** Air Austral (A1)
- **5** Air Madagascar (B1)
- **7** Vélo & Oxygen (A1)

Où dormir ?

- **20** Pension Zoulékhan Limbada (B2)
- **21** Central Hôtel (B2)
- **22** Austral Hôtel (B1)
- **23** Le Juliette Dodu (B1)
- **24** Hôtel La Marianne (B4)
- **25** Auberge de jeunesse du Pic Adam (hors plan par C3)
- **26** Hôtel Select (hors plan par C4)

Où manger ?

- **40** Camions-bars sur le Barachois (A1)
- **41** La Cardinale (B2)
- **42** Boulangerie Casta (A2)
- **43** Chez Kaï (B1)
- **45** Le Caudan (B2)
- **46** Chez Jean-Marc (A3)
- **47** Aux Délices de l'Orient (B2)
- **48** Au Comptoir du Potager (A2)
- **49** L'Oiseau du Jardin (B4)
- **50** La Caz à Salades (B2)
- **51** Le Reflet des Îles (B2)
- **52** Le Cap Horn (B1)
- **53** Lé Gadiamb (C3)
- **54** Le Roland Garros (A1)
- **55** L'Atelier de Ben (A2)

Où déguster une glace ?

- **70** L'Igloo (A2)
- **71** Amorino (A3)

Où boire un verre ?

- **80** Bars-resto du « Quartier Cathédrale » (A2)
- **82** L'Ô Bar (B2)
- **83** Le Bar a Cas (A2)

Où assister à un spectacle ?

- **90** Centre dramatique national de l'océan Indien (A3)
- **91** La Cité des Arts (hors plan par C3)
- **92** Téat Champ Fleuri (hors plan par C4)

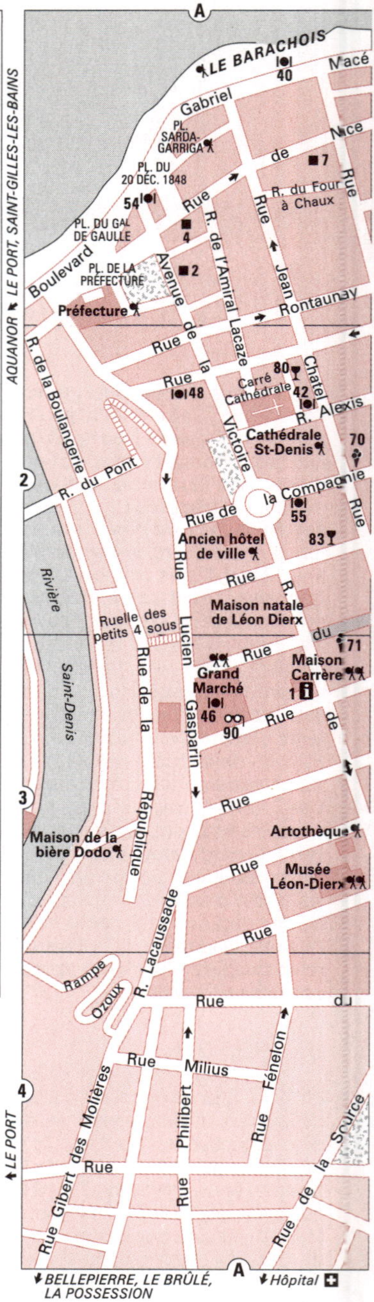

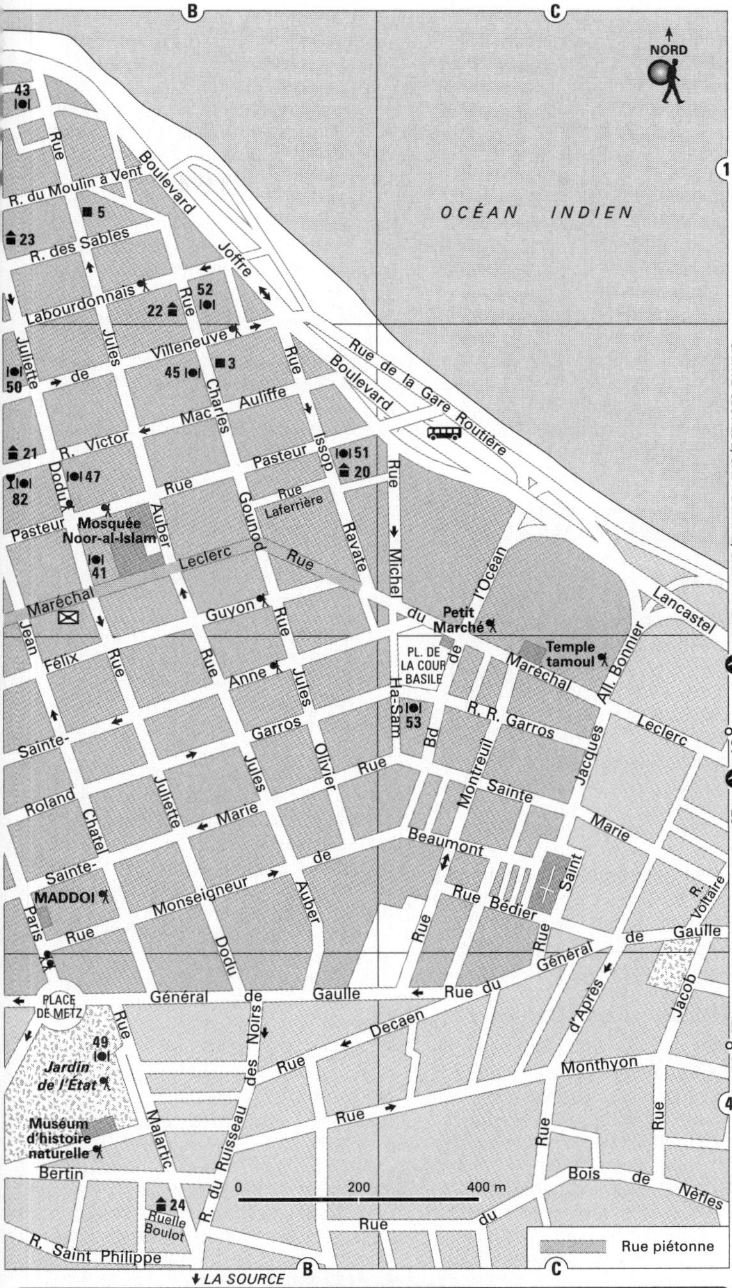

NORD
OCÉAN INDIEN
Boulevard Joffre
Rue de la Gare Routière
Boulevard Lancastel
R. du Moulin à Vent
R. des Sables
Labourdonnais
Villeneuve
Mac Auliffe
R. Victor
Rue Pasteur
Rue Laferrière
Maréchal Leclerc
Rue du Maréchal Leclerc
Guyon
Félix
Anne
Garros
R. R. Garros
Sainte-
Roland
Marie
Sainte Marie
Rue Monseigneur de Beaumont
Rue Bédier
Rue du Général de Gaulle
Rue Decaen
Rue Monthyon
Rue Bois de Nèfles
Rue Juliette Dodu
Rue Jules Auber
Rue Charles Gounod
Rue Issop Ravate
Rue Michel Ha-Sam
Bd de l'Océan
Rue Jean Chatel
Rue Jules Olivier
Rue Juliette Dodu
Rue Jules Auber
Rue Paris
Rue de Paris
Bd Montreuil
All. Bonnier
Jacques
Rue Saint Jacques
Rue d'Après
R. Voltaire
Jacob
Rue Malartic
R. du Ruisseau des Noirs
Bertin
Ruelle Boulot
R. Saint Philippe
Rue du
Rue
PLACE DE METZ
PL. DE LA COUR BASILE
Mosquée Noor-al-Islam
Petit Marché
Temple tamoul
MADDOI
Jardin de l'État
Muséum d'histoire naturelle
43
5
23
52
22
45
3
50
21
51
20
47
82
41
53
49
24
SAINTE-CLOTILDE, SAINTE-ANNE, SAINT-ANDRÉ
91
25
26
92
0
200
400 m
Rue piétonne
LA SOURCE
B
C
1
4

SAINT-DENIS

LA VILLE AUJOURD'HUI

Si Saint-Denis constitue la capitale économique et administrative de La Réunion, elle est avant tout une ville de passage où chacun vient travailler en voiture. Mais la municipalité ne manque pas d'idées pour lui insuffler un rayonnement régional : rendez-vous culturels (une Cité des arts a vu le jour), mise en valeur du patrimoine de la rue de Paris, notamment grâce à la présence de plaques d'information sur les principales maisons créoles, animation de la vie nocturne, en particulier dans le Quartier Cathédrale.
Dans la journée, le « cœur vert familial » court depuis la mer jusqu'au parc de la Trinité en longeant la ravine Patate à Durand et en remontant vers le parc aquatique Aquanor, le vélodrome, le skatepark, sans compter les terrains de sport. Tout cela se fait à pied.
– Pour connaître l'agenda culturel, événementiel et sportif de la ville, consulter le site ● *saintdenis.re* ●
– On trouve des places de stationnement partout en ville. Une possibilité : se garer du côté du Barachois et visiter tranquillement la ville à pied, en remontant par les rues Juliette-Dodu ou Jean-Chatel, par exemple.
– En revanche, la découverte de Saint-Denis est à éviter le dimanche, quand toute animation a déserté la cité...

Arriver – Quitter

En avion

✈ ***Aéroport La Réunion-Roland-Garros*** *(hors plan par C3)* **:** *à 10 km à l'est de Saint-Denis, dir. Sainte-Marie.* Guichets automatiques (à l'extérieur du hall d'arrivée). Comptoir de l'office de tourisme à l'extérieur *(tlj 7h-20h)* : ils peuvent passer un coup de fil pour connaître les disponibilités d'hébergement. Pas de consigne.
– ***Infos sur les vols :*** ☎ *02-62-28-16-16 (répondeur automatique).* Numéro à appeler pour toutes les compagnies opérant à Saint-Denis, mais pas toujours à jour. Sinon, ☎ *02-62-48-81-81* pour des infos en temps réel, ou consulter le site ● *reunion.aeroport.fr* ●

Location de voitures à l'aéroport

Les loueurs de voitures attendent souvent l'arrivée du dernier vol pour fermer. ***Taxe d'aéroport d'environ 35 € pour la location de voitures.*** Certains petits loueurs vous apportent la voiture à l'aéroport. Quant au GPS, si vous n'en avez pas avec votre téléphone portable, sachez qu'il est très utile pour visiter les Hauts *(compter env 12 €/j.)* ! Sélection de loueurs en début de guide, voir la rubrique « Transports » dans « La Réunion utile ».

Comment se rendre à Saint-Denis depuis l'aéroport ?

➢ En ***taxi,*** intéressant à plusieurs : env 20-30 € la course de l'aéroport au centre-ville ; supplément après 19h, dim et j. fériés. Également des taxis de 8 places (mêmes tarifs). *Taxis de l'aéroport (GIE) :* ☎ *02-62-48-83-83.*
➢ ***En bus :*** avec le réseau ***Car Jaune,*** lignes ***Z'Éclair T*** (relie Saint-Pierre à Sainte-Marie) ; elles sont rapides (5 € ; achat des tickets dans le bus ou en carnets de 5 tickets auprès de l'office de tourisme du hall d'arrivée). Les départs se font devant le hall d'enregistrement. À noter que la ligne ***Z'Éclair T,*** après un arrêt à la gare routière de Saint-Denis, poursuit sa route et dessert les zones balnéaires de l'Ouest (Saint-Paul, Saint-Gilles-les-Bains, Saint-Leu, Étang-Salé, Saint-Louis et Saint-Pierre) : très pratique pour ceux qui logent dans ces secteurs. Autre possibilité, les ***lignes régulières E1 ou E2*** (relient Saint-Benoît à Saint-Denis). Elles sont moins chères (env 2 € le trajet, ticket auprès du chauffeur uniquement) mais s'arrêtent à env 5 mn à pied de l'aéroport (entre les 2 ronds-points). Pas très fréquent non plus (la E1 ne fonctionne pas le dim) et cette solution est plus compliquée.

➢ Pour le ***retour à l'aéroport, Car Jaune,*** lignes ***Z'Éclair T, E1 et E2.*** La ligne T s'arrête devant le hall des départs ; pour les lignes E1 et E2, descendre à « Gillot », puis marcher 5 mn pour rejoindre l'aéroport.

– ***Attention :*** si vous logez sur la côte ouest et que vous devez prendre un vol de retour en début de matinée (ou un dimanche en début de soirée), prévoyez une large marge pour rejoindre l'aéroport. Les bouchons sont systématiques aux heures de pointe (ou au retour des plages) sur la route du littoral avant Saint-Denis.

En bus

Gare routière *(plan C2)* **:** *rue de la Gare-Routière (de l'autre côté du bd Lancastel, côté mer).* ☎ *0810-123-974 (nº Azur).* C'est le point de départ des bus des lignes *Car Jaune* et *Z'Éclair* pour toutes les grandes destinations de l'île (dont l'aéroport). Pour plus de détails, voir la rubrique « Transports » dans « La Réunion utile » en début de guide.

➢ ***Saint-Pierre (ligne Z'Éclair ZO) :*** les bus jaunes *Z'Éclair* permettent de gagner du temps, mais on paie un peu plus cher que les autres *Car Jaune* classiques. Ne circulent pas dim et j. fériés.

➢ ***Côte ouest :*** lignes 01 (par la route des Tamarins) ou 02 (par le littoral). À noter que la ligne *Z'Éclair T,* venant de l'aéroport, dessert les principales zones balnéaires de l'Ouest. Nombreux départs tlj.

➢ ***Saint-Benoît :*** ligne E1 ou E2 (ou ZE). De là, ligne S2 pour La Plaine-des-Palmistes.

➢ ***Saint-Philippe et Saint-Joseph :*** bus jusqu'à ***Saint-Pierre*** puis changement pour les lignes S1 et S3 (seulement S3 pour Saint-Joseph).

Adresses et infos utiles

Infos touristiques

Office de tourisme intercommunal du Nord *(plan A3,* ***1****)* **:** *maison Carrère, 14, rue de Paris.* ☎ *02-62-41-83-00.* • *lebeaupays.com* • *Tlj sauf dim 8h30-17h30. Chèques de métropole et CB acceptés.* Infos sur les communes de Saint-Denis, Sainte-Suzanne et Sainte-Marie, dans un cadre exceptionnel. Organise des visites guidées thématiques payantes et des ateliers participatifs (tressage coco, cuisine au feu de bois...). Belle boutique d'artisanat et de souvenirs dans une dépendance au fond du jardin.

Comité départemental du tourisme de Mayotte *(plan B3)* **:** *19, rue Sainte-Anne.* ☎ *02-62-56-62-90.* • *mayotte-tourisme.com* •

Services

■ ***Bus Citalis :*** • *citalis.re* • Réseau couvrant Saint-Denis à Sainte-Suzanne ainsi que les Hauts. Achat des tickets et renseignements au Petit Marché *(plan C2-3),* à l'hôtel de ville *(plan A2)* et au Chaudron.

Taxis : plusieurs stations à Saint-Denis (la station principale se trouve à la gare routière). Parmi les différentes compagnies, ***Paille-en-Queue*** *(☎ 02-62-29-20-29), qui fonctionne 24h/24.*

■ On signale 2 ***loueurs de vélos*** dans la région de Saint-Denis pour parcourir notamment le sentier littoral nord :

– *Yellow Bike :* *06-92-32-17-02.* • *yellowbikereunion@orange.fr* • *(préférer le tél à l'e-mail).* Livraison des VTT à l'hôtel.

– *Vélo & Oxygen (plan A1,* ***7****)* **:** *34, rue de Nice.* ☎ *02-62-41-64-38. Tlj sauf dim 8h (9h sam)-12h, 14h-18h.* Également des vélos électriques.

Centre hospitalier régional *(hors plan par A4)* **:** *allée des Topazes, dans le quartier de Bellepierre.* ☎ *02-62-90-50-50.*

Compagnies aériennes

■ ***Air France*** *(plan A1,* ***2****)* **:** *7, av. de la Victoire.* ☎ *0820-820-820 (0,12 €/mn).* • *airfrance.re* • *Lun-ven 9h-17h.*

■ ***Air Austral*** *(plan A1,* ***4****)* **:** *4, rue de*

Nice. ☎ *02-62-90-90-91.* • *air-austral.com* • *Lun-ven 8h30 (9h lun)-17h, sam 8h30-11h45. Fermé dim.*

■ ***Air Mauritius*** *(plan B2,* ***3****)* ***:*** *13, rue Charles-Gounod.* ☎ *02-62-94-83-83.* • *airmauritius.com* • *Lun-ven 8h30-12h30, 14h-17h30. Fermé sam-dim. À l'aéroport :* ☎ *02-62-40-80-18.*

■ ***Air Madagascar*** *(plan B1,* ***5****)* ***:*** *31, rue Jules-Auber.* ☎ *01-40-06-01-01.* • *airmadagascar.com* • *Lun-ven 8h15-12h15, 13h30-17h (16h ven). Fermé sam-dim.*

■ ***French Bee :*** *à l'aéroport Roland-Garros. Tlj 9h30-13h, 14h-19h.*

Où dormir ?

Dans le centre-ville

Très bon marché

🏠 ***Pension Zoulékhan Limbada*** *(plan B2,* ***20****)* ***:*** *37, rue Issop-Ravate.* ☎ *02-62-41-05-00.* 📱 *06-92-36-59-33.* ♿ *Double 30 €, petit déj env 3 €.* Petite pension familiale impeccable et bien placée. 4 chambres seulement, au calme, avec w-c et douches à l'extérieur. Cuisine à disposition. Accueil aimable et discret. Évidemment, il faut respecter l'existence paisible de Mme Limbada et ne pas débarquer à l'improviste (téléphonez). Rapport qualité-prix imbattable !

De chic à plus chic

🏠 ***Central Hôtel*** *(plan B2,* ***21****)* ***:*** *37, rue de la Compagnie, BP 901.* ☎ *02-62-94-18-08.* • *central.hotel@wanadoo.fr* • *centralhotel.re* • *Doubles sans ou avec balcon 85-117 €, avec petit déj. Parking gratuit (petit).* Un hôtel simple et classique, en retrait de la rue. Chambres fonctionnelles et bien tenues (certaines avec balcons). Pas d'ascenseur. Et comme son nom l'indique, il très bien situé.

🏠 ***Austral Hôtel*** *(plan B1,* ***22****)* ***:*** *20, rue Charles-Gounod.* ☎ *02-62-94-45-67.* • *hotel-austral@wanadoo.fr* • *hotel-austral.fr* • ♿ *Doubles 100-120 €. Parking gratuit (peu de places).* Un hôtel moderne récemment rénové, avec une cinquantaine de chambres sobres et fonctionnelles réparties entre 3 bâtiments. Bon confort général et petite déco thématique pour égayer le tout. Petite piscine chauffée bien agréable. Une bonne option.

Beaucoup plus chic

🏠 ***Le Juliette Dodu*** *(plan B1,* ***23****)* ***:*** *31, rue Juliette-Dodu.* ☎ *02-62-20-91-20.* • *juliettedodu@orange.fr* • *hotel-juliette-dodu.com* • ♿ *Doubles 163-197 €. Parking de poche gratuit. Réduc de 10 % sur le prix de la chambre en résa directe sur présentation de ce guide.* Un hôtel de charme d'une quarantaine de chambres, construit autour d'une très belle maison créole du milieu du XIXe s. Mobilier colonial, parquets parfaitement cirés, bibelots chinés et déco aux couleurs lumineuses. En revanche, la plupart des chambres sont vraiment petites, vieille bâtisse oblige. En fait, on profite surtout du cadre et de l'emplacement de cet établissement au confort irréprochable. Différents endroits où se poser avec son bouquin, petite bibliothèque cosy. Piscine de poche dans le joli patio et jacuzzi. Accueil pro.

Pas très loin du centre

Bon marché

🏠 ***Auberge de jeunesse du Pic Adam*** *(hors plan par C3,* ***25****)* ***:*** *24, chemin des Papayes, 97490* ***Sainte-Clotilde.*** 📱 *06-92-21-14-31.* • *aubergedupicadam.com* • *Lit env 25 €, petit déj 5 €.* Au bout d'une impasse frangée d'immeubles modernes très quelconques, une pépite bien cachée dans un petit bout de jardin : une vraie auberge de jeunesse, avec en commun une cuisine, un coin salon et une super terrasse panoramique pour admirer l'océan et le ballet des avions atterrissant au loin. Pour dormir, 1 chambre et des dortoirs de 4 à 8 lits, le tout sobre, moderne et bien équipé (lits superposés, armoires et salle de bains). Un bon plan, d'autant que l'accueil est sympa et arrangeant.

Hôtel La Marianne *(plan B4,* ***24****) : 5, ruelle Boulot. ☎ 02-62-21-80-80. • hotel-la-marianne@orange.fr • hotel-la-marianne-reunion.fr • ♿ Double env 60 €. Parking gratuit.* Dans un quartier résidentiel, proche du centre, une adresse sans prétention mais pratique. Immeuble moderne qui abrite une vingtaine de chambres datées, correctes compte tenu du prix (avec clim). Elles sont claires et spacieuses (sauf au rez-de-chaussée). La plupart avec un petit balcon. Celles situées au 4e étage (sans ascenseur) profitent d'une vue plus dégagée et agréable.

Prix moyens

Hôtel Select *(hors plan par C4,* ***26****) : 1 bis, rue des Lataniers. ☎ 02-62-41-13-50. • contact@hotelselect.re • hotelselect.re • ♿ Doubles env 60-80 € ; familiales. Parking gratuit.* Dans un quartier populaire, un peu à l'écart du centre et au calme, un hôtel moderne sans grand charme, dont les 55 chambres sont classiques et d'un niveau de confort convenable, avec clim. Piscine de poche au fond de la cour (pour faire trempette seulement, on n'y battra pas de record !). Location de voitures. Accueil sympa.

Où manger ?

Sachez que la plupart des restos sont fermés le dimanche.

Dans le centre-ville

De très bon marché à bon marché

Des ***camions-bars sur le Barachois*** *(plan A1,* ***40****),* ouverts le midi et tard le soir. On y mange des samoussas, un sandwich aux *bouchons* gratiné ou un repas créole dans une barquette, et on y boit une *Dodo* dans une ambiance parfois pimentée le soir. C'est aussi la balade dominicale préférée des Dionysiens sur la partie piétonne, fréquentée par les joueurs de pétanque, les amoureux et les familles en goguette.

Plusieurs ***boulangeries*** offrent un grand choix de gâteaux, dont les *macatias* (petites brioches rondes) : ne manquez pas notamment la ***Boulangerie Casta*** *(plan A2,* ***42*** *; rue Alexis-de-Villeneuve, à l'angle de la rue Saint-Paul).* Boulangerie-pâtisserie métro aux influences créoles. Goûter la brioche au géranium qui fait danser les papilles. Quant aux ***boulangeries-pâtisseries La Cardinale*** *(plan B2,* ***41*** *; 75, rue Juliette-Dodu ; tlj sauf dim ap-m),* ***Paris*** *(plan B2 ; rue Pasteur, à l'angle de la rue Issop-Ravate ; tlj sauf dim)* et ***Lë Lys Sucrée*** *(plan B2 ; 36, rue Alexis-de-Villeneuve ; tlj sauf mer),* elles vendent aussi d'excellents produits ; on peut s'y asseoir. À noter qu'il y a enfin un snack idéalement situé dans le jardin de l'État. Pas de la gastronomie, c'est sûr, mais le cadre est top.

Chez Kaï *(plan B1,* ***43****) : 35, rue de Nice. ☎ 02-62-21-90-98. ♿ Tlj sauf lun 16h-20h30 (plus 11h-14h ven-sam). Plat sur le pouce env 7 €.* Ouvert depuis 1967, ce snack rénové dans un style pimpant propose samoussas, beignets de crevettes, et plein d'autres petites fritures à consommer sur place (petite terrasse) ou, mieux, à emporter sur le Barachois tout proche. Ça dépanne bien pour un repas sur le pouce.

Le Caudan *(plan B2,* ***45****) : 38, rue Charles-Gounod. ☎ 02-62-94-39-00. Fermé dim soir-lun. Plats 10-15 €, également à emporter. Café offert sur présentation de ce guide.* Bonne cuisine créole, mauricienne et indienne (*massala, brèdes, biryani, vindaye* de thon...). Le tout servi avec des achards et agrémenté de la gentillesse mauricienne du patron.

La Caz à Salades *(plan B2,* ***50****) : 72, rue Juliette-Dodu. ☎ 02-62-41-69-52. Tlj sauf dim 12h-16h. Salades 7-12 € ; plats 10-15 €.* Végétarienne, campagnarde ou autre, voici une douzaine de salades pour déjeuner léger sur une terrasse soignée. Des préparations plutôt bien ficelées. Quiches, paninis et sandwichs également, mais aussi quelques suggestions du jour. Service gentil comme tout.

Bon marché

Chez Jean-Marc (plan A3, **46**) : *au Grand Marché, rue du Maréchal-Leclerc. Tlj sauf dim. Le midi seulement (service jusqu'à 15h ; ouvre certains soirs de spectacle au théâtre). Plats env 14-16 € (moins cher à emporter).* Ce marché de style Baltard cache, au milieu de la bimbeloterie colorée, un petit resto chaleureux. Chez Jean-Marc, on s'assied quand on trouve une table de libre, et on commande un sauté, un rougail, ou un des caris du jour, copieux, goûteux. On peut demander à remplacer le riz par des légumes. Et les produits sont frais.

Aux Délices de l'Orient (plan B2, **47**) : *59, rue Juliette-Dodu. ☎ 02-62-41-44-20. Fermé dim soir, lun et j. fériés. Buffet à volonté : 16 € en sem, 20 € ven-sam. Plats 9-10 €.* La longue carte ne manque pas d'options, mais tout le monde fréquente ce resto chinois pour son généreux buffet (plus de 15 plats !). Service discret, efficace et rapide, dans une ambiance animée de cantine de quartier. Barquettes à emporter.

De prix moyens à chic

Au Comptoir du Potager (plan A2, **48**) : *8 bis, rue Labourdonnais. 📱 06-92-85-59-31. Ouv le midi tlj sauf dim, le soir seulement ven-sam. Formule et menu déj env 23-26 €, le soir env 42 €.* Un resto plein de fraîcheur, tant au niveau du cadre que des préparations (sans parler de la clim). Cuisine de saison goûteuse, renouvelée en fonction du marché. On a toujours le choix entre une viande et un poisson, parfaitement exécutés. C'est original et réjouissant. En revanche, pas de terrasse.

L'Oiseau du Jardin (plan B4, **49**) : *dans le jardin de l'État. ☎ 02-62-31-80-05. Tlj sauf lun 7h-17h30 (9h-14h dim). Plats env 10-23 €.* Difficile de trouver un meilleur emplacement en ville. Au cœur du beau jardin de l'État, la terrasse est un must pour un déjeuner sous les arbres, loin du tumulte de la circulation. Ce qui compense largement une cuisine certes bonne, mais classique et sans surprise (salades, tartares, sautés...). Mention spéciale pour les desserts.

Le Reflet des Îles (plan B2, **51**) : *114, rue Pasteur. ☎ 02-62-21-73-82. ♿ Fermé dim-lun. Plats env 15-26 €.* Grillades et salades variées mais surtout caris, achards, ou encore boudin créole, pour aller d'île en île. Au total, pas moins d'une vingtaine de spécialités créoles, dont quelques pépites comme le bouillon coquille la rivière ou la morue *brèdes songe,* à déguster dans une grande salle chaleureuse. Une valeur sûre.

Le Cap Horn (plan B1, **52**) : *3, rue Charles-Gounod. 📱 06-92-12-17-55. Fermé lun soir et dim. Formules déj 19-25 € ; plats env 20-30 €.* Petite escale marine au cadre en noir et blanc, sobre et moderne, tenue par une équipe souriante qui s'efforce de proposer le meilleur à prix raisonnables. La carte change au fil des saisons, proposant les spécialités de poisson, goûteuses, bien présentées et à base d'ingrédients frais. Très agréable.

Lé Gadiamb (plan C3, **53**) : *104, rue Roland-Garros. ☎ 02-62-20-10-79. Tlj sauf dim et j. fériés. Congés : de mi-déc à mi-janv. Plats env 16-23 € (un poil chérot, tt de même). Digestif maison offert sur présentation de ce guide.* Une cuisine traditionnelle préparée au feu de bois, avec de grands classiques, comme les rougails-saucisses ou les caris (une dizaine). Cadre très agréable : il s'agit d'une ancienne maison créole, avec une terrasse verdoyante et paisible.

Le Roland Garros (plan A1, **54**) : *2, pl. du 20-Décembre-1848. ☎ 02-62-41-44-37. Tlj 6h-minuit. Formule déj en sem env 16,50 € ; plats env 15-36 €.* Pour ceux qui voudraient manger un plat de brasserie correct dans une ambiance bistrot assez chic, histoire de se ressourcer en observant l'animation du Barachois. Quelques caris également. Vieille bâtisse coloniale dotée de colonnes et de pierres volcaniques sombres. Dommage que la terrasse soit bruyante, circulation oblige, mais au moins on aperçoit la mer... Une institution à Saint-Denis.

Beaucoup plus chic

L'Atelier de Ben (plan A2, **55**) : *12, rue de la Compagnie. ☎ 02-62-41-85-73. ● atelierdeben974@yahoo.fr ● Fermé dim-lun et sam midi. Résa indispensable. Formule et menu déj env 28-31 € ; plats env 28-36 €.* C'est l'une des meilleures tables gastronomiques de l'île. Le chef a des idées et du talent, et propose dans sa jolie salle contemporaine et parquetée une cuisine à la fois ancrée en métropole et volontiers métissée. Une réussite.

Excentré

Oncle Sam (carte Les Hauts de Saint-Denis) : *71, allée des Topazes,* **Bellepierre,** *Saint-Denis. ☎ 02-62-21-33-89. Route de Bellepierre, face au centre hospitalier (CHD). Tlj sauf dim-lun midi. Autour de 15 €. Un granité aux fruits de saison offert sur présentation de ce guide.* Fast-food créole avec une incroyable variété de samoussas (cabri, requin, autruche, *sarcive,* canard-vanille et surtout ananas et coco-vanille) à emporter, que l'on ne trouve pas ailleurs, sans oublier le samoussa au fromage, une création maison. Également des *bouchons,* des *bonbons piments* et autres plats du moment, mais pas de cochon à la carte.

Où déguster une glace ?

L'Igloo (plan A2, **70**) : *67, rue Jean-Chatel, à l'angle de la rue de la Compagnie. ☎ 02-62-21-34-69. Tlj 11h30-23h30 (15h-23h dim).* Une institution locale avec une succursale juste en face, spécialisée dans les glaces italiennes. Demander le parfum « igloo », recette du chef.

Amorino (plan A3, **71**) : *26, rue du Maréchal-Leclerc. ☎ 02-62-98-18-21. Tlj 12h (13h dim)-22h (23h30 sam).* Sorbets et glaces artisanaux servis dans des cornets en forme de fleur. C'est original, en plus d'être bon ! Également des gaufres et des crêpes. Terrasse au bord de la rue piétonne pour déguster toutes ces douceurs.

Où boire un verre ?

Les bars-restos du Quartier Cathédrale (plan A2, **80**) : *rue Saint-Paul. Fermé dim pour la plupart.* Cette ruelle piétonne est devenue un lieu de rencontre agréable, de jour comme de nuit, autour de cafés et restaurants. C'est festif, gentiment branché. Choisissez donc la terrasse qui vous séduit le plus. À l'heure de l'apéro, c'est parfait !

L'Ô Bar (plan B2, **82**) : *32, rue de la Compagnie. Tlj sauf dim et j. fériés 8h-2h.* Parmi les terrasses fashion de la ville qui ouvrent le plus tard. Clientèle ad hoc, qui apprécie les tapas et les cocktails de la maison.

Le Bar a Cas (plan A2, **83**) : *19, rue Pasteur. ☎ 02-62-20-17-68. Tlj 6h30 (18h dim)-minuit.* Un bar à bières convivial et chaleureux : cocktails, bonne musique, sessions de DJ, concerts et clientèle assez mélangée pour profiter de tout ça. Terrasse en bord de rue.

Où assister à un spectacle ?

Centre dramatique national de l'océan Indien (plan A3, **90**) : *2, rue du Maréchal-Leclerc, dans le Grand Marché. ☎ 02-62-20-33-39. ● cdoi.re ●* Théâtre, danse, musique, cirque, ateliers et créations, en association entre le *théâtre du Grand Marché* et la salle de *La Fabrik* (située près de la Cité des arts).

La Cité des arts (hors plan par C3, **91**) : *23, rue Léopold-Rambaud,* *quartier de* ***Sainte-Clotilde.*** *☎ 02-62-92-09-90. • citedesarts.re •* La Cité des arts comprend une salle de spectacles *(Le Fanal),* une salle de concert *(Le Palaxa)* et un espace d'expositions *(Banyan).* Programmation très riche.

Téat Champ Fleuri *(hors plan par C4,* ***92****)* ***:*** *2, rue du Théâtre. ☎ 02-62-41-93-25. • teat.re •* Une scène qui voit passer chanteurs, musiciens, acteurs en tournée.

Achats et marchés

Le Grand Marché ou Marché malgache *(plan A3)* ***:*** *rue du Maréchal-Leclerc. Tlj sauf dim 9h-17h30 (en principe).* Entourée d'une belle grille en fer forgé, cette grande structure de style Baltard rassemble une ribambelle de commerçants proposant des produits provenant pour la plupart de Madagascar. Il est conseillé de négocier les prix.

Le Petit Marché *(plan C2-3)* ***:*** *au coin de la rue du Maréchal-Leclerc et du bd de l'Océan. Tlj 6h-18h (12h dim).* Marché couvert de fruits et légumes. On y trouve également épices et artisanat.

Autres marchés alimentaires : *mer et dim mat, quartier du* ***Chaudron.*** Un marché de quartier sur le parking entre l'église et la poste du Chaudron. C'est le plus grand de la région Nord, le plus coloré et le plus authentique (on y trouve toutes sortes de tisanes comme celle censée « *nétoy'le san* »). Également le marché des Camélias : *ven mat, bd Sud, sur le parking de la « Sécurité sociale ».*

À voir

Visites guidées

– Nombreux prestataires (liste disponible à l'office de tourisme), dont ***Chemins Gadyamb*** : *06-92-80-60-42. • cheminsgadyamb@gmail.com • 10-20 €/pers selon thème (« Les villas créoles de Saint-Denis », chaque mar à 10h et 15h, ou sur résa « Une Réunion des religions ») et durée.*

– L'office de tourisme propose également des visites guidées (voir « Adresses et infos utiles »).

Autour de la rue de Paris

La maison Carrère *(plan A3)* ***:*** *14, rue de Paris. ☎ 02-62-41-83-00. • lebeaupays.com • Lun-sam 9h-18h. Fermé dim. GRATUIT.* Le négociant en sucre Raphaël Carrère acheta en 1905 cette vieille maison créole dont le rez-de-chaussée date de 1820. Elle accueille aujourd'hui l'office de tourisme, mais le charmant petit jardin et tout le rez-de-chaussée sont ouverts au public. Des sections thématiques et des pièces meublées permettent de comprendre la vie d'une maison d'autrefois, ses codes et ses coutumes, ainsi que l'évolution de la rue de Paris au fil des ans. On peut y admirer du mobilier créole ancien, ainsi que des créations d'artisans locaux disponibles à la vente. Également une expo consacrée aux « nénènes » (un joli nom donné aux nounous créoles).

Le musée Léon-Dierx *(plan A3)* ***:*** *28, rue de Paris. ☎ 02-62-20-24-82. • musee.dierx@cg974.fr • museeleondierx.re • ♿ (par la rue Sainte-Marie). Tlj 9h30-17h30 sauf lun et 1er mai. Entrée : 2 € ; réduc ; gratuit étudiants, moins de 18 ans et pour ts le 1er dim du mois.* On est accueilli par le buste de Léon Dierx (1838-1912), illustre inconnu pour la plupart des gens. Né à La Réunion, il fut poète de l'école parnassienne, mais aussi peintre à ses heures. Mais c'est surtout grâce à la donation d'Ambroise Vollard, natif de l'île, collectionneur et marchand d'art, qu'on doit de pouvoir découvrir dans ce musée ouvert en 1912 un ensemble

d'œuvres de toute 1re valeur, en lien avec l'impressionnisme ou l'art de la fin du XIXe s et des 1res années du XXe s. Au gré des expos, l'accrochage étant régulièrement renouvelé pour présenter au maximum les collections conservées dans le fonds, vous contemplerez peut-être des toiles de Gustave Caillebotte, Berthe Morisot, Émile Bernard, des céramiques de Paul Gauguin, des bronzes d'Auguste Renoir ou d'Émile Bourdelle...
Le musée présente également des peintures de paysages des années 1850-1890 sur La Réunion, Madagascar ou l'île Maurice, d'une extrême rareté. On peut les admirer dans un cadre architectural très sobre, au gré d'un parcours chronologique et thématique clair, autour du paysage et du portrait. Enfin, un cabinet d'estampes et d'arts graphiques expose par roulements son très riche fonds d'œuvres sur papier (lithographies de Renoir, Redon, Vuillard, Maurice Denis ou Vallotton). Unique musée des beaux-arts de La Réunion, le musée Léon-Dierx est aussi l'un des plus grands musées consacrés à l'art moderne parmi ceux des outre-mer français.

L'Artothèque *(plan A3)* **:** *26, rue de Paris. ☎ 02-62-41-75-50. ♿ (par le 34, rue Roland-Garros). Tlj 9h30-17h30 sauf lun. GRATUIT.* Un vrai carrefour de l'art contemporain : on découvre d'intéressantes expos temporaires d'artistes locaux (ou concoctées à partir du fonds du musée), mais on peut aussi emprunter une œuvre ! Original. La visite permet en plus d'admirer le rez-de-chaussée et l'étage d'une des plus belles bâtisses de la rue.

Le MADDOI *(musée des Arts décoratifs et du Design de l'océan Indien ; plan B3)* **:** *49, rue de Paris. • madoi.re • ♿ Tlj sauf mar 9h-12h, 13h-17h. Entrée : 3 € (visite guidée à la demande 8 €) ; réduc ; gratuit moins de 4 ans. Boutique bien fournie, accessible gratuitement.* C'est l'annexe du MADDOI de Saint-Louis, au sud de l'île. Installé dans la rue emblématique de la ville, le musée occupe l'une de ces somptueuses demeures coloniales qui témoignent d'un passé aussi prestigieux que révolu. Elle abrita même dans une autre vie le quartier général du ministère de la Défense ! Datant de 1846, coiffée d'une toiture à 8 pentes et agrémentée d'un porche surmonté d'un balcon, l'ancienne « villa du Général » accueille désormais dans ses élégants salons restaurés des expositions temporaires de qualité, permettant de présenter du mobilier, du textile et de la vaisselle prélevés dans le riche fonds du MADDOI. Ça vaut le coup d'œil, au moins pour la maison.

Le jardin de l'État *(plan B4)* **:** *accès par la rue de la Source, la rue Bertin, la rue Poivre, la rue Malartic et la pl. de Metz. Tlj 7h-18h (19h en été). GRATUIT.* Créé en 1767, ce jardin royal se développa au fil du temps, notamment grâce à Nicolas Bréon (1785-1864) : il fit planter une importante collection d'arbres fruitiers, des espèces de Madagascar, de Maurice et d'Arabie. D'autres jardiniers ont enrichi le parc pour composer une agréable balade en pleine ville, à la découverte d'essences exotiques (gare aux moustiques !). Bassin, aires de jeux pour les enfants... Divaguez parmi les arbres rares (niaouli, santal, teck...), le long des bassins, ou partez à la recherche de la fontaine Wallace ainsi que des statues de Pierre Poivre ou de Joseph Hubert (botaniste réunionnais). Au fond du jardin, le Muséum d'histoire naturelle.
1 petit *snack* (quelconque, mais l'emplacement est super) et 1 restaurant sur place (voir « où manger »).

Le Muséum d'histoire naturelle *(plan B4)* **:** *1, rue Poivre, dans le jardin de l'État. ☎ 02-62-20-02-19. • cg974.fr/culture • Mar-dim et j. fériés (sauf 1er mai et quelques j. pour les fêtes de fin d'année) 9h30-17h30. Fermé lun. Entrée : 2 € ; réduc ; gratuit moins de 18 ans et pour ts le 1er dim du mois.* Ce musée modeste occupe l'ancien palais législatif, siège du conseil colonial (édifié en 1834), une belle bâtisse néoclassique aux élégantes colonnades intérieures. L'exposition permanente s'intéresse logiquement à la faune et la flore des îles de l'océan Indien : lémuriens naturalisés (primates endémiques de Madagascar), impressionnant cœlacanthe (un poisson), que l'on croyait disparu depuis 60 millions d'années, et moulage de l'emblématique dodo de Maurice aujourd'hui disparu. Également des collections rapportées par des voyageurs au long cours (objets provenant d'Indochine par exemple) et une section dédiée aux TAAF (terres Australes et Antarctiques françaises, dont le siège est à Saint-Pierre, ça tombe bien !).

L'âme de Saint-Denis : les maisons créoles du centre ancien

Les Dionysiens ont baptisé « ***vieux carré créole*** » le quartier rassemblant un nombre important de ces maisons de charme. Sur la carte de Saint-Denis, il correspond au secteur compris entre les rues du Général-de-Gaulle, Félix-Guyon, Lacaussade et Jules-Olivier. C'est là qu'il faut flâner, selon votre humeur, en redescendant du jardin de l'État ! Sinon, suivez la ***rue de Paris*** et découvrez le centre ancien, avec cette petite balade qui recoupera forcément celle que vous ferez ensuite dans la ville actuelle, entre marchés et lieux de culte (voir « Petite balade au centre-ville.... » plus loin).
Des maisons créoles – datant pour la plupart du 2ᵉ quart du XIXᵉ s –, le centre ancien de Saint-Denis en compte une kyrielle, la plupart précédées d'une élégante grille d'entrée (un *barreau* ou *baro* en créole) soutenue par 2 hauts piliers en pierre sombre. Sur les ***61 édifices classés*** (bâtiments publics, églises et villas), une dizaine sont de vieilles maisons créoles, dont 2 seulement appartiennent encore à des privés : la *villa Repiquet* et la *villa Angélique.*
La plupart de ces demeures sont fermées au public, excepté la maison Carrère et les musées (lire plus haut). On doit donc se contenter de jeter un coup d'œil furtif à travers les grilles des portails. Un gros travail de mémoire a été accompli puisque, désormais, devant chaque demeure de la rue de Paris, un panneau explicatif et des photos font revivre le passé.

La rue de Paris *(plan A-B2-3)* **:** *l'office de tourisme organise la visite guidée de la rue, « Les villas créoles de Saint-Denis », voir plus haut.* Au nº 49, en haut de la rue, près du jardin de l'État, maison dite « du Général », aujourd'hui « ***villa de Région*** ». Au nº 39, la belle ***villa Angélique,*** puis, au nº 25, la ***villa Repiquet,*** construite entre 1839 et 1844, qui appartient toujours à la famille Repiquet. En face, le nº 18 est la ***maison Mas,*** propriété du conseil général. L'entrée principale se faisait rue Félix-Guyon, il était d'usage à l'époque d'orienter la maison au nord ou au sud pour se protéger du vent dominant venant de l'est. À l'angle, un petit *guetali.* Juste après, au nº 14, la ***maison Carrère*** se visite (accès payant). Au nº 15, au fond d'un jardin, la maison couleur vert d'eau où naquit Léon Dierx, en 1838. Dans le jardin, un angelot joufflu. Ici naquit également un autre joufflu moins angelot, Raymond Barre, dans cette maison aussi appelée « ***villa Déramond-Barre*** » (sans jeu de mots), datant de la 2ᵈᵉ moitié du XVIIIᵉ s. L'actuelle ***Artothèque*** date du XIXᵉ s (visite possible, voir plus haut). Plus bas, au nº 7, la case de ***Marie-Claire Potier,*** aujourd'hui disparue. Sa maison était dans la famille depuis 1925, et Marie-Claire Potier prit grand soin de ses arpents de jardin, notamment de cet immense mouroungue, dont les feuilles font de délicieuses *brèdes* (désigne les feuilles comestibles dans leur ensemble) et dont les gousses accompagnent le cari-morue.

La rue Labourdonnais *(plan A-B1-2)* **:** 2 superbes villas créoles, classées. La ***villa Fock-Yee,*** au nº 41, date de 1798 pour la partie arrière et a bénéficié de travaux de restauration. La ***maison Kichenin,*** au nº 42, se situe au fond d'un jardin orné d'une fontaine qui met en valeur son allure classique. Elle a été rénovée dans des tons bleu pastel et blancs. Au nº 39, construction de 1819, en pierre de taille de basalte sur 2 niveaux. Exceptionnelle à Saint-Denis, elle est tout de même un peu plus triste que ses voisines.

La rue Alexis-de-Villeneuve *(plan A-B2)* **:** au nº 48, connue sous le nom de ***château Lauratet,*** la maison abrite aujourd'hui la chambre régionale des comptes. Construite à la fin du XVIIIe s, refaite en 1876 sur le modèle du musée Léon-Dierx. Des murs blancs, des colonnes néogrecques comme en Louisiane, un petit bassin et une balustrade sur le toit. Nostalgie... Au nº 63, jolie villa créole parfaitement restaurée.

La rue Juliette-Dodu *(plan A-B1-2-3-4)* **:** entre les rues Félix-Guyon et Sainte-Anne, 2 vieilles maisons créoles, aux nos 140 et 142. Celle située au nº 140 se cache derrière de hauts murs blancs. Elle est couverte de bardeaux de bois, une tradition décorative venue des Hauts de l'île. Tandis qu'à l'angle de la rue Roland-Garros on peut voir un ***guetali,*** rénové.

HÉROÏNE

Quittant à 16 ans La Réunion pour Pithiviers, la jeune créole Juliette Dodu fut rattrapée par la guerre avec les Prussiens en 1870. Juliette trifouillait dans les câbles et intercepta les communications des Prussiens, sauvant 40 000 soldats. Dénoncée, l'espionne fut condamnée à mort puis graciée, armistice oblige. Elle obtint la Légion d'honneur.

La rue Félix-Guyon *(plan A-B2-3)* **:** 2 autres demeures oubliées et pourtant encore pleines de charme. Au nº 30 et en face, au nº 43, la ***demeure Cavalier-Dubousquet,*** bâtie vers 1820, grande maison créole bourgeoise avec sa varangue intégrée. Aux nos 73 et 77, 2 cases créoles.

La rue Sainte-Anne *(plan A-B3)* **:** au nº 6, une impressionnante demeure conçue par ***Émile Hugot,*** le directeur des Sucreries de Bourbon. Le jardin est envahi par les herbes folles... et la maison par les squatteurs. Au nº 23, maison Géry, visible à travers le *baro* (portail). Aux nos 63 et 80, 2 temples chinois dédiés à Guan Di.

Petite balade au centre-ville, du temple tamoul au Barachois

Voici, pour remonter le temps, entre marchés et lieux de culte, une petite balade très sympa à faire dans la ville, du temple tamoul au Barachois, où toute la ville défile, à la fraîche.

Le Petit Marché *(plan C2-3)* **:** *au coin de la rue du Maréchal-Leclerc et du bd de l'Océan.* Se reporter plus haut à la rubrique « Achats et marchés ».

Le temple tamoul *(plan C3)* **:** *259, rue du Maréchal-Leclerc. Visite possible : enlevez vos chaussures, ne portez pas de cuir et ayez les épaules couvertes.*
Le *Kovil Kalikambal* (temple de Karli) est très coloré. C'est le principal de Saint-Denis, mais pas le plus important de l'île. Le temple tamoul le plus remarquable s'appelle le Colosse et se trouve à Saint-André, sur la côte est. Plusieurs petites structures pyramidales, aux couleurs acidulées, rassemblent sur la montagne sacrée l'essentiel du panthéon hindouiste. On reconnaîtra, parmi les grandes figures : Çiva, Ganesh et Parvati.
Sur la gauche des temples pyramidaux, un bâtiment moderne abrite des salles de cours et de formation. Au rez-de-chaussée, dans une sorte de long préau, voir une série de scènes sacrées peintes sur les murs. À gauche, 3 statues de femmes symbolisant l'argent, le pouvoir et l'éducation. Puis une suite de scènes illustrant des épisodes du *Ramayana* et du *Mahabharata,* textes sacrés de l'hindouisme, avec plusieurs statues colorées sur lesquelles le guide donne des explications.

La mosquée Noor-al-Islam *(plan B2)* **:** *119, rue du Maréchal-Leclerc. Fermé aux heures de prière. Photos, shorts et minijupes interdits, on dépose ses chaussures devant les bassins.*

C'est ***la plus ancienne mosquée de France,*** inaugurée en 1905 ; le minaret date de 1972. C'est aussi la plus grande mosquée de La Réunion. Des commerçants originaires de l'État indien du Gujarat sont à l'origine de sa construction, commencée à la fin du XIXe s, quand ils s'unirent pour financer un lieu de culte.
Au rez-de-chaussée, des arcades commerciales. À l'intérieur, un agréable patio, blanc et vert, précédé des bassins aux ablutions, débouche sur la salle de prières.
5 fois par jour, aux heures de prière, mais surtout à la 4e prière (soit entre 18h et 19h), elle se remplit de fidèles, tous vêtus de blanc, comme la majorité des musulmans de La Réunion (une communauté de 30 000 à 35 000 croyants).

Le Grand Marché ou Marché malgache *(plan A3)* **:** *rue du Maréchal-Leclerc.* Se reporter plus haut à la rubrique « Achats et marchés ».

L'ancien hôtel de ville *(plan A2)* **:** *en bas de la rue de Paris. Accès libre en sem 8h-16h (11h ven). Fermé sam-dim. Visite guidée payante mer à 14h (résa auprès de l'office de tourisme).* Édifice du XIXe s, classé Monument historique, qui ne manque pas d'élégance avec son architecture néoclassique. Il en impose par sa façade monumentale, une grille caractéristique et un intérieur somptueux. Le bâtiment comprend un patio avec une belle fontaine ainsi qu'un salon des fêtes (35 m x 9 m), qui servait pour les bals, et ressemble à la galerie des Glaces de Versailles avec ses 14 miroirs.

La cathédrale Saint-Denis *(plan A2)* **:** *en descendant l'av. de la Victoire, sur la droite. Lun-ven 6h-18h et pdt les offices du w-e.* Il s'agit d'une église néoclassique du milieu du XIXe s (1860, pour être précis !). Difficile de faire plus simple et plus sobre. Elle n'a pas de haut clocher, et ressemble extérieurement à un temple protestant. À l'intérieur, surprenante peinture centrale au fond du chœur qui représente un condensé de l'histoire de la France chrétienne : aux côtés du Christ, on reconnaît facilement ses disciples, dont Pierre et Paul, et... quelques célébrités comme Clovis, Saint Louis, Bossuet, Louis XIV et Napoléon ! Devant, une fontaine sur laquelle vous reconnaîtrez les 4 mamelles de l'île : l'agriculture, l'industrie, la marine et le commerce. Et derrière, 2 rues piétonnes à angle droit, appelées « Quartier Cathédrale », regroupant plusieurs terrasses de bars et restaurants.

➢ ***L'avenue de la Victoire*** *(plan A1-2)* **:** au no 22 (en face de la cathédrale), le presbytère est l'un des rares bâtiments authentiques de la Compagnie des Indes, avec sa grande varangue. Plus bas dans la rue, à l'angle de la rue Rontaunay, notez le petit parc avec la statue de Leconte de Lisle et 2 arbres enlacés.

La préfecture *(plan A1-2)* **:** *sur la droite de la place quand on est dos à la mer. Ne se visite pas.* Bel ensemble de la 1re moitié du XVIIIe s, achevé par Mahé de La Bourdonnais. Classique, avec un corps central et 2 ailes formant un U. Des grilles, on aperçoit le péristyle à colonnes, le beau toit colonial et la petite fontaine devant. À l'origine, les employés de la Compagnie des Indes y habitaient. Sur la place de la Préfecture se dresse la statue de Mahé de La Bourdonnais (1699-1753), dont la sœur jumelle se trouve dans la cité des corsaires, c'est-à-dire Saint-Malo (Bretagne), où il est né. Il fut commandant des armées navales du roi dans les mers des Indes et gouverneur général des îles de France et de Bourbon.

La place Sarda-Garriga *(plan A1)* **:** Sarda-Garriga abolit l'esclavage à La Réunion en 1848. Ombragée et verdoyante, la place fait face au Barachois (voir ci-après). Devant le café du *Roland Garros* trône la statue du grand aviateur né à Saint-Denis en 1888, justement adossé à une hélice.

Le Barachois *(plan A1)* **:** on termine cette promenade par le Barachois (mot qui désigne « un petit port »), espace vert bordant la mer, où les familles déambulent le long de la digue. Les vagues viennent s'écraser avec vigueur sous l'œil des vieux canons pointés vers le large. L'emplacement des célèbres canons est aussi le kilomètre zéro de l'île, point à partir duquel sont mesurées les distances qui séparent La Réunion du reste du monde. Cette grande esplanade, plantée de ficus le long du boulevard, a été créée au début du XXe s. Auparavant, le bord de mer servait au déchargement des voyageurs et des marchandises.

VAGUE À L'ÂME

En 1841, après 10 mois de voyage sur un voilier, le jeune Charles Baudelaire fit connaissance avec l'île de La Réunion en... tombant à l'eau. Débarquant comme tous les voyageurs au Barachois, il fut happé par une vague au moment d'agripper l'échelle. Cela ne l'empêcha pas de trouver l'inspiration aux tropiques et de composer notamment son célèbre poème « À une Malabaraise ».

Plus loin, le Barachois devient un petit parc. Quelques terrasses où l'on s'installe en fin de journée pour admirer les palmiers jouant avec les rayons du soleil. Aujourd'hui, le Barachois est le lieu de promenade dominicale des Dionysiens, qui connaît des aménagements au fil des ans (bars, scène musicale, discothèque...).

Un peu excentré

La Maison de la bière Dodo (plan A3) **:** *60, quai Ouest. ☎ 02-62-90-22-04. • ladodo.com • Visite guidée (1h15) sur résa seulement, en principe mar-jeu à 9h30, 11h, 14h et 15h30. Tarif : env 5 € ; réduc.* Pour tout savoir ou presque sur les secrets de fabrication de la célèbre bière réunionnaise. On visite également la partie limonaderie et un petit musée. La visite s'achève par une dégustation. *La Dodo lé la !*

Aquanor (hors plan par A1) **:** *1, route de la Digue. ☎ 02-62-20-10-10. • aquanor.re • Depuis la pl. de la Préfecture, dir. Sainte-Marie, puis peu après le pont, fléché sur la gauche. Tlj 11h30 (9h w-e)-21h ; 10h-21h pdt vac scol.* Un espace aquatique avec plusieurs bassins et de beaux toboggans.

Fêtes et manifestations

- ***Marché de nuit :*** *le 1er sam du mois, au Barachois.* Le rendez-vous nocturne le plus populaire chez les Dionysiens. La circulation est coupée (18h-1h) tandis que des milliers de badauds déambulent dans une joyeuse ambiance. Marché de producteurs uniquement, avec restauration sur place.
- ***Somèn Kréol :*** *1 sem en oct.* Spectacles créoles dans toute l'île.
- ***Cyclone BD :*** *en nov-déc, les années impaires.* Festival international de la B.D.
- ***Commémoration de l'abolition de l'esclavage :*** *le 20 déc.* Grand défilé de la liberté avec chars, du jardin de l'État au Barachois. Grosse affluence !

DANS LES ENVIRONS DE SAINT-DENIS

• Carte *p. 99*

Le Colorado (carte Les Hauts de Saint-Denis) **:** *quartier* ***la Montagne,*** *entre Saint-Denis et La Possession, par l'intérieur des terres (D 41).* La sortie typique du dimanche dionysien avec aire de pique-nique, kiosques, toilettes et points d'eau. Point de vue, dans un environnement de goyaviers (fruits mûrs en mai-juin).

Randonnée de la Roche-Écrite *(carte Les Hauts de Saint-Denis)* **:** *compter au moins 7h A/R au départ de la rando, c'est-à-dire au parking de la fin de la route forestière. Accessible en bus Citalis n° 12 depuis Saint-Denis, dir. Bassin-Couderc, puis taxi-bus n° 12 a dir. Le Brûlé.*
Du Brûlé, continuer la route sur encore 5 km. Le sentier GR R2 l'emprunte. Puis elle se termine en cul-de-sac au niveau d'un parking. De ce parking jusqu'à la Roche-Écrite, point culminant à 2 277 m, compter 4h30 de marche aller, difficulté moyenne avec une dénivelée positive de 1 100 m. On traverse une forêt de cryptomerias, tout en marchant sur un sentier aménagé et une très belle tamarinaie (forêt de la plaine des Chicots).
À mi-chemin de la montée, on tombe sur le gîte de la plaine des Chicots. Les robinets extérieurs fournissent de l'eau potable. Dépasser le gîte et continuer tout droit vers le plateau en suivant le balisage blanc. Au retour, on peut emprunter une variante vers la caverne des Soldats, puis la mare aux Cerfs, où certains auront la chance de voir des cerfs de Java. Une autre variante permet de passer par le piton Bois-de-Nèfles dans les Hauts de Saint-Denis.
– Si vous êtes plusieurs, pourquoi ne pas louer les services d'un guide de montagne ? Un coût certes élevé (180 € la journée), mais vite rentabilisé par les passionnantes explications sur la Roche-Écrite, le *tuit-tuit,* le travail de l'ONF à La Réunion...

Gîte de la Plaine des Chicots : *06-92-94-85-36 et 06-92-30-51-37. Résas dans les offices de tourisme ou sur • reunion.fr • explorelareunion.com • Tarifs : 17-19 € la nuitée en dortoir ; double 50 € ; repas 22 € ; petit déj env 6 €. Capacité : 28 lits.* Certains préfèrent effectuer cette randonnée en 2 jours en prévoyant une nuit dans ce beau gîte rénové, dans une ambiance agréable. Douches chaudes. Aire de camping.

La cascade Maniquet *(carte Les Hauts de Saint-Denis)* **:** *toujours sur la même route que la Roche-Écrite, env 2 km après la sortie du village du Brûlé, la route de la cascade est indiquée. Bus Citalis n° 12 jusqu'à Bassin-Couderc, puis taxi-bus n° 12 a.* La promenade est sans difficulté (référencée « sentier marmailles » par l'ONF), et on peut faire trempette dans un joli bassin sous la cascade, quand elle n'est pas à sec ! On met juste 10 mn à descendre et à peine plus à monter, soit 30 mn l'aller-retour maximum. C'est très humide et vite boueux. Vous verrez de nombreux goyaviers sur le chemin et une forêt de cryptomerias. Très fréquentée le week-end et en saison sèche, la cascade est assez décevante. D'octobre à avril, attention, risque de glissades !

Balade jusqu'au piton Bois-de-Nèfles *(ou* ***pic Adam*** *; carte Les Hauts de Saint-Denis)* **:** *promenade d'env 1h30 A/R (bonne montée à l'aller). À la clinique de Sainte-Clotilde, prendre dir. Bois-de-Nèfles en restant sur la route principale jusqu'à l'arrêt de bus Piton-Bois-de-Nèfles (terminus de la ligne Petit-Pont n° 24 b, tlj sauf dim et j. fériés). En fait, il faut aller au bout de la route principale jusqu'à ce que celle-ci devienne un sentier forestier bétonné. Pas facile à trouver, ne pas hésiter à demander.* Quartier résidentiel qui permet d'avoir un point de vue sur le littoral. Parking. Suivre le panneau « ONF » sur place qui indique le sentier. Rapidement, une bifurcation. Pour le piton, prendre à gauche. Le sentier de droite peut être une variante intéressante si l'on souhaite rejoindre la Roche-Écrite (lire plus haut), mais il faut prévoir nettement plus de temps pour effectuer les 15 km. En allant au piton, on accède d'abord à l'aire de pique-nique sous des cryptomerias (assez fréquentée le week-end), puis à une série de marches en rondins et... à un champ d'ananas. Belle luxuriance de la végétation. On longe ensuite une ravine en découvrant des points de vue de plus en plus beaux, notamment sur la cascade du Chaudron (accès interdit). Attention, les 100 derniers mètres peuvent poser des problèmes à ceux qui sont sujets au vertige. Du sommet, très beau panorama du cap Bernard au phare de Sainte-Suzanne ! Gare à la descente si le terrain est détrempé par la pluie, risque de glissades, soyez prudent.

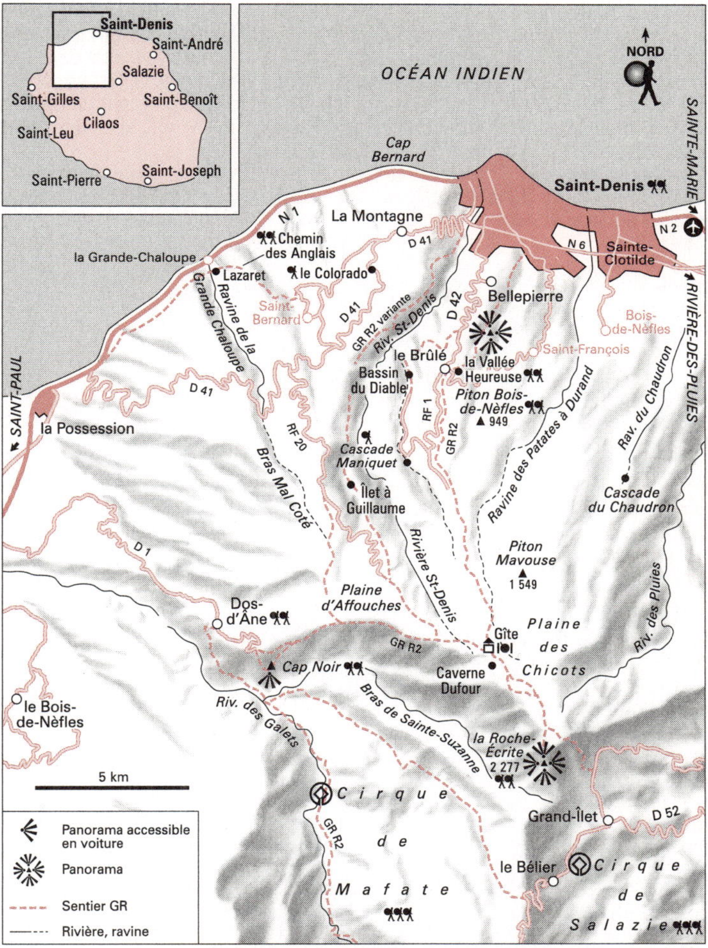

LES HAUTS DE SAINT-DENIS

Le chemin des Anglais (carte Les Hauts de Saint-Denis) **:** *c'est une balade qu'il vaut mieux faire en aller simple. Départ de Saint-Bernard : chemin fléché après le cimetière sur la gauche. Pour s'y rendre, bus Citalis n° 21, arrêt au terrain de foot de Saint-Bernard. En voiture, prendre dir. la Montagne et continuer sur la D 41. 2 possibilités : on finit la rando soit à La Grande-Chaloupe (compter 2h), soit à La Possession (compter 4h) ; dans les 2 cas, retour possible en Car Jaune. Chemin peu ombragé, penser au chapeau et à l'eau. Possibilité de se faire accompagner d'un guide pour éclairer sur tt plein de détails botaniques et historiques.*
Une variante consiste à partir de La Grande-Chaloupe, à gauche après le pont de chemin de fer : prendre la route en terre battue qui longe la rivière, jusqu'à l'ancienne chapelle tamoule, et vous arrivez à la léproserie de Saint-Bernard

(lieu d'expos temporaires). Vous marcherez sur des pavés (datant de 1775) jusqu'à un point de vue unique sur la route en corniche. Les Anglais utilisèrent une partie du chemin lors de l'attaque de Saint-Denis en 1810. Les Français attendaient un débarquement à Saint-Denis, leurs canons tournés vers la mer. Or, le danger vint de l'arrière, puisque l'ennemi débarqua à La Chaloupe, empruntant un chemin auparavant remis en état sur ordre du commandant de l'île, qui signa lui-même la capitulation !

L'ancien ***lazaret de la Grande-Chaloupe,*** restauré, accueille une exposition sur l'engagisme (lieu de quarantaine, il servit de quartier d'isolement pour les engagés recrutés en Inde et débarquant sur l'île). ☎ *02-62-55-64-10.* 📱 *06-92-97-40-40. Mar-sam 9h30-12h30, 13h30-15h30 (17h30 sam ; ouv 1 dim/2). Entrée payante.*

LA CÔTE SOUS LE VENT (OUEST)

De Saint-Denis à Saint-Louis via Saint-Paul et Saint-Gilles par la route du littoral, c'est la côte la plus habitée et la plus touristique. Éloignée du volcan, protégée des vents (d'où son nom) et bordée des seules plages de l'île, elle offre musées, jardins, activités et sites historiques. Vous rencontrerez la vraie vie créole dans les Hauts, facilement accessibles depuis la route dite « des Tamarins ».

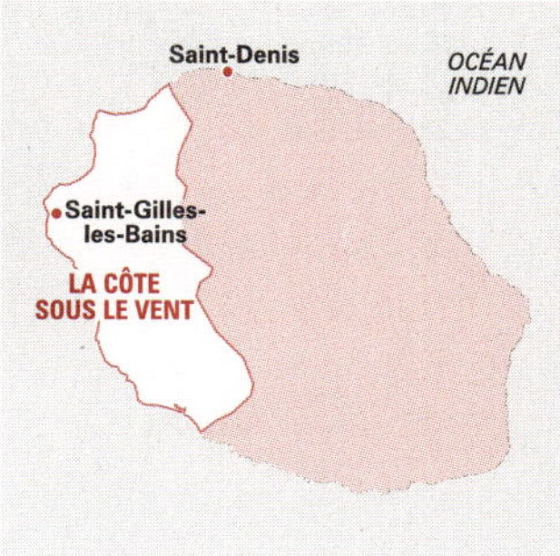

SAINT-PAUL

(97460) 106 100 hab.

• Plan Saint-Paul *p. 102-103*
• Carte Les Hauts de Saint-Paul et Saint-Gilles *p. 111*

À 30 km au sud de Saint-Denis par la route du littoral ou par la jolie route tortueuse qui passe par la Montagne (en n'étant pas pressé). Une plage de sable noir de 3 km borde la baie historique dite « du meilleur ancrage », où les 1ers habitants de l'île s'installèrent en 1663. Saint-Paul, labellisée Ville d'art et d'histoire, est une ville plaisante, non dénuée de « charme colonial ». À ne pas manquer le vendredi et le samedi matin pour profiter du célèbre grand marché. Les « bazar sou pie'bois » comme celui-ci font partie des incontournables du tourisme réunionnais. Un marché artisanal couvert, moins passionnant, se laisse visiter au 59, rue Leblond *(plan B3 ; lun-ven).* **La ville est aussi connue pour ses fruits exotiques (cocoteraie et mangueraie centenaires). Les hauteurs de la commune sont propices à de belles excursions, comme le fameux piton Maïdo (1h de route aller) et la découverte pédestre du cirque de Mafate.**

LE BERCEAU DE LA RÉUNION

La « baie du meilleur ancrage » : c'est ainsi que l'on surnomme la ville de Saint-Paul. C'est dans cette baie que les 1ers Français débarquent en 1638. En 1663, les 1ers colons s'installent, avec 10 esclaves malgaches, et Saint-Paul devient capitale de l'île Bourbon. Ce site où les navires ne pouvaient trouver « meilleur ancrage » fut le point de départ de la colonisation de l'île. La place du Peuplement rappelle cet événement.
Saint-Paul, 1re capitale de l'île, a conservé quelques témoins de son prestigieux passé : des maisons du XVIIIe s et d'anciens bâtiments administratifs (l'hôtel Laçay, emblème de la façade maritime de la ville, la très belle maison Serveaux ou la

Où dormir ?

10 Chambre d'hôtes Kia Ora (C2)

Où manger ?

20 Camions-bars (B2)
21 Chez Mamy Marianne (B2)
22 Le Palais de l'Eau de Coco (A3)
23 L'Atelier des Pâtes (B3)
26 Le Débarcadère (B3)
27 La Barque (A-B3)
28 Les Délices de Savannah (D1)

Où déguster une bonne glace ?

30 La Magie des Glaces (C1)

Où boire un verre ? Où sortir ?

31 La Cerise et Espace culturel Leconte-de-Lisle (B2-3)
32 La Capitainerie (B3)

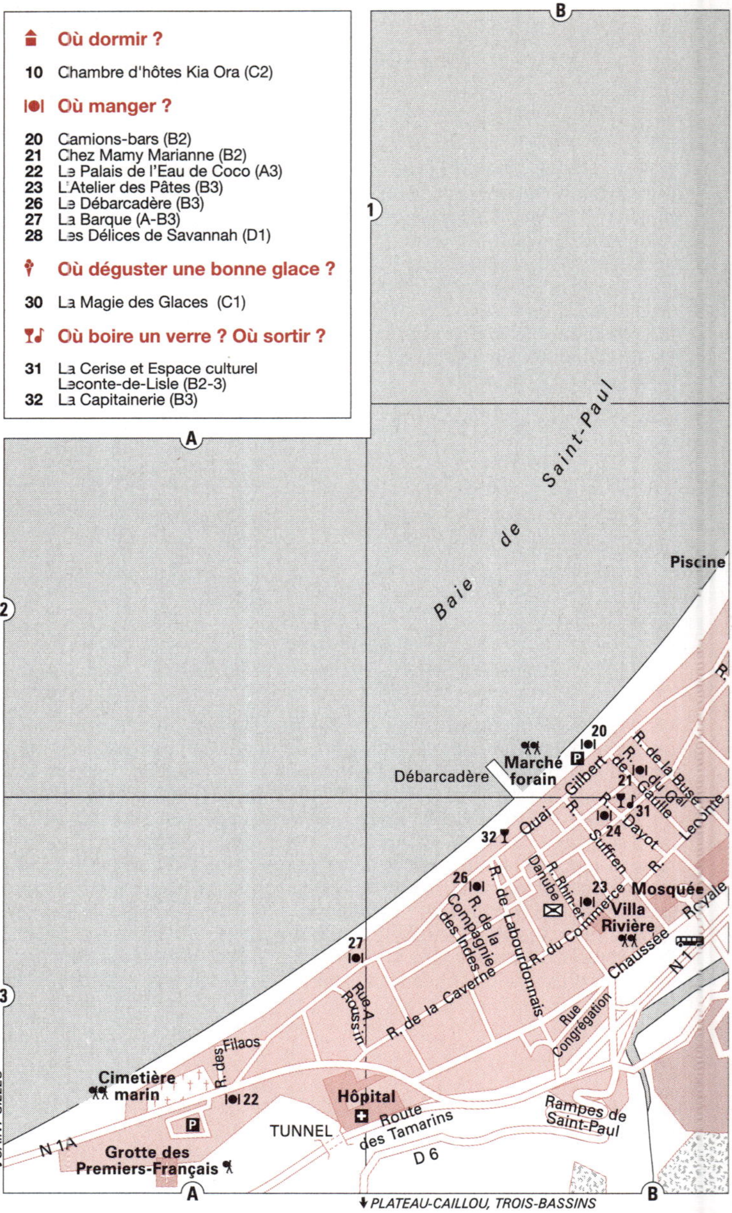

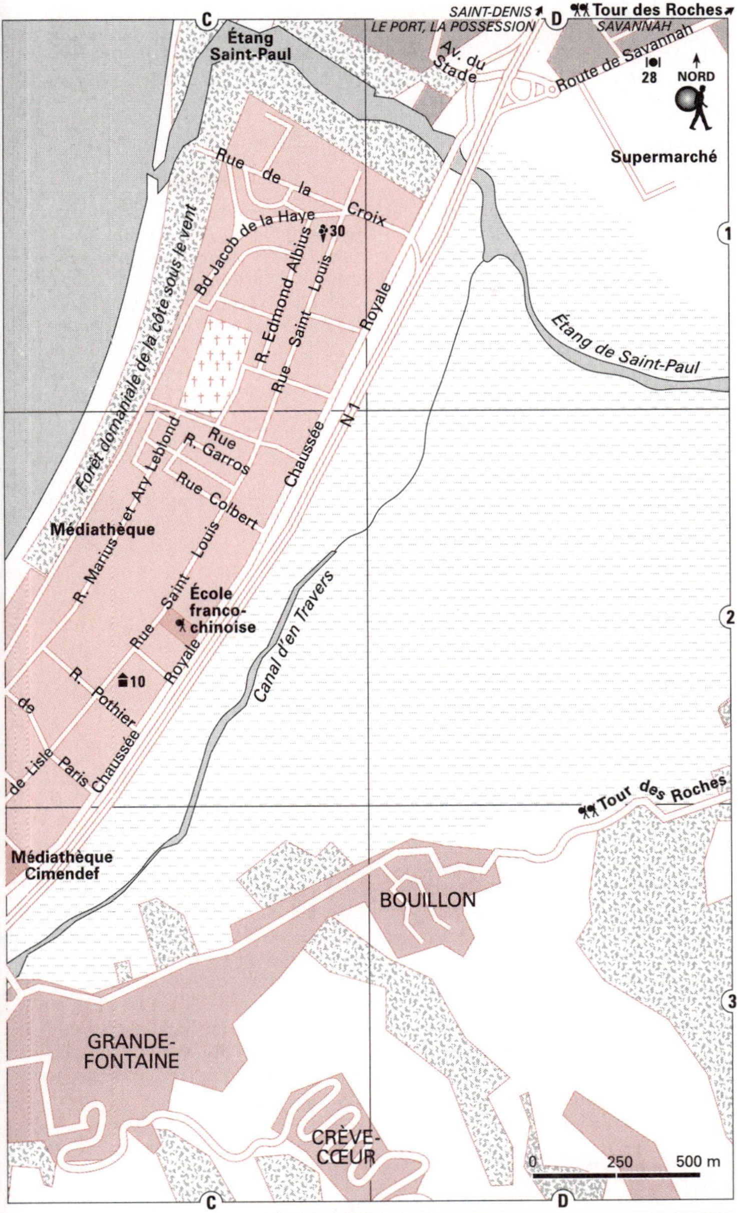
SAINT-DENIS
LE PORT, LA POSSESSION
Tour des Roches
SAVANNAH
Étang Saint-Paul
Av. du Stade
Route de Savannah
28
NORD
Supermarché
Rue de la Croix
Bd Jacob de la Haye
30
R. Edmond Albius
Rue Saint Louis
Chaussée Royale
N 1
Étang de Saint-Paul
Forêt domaniale de la côte sous le vent
Rue R. Garros
Rue Colbert
R. Marius et Ary Leblond
Médiathèque
Rue Saint Louis
École franco-chinoise
Canal d'en Travers
10
R. Pothier
de Lisle
de Paris
Chaussée Royale
Tour des Roches
Médiathèque Cimendef
BOUILLON
GRANDE-FONTAINE
CRÈVE-CŒUR
0
250
500 m
C
D
1
2
3

SAINT-PAUL

maison Lucas, place de Gaulle, par exemple), le débarcadère, la poudrière – plus ancien bâtiment de l'île (1724) –, mais surtout le cimetière marin le plus étonnant de La Réunion. De célèbres personnages y reposent, dont le poète Charles-Marie Leconte de Lisle, né à Saint-Paul. Tout à côté, un rare cimetière de milliers d'esclaves a été mis au jour.

Arriver – Quitter

Gare routière *(plan B3)* **:** *141, chaussée Royale. ☎ 02-62-22-54-38.* Pour plus de détails, se reporter à la rubrique « Transports » dans « La Réunion utile » en début de guide.

➢ ***Saint-Denis et Saint-Pierre :*** plusieurs fois/j. avec *Car Jaune* (lignes 02, 03, 04 et T).

➢ ***Saint-Philippe et Saint-Benoît :*** pas de bus direct. Passer par Saint-Pierre.

➢ ***Les Hauts de Saint-Paul :*** le tour des Roches, le village de L'Éperon et le musée de Villèle, le Maïdo... avec la compagnie *Kar'Ouest.* Pour le piton Maïdo, ligne nº 61 : 3 bus/j. lun-sam (à 5h50, 13h45 et 16h25) pour rejoindre le départ du sentier du Maïdo ; compter 1h de trajet.

Adresses utiles

Informations touristiques : pas de bureau en ville. Il faut s'adresser à l'office de tourisme de Saint-Gilles (voir plus loin).

■ ***Visites guidées :*** *avec le guide* ***Clovis,*** *résa auprès de l'office de tourisme de l'Ouest (☎ 0810-797-797, Nº Azur, prix d'un appel local). Compter env 10 €/pers.* Une balade historique passionnante « Sur les traces des premiers habitants » en découvrant le cimetière marin, la « baie du meilleur ancrage », les abords de la grotte des Premiers-Français et le centre de Saint-Paul.

■ ***Toilettes publiques :*** *face au marché forain, rue Suffren et sur le parking en face du cimetière marin (côté grotte des Premiers-Français).*

Où dormir ?

Peu d'hébergements à conseiller sur Saint-Paul centre. Le mieux : réserver un meublé de tourisme ou se réfugier dans les Hauts (voir plus loin), où le choix est beaucoup plus varié. Sinon, Boucan-Canot et Saint-Gilles ne sont pas très loin...

Chambre d'hôtes Kia Ora *(plan C2,* ***10****)* **:** *204, rue Saint-Louis. ☎ 02-62-25-31-68. • reservation@kiaorarun.com • kiaorarun.com • Doubles env 70 € (sdb partagée)-90 €.* Une escale plaisante et apaisante, tenue par un couple globe-trotter très accueillant. Les 3 chambres, à l'étage de la maison, sont sobres, lumineuses et sans reproche (salle de bains commune pour 2 d'entre elles). Les amoureux choisiront toutefois celle qui est aménagée dans une maisonnette indépendante, bien cosy et intimiste. Quant au savoureux petit déj, il est servi sous la grande varangue, au bord de la piscine et du jardin fleuri. Confort et décontraction au rendez-vous ! Pour les séjours prolongés, les propriétaires possèdent également des appartements à Saint-Gilles.

Où manger ?

Très bon marché

Plusieurs ***camions-bars*** *(plan B2,* ***20****)* installés sur la place du marché forain en front de mer. Le ***Quai Gilbert,*** l'un des plus réguliers, propose sandwichs et plats sur place ou à emporter, et a l'avantage d'être ouvert le dimanche midi. Agréable pour un grignotage pas cher ou une *Dodo* bien fraîche, face à la plage de sable noir.

|●| ***Chez Mamy Marianne*** *(plan B2,* ***21****) : 5, rue du Général-de-Gaulle. ☐ 06-92-75-09-83. Tlj sauf mar soir et dim (ouv dernier dim du mois). Plat env 10-12 € (moins cher à emporter). CB refusées.* En plein centre-ville, le petit resto tout simple, avec ses quelques bons plats familiaux créoles classiques cuits au feu de bois (rougail-morue, civet de canard, etc.), que les habitués emportent dans des barquettes. Terrasse bien agréable pour se poser, ombragée par un toit de tôle (mais il peut y faire vite chaud en plein cagnard).

Bon marché

|●| ***Le Palais de l'Eau de Coco*** *(plan A3,* ***22****) : 10, route des Premiers-Français, face au cimetière marin. ☐ 06-92-88-19-58. Tlj sauf lun-mar, 8h-19h. Résa conseillée ven, jour du marché. Plats env 9-13 € (moins cher à emporter). Punch coco offert sur présentation de ce guide.* Cette case en bois sous tôle au bord de la nationale est l'un des plus anciens restos de l'île. En cuisine, on se transmet les recettes au coco de génération en génération. En dehors des plats traditionnels habituels, on pourra y manger des *bouchons,* samoussas, piments farcis, tartes... devinez à quoi ? Évitez la ruée du vendredi si vous voulez goûter en paix au coco sous toutes ses autres formes : eau de coco au verre ou à la bouteille, bonbon, nougat (hmm...), etc. Accueil aimable.

|●| ***L'Atelier des Pâtes*** *(plan B3,* ***23****) : 47, rue Rhin-et-Danube. ☎ 02-62-45-00-59. Fermé dim et j. fériés. Repas 15-20 €. Digestif maison offert sur présentation de ce guide.* Une bonne option pour se changer les idées et les saveurs, les jours de marché. Spécialités de pâtes, gnocchis et raviolis frais, le propriétaire les faisant lui-même. Accueil chaleureux.

Prix moyens

|●| ***Le Débarcadère*** *(plan B3,* ***26****) : 1, rue de la Baie. ☎ 02-62-45-19-41. Ouv le midi tlj, plus le soir mar-sam. Résa conseillée. Plats env 15-25 €.* Le chef propose une belle carte de plats de brasserie lyonnaise, ce qui détonne sous les tropiques : tablier de sapeur, rognons de veau, andouillette, tripes de bœuf, le tout parfois escorté de spécialités aux saveurs plus locales. Ambiance de copains sous la vaste varangue en surplomb de la rue, avec vue sur le large. Service aimable et efficace.

|●| ***La Barque*** *(plan A-B3,* ***27****) : 48, rue de la Baie. ☐ 06-92-23-20-01. Ouv le midi mar-sam, plus le soir mer-sam. Fermé dim-lun. Plats env 18-30 €.* Caché côté plage, dans un jardin tranquille avec petite piscine dont on peut profiter, une table accueillante et conviviale qui tient bon le cap depuis longtemps. On y sert des plats axés sur le poisson (panaché de la mer, salade de *zourites...*), frais et bien travaillés, ainsi que de belles salades. Quelques tables avec vue sur la plage. Bonne ambiance. Service attentionné.

Excentré

|●| ***Les Délices de Savannah*** *(plan D1,* ***28****) : 29, route de Savannah (D 4), à* ***Savannah.*** *☎ 02-62-45-61-35. À env 2 km de Saint-Paul ; au rond-point du centre commercial de Savannah, suivre dir. Savannah, c'est 200 m plus loin, face à la station-service. Ouv au déj lun-sam, le soir ven-sam. Plat du jour env 12 €, sinon carte env 25-30 €. Café offert sur présentation de ce guide.* L'intérieur chaleureux et coloré privilégiant le bois, les parements de pierre et les plantes vertes, fait vite oublier l'environnement quelconque. Mais ce qui fidélise les gourmands, c'est une carte bien maîtrisée de plats métros et métissés. Bien présentés et savoureux, risotto, mi-cuit et autres tartares ne font pas regretter le petit détour. Accueil efficace et souriant.

Où dormir ? Où manger dans les environs ?

Du côté de Plateau-Caillou *(dans les Hauts, à l'ouest, par la D 6)*

Le Caillou Blanc : *20, rue des Merles, à* ***Plateau-Caillou,*** *97460 Saint-Paul. 06-92-87-51-92. • caillou blanc.com • À 5 km de Saint-Paul, sur la route du Bernica. Doubles à partir de 44 €, sdb commune ; petit déj en sus.* Une maison moderne cachée dans une impasse d'un quartier résidentiel, à mi-chemin entre les plages et le piton Maïdo. Emplacement à la fois calme et stratégique. Pour loger, on a le choix entre des studios tout équipés ou des chambres simples et colorées se partageant les salles de bains et, gros plus, 2 cuisines. Le tout bien propre et entretenu (mais sans clim). Un bon plan.

Du côté de Bois-de-Nèfles *(en passant par Savannah et la D 4)*

La Caz' des Orangers : *24, impasse Cernot, à Sans-Souci-les-Hauts, 97411* ***Bois-de-Nèfles-les-Hauts.*** *02-62-44-50-32. • caz.orangers@gmail.com • lacaz-des-orangers.com • À env 13 km de Saint-Paul, à 400 m d'altitude. Prendre la N 1 dir. Saint-Denis, puis sortie Cambais (détail des indications sur le site). Accessible depuis Saint-Paul en bus Kar'Ouest n° 8.5. Doubles sans ou avec sdb privée 37-57 €. Repas env 16 €.* C'est tout là-haut sur le chemin de Mafate. Une dizaine de chambres doubles, à l'ameublement simple, comme les prix. Celles avec salle de bains privée se trouvent dans une maisonnette, au sein du jardin, à l'écart de la maison principale. Jérôme Thomas, qui ne manque pas d'initiatives, peut garder votre voiture pendant vos randos (service payant si vous ne logez pas sur place).

Chambres et table d'hôtes Les Géraniums : *chez Mme Natacha Lauret, 150, chemin des Barrières, 97411* ***Bois-de-Nèfles.*** *02-62-44-28-11. À env 16 km de Saint-Paul (30 mn en voiture) et 700 m d'altitude. Prendre la N 1 dir. Saint-Denis, puis la D 4 vers Bois-de-Nèfles. Chambre env 50 €. Table d'hôtes sur résa.* Un peu galère à trouver, mais quelle récompense, car l'endroit est merveilleux, en pleine nature ! 4 chambres avec douche et toilettes, toute simples, au-dessus de la ferme-auberge. Petit déj servi à partir de 6h30 pour les randonneurs.

Chambres et table d'hôtes La Villa Zen : *125 bis, chemin Macé, 97411* ***Bois-de-Nèfles.*** *02-62-70-74-57. • lavillazen@yahoo.fr • rvillazen.com • À env 12 km de Saint-Paul ; en sortant de la voie rapide, prendre La Plaine, centre commercial de Savannah. Suivre les panneaux « Bois-de-Nèfles ». Chambres 90-105 € ; familiale. Repas env 32 €. Réduc de 10 % sur le prix de la chambre (2 nuitées min) sur présentation de ce guide sur les résas en direct.* 3 chambres et une table d'hôtes dans un jardin luxuriant, avec piscine et vue sur le littoral. 2 des chambres sont sous les combles, avec salle de bains commune. Une autre se trouve au rez-de-chaussée. C'est la plus spacieuse, avec terrasse et salle de bains privée, et elle donne directement sur la piscine. Salon commun avec grand écran.

La Ferme du Bel'Air : *209, chemin des Barrières, 97411* ***Bois-de-Nèfles.*** *02-62-33-72-66. 06-92-29-78-88. • fermedubelair@gmail.com • fermedubelair.com • À env 16 km de Saint-Paul (30 mn en voiture) et 700 m d'altitude. Double env 85 €, avec petit déj. Repas sur résa 28 €.* Perchée à 750 m d'altitude, la ferme a tout du nid d'aigle : depuis les terrasses des 2 gîtes identiques, la vue est géniale... surtout si l'on en profite depuis les jacuzzis ! Les gîtes sont simples, constitués de 2 chambres qui se partagent une grande pièce à vivre et une cuisine. Les repas sont servis dans la maison des adorables propriétaires, et élaborés avec les légumes du jardin, les canards de l'élevage... Une adresse hors des sentiers battus, loin de tout et qui fleure bon l'arrière-pays.

Du côté de Bellemène Canot

Villa Laurina : *154, chemin des Barrières,* ***Bellemène Canot,*** *97460 Saint-Paul. ☎ 02-62-67-97-60. 06-92-12-13-56. • villalaurina.reunion@gmail.com • facebook • Sur les Hauts de Saint-Paul. Doubles 90-110 € ; apparts 4-6 pers ; petit déj-buffet 12 €. Repas sur résa 29 € en sem, 39 € le w-e.* Grande et belle demeure surplombant une plantation de café et de canne, avec vue imprenable sur la baie de Saint-Paul, à 700 m d'altitude. Une halte de charme donc, avant de gravir le piton Maïdo (compter 30 mn en voiture et autant pour les plages de Saint-Gilles). Toutes les chambres sont modernes et personnalisées, particulièrement confortables. La plupart s'ouvrent sur une terrasse privée avec vue splendide. Véranda commune et transats sur la généreuse pelouse. Jacuzzi extérieur. Petit déjeuner très complet et accueil d'une grande gentillesse.

Du côté de La Rivière-des-Galets *(au nord, par la D 1)*

Gîte d'étape, chambres d'hôtes Les Acacias : *34, rue Germain-Élisabeth, Dos-d'Âne, 97419* ***La Possession.*** *☎ 02-62-32-01-47. À env 23 km de Saint-Paul (30 mn en voiture), tt là-haut dans la montagne, à 1 000 m. Après le resto du* Pilon d'Or, Les Acacias *sont 100 m plus loin sur la droite. Bus n° 8 a (arrêt Poteau-Vert à env 300 m). Nuitée en dortoir env 21 € ; double possible ; petit déj en sus. Repas sur résa. Cuisine à dispo (payant).* Un *Gîte de France* comportant 2 chambres d'hôtes et un gîte d'étape de 4 chambres, avec 6 lits superposés dans chacune. Accueil sincère d'Axel Nativel, qui fait goûter son rhum arrangé tandis que sa femme veille sur la cuisine. Possibilité d'acheter du miel et des œufs de caille maison. Simple, très propre, et toujours une bonne adresse malgré son succès. La vue sur la montagne est somptueuse. Possibilité de se balader vers la Roche-Écrite et de rejoindre le GR R2 pour Mafate.

Gîte de randonnée Bienvenue dans les Hauts : *7, rue Ferdinand-Louise, Dos-d'Âne, 97419* ***La Possession.*** *06-92-67-51-93. • bienvenuedansleshauts@gmail.com • bienvenuedansleshauts.com • À env 22 km de Saint-Paul (35 mn en voiture) ; dans le centre de Dos-d'Âne, à 100 m après l'église (en venant de la route principale). Congés : déc-janv. Double avec sdb env 66 €, lit en dortoir env 30 €. Repas 20 €. Réduc de 10 % sur le prix de la chambre fév-juin sur présentation de ce guide.* Ambiance relax et conviviale dans ce beau gîte tenu par un couple très accueillant. Le soir, les rhums arrangés ajoutent une note festive au repas, tandis que le matin, les victuailles laissées à disposition permettent à chacun de petit-déjeuner à son goût. Quant aux 3 chambres et au dortoir (6 lits), ils sont modernes et bien confortables. Mais la vraie cerise sur le gâteau, c'est l'emplacement génial et surtout la terrasse avec la vue extraordinaire sur la ville du Port. Dès que les lumières de la côte scintillent de 1 000 feux, le spectacle est assuré !

Oh Suzie Q ! : *88 bis, rue Mahatma-Gandhi, 97419* ***La Possession.*** *☎ 09-70-35-32-41. À env 10 km au nord de Saint-Paul. Tlj sauf dim. Plats 15-25 €.* Érick, mi-ch'ti, mi-créole, a le sens de l'accueil et de l'ambiance. Il propose une cuisine simple et créative, avec des plats du jour frais et savoureux. Ses assiettes australiennes à base de kangourou, crocodile et autruche restent l'attraction n° 1 de la maison avec les cocktails maison, les whiskies et les concerts en soirée. Une adresse avec un côté hétéroclite, dans le décor comme en cuisine.

Du côté de L'Éperon

Les Tamariniers : *12, rue du Poivre-Vert, L'Éperon,* ***Saint-Gilles-les-Hauts.*** *☎ 02-62-26-16-62. 06-92-88-02-57. • gitelestamariniers.com • À env 7 km au sud de Saint-Paul. Double 85 €, petit déj inclus.* Ensemble très coloré et tout récent, dans le jardin des proprios, et donc en face de leur maison. Le logement abrite 2 chambres (1 par niveau), chacune avec sa salle de bains. Celle de l'étage, légèrement mansardée, présente un petit charme supplémentaire. Salon-cuisine cathédrale. Un gîte dans la même enceinte.

Où déguster une bonne glace ?

La Magie des Glaces *(plan C1,* ***30****) : 1, rue Edmond-Albius, à l'angle du bd Jacob-de-La-Haye. ☎ 02-62-45-25-48. Fermé lun, mer mat, jeu mat et à l'heure du déj.* Divines glaces et sorbets aux parfums classiques ou aux mélanges originaux et savoureux (passion-géranium, miel-gingembre, etc.). Gâteaux et macarons glacés. Un pur moment de plaisir.

Où boire un verre ? Où sortir ?

La Cerise *(plan B2-3,* ***31****) : 1, rue Eugène-Dayot. ☎ 02-62-96-21-69. • lacerise.re • Tlj sauf dim-lun 17h-minuit.* La Cerise... sur le gâteau, car ce café coloré, au mobilier hétéroclite, invite à la gourmandise culturelle. Un peu bar, un peu galerie, un peu salle de concerts, c'est le lieu qui bouge de Saint-Paul. Un espace convivial, toutes générations et expériences artistiques confondues : musique, théâtre, arts visuels, peinture, philosophie, littérature, contes, jeux, courts-métrages, débats...

Espace culturel Leconte-de-Lisle *(plan B2-3,* ***31****) : 5, rue Eugène-Dayot. ☎ 02-62-59-39-66. • lespas.re • Lun-ven 9h-12h, 13h-17h, sam 16h-20h. Léspas,* comme on dit ici, est un lieu vivant qui réchauffe les cœurs et les esprits. Un hommage décalé au poète Leconte de Lisle.

La Capitainerie *(plan B3,* ***32****) : 1, quai Gilbert. ☎ 02-62-57-79-36. Tlj 10h-22h.* Avec sa superbe terrasse face au ponton, c'est l'un des meilleurs spots à Saint-Paul pour admirer l'océan. Idéal pour une glace en journée ou un verre à l'apéro, avant d'aller dîner en ville.

À voir. À faire

Le centre-ville : quelques vieilles maisons créoles, dont la plupart appartiennent à d'anciennes familles, où l'on est médecin de père en fils. Voir aussi les somptueuses demeures de bourgeois enrichis par le négoce et le boom de l'industrie sucrière. La *maison Laçay* servait d'auberge pour les voyageurs, au temps de la Compagnie des Indes. On peut aussi flâner place de la Mairie et voir une ancienne caserne, du côté du bâtiment de la DEAL (un entrepôt de la marine du XVIIIe s face au débarcadère) et du tribunal, autant de témoignages architecturaux de la Compagnie des Indes. Panneaux explicatifs devant les maisons remarquables.

La villa Rivière *(plan B3) : 34, rue du Commerce. ☎ 02-62-59-20-18. • villariviere.com • Tte l'année, visite guidée mar-sam sur résa à 9h, 10h, 11h et 14h (compter 1h) ; en juil et sept, visite guidée sans résa obligatoire, mais aux mêmes horaires, plus 15h et 16h. Congés : août. Visite guidée : 8 € ; réduc.* Dissimulée par un mur et un rideau d'arbres, cette villa du XVIIIe s est un havre de paix en plein centre-ville. Pleine de charme et intimiste, c'est une élégante bâtisse de style néoclassique, de taille moyenne, avec varangue et colonnes, typique de la période de la Compagnie des Indes. Mais ce qui la distingue vraiment, c'est qu'elle est toujours habitée... ce qui lui apporte un supplément d'âme indéniable. La visiteinstructive permet de découvrir les espaces de vie (salon, salle à manger) et les chambres à l'étage, tous meublés. L'avantage, c'est que chaque objet (gravures, coffre de corsaire, porcelaines, fauteuils planteurs...), chaque élément de déco (parquets marquetés, plafonds créole...) est un prétexte pour aborder de nouveaux sujets sur la culture, l'économie, ou le quotidien d'une époque révolue. Puis direction le jardin, donnant l'occasion d'évoquer cette fois la flore de l'île. Bref, c'est très complet et on ne s'ennuie pas !

Le marché forain *(plan B2) : le long de la plage, ven tte la journée (le plus important) et sam mat.* Sans doute le marché le plus pittoresque de l'île, avec ses stands cosmopolites, ses fleuristes et ses herboristes. Entre 300 et 400 exposants s'y donnent rendez-vous. Les marchands d'artisanat malgache qui se trouvent sur le trottoir (et non sur le parking) sont un peu moins chers. Flânez tout en grignotant ou en remplissant votre sac de samoussas, de gâteaux patate, carotte, citrouille... Un bon endroit pour faire le plein de souvenirs.

***Le cimetière marin** (plan A3) :* *à la sortie de la ville, sur la route de Saint-Gilles.*
À ne pas rater, tant pour la beauté du lieu que pour son histoire. Posés sur le mur d'enceinte, des panneaux noirs portent des citations de poètes et d'écrivains. Et partout, d'autres panneaux marquent les tombes de personnages célèbres.
Outre l'émouvante sépulture à la mémoire des naufragés bretons du *Ker Anna,* coulé en 1894, 2 stars locales hantent les allées (voir la rubrique « Personnages » dans « Hommes, culture, environnement » en fin de guide) :
– *Charles-MarieLeconte de Lisle* (1818-1894), tout d'abord, dont le buste trône au milieu de l'allée centrale du cimetière, dans l'alignement de la porte donnant sur la nationale. Chef de file des parnassiens, il est l'auteur des *Poèmes antiques, Poèmes barbares* et *Poèmes tragiques,* notamment.
– Le pirate *Olivier Levasseur,* dit *La Buse,* dont la plaque mortuaire se trouve face à l'entrée nord, adossée au muretin d'enceinte du tombeau familial des Desbassayns. Elle se signale par un petit canon en bronze nommé *Le Batailleur* et par une croix de basalte sombre, gravée d'une tête de mort ! On sait maintenant qu'il ne s'agit pas de sa sépulture puisque, à sa mort, en 1730, le cimetière n'existait pas encore ! L'envers de la plaque tombale fait référence à une jeune fille enterrée là. Une mise en scène donc qui remonterait à quelques dizaines d'années seulement...

UN ŒIL SUR TOUT

Contrairement à ce que l'on pourrait croire, les pirates n'étaient pas tous borgnes. Ils portaient un cache-œil avant tout pour mieux voir ! En habituant l'œil au noir, ils pouvaient mieux se battre de nuit ou passer rapidement d'un pont aux cales sombres. Il suffisait alors de faire glisser le bandeau sur l'autre œil. Mais cet artifice servait aussi à effrayer l'ennemi !

***Le cimetière « des esclaves »** (plan A3) :* suite au passage du cyclone Gamède, en 2011, a été découvert, côté plage, juste derrière les murs du cimetière marin, un cimetière qu'on a interprété comme un cimetière d'esclaves. Des fouilles et des recherches sont en cours pour confirmer ou réfuter cette hypothèse, mais d'ores et déjà on estime que plus de 2 000 personnes – hommes, femmes et enfants – y auraient été inhumées il y a près de 2 siècles. Autrefois, à La Réunion, les lieux d'inhumation étaient répartis entre cimetières officiels, cimetières d'habitations, terres incultes en bordure des ravines et terrains sableux du littoral : la mort continuait de séparer « les Blancs, les libres de couleur, les esclaves baptisés et les esclaves non baptisés, appelés aussi esclaves païens ». Il faudra attendre 1820 pour qu'une véritable réglementation soit définie, avec un cimetière pour la population blanche et libre et un autre pour les esclaves. Abolie en 1848, cette discrimination funéraire va subsister quelques années à Saint-Paul, où « le cimetière des esclaves deviendra aussi la dernière demeure des engagés indiens et africains ». Aujourd'hui, c'est une vaste étendue d'herbe sur laquelle trône une stèle de la mémoire, inaugurée le 20 décembre 2013.

La grotte des Premiers-Français (plan A3) : *face au cimetière marin, de l'autre côté de la nationale. Fermé au public.* On considère cette caverne comme la 1re « habitation » française de l'île, les 1ers occupants y ayant trouvé refuge. Au pied de la falaise, un petit parc verdoyant a été aménagé avec sentier d'interprétation et aires de pique-nique.

L'école franco-chinoise *(plan C2)* **:** *233, chaussée Royale, à la sortie de la ville, dir. Saint-Denis par l'ancienne départementale. Fermé au public.* Une vieille demeure construite par M. Desbassayns, selon le modèle du palais du gouverneur à Pondichéry, et classée Monument historique. Transformée en école catholique, la « grand cour » servit à évangéliser les jeunes Chinois.

Le tour des Roches *(hors plan par D1 et plan D2-3)* **:** *prendre la D 4 à la sortie nord de la ville ; au rond-point de la zone commerciale, prendre dir. Savannah, puis au 2e rond-point, fléché sur la droite. Il s'agit du 1er tronçon de route de La Réunion, suite à l'installation des colons en 1663 ! Circuit très plaisant de 5-6 km à faire en voiture, à vélo...* Depuis le nord, 1er arrêt à ***Bassin vital*** d'où l'on peut marcher jusqu'aux vestiges du vieux Saint-Paul et continuer éventuellement en rando. Le long de cette route ombragée, entre marais et ravines, on est soudain si loin de Saint-Paul, traversant des hameaux isolés, découvrant des ***sources fraîches*** où se baigner, au niveau du ***Moulin à eau*** notamment. La route longe en fait l'***étang Saint-Paul.*** Classé réserve naturelle régionale, il s'étend sur plus de 447 ha et regorge d'espèces endémiques comme les tourterelles malgaches ou les papangues. Paysages verdoyants de cocotiers, bambous, bananiers, manguiers, papyrus... Toute cette zone est inondable (ne pas s'engager dans l'eau si la route est submergée). Gare alors aux moustiques ! Voir encore la ***poudrière*** à un carrefour, le plus ancien bâtiment de l'île (1724), ainsi que le ***vieux temple tamoul.*** On passe, enfin, à proximité de la ***ravine du Bernica,*** une autre jolie promenade en perspective.

CHAUDS LES MARRONS

Quand les Français décidèrent de s'installer définitivement dans l'île Bourbon, en 1663, ils se disaient que, pour la peupler, il leur faudrait peut-être des femmes. C'est ainsi que Louis Payen débarqua à Saint-Paul avec semences, bétail et 10 Malgaches dont 3 femmes. Une petite Malgache allait bientôt naître, Anne Mousse, considérée comme la 1re fille née sur l'île, ancêtre symbolique de tous les Réunionnais. Il est même possible que ses parents aient été les 1ers « marrons » de l'île (des esclaves fugitifs), faussant compagnie à Louis Payen.

Fêtes et manifestations

– ***Cavadee :*** *dernier w-e de mai.* Départs des pénitents de Fond-Jardin à Grande-Fontaine vers 8h, jusqu'au temple de Saint-Paul.
– ***Fête commerciale de Saint-Paul :*** *2 sem en juil.*
– ***Grande fête de la Noix de coco :*** *1 w-e en août.* Les meilleurs grimpeurs de cocotier s'y donnent rendez-vous !
– ***Zot Movie Festival :*** *oct.* Festival de films de sensations fortes.
– ***Festival de la Rando :*** *2 w-e en oct.* Différentes randonnées durant un week-end avec bivouac dans le cirque de Mafate. Lors du 2e week-end, bivouac en forêt dans les Hauts de Saint-Paul.
– ***Festikal :*** *la sem avt Halloween. • mairie-saintpaul.re/events-page/festikal •* Spectacles et animations dans une ambiance familiale.

DANS LES ENVIRONS DE SAINT-PAUL

LES HAUTS DE SAINT-PAUL ET LA POSSESSION

Le Domaine des Caféiers *(carte Les Hauts de Saint-Paul et Saint-Gilles)* **:** *1156, chemin Féoga, 97411* ***Bois-de-Nèfles.*** *06-92-29-30-33.*

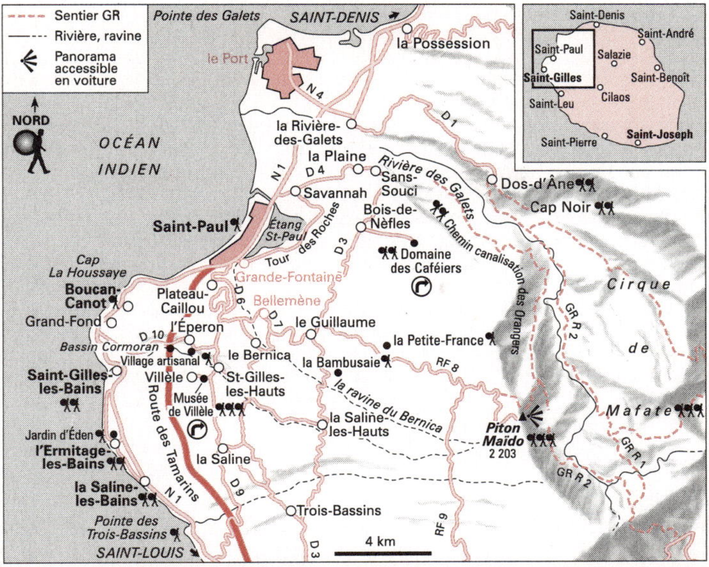

LES HAUTS DE SAINT-PAUL ET SAINT-GILLES

• fermesliti.wordpress.com • À env 16 km de Saint-Paul. Visite et vente possibles (de préférence le mat), sur résa seulement, dim-lun et mer-jeu ; compter 1h30. Tarif : env 14 €/pers, dégustation de café comprise ; gratuit moins de 10 ans. Durant la visite de la plantation, Martine Sliti, une passionnée à qui l'on doit ce café exceptionnel (seul certifié bio de toute l'Union européenne), explique le travail réalisé dans cette ferme pilote depuis une dizaine d'années. La caféière, d'une surface de 1 ha, est cultivée avec le souci constant du respect de l'environnement. D'octobre à février, les visiteurs participent, s'ils le veulent, à la cueillette des « cerises », bonne façon de découvrir le procédé encore artisanal qu'emploie le domaine, du « dépulpage » à la torréfaction. On termine par la dégustation de ce grand cru qu'est le café Bourbon pointu, reconnu pour la délicatesse de son arôme. Sa boisson se caractérise par « une faible teneur en caféine (0,4 à 0,75 % contre 1,2 à 1,6 % pour les arabicas), une bonne acidité et une amertume faible. Elle est fine, délicate, très parfumée. » Le café produit ici a ses adeptes, comme la chef triplement étoilée Anne-Sophie Pic. Pour en savoir plus, lire *L'Incroyable Histoire du café Bourbon pointu de la Réunion* (Alexandre Dijoux, éd. Edilivre, 2016).

Mafate par la canalisation des Orangers *(carte Les Hauts de Saint-Paul et Saint-Gilles)* ***:*** *accessible avec les bus Kar'Ouest, sinon prendre dir. Savannah et monter jusqu'à La Plaine et Sans-Souci. Pour plus de rens, voir la rubrique « Comment accéder à Mafate ? De Saint-Paul » dans « Le cirque de Mafate ».* On peut se garer au bord de la route, mais des dégradations de véhicules sont parfois à déplorer. En fait, le plus sûr est de laisser sa voiture sur le parking gardé de M. Thomas, aux chambres d'hôtes *La Caz' des Orangers,* à Sans-Souci : *• lacazdesorangers.com • À env 13 km de Saint-Paul. Voir « Où dormir ? Où manger dans les environs ? » plus haut. Compter env 10 €/24h (env 2 € en journée) si vous n'êtes pas client des chambres d'hôtes.*

Dos-d'Âne *(carte Les Hauts de Saint-Paul et Saint-Gilles) : suivre la D 1 à partir de La Possession en dir. de Dos-d'Âne, traverser le village et prendre dir. cap Noir. Possibilité d'y monter en bus au départ de Saint-Paul. Arrivée au parking, après 15 mn de marche jusqu'à la table d'orientation où vous aurez sous les yeux Mafate, vue par l'entrée de la rivière des Galets.*

Le site est impressionnant, tout comme le sentier qui mène à l'îlet des Orangers, en face de vous. Vous pouvez faire une boucle de 30 mn aller-retour en prenant la direction de cap Noir ou bien rejoindre la Roche-Écrite (12 km). Au parking du cap Noir, le propriétaire du snack-bar connaît bien le coin, et vous aurez toujours une place dans le camion en cas de pluie. Dos-d'Âne est un petit village d'altitude (1 600 habitants, à 1 130 m) à l'orée du cirque de Mafate. C'est d'ici que part le sentier GR R2. Voici un bon point de chute pour entrer comme pour sortir de Mafate, mais bien se renseigner pour savoir si le sentier est praticable, car en cas de pluie, il devient vraiment dangereux. Partir de bonne heure : il faut au moins 7h pour arriver au 1er îlet. On peut donc prévoir d'y dormir (voir plus haut les adresses dans « Où dormir ? Où manger dans les environs ? »). Les randonneurs peuvent en principe s'approvisionner en eau au niveau du stade de foot, près de l'aire de pique-nique.

Il existe un site de décollage de parapente à Dos-d'Âne pour atterrir dans la rivière des Galets. On survole la crête, puis on penche sur la gauche pour prendre les ascendances et « thermiquer » (utiliser les courants thermiques) au-dessus de la rivière des Galets.

La Petite-France *(carte Les Hauts de Saint-Paul et Saint-Gilles) : à env 15 km au sud-est de Saint-Paul, via Bellemène (D 5, puis RF 8), sur la route (touristique) du piton Maïdo, après Le Guillaume.* Un paisible hameau de moyenne altitude, membre du réseau *Villages Créoles,* assez pittoresque et connu pour ses plantations de géraniums. Les cultivateurs ont encore leurs propres distilleries, qu'on peut parfois visiter (repérer les panneaux le long de la route). Une fois extraite de la plante, l'huile de géranium est transformée en essence, utilisée comme parfum ou en huile essentielle.

LES FLEURS DU BIEN

La côte ouest a vécu longtemps de la monoculture de la canne à sucre, mais elle en subissait surtout les crises. Au début du XXe s, on trouva un palliatif avec le géranium, dont on extrayait une huile fortement parfumée. Il envahit les plus hautes terres et sauva de la misère une génération de petits planteurs. La route du Maïdo est ainsi devenue une route de distilleries.

■ **Maison du géranium :** *route du Maïdo ; indiqué sur la droite. 06-92-82-15-00. • lamaisondugeranium.com • Tlj sauf mer 8h30-16h. Visite guidée sur résa en principe à 11h : 4 € pour la version courte de 25 mn, 6 € pour celle de 45 mn. Boutique, resto (sur résa) et buvette.* Une petite pause agréable sur la route du Maïdo pour en apprendre un peu plus sur les bienfaits du géranium rosat, sa distillation et les produits dérivés à base de géranium. Nombreuses huiles essentielles à la vente. Les gourmands en profiteront pour goûter aux crêpes à la gelée de géranium.

LE PITON MAÏDO

• Carte Les Hauts de Saint-Paul et Saint-Gilles *p. 111*

S'il n'y a qu'une promenade à faire au départ de Saint-Paul ou de Saint-Gilles, c'est bien celle du Maïdo (« terre brûlée » en malgache), belvédère archi-connu des Réunionnais, mais aussi des touristes, pour son panorama à couper le

souffle sur le cirque de Mafate. Normal, le piton est tout de même à 2 203 m d'altitude. Du belvédère du Maïdo (à 200 m du parking), on surplombe Mafate d'environ 1 500 m. À vos pieds, Roche-Plate, où vivent une cinquantaine de personnes. En face, à droite, le piton des Neiges, point culminant de La Réunion (3 070 m), caché par le Gros Morne (2 990 m), qui n'a pas l'air très réveillé. Au fond du cirque à gauche, la Roche-Écrite (2 277 m) et, à ses pieds, l'îlet Aurère. Sur la gauche du belvédère, un sentier mène à un autre point de vue d'où, en un seul mouvement de tête, on embrasse la baie de Saint-Paul puis le chaos rocheux du cirque. Ceux qui ont le temps ne manqueront pas de s'offrir une randonnée de plusieurs jours pour explorer le cirque de Mafate (voir le chapitre « L'intérieur de l'île » plus loin).
➢ Plusieurs sentiers pédestres, équestres et de VTT partent du grand parking. Ils sont bien balisés.

Comment y aller ?

Attention : il est vivement recommandé de s'y rendre très tôt le matin (idéal pour le lever du soleil), car à mesure que les heures avancent, les nuages commencent à envahir le cirque. Alors pour la vue, tintin ! Mais on peut aussi tenter sa chance en journée car le temps est très changeant, et espérer profiter d'une percée. Les petits malins appelleront la météo avant de monter : compter tout de même de 1h à 1h15 de route (de montagne) depuis la côte.
➢ ***En bus :*** depuis la gare routière de Saint-Paul, la ligne n° 61 de la compagnie *Kar'Ouest* vous dépose 3 fois/j., en 1h, au départ du sentier pour Mafate (départs lun-sam à 5h50, 13h45 et 16h25). Retours à 15h05 et 17h40.
➢ ***En voiture :*** prendre la direction Saint-Gilles-les-Hauts et Le Guillaume au départ de Saint-Paul centre ou de Saint-Gilles, puis la route RF 8. Le Maïdo est ensuite fléché.
Très belle route aux paysages changeant au fur et à mesure que l'on prend de l'altitude. Après les champs de géraniums de La Petite-France, on traverse des étendues de mimosas, puis de tamarins qui forment une sorte de forêt chevelue. Le sommet est recouvert d'un maquis odorant. La route du Maïdo est devenue un haut lieu de passage touristique. Nombreuses activités de loisirs à faire dans le coin : parapente, VTT, équitation...

Et en repartir ?

Pour éviter de prendre la même route au retour, la route forestière RF 9 dite « des Tamarins » (à ne pas confondre avec la 4-voies, entre Saint-Paul et Étang-Salé) rejoint Le Tévelave, au-dessus des Avirons. Elle est indiquée un peu plus bas que le Maïdo sur la gauche. Route superbe qui traverse des champs de canne à sucre et la forêt de cryptomerias. Il y a seulement une sortie indiquée au-dessus de Trois-Bassins, sinon il faut continuer jusqu'au Tévelave.
Vous pouvez aussi, au retour du Maïdo, enchaîner avec la visite du *domaine de Madame Desbassyns : le musée Villèle.* Quand vous êtes au Guillaume, prendre à gauche vers Le Bernica, puis à droite vers Fleurimont, ensuite à Saint-Gilles-les-Hauts, Villèle est indiqué. Tout le monde connaît, il suffit de le demander en créole : « *Comon il é, scuz' a moin, mi voudrais roder à Villèle...* »

Où dormir ?
Où manger sur la route du piton Maïdo ?

🏠 IOI ***Chez Dominique Magdeleine :*** *13, chemin de l'École, 97423 La Petite-France.* 📱 *06-92-75-15-39.* • *gite.magdeleine@gmail.com* •

Route au Maïdo, puis à gauche. Double 50 € ; familiale. Dîner env 23-25 €. ½ pens souhaitée en oct-nov. Un gîte tout simple comprenant 4 chambres propres et 1 familiale, l'ensemble sans grand charme mais fonctionnel. L'accueillant Dominique, ancien cuistot, propose à sa table une cuisine créole classique et honorable. Il prépare les légumes de son champ, les volailles venant de son petit élevage personnel.

Snack-bar Le Quinquina : *sur la route du Maïdo, 97434* ***Le Guillaume.*** *06-93-33-43-91. Env 500 m après le rond-point du Guillaume, sur la gauche. Ouv 9h-16h (plus tard mer et w-e). Plat env 8 €, sandwichs env 3-5 €. Café offert sur présentation de ce guide.* On reconnaît la terrasse surélevée à ses sièges en plastique jaune. Simple et familial. Son atout principal ? Presque toujours ouvert quand les autres adresses sur la route sont fermées. En plus, les plats créoles sont très convenables.

Chez Léo, dans les Hauts : *sur la route du Maïdo, 97434* ***Le Guillaume.*** *☎ 02-62-35-75-53. 06-92-71-72-25. Env 4 km après le rond-point du Guillaume. Ouv le midi (12h-16h) tlj sauf ven et quand il pleut (appeler avt). Fermé le soir. Buffet à volonté env 15 € lun-ven, env 18 € w-e.* Grande terrasse ouverte et toute petite salle pour une cuisine créole de bon aloi, cuisinée comme il se doit au feu de bois. Le cassoulet péi est impeccable quand la faim vous tenaille au retour d'une rando au piton.

Maison du géranium : *route du Maïdo ; indiqué sur la droite. 06-92-82-15-00. • lamaisondugeranium.com • Tlj sauf mer 8h30-16h.* Pour se requinquer après la balade, une petite crêpe à la gelée de géranium ne se refuse pas ! On peut aussi en profiter pour en apprendre un peu plus sur l'art de la distillation des huiles essentielles (voir plus haut « La Petite-France »).

Loisirs sportifs au Maïdo

– ***Pour les fous volants :*** le Maïdo constitue un site majeur de La Réunion pour les ***parapentistes*** (les écoles de parapente sont basées sur Saint-Leu). Le survol de Mafate, la vue sur les plus grands massifs de l'île, en font un vol de montagne admirable. Voir plus loin, à Saint-Leu, la rubrique « Loisirs sportifs » pour connaître les modalités.

– ***Pour les fous roulants :*** le site du Maïdo est aussi remarquable pour découvrir le ***VTT de descente.*** C'est une belle manière de sortir de la route hyper touristique du Maïdo pour surfer dans les sentiers aux senteurs de géranium. Prendre aussi le temps de s'arrêter et d'écouter pour goûter un instant bucolique. Voir le loueur *Descente VTT,* qui organise et accompagne les descentes depuis le Maïdo, à la rubrique « Sports et loisirs » du chapitre « La Réunion utile » en début de guide.

Randonnées au départ du Maïdo

Vers Mafate (la Brèche) : *départ du sentier « transmafatais » un peu avt le belvédère du Maïdo, au km 12 sur la route F 8 (signalé par l'inscription « Roche-Plate » sur la route). Le bus ligne n° 61 (voir plus haut) vous dépose au départ du sentier.* C'est l'un des accès les plus courants pour Mafate, mais attention, la dénivellation en fait une rando difficile, surtout au retour ! Prévoir 2h de marche pour atteindre la Brèche, carrefour de plusieurs sentiers pédestres, à 5,5 km. Les moins sportifs ou les plus pressés peuvent se contenter du début du parcours, qui conduit en 10 mn à un formidable point de vue appelé *Grand Bord* (signalé par une croix blanche). Mieux vaut ne pas avoir le vertige : d'ici, on plonge de 1 500 m ! Ceux qui poursuivent jusqu'à la Brèche (qui n'est pas un village, ne vous attendez pas à trouver une bière en arrivant) devront ensuite compter près de 3h pour remonter par le même chemin, à moins de continuer sur l'îlet de Roche-Plate pour y faire étape.

Le Grand Bénare (2 896 m) **:** *départ au fond du parking du Maïdo, après la buvette.*
C'est le même sentier qui mène à la Glacière (voir plus loin). Compter normalement 6-7h aller-retour. « Bénare » vient du malgache *be nara* (« très froid »). Le chemin est bien fléché et marqué au sol par des traces blanches. C'est caillouteux, attention aux entorses, surtout à la descente. Pensez à vous protéger du soleil et de la déshydratation. Arrivé à l'embranchement de la Caverne, en prenant à gauche vers le Grand Bénare, on arrive en 5 mn à un superbe point de vue sur Mafate, face à La Nouvelle. Après, c'est l'ascension... panoramique, et cela en vaut la peine. Vue époustouflante sur les cirques de Mafate et de Cilaos. On devine Salazie et Saint-Benoît. Choisir de partir tôt, pour être les 1ers et pour profiter du silence du matin. L'idéal, quand on sait qu'on met 3h30 pour y aller, est de partir 3h30 avant le lever du soleil (mais pensez à emporter une bonne torche et soyez extrêmement vigilant pour éviter les chutes !).
– *Variante :* les bons marcheurs, une fois arrivés au sommet, peuvent continuer vers le Petit Bénare (2 756 m) et descendre vers le piton Rouge (2 401 m) puis revenir pour faire une boucle par la Glacière. Compter 8-10h pour le tour, avec 2 l d'eau et un bob. Au sommet du piton, œuvres du sculpteur Gilbert Clain, commémorant l'esclavage. Du piton Rouge, on peut aussi rejoindre la RF 9 dans les Hauts de Saint-Leu.

La caverne de la Glacière : *un sentier y mène directement du parking du Maïdo. Sinon, reprendre la RF 8 vers Saint-Paul et tourner à gauche un peu avt La Petite-France (route des Hauts-sous-le-Vent) ; 6 km plus loin, un sentier démarre à gauche du gîte de Trois-Bassins.* Attention, les 1 000 m de dénivelée peuvent en rebuter plus d'un. On traverse une forêt de tamarins avant d'apercevoir la mer d'un côté. Après une 1re grotte, on croise le sentier menant au piton (en 1h30, pour ceux que ça tente !). Continuer tout droit jusqu'à un puits. La caverne est là, au milieu des blocs de roche volcanique. Toutefois, ce n'est pas la balade la plus intéressante de l'île.

AVEC OU SANS GLAÇON ?

Au bon vieux temps des colonies, ladite « caverne de la Glacière » ne méritait que trop bien son nom. Les grands propriétaires y envoyaient leurs esclaves (50 km aller et retour, à pied dans la montagne) chercher la glace qui s'était formée pendant l'hiver. Les hommes en revenaient portant des pains de 25 kg pour agrémenter l'apéro des planteurs avec un petit glaçon... Cela se transforma en entreprise avec des salariés qui assuraient la collecte et le transport. Enfin, au début du XXe s, une glacière industrielle fut créée.

BOUCAN-CANOT

(97434)

Entre Saint-Paul et Saint-Gilles, Boucan-Canot (prononcer « canotte ») étend sa plage, considérée avec raison comme l'une des plus belles de La Réunion. C'est certainement la plus grande, mais aussi la plus chic. Avec ses bars dans l'air du temps le long de la sympathique promenade piétonne qui attirent une clientèle jeune (voire très jeune) les week-ends et lors des vacances scolaires, Boucan-Canot prend des airs de petite station balnéaire très animée en journée.
Malheureusement, la baignade n'est autorisée qu'en présence de filets de sécurité. Comme les différentes versions de ces derniers sont régulièrement

mises à mal par les tempêtes, il est impératif de bien s'informer auprès des maîtres nageurs et d'observer les drapeaux le jour de votre passage. On pourra toutefois se baigner en toute tranquillité dans la petite piscine semi-naturelle sur la droite de la plage. Si la baignade est interdite (ainsi que les sports nautiques de surface), les clubs de plongée de Saint-Gilles viennent faire des baptêmes dans ce secteur très poissonneux et riche en coraux.
– ***Marché :*** *dim mat.*

Où dormir dans le coin ?

Peu d'hôtels abordables à Boucan, on trouve surtout des établissements de luxe, sinon de charme, parmi les plus chers de La Réunion. Consultez le site de l'office de tourisme de Saint-Paul : nombreux gîtes à tous les prix, pour tous les goûts et un peu plus éloignés de la plage, à Boucan ou à Grand-Fond.

De prix moyens à chic

Appart-hôtel Marina : *6, allée des Pailles-en-Queue. ☎ 02-62-33-07-07. • hotelmarina@orange.fr • hotel-reunion.net • ♿ Doubles 87-94 € selon saison.* Une dizaine de studios répartis dans un jardin, avec terrasse, kitchenette, clim. Certains ont vue sur la mer (au-delà de la N 1, on le précise, quand même !), d'autres sont au rez-de-chaussée et vous aurez un peu de pelouse en terrasse côté jardin. Piscine et salle de gym. L'endroit est calme, bien aménagé et propre. On prend de copieux petits déjeuners sous la varangue.

Senteur Vanille : *route du Théâtre. 📱 06-92-78-13-05. • contact@senteurvanille.com • senteurvanille.com • De Boucan, prendre dir. Saint-Gilles-les-Hauts par la route du Théâtre, au rond-point sur la gauche après la station-service Total (chemin des Lantanas, continuer jusqu'au bout). Compter 87-117 € pour 2 (min 3 nuits) ; dégressif à partir de 7 nuits. Lodges et villas 2-6 pers également.* Voici une belle adresse. Le chemin par lequel on y accède peut étonner puisqu'on traverse un verger de manguiers (15 variétés), dont M. Law Yat s'occupe à l'année. On a le choix entre les bungalows de style créole, ravissants, avec terrasse meublée en teck, au milieu d'un jardin riche en essences de toutes sortes, et de l'autre côté de la propriété, des chalets de style sud-africain, avec bois et ardoises importés de là-bas et une vue imprenable. Tous très bien équipés, de la cuisine au salon, avec la clim. Également une villa à louer (6 personnes).

Beaucoup plus chic

Le Boucan Canot : *32, rue de Boucan-Canot. ☎ 02-62-33-44-44. • contact@boucancanot.com • boucancanot.com • ♿ Doubles standard à partir de 199 € ; également des suites. Promos sur Internet.* Pour les plus fortunés de nos lecteurs. Ce séduisant hôtel de construction néocréole fait face à la mer, dans une rue tranquille. Un escalier descend directement sur la plage, quel bonheur ! Une cinquantaine de chambres spacieuses et luxueuses, habillées de mobilier moderne, et une superbe vue sur l'une ou l'autre des plages de Boucan pour les supérieures. Piscine et petit jardin, restaurant, bar où se produisent des musiciens et tout ce que l'on est en droit d'attendre d'un établissement de cette qualité.

Où manger ? Où boire un verre ?

La Boucantine : *29, rue Boucan-Canot, rue qui longe la plage. ☎ 02-62-33-62-10. Tlj sauf mer. Carte env 35 €.* Un resto avec une position stratégique, une terrasse sur les toits qui domine la rue et la plage un peu plus loin. On s'installe sur les quelques tables bistrot de la terrasse découverte, sous les grands arbres, pour boire un verre en fin de soirée ou manger des sushis ou une souris d'agneau. Bar à vins au rez-de-chaussée. L'adresse est aérée, paisible et relax.

Le Ti Boucan : *rue Boucan-Canot. ☎ 02-62-24-85-08. Tlj.* Propose cocktails, jus de fruits frais, tapas créoles, tartares de poissons, viandes exotiques, etc. Concerts le vendredi soir. Service décontracté.

Toque Chef : *plage de Ti Boucan,* **Cap-Homard.** *☎ 02-62-44-10-13. Fermé mar soir et lun. Plats le midi lun-ven env 12-18 €, sinon env 15-25 €.* L'intérêt du *Toque Chef,* c'est d'abord sa situation exceptionnelle, sur une terrasse en surplomb d'une plage photogénique. Superbe ! L'autre avantage, ce sont ses horaires étendus bien pratiques (on peut même y prendre son petit déj !). Quant à la cuisine, elle fait dans le local, classique et bon (du genre tartares, belles salades, poissons du jour...), avec des présentations soignées, voire carrément originales. Très sympa, comme l'accueil.

SAINT-GILLES-LES-BAINS (97434)

• Plan Saint-Gilles-les-Bains *p. 119* • Plan L'Ermitage et La Saline *p. 121*

À 40 km au sud de Saint-Denis, Saint-Gilles est une petite ville touristique, devenue en quelque sorte un « z'oreille-land ». Coincé entre les 2 plus belles plages de La Réunion, pour ne pas dire les seules vraies plages (Boucan-Canot et L'Ermitage), cet ancien village de pêcheurs est aujourd'hui une station balnéaire sans charme architectural mais plaisante, et incontournable pour les activités balnéaires (plusieurs centres de plongée se concentrent autour du port de plaisance).

Avantage de Saint-Gilles : la proximité de sites touristiques (musées et jardins) à découvrir entre 2 bains de soleil et 2 cocktails de fruits frais. Inconvénient : beaucoup de monde et d'embouteillages, et ce n'est pas dans ce secteur que vous découvrirez les profondeurs de l'âme créole. Ne passez donc pas tout votre séjour ici, même si tout semble avoir été prévu pour ça.

Sur Saint-Gilles même, plusieurs plages, toutes interdites à la baignade actuellement, mais où l'on peut tout de même étendre sa serviette (ça, ce n'est pas interdit !), notamment sur la plage des Roches-Noires et sur la plage des Brisants, après le port de plaisance. Pour faire trempette, il suffit de rejoindre L'Ermitage et son lagon, tout proches, puis La Saline, en marchant sur le sable...

SAINT-GILLES, L'ERMITAGE ET LA SALINE, COMMENT S'Y RETROUVER ?

Nous avons regroupé ces 3 « quartiers » dans les pages suivantes. Ils dépendent tous les 3 de la même administration (on est toujours dans la commune de... Saint-Paul, vous suivez ?), se succèdent par la route du littoral en allant vers le sud, mais surtout, ils sont bordés par la même longue plage. Et le même esprit bronzette-plage-barbecue y règne. Le paysage change un peu, devenant plus sauvage et un peu moins fréquenté (oh, à peine !) quand on se rapproche de La Saline. De Saint-Gilles à La Saline, sable fin et barrière de corail pour tout le monde. En gros, il faut aller à Saint-Gilles pour organiser ses sorties plongée, à L'Ermitage pour sortir le soir, et partout sur les plages, en se baignant sur celles autorisées (bien observer les drapeaux et respecter les consignes).

Arriver – Quitter

Attention : ne pas confondre avec Saint-Gilles-les-Hauts, situé dans les terres.

➢ ***En bus :*** avec le réseau *Car Jaune (départs fréquents tlj ; 2 €),* liaisons avec Saint-Paul, Saint-Leu, Saint-Louis et Saint-Pierre via la ligne S4. Également la S3, plus directe, mais sans arrêt à L'Ermitage. Sinon, la ligne touristique T relie Saint-Denis et l'aéroport Roland-Garros. Pratique, rapide, mais plus cher (5 €).

➢ Avec les *Kar'Ouest (• karouest.re •),* la ligne du littoral nº 2 fait la navette entre Saint-Paul et Saint-Leu via Saint-Gilles en passant par les plages. Bus env ttes les heures. *Tarif : 2 €.*

Adresses et infos utiles

Office de tourisme de l'Ouest *(plan Saint-Gilles, B1)* **:** *1, pl. Paul-Julius-Bénard. ☎ 02-62-42-31-31. • ouest-lareunion.com • Tlj (sauf certains j. fériés) 10h-13h, 14h-18h.* Infos sur les communes de l'Ouest (La Possession, Saint-Paul, Saint-Leu, Trois-Bassins et Le Port). Vend les tickets de bus *Kar'Ouest* et les *passes* (rechargeables) du réseau *Car Jaune.*

■ ***Banques :*** plusieurs guichets de retrait dans la rue principale. Un *gabier* au *Score* de L'Ermitage.

Centre hospitalier Ouest Réunion : *5, impasse Plaine-Chabrier, le Grand Pourpier Sud, 97434* ***Saint-Paul.*** *☎ 02-62-45-30-30.*

■ ***Gendarmerie*** *(plan Saint-Gilles, A1,* ***3****)* **:** *face à la mairie. ☎ 02-62-24-40-47.*

■ ***Secours en mer :*** *☎ 02-62-43-43-43.*

Épicerie : au choix, ***Vival*** à Saint-Gilles *(plan Saint-Gilles, A1 ; av. du Général-de-Gaulle)* ou ***supermarché Score*** à L'Ermitage *(plan Ermitage/Salines, C4 ; av. de Bourbon, à* ***L'Ermitage*** *; fermé dim ap-m et lun mat).*

■ ***Parc marin de La Réunion :*** *à* ***L'Ermitage,*** *à la limite de La Saline. ☎ 02-62-34-64-44. • reservemarinereunion.fr •* Toute l'équipe des écogardes se trouve ici, avec toujours la même passion pour la défense du lagon. Se reporter à la rubrique « Environnement et parc national » du chapitre « Hommes, culture, environnement » en fin de guide. Organise également des balades guidées gratuites le long du sentier sous-marin de L'Ermitage (voir « Plages » plus loin).

– ***Marché :*** *mer mat à Saint-Gilles et dim mat à L'Ermitage.*

Transports

■ ***Location de voitures :*** *voir aussi la rubrique « Transports » dans « La Réunion utile » en début de guide.* La plupart des loueurs de véhicules de plus de 18 mois se trouvent dans la longue rue du Général-de-Gaulle qui relie Saint-Gilles à L'Ermitage. Attention aux pubs accrocheuses ; autour de 15 €, c'est hors taxes et sans le kilométrage illimité.

■ ***Oté Tuktuk :*** *☎ 02-62-33-15-00. • otetuktuk.re •* Navettes et circuits thématiques en *tuk-tuk* électrique. Tarifs dégressifs en fonction du nombre de personnes et des trajets.

Où dormir ?

À Saint-Gilles

De prix moyens à chic

Hôtel de la Plage *(plan Saint-Gilles, A-B1,* ***10****)* **:** *20, rue de la Poste. ☎ 02-62-24-06-37. • hoteldelaplagereunion@hotmail.fr • hoteldelaplage.re • Doubles sans ou avec sdb env 60-80 €.* Très central, cet établissement modeste à l'ambiance relax et bohème a choisi une déco très colorée pour égayer le lieu. Résultat, on s'y sent bien ! Heureusement, car c'est la seule adresse du centre abordable, et à 200 m de

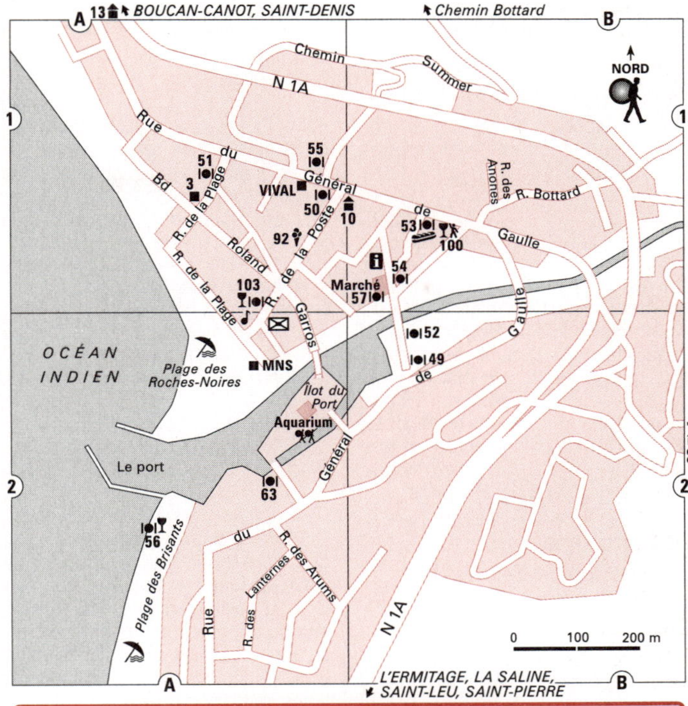

SAINT-GILLES-LES-BAINS

Adresses utiles

- Office de tourisme de l'Ouest (B1)
- **3** Gendarmerie (A1)

Où dormir ?

- **10** Hôtel de la Plage (A-B1)
- **13** L'Archipel (hors plan par A1)
- **38** Tama Hôtel (hors plan par B2)

Où manger ?

- **49** La Case à Pains (B2)
- **50** Chez Loulou (A1)
- **51** Chez Mité (A1)
- **52** Chez Marie (B2)
- **53** Snack Le Balnéair (B1)
- **54** DCP (B1)
- **55** Ti Coq (A1)
- **56** Sauvage (A2)
- **57** La Case Dic (B1)
- **63** Bistrot des Pêcheurs (A2)

Où déguster une glace *péi* ?

- **92** Marie B (A1)

Où boire un verre ?

- **56** Sauvage (A2)
- **103** Les bars de la plage des Roches-Noires (A1-2)

Où sortir ? Où danser ?

- **100** Le Pinkananas (B1)

la plage, c'est une aubaine. Abrite 7 chambres propres et classiques, les moins chères avec douche et w-c en commun façon auberge de jeunesse. Également une terrasse sur le toit très conviviale et une petite cuisine à disposition pour se préparer le petit déj (café et thé à dispo). Douche possible et service de bagagerie avant l'avion le soir. Sympa ! On est quand même au bord de la rue principale (un peu bruyant le matin).

L'Archipel *(hors plan Saint-Gilles par A1,* ***13****) : 9, rue de la Cheminée, route du Théâtre,* ***Grand-Fond,*** *Saint-Gilles-les-Bains. ☎ 02-62-24-05-34. • reservation@archipel-residence.com • archipel-residence.com • Entre Saint-Gilles et Boucan-Canot, sortie « Grand-Fond », puis à droite, puis encore 1re à droite. Studios env 115-150 € pour 2, 165-185 € pour 4.* Excentrée dans une petite zone commerciale sans charme à proximité de la rocade, cette résidence hôtelière réussit malgré tout à préserver une ambiance vraiment conviviale et calme (un peu plus festive lorsque des musiciens investissent le bar !). La grande et belle piscine y est pour beaucoup, de même que les studios et duplex fonctionnels et efficaces, qui disposent de balcon ou de terrasse donnant sur le jardin. Un bon rapport qualité-prix, à privilégier en famille.

À L'Ermitage et à La Saline-les-Bains

Camping

Camping Ermitage-Lagon *(plan Ermitage/Salines, C4,* ***33****) : 60, av. de Bourbon, à* ***L'Ermitage.*** *☎ 02-62-96-36-70. • contact@campingermitage.re • campingermitage.re • ♿ Bus Kar'Ouest, lignes nos 69 et LGO, arrêt Camping-Ermitage-Lagon. Forfait pour 2 env 22-36 €/nuit avec tente ; tentes « safari » ttes équipées (6 pers) 40-52 €/nuit en sem, 105 € le w-e.* Le camping n'est certes pas très intime (une centaine d'emplacements), mais il a les pieds presque dans l'eau ! Pas de piscine, mais aire de jeux, podium pour les spectacles, barbecues, et même un snack pendant la haute saison… Éviter toutefois les emplacements côté rue (la boîte de nuit n'est pas loin). Parking pour les voitures à l'entrée du camping, donc la circulation est très limitée dans les allées.

Bon marché

Amarina *(hors plan Ermitage/Salines par D6,* ***31****) : 30, rue des Ormeaux, à* ***La Saline-les-Bains.*** *☎ 06-93-97-02-81. • amarina974@gmail.com • À la sortie de La Saline-les-Bains vers Saint-Leu, aller jusqu'au rond-point de Trou-d'Eau et prendre la rue des Chênes, puis suivre les indications. Double env 50 € ; studio 65 €.* 5 chambres (certaines avec vue sur mer) à l'étage de la maison des proprios, avec sanitaires, petit salon, varangue et cuisine en commun. Également 2 studios avec terrasse, salle de bains et cuisine, le tout à 200 m de la plage. Piscine. Ensemble bien tenu, une belle escale.

Auberge Kazor *(hors plan Ermitage/Salines par D6,* ***45****) : 19, rue des Jades, à* ***La Saline-les-Bains.*** *☎ 06-92-38-89-27. • aubergekazor@hotmail.com • Facebook • Depuis le rond-point du Jardin d'Éden, continuer sur la N 1 (déviation), passer 2 ronds-points et 1re à gauche (mais inaccessible en arrivant de Saint-Gilles : faire demi-tour pour l'emprunter). Doubles env 42-45 € ; dortoir 22 €/pers. CB refusées.* C'est l'auberge de jeunesse telle qu'on l'imagine : sans chichis, confortable et surtout super conviviale. En terrasse, dans le salon TV ou dans la cuisine ouverte, routards d'un jour ou au long cours fraternisent dans la bonne humeur ! Ambiance sympa donc et confort très correct pour cette petite structure moderne et fonctionnelle en surplomb de la route (calme la nuit) : 4 chambres et 1 dortoir mixte (5 lits) sobres, 2 salles de bains communes propres, BBQ dans le jardin. Un bon plan.

Osiris *(hors plan Ermitage/Salines par D6,* ***40****) : 65, route de Trou-d'Eau, à* ***La Saline-les-Bains.*** *☎ 06-92-66-32-68. • jcvn974@gmail.com • osiris-location-la-saline.com • Maisonnettes 4-6 pers env 60-80 €/j.* Dans sa catégorie, c'est le haut du panier. D'abord, l'accueil de Vincent est top : toujours à l'écoute, disponible et chaleureux. Ensuite, ses 2 maisonnettes sont bien entretenues et surtout bien pensées. Chacune dispose de son parking, de sa propre entrée, d'un petit extérieur (BBQ de rigueur), d'un espace de vie avec convertible, bouquins et jeux, d'une cuisine tout équipée, de 1 ou 2 salles de bains (machine à laver en prime) et de 2 chambres. Tout pour plaire, jusqu'à l'addition à prix d'amis ! Un rapport qualité-prix du tonnerre à 2 mn à pied de la plage.

Bouquet de l'Île *(plan Ermitage/*

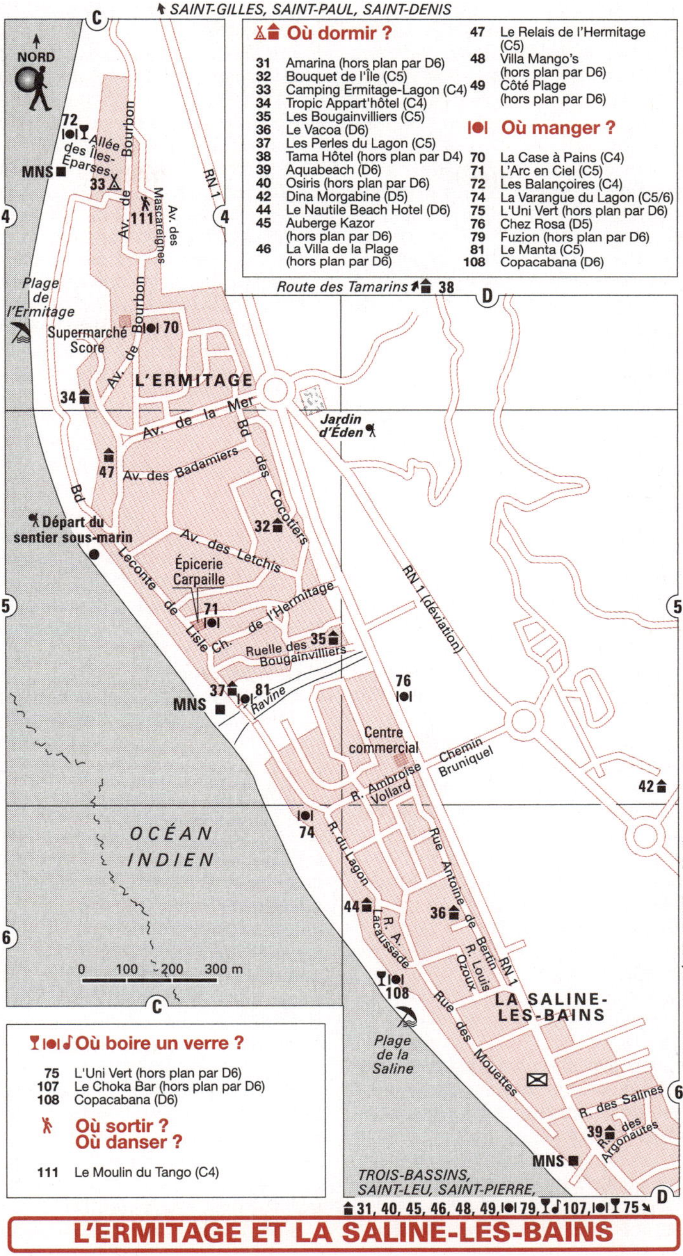

L'ERMITAGE ET LA SALINE-LES-BAINS

Salines, C5, **32**) : *7, bd des Cocotiers, Les Filaos, à* ***L'Ermitage.*** *06-92-94-42-19. • bouquet.delile@gmail.com • bouquetdelile.com • Résa bien à l'avance car c'est souvent loué sur de longues périodes. Studios à partir de 350 €/sem pour 2, et bungalows dès 475 €/sem pour 4 ou 580 €/sem pour 6.* Dans un coin tranquille et verdoyant, des studios, des appartements et des bungalows pour 2 à 6 personnes, bien équipés (clim dans les chambres) et bien entretenus. On se sent vite à l'aise dans ce jardin situé à 450 m de la plage. En prime, plusieurs équipements communs : BBQ, ping-pong, lave-linge.

Prix moyens

Les Bougainvilliers *(plan Ermitage/Salines, C5,* ***35****)* **:** *27, ruelle des Bougainvilliers, à* ***L'Ermitage.*** *02-62-33-82-48. • contact@bougainvillier.com • bougainvillier.com • Doubles sans ou avec terrasse env 68-78 € ; familiale.* Dans un quartier résidentiel, un hôtel familial à taille humaine dans une bâtisse récente et pleine de charme, bien tenue et entourée d'un joli jardin avec petite piscine. Chambres pas immenses mais fraîches et colorées, équipées de frigo et de la clim. Les plus chères ont une terrasse qui donne directement sur la piscine. Cuisine commune extérieure très pratique. Accueil gentil, attentif et chaleureux. Coup de cœur pour cette adorable adresse qui présente un rapport qualité-prix impeccable.

Le Vacoa *(plan Ermitage/Salines, D6,* ***36****)* **:** *54, rue Antoine-de-Bertin, à* ***L'Ermitage.*** *02-62-24-12-48. • levacoa@levacoa.com • levacoa.com • Doubles 64-76 € ; dégressif.* Ambiance relax et conviviale pour cette petite résidence hôtelière d'une quinzaine de chambres seulement. Climatisées, mignonnes, elles s'ordonnent autour d'un patio : chambres de plain-pied au rez-de-chaussée (les plus chères, avec terrasse) et sur 2 niveaux avec lit en mezzanine (pour 2 ou 3 personnes) à l'étage. Cuisine commune équipée, ouverte sur l'extérieur, coin barbecue, ainsi qu'une jolie piscine. Gentillesse et discrétion pour cette très belle adresse.

Les Perles du Lagon *(plan Ermitage/Salines, C5,* ***37****)* **:** *1, ruelle des Bougainvilliers, à* ***L'Ermitage.*** *06-92-69-67-73. • lesperlesdulagon@gmail.com • perles-du-lagon.com • Résa conseillée bien à l'avance (l'adresse est toujours pleine). Env 413-455 €/sem pour 2, également pour 4-6.* Une maison à côté de la plage à un prix tout à fait raisonnable. Une grosse clôture recouverte d'une fresque qui protège de la rue ouvre sur 3 F2. Le tout est climatisé, avec barbecue. Accueil chaleureux avec punch et fruits du pays.

Aquabeach *(plan Ermitage/Salines, D6,* ***39****)* **:** *13, rue des Argonautes, à* ***La Saline-les-Bains.*** *02-62-33-88-00. • aquabeach@wanadoo.fr • aquabeach.net • Au bout d'une impasse perpendiculaire à la rue. Studio 1-2 pers env 70 € ; duplex 3-4 pers env 110 €/nuit ; dégressif à partir de 2 nuits.* Résidence récente, implantée au calme. Logements très standard mais bien équipés (kitchenette) et fonctionnels. Minipiscine agrémentée d'un jacuzzi. Un établissement discret et sans prétention.

Côté Plage *(hors plan Ermitage/Salines par D6,* ***49****)* **:** *4, rue des Nautiles, à* ***La Saline-les-Bains.*** *06-93-20-55-55. • contact@coteplage.re • coteplage.re • Doubles à partir de 70 € en basse saison, env 85 € en hte saison (3 nuits min) et apparts dès 140 €/nuit (3 nuits min en principe).* Élodie n'a rien laissé au hasard. Ses chambres, ses studios et ses appartements, tous réunis dans la propriété familiale, ont été aménagés et équipés dans un style contemporain sobre et soigné. C'est nickel, tout confort (clim, kitchenette...), et idéal pour se relaxer en terrasse ou à la piscine. À deux pas de la plage, c'est le top.

Villa Mango's *(hors plan Ermitage/Salines par D6,* ***48****)* **:** *8, rue des Nautiles, à* ***La Saline-les-Bains.*** *02-62-33-91-50. 06-92-35-41-82. • contact@villamangos.com • villamangos.com • Prix pour 2 nuits min : studios ou apparts 2-4 pers 130-280 €, plus un appart 8-10 pers ; également à la sem (prix dégressifs). Réduc de 10 % à partir de 7 nuits (hors vac scol) en résa* *directe sur présentation de ce guide.* Une sympathique petite résidence à l'ambiance familiale, juste en retrait de la plage de La Saline. Situés dans une maison au style créole, très au calme, les appartements sont de qualité, décorés avec des objets chinés et tous équipés d'une cuisine ou d'une kitchenette, ainsi que d'une terrasse privative. Jolie piscine flanquée de transats, d'un kiosque et de quoi se poser pour ceux qui ont la flemme de faire les quelques pas jusqu'à la plage. BBQ à dispo. Prêt de canoë et *paddle* (et accès à un jacuzzi pour les longs séjours).

De prix moyens à chic

■ ***Tama Hôtel*** *(hors plan Saint-Gilles par B2 et hors plan Ermitage/Salines par D4,* ***38****)* **:** *77, rue des Navigateurs, à Saint-Gilles-les-Bains. ☎ 02-62-44-48-88. • reservation@tama-hotel.com • tama-hotel.com • Depuis le rond-point du Jardin d'Éden à L'Ermitage, dir. route des Tamarins ; après 1,3 km, tourner à gauche vers mont Roquefeuil/Kerveguen ; 800 m plus loin, au 2e rond-point, suivre le panneau « Déchetterie » sur la droite ; fléché ensuite. Doubles à partir de 70 € ; également des studios et apparts pour 4 pers.* Structure éloignée de la côte, dans un style moderne. Une trentaine de vastes chambres, studios, suites... fonctionnels, avec balcons, kitchenettes, varangue, selon son choix. Un endroit très calme avec piscine et vue sur la savane environnante. Bus publics pour la plage en journée.

■ ***Tropic Appart'hôtel*** *(plan Ermitage/Salines, C4,* ***34****)* **:** *102, av. de Bourbon, à* ***L'Ermitage.*** *☎ 02-62-22-53-53. • contact@tropicapparthotel.com • tropicapparthotel.com • Studios 85-105 € pour 2 ; duplex 129-155 € pour 4 (2 ou 3 nuits min le w-e et en hte saison) ; petit déj continental sur résa. 2 petits déj pour adulte offerts sur présentation de ce guide, valable 1 seule fois pdt le séjour.* Une structure de 40 hébergements climatisés, récente et bien tenue, façon « motel sous les tropiques ». Hébergements bien équipés, cuisine extérieure et 2 salles de bains dans les duplex. 2 bémols toutefois : piscine riquiqui et voitures garées devant les fenêtres pour les studios « standard » au rez-de-chaussée, côté parking... Un peu sombres, ils sont plutôt destinés aux courts séjours. Accueil sympa et efficace.

De chic à beaucoup plus chic

■ ***La Villa de la Plage*** *(hors plan Ermitage/Salines par D6,* ***46****)* **:** *52, route de Trou-d'Eau, à* ***La Saline-les-Bains.*** *📱 06-93-99-24-25. • contact@lavilladelaplage.fr • lavilladelaplage.fr • ♿ Doubles 169-189 € avec petit déj. Pots de confitures maison offerts sur présentation de ce guide.* De la rue, on ne devine rien de cette belle adresse. Bien cachée au fond d'un grand jardin, l'ancienne maison familiale posée au bord du lagon est désormais dédiée aux hôtes. Elle renferme des chambres à la déco fraîche, colorée, douce et tonique à la fois, tandis que le bungalow voisin a l'avantage de l'intimité. Tout autour, une piscine, des espaces pour laisser filer le temps, une terrasse haut perchée dans les filaos pour admirer le coucher du soleil sur les flots. Accès direct au lagon dans lequel batifolent des bancs de poissons multicolores. Prêt de masques et de tubas, de canoës et de *paddles.* Un petit coin de paradis qui allie charme, quiétude, confort et modernité.

■ ***Dina Morgabine*** *(plan Ermitage/Salines, D5,* ***42****)* **:** *80 bis, rue des Engagés, Bruniquel, à* ***La Saline-les-Bains.*** *☎ 02-62-61-88-88. • reservation@dinamorgabine.com • dinamorgabine.com • ♿ Près du golfe. Doubles et studios env 90-165 € ; petit déj 15 €.* Près de 70 chambres dans ce bel établissement récent construit sur les hauteurs, dans un esprit contemporain. Le mélange du béton brut, du bois, des zelliges à la réception et des couleurs se révèle du meilleur effet. Déco de très bon goût. Les chambres disposent d'une terrasse ou d'un balcon d'où l'on aperçoit une forêt de filaos, de cocotiers et l'océan. Belle piscine dans laquelle on peut même faire de vraies longueurs ! Spa et resto. Accueil à la hauteur.

Le Nautile Beach Hotel *(plan Ermitage/Salines, D6, **44**)* : *60, rue Auguste-Lacaussade, à* ***La Saline-les-Bains.*** *☎ 02-62-33-88-88. • hotel@nautile.re • nautile.re/fr • Doubles env 161-240 €. Réduc de 10 % sur le prix de la chambre en résa directe sur présentation de ce guide.* On aime bien ce charmant établissement à taille humaine (une quarantaine de chambres ou suites), au cachet créole affirmé, idéalement situé les pieds dans l'eau dans un secteur tranquille. Les parties communes comme les chambres sont chaleureuses, colorées et bien confortables. Resto sur place, au bord de la piscine. Activités nautiques (kayak de mer, masques et palmes à dispo) et accès direct à la plage. Service impeccable.

Le Relais de l'Hermitage *(plan Ermitage/Salines, C5, **47**)* : *123, av. Leconte-de-Lisle, à* ***L'Ermitage.*** *☎ 02-62-24-44-44. • reservation@relais-hermitage-saintgilles.fr • • Doubles à partir de 130 €, avec petit déj (beau buffet).* Parmi les grandes structures de bord de mer, celle-ci tire bien son épingle du jeu. Les 170 chambres (avec vue sur la piscine pour certaines, les demander en priorité) sont spacieuses, claires et confortables, toutes avec un petit balcon. Autour des 2 vastes piscines (transats en nombre), on profite d'un vaste jardin planté de palmiers, de belles pelouses et d'une atmosphère agréable. Mini-club, aquagym, tennis, volley... et la plage juste en face. Une adresse parfaite pour les familles.

Où manger ?

À Saint-Gilles

Saint-Gilles est loin d'être bon marché, mais vous trouverez quand même des ***camions-bars*** au-dessus de la plage, quelques snacks comme le ***Beach Bar,*** pour des sandwichs, et des petits restos, sur le port notamment.

De très bon marché à bon marché

La Case à Pains *(plan Saint-Gilles, B2, **49**)* : *sur le port. ☎ 02-62-96-33-01. À l'étage. Tlj 6h30 (6h w-e)-19h (19h30 lun et sam). Formules env 5-8 €.* Pain bio et sandwichs garnis de bonnes choses à emporter, ou à manger sur place en terrasse à l'arrière ou en surplomb du port.

La Case Dic *(plan Saint-Gilles, B1, **57**)* : *sur le marché. 06-92-54-35-33. Tlj sauf dim-lun 10h30-14h30. Compter 5-7 € la barquette.* Au fond du marché, il y a toujours la queue devant cette petite cabane de bois pour emporter les plats du jour. C'est bon, très frais et les barquettes sont bien remplies. Quelques tables en terrasse permettent même de se poser.

Chez Loulou *(plan Saint-Gilles, A1, **50**)* : *86, rue du Général-de-Gaulle, en plein centre. ☎ 02-62-24-40-41. Tlj sauf dim ap-m 7h-13h, 15h-19h.* C'est la boulangerie la plus photographiée de l'île. Son architecture créole et sa façade bleue sont célèbres et restent le symbole de la station. Prise d'assaut par les habitués qui se régalent de petites choses typiques de La Réunion : *bouchons* (boulettes de porc ou de bœuf), petits pâtés créoles (ananas, goyavier...), excellents samoussas, *bonbons piments,* mais aussi sandwichs et repas chauds (plats à emporter).

Chez Mité *(plan Saint-Gilles, A1, **51**)* : *rue de la Plage. ☎ 02-62-24-22-92. Ouv le midi seulement lun-ven. Fermé sam-dim. Plats env 10 €.* La cantine populaire par excellence, tant auprès des locaux que des touristes avisés. Rougail, cari, boucané... de la cuisine créole copieuse et appétissante. Passage par le comptoir où le patron remplit les assiettes en distillant ses bons conseils. Puis on s'installe au sein d'un jardin verdoyant et ombragé.

Snack Le Balnéair *(plan Saint-Gilles, B1, **53**)* : *108, rue du Général-de-Gaulle. ☎ 02-62-24-46-97. • balneair@gmail.com • Ouv le midi, tlj sauf dim. Plat env 12 €, sandwich env 4 € ; moins cher à emporter. Apéritif maison offert sur présentation de ce guide.* Une petite terrasse couverte au bord de la rue principale (et très passante) pour ce snack créole typique. Caris, salades ou steak d'espadon-frites, mais également des sandwichs, le tout bien fait. On mange au coude à coude dans un esprit très convivial.

De prix moyens à chic

Chez Marie *(plan Saint-Gilles, B2, **52**)* **:** *sur le port, local 28. ☎ 02-62-24-08-87. Ouv tlj, le midi seulement. Résa conseillée. Formule env 15 € ; plats env 18-23 €.* Face aux bateaux, la petite terrasse toute simple profite d'une vue privilégiée sur les allées et venues du port. L'ambiance est sympa et sans façons, à l'image d'une cuisine sans complication, locale et efficace. La carte varie selon la pêche du jour et propose de bons tartares ou des poissons grillés, ce qui enchante les nombreux habitués et touristes (du coup on est un peu serré). Avec des frites maison tout est parfait.

Ti Coq *(plan Saint-Gilles, A1, **55**)* **:** *79, rue du Général-de-Gaulle. ☎ 02-62-24-31-69. Dans un renfoncement, juste à gauche du Forum. Tlj sauf dim-lun midi. Buffet le soir 16 € ; plats 14-24 €.* Cuisine créole à base de produits locaux, servis dans un cadre un peu suranné mais typique, avec sa varangue, les plantes tropicales et les bougies. Accueil agréable.

DCP *(plan Saint-Gilles, B1, **54**)* **:** *pl. du Marché. ☎ 02-62-33-02-96. ♿ Tlj. Plats env 20-30 €.* DCP, c'est pour « Dispositif de Concentration de Poissons ». Tout un programme ! Ne venez pas pour un steak, sinon de thon : on ne mange ici que du poisson frais *péi* proposé cru, à la vapeur ou fumé. À moins de succomber à la mode des makis, sushis et sashimis ! Dans tous les cas, on se régale. Terrasse sous les auvents bleus. D'autres adresses au Port et à Saint-Pierre.

Bistrot des Pêcheurs *(plan Saint-Gilles, A2, **63**)* **:** *sur le port de plaisance. ☎ 02-62-33-21-02. Tlj midi et soir. Formule déj en sem 15 € ; plats env 21-40 €.* Un resto convivial connu de longue date pour la qualité de sa cuisine. C'est du frais, du bon, du fait maison. Couscous de la mer copieux, beaux plateaux de fruits de mer, demi-homard grillé. Quelques tables sur le quai pour profiter de la vue sur le port.

Sauvage *(plan Saint-Gilles, A2, **56**)* **:** *sur la plage des Brisants. ☎ 02-62-44-88-73. Tlj 8h30-22h. Plats 20-25 € et assiettes de tapas. Digestif maison offert sur présentation de ce guide.* Les tables plantées dans le sable et la musique qui flotte dans l'air donnent le ton. Voici un lounge de bord de plage qui offre un cadre idyllique pour passer un délicieux moment. Parfait pour un verre en picorant parmi les planches et les tapas, à moins d'opter pour un bon tartare.

À L'Ermitage et à La Saline-les-Bains

De très bon marché à bon marché

La Case à Pains *(plan Ermitage/Salines, C4, **70**)* **:** *av. de Bourbon, en face du supermarché Score, à **L'Ermitage**. Tlj 6h30-19h. Formule petit déj 3 €, puis 5-8 €.* Pain bio et sandwichs. Terrasse pour grignoter sur place. Ça dépanne bien.

Épicerie-bar Carpaille *(plan Ermitage/Salines, C5)* **:** *bd Leconte-de-Lisle, à L'Ermitage. Fermé mar.* Propose des sandwichs et des plats du jour, ainsi que du poulet grillé le week-end.

Les stands du marché de l'Ermitage *(plan Ermitage/Salines, C4)* **:** *av. de Bourbon, au niveau du supermarché Score. Dim mat.* Une super option pour se nourrir bien et à moindres frais. Parmi les stands les plus courus, celui de ***Laya Food*** est un must. Pour quelques euros, on repart après avoir fait la queue (souvent longue) avec des nems, des rouleaux de printemps, du porc et du canard laqué, le tout maison et délicieux. Parfait pour un pique-nique sur la plage. Très pratique également, le ***supermarché Score*** *(plan Ermitage/Salines, C4 ; av. de Bourbon, à **L'Ermitage** ; fermé dim ap-m et lun mat).*

L'Arc en Ciel *(plan Ermitage/Salines, C5, **71**)* **:** *14, chemin Père-La-Frite,* *à L'Ermitage. ☎ 02-62-33-80-61. ♿ Tlj sauf dim, midi et soir jusqu'à 22h. 5 plats au choix pour env 8 € (un peu moins cher à emporter).* La bonne petite adresse, abritée dans une maison familiale. Terrasse couverte avec quelques tables où l'on s'installe comme à un beau spectacle de la vie créole. Parce que les gens sont fort aimables et que l'on sent l'amour de la cuisine traditionnelle simple et bonne. Les plats ont du goût et sont copieux, comme le civet-*zourites,* les caris cabri ou poulet, le rougail-saucisse, etc. Attention, peu de tables et pas mal de monde le midi.

La Varangue du Lagon *(plan Ermitage/Salines, C5/6,* ***74****) : à droite de l'hôtel* Lux. *☎ 02-62-32-06-15. Tlj midi et soir. Plats env 15-20 €.* Directement sur la plage, cette *rondavelle* (kiosque rond) fait le plein pour sa cuisine simple mais bien réalisée : tartares, plats de viande et quelques propositions différentes chaque jour. Évidemment, la vue et le cadre participent beaucoup au succès de cette adresse conviviale. Pas mal d'ambiance pour les concerts du dimanche (vers 18h).

Chez Rosa *(plan Ermitage/Salines, D5,* ***76****) : sur la nationale, à gauche en venant de Saint-Gilles. ☎ 02-62-24-65-28 et 02-62-22-97-49. En bord de route passante. Tlj sauf sam soir et dim soir (plus 1 dim/mois). Plats env 8-10 €.* Tout le monde aime beaucoup *Chez Rosa.* Pas pour le cadre, basique, mais pour l'accueil tout sourire, l'ambiance sans chichis et les spécialités de la maison vraiment bien mitonnées (civets, caris du jour, bol renversé...). Une valeur sûre dans sa catégorie.

Prix moyens

Les Balançoires *(plan Ermitage/Salines, C4,* ***72****) : plage de* ***L'Ermitage.*** *☎ 02-62-43-20-61. Tlj 8h-23h. Petites assiettes env 5-10 €.* Il y a bien des balançoires et des fauteuils suspendus pour le fun. Mais ce qui motive les foules, c'est la vue géniale sur l'océan (ah ! les couchers de soleil...) et le cadre cosy tendance Bali, entre osier et bois flotté. Ici, on a le goût pour l'apéro et ses prolongements dînatoires. À la carte, les tapas et les petites assiettes à partager sont aussi belles que bonnes : frites de polenta, tartare du moment, tataki de bœuf, accras... Même le dessert tient la route. Impeccable.

Fuzion *(hors plan Ermitage/Salines par D6,* ***79****) : 69, rue de Trou-d'Eau (N 1), à* ***La Saline-les-Bains.*** *☎ 02-62-88-55-58. Tlj sauf le midi mer-jeu. Repas 20-30 €.* Cette petite enclave tranquille à la déco de jardin zen est une bonne alternative pour qui voudrait déjeuner loin des foules. La cuisine, dans un genre métissé et coloré, est très convenable : poissons *a la plancha,* burgers, belles salades, tartares... Super pour une pause entre 2 baignades.

De prix moyens à chic

L'Uni Vert *(hors plan Ermitage/Salines par D6,* ***75****) : 70, route de Trou-d'Eau, à* ***La Saline-les-Bains.*** *☎ 02-62-61-54-36. Tlj 8h-22h/22h30 (le soir dim-jeu, tapas seulement). Repas 20-30 €.* Une vraie carte postale. Bien ombragée et aérée, cette *rondavelle* joliment décorée de bois, de verdure, et de nasses en guise de luminaires, est un must pour les couchers de soleil. Mais on y est bien à toute heure. Les pieds dans le sable, on y grignote des tapas, à moins d'opter pour un tartare plus consistant, une salade, ou de généreuses flammekueches, le tout vraiment bon et préparé avec un maximum d'ingrédients bio. On apprécie d'ailleurs leur démarche écoresponsable en général, à l'image des pailles en bambou. Et pour ajouter encore une note festive, il y a même des soirées thématiques (théâtre, films, conférences...) et un coin jeux pour occuper les marmailles !

Copacabana *(plan Ermitage/Salines, D6,* ***108****) : 20, rue des Mouettes, à* ***La Saline-les-Bains.*** *☎ 02-62-24-16-31. ♿ Tlj 8h20h (23h30 ven-sam). Plats env 20-35 €.* Des transats, des parasols et même un terrain de pétanque : le *Copacabana* est un vibrant appel au farniente, les yeux dans l'océan et un verre à la main. Pour jouer les prolongations, des plats classiques, mais plutôt bien faits, comme le mi-cuit de thon, les tartares, ou encore le hamburger. Avec des frites et de la mayo maison, ça fleure bon les vacances dans un esprit mi-chic, mi-rhum !

Le Manta *(plan Ermitage/Salines, C5, **81**) : 18, bd Leconte-de-Lisle, à **L'Ermitage.** ☎ 02-62-33-82-44. Tlj midi et soir. Plats env 16-25 €, salades env 11-15 €.* À la carte, des plats créoles comme les caris de poisson, civet-*zourites*... et métros : assortiment de poissons crus, panaché de poissons grillés et, pour les amateurs de viande, un bon magret de canard à l'ananas Victoria, ou du kangourou, pour changer. Dans un luxuriant jardin tropical, on mange sous une spacieuse varangue. Mobilier en teck. Assez chic mais sans trop en faire et surtout reposant.

Où dormir ? Où manger dans les Hauts ?

Les accès que nous décrivons se font depuis la côte. Mais la route des Tamarins, qui relie Saint-Paul à Étang-Salé par les Hauts, permet souvent de s'épargner quelques virages.

Côté Cannelle : *63, route de Fatima, au **Bernica,** 97435 Saint-Gilles-les-Hauts. ☎ 02-62-19-98-00. • cotecannelle@hotmail.com • cotecannelle.fr • À env 15 km (compter 15 mn) de Saint-Gilles ; à la sortie sud du Bernica par la D 4. Doubles à partir de 90 €, petit déj 6 € ; villa 2-6 pers également, louable à la nuitée. Table d'hôtes sur résa 35 €.* Une agréable maison de caractère qui propose une poignée de chambres agréables et soignées. Généreux salon commun. L'extension s'ouvre sur de petites chambres cosy, confortables et accueillantes (préférer celles de l'étage pour la vue dégagée). La piscine est mignonne, chauffée et semi-couverte, bordée de quelques transats. Seul bémol, la route à proximité qui ronronne un peu (mais très calme le soir). Impeccable pour se ressourcer. Spa, massage et soins sur demande (payants).

Ferme Crescence : *130, chemin de Ligne, 97422 **La Saline-les-Hauts.** 06-92-85-15-14. • fermecrescence974@gmail.com • À env 15 km de La Saline-les-Bains ; depuis La Saline-les-Hauts, dir. Trois-Bassins par la D 102 (rue Prisami) puis la D 4 (panneau sur la gauche). Gîtes 2-4 pers 320-420 €/sem. Possibilité de petit déj.* Isolée au milieu des champs, cette petite ferme en activité propose 3 gîtes confortables à la déco soignée, disposant chacun d'une terrasse privée avec vue dégagée sur l'océan. Propreté impeccable. Idéal pour qui veut s'essayer aux travaux agricoles et se frotter aux animaux de la ferme.

Snack-bar des Violettes : *12, chemin des Violettes, **Villèle,** 97435 Saint-Gilles-les-Hauts. ☎ 02-62-55-63-58. À env 12 km de La Saline-les-Bains ; fléché à partir du parking du musée, sur 500 m. Tlj jusqu'à 22h30. Plat du jour moins de 10 € ; le w-e, seulement des sandwichs.* Pour qui veut déjeuner d'un sandwich sur le pouce ou s'offrir un bon plat créole ou métro, direction ce petit café de pays sans chichis fréquenté par des habitués. Évitez janvier, en revanche, si vous voulez profiter d'un cari-*zourites* ou d'un rougail de morue typique, c'est le moment où la cuisinière retourne en métropole. Terrasse ombragée. Accueil très sympa.

Où déguster une glace *péi* ?

Marie B *(plan Saint-Gilles, A1, **92**) : 13, rue de la Poste. ☎ 02-62-24-53-06. Mar-dim 11h (13h mar)-19h (19h30 w-e), plus lun ap-m pdt vac scol et j. fériés.* Les glaces artisanales sont alléchantes, mais les sorbets tout aussi incontournables pour découvrir les délicieux fruits exotiques de La Réunion : *pitaya,* sapotille, mangue... Également gaufres, cafés, thés, jus de fruits frais et smoothies. Le tout à emporter ou sur place.

Où boire un verre ?

À Saint-Gilles

Les bars de la plage des Roches-Noires *(plan Saint-Gilles, A1-2,* **103***) : rue de la Poste. Tlj.* Plusieurs bars-restos étalent leurs terrasses en surplomb de la plage des Roches-Noires. Autant dire que l'endroit est hautement stratégique à l'apéro pour profiter du coucher du soleil. Installez-vous selon votre feeling ou sur le fauteuil qui vous tente le plus...

Sauvage *(plan Saint-Gilles, A2,* **56***) : sur la plage des Brisants. ☎ 02-62-44-88-73. Bar ouv tlj jusqu'à 22h env.* Le séant bien calé sur les transats en bord de plage, voici un lieu très civilisé – contrairement à ce que laisse entendre l'enseigne – pour commencer la soirée autour d'un verre en regardant les flots bleus.

À L'Ermitage et à La Saline-les-Bains

Copacabana *(plan Ermitage/Salines, D6,* **108***) : 20, rue des Mouettes, à* ***La Saline-les-Bains.*** *☎ 02-62-24-16-31. Tlj 8h20h (23h30 ven-sam). Plats 18-25 €.* Un bar-resto de plage évidemment les doigts de pied dans le sable, dans un coin calme. Parfait en journée pour boire un cocktail de fruits frais ou au coucher du soleil. On y mange aussi, et plutôt bien (voir « Où manger ? »).

Les Balançoires *(plan Ermitage/Salines, C4,* **72***) : plage de* ***L'Ermitage.*** *☎ 02-62-43-20-61. Tlj 8h-23h.* Un bar de plage cosy et convivial stratégiquement situé dans un secteur un peu moins fréquenté (voir « Où manger ? »).

L'Uni Vert *(hors plan Ermitage/Salines par D6,* **75***) : 70, route de Trou-d'Eau, à* ***La Saline-les-Bains.*** *☎ 02-62-61-54-36. Tlj.* L'un des meilleurs spots du coin pour siroter un cocktail à l'heure du coucher de soleil (voir « Où manger ? »).

Le Choka Bar *(hors plan Ermitage/Salines par D6,* **107***) : 2, route de Saint-Pierre, à* ***La Saline-les-Bains.*** *☎ 02-62-35-16-14. Tlj sauf lun-mar.* Emplacement de rêve pour cette grande terrasse qui surplombe les flots. Idéal pour flirter avec le soleil couchant, dans une atmosphère assez *place to be.* Soirée DJ. C'est aussi un resto gastronomique pas franchement donné (le *Choka Bleu*).

Où sortir ? Où danser à Saint-Gilles et dans les environs ?

Dans ce carrefour touristique et repaire de la jeunesse qui sait comment s'occuper quand il n'est plus possible de bronzer, les lieux nocturnes ne manquent pas. À L'Ermitage, ils sont tous dans la même zone, pas loin de la plage et tout près du casino... Pour être au courant de ce qui se passe, consulter ● *azenda.re* ●, bon mag qui liste les passages de DJs et les soirées. On le trouve dans les bars et à l'office de tourisme. À noter, une initiative fort intéressante : jusqu'à 6h du matin, pour une somme modique, vous pouvez vous faire ramener à votre hébergement (s'il est situé entre Boucan-Canot et Trou-d'Eau) par *Vol II Nuit,* une société qui propose un service de taxis de nuit, pour éviter les accidents nocturnes. Renseignez-vous dans l'établissement où vous faites la fête (la plupart des lieux nocturnes sont partenaires), on les appellera pour vous. *Le Transporteur* propose également les mêmes services de Saint-Leu à Saint-Paul *(📱 06-92-40-57-27 ; tlj 19h-3h – 5h ven-sam).*

Le Pinkananas *(plan Saint-Gilles, B1,* **100***) : 122, rue du Général-de-Gaulle. 📱 06-92-65-75-95. Mer-sam à partir de 19h.* Ambiance festive et déco modeuse soignée, tendance scandinave, pour ce bar-boîte récent qui draine les amateurs de bons cocktails et de sons qui pulsent. Selon les soirs, des DJs ou des groupes assurent le show.

Le Moulin du Tango *(plan Ermitage/Salines, C4,* ***111****)* **:** *av. de Bourbon, à* ***L'Ermitage,*** *derrière le casino. ☎ 02-62-24-53-90. • moulin-du-tango.re • Mer, ven-sam et veille de j. fériés, 23h-6h. Entrée payante.* Réputé pour son toit ouvrant et ses soirées chaudes. Musique (et clientèle) des années 1970, soirées à thème.

– Si vous voulez changer d'ambiance et de siècle, filez dans une des boîtes les plus branchées du secteur : **Le Beach Club** *(à côté du Moulin du Tango).*

***Théâtre de Saint-Gilles* :** *☎ 02-62-41-93-24. • teat.re •* Un amphi de 1 000 places en plein air dans les Hauts de Saint-Gilles. Comprend aussi le *Badamier,* une scène plus intimiste de 300 places.

À voir. À faire

L'Aquarium de La Réunion *(plan Saint-Gilles, A2)* **:** *au port de plaisance. ☎ 02-62-33-44-00. • aquariumdelareunion.com • Tlj 10h-18h (billetterie fermée à 17h30). Entrée : 9,50 € ; 6,50 € 4-12 ans ; gratuit moins de 4 ans. Compter env 1h.* Une vingtaine d'aquariums accueillent plus de 500 poissons des Mascareignes qu'on découvre le temps d'une incursion sous-marine moderne et pédagogique. Les espaces d'exposition mêlent la présence des volcans et la vie sous-marine. Le petit film sur l'expédition Abysséa, qui eut lieu suite à l'éruption de 2007, montre bien ses répercussions sur les fonds marins (12 nouvelles espèces de poissons ont alors été découvertes !). De nombreux petits hublots permettent d'observer de plus près les minuscules espèces. Le grand aquarium, 320 m^3, accueille petits requins (dont un requin-zèbre), carangues et barracudas. Parmi le must de l'aquarium, un petit récif de coraux et le film *Rendez-vous avec la lune,* sur la reproduction des coraux. Une aimable sensibilisation au milieu marin. Labellisé Qualité Tourisme Île de La Réunion.

Le Jardin d'Éden *(plan Ermitage/Salines, C4-5)* **:** *au rond-point de L'Ermitage. ☎ 02-62-33-83-16. • jardindeden.re • Tlj 10h-18h. Fermé Noël et Jour de l'an. Entrée : 8 € ; réduc. Dépliant à emprunter à l'accueil.* Sur 2,5 ha, ce beau jardin botanique bien ombragé rappelle que l'île Bourbon fut surnommée « Jardin d'Éden » au XVIIe s... Un ingénieur agronome, Philippe Kaufmant (1941-1992), a rassemblé ici 700 espèces de plantes médicinales, tinctoriales, alimentaires, odoriférantes, mais aussi aphrodisiaques, sacrées et maléfiques, comme le datura qui servait au célèbre Sitarane. La balade, pas bien longue mais très riche, est ponctuée de panneaux explicatifs. On passe ainsi des épices aux plantes hindoues, des cactées (dont le fameux « coussin de belle-mère ») aux fleurs bleues, des bambous aux plantes aquatiques ou encore au (seul) baobab. Pour agrémenter le tout, un jardin des senteurs, un ruisseau des songes, et une petite expo photos installée dans un foudre de chêne qui a contenu... 51 000 l de rhum. Parmi les hôtes pacifiques du Jardin d'Éden : oiseaux, monarques (papillons), caméléons et lézards. Labellisé Qualité Tourisme Île de La Réunion.

LE DROIT À LA PARESSE

En visite au Jardin d'Éden, partez à la recherche de l'endormi. Il vous faudra un peu de chance et un œil exercé, car il se cache bien et aime épouser le décor dans lequel il se faufile. C'est, en réalité, le nom donné par les créoles aux placides caméléons.

Rando sur le chemin Bottard *(hors plan Saint-Gilles par B1)* **:** *départ du parking du Théâtre. Compter 2h A/R, sans difficulté.* Un sentier aménagé le long de la ravine Saint-Gilles avec panneaux sur les légendes locales.

LA CÔTE SOUS LE VENT

Plages

Les plus belles plages sont celles de L'Ermitage et de La Saline. Et plus on descend vers le sud, plus les bords de mer deviennent sauvages et la baignade difficile.

La plage des Roches-Noires *(plan Saint-Gilles, A2)* **:** *dans le centre de Saint-Gilles.* L'une des plages les plus petites de la côte. Vérifier la couleur du drapeau de baignade ; elle n'est autorisée qu'en présence d'un filet opérationnel (souvent malmené par les tempêtes).

La plage de L'Ermitage *(plan Ermitage/Salines, C4-5)* **:** elle s'étend sur plusieurs kilomètres. Postes de MNS *(ouv le w-e, et tlj sauf lun pdt vac scol),* avec douches. La barrière de corail a formé un étroit lagon aux belles eaux vertes, où l'on peut admirer de petits poissons tropicaux. Ne pas se baigner au niveau de la passe dans la barrière, c'est une sortie de la ravine de L'Ermitage et aussi, et surtout, le déversoir des eaux usées de la ville. Se renseigner au poste des MNS sur la qualité de l'eau dans le secteur. Idéal pour bronzer en paix. Plusieurs restos et snacks (voir nos adresses plus haut).

Le sentier sous-marin *(plan Ermitage/Salines, C5)* **:** *06-92-89-18-68. Visite gratuite avec un guide (résa impérative) ; planning selon marées, consulter l'agenda sur la page facebook du parc marin. Munissez-vous de palmes, masque, tuba (avec même caméra intégrée).* La réserve naturelle marine propose une découverte sous-marine du lagon de L'Ermitage. Le parcours chemine dans le lagon à moins de 100 m de la plage. Attention, la visite est interdite aux moins de 8 ans (pour raisons de sécurité) et peut être annulée lors de grosses pluies ou par forte houle.

La plage de La Saline *(plan Ermitage/Salines, C-D6)* **:** *Site handiplage, près du poste MNS.* Joli lagon, mais pas évident pour se baigner. Il faut plutôt aller plus loin, à ***Trou-d'Eau,*** où s'étend une petite plage sympa sous les filaos. On y pratique le kitesurf et la planche. Pendant l'été austral, il y a parfois des algues dans le secteur : si vous avez des enfants, évitez de vous y baigner.

POURQUOI LES COCOTIERS PENCHENT-ILS VERS LA MER ?

Tous les végétaux recherchent la lumière pour favoriser leur croissance (photosynthèse). Le soleil se reflétant dans l'eau, les plantes et les arbres ont donc tendance à s'incliner vers la mer. De plus, le sable humide (donc meuble) accentue ce mouvement.

Le site de Trois-Bassins *(hors plan Ermitage/Salines par D6)* **:** *à 1,5 km au sud de la plage de Trou-d'Eau, en continuant vers Saint-Leu.* Avant l'arrivée des requins, c'était l'un des meilleurs spots du secteur pour pratiquer le surf. C'est désormais interdit, mais le site reste superbe et mérite une halte, d'autant qu'on peut se ravitailler ou faire une pause à un camion-bar sympa, avec terrasse.

La plage de la Souris-Chaude **:** *2 km au sud de Trois-Bassins.* Pas très grande, assez intime. Secteur naturiste fréquenté surtout par des messieurs...

Sports et loisirs

Le *stand up paddle*

Il est possible de pratiquer le *paddle* à l'intérieur des lagons protégés par la barrière de corail (et seulement là), notamment du côté de L'Ermitage. Contacter l'*École de stand up paddle* *(☎ 02-62-24-63-28 ; 06-92-86-00-59).*

LA CÔTE SOUS LE VENT

Plongée

Saint-Gilles est l'endroit de l'île le plus fréquenté par les plongeurs. Les clubs (quasiment tous situés autour du port de Saint-Gilles ; *plan Saint-Gilles, A2*) proposent leurs services, presque tous au même prix. On peut faire confiance au sigle de Qualité Tourisme Île de La Réunion, qui fait un travail sérieux de contrôle de sécurité et d'accueil. Ces clubs proposent également des sorties au-delà de la zone des 300 m pour une rencontre inoubliable avec les baleines, plus ou moins de début juillet à début octobre (sorties en demi-journée).

■ ***Bleu Marine :*** *sur l'avt-port de plaisance de Saint-Gilles. ☎ 02-62-24-22-00. 📱 06-92-85-80-83. • bleu-marine-run@wanadoo.fr • bleu-marine-reunion.com • Tlj sauf lun. Baptême 65 € et plongée 50 €. Réduc de 10 % sur le baptême et l'exploration (hors forfaits et formations), adulte et cadet, sur présentation de ce guide.* Depuis 1995, Yves et l'équipe Bleu Marine font découvrir la plongée en toute sécurité et sérénité dans la réserve marine derrière la barrière de corail, sur les anciennes coulées de lave formant une architecture exceptionnelle. 2 bateaux avec protection contre le soleil et parc de matériel régulièrement renouvelé. Formation tous niveaux, brevets internationaux. Plongée à thème pour les confirmés (épaves, profondes). Enfants dès 8 ans. Plongée de nuit et barbecue. Petit club-house très sympa avec terrasse sur le quai, où café et rafraîchissements sont offerts après la plongée. Photos numériques et vidéos proposées (tortues sur quasiment tous les spots de plongée !). Propose également la découverte des baleines et dauphins en randonnée subaquatique encadrée ; sorties en demi-journée de fin juillet à début octobre, et toute l'année pour les dauphins, sur demande. Adhérent au label d'Observation certifiée responsable des cétacés à La Réunion (O²CR) et labellisé Qualité Tourisme Île de La Réunion.

■ ***O Sea Bleu :*** *port de Saint-Gilles. ☎ 02-62-24-23-30. • contact@oseableu.com • oseableu.com • Baptême à partir de 70 € ; plongée à partir de 40 € (sans l'équipement).* Plusieurs sorties par jour et une plongée de nuit. Également des sorties snorkelling encadrées, à la découverte des mammifères marins en fonction de la période (baleines de juillet à octobre). Plongée profonde plusieurs fois par semaine (épave, tombant). Un centre de plongée très reconnu, labellisé Qualité Tourisme Île de La Réunion.

■ ***Corail Plongée :*** *port de Saint-Gilles. ☎ 02-62-24-37-25. • info@corail-plongee.com • corail-plongee.com • Fermé dim ap-m. Rdv à 8h30 et 13h30 pour les sorties. Baptême 60 € ; plongée 48 €.* Labellisé Qualité Tourisme Île de La Réunion. Exploration et formation tous niveaux, enfants dès 8 ans. Sorties de nuit, épaves et récifs.

■ ***Le Cinquième Élément :*** *sur le port de Saint-Gilles, à côté du bateau* Le Grand Bleu. *📱 06-92-86-29-48. • aquafilou@hotmail.com • le5element.com • Départs tlj à 8h, 10h30 et 14h. Baptême 55 € ; plongée 45 €.* Un club de petite taille, très pro et convivial, avec une pédagogie qui plaît aux enfants (à partir de 8 ans). Sa spécificité : les plongées de nuit (à partir du niveau 1). Philippe est aussi guide de haute montagne et spéléologue. Organise des sorties baleines également. Labellisé Qualité Tourisme Île de La Réunion.

■ ***CEREPS :*** *161, rue du Général-de-Gaulle, au-dessus du port. ☎ 02-62-24-40-12. 📱 06-92-43-91-14. • cereps.re • Sorties tlj. Baptême 50 € ; plongée à partir de 40 €. Forfaits et formations.* Un club à la fois pro et décontracté qui emmène beaucoup d'habitués, mais les visiteurs et les touristes sont les bienvenus.

Observation des baleines et des dauphins

Les dauphins et les baleines prennent leurs quartiers d'été au large de la côte ouest réunionnaise. Une aubaine pour l'industrie touristique, d'autant que la population des baleines avait dangereusement décliné dans les années 1940-1960.

Durant l'hiver austral, période d'accouplement et de mise bas, on peut observer plus d'une centaine de cétacés dans cette zone. Une « charte d'approche » a logiquement été mise en place par la préfecture en 2009, signée par nombre de professionnels. Mais malgré les contrôles réguliers effectués par les autorités, l'afflux de bateaux de plaisance, de particuliers ou de location encerclant les mammifères à certaines périodes donne parfois lieu à des scènes indignes, façon safaris ! Surtout lorsqu'il y a peu de baleines. Choisissez donc bien votre prestataire. Certains n'hésitent pas à improviser l'activité... Vous trouverez dans ces pages quelques coordonnées de professionnels du tourisme bleu labellisés O²CR (label délivré par arrêté préfectoral, valable 1 an) et proposant des sorties en mer pour aller observer baleines et dauphins.

Les ***baleines à bosse*** sont une espèce migrante. Longues de 15 à 20 m, pesant 30 à 40 t, elles fréquentent les eaux chaudes pour se reproduire et mettre bas, à peu près de début juillet à début octobre. Passé cette période, elles migrent vers des eaux plus froides pour se gaver de krill et reconstituer leur couverture graisseuse. On sait que cette espèce est capable d'endurer des migrations de plusieurs milliers de kilomètres (jusqu'à 10 000 km) ! Leurs chants et leurs sauts constituent un spectacle absolument unique. Pour info, seuls les mâles chantent. Et si les baleines ne sont pas au rendez-vous, les dauphins le seront quasi à coup sûr à la même période ! En revanche, avant ou après, tout le monde est parti.

Observation des fonds sous-marins

■ ***Visiobul :*** *port de plaisance de Saint-Gilles. ☎ 02-62-24-37-04. • visiobul-re.e-monsite.com • 6 départs/j., sous réserve de conditions météo favorables. Privilégier le mat, le milieu marin est plus stable. Résa conseillée 3 j. à l'avance en saison. Env 35-40 €/adulte pour 1h30 ; réduc. Sorties cétacés 20 € pour 1h.* 2 petits bateaux équipés d'une bulle de Plexiglas installée sous la coque permettant aux passagers (5 personnes maximum) d'observer les fonds sous-marins. Permet d'approcher de près les coraux où se trouvent les poissons. Accueil particulièrement sympathique et explications à la fois ludiques et adaptées pour les enfants. Par temps instable, on vous explique le principe avec une petite vidéo et on vous conseille de revenir quand les conditions météo seront meilleures. Organise également des safaris dauphins, promenades en mer et coucher soleil.

■ ***Croisière Découverte – Le Grand Bleu :*** *port de plaisance de Saint-Gilles. ☎ 02-62-33-28-32. • grandbleu.re • Env 19 €/pers.* Croisières sur plus de 20 km le long de la côte ouest, à bord de grandes vedettes à fond de verre, et observation des fonds marins avec arrêt de 20 mn sur la barrière de corail. Avec de la chance, possibilité de croiser tortues ou encore poissons volants et oiseaux marins dans la baie de Saint-Paul. Labellisé Qualité Tourisme Île de La Réunion.

Balades en mer

■ ***Croisière Safari :*** *port de plaisance de Saint-Gilles. ☎ 02-62-33-28-32. • grandbleu.re • Compter 30 €.* Croisières de 2h le matin pour rechercher et observer les dauphins et les baleines en saison. Collation petit déj pour les départs de 8h et créole pour les départs suivants. Labellisé Qualité Tourisme Île de La Réunion.

■ ***Cat'Ananas :*** *port de plaisance de Saint-Gilles. ☎ 02-62-33-28-32. • grandbleu.re • Compter 46 €/3h.* Catamaran accueillant un maximum de 12 personnes. Farniente, recherche et observation des cétacés (dauphins ou baleines à bosse pendant l'hiver austral), initiation à la voile et pêche à la traîne. Privatisation possible. Labellisé Qualité Tourisme Île de La Réunion.

■ ***Croisière Cocktail :*** *port de plaisance de Saint-Gilles. ☎ 02-62-33-28-32. • grandbleu.re • Compter 25 € pour 1h30.* En soirée, c'est cocktail et musique créoles au coucher du soleil. *Labellisé Qualité Tourisme Île de La Réunion.*

■ ***Cata Passion :*** *port de plaisance de Saint-Gilles.* ☎ *02-62-33-28-32.* • *grandbleu.re* • *Env 68 €/3h.* Encore plus prestigieux. Catamaran accueillant un maximum de 16 personnes et doté de 4 cabines spacieuses et confortables avec salle d'eau privative. Privatisation possible. Labellisé Qualité Tourisme Île de La Réunion.

■ ***Balades en kayak transparent et stand up paddle :*** *plage de* ***Trou-d'Eau*** *(proche du resto La Bodega), 97434 La Saline-les-Bains.* *06-92-30-74-74.* • *contact@lagon-reunion.fr* • *lagon-reunion.fr* • *Remise de 10 % sur les balades guidées sur présentation de ce guide.* Balades avec guide (1h30), incluant photos, GoPro et cocktail. Observation des fonds marins (coraux et poissons) ainsi que tortues et raies. Génial pour voir le monde du silence en famille ! Ne pas oublier protections contre le soleil et bouteille d'eau. Labellisé Qualité Tourisme Île de La Réunion.

■ ***Bateau à louer :*** *port de Saint-Gilles.* *06-92-00-61-03.* • *contact@bateaualouer.re* • *bateaualouer.re* • Bateaux à moteur récents.

Équitation

■ ***Shai Ena :*** *38, chemin de la Vanille.* *06-92-88-70-00.* • *shaiena.com* • *Accès : vers Saint-Gilles-les-Hauts par la route du Théâtre. C'est le dernier chemin à gauche avt le rond-point de la route des Tamarins.* Organisation de promenades à cheval vers la savane du cap la Houssaye de 16h au coucher du soleil, suivies d'un pot autour d'un feu de bois.

Manifestations

– ***Festival de l'Image sous-marine :*** *10 j. en juin.* Concours de photos et de vidéos, projections de films sur la plage, initiation à la plongée, etc. Dans différents lieux de la côte.

– ***Carnaval Le Grand Boucan :*** *en juin.* Le défilé s'achève avec la mise à mort du roi Dodo, un bal et un feu d'artifice.

DANS LES ENVIRONS DE SAINT-GILLES-LES-BAINS

Le musée de Villèle : *au lieu-dit* ***Villèle,*** *3 km à l'est de Saint-Gilles-les-Hauts, par la D 6 (accès en bus Kar'Ouest nº 67 depuis Saint-Gilles-les-Bains et Boucan-Canot ; arrêt « Musée Villèle »).* ☎ *02-62-55-64-10.* • *cg974.fr/culture* • *(sauf étage du musée). Tlj sauf lun 9h30-12h30, 13h30-17h30 (dernière visite à 16h30 ou 17h) ; visite guidée obligatoire pour le rdc ttes les 30 mn ou 1h, durée 30-40 mn ; visite libre pour les extérieurs. Fermé 1er mai et quelques j. pour les fêtes de fin d'année. Entrée : 2 € ; gratuit moins de 18 ans et pour ts le 1er dim du mois.*

La visite vaut le détour. Achevée en 1788, la propriété des Panon-Desbassayns, une riche famille de planteurs, est l'une des rares de l'île ouvertes au public. Revendue en 1974 (pour 1 franc symbolique !), elle fut restaurée puis transformée en musée par le Département. Les lieux retracent aujourd'hui l'histoire de la colonisation de l'île, au travers de ce qu'elle a de plus glorieux mais aussi de plus abject (l'esclavagisme).

La maison de maître de style « pondichérien » (Henri-Paulin Panon, dit Desbassayns, qui avait servi aux Indes, prit le palais du gouverneur de Pondichéry comme modèle) était au XIXe s le cœur d'une vaste et prospère plantation. Elle a résisté aux cyclones, et pour cause : les murs font 82 cm d'épaisseur !

Tout évoque ici le souvenir d'Ombline Desbassayns. Cette femme de caractère, qui développa la fortune familiale grâce à ses 400 esclaves, eut la clairvoyance de se lancer dans la canne à sucre, le café périclitant alors. Véritable femme d'affaires, elle dirigea son domaine d'une main de fer, pendant près d'un demi-siècle, jusqu'à sa mort en 1846. Sa cruauté à l'égard des esclaves fugitifs est à l'origine de nombreuses légendes. Son personnage est complexe, ambigu et controversé.

LAVEUR DE PÉCHÉS

La méchante propriétaire Desbassayns ne repose pas en paix. Sa cruauté envers ses esclaves s'est retournée contre elle, et le volcan de la Fournaise le lui rappelle sans arrêt. Quand il entre en éruption, une légende prétend que la vieille femme reçoit des coups de fouet chaque fois que la lave jaillit des entrailles du volcan. Les fesses de Mme Desbassayns doivent sacrément chauffer.

Pour certains, elle est la « dame providence » : elle fonda sur son domaine des écoles et un hôpital (avec la maison, c'est le seul vestige encore debout de cette époque), elle construisit une chapelle pour ses esclaves et fit tardivement venir un prêtre anti-esclavagiste. Mais, pour d'autres, elle reste un personnage impitoyable, qui maltraitait ses esclaves avec des méthodes dignes du Moyen Âge (torture, fouet, bûcher) s'il faut en croire les guides, qui vous font frémir tout au long de la visite. Son hôpital était plus un mouroir qu'autre chose. Et si elle demandait la main de l'esclave qui s'enfuyait dans la montagne, ce n'était pas pour la bagatelle !

Bref, à défaut de cœur, la « sorcière » avait du goût, comme le prouvent les plafonds à caissons, la salle à manger en bois de litchi et le mobilier d'époque (XVIIIe s) qui agrémente les différentes pièces. Au passage, s'attarde sur une illustration représentant *Paul et Virginie.* Bernardin de Saint-Pierre s'inspira d'une histoire vraie pour écrire son fameux roman : une cousine de M. Desbassayns mourut dans le naufrage du *Saint-Géran* à l'île Maurice. Autre clin d'œil de l'histoire, que le guide vous fera remarquer au cours de cette visite passionnante : le portrait d'Edmond Albius, esclave qui découvrit, à l'âge de 12 ans, le procédé de la fécondation artificielle de la vanille. Enfin, direction l'étage où sont présentées d'intéressantes expositions temporaires.

– En sortant, on visite librement la cuisine extérieure, le jardin, l'hôpital des esclaves (avec des panneaux intéressants sur l'organisation de la plantation et le quotidien des esclaves), les imposants vestiges de l'usine sucrière et la ***Chapelle pointue,*** de l'autre côté de la route. Celle-ci doit son nom à la toiture qui évoque une pagode chinoise. Elle inaugure le goût néogothique dans l'architecture religieuse réunionnaise. À l'intérieur, l'élément le plus remarquable est certainement l'autel de marbre blanc décoré de pinacles, de « feuilles de chou » et de sculptures qui rappellent les bas-reliefs gothiques de la fin du XVe s. Devant le chœur, remarquer la pierre tombale d'Ombline Desbassayns.

La Bambusaie du Guillaume : *100, chemin des Calumets, 97423* ***Le Guillaume.*** *☎ 02-62-32-83-41. 06-92-66-25-74. À env 16 km de Saint-Gilles, dans les Hauts. Lun-ven 7h-12h, 13h30-16h30, et le 1er sam de chaque mois. Visite libre gratuite.* Il s'agit d'une exploitation agricole spécialisée dans la culture du bambou. On se balade à son gré dans la *bambusaie* où l'on croise aussi bien les plus grosses et hautes espèces du monde voisinant avec les plus petites. En tout, environ 150 variétés sur l'exploitation, qui intéressent surtout les fans de cette plante aux vertus étonnantes, en matière de dépollution des eaux notamment.

La Part des Anges Distillation : *54, rue du Lycée, ZAE Vue Belle. 06-92-28-81-01 ou 06-93-91-54-87. • partdesanges.re • Les indications pour s'y rendre sont envoyées par texto lors de la résa. Visite guidée lun-ven sauf mer, sur résa seulement (pas de min). Tarif : 4 € ; gratuit moins de 18 ans. Durée : 1h30.* Cachée dans les Hauts de l'Ouest à La Saline-les-Hauts, cette petite distillerie artisanale délivre ses enivrantes et délicates fragrances aux visiteurs. Hmmm... C'est le fruit du travail d'un couple de passionnés, originaires de Cognac. Ils ont tout créé. Dans leur local, des cuves de 600 l escortent un superbe alambic fabriqué sur mesure. De quoi élaborer des eaux-de-vie 100 % naturelles, à base d'ananas, de litchis, de goyaviers (à ne pas confondre avec la goyave), de bananes, ou encore de cerises bourbon pointu (la coque du grain de café). Vous saurez tout sur la fermentation et la distillation, juste avant une épatante dégustation à l'aveugle. En lice, pas moins d'une quinzaine d'eaux-de-vie, de liqueurs et de mistelles à tester ! Mais pas de panique, tout est ludique et on se prend vite au jeu. Également fabrication de rhum agricole artisanal à base de canne bio. Labellisé Qualité Tourisme Île de La Réunion.

Le village artisanal de L'Éperon : *sur la D 10, dir. Saint-Gilles-les-Hauts par la route du Théâtre ; dépasser la route des Tamarins puis accès 500 m plus haut. Tlj sauf dim.* Quelques artisans et boutiques dans un ancien site d'usine de canne et de moulin à maïs, qui s'est développé et transformé en village. Pas donné.

SAINT-LEU

(97436) 35 000 hab.

• Plan Saint-Leu *p. 137* • Carte Les Hauts de Saint-Leu *p. 145*

À 22 km au sud de Saint-Gilles, cette petite ville s'étire le long d'une rue principale commerçante, classique, et d'un front de mer bordé de filaos et de roches volcaniques, plus séduisant. La plage surveillée (et sans mégots !) se trouve dans le centre-ville. Il y en a une plus belle sous les filaos dans la direction de Saint-Pierre, mais elle est dangereuse. On y trouve des aires de jeux et des terrains de volley et foot, sympa pour les marmailles.
À l'entrée nord de la ville, en dépit du contexte requins interdisant ici la baignade, de grosses vagues y attirent toujours des surfeurs, notamment grâce à la fameuse vague appelée « gauche de Saint-Leu ». Saint-Leu constitue un agréable pied-à-terre avec son bord de mer aménagé en croisette, idéal pour trottinettes et skates, et ses *rondavelles* ouvertes le soir. On s'y balade aussi dans les Hauts pour voir le très beau Jardin botanique de La Réunion, avant de revenir sur le littoral pour découvrir *Kélonia,* l'observatoire des tortues marines.

Arriver – Quitter

Arrêt des bus *(plan zoom B1) : pl. de la Mairie.* Pour plus de détails, se reporter à la rubrique « Transports » dans « La Réunion utile » en début de guide.
➢ ***Saint-Denis, Saint-Paul et Saint-Pierre :*** plusieurs fois/j. avec *Car Jaune* (lignes 02, S4 et *Z'Éclair T*).
■ ***Réseau Kar'Ouest*** *(plan zoom B1, 3) :* • *karouest.re* • Les Hauts, donc les chambres d'hôtes, les sites à visiter et les balades sont accessibles en minibus. La ligne n° 41 monte jusqu'à La Chaloupe, en passant devant le décollage de parapente et le conservatoire botanique, la ligne n° 42 monte à Étang-Saint-Leu, la n° 43 va à Piton-Saint-Leu, les nos 46 et 62 desservent le conservatoire botanique.

Adresses et info utiles

Office de tourisme de l'Ouest *(plan zoom B1) : bâtiment Espace Laleu, 1, rue Le Barrelier.* ☎ *02-62-42-31-31.* • *ouest-lareunion.com* • *Lun-ven 9h-12h, 13h30-17h30 ; sam 9h-12h, 14h-17h.* Dans une belle bâtisse qui servait de dépôt de sucre. Infos pour toutes les communes de l'Ouest (La Possession, Saint-Paul, Saint-Leu, Trois-Bassins et Le Port). Vend les tickets de bus (*Kar'Ouest* et *Car Jaune*).

■ **Laverie Océane** *(plan zoom B1, **1**) : 5, rue de l'Étang. Tlj 7h-20h.* Sinon ***laverie Ariane*** *(plan zoom B1, **2**) : 5, rue du Trésor. Tlj 7h-20h.*

– ***Marché :*** *sam mat.*

– ***Location de vélos : Loisibike,*** *357, rue du Général-Lambert, à côté de la gendarmerie. ☎ 02-62-55-02-50.*

Où dormir ?

Dans le centre

Le Palais d'Asie *(plan zoom B1, **10**) : 11, rue de l'Étang. ☎ 02-62-34-80-41. 📱 06-92-86-48-80. • lepalaisdasie974@wanadoo.fr • lepalaisdasie.re • Téléphoner avt ; pas de réception. Doubles env 38-43 € ; studios et apparts 48-68 € pour 2-4 pers (min 2 nuits) ; pas de petit déj. Boisson d'accueil offerte sur présentation de ce guide.* Un excellent rapport qualité-prix ! Car les logements sont fonctionnels, impeccables (tous avec frigo et clim, voire une kitchenette) et s'organisent autour d'un carré de gazon et d'une piscine à l'eau de mer. Le tout en plein centre (avec parking fermé bien pratique), à deux pas de la plage et tout à fait au calme. Un bon plan, d'autant que l'accueil est très aimable.

Pas très loin du centre

Prix moyens

Résidence Les Pêcheurs *(plan B2, **11**) : 27, av. des Alizés. 📱 06-92-85-39-84. • residence.les.pecheurs@wanadoo.fr • perso.wanadoo.fr/les.pecheurs/ • Arrêt de bus Pêcheurs. ♿ Pour 2-4 pers, compter 350-525 €/sem.* Dans un quartier résidentiel agréable et tranquille, un petit terrain gazonné avec 6 agréables chalets en bois répartis autour de la piscine et des hamacs. Ils sont mignons, pratiques (avec mezzanine pour les familiaux), bien tenus et ventilés, mais on n'est pas très isolé de ses voisins. Cuisine ouvrant sur la terrasse, pour mieux profiter du jardin et d'une jolie petite vue sur la mer. À disposition, lave-linge (payant) et congélateur. Accueil très sympathique et arrangeant.

De chic à beaucoup plus chic

Iloha Hôtel *(hors plan par B1, **12**) : 44, rue Georges-Pompidou (route des Colimaçons), pointe des Châteaux. ☎ 02-62-34-89-89. • hotel@iloha.fr • iloha.fr • ♿ Prendre la dir. des Colimaçons, au niveau de Kélonia. Doubles 110-200 € ; petit déj-buffet 17 €. Également des bungalows. Réduc de 10 % sur le prix de la chambre sur présentation de ce guide.* Un bel endroit au calme en surplomb de la baie de Saint-Leu. Les chambres standard occupent un élégant bâtiment de style colonial, tandis que les chambres Guétali, plus spacieuses et équipées de kitchenette, sont regroupées dans une villa donnant directement sur la 2de piscine de l'hôtel. Sinon, on peut opter pour les beaux bungalows en bois, avec ou sans kitchenette, dispersés dans le vaste jardin de l'hôtel. La piscine principale, chauffée en hiver, se trouve à proximité des 2 restaurants et du bar, et offre un bel espace aménagé pour la détente. Espace bien-être.

Blue Margouillat Seaview Hotel *(hors plan par B2, **13**) : 6, impasse Jean-Albany. ☎ 02-62-34-64-00. • info@blue-margouillat.com • blue-margouillat.com • ♿ Doubles env 200-290 € ; petit déj 25 €. Le soir seulement et dim midi, menus env 85-105 € et carte.* Sur les hauteurs de Saint-Leu, le *Blue Margouillat* domine la baie et profite d'une vue splendide. Grande demeure créole à la décoration à la fois élégante et chaleureuse, en harmonie avec l'atmosphère intimiste des lieux. On n'y compte qu'une douzaine de chambres – très raffinées – et 2 suites créoles avec spa, chacune avec une varangue privative ou un balcon, toutes tournées vers la mer. Piscine et galerie

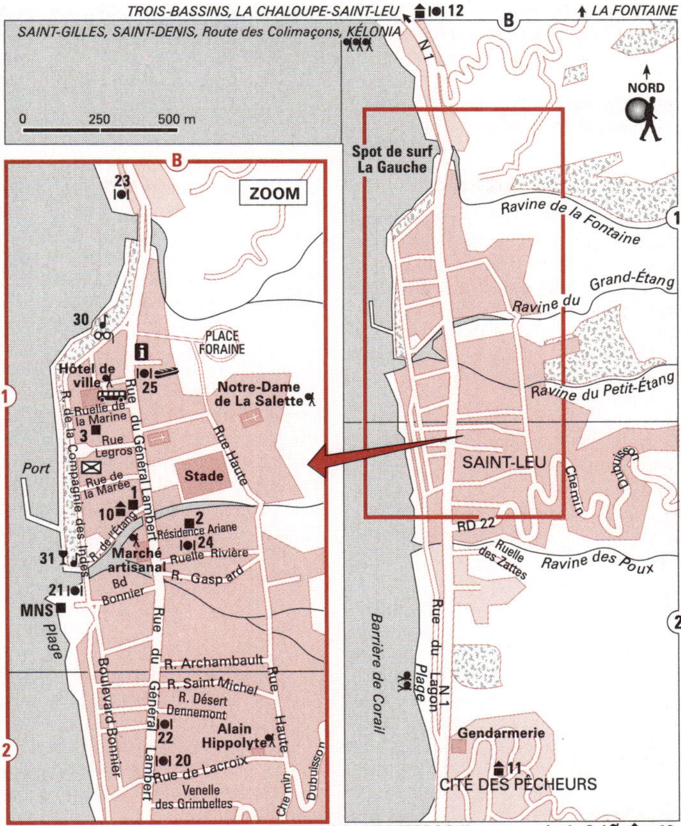

SAINT-LEU

■ Adresses utiles

- Office de tourisme de l'Ouest (zoom B1)
- **1** Laverie Océane (zoom B1)
- **2** Laverie Ariane (zoom B1)
- **3** Réseau Kar'Ouest (zoom B1)

Où dormir ?

- **10** Le Palais d'Asie (zoom B1)
- **11** Résidence Les Pêcheurs (B2)
- **12** Iloha Hôtel (hors plan par B1)
- **13** Blue Margouillat Seaview Hotel (hors plan par B2)

Où manger ?

- **12** Iloha Hôtel (hors plan par B1)
- **20** Boulangerie Chong (zoom B2)
- **21** Le Zat (zoom B1)
- **22** Auberge du Relais (zoom B2)
- **23** Sarah Beach (zoom B1)
- **24** Il était une fois (zoom B1)
- **25** L'Orange Givrée (zoom B1)

Où boire un verre ? Où sortir ?

- **30** Ti-Roule (zoom B1)
- **31** Rondavelles sur la croisette (zoom B1)

d'art. Le soir, cuisine métissée gastronomique par un chef presque étoilé, à déguster aux chandelles. Savoureuse, créative, c'est l'une des meilleures de l'île. Chic sans être intimidant, et accueil délicieux.

Où manger ?

Très bon marché

Le soir, il y a plusieurs ***camions-pizzas*** dans la rue principale. ***Namasté*** propose des plats tendance asiatique à emporter. Allez aussi à la ***boulangerie Chong*** *(plan zoom B2,* ***20*** *; 239, rue du Général-Lambert ; tlj sauf dim ap-m 7h30-19h ; plat env 6 €)* pour ses bonnes viennoiseries.

De bon marché à prix moyens

Le Zat *(plan zoom B1,* ***21*** *) : 14, rue de la Compagnie-des-Indes. ☎ 02-62-42-20-92. Tlj 9h-23h (17h en basse saison), repas jusqu'à 15h. Résa conseillée. Plats et salades env 14-20 €.* Un petit resto de plage très sympa et branché, les pieds dans le sable, où l'on peut manger en maillot de bain et paréo et surveiller les enfants dans l'eau. Au menu, des salades, des tartares, et quelques plats bien plaisants qui permettent de passer un bon moment. Service jeune et décontracté.

Auberge du Relais *(plan zoom B2,* ***22*** *) : 211, rue du Général-Lambert. 06-92-34-81-85. Tlj sauf sam midi et dim. Résa conseillée. Plats env 12-18 € (25 € pour les camarons). Digestif maison offert sur présentation de ce guide.* En plein centre-ville, une petite salle rustique sans chichis mais accueillante (et climatisée). Bonne cuisine créole appréciée des amateurs de gibier (civets de sanglier et de cerf). Également des spécialités classiques de la mer. L'avantage, c'est que chaque plat est accompagné d'une entrée. Accueil chaleureux du patron. Une bonne petite adresse à prix raisonnables.

Sarah Beach *(plan zoom B1,* ***23*** *) : 44, rue du Général-Lambert. ☎ 02-62-10-23-37. Plats env 20-35 €.* À l'entrée de la ville, une très jolie terrasse au calme en surplomb de la mer. Le cadre vaut le coup, surtout si on décroche une table au bord de l'eau. Grosses salades et des plats métros (du genre pierrade le soir, steak de kangourou) bien amenés et savoureux, à l'instar de la trilogie de tartares. Une adresse qui plaît beaucoup.

L'Orange Givrée *(plan zoom B1,* ***25*** *) : 2, rue Barrelier. ☎ 02-62-70-50-03. Le midi seulement, lun-ven. Compter 10-20 €.* Une petite adresse dans son jus, mais vraiment rafraîchissante : qu'il s'agisse de la déco très personnalisée ou des assiettes, tout est haut en couleur et bien pensé. Sandwichs, salades repas, tartares et moules, c'est simple, bon et efficace. Très sympa, à l'image de l'accueil tout sourire.

Chic

Il était une fois *(plan zoom B1,* ***24*** *) : 1, ruelle Rivière. 06-92-68-96-19. Ouv mar-sam, le soir seulement. Résa indispensable. Plats env 25-35 €. CB refusées.* C'est dans une ruelle discrète que se cache l'une des plus belles tables de Saint-Leu. Le cadre séduisant et la déco réalisée à base d'objets récupérés et détournés racontent déjà une belle histoire. Mais on ne va pas s'arrêter en si bon chemin. Le chef propose une cuisine généreuse, pleine d'idées, de saveurs et de fraîcheur. Si l'on ajoute à cela un accueil souriant, voilà un dîner aussi prometteur qu'un petit conte de fées.

Iloha Hôtel *(hors plan par B1,* ***12*** *) : 44, rue Georges-Pompidou, pointe des Châteaux (voir « Où dormir ? »). À la Trattoria, plats env 13-36 € ; au resto Kotémer, plats env 17-48 €. Formule repas/piscine env 45 €.* Au *Kotémer,* cadre chic et apaisant, face à la piscine (soirée créole le vendredi, musique live le samedi). Service aux petits soins pour une cuisine métissée raffinée, mettant en valeur les produits du terroir réunionnais. À l'étage, avec une vue imprenable sur l'océan, la *Trattoria,* à l'esprit brasserie. On y sert une cuisine du marché correcte ainsi que pizzas, pâtes et burgers.

Où dormir ? Où manger dans les Hauts ?

Tous les accès se font depuis Saint-Leu et la côte (route dite « du littoral »). Mais la route des Tamarins qui relie Saint-Paul à Étang-Salé par les Hauts permet parfois de rejoindre plus facilement ces hébergements et de s'épargner quelques virages, en empruntant les sorties : « Colimaçons » pour les adresses au nord de Saint-Leu, « Stella » ou « Le Portail » pour celles au sud.

Au nord de Saint-Leu, par la route des Colimaçons

Gîte et chambres d'hôtes Balcon Créole : *202, chemin Potier, Bras-Mouton, D 13, Saint-Leu. ☎ 02-62-54-76-70. • giteshuet@gmail.com • balcon-creole.fr • À env 13 km de Saint-Leu ; après le Jardin botanique de La Réunion, prendre dir. Bras-Mouton, indiqué sur la droite à env 1,5 km. Double 60 € ; gîte pour 2-4 pers env 500-520 €/sem. Repas sur résa 25 €.* Sur les hauteurs, cette maison moderne conçue pour accueillir des hôtes comprend 4 chambres nickel et confortables, 2 côté mer et 2 côté montagne. En contrebas, un gîte pour 4 personnes. Calme et vue grandiose sur l'océan. Magnifique jardin créole et beau verger où cueillir litchis et bananes. François est aux petits soins et renseigne volontiers sur les excursions à la journée.

Villa Mascarine : *396, rue Georges-Pompidou (route des Colimaçons). ☎ 02-62-55-73-17. • contact@villamascarine.fr • villamascarine.fr • À env 11 km de Saint-Leu ; en montant, env 100 m après le Jardin botanique de La Réunion, sur la droite. Congés : juin. Double env 90 € (min 2 nuits), avec petit déj ; 2 studios et 1 appart 69-104 €/nuit (min 2 nuits ; possibilité de petit déj).* Isabelle et Cyrille font tout pour offrir un séjour relax et paisible. Les 2 agréables chambres à l'étage de la villa sont destinées aux courts séjours, tandis que les 3 studios joliment aménagés du rez-de-chaussée permettent de profiter pleinement des varangues et des terrasses en savourant la vue sur la mer. Piscine chauffée, spa et massages complètent cette adresse séduisante et écoresponsable.

Le Vieux Pressoir : une bonne adresse nichée au cœur du Jardin botanique de La Réunion (voir plus loin).

Au sud et à l'est de Saint-Leu

Eliz'o z'îles : *7, chemin Mazeau, 97424* ***Piton-Saint-Leu.*** *☎ 02-62-19-48-33. 📱 06-93-00-69-02. • elise.rollet@hotmail.fr • elizoziles.re • À env 5,5 km de Saint-Leu. Bus S4, arrêt Portail. Env 18 € en dortoir, doubles 37-42 €. Réduc de 5 % sur le séjour sur présentation de ce guide.* Un genre de petite auberge de jeunesse pur jus, colorée, fraternelle, et hyper décontractée. Bon, le rangement (et parfois le balai) peut être en mode relax, mais si on adhère au mode de vie communautaire zen et convivial, on est sûr de passer un bon moment chez Élise, sa famille et ses 2 chiens. 4 chambres doubles et 1 dortoir (de 10 places) tout simples avec vue sur l'océan. 2 salles de bains communes. Vaste salon et cuisine ouverts sur jardin de curé (centre commercial accessible à pied) avec coin barbecue...

Austral Passion : *169, rue Adrien-Lagourgue, 97424* ***Piton-Saint-Leu.*** *📱 06-93-30-15-58. • infos@australpassion-reunion.com • australpassion-reunion.com • À env 8 km de Saint-Leu sur la D 11, après Le Plateau. Double env 57 € ; dégressif (3 nuits min).* Ce qui plaît d'emblée, c'est l'ambiance très conviviale garantie par les chaleureux propriétaires. Le reste ne déçoit pas : le beau jardin fleuri, les bungalows sobres et bien conçus (1 ou 2 chambres, cuisine, séjour, le tout ventilé et sans vis-à-vis), la piscine chauffée... On est bien ici !

Gîtes et chambres d'hôtes « Bardzour » : *87, chemin des Serres, **Grand-Fond,** 97424 **Piton-Saint-Leu.** ☎ 02-62-34-13-97. 📱 06-92-69-94-91. • christian.vion@wanadoo.fr • bardzour.com • À env 7 km de Saint-Leu. Double env 57 € avec petit déj ; cases dès 75 € pour 2 avec petit déj et gîtes à partir de 106 € pour 4 pers.* Isolée au fond d'une impasse débouchant sur une ravine, cette exploitation agricole spécialisée dans les fruits (bio) et la canne comprend différents types d'hébergements dispersés sur le domaine. On choisit entre des chambres d'hôtes, des cases et des gîtes, le tout simple et classique, de bonne taille et surtout suffisamment confortable (clim, terrasses, piscine...). Au petit déj, jus et fruits du jardin, confitures maison à déguster au bord de la ravine du Cap ! Excellent accueil authentique et sincère.

Case Rouge Piment : *10, allée des Lataniers, le Plateau, 97424 **Piton-Saint-Leu.** 📱 06-92-78-13-32. • fycuenot@wanadoo.fr • sites.google.com/site/locationvacancesreunion • À env 7 km de Saint-Leu. Après Piton-Saint-Leu en dir. des Avirons (D 11), au lieu-dit le Plateau, l'allée descend en face d'un garage, côté mer. Env 294-329 €/sem pour 2-4 pers ; dégressif.* Devant la maison du proprio, 2 cases très jolies ouvertes sur le jardin : la *Malgache*, dotée d'une mezzanine, et la *Rouge-piment*, légèrement plus grande. Elles sont pleines de charme, mais surtout bien équipées : salle de bains nickel, barbecue, cuisine... et bien sûr la varangue pour profiter de la tranquillité des lieux. Gros plus : la petite piscine, irrésistible au retour de balade ! Accueil vraiment très sympa.

Chambres d'hôtes Leu Bleu Austral : *15, chemin des Perdrix, **Étang-Saint-Leu.** 📱 06-92-14-64-65. • info@leubleuaustral.fr • leubleuaustral.fr • À env 5 km de Saint-Leu par la D 22. Congés : juin. Doubles 75-95 €.* Bienvenue chez un couple de Belges très chaleureux, qui reçoivent leurs hôtes comme des amis. Les chambres, aménagées au rez-de-jardin de leur grande maison à flanc de montagne, sont nickel, tout confort (meubles balinais et douches à l'italienne), et chacune a sa petite terrasse. Pour couronner le tout, une belle piscine chauffée et la varangue cosy où sont servis les petits déj profitent d'une vue géniale sur l'océan.

Kaz Océan : *176, D 13, **Étang-Saint-Leu.** 📱 06-92-08-00-80. • kazocean@orange.fr • kazocean.fr • À env 6 km de Saint-Leu ; prendre la D 22 vers Étang-Saint-Leu jusqu'au bout. Au stop (après env 5 km), prendre à droite la D 13 sur env 1 km. Apparts pour 2-4 pers env 90-130 €/nuit.* Panorama splendide sur la côte, les lagons et la haute mer, pour cette résidence pimpante et bien sécurisée. Une vue dont on profite depuis la piscine, le jardin, et surtout les terrasses des appartements. Ces derniers, alignés comme à la parade mais bien séparés, sont vastes (chambre en mezzanine), aménagés dans un style sobre et moderne. Super accueil.

Où boire un verre ? Où sortir ?

Rondavelles sur la croisette *(plan zoom B1, **31**) :* 3 cases rondes, avec toilettes, constituent les rendez-vous incontournables pour l'apéro au coucher du soleil, et surtout pour les concerts du dimanche soir. Ces soirs-là, une poignée de stands ambulants permet de grignoter sur place (falafels, couscous, burgers, galettes, paellas...) dans une ambiance de 14 Juillet. Ambiance rock et électro au ***Namasté*** (au rond-point, entrée de la ville nord, concerts dimanche soir) et au ***Zinc*** (rue principale, nº 228, scène ouverte mardi soir). Également des concerts le jeudi soir au ***Bistrot,*** à côté du *Namasté*.

Rondavelle Ti-Roule, ex-Bar des Surfeurs *(plan zoom B1, **30**) : rue de la Compagnie-des-Indes, au rond-point à l'entrée nord du centre-ville, côté mer. • Facebook • Concerts sam et dim à 20h. Gratuit.* C'est aussi ici que ça se passe ! Dans le registre fiesta, cette *rondavelle* est devenue un must pour sa programmation de qualité. Super concerts tendance créole proposés toute l'année dans un esprit relax et fraternel. Tous les styles, tous les publics, une scène adossée aux vagues et des stands pour picorer des snacks. Grosse ambiance : les fans débarquent de toute l'île !

À voir. À faire

L'hôtel de ville *(plan zoom B1)* **:** bel édifice en pierre volcanique du pays et au toit couvert de bardeaux de bois. Ancien bâtiment de la Compagnie des Indes, où l'on entreposait, entre autres, du coton et du café. Sur son côté gauche (lorsqu'on lui fait face), l'ancien hôtel des Postes accueille des expos temporaires *(GRATUIT)*. À 100 m de là, dans la rue principale, se dresse l'église, massive et toute noire, dont on peut admirer la charpente en bardeaux et les façades en pierre de taille.

Le marché artisanal *(plan zoom B1)* **:** *112, rue du Général-Lambert. Mar-sam 9h30-18h30, dim 9h-13h.* Une poignée de boutiques d'artisanat local. On trouve aussi une dizaine d'artisans réunis au 234, rue du Général-Lambert, à *Boutik la Kour.*

Le sanctuaire Notre-Dame-de-la-Salette *(plan zoom B1)* **:** *derrière l'église principale, sur une petite colline.* Dans les escaliers bordés par un chemin de croix, une Vierge pleurant sous sa tonnelle chargée de fleurs. La chapelle elle-même est envahie de bouquets colorés et d'une multitude d'ex-voto et de bougies, dans un décor on ne peut plus kitsch. C'est le lieu de pèlerinage (tous les 19 septembre) le plus réputé de l'île : au XIXe s, grâce à l'édification de cette chapelle, dit-on, la sévère épidémie de choléra de 1859 stoppa net aux portes de Saint-Leu...

Kélonia, l'observatoire des tortues marines *(hors plan par B1 et carte Les Hauts de Saint-Leu)* **:** *à l'entrée de la ville (en venant de Saint-Gilles). ☎ 02-62-34-81-10. • museesreunion.re/kelonia • Arrêt de bus Ferme-Corail (lignes S4 ou T) ; on peut y aller à pied à partir de Saint-Leu, seuls les derniers 100 m sont à faire sur la piste cyclable. Tlj 9h-18h (dernier billet à 17h). Fermé 1er janv, 1er mai et 1er nov ; ferme à 13h30 les 24 et 31 déc. Entrée : env 8 € ; réduc. Visites commentées incluses 5 fois/j. (env 1h). Audioguide : 2 €. Labellisé Qualité Tourisme Île de La Réunion.*
Situé au bord du lagon, *Kélonia* est un centre dédié à l'observation et à la protection des tortues marines. Il comprend un pôle de recherche et une unité de soins pour les tortues blessées, en collaboration avec les Comores, Madagascar et l'Afrique du Sud. Chaque année, *Kélonia* en accueille 30 à 40. Le but étant de les relâcher une fois soignées (certaines tortues sont alors équipées d'une balise Argos pour étudier leur comportement en mer).
2e vocation du centre : la sensibilisation du public, à travers un parcours pédagogique. Après avoir observé les ébats de différents spécimens, parfois colossaux, dans les grands bassins en extérieur, direction les salles d'expos à la présentation ludique pour découvrir leur univers, les menaces auxquelles elles sont confrontées, les mesures de protection (1 tortue sur 1 000 parvient à l'âge adulte...) et même le centre de soins, visible par une large baie vitrée. C'est ici que l'on prend vraiment la mesure du travail réalisé par les équipes (*Kélonia* a développé la photo-identification spécifique aux tortues, désormais utilisée dans plusieurs pays).
L'expo aborde par ailleurs les nombreux usages des écailles

QUELLE SANTÉ !

La tortue de mer cache bien son jeu. Sous ses airs débonnaires, l'accouplement ne dure pas moins de 5h sous l'eau. Les femelles se hissent ensuite péniblement sur le sable pour aller pondre une centaine d'œufs dans un nid creusé dans le sable. Le sexe des jeunes tortues dépendra de la température du sable. S'il fait chaud il y aura une majorité de femelles, s'il fait plus frais les mâles seront les plus nombreux.

LA CÔTE SOUS LE VENT

de tortues, assez déroutants, qui ont perduré jusqu'au XXe s : éventails, pipes, barrettes à cheveux et même chaussures de golf ! Atelier avec démonstration du travail de l'écaille (il ne reste que 4 écaillistes dans toute l'île), l'après-midi du lundi au jeudi, plus le 2e samedi du mois. À ce sujet, la tortue luth (la plus grosse) fut un peu épargnée puisqu'elle est la seule à ne pas avoir d'écailles... Pour conclure, petit détour par les enclos des tortues terrestres, différents films en continu, ainsi que des expos temporaires. Et n'oubliez pas de monter en haut de la tour d'observation, pour une vue panoramique sur l'ensemble des bassins, le lagon et la baie de Saint-Leu ! Une belle visite pour toute la famille.

🚶 ***Alain Hippolyte, le ferblantier*** *(plan zoom B2)* **:** *31, rue de Lacroix. ☎ 02-62-34-76-47. Tlj sauf mer et sam. Mieux vaut téléphoner avt de passer.* Un des derniers ferblantiers de l'île, dont le travail consiste à façonner la tôle galvanisée, soudée à l'étain. Alain travaille tout à la main : lampes à pétrole, bassines, grègues, bougeoirs, arrosoirs, le tout sur commande. Toutefois, si par hasard vous tombez sur un objet qui vous intéresse lors de votre passage, vous pourrez l'acquérir. Un artiste des objets *lontan* qui aime aussi essayer son « savoir-fer » sur de nouveaux objets.

🚶 ***Edwige Vaiani-Aubry, peintre de rue*** *(plan zoom B2)* **:** *on la rencontre souvent à l'angle de la rue Saint-Michel et de la rue du Général-Lambert, à côté de Groupama.* Toiles hautes en couleur locale : une case créole, la plage, des flamboyants...

🚶🚶 ***Le lagon :*** superbe, mais très menacé par le ravinage et la pollution au moment des grosses pluies. En nageant avec vos palmes, évitez de poser les pieds par terre, pour ne pas casser les branches de corail qui parsèment le lagon (sinon sandalettes conseillées pour ne pas se blesser, pour les simples nageurs). Si la plage du centre-ville, avec son poste MNS, vous semble trop petite, en longeant la côte vers Saint-Pierre, à côté de la gendarmerie, vous en trouverez une plus grande (avec son poste MNS) et à l'ombre sous les filaos, moins abritée du vent. ***Mais attention aux courants, particulièrement dangereux par ici*** : des noyades ont déjà eu lieu. Propreté moyenne également.

🚶 ***Les salines et le musée du Sel*** *(hors plan par B2 et carte Les Hauts de Saint-Leu)* **:** *pointe au Sel. ☎ 02-62-34-67-00. Tlj sauf lun 9h-17h. Fermé 1er mai. GRATUIT.* Grâce à son ensoleillement et aux faibles pluies, Saint-Leu est le seul endroit sur l'île où l'on produit du sel. Le petit musée, vieillot à souhait et installé dans les anciens entrepôts restaurés, se résume à une vidéo et à une courte expo retraçant succinctement l'histoire de l'exploitation de l'or blanc à La Réunion. Vaut surtout le détour pour la vue sur le site et les salines, remises en état (ce qui permet de s'offrir de la fleur de sel).

🚶 ***Circuit culturel « De Boucan Laleu à quartier trois lettres » :*** *avec le guide Clovis ; sur rdv seulement ; rens et résa à l'office de tourisme de l'Ouest (à partir de 2 pers). Compter 9 € ; réduc. Prévoir 4h.* Visite guidée de Saint-Leu sur les traces de ses monuments, de la religion, de l'esclavage, du café, etc.

Loisirs sportifs

Parapente

Saint-Leu est l'endroit idéal pour s'essayer à voler, d'autant que c'est possible toute l'année. On vous en dit plus dans la rubrique « Sports et loisirs » du chapitre « La Réunion utile » en début de guide. Baptême (800 m), coucher de soleil, décollage de 1 500 m, vol de 1h... Le 1 500 m vaut vraiment le coup, dans les hauteurs de La Chaloupe, quand le paysage ressemble aux alpages. Certains proposent aussi des stages de formation ou des photos en vol, se renseigner au club-house face à *Kélonia,* départ des navettes pour les sites.

■ ***Azurtech Parapente :*** *pointe des Châteaux. 06-92-85-04-00 et 06-92-65-37-65. • contact@azurtech.com • azurtech.com • Résa obligatoire. Vols en biplace 70-150 €. Réduc de 10 € pour 1 pers sur présentation de ce guide (sauf si « bi marmaille »).* En plus des vols « classic » (15-25 mn) et « must » (30-40 mn), *Azurtech Parapente* propose un long vol de plus de 1h en fonction de la météo, « le top » – avec prise en main des commandes et initiation à l'aérologie selon conditions météo – et un vol « bi marmaille » à 70 € pour les 5-12 ans. Rendez-vous sur la zone d'atterrissage à côté de *Kélonia.* Labellisé Qualité Tourisme Île de La Réunion, fait également de la formation (labellisée FFVL) et est agréé pour faire voler des personnes handicapées.

■ ***Parapente Réunion :*** *rue Georges-Pompidou (route des Colimaçons). ☎ 02-62-24-87-84. 06-92-82-92-92. • info@parapente-reunion.fr • parapente-reunion.fr • Accueil à l'entrée nord de Saint-Leu, à l'angle de la montée des Colimaçons. Compter 75-130 € (15 mn à 1h) ; 65 € moins de 12 ans.* Implantée à La Réunion depuis près de 30 ans. Vols biplaces découverte encadrés par une équipe sympa. Labellisé Qualité Tourisme Île de La Réunion.

■ ***Bourbon Parapente :*** *4, rue Haute, 97424* ***Piton-Saint-Leu.*** *06-92-87-58-74. • bourbonparapente.com • À côté du rond-point, à l'entrée nord de Saint-Leu. Vol 120 € ; réduc.* Propose différentes options de vol, dont plusieurs adaptées aux ados. Une structure connue de longue date. Labellisé Qualité Tourisme Île de La Réunion.

■ ***Planète Parapente :*** *06-92-71-97-49. • planetemanu@gmail.com • planete-parapente-reunion.com • Vols 65-95 €. Également des prestations à la journée.* Cette petite structure indépendante et très sympa n'a pas de bureau mais un stand sur les marchés de Saint-Paul (vendredi) et Saint-Pierre (samedi matin). Emmanuel Saget, secondé par d'autres moniteurs diplômés d'État, se concentre sur les baptêmes et ne fait voler que 4 passagers à la fois. En plus du vol découverte, il propose un « vol adrénaline », plus technique, qui enchaîne les acrobaties ! Labellisé Qualité Tourisme Île de La Réunion.

Plongée sous-marine

Toutes les plongées partent du port de Saint-Leu. En plus du spot de la pointe au Sel avec son Grand-Tombant (25 à 71 m), derrière le spot de surf, 2 ancrages : Sec-Zitte (18 m) et la Roche (27 m).

■ ***Excelsus :*** *1, impasse des Plongeurs, Z.A. pointe des Châteaux, au niveau d'Autosur sur la route des Colimaçons. ☎ 02-62-34-73-65. • excelsus-plongee.com • Baptême 65 € ; plongée non équipée encadrée 55 € ; découverte de la barrière de corail en snorkelling 30 €. Réduc de 10 % sur présentation de ce guide.* 2 plongées par jour, sorties à thème, plongées de nuit. Formations FFESSM, ANMP, SDI, TDI... tout niveau et nitrox (au prix de l'air). Club-house, bar et terrasse avec vue sur la mer. Observation des baleines de juin à septembre. Labellisé Qualité Tourisme Île de La Réunion.

■ ***Abyss Plongée :*** *17, bd Bonnier. ☎ 02-62-34-79-79. • abyss.plongee.reunion@gmail.com • abyss-plongee.com • Baptême 58 € ; plongée non équipée 47 €, équipée 35 €, snorkelling 22 €.* Formations tous niveaux. 3 plongées par jour : 2 le matin et 1 l'après-midi. Plongées de nuit également. Centre PADI et ANMP. Équipe sympa et compétente. Propose également des randonnées snorkelling à la rencontre des baleines (de mi-juin à mi-octobre).

■ ***Aquabulle Plongée :*** *30, rue des Cocotiers. 06-92-18-04-22. • aquabulle.plongee@gmail.com • aquabulleplongee.re • Indiqué depuis la route des Colimaçons, en face du collège. Plongées 40-55 € selon niveau et équipement ; baptême 65 € (30 mn garanties).* Pour un baptême, différents stages selon niveau, des sorties à scooter sous-marin ainsi que des sorties à la rencontre des baleines en saison (label O²CR). Bateau couvert de 16 places. Un club très sympa, labellisé Qualité Tourisme Île de La Réunion.

Équitation

■ ***Centre équestre du Cap :*** *124, route Hubert-Delisle, 97416* ***La Chaloupe-Saint-Leu.*** *06-92-82-35-76. • ceducap.fr •* À partir de 4 ans. Sorties et stages dans les Hauts, à cheval et à poney.

Fêtes et manifestations

– ***Marches sur le feu :*** *début janv et début fév. Infos à la mairie.* Elles ont lieu au temple du Portail à Piton-Saint-Leu, au temple de Stella et au temple de la pointe au Sel.
– ***Leu Tempo Festival :*** *3 j. en mai. Infos au Séchoir (• lesechoir.com •).* Marionnettes, cirque, danse, arts de rue, concerts... C'est la fête générale dans la ville, à tel point que la route nationale est fermée à la circulation.
– ***Pèlerinage de Notre-Dame-de-la-Salette :*** *19 sept.* Pèlerinage le plus réputé de l'île, à la chapelle du même nom. À lire dans la rubrique « À voir. À faire ».

DANS LES ENVIRONS DE SAINT-LEU

AU NORD, PAR LA ROUTE DES COLIMAÇONS

La Maison du coco *(carte Les Hauts de Saint-Leu)* ***:*** *134, rue Georges-Pompidou. 06-92-76-95-39. • maisonducocoreunion.com • Sur la D 12, à env 7 km de Saint-Leu (panneau sur la droite) ou sortie « Colimaçons » depuis la route des Tamarins. Tlj. Visite libre du domaine : 5 €. Ateliers (2h) sur résa à 10h et 14h : env 10 € ; gratuit moins de 3 ans.* Sur 8 ha, cet accueillant domaine familial regroupe en réalité un verger créole, un sentier botanique, un jardin des aromates et même une miniferme pédagogique. Mais ce qui vaut le détour, c'est l'atelier « À la découverte du coco ». En 2h, on épluche, on râpe, on cuisine, on déguste, et on termine par une insolite activité de tressage ! Le tout enrichi d'anecdotes savoureuses. Très complet. Boutique avec vente de produits issus du coco (savon, farine, huile, bonbons, mélasse, etc.). Restaurant traditionnel sur place *(buffet env 20 €).* Labellisé Qualité Tourisme Île de La Réunion.

Mascarin, Jardin botanique de La Réunion *(carte Les Hauts de Saint-Leu)* ***:*** *2, rue du Père-Georges,* ***Les Colimaçons.*** *☎ 02-62-24-92-27. Sur la D 12, à env 11 km de Saint-Leu ou sortie « Colimaçons » depuis la route des Tamarins. Bus Kar'Ouest n°s 41 ou 46 depuis Saint-Leu. À ne pas confondre avec le Jardin botanique-pépinière qui se trouve lui aussi sur cette route mais qui est privé. Tlj sauf lun 9h-17h. Fermé 1er mai et quelques j. pour les fêtes de fin d'année. Entrée : 7 € ; réduc ; gratuit moins de 5 ans. Compter 2h pour visiter les 9 ha (sur 12 ha) ouv au public. Visites guidées thématiques incluses tlj à 11h et 14h (sauf sam mat).* Propriété au XIXe s du marquis de Chateauvieux, le domaine des Colimaçons et sa très belle villa recouverte de bardeaux ont été transformés en centre de recherche en 1986, puis en conservatoire botanique. Sa mission : recenser et protéger les espèces de La Réunion, parmi lesquelles des plantes médicinales et une majorité de spécimens endémiques. Sans oublier la sensibilisation du public à leur préservation. On se promène au gré des sentiers dans les espaces consacrés aux principales collections végétales (« Réunion », « Verger créole », « Plantes *lontan* », « Succulentes », « Palmiers »), complétées par une collection d'orchidées et de fougères, une bambouseraie et une riche sélection de caféiers.

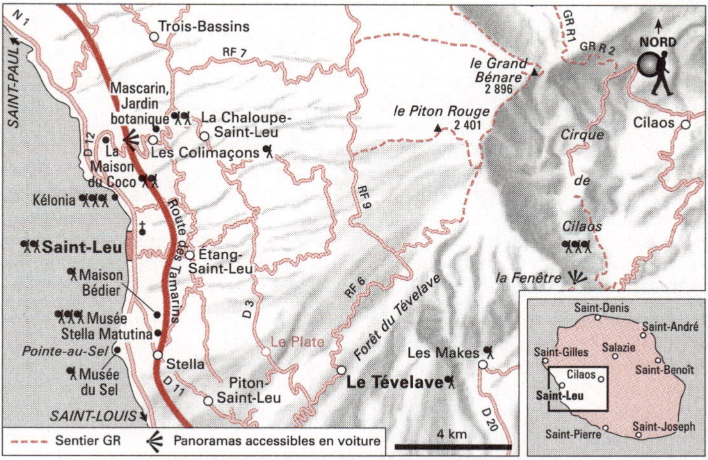

LES HAUTS DE SAINT-LEU

On recommande fortement la visite guidée qui évoque, selon les thématiques, les espèces cultivées sur l'île (principalement fruitières), l'histoire de la colonisation vue sous l'angle de la mise en valeur de l'île par les cultures (café, épices, géranium...), ou qui donne une idée de ce que pouvait être une forêt semi-sèche à l'arrivée des 1ers humains avec nombre d'espèces indigènes et endémiques, aujourd'hui en danger. En visite libre, voir la collection (impressionnante) des succulentes et des palmiers, et les petites expos sur la faune et la flore endémiques ainsi que sur les « pestes végétales » (essences apportées par l'homme), présentées dans les anciennes dépendances du domaine. D'ailleurs, en repartant, pensez à visiter la belle ***villa du marquis,*** joliment meublée, avec ses 2 tours imposantes. C'était à l'origine une vigie, avec ses postes de garde pour observer l'ennemi. Quant au vieux pressoir, il servait à la fabrication du cidre, pêché mignon du marquis !

I●I *Le Vieux Pressoir :* *2, rue du Père-Georges, dans le Jardin botanique de La Réunion (voir ci-dessus). ☎ 02-62-45-92-59. Mêmes horaires que le jardin (ouv au déj au resto, en continu 9h-17h au snack). Au resto, plats env 15-24 € ; au snack, formule déj 12 € ou en-cas env 4-6 €. Digestif maison offert sur présentation de ce guide.* Ça vaut le coup d'y programmer un repas entre 2 visites. D'abord, le cadre est charmant, on s'en doute (en terrasse face aux nénuphars pour le resto ; à l'ombre d'un kiosque ou sur un banc si on choisit l'option à emporter) ; ensuite, la cuisine fait honneur au terroir. Choisis avec soin localement, les ingrédients permettent de mitonner une carte courte de plats traditionnels parfois revisités. Côté snack, c'est simplifié, mais il y a toujours un bon cari du jour, des salades, des quiches, des sandwichs et même des frites maison. Impeccable.

L'église du Sacré-Cœur : *aux* ***Colimaçons,*** *juste à côté du Jardin botanique.* Classée Monument historique, elle a été restaurée en 1993. Bâtie par Joseph-Antoine Sosthène de Chateauvieux, qui la dédia au Sacré-Cœur, en hommage à Paray-le-Monial, dans sa région d'origine, où le Sacré-Cœur serait apparu. Le marquis de Chateauvieux y repose, aux côtés de sa femme. Le reste de la famille a son propre caveau, à l'entrée du joli cimetière fleuri, à flanc de colline. L'église, en pierre et ornée de vitraux, est le lieu d'un pèlerinage annuel depuis les années 1920, le jour de la fête du Sacré-Cœur.

Balade dans les Hauts de Saint-Leu : en allant au Jardin botanique de La Réunion par la route des Colimaçons, la vue sur le large est magnifique au coucher du soleil.
– De jolies petites routes panoramiques mènent aux Hauts de Saint-Leu. Prenez, par exemple, la direction Étang-Saint-Leu, puis, à Bras-Mouton, continuez la route qui monte à travers les champs de canne, pour arriver à La Chaloupe-Saint-Leu. Et en montant encore, vous rattrapez la route forestière qui mène vers le nord au Maïdo ou vers le sud au Tévelave.
– Après le Jardin botanique, vous pouvez aussi faire une boucle en voiture, en continuant tout droit direction Étang-Saint-Leu, par la D 13 qui longe les ravines. Vous redescendez à Étang-Saint-Leu et débouchez dans le centre-ville de Saint-Leu. Au passage, vous verrez des *ti'bon dieu,* des Bob Marley tagués sur les réservoirs d'eau, des *chauffe-galets* à côté des boutiques...

Le sentier Bras-Mouton : *au lieu-dit Bras-Mouton. Infos à l'office de tourisme de Saint-Leu.* Les Hauts de Saint-Leu comptent de nombreux sentiers « coutumiers » non balisés, qui permettent aux habitants des Hauts de descendre à la ville. Celui-ci a la particularité de traverser un paysage encore sauvage, certes parfois plus ou moins grignoté par des propriétés privées. À ne pas faire en plein soleil (aucun arbre à l'horizon !) : préférer le matin ou la fin d'après-midi, en gardant un moment pour admirer le coucher du soleil sur l'océan. Compter 3h-3h30 pour rejoindre Saint-Leu.

AU SUD, PAR LA ROUTE DE PITON-SAINT-LEU

La maison Bédier – FRAC *(Fonds régional d'art contemporain ; carte Les Hauts de Saint-Leu)* **:** *6, allée des Flamboyants, 97424* **Piton-Saint-Leu.** *☎ 02-62-21-80-29. • fracreunion.fr • À 4 km ; à la sortie de Saint-Leu, en dir. de Saint-Pierre, bifurquer à gauche, dir. Stella (D 11), puis 2 km plus loin, fléché sur la gauche (juste avt Stella Matutina). Mer et w-e, 14h-18h ; jeu-ven sur rdv pour les groupes. GRATUIT.* Cette belle case construite au XIXe s, en même temps que l'usine sucrière située juste à côté, accueille d'intéressantes expos d'art contemporain.

Stella Matutina *(carte Les Hauts de Saint-Leu)* **:** *6, allée des Flamboyants, 97424* **Piton-Saint-Leu.** *☎ 02-62-34-59-60. • museesreunion.re/stellamatutina • À env 4 km, au lieu-dit* **Stella,** *par la D 11 (fléché sur la gauche à la sortie de Saint-Leu en dir. de Saint-Pierre). Mar-dim 9h30-17h30 (dernier billet à 16h45). Fermé 1er janv, 1er mai, 1er nov et 25 déc ; ferme à 13h30 les 24 et 31 déc. Entrée : 9 € (+ 2 € cinéma 4D) ; réduc. Compter 2h. Visites guidées thématiques incluses mar-ven à 14h et w-e à 10h et 14h. Expos temporaires (gratuites). Labellisé Qualité Tourisme Île de La Réunion.*
Un espace muséographique aménagé au cœur d'une ancienne usine sucrière ayant fonctionné de 1858 à 1978. Les vieilles et imposantes machines, que l'on observe depuis les passerelles et les galeries des différents niveaux, sont toujours fidèles au poste,

UN CYNIQUE MÉTISSAGE

Le musée de Stella évoque la pratique peu glorieuse de l'engagisme, mise en œuvre sur l'île de La Réunion au XIXe s. Pour pallier le manque de main-d'œuvre suite à l'abolition de l'esclavage, les usines sucrières recrutèrent des travailleurs immigrés en Inde, en Chine, en Indonésie, au Mozambique, à Madagascar... Les contrats de 5 ans s'apparentaient la plupart du temps à un esclavagisme déguisé. Au total, 160 000 travailleurs étrangers furent ainsi recrutés et, en 1877, un tiers de la population réunionnaise était issu de l'engagisme. Cette pratique perdura jusqu'en 1930 et est à l'origine du métissage actuel.

comme autant de témoins émouvants du passé. Un passé que l'on touche d'ailleurs du doigt. En période de campagne sucrière, les agriculteurs continuent d'utiliser le site de l'usine comme point relais pour y déposer leurs récoltes.
Au gré des sections chronologiques et interactives très bien conçues, on retrace l'histoire de l'exploitation du sucre depuis le XIXe s : développement des plantations sous l'égide de la Compagnie des Indes, agronomie de la canne à sucre, techniques et processus de fabrication, impact des cultures sur l'environnement, etc. Le musée évoque également l'aventure humaine et la vie au sein de l'entreprise, qui fonctionnait de façon paternaliste en organisant à peu près tout (loisirs, culture...), à travers des témoignages, des objets d'anciens travailleurs, ou encore de superbes portraits signés en partie par Yann Arthus Bertrand.
La visite permet aussi d'aborder des sujets majeurs comme l'esclavage et l'engagisme. Le parcours s'achève par un hommage à la culture créole (amusante *boutik sinoi* reconstituée, une épicerie traditionnelle) et par une expo sur les produits issus de l'activité sucrière. Dernier clin d'œil avec le bus « courant d'air » qui a marqué l'histoire des transports sur l'île, et, dans un autre registre, une section sur le rhum dont les anciennes affiches publicitaires vantaient les bienfaits, y compris chez le nourrisson... Toute une époque !

Le Bar à Jus : *à la sortie du musée (accès libre). Mar-dim 9h30-17h30.* Le sucre, ça donne soif ! Faite une pause face au jardin. Jus de fruits frais, et avec une crêpe, c'est encore mieux.

La Boutique de Stella : *mar-dim 9h30-17h30 (accès libre).* Voyagez au cœur des saveurs et des senteurs exotiques, à travers toute une gamme de produits issus de l'artisanat local.

AU SUD, PAR LA ROUTE CÔTIÈRE

À mi-chemin entre Saint-Leu et Étang-Salé, la curiosité, ce sont les ***souffleurs,*** phénomènes géologiques de la côte, qui propulsent de hautes gerbes d'eau dans un fracas de vagues et d'embruns. On les aperçoit du bord de la N 1.

LE TÉVELAVE

Là-haut, à 926 m, vous êtes vraiment dans les hauteurs, et depuis ce village verdoyant vous pouvez faire des balades dans une majestueuse forêt primaire. À commencer par celle fléchée par l'ONF, le « sentier des Ouvriers », avec des panneaux illustrant la vie des hommes qui se sont battus pour entretenir la forêt autrefois. Indiqué sur la RF 9 (route forestière) qui monte jusqu'au Maïdo.
– Consulter le site • *sudreuniontourisme.fr* •

Comment y aller ?

Montée de 10 km depuis Piton-Saint-Leu par la D 15 (compter 45 mn de route depuis Saint-Leu). La route se tortille à travers les champs de canne à sucre jusqu'au Plate, puis la végétation se densifie. On traverse des ravines bien vertes et impénétrables. Le Tévelave se trouve tout là-haut, il y fait plus frais que sur la côte. Autre accès possible : parcourir 12 km depuis Les Avirons, par la D 16.

Où dormir ?

🏠 🍽 ***Chez Mamie :*** *371, route des Vacoas. 📱 06-92-82-55-27. • chambreschezmamie.e-monsite.com • Arrêt de bus Maison-Cadeau. Bien avt le village en venant des Avirons, non loin de la Maison Cadeau (un délire d'architecte), arrêt au panneau « Gîtes de France ». Venant du Plate (Saint-Leu), prendre à droite avt le village, dir. Les Avirons ; c'est à 900 m. Double env 80 € ; triple 100 €. Repas certains soirs et sur résa 28 €.* Réparties entre la maison principale et une dépendance, 3 chambres simples et propres pour 2 ou 3 personnes avec sanitaires privés et une pièce commune avec lave-linge.

À voir. À faire

L'écomusée du Tévelave : *au centre du village, sur la voie principale. 📱 06-92-30-81-17. Mieux vaut téléphoner pour prendre rdv. Entrée : env 2 €.* Dany Lepinay est un passionné. Grâce à lui, ces panneaux et ces vitrines réalisés avec soin, ces objets du quotidien continuent de vivre dans la mémoire de chacun : outils de menuisiers, fers à repasser de l'époque coloniale, mini-alambic, fioles de parfums, ustensiles de toilette...

Un P'tit Tour aux Jardins : *15, rue Paul-Hermann, Tévelave, 97425* ***Les Avirons.*** *📱 06-92-21-79-04 (Daniel) ou 06-92-86-32-88. • ticaz.com • Visite guidée seulement sur résa (3h) : tlj à 9h et 14h ; env 10 €, réduc.* Une jolie surprise. Cachés dans le village du Tévelave, dans les Hauts de la commune des Avirons, 4 jardiniers vous invitent à partager leur passion pour le monde botanique. Une balade un peu hors du temps, pour apprécier en paix le parfum des roses, admirer les couleurs des hibiscus, découvrir l'art du bonsaï ou encore les plantes endémiques de l'île.

Randonnées

Les randonneurs de montagne s'en donneront à cœur joie : on peut rejoindre le Grand Bénare (2 896 m) ou la Glacière (2 489 m), mais surtout le piton Rouge (2 401 m), riche en histoire marronne. Des hommes ont vécu dans ces paysages de haute montagne. L'ONF a mis au jour des ossements qui pourraient provenir de la tombe du roi Phaonce. Ce roi s'était organisé en société avec sa garde rapprochée, et certainement ses *couvertures péi* (autrement dit ses femmes). Un autre trésor, inattendu, récompense les randonneurs : une création du sculpteur Gilbert Clain. Elle représente un esclave endormi. Départ de la rando sur la RF 9, qui rejoint le Maïdo.

ÉTANG-SALÉ-LES-BAINS (97427) 4 140 hab.

Ce village de pêcheurs devenu très balnéaire est essentiellement résidentiel et contourné par une voie rapide. La route des Tamarins rejoint également ce contournement, rendant le bourg encore plus attractif auprès des résidents comme des visiteurs de passage. Son point fort : une grande plage de sable noir qui s'étend sur 1,5 km. On vient de bon cœur s'y brûler les pieds... Des parasols en forme de paillotes attendent les pique-niqueurs. Attention, à certains endroits, la mer est dangereuse (surtout vers la gauche, près de

la passe), mais il y a un poste MNS. Comme d'autres villes balnéaires de La Réunion, un 2[d] centre se trouve dans les Hauts, à 6 km. Attention donc à savoir où vous allez : Étang-Salé-les-Bains (autrement dit « les-Bas ») ou Étang-Salé-les-Hauts ?

Arriver – Quitter

➢ ***Saint-Denis et Saint-Pierre :*** en *Car Jaune* par les lignes T et 02.
– Étang-Salé est également relié aux principales villes de la côte entre Saint-Paul et Saint-Joseph par la ligne S3.

Adresse et info utiles

Office de tourisme d'Étang-Salé et des Avirons : *74, av. Octave-Bénard, Étang-Salé-les-Bains. ☎ 02-62-25-02-36. • sudreuniontourisme.fr • Lun-sam 9h-12h, 13h-17h ; dim et j. fériés 9h-12h.*

■ ***Distributeurs de billets :*** à Étang-Salé-les-Bains et à Étang-Salé-les-Hauts.
– ***Marché forain :*** *rue Octave-Bénard, dir. Saint-Leu. Dim jusqu'à 14h.*

Où dormir ? Où manger ?

Camping

Camping municipal : *rue Guy-Hoareau, à Étang-Salé-les-Bains. ☎ 02-62-91-75-86. • camping.es@civis.re • camping-reunion.com • Env 20 €/emplacement, + 2 €/tranche de 2 pers.* Emplacements ombragés sous les filaos. Très bien situé, pas loin de la plage et du centre. BBQ à disposition, 3 points sanitaires et jusqu'à 400 personnes, faut-il préciser, pour qui rechercherait la tranquillité en haute saison ! En revanche, les voitures étant interdites (on se gare à l'extérieur), c'est très sécurisé pour les familles. Accueil sympa.

De très bon marché à bon marché

Les Sables Noirs : *88 bis, av. Raymond-Barre, à* ***Étang-Salé-les-Hauts.*** *06-92-08-06-28. • evelyne.brunet@orange.fr • En plein centre, à côté de l'église, face au bazar chinois. Env 15 €/pers en dortoir, également des doubles. Supplément pour la clim.* Une petite « pension » pour les voyageurs au budget serré, vieillissante mais bien tenue, proposant plusieurs types de chambres basiques, de la double au dortoir. Sanitaires en commun. Cuisine à disposition et grande terrasse pour prendre ses repas. Accueil et ambiance très sympa, façon auberge de jeunesse.

Chambres d'hôtes Chez Gisèle : *3, sentier des Prunes, Ravine-Sheunon, chemin de Ligne, à* ***Étang-Salé-les-Hauts.*** *☎ 02-62-26-31-09. • chezgisele.974@gmail.com • Double 45 €.* Dans une maison au calme et avec vue, 2 chambres agréables et toutes simples. Possibilité d'utiliser la cuisine et le lave-linge (avec un supplément). Le matin, excellent petit déjeuner sur la terrasse qui domine l'océan et Saint-Louis. Une bonne petite adresse sans chichis de l'arrière-pays.

Délices et Douceurs : *15, av. de Bretagne, à Étang-Salé-les-Bains. 06-93-02-24-28. Tlj 9h30-19h sauf jeu. Plats env 10-15 €.* C'est le bon plan d'Étang-Salé-les-Bains, planqué dans une rue résidentielle. À l'origine un glacier artisanal, cette petite boutique pimpante s'est aussi lancée avec succès dans le salé. Carte très courte, cuisinée en direct en fonction du marché : salades, mi-cuit de thon ou tartares sont préparés dans les règles, goûteux et servis en terrasse avec un grand sourire. Pour le dessert, il suffit de jeter un coup d'œil aux délicieux parfums du moment. À moins de craquer pour une crêpe ou une gaufre. Miam !

Le midi, de ***nombreux snacks-bars*** sur le boulevard face à la plage ou sur la plage même. Le soir se rabattre sur les restaurants.

Prix moyens

Locations Le Z'Oiseau Vert : *9, rue des Abeilles, à* ***Étang-Salé-les-Hauts.*** *☎ 02-62-45-70-96. • contact@zoiseauvert.re • zoiseauvert.re • Compter 385-770 €/sem selon capacité (2-7 pers). Réduc de 5 % janv-sept en résa directe sur présentation de ce guide.* Plusieurs logements de style créole disposés sur un grand et beau terrain un peu accidenté et très verdoyant, tous plus charmants les uns que les autres. Cela va du petit bungalow pour 1 couple à la villa pour 7 personnes, tous joliment arrangés et bien équipés. Un bon point de chute dans une impasse tranquille.

Zot Case en Natte et Zot Case en Dur : *3, impasse des Alamandas, route des Canots, à* ***Étang-Salé-les-Hauts.*** *☎ 02-62-26-57-73. 06-92-82-33-26. Env 440-530 €/sem selon gîte (w-e possible sur demande).* La *Zot Case en Natte* est en apparence bien moderne avec ses bardeaux peints en blanc, mais elle est historique à sa manière : construite au Tampon, elle a été démontée puis remontée pièce par pièce à Étang-Salé. Bois de natte et matériaux respectueux de l'environnement. 2 chambres climatisées, salle à manger, salon TV, terrasse avec BBQ. *Zot Case en Dur,* en revanche, est une maison récente, dotée de 3 chambres et de tout l'équipement nécessaire. Une bonne option, d'autant qu'il y a même une petite piscine commune aux 2 locations.

Chic

Villa Roméo : *159, chemin de Ligne, Ravine Sèche, à* ***Étang-Salé-les-Hauts.*** *☎ 02-62-34-97-57. • contact@villaromeo.fr • villaromeo.fr • Doubles 150-160 €, avec petit déj ; dégressif. Table d'hôtes sur résa 35 €.* C'est le top. Cette grande villa contemporaine a de l'allure, une vue géniale sur la côte et tout l'équipement espéré : jacuzzi, salle de sport, coin bibliothèque et bien sûr une belle piscine dans le ravissant jardin. Quant aux chambres, au design sobre et actuel, elles ont tout le tralala (bonne literie, frigo, coffre, peignoirs...). Tout est parfaitement pensé, jusqu'aux petits déj et aux repas préparés avec le meilleur. Super, comme l'accueil.

À voir. À faire à Étang-Salé et dans les environs

2 ***plages.*** La 1re est celle du centre-ville, le *bassin Pirogue,* avec ses bateaux de pêche et sa petite place sous les arbres. En face du poste MSN, une zone est aménagée avec des filets et permet normalement de se baigner en sécurité. La 2de plage, superbe, se trouve sur l'ancienne nationale en continuant tout droit après le rond-point. Cela dit, gare à vos pieds, le sable noir brûle parfois vraiment.

Mieux vaut prendre l'ancienne route pour rejoindre Saint-Pierre, c'est plus calme que la 4-voies. Au niveau du « ***Gouffre*** », l'endroit porte bien son nom. Il s'agit d'un couloir de basalte dans lequel s'engouffrent les vagues. Au départ du Gouffre, sentier de randonnée pédestre le long du littoral, ainsi qu'une piste cyclable qui rejoint Saint-Louis et la forêt d'Étang-Salé.

La forêt d'Étang-Salé : en 1873, un Landais pense à stabiliser les dunes, comme cela a été fait chez lui. Depuis, les filaos ont poussé, et l'ONF a suivi pour arriver à 1 million de filaos sur une superficie de 900 ha. Cela fait maintenant la joie des promeneurs à pied et à VTT (départ du parking de *Croc Parc*). Également un parcours santé pour les amateurs. À noter qu'on peut rejoindre Étang-Salé-les-Bains par cette « coulée verte ». Par ailleurs, depuis le gouffre d'Étang-Salé

LA CÔTE SOUS LE VENT

en direction du site de la roche des Oiseaux, le sentier littoral permet de se promener jusqu'à l'embouchure de l'étang du Gol.

Le Jardin des Tortues : *56, chemin N° 1,* ***Les Avirons.*** *☎ 02-62-22-15-00. • facebook • Sur les hauteurs d'Étang-Salé-les-Bains. Tlj sauf lun 8h30-18h. Entrée : 8 € ; réduc. À noter que le jardin est partenaire avec* Kélonia *: un ticket d'entrée acheté dans un site donne droit à une réduc dans l'autre.* C'est l'autre visite indispensable à La Réunion pour les amoureux des tortues. Alors que *Kélonia* s'est spécialisé dans les spécimens marins, le Jardin des Tortues a jeté son dévolu sur les tortues terrestres et d'eau douce. On en dénombre ici plus de 200, réparties dans différents enclos disposés le long d'un itinéraire à flanc de montagne offrant des vues géniales sur Étang-Salé et l'océan. Tortues serpentines, tortues alligators, tortues léopards, radiata... Au total, ce sont une douzaine d'espèces qui sont présentées, la plus vieille étant largement centenaire tandis que la plus lourde pèse 260 kg ! Le dernier enclos regroupe d'ailleurs les plus imposantes, parmi lesquelles on se balade en leur gratouillant la carapace (attention à ne pas se faire marcher sur les pieds !). Et si vous avez des questions, l'adorable Alfred Rivière, un ancien instituteur à l'origine de ce projet, n'est jamais bien loin et est intarissable sur sa passion qui remonte à l'enfance.

Loisirs sportifs

■ ***Plongée-Salée :*** *5, rue Motais-de-Narbonne, à Étang-Salé-les-Bains. ☎ 02-62-91-71-23. • plongeesalee.com • Résa 2 ou 3 j. à l'avance. Baptême env 95 € (initiation piscine comprise). Différentes formules et options selon niveau.* Ambiance jeune et sympa dans ce club proposant 2 sorties par jour et des sorties de nuit. Formation nitrox et randonnées palmées dans le lagon. Les baptêmes s'effectuent sur le site du Petit-Tombant (6 m max pour les débutants). Sorties cétacés/baleines de juin à octobre. Labellisé Qualité Tourisme Île de La Réunion.

– Dans le coin, sachez qu'on peut aussi faire du ***golf*** ou une ***balade à cheval,*** ou encore emmener les enfants dans un ***parc aquatique*** (***AkOatys,*** fermé pendant l'été austral).

SAINT-LOUIS (97450) 54 000 hab.

Quand on approche de Saint-Louis par l'ouest, on remarque sur la gauche de la 4-voies une superbe allée de cocotiers et de palmiers royaux qui menait au château du Gol. Il ne reste que l'allée, car le château a été démonté pierre par pierre au milieu du XIXᵉ s. Saint-Louis est une petite ville grouillante et cosmopolite, reconnaissable à son usine sucrière où est fabriqué le plus fameux sucre de l'île. En allant à Cilaos, ne rechignez pas à faire une étape dans cette ville multiculturelle où les Saint-Louisiens de toutes confessions (catholiques, musulmans et hindous) cohabitent en harmonie. La ville est aussi réputée pour le travail du bois. Dans les Hauts, une belle promenade à faire jusqu'à la Fenêtre des Makes, qui offre un panorama somptueux sur Cilaos.

Adresse et info utiles

Gare routière : *rue Saint-Philippe, dans le sud de la ville.* Car Jaune, *• carjaune.re •.* Alternéo, *• alterneo.re •.* Départs réguliers pour Saint-Denis

(*Car Jaune,* lignes T, 01 et 02). Durée : 1h30. Liaisons très fréquentes pour Saint-Pierre, desservie par les 2 compagnies voire jusqu'à Petite-Île. Vers Les Makes (ligne nº 24 ; *Alternéo*), 9 bus/j. (7 le dim). Pour Cilaos (ligne nº 60 ; *Alternéo*), compter une douzaine de liaisons (ttes les 1-2h) en sem, 8 le dim.

■ Plusieurs ***distributeurs*** dans l'avenue principale.

Où manger ?

Très bon marché

🍽 ***Toutibon :*** *65, rue Saint-Louis. ☎ 02-62-26-11-02. Tlj sauf lun, jusqu'à 18h30 (14h dim). Formules 14-16 €.* Un traiteur qui propose des plats à consommer sur place dans une grande salle neutre et moderne ou à emporter. C'est simple, frais et bon. Accueil aimable.

🍽 ***Boulangerie La Ronde des Pains :*** *à l'angle de l'av. principale et de la rue Saint-Louis. ☎ 02-62-45-59-83. Tlj sauf dim ap-m, jusqu'à 18h.* Très pratique, cette boulangerie dispose de quelques tables permettant de grignoter sucré ou salé à toute heure (croques, quiches, salades...).

Où dormir ? Où manger à La Rivière-Saint-Louis et dans les Hauts ?

De bon marché à prix moyens

🏠 🍽 ❮ ***La Corbeille d'Or :*** *275 A, route Hubert-Delisle, Bellevue. 📱 06-92-61-62-33. • lacorbeille.dor@gmail.com • lacorbeilledor.sitew.com • Dans les Hauts. Double 75 €, avec petit déj ; familiale également. Gîte pour 2 pers 350 €/sem. Table d'hôtes sur résa 28 €.* Ah, qu'on est bien à *La Corbeille d'Or* ! Mireille et Chris sont un couple charmant qui cultive le sens de l'accueil, sincère et chaleureux. La volubile Mireille ne ménage pas sa peine : la chambre double, la suite familiale et le gîte pour 2 sont impeccables. Déco soignée, belle harmonie des couleurs, vue plongeante sur le littoral. Une piscine dans le jardin fleuri et un kiosque en bois pour lire ou prendre l'apéro complètent ce tableau idyllique. Petit déjeuner bien complet et repas de qualité et très convivial le soir. Un excellent rapport qualité-prix.

🏠 ***Les Caps'Îles :*** *15, chemin des Ruches, 97421* ***La Rivière-Saint-Louis.*** *☎ 02-62-39-86-29. • lescapsiles@gmail.com • Dans une rue perpendiculaire à la route de Cilaos. Env 300-450 €/sem (2-4 pers).* Derrière la maison de vos hôtes, les gîtes s'étagent sur un terrain bien touffu entre caféiers, avocatiers, arbres à pain... Tant qu'à faire, on préfère le grand, avec ses 2 chambres et sa terrasse dominant le littoral. Dans tous les cas, pas de charme particulier, mais c'est agréable, le confort est au rendez-vous, rien ne manque et l'ensemble est tiré au cordeau. Accueil très chaleureux et attentionné.

Plus chic

🏠 🍽 ***Des Cabanes sur une Île :*** *3, allée des Marjolaines, 97421* ***La Rivière-Saint-Louis.*** *📱 06-93-40-47-37. • contact@descabanessuruneile.com • descabanessuruneile.com • À env 6 km de Saint-Pierre. Cabanes 135-155 € pour 2, avec petit déj. Dîner 50 € pour 2, le ven-sam seulement et sur résa.* Le genre de coup de cœur que l'on garderait bien rien que pour soi. Au bord d'une ravine boisée, au milieu d'une bambouseraie, Olivier et Anne-Sophie ont aménagé 5 superbes cabanes tout en bois. Quelques objets de récup en guise de déco, une petite dose d'insolite, beaucoup de sobriété, mais tout y est. Le matin, on est réveillé par les bruits de la nature. La cabane *Fleur de Jasmin* (la plus chère) bénéficie d'une vue sur la mer. Petite piscine avec vue, possibilité de massage. Et un coin cuisine bien pratique pour dépanner. Une vraie adresse de charme. En revanche, l'endroit n'est pas adapté aux jeunes enfants.

À voir

Dans le centre

La mosquée Moubarak : elle possède le plus beau minaret de l'île (33 m), de style indo-pakistanais. L'***église*** (édifiée entre 1853 et 1866) est le plus grand édifice religieux de La Réunion. Le ***temple du Gol,*** classé Monument historique, est le plus ancien de l'île.

Ashram – La Maison de l'Inde : *90, rue Pierre-Mendès-France, dans le quartier Camp-du-Gol. ☎ 02-62-26-74-97. C'est fléché à l'entrée de Saint-Louis. Tlj 9h-12h, 14h-18h. GRATUIT (donations appréciées). Enlever ses chaussures.* Musée privé abritant une petite sélection d'instruments de musique indiens (sitars, percussions), des peintures réalisées à La Réunion et une série de sculptures délicatement ciselées, le tout présenté avec passion et érudition par un guide très accueillant. La visite permet d'ailleurs d'élargir le sujet et de s'intéresser à la culture et à la civilisation indienne en général. Très intéressant. La maison abrite un ashram (monastère), dédié à Amma (la Mère), une Indienne qui sillonne le monde en prodiguant son amour à tous par étreintes. La petite communauté qui y vit rassemble des « statuts » divers : célibataires et familles, personnes ayant un travail extérieur ou pas...

En dehors du centre

Le MADOI *(musée des Arts décoratifs de l'océan Indien)* **:** *domaine de Maison Rouge. ☎ 02-62-91-24-30. • madoi.re • Bien indiqué. Tlj 9h-17h30 sauf lun. Fermé 1er janv, 1er mai, 1er nov, 24-25 déc et 31 déc. Selon la période de renouvellement d'exposition, le musée peut être également fermé sur 1 mois. Entrée : 5 € (visite guidée pour groupe de moins de 10 pers à la demande) ; réduc ; gratuit moins de 4 ans.* Les écuries d'un ancien domaine caféier abritent des expositions temporaires remarquables par la diversité et le métissage des œuvres exposées. Meubles, textiles, porcelaines, objets d'arts et iconographies témoignent de la richesse des grands foyers de civilisations islamiques, persans, hindous, africains, malgaches, chinois ou européens qui, depuis le XVIIe s, se sont croisés dans cette zone géographique. Pour compléter la visite, un petit circuit jalonné de panneaux permet de découvrir les vestiges du domaine de Maison Rouge, classé Monument historique, dernier domaine caféier du XVIIIe s de l'outre-mer français. Inaccessibles en raison de leur vétusté mais bien visibles, l'habitation et ses cuisines valent le coup d'œil.

La sucrerie du Gol : *à 2 km à l'ouest du centre ancien. ☎ 02-62-91-05-47. • tereos.re • De Saint-Louis, par la 4-voies, prendre vers Étang-Salé-les-Bains et emprunter la sortie « Le Gol/Bel-Air », puis*

UNE GROSSIÈRE CONFUSION

Dans les années 1970, 2 incidents survinrent le même jour : un camion transporteur de cannes à sucre se renversa, tandis qu'un cachalot s'échouait sur une plage. Aucun rapport, mais le lendemain, un journal local fit une confusion et publia sous le texte concernant l'animal marin une photo... du camion ! Depuis, ces énormes engins sont appelés des « cachalots ».

c'est fléché. Visite seulement pdt la campagne sucrière, env juil-déc, en principe mar-sam 10h-21h (jeu 8h30-16h). Résa indispensable par tél. Entrée : env 12 € ; réduc. Attention : les enfants de moins de 7 ans ne sont pas admis et la visite est déconseillée à ceux qui ont des difficultés pour se déplacer ou pour respirer (asthme, vertige...). Chaussures fermées indispensables, pas de talons, mais des pantalons, oui ! Labellisé Qualité Tourisme Île de La Réunion. C'est l'usine la plus importante de l'île et l'une des 2 dernières à subsister de la grande époque sucrière (il y en eut jusqu'à 18 sur l'île). Vous ne pouvez pas la rater, c'est l'objet non identifié qui, à la nuit tombée, ressemble à un vaisseau illuminé posé en lisière de la ville ! Près de 2 700 petits producteurs vendent ici leur récolte et 350 à 400 t y sont broyées par heure. Entre l'arrivée d'un chargement et sa transformation en cristaux de sucre, il se sera passé 21h. L'usine emploie 400 personnes en saison, période durant laquelle elle fonctionne 24h/24. Un *cachalot* (un énorme camion) y entre toutes les 4 mn. La visite permet de bien comprendre tout le processus de la fabrication du sucre, narré de manière pédagogique et vivante : déchargement, stockage, défibrage, passage par l'électroaimant (pour retirer les particules de fer), extraction du jus, dessablage, précipitation des particules à la chaux (production d'une écume qui servira d'engrais). Viennent ensuite l'évaporation, puis la cristallisation et la mise au point des différents types de sucre.

Manifestation

– ***Cavadee :*** *janv-fév.* La ville est l'un des lieux, avec Saint-André, où l'on peut assister à la cérémonie du *Cavadee*. Les pénitents (300) partent de la rivière Saint-Étienne, en dessous du grand pont de la route de Saint-Pierre, et marchent jusqu'au temple situé dans le centre-ville.

DANS LES HAUTS DE SAINT-LOUIS

LES MAKES *(97421)*

À 13 km au nord de Saint-Louis ; fléché à partir de l'entrée de Saint-Louis ; accessible en bus au départ de Saint-Louis (ligne n° 24). Les Makes constituent une excellente étape pour qui veut prendre la peine d'explorer les Hauts de Saint-Louis et accéder à la fameuse Fenêtre des Makes. C'est un village d'altitude typique de La Réunion (905 m), très paisible, souvent dans les nuages entre 10h et 16h et entouré de superbes paysages montagneux. Prendre la jolie route D 20 avec de beaux points de vue sur la mer d'un côté, la montagne de l'autre.

Où dormir ? Où manger ?

Très bon marché

🏠 |●| ***Le Relais des Makes :*** *45, rue Voltaire, dans la rue principale en arrivant, sur la gauche. 📱 06-92-23-95-86. • reunion.sejour.natetgege@gmail.com • chambres.cheznatetgege.com • Double env 35 €, avec petit déj. Repas env 18 €.* Maison créole très colorée abritant 4 chambres toutes simples avec salle de bains partagée, mais nickel, au calme et à prix d'amis. Le gros plus, c'est l'accueil aux petits oignons. Les repas du soir valent le coup : gourmandise et ambiance conviviale garanties ! Parfait pour les randonneurs.

De prix moyens à chic

🏠 |●| ***Auberge de campagne Le Vieil Alambic :*** *55, rue Montplaisir. ☎ 02-62-37-82-77. 📱 06-92-61-57-28. • levieilalambic.com • ♿ Suivre dir. la Fenêtre ; après la sortie du village,* *à env 1 km, c'est la dernière maison sur la gauche. Doubles en ½ pens env 105-120 €. Repas env 26 € (sur résa seulement).* Dans une maison bardée de bois aux volets verts, 4 chambres à l'ancienne mode mais impeccables avec salle de bains privée et donnant sur une varangue commune pour profiter du calme. Jus frais au petit déjeuner et excellente table avec vue sur la mer, au loin, depuis la grande baie vitrée, à laquelle sont proposés les produits de la ferme. Une vraie adresse authentique des Hauts, réputée pour son accueil. Quant à l'alambic, il est toujours là, fidèle au poste.

Les Bungalows des Makes : *5, rue des Raisins-Marrons. 06-92-77-28-38. • lesbungalowsdesmakes@gmail.com • bungalowsdesmakes.re • Dans le village des Makes, prendre vers la Fenêtre, puis indiqué sur la gauche. Bungalow 2-4 pers env 100 € (petit déj en sus) ; également bungalow premium avec jacuzzi et petite « bulle » pour 2 avec sanitaires extérieurs. 2 nuits min le w-e.* Cachés dans un jardin tranquille et bien entretenu, quelques jolis chalets tout en rondins, parfaitement équipés et fonctionnels, parfaits pour une famille compte tenu de l'excellent rapport qualité-prix. Le plus cher comprend en plus un jacuzzi privé. Quant à la « bulle », elle est tout de même bien chère et manque d'intimité. En commun, un petit kiosque avec table pour déjeuner et un spa de nage couvert et chauffé. Accueil très sympa et serviable.

Spécial coup de folie

Kaz Insolite : *393, route Forestière-des-Makes. ☎ 09-70-15-57-23. 06-92-61-66-17. • contact@kazinsolite.re • kazinsolite.re • Juste avt d'arriver au site de la Fenêtre. Bulle env 229 € pour 2, 249 € pour 4, avec petit déj. Plats env 15-27 €.* Ici, on dort à la belle étoile, mais en mode douillet et super chic. Imaginez des bulles dispersées dans la forêt, sans vis-à-vis, meublées tendance écolo et équipées d'une douche, de toilettes sèches et d'un plafond transparent pour admirer les constellations sous la couette. C'est même un spécialiste qui a orienté les lits pour garantir la meilleure vue sur les astres ! Vraiment idéal pour cocooner, d'autant que l'équipe très sympa propose un apéro autour du feu de camp et des repas bien consistant dans le chalet d'accueil.

À voir

L'observatoire astronomique : *18, rue Bizet. ☎ 02-62-37-86-83. • accueilobs.astronomique@orange.fr • ilereunion.com • et • facebook • . Sur les hauteurs du village, prendre la route tt à fait à droite au niveau de l'église, l'observatoire est fléché plus loin. Sur résa en période scolaire, visites guidées à 9h et séances nocturnes à 21h et parfois minuit (quand le ciel s'y prête). Compter respectivement env 4 € et 10 € ; réduc.* Situé au cœur d'un jardin superbement entretenu, ce petit observatoire, géré et animé par une équipe de professionnels sympathiques, est le seul de l'océan Indien. Pour le soir, prévoir des vêtements chauds car il fait frisquet.

À faire

Le sentier d'interprétation de Bon Accueil : 33 km de sentiers dans la forêt, pas très bien entretenus, mais également un sentier de découverte balisé de 1h (bois de pomme, tan rouge...) avec de nombreux oiseaux aux noms parfois pas piqués des vers (tec-tec, oiseau la Vierge...). Départ de la balade : en arrivant à l'église, prendre la route à gauche. Du sentier, on peut rejoindre le ***parc des Platanes*** pour pique-niquer et faire la sieste. Le week-end, le site est pris d'assaut par les familles du coin. Tout le savoir-vivre réunionnais en direct.

Makesaventures : *dans la forêt des Makes, situé à 1 300 m d'altitude. Résa obligatoire à l'avance : 06-92-30-29-29. • info@makesaventures.com • makesaventures.com • Tlj pdt vac scol et mer-dim le reste de l'année : ouv à 9h, dernier départ à 14h. Entrée : 23 € ; 16 € enfant ; forfait famille. Buvette sur place.* 6 parcours d'accrobranche de niveaux différents dans les cryptomerias. Tyroliennes, saut de liane, « pas de géant » ou tonneaux : près de 110 attractions rythment ces différents parcours particulièrement ludiques.

Centre équestre de la Fenêtre : *31, route de Mont-Plaisir, chez Reine-Claude Laiton. 06-92-03-52-51. • Facebook •* Balades à cheval pour néophytes ou cavaliers confirmés.

Après Les Makes, encore 11 km d'une étroite et sinueuse route bétonnée qui longe des champs de géraniums et de christophines (également appelées chouchous – on les mange en gratins) avant de s'enfoncer dans la forêt jusqu'à la ***Fenêtre.*** Là, un balcon exceptionnel sur Cilaos et sur le sommet du piton des Neiges vous attend. Du ***belvédère,*** on peut rejoindre Piton-Cabris en une randonnée de 1h30 aller-retour sur un sentier assez escarpé. Bien vérifier la météo avant de se lancer.

Les bons randonneurs pourront rejoindre le ***Petit Bénare*** *(7h A/R)* à partir du parking de la Fenêtre.

L'ENTRE-DEUX (97414) 6 700 hab.

À 12 km au nord de Saint-Louis, par la D 26 ou par la D 27, un adorable village de caractère, posé entre mer et montagne. Il a conservé une belle harmonie architecturale grâce à la présence de ses maisons créoles multicolores, enfouies sous la végétation et bien entretenues. Le tout dans un superbe cadre montagneux.
Le village tire son nom de sa géographie. Il se trouve entre 2 rivières, le Bras de la Plaine et le Bras de Cilaos, qui forment plus bas la rivière Saint-Étienne. Les 2 bras ont déjà creusé 2 belles gorges de part et d'autre du plateau où se situe le village. Il est dominé par le Dimitile (1 837 m), montagne où se réfugièrent les esclaves en fuite.
Les 1ers habitants cultivèrent le café, très en vogue au XVIIIe s et aujourd'hui patiemment remis à l'honneur. Puis la canne et le géranium prirent le dessus. C'est aujourd'hui un vivier d'artisans et d'artistes. La fabrication de la *savate choca* en est le meilleur exemple, tant elle est spécifique au village.
L'Entre-Deux est intéressant comme camp de base pour de belles randonnées, mais aussi pour se reposer, sans être trop loin de la plage d'Étang-Salé. C'est l'un des villages de montagne les plus séduisants et dynamiques de l'île. Un coup de cœur.
– Pour se repérer, l'office de tourisme fournit un bon plan des environs.
– Le 3e week-end de juillet, c'est la ***fête du Choca*** (une plante) au village, sur 3 jours. Cette plante, de la famille des agaves, sert pour ses fibres ; on en mange également le cœur (chou).

Arriver – Quitter

En bus

➢ Liaisons en ***Car Jaune,*** ligne S5, avec Saint-Pierre ou Saint-Louis : 4-5 départs/j. en sem, 4 sam et 3 le dim, dans les 2 sens. Trajet : env 45 mn. • *carjaune.re* •

En voiture

Pour gagner le village, 2 routes, qui possèdent chacune leur charme. D'abord une portion commune, la D 26, puis, quelques kilomètres plus loin, elle fait une fourche : la D 27 à droite, qui emprunte le pont enjambant le Bras de la Plaine, un bel ouvrage d'art. On peut également prendre sur la gauche (D 26). Cette route est intéressante pour ses 1ers kilomètres où, sur le côté droit, on peut observer une curieuse falaise, trouée comme un gruyère. Elle présente d'énormes orifices, de véritables crevasses en fait, creusées par l'eau et le temps, où nichent les pigeons.

Adresse et infos utiles

Office de tourisme : *13, rue Fortuné-Hoarau (la route d'entrée au village, sur la droite). ☎ 02-62-39-69-80. Dans le centre, dans une jolie case créole. Lun-sam 8h-12h, 13h30-17h, plus dim mat oct-nov.* Infos sur les randos pour le Dimitile et les sentiers dans le coin, les visites guidées et l'artisanat local (se reporter à la rubrique « À voir. À faire »). Tenu par une équipe dynamique et compétente, toujours avide de faire découvrir les richesses de la région.

■ **Gabier** (distributeur de billets) à la poste.

– Lignes de bus *Casud* pour sillonner le village et se rendre sur la route du Dimitile.

Où dormir dans le bourg et à proximité ?

Camping

Entre 2 Songes : *9, chemin Macaire. 06-92-82-57-75. • entre2songes@orange.fr • entre2songes.re • Dans le quartier du Bras-Long (dir. Bras-Long, le chemin Macaire est sur la gauche). Résa nécessaire. Env 12 €/pers avec sa propre tente, 15 €/pers en tente équipée (matelas au sol, sac de couchage non fourni) ; chambres, cases ou cabanes env 65-80 € pour 2.* C'est un vrai camping chez l'habitant. Rien de formaté ici, depuis l'accueil relax et plein d'humour jusqu'aux hébergements atypiques. On installe sa tente sous les bananiers, dans un jardin luxuriant avec différents kiosques, des hamacs et une rivière. À disposition, des sanitaires et des cuisines en commun. Pour plus de confort, le choix est large entre des chambres en dur, ou sur pilotis, ou encore des cabanes perchées, façon Robinson. Un petit coin de rêve, tout simple, un rien bohème et plein de poésie.

De bon marché à prix moyens

Chambres d'hôtes Les Durentas : *35 bis, rue Defaud, à Ravine-des-Citrons. ☎ 02-62-39-64-03. 06-92-96-95-19. • nicole@lesdurentas.com • À 3 km du bourg, vers Ravine-des-Citrons, indiqué sur la droite. Double env 42 €.* Une petite adresse modeste disposant de 2 chambres dans une maison indépendante, au calme, devant un joli potager. C'est très simple et daté, mais tout à fait suffisant, et puis on est vraiment au cœur de la vie créole. Excellent accueil et petite piscine pour barboter.

Villa Pitaya : *1, allée des Moellons. 06-93-40-25-58. • villa-pitaya-bed-and-breakfast.business.site • Double 75 €, avec petit déj.* Maison moderne et fonctionnelle qui attire les randonneurs pour ses chambres nickel et confortables d'un bon rapport qualité-prix. Il y a même un jacuzzi pour se délasser après l'effort ! Pas de cuisine en revanche, mais la maison fait également crêperie. Accueil très sympa.

De chic à plus chic

Entre Deux Rêves : *8, impasse du Margouillat. 06-92-70-37-43. • entredeuxreves@gmail.com • entre-deux-reves.com • Avt d'arriver dans le bourg, côté gauche. Doubles 85-115 € selon taille et période, avec petit déj.*

Gîte env 115-125 € pour 2 (plus 15 €/pers supplémentaire). Chambres pas bien grandes mais colorées et de style contemporain, donnant sur une galerie surplombant la piscine. Également un joli salon-cuisine à disposition. Derrière la maison, surprise : on découvre une terrasse et un jacuzzi profitant d'une vue à couper le souffle ! Accueil discret et sympathique.

■ ***L'Échappée Belle :*** *13, impasse du Palmier. ☎ 02-62-22-91-31. 📱 06-92-55-55-37. • lechappee-belle974@orange.fr • lechappee-belle.com • Double 110 € (dégressif à partir de la 3e nuit consécutive), avec petit déj. Également 1 gîte (2 chambres et cuisine équipée) pour 2-4 pers.* Très au calme et pourtant au cœur du village, tout au fond d'une impasse, on découvre une vaste pelouse à l'anglaise plantée de hauts palmiers, une piscine chauffée de belle taille et une jolie villa moderne. Les adorables proprios y ont aménagé, ainsi que dans les dépendances, des chambres contemporaines et tout confort à la décoration personnalisée (beaux bibelots, paravents en guise de tête de lit...). En bonus, un jacuzzi, un salon TV et même une cuisine commune à proximité d'une terrasse couverte. Du sur-mesure !

■ |●| ***Chambres d'hôtes Villa Oté :*** *29, rue Maurice-Berrichon, à 2 km du bourg, à* ***Ravine-des-Citrons.*** *📱 06-92-41-60-38. • contact@villaote.com • villaote.com • Double 95 €. Table d'hôtes sur résa 27 €, panier pique-nique 12 €.* À l'abri dans un jardin clos, une belle villa moderne dotée d'une piscine dans un écrin de verdure. Les chambres, chics et soignées, donnent toutes sur une terrasse commune bien agréable. Le petit déj se prend sur la belle terrasse du rez-de-chaussée. Quant aux repas, ils sont délicieux et élaborés avec des ingrédients locaux. Un lieu accueillant.

■ ***Chambres d'hôtes Les Frangipaniers :*** *165 A, rue Jean-Lauret, à* ***Ravine-des-Citrons.*** *☎ 02-62-39-51-08. 📱 06-92-23-89-19. • frangipaniers@orange.fr • frangipaniers.fr • À 2 km du bourg, dir. du Dimitile, sur la gauche. Double env 115 €.* Une adresse pour se ressourcer, qui se définit d'ailleurs comme une « station de bien-être ». On y trouve sauna, hammam, salle de fitness, salle de relaxation, massages... Plutôt bienvenu au retour de la randonnée ! On y dort aussi, dans des chambres décorées avec goût et bois *péi* occupant une jolie maison créole dans le jardin.

■ ***Dimitile Hôtel :*** *30, rue Bras-Long. ☎ 02-62-39-20-00. • contact@hotel-ledimitile.com • hotel-ledimitile.com • Doubles à partir de 170 €.* C'est la meilleure option du coin dans la catégorie hôtel. Avec moins de 20 chambres, la tranquillité et l'intimité sont garanties. Mignonnes, disposant d'un balcon ou d'une terrasse, elles occupent 2 petits bâtiments cachés dans un ravissant jardin à l'arrière d'une case du XIXe s. Gros plus : la belle piscine et le terrain de tennis. Le bémol : l'absence de clim et de frigo compte tenu du prix. Accueil efficace et souriant. Resto sur place.

Où manger ?

Alors que souvent on a du mal à dégoter un resto digne de ce nom dans certains coins reculés, à L'Entre-Deux les bonnes adresses se bousculent. Profitez-en !

De bon marché à prix moyens

|●| ***Le Régal des Hauts :*** *3, rue Jean-Lauret. 📱 06-92-72-81-45. Tlj midi et soir, sauf lun soir. Congés : fév. Plat créole env 11 € (moins cher à emporter), pizzas le soir env 9-20 €.* L'un des seuls restos ouverts le soir 6 jours sur 7. Cadre basique, avec un comptoir et une terrasse. Sinon, un bon plan pour le midi consiste à acheter un plat à emporter (des caris ou le rougail morue du vendredi) et à aller le manger sur l'aire de pique-nique de Bras-Long à 3 km du centre. Le soir, les excellentes pizzas au feu de bois, très généreuses, à la pâte parfaitement levée et bien croustillantes,

mettent tout le monde d'accord : normal, le chef a remporté une ribambelle de concours.

Vavang'Art : *4 C, rue Hubert-Delisle. 06-92-67-16-59. • vavangart974@hotmail.com • Ouv jeu midi, ven midi et soir, en continu de 11h30 à tard le w-e. Petites et grandes assiettes env 5-15 €. Apéritif offert sur présentation de ce guide.* Un lieu particulier, parfait reflet du dynamisme du village. Tout se passe sous une sorte de hangar où des artistes organisent régulièrement des animations. C'est aussi un bon restaurant. À la carte, renouvelée chaque semaine en fonction du marché, des tapas et des grandes assiettes pleines de goût, du genre confit de cochon, gratin, ou différentes soupes. Une adresse étonnante, née sous le signe du partage.

Le Gadjak : *1, rue Fortuné-Hoarau, juste en face de l'hôtel de ville. 06-92-41-03-69. Fermé ven soir et w-e. Plats 10-18 €. CB refusées.* Case colorée en plein centre du village, avec quelques tables en terrasse dans la courette et une agréable petite salle. Une cuisine de terroir simple et bien tournée avec toujours quelques plats du jour servis copieusement ainsi que des grillades. Glaces artisanales et jus de fruits frais. Ne pas arriver trop tard, la carte est courte et les plats à emporter très appréciés.

Chic

O Libané : *16, rue Césaire. 06-92-24-82-10. Dans la rue derrière l'office de tourisme, vers la droite. Ouv le soir mer-sam et dim midi. Fermé lun-mar. Menu 38 €.* On s'installe avec délice dans cette élégante case créole en bois en surplomb de la rue ou sur la terrasse pour découvrir une cuisine gastro aux influences libano-françaises. Des plats franchement réussis, concoctés par Roula, qui utilise les recettes de sa grand-mère. Excellents *mezze*. Accueil aux petits oignons, pour ne rien gâcher.

L'Arbre à Palabres : *29, rue Césaire. ☎ 02-62-44-47-23. Derrière l'office de tourisme. Ouv le midi mer-ven et dim, le soir ven-sam. Plats env 23-32 €.* Quoi de meilleur que de déguster de bons plats créatifs dans une adorable maison créole verte aux volets rouges, charmante comme tout avec sa terrasse donnant sur un jardin. Carte courte, pour une savoureuse cuisine de saison mêlant classiques (excellent foie gras) et spécialités métissées, le tout présenté avec soin. Tenu par une équipe sérieuse.

À voir. À faire à L'Entre-Deux et dans les environs

Les artisans : L'Entre-Deux possède une longue tradition artisanale. Une vingtaine d'artisans travaillent à domicile. On peut leur rendre visite. Sinon, certains d'entre eux (essentiellement les spécialistes du *choca*, utilisé pour faire des cordages et des ficelles) exposent à l'*espace artisanal*, situé à 100 m de la poste, sur le côté gauche de la rue principale *(06-93-92-81-23 ; mar 9h-12h et jeu 9h-12h, 13h-16h).* L'office de tourisme fournit un plan pour les trouver facilement. Il est très conseillé de les appeler au préalable, car l'artisanat, pour ces personnes, reste souvent une 2de activité et ce n'est pas toujours ouvert. Entre autres, on peut aller voir *Françoise Payet (☎ 02-62-39-52-28),* qui propose des *savates choca*, des chapeaux, des broderies... et explique son travail. Sinon, *Prével Sculpture (06-92-09-73-58)* est un atelier d'objets décoratifs, notamment de lampes en bois et de mobilier en fer forgé.

Le circuit des cases et des jardins créoles : c'est la balade incontournable à L'Entre-Deux. Facile, rapide (45 mn à 1h sans se presser), elle emprunte les rues les plus pittoresques de la bourgade où les cases hautes en couleurs et les jardins luxuriants abondent. L'office de tourisme fournit un plan précis, mais pour en profiter au maximum, mieux vaut participer aux excellentes visites animées par un guide passionnant *(résa auprès de l'office de tourisme ; env 15 €/pers pour 2h)*. L'avantage, c'est qu'on pénètre dans l'un des jardins les plus remarquables et qu'on termine la promenade par une dégustation !

Balades sympa et faciles autour de L'Entre-Deux : l'office de tourisme propose une brochure gratuite et détaillée (avec point de départ et durée) qui répertorie 4 itinéraires dans le village ou dans les proches environs, à faire en famille, de 1h à 2h. Original, car on peut aussi « compiler » ces sentiers en 4h. Parmi les autres possibilités de promenade demandant un peu plus de temps, le Fond de la Rivière *(1h15-1h30 A/R)*. Cette dernière permet de descendre, en 25-30 mn, au fond du Bras de la Plaine, près de 200 m plus bas. Une passerelle (appelée pont de la Liane) l'enjambe. De l'autre côté, ça remonte au Tampon.

LE DIMITILE

Plusieurs itinéraires pour s'y rendre, le 1er assez simple, les 2 autres plus difficiles et un 4e pour les marcheurs chevronnés. De belles balades en perspective, au milieu des goyaviers et des acacias, avec de nombreux points de vue sur les Hauts de la région et des crêtes en fin de parcours. Dans le cadre de la commémoration du 20 décembre, 7 stèles-souvenirs ont été installées à son sommet, où l'on peut visiter l'*Espace culturel muséographique* avec des panneaux et surtout un camp de marrons reconstitué *(06-92-68-87-75 ; • le-capitaine-dimitile.re • ; ouv en principe tlj 9h-14h)*. Visite bien faite.

Conseils : dans tous les cas, ne pas partir seul, éviter les jours de pluie et se lever tôt. Se renseigner impérativement auprès de l'office de tourisme de L'Entre-Deux au préalable (fournit une carte avec descriptif des sentiers). Des randonnées accompagnées sont proposées : s'adresser, par exemple, à ***Bouillon d'Aventure*** *(06-92-66-93-87)*.

– *Sentier du Dimitile par la chapelle :* départ de la piste forestière au bout de la D 26, au portail (parking). On est déjà à 1 100 m d'altitude. Permet en 5h aller-retour de faire l'ascension en passant par la chapelle du Dimitile (1 745 m), où une tombe rassemble les restes des victimes du cyclone de 1948, pour gagner ensuite les plus beaux points de vue sur le cirque de Cilaos : l'Espace culturel muséographique puis la table d'orientation sont à 30 mn environ de la chapelle.

– *Par le sentier du Zèbre :* départ dans la rue Le Bord. Durée : 7h aller-retour ; assez difficile, dénivelée positive de plus de 1 400 m. Déconseillé aux personnes sujettes au vertige. Être en forme.

– *Par le sentier de la Grande-Jument :* direction Ravine-des-Citrons (sentier fléché près de la chapelle Saint-Expedit, au chemin Trou-de-Terre). Mêmes remarques que pour le sentier précédent. Compter 6h aller-retour.

– *Par le sentier Bayonne :* de loin le plus difficile de tous. Pour les randonneurs confirmés seulement. Durée : 4h aller (puis redescente plus facile par les autres sentiers). Sujets au vertige s'abstenir. Ne surtout pas l'entreprendre par temps de pluie. Vérifier obligatoirement la météo et les conditions de parcours auprès de l'office de tourisme avant de vous engager.

LE GUETTEUR N'AVAIT PAS VU LE CYCLONE

Les sommets des Hauts de L'Entre-Deux furent d'abord occupés par une cinquantaine de marrons (esclaves en fuite). Ils donnèrent son nom à la montagne : dimitile *signifie « guetteur » en malgache. Des familles de Petits Blancs s'y installèrent ensuite pour entamer une culture prospère de géraniums, jusqu'à ce qu'un cyclone les déloge en 1948.*

– On peut aussi monter au Dimitile en véhicule 4x4. Contacter l'agence : ***Kréolie 4x4,*** avec Thierry Nativel, qui connaît bien le coin et les plantes. *06-92-86-52-26. • kreolie4x4.com •* Labellisé Qualité Tourisme Île de La Réunion. Sinon, l'association qui gère l'espace culturel du Dimitile propose également le transfert, en plus de la visite du camp de marrons *(POR] 06-92-68-87-75 ; • le-capitaine-dimitile.re • ; env 15 €/pers).* Départ de l'office de tourisme vers 7h30, retour vers 15h30.

Où dormir ?

Il y a plusieurs gîtes sur les flancs du Dimitile, qui n'ouvrent que sur réservation et pour certains uniquement le w-e. Il est donc indispensable de s'y prendre à l'avance (infos à l'office de tourisme).

Tit Caz Gilbert : *au Dimitile. 06-92-88-07-22. • gilbertlorion@gmail.com • Env 20 € la nuitée (min 5 pers) ou env 45 €/pers en ½ pens.* Mignon chalet meublé en pleine nature, comportant 1 dortoir de 12 lits et une dépendance. Cuisine à dispo. Tenu par le sympathique Gilbert, poète à sa manière et peu avare en explications sur le coin. Les sacs lourds peuvent être transportés en 4x4. Apporter ses provisions pour faire sa popote, sinon Gilbert cuisine de bons caris.

Le Chalet Co-gîte : *au Dimitile. 06-92-19-46-80. • facebook • Ouv en principe tlj. Env 25 €/pers.* Gîte écolo tenu par une équipe animée par une démarche écoresponsable.

Gîte Beldan : *à moins de 1 km de la chapelle du Dimitile. 06-92-75-27-03. • gilbert.beldan@hotmail.fr • Ouv surtout le w-e. Compter 45 €/pers en ½ pens.*

Gîte Émile : *au Dimitile. ☎ 02-62-57-43-03. 06-92-67-24-54. Ouv surtout le w-e. À partir de 35 €/pers en ½ pens.* Gîte en dortoirs et chambres.

LA CÔTE SUD-EST

SAINT-PIERRE (97410) 84 000 hab.

• Plan p. 164-165

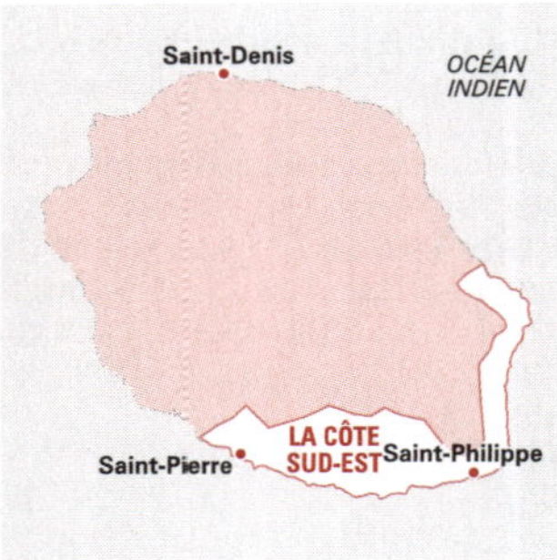

Capitale du Sud, cette ville commerçante et animée occupe une place importante dans l'histoire de La Réunion. Elle a d'ailleurs reçu le label Ville d'art et d'histoire. La promenade qui longe l'océan est bien aménagée avec ses « jardins de la plage » où l'on vient pique-niquer en famille avant d'aller piquer une tête sur la très longue plage, bien agréable. Le centre-ville est quadrillé comme une petite cité coloniale avec des avenues et des rues se croisant à angle droit, de bas en haut. C'est pratique comme une ville américaine, et convivial comme une ville tropicale. La plupart des rues aboutissent à un long boulevard bordé de bars et de restaurants longeant l'océan Indien.

À Saint-Pierre, on trouve un charmant quartier et petit port de pêche (Terre-Sainte), un cimetière intéressant, plusieurs temples tamouls, une mosquée, des églises, des temples chinois, un marché pittoresque à ciel ouvert le samedi matin et un port de plaisance aménagé pour le plaisir des promeneurs. Saint-Pierre constitue aussi un passage obligé d'une côte à l'autre et la porte d'accès aux hautes plaines et au volcan. C'est donc un excellent point de chute pour rayonner.

LE MARATHON DES MERS

C'est depuis la Réunion que s'ébranle, 4 fois par an, le Marion Dufresne, *le bateau qui approvisionne les équipes travaillant sur les terres Australes et Antarctiques françaises (le TAAF, dont le siège est à Saint-Pierre). En moins de 1 mois, le navire parcourt près de 10 000 km à une vitesse avoisinant les 16 nœuds. Essayez donc de faire 5 allers-retours entre le sud et le nord de la France avec un Solex de plus de 10 000 t !*

Arriver – Quitter

En avion

✈ ***Aéroport de Pierrefonds*** *(hors plan par A1)* **:** *à 5 km de Saint-Pierre vers Saint-Louis.* ☎ *02-62-96-80-00.* • *pierrefonds.aeroport.fr* • Liaisons avec l'île Maurice (correspondances possibles), l'île Rodrigues et l'île Sainte-Marie à Madagascar. Taxis sur le parking de l'aéroport (en fonction des vols). Sinon, la ligne T de *Car Jaune* dessert les villes de la côte ouest, de Saint-Pierre (gare routière) jusqu'à l'aéroport de Saint-Denis, via l'aéroport de Pierrefonds.

Compagnies aériennes

■ ***Air Austral :*** ☎ *0825-013-012 (0,15 €/mn).* • *air-austral.com* •
■ ***Air Mauritius :*** ☎ *02-62-94-83-83.* • *airmauritius.com* •
■ ***Madagasikara Airways :*** *06-92-20-02-61.* • *madagasikaraairways.com* •

En bus

Gare routière *(plan B1,* ***1****) : 1, rue du Presbytère.* ☎ *02-62-81-82-83.* • *carjaune.re* • Saint-Pierre est un important carrefour routier de l'île. Pour plus de détails, se reporter à la rubrique « Transports » dans « La Réunion utile » en début de guide.

➢ D'ici partent et arrivent les nombreux *Car Jaune* pour ***Saint-Denis, Saint-Benoît*** (via ***Saint-Philippe*** ou via ***Le Tampon*** et ***Bourg-Murat***).

➢ Pas de bus direct pour Cilaos : prendre les lignes 01, 02, S3, S4 ou S5 jusqu'à la gare de Saint-Louis puis le bus nº 60 de la compagnie *Alternéo.*

➢ La ligne *Z'Éclair ZO* relie Saint-Pierre et ***Saint-Denis*** sans arrêt (env 12 bus/j. sauf dim et j. fériés). C'est plus rapide que le *Car Jaune* classique (lignes 1 et 2), mais aussi plus cher (5 €) ; compter 1h-1h15 au lieu de 2h30. La ligne *Z'Éclair T* relie Saint-Pierre à l'aéroport de Saint-Denis.

Gare des bus Alternéo *(plan B2,* ***2****) : à côté du marché couvert.* • *alterneo.re* • *Ticket env 1,70 € (2 € à bord) ; il est valable 1h et autorise 1 changement.*

➢ Bus pour l'hôpital et pour tous les villages des environs. Les bus sont le plus souvent roses et portent le sigle *Alternéo.*

Adresses et info utiles

Office de tourisme *(plan C2) : capitainerie du port Lislet-Geoffroy, pl. Napoléon-Hoarau.* ☎ *02-62-25-02-36.* • *sudreuniontourisme.fr* • *En principe, tlj 9h -17h (12h dim).* Boutique artisanale.

– ***Visites guidées :*** le pôle *Valorisation du Patrimoine de la ville* propose des visites guidées de Saint-Pierre. *Infos et résas :* ☎ *02-62-96-29-10. Env 5 € (25 € avec repas) ; réduc. Durée : env 1h30.*

■ ***Laverie du Centre*** *(plan B2,* ***5****) : 2, rue François-Isautier. Tlj 7h-20h.*

■ ***Location de vélos :*** ***Vélo & Oxygen,*** *23, pl. Napoléon-Hoarau.* ☎ *02-62-44-01-97. Mar-sam 9h-12h, 14h-18h. Fermé dim-lun.* VTT et vélos électriques.

Où dormir ?

De très bon marché à bon marché

Kaz Ô Passage *(plan C3,* ***10****) : 8 bis, rue du Frère-Denis.* *06-92-29-64-15.* • *o-passage.re* • *Lit env 28 €, double env 65 € avec petit déj (sdb commune).* C'est une auberge de jeunesse, mais de poche. Avec seulement 2 doubles pour les couples, plus un étage dédié aux individuels (comprenant 10 lits répartis entre 1 palier et 2 petites chambres), on se sent plus chez des amis qu'à l'hôtel. D'ailleurs, la dynamique proprio fait tout pour ! Des couleurs et des bibelots décorant sa jolie maison, on se sent vite à l'aise dans la cuisine commune, dans le salon, en terrasse, en partageant une partie de baby-foot... ou carrément en jouant sur une antique borne d'arcade. À deux pas de la mer et dans une rue tranquille, c'est une aubaine.

Pension touristique Chez Papa Daya *(plan C2,* ***11****) : 27, rue du Four-à-Chaux.* ☎ *02-62-25-64-87.* • *contact@chezpapadaya.com* • *chezpapadaya.com* • *Doubles 30-45 € avec sdb commune ou privée.* Fameuse pension de la ville d'une vingtaine de chambres, désormais tenue par le fils de la maison, très accueillant et pro. Noter le bel artisanat malgache à la

LA CÔTE SUD-EST

Adresses utiles

- Office de tourisme (C2)
- 1 Gare routière (B1)
- 2 Gare des bus Alternéo (B2)
- 5 Laverie du Centre (B2)
- 8 Association nautique de Saint-Pierre (C2)

Où dormir ?

- 10 Kaz Ô Passage (C3)
- 11 Pension touristique Chez Papa Daya (C2)
- 12 Chambres chez Mme Queland (B1)
- 13 Hôtel Cap Sud (B2)
- 14 Tèr Marine (C2)
- 15 Lindsey Hôtel (B2)
- 16 Alizé Plage (B2)
- 17 Villa Maé (C1)
- 18 Le Battant des Lames (A2)
- 19 Hôtel Le Saint-Pierre (B2)
- 21 Villa Belle (C1)
- 22 Villa Delisle (B2)
- 23 P'ti Coin Letchis et Gadiamb City (hors plan par D1)
- 24 Ti Kaz Bourbon, Tipalais et Villa Ambralini (hors plan par B1)

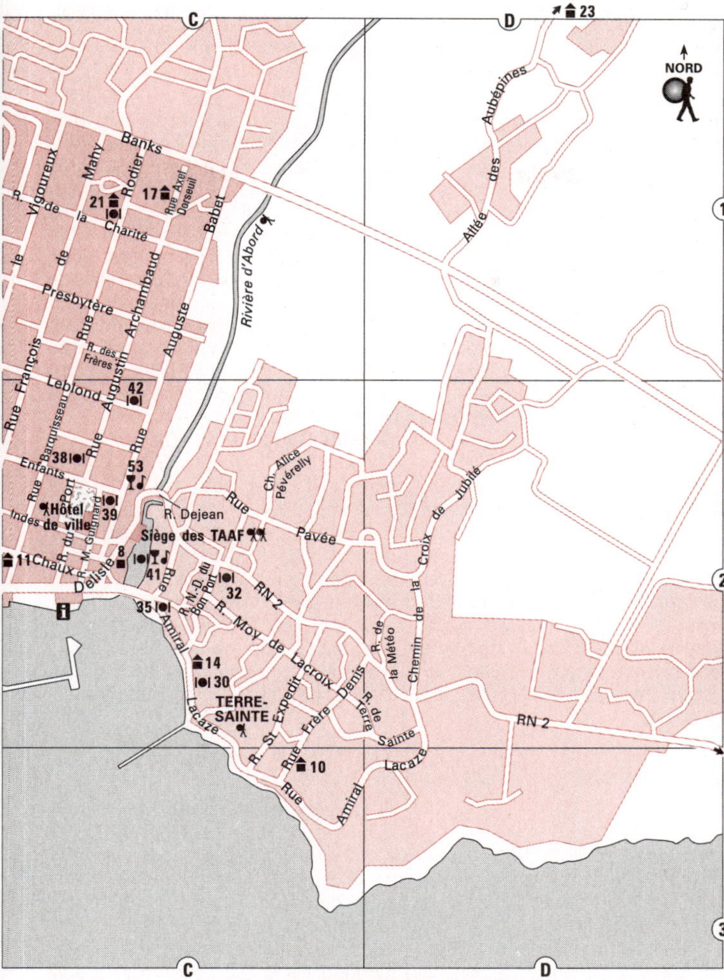

SAINT-PIERRE

Où manger ?

30 La Terrasse (C2)
31 Pizza Gadiamb (B2)
32 La Baie des Anges (C2)
33 Art i Show (B1)
34 Restaurant du Lavoir (B1)
35 Ancre Terre et Mer (C2)
36 Belo Horizonte (B2)
37 La Kaz à Léa (B2)
38 Au Rendez-Vous (C2)
39 Ô Baya (C2)
40 Le Bocal 974 (B2)
41 Aux Gens Heureux (C2)
42 La Villa Sauvage (C2)
43 La Détente, chez Gros Louis (B2)

Où déguster une glace ?

45 Steff (B2)

Où boire un verre ? Où danser ?

41 Aux Gens Heureux (C2)
51 Factory Pub et Le Five (B2)
53 Le Toit (C2)
54 Long Board Café (B2)

réception, souvenir d'une autre vie. Chambres certes simples, mais bien entretenues (salles de bains rénovées), toutes avec clim récente et minibar. Préférer celles de l'étage, lumineuses, qui ont l'avantage de se partager une grande terrasse (mais aussi la salle de bains pour le coup). Sinon, il reste une grande cour arborée et un petit jardin tropical charmant pour les autres résidents. Salon TV et espace cuisine à disposition, pour le petit déj et des repas froids. Un endroit convivial et chaleureux, idéal pour faire des rencontres.

Chambres chez Mme Queland *(plan B1,* ***12****)* **:** *7, allée des Flamboyants, Ravine-Blanche. ☎ 02-62-25-35-69. • queland@wanadoo.fr • Doubles sans ou avec clim env 38-40 € ; bungalow pour 2 env 48-50 € ; pas de petit déj.* Caché dans une petite impasse résidentielle, la maison de la discrète et sympathique Mme Queland renferme 2 chambres simples et propres, avec salle de bains privée, TV, clim, ventilo et cuisine équipée commune donnant sur la terrasse à l'arrière. Sinon, au fond du petit jardin, 2 bungalows en bois très mignons et bien conçus, avec kitchenette et salle de bains. Un bon rapport qualité-prix.

De bon marché à prix moyens

Tèr Marine *(plan C2,* ***14****)* **:** *51, rue Amiral-Lacaze, à Terre-Sainte. 06-92-65-13-06 ou 06-93-44-42-68. • termarinelareunion@gmail.com • Min 3 nuits, 200 €, ménage final compris ; dégressif ; pas de petit déj.* Planqué dans la jolie cour fleurie des proprios, un petit bungalow pour 2 ou 3 personnes stratégiquement situé dans un quartier pittoresque de pêcheurs, à deux pas de la plage. Ce qui fait la différence, c'est la déco : colorée et personnalisée, elle est pleine de charme et sans comparaison avec les locations classiques et impersonnelles. Pour le reste, c'est bien équipé (clim et ventilo, double vitrage), et surtout très cosy avec une chambre sur l'arrière, un salon et une cuisine. Super accueil, attentif et bienveillant.

Villa Maé *(plan C1,* ***17****)* **:** *3 bis, rue Axel Dorseuil. 06-93-77-96-16. • contact@villamae.re • villamae.re • ♿ Réception 11h-19h. Doubles avec ou sans sdb privée 40-65 €. Petit déj et repas possibles sur résa.* C'est à 15-20 mn à pied du front de mer, mais c'est largement compensé par le calme d'une impasse résidentielle. Autre gros avantage, la villa est pimpante, entièrement rénovée pour accueillir des hôtes. Chambres nickel, joliment aménagées, et pour tous les budgets selon les besoins (avec ou sans clim, salle de bains privées ou communes, TV...). En prime, différentes terrasses, un jardinet bien tenu, et une salle à manger avec une cuisine d'appoint à dispo. Un bon plan, d'autant que l'accueil est très gentil.

Hôtel Cap Sud *(plan B2,* ***13****)* **:** *6, rue Caumont. ☎ 02-62-25-75-64. • hotel-capsud@orange.fr • hotel-capsud-reunion.com • ♿ Réception 11h-19h. Doubles env 50-55 €.* Petit hôtel fonctionnel à deux pas de la plage, aux chambres simples et d'un niveau de confort convenable pour le prix (clim, salles de bains nickel). Balcons côté rue, sauf au rez-de-chaussée. Assez frais en saison chaude, c'est un plus. Accueil aimable. Bien pour une étape.

De chic à plus chic

Lindsey Hôtel *(plan B2,* ***15****)* **:** *21 bis, rue François-Isautier. ☎ 02-62-24-60-11. • lindseyhotel@yahoo.fr • lindsey-hotel-reunion.fr • ♿ Accès face à la gare routière. Doubles env 90-110 €.* Ce joli petit édifice de style créole moderne, aux faux airs de Nouvelle-Orléans, est en plein centre, mais isolé au fond d'une impasse, bien au calme (avec un parking privé). Excellente situation donc, et bon confort, avec des chambres pas bien grandes mais nickel, modernes, teintées de rouge, de gris et de blanc. La plupart disposent d'une terrasse ou d'un balcon. Piscinette pour la trempette et jacuzzi. Accueil familial très sympa et disponible qui ne manque pas d'humour. Une bonne adresse à taille humaine.

Alizé Plage *(plan B2,* ***16****)* **:** *17 bis, bd Hubert-Delisle, au bout de la plage. ☎ 02-62-35-22-21. • alizeplage@*

ilereunion.com • hotel-restaurant-alize-plage.re • ♿ Doubles 95-120 €. Un petit hôtel les pieds dans l'eau, au centre-ville. Côté mer, surtout si l'on bénéficie d'un balcon ou d'une terrasse, c'est le top. Côté rue, en revanche, c'est évidemment plus quelconque. Dans tous les cas, elles sont classiques et convenables. Plage au pied de l'hôtel où, avec un bras un peu long, vous pourriez presque étaler la crème solaire sur les plagistes depuis votre balcon. Accueil très sympa.

Le Battant des Lames *(plan A2, **18**) : 117, bd Hubert-Delisle. ☎ 02-62-61-61-61. • reservation@lebattantdeslames.com • lebattantdeslames.com • ♿ Doubles env 105-185 €.* On ne peut rêver meilleur emplacement que celui de cet établissement contemporain pour profiter du charme de l'océan et du lagon (il suffit de pousser le portail au fond du jardin pour fouler la plage). Chambres modernes, équipées d'un balcon rafraîchi par les vents du large, les supérieures et les *deluxe* bénéficiant d'une vue directe sur l'océan. Les standard, en revanche, donnent sur la rue. Bar au bord de la belle piscine. Sur place, resto *Le Grand Large.*

Hôtel Le Saint-Pierre *(plan B2, **19**) : 51, av. des Indes. ☎ 02-62-61-16-11. • reservation@hotellesaintpierre.fr • v2.hotellesaintpierre.fr • ♿ Doubles et studios env 100-150 €.* Bel établissement récent, dont la vaste entrée à la fois chaleureuse et stylée, à l'esprit contemporain (béton ciré, bois et murs bleutés) donne le ton. Chambres à l'ameublement actuel bénéficiant de balcons, ainsi que des studios avec kitchenette. Très confortable, cela va de soi ; en revanche, pas de vue sur la mer. On se contentera de la piscine de poche, un peu coincée au fond du joli patio. Gros plus : le parking souterrain en plein centre-ville. Excellent accueil.

Beaucoup plus chic

Villa Belle *(plan C1, **21**) : 45, rue Rodier. 📱 06-92-65-89-99. • villabelle@wanadoo.fr • villabelle.e-monsite.com • Doubles env 175-235 € ; petit déj 20 €. Brunch 40 € ; dîner avec vin 65 €.* En centre-ville, cet ancien domaine créole a fait peau neuve dans un style sophistiqué, mêlant harmonieusement l'ancien et le moderne. Les parties communes et les chambres sont pleines de charme, tout confort, personnalisées avec des œuvres d'art originales. Les suites flottent même sur un petit bassin artificiel ! Grand jardin avec une varangue cossue et, cachée dans un écrin de verdure, une adorable piscine dotée d'un jacuzzi, ainsi qu'un spa. Une adresse hors norme.

Villa Delisle *(plan B2, **22**) : 42, bd Hubert-Delisle. ☎ 02-62-70-77-08. • hebergement@villadelisle.re • villadelisle.re • Doubles env 150-250 €, avec petit déj. Parking privé.* Sur le front de mer, un bel établissement chic de style créole. Chambres standard, supérieure et suite junior très réussies et confortables, dotées de mobilier sombre et d'une décoration florale originale, sans balcon pour les standard donnant à l'arrière. Le petit déj se prend au bord de la piscine. Bar colonial et jardin verdoyant. Spa, possibilité de soins corporels. Sans oublier le resto de bonne tenue. Une adresse élégante et raffinée.

Où dormir hors du centre ?

Voir aussi nos adresses à Mont-Vert, Grands-Bois, Petite-Île, et au Tampon ou à Saint-Louis.

De bon marché à prix moyens

P'ti Coin Letchis *(hors plan par D1, **23**) : 40, chemin Bassin-Martin. 📱 06-92-30-21-39. • contact@pticoinletchis.re • pticoinletchis.re • À env 7 km de Saint-Pierre. Gîtes 3-6 pers env 35-50 €/j.* Dans les Hauts de Saint-Pierre, dans une propriété familiale noyée sous les arbres fruitiers, une poignée de gîtes bien tenus et de bon confort. Les chaleureux propriétaires habitent juste à côté. Imbattable rapport qualité-prix, d'autant qu'il y a même un centre équestre sur place !

☗ ***Ti Kaz Bourbon*** *(hors plan par B1,* ***24****) : 105 A, ancienne N 3,* ***Condé,*** *97432 Saint-Pierre. ☎ 02-62-22-63-99. • tkb974@gmail.com • tikazbourbon.fr • À env 8 km de Saint-Pierre ; du centre-ville, prendre la 4-voies vers Le Tampon, puis la sortie n° 1 « Condé ». Au rond-point, repasser sous la 4-voies, la reprendre en sens inverse et 1re sortie à droite : prendre alors la route qui la longe. Env 290-320 €/sem pour 2 (ou 2 + 1 enfant).* Dans cette grande maison colorée très bien cachée en contrebas de la rue, au calme, les chaleureux propriétaires ont pensé à tout : une belle piscine, une grande terrasse commune avec cuisine extérieure (indispensable pour les grillades ou les apéros entre voisins !), un jardin bien entretenu, et 4 hébergements nickel et bien aménagés (3 donnant sur la piscine, le 4e, le familial, surplombant l'ensemble). Super ambiance. Ça fleure bon les vacances !

Chic

☗ ***Tipalais*** *(hors plan par B1,* ***24****) : 80, av. Nelson-Mandela, Ligne Paradis. 📱 06-92-03-05-76. • tipalais@tipalais.com • tipalais.com • À env 6 km de Saint-Pierre. Double 100 €, studio et duplex 120-135 €, avec petit déj ; dégressif.* Perdu au bout d'un chemin de terre, ce *Tipalais* a tout d'un grand : de l'espace à l'intérieur comme à l'extérieur de cette villa moderne, une superbe vue, des chambres et appartements bien équipés, et une déco contemporaine, colorée et design. Le pain frais et les viennoiseries sont déposés le matin, et tout le reste vous attend dans votre frigo ; vous prenez donc votre petit déj quand le cœur vous en dit, sur votre terrasse, face à la belle piscine. Que du bonheur ! Une poignée de chiens sympa. Accueil charmant de Franck en prime.

☗ ***Chambres d'hôtes Villa Ambralini*** *(hors plan par B1,* ***24****) : 33, chemin Reboul, 97432* ***Ligne-des-Bambous.*** *☎ 02-62-38-17-24. 📱 06-92-11-13-33. • mehari_chevalier@yahoo.fr • villaambralini.fr • À env 6,5 km de Saint-Pierre. Double 105 € ; dégressif. Réduc de 10 % sur le prix de la chambre sur présentation de ce guide.* Dans leur villa moderne, Pascale et Pascal proposent, à l'étage, 2 chambres lumineuses à la déco thématique. Elles disposent d'un salon et d'une grande terrasse commune avec vue sur Cilaos au loin. Piscine dans un agréable jardin. Cerise sur le gâteau, Pascale fait des massages...

☗ ***Gadiamb City*** *(hors plan par D1,* ***23****) : 40, chemin Bassin-Martin. 📱 06-93-61-16-36. • infos@gadiamb.com • gadiamb.com • À env 7 km de Saint-Pierre. Double env 150 €.* C'est le volet glamour des gîtes très sympa du *P'ti Coin Letchis* (voir plus haut). Sauf qu'ici c'est le fils de la maison qui est aux commandes, proposant aux amateurs de camping chic des tentes haut de gamme, avec tout le tralala : lits XL, baignoires, terrasse rien ne manque ! Positionné parmi les litchis, c'est insolite et surtout très romantique. Ajoutez une balade à cheval et vous obtenez un séjour inoubliable !

Où manger ?

De très bon marché à bon marché

🍴 De nombreux ***kiosques*** en bordure de plage, sur toute la longueur du boulevard Hubert-Delisle. L'un d'entre eux, à côté de l'*Alizé Plage (plan B2)* sous le pied de caoutchouc (ne cherchez pas le nom, y en a pas !), propose des plats sur place ou à emporter le midi et en début de soirée. Le soir, on trouve plus de choix face à la plage de Ravine-Blanche sur l'emplacement du marché forain *(plan A2).*

🍴 ***La Terrasse*** *(plan C2,* ***30****) : rue Amiral-Lacaze, à Terre-Sainte. 📱 06-93-81-80-60. Lun-sam 9h-15h. Fermé dim. Congés : de mi-déc à mi-janv et de début juil à mi-août. Compter env 7-15 €. CB refusées.* Sympathique escale simple et colorée, en retrait et en surplomb de la petite rue qui longe la mer, où l'on peut s'attabler dès le matin pour prendre un petit déjeuner. Dans l'assiette, tartes salées, croques ou plat du jour (du genre tartare de poisson ou carpaccio de bœuf). Et un dessert maison peut-être ? Crème brûlée, moelleux au chocolat, île flottante... Parfait pour un bon déjeuner à prix doux.

Le Bocal 974 *(plan B2, **40**) : 47, rue du Four-à-Chaux. ☎ 02-62-02-25-55. Lun-ven 11h30-13h30. Env 7-12 €. Un jus de fruits ou un café offert sur présentation de ce guide.* Le concept de ce petit local pimpant est aussi sympa qu'efficace. Chaque jour, différentes options de légumes et de protéines permettent de composer selon ses envies et son appétit des salades et des sandwichs. Tout est frais, maison (même le pain et les sauces !) et vraiment bon. En salle ou en mezzanine, c'est la pause idéale.

La Détente, chez Gros Louis *(plan B2, **43**) : rue François-Isautier. ☎ 02-62-25-66-77. Tlj sauf dim et lun soir. Plats env 12 €.* Derrière le temple indien, sur la place du marché aux fleurs, cette adresse est fameuse pour son cabri *massalé,* la spécialité du chef avec le coq. Vous retrouverez ce goût unique des feuilles du *caloupilé,* avec, initiative maison, une touche de coriandre pour réveiller les papilles. À s'en lécher les doigts en observant la vie locale depuis la terrasse.

Pizza Gadiamb *(plan B2, **31**) : 18, rue Caumont. 06-92-57-67-64. Tlj sauf dim-lun 18h-21h30 (22h ven-sam). Env 8-15 €.* Une petite adresse haute en couleur. Pour le local, une courette aménagée avec un brin de déco sympa et quelques plantes vertes, et pour son patron, un pizzaiolo au caractère bien trempé qui ne s'en laisse pas conter. Au final, ses pizzas sont bonnes, bien garnies, et partent à toute vitesse. La réservation s'impose, où alors mieux vaut venir tôt, car quand il n'y en a plus, il n'y en a plus (parfois dès 20h) !

Prix moyens

Aux Gens Heureux *(plan C2, **41**) : 20, rue Amiral-Lacaze. 06-93-03-87-12. • Facebook • Ouv le soir mar-sam. Plats env 16-19 €.* Faut connaître. Planquée au fond d'une impasse, cette guinguette colorée est un repaire d'initiés, un bar de copains où amitié rime avec générosité. Entre les meubles de récup et les guirlandes, on y trinque joyeusement en dévorant du très bon : planches, tapenade maison et 3 plats à l'ardoise, souvent typés métros (viande, poisson et végétarien, pas de jaloux !). Et comme ce n'est pas une guinguette comme les autres, en plus des concerts, on y organise des soirées philo... ou loufoques ! Super.

Au Rendez-Vous *(plan C2, **38**) : 7, rue Augustin-Archambaud. ☎ 02-62-43-69-89. • aurendez-vous@orange.fr • Ouv au déj lun-sam, plus sam soir. Plats env 13-22 €.* Un rendez-vous à ne pas manquer. Dans sa cuisine ouverte, le chef ne travaille que du frais, et qu'il s'agisse d'une grosse salade, de tartines, d'un tartare, d'un poisson *a la plancha* ou, pourquoi pas, d'un burger, tout est maison, présenté avec soin et vraiment bon. Comme l'accueil est au top et que la salle au cadre nautique donnant sur une terrasse verdoyante ne manque pas de charme, on comprend pourquoi la clientèle d'affaires du coin en a fait sa cantine. Nous aussi, d'autant qu'on apprécie les petites attentions tout au long du repas.

La Baie des Anges *(plan C2, **32**) : 34, rue de l'Église. 06-92-39-79-65. • labaiedesangesdavid@orange.fr • Face à l'église de Terre-Sainte. Fermé dim-lun (et sam midi hors saison). Congés : 2 sem en mars et 2 sem en juil. Formule déj en sem 14 € ; plats 17-30 €.* Derrière une façade très discrète, difficile d'imaginer la belle terrasse ombragée, paisible et verdoyante, cachée au bas de l'escalier. La carte propose des viandes, des poissons (pas mal de tartares) et des produits locaux, préparés sur des tonalités à dominante métro. C'est sans esbroufe et goûteux. Du beau travail.

Restaurant du Lavoir *(plan B1, **34**) : 46, rue du Lavoir. ☎ 02-62-01-74-83. • restaurantdulavoir@gmail.com • Ouv le midi lun-ven,*

LA CÔTE SUD-EST

plus le soir jeu-ven. Fermé w-e. Résa conseillée. Formule déj env 12 € ; plats env 12-20 €. C'est un brin excentré, mais ça vaut la peine de venir jusqu'à cette paisible terrasse bien cachée et bien ombragée. D'abord, parce que l'accueil est vraiment sympa et décontracté, ensuite, parce que la cuisine est méritante. Produits bien choisis : on se régale d'un poisson frais, d'une spécialité créole ou métro, ou tout simplement d'un bon plat du jour. Et le tout à des tarifs très raisonnables. Impeccable d'autant que la tapenade est offerte à l'arrivée et le rhum arrangé au départ.

Ancre Terre et Mer *(plan C2,* ***35****) : 31, rue Amiral-Lacaze. ☎ 02-62-27-97-52. • ancre.terre@gmail.com • Fermé dim-lun et mer midi. Formule déj en sem 19,50 €. Plats env 15-30 €. Apéritif maison offert sur présentation de ce guide.* La maison est d'abord connue pour ses excellentes spécialités de tartares de poisson (au moins une dizaine), mais ses risottos, voire son burger revisité, ne font pas que de la figuration ! Dans tous les cas, c'est goûteux, bien servi et joliment mis en scène. De quoi passer un bon moment en terrasse, dans une belle cour ombragée, paisible et fleurie. Accueil très sympa.

Belo Horizonte *(plan B2,* ***36****) : 10, rue François-de-Mahy. 06-92-54-68-63. Ouv le midi lun-sam, plus le soir jeu-sam. Fermé dim. Plats env 11-25 €. Digestif maison offert sur présentation de ce guide.* Salades, pâtes, pizzas, tartes salées, et quelques propositions plutôt classiques de viande et de poisson : avec une telle carte, chacun devrait y trouver son compte, d'autant que le résultat est vraiment convenable. L'autre avantage, c'est le cadre très agréable, surtout en terrasse dans la jolie cour intérieure. Le soir, l'atmosphère est intime. Service très aimable.

La Kaz à Léa *(plan B2,* ***37****) : 34, rue François-Isautier. ☎ 02-62-25-04-25. Tlj sauf dim. Menu déj 19 € ; plats 17-28 €. Digestif maison offert sur présentation de ce guide.* Un restaurant coquet, dont la jolie terrasse organisée autour d'une fontaine est fort romantique le soir. À l'intérieur, la déco est plus moderne. À la carte, une cuisine métro-créole bien amenée. Il y a même des hamburgers pour les inconditionnels.

Chic

La Villa Sauvage *(plan C2,* ***42****) : 8, rue Marius-et-Ary-Leblond. ☎ 02-62-91-68-83. Tlj 12h-minuit sauf dim-lun. Menu déj env 21 € ; env 35-40 € à la carte.* *Le Sauvage* à Saint-Gilles est un classique. *La Villa* est leur nouvelle adresse à Saint-Pierre, mais dans une version plus classieuse. Le cadre est génial : une superbe case noyée dans la végétation et décorée dans un style rétro tendance très réussi. Quant à la cuisine, métissée, elle est soignée et goûteuse. Le rapport qualité-prix du menu du midi est impeccable. En fin de journée, ce sont les tapas qui prennent la relève pour l'apéro, avant de céder la place à une carte plus étoffée. Bonne ambiance, en musique les jeudis soir.

Ô Baya *(plan C2,* ***39****) : 7, rue Auguste-Babet. ☎ 02-62-59-66-94. Fermé sam midi et dim-lun. Plat du jour au déj env 15 €, sinon env 20-30 €.* Une valeur sûre. Le cadre soigné et branché y est pour beaucoup (couloir orangé agrémenté de plantes vertes, coin salon pour les amoureux, déco zen, expo d'artistes...), mais c'est surtout la cuisine qui met tout le monde d'accord. Les plats sont bien exécutés, joliment présentés, et associent avec bonheur les saveurs : qu'il s'agisse, par exemple, d'une trilogie de tartares ou d'un poisson au pain d'épice, on se régale. Vraiment sympa, comme l'accueil.

Art i Show *(plan B1,* ***33****) : 107, rue Suffren. 06-93-50-45-30. Ouv le midi mer-ven, le soir mer-sam. Fermé sam midi et dim-mar. Résa conseillée. Menu déj env 18 € ; formules env 33-39 € le soir.* Passé un petit espace où l'on expose les artistes du moment, on découvre une ravissante cour intérieure fleurie et ombragée. Un cadre séduisant en harmonie avec une cuisine fraîche, élégante et précise, et surtout toujours savoureuse. Une table incontournable. Accueil jeune et dynamique.

Où déguster une glace ?

Steff (plan B2, **45**) : *47 bis, rue du Four-à-Chaux. Tlj 13h (14h w-e)-18h.* Un artisan dont on apprécie pleinement les glaces et sorbets aux fruits *péi,* fabriqués sur place : *jambrosade, pitaya,* gingembre, vanille Bourbon... Sympa, le concept, des glaces servies dans une gaufre, mais mieux vaut avoir faim !

Où boire un verre ? Où danser ?

Aux Gens Heureux (plan C2, **41**) : *voir « Où manger ? Prix moyens ».* C'est la guinguette de La Réunion, un petit lieu de vie festif connu pour son bien-boire, son bien-manger, mais aussi pour ses super soirées musicales, voire carrément originales.

Le Toit (plan C2, **53**) : *16, rue Auguste-Babet. ☎ 02-62-35-55-53. Mer-sam 18h-0h30.* *Le Toit* est le bar des copains par excellence : ambiance très conviviale, déco échevelée sympa avec des graffs et des affiches colorées, tartines gratinées à grignoter et bonne sélection musicale. Tout pour plaire.

Long Board Café (plan B2, **54**) : *18, bd Hubert-Delisle, sur le petit front de mer. Fermé lun.* Un petit bar coloré et festif logé dans une ancienne maison créole, dont les tables en terrasse profitent d'une vue imprenable sur l'océan. Photogénique ! Concerts et soirées à thème.

Factory Pub (plan B2, **51**) : *40, bd Hubert-Delisle. ☎ 02-62-59-31-78. Tlj jusqu'à 2h.* Une adresse dans l'air du temps qui s'articule autour du bar central. Clientèle de 25-30 ans, qui se trémousse un peu quand la mayonnaise a pris. Tous les ingrédients d'une bonne soirée sont dans le shaker !

Le Five (plan B2, **51**) : *8, rue François-de-Mahy. 06-92-97-02-22. Mer-sam 18h-5h30 (1h mer-jeu).* Le bar-resto-boîte de nuit, tendance mode, relativement incontournable des soirées festives à Saint-Pierre. L'espace lounge est agréable pour prendre un verre installé dans les fauteuils, sous la voûte étoilée.

Achats et marchés

– **Le marché couvert** (plan B2) : *à côté de la gare des bus* Alternéo, *dans le centre. Lun-sam 8h-17h.* L'architecture métallique en forme de kiosque date de 1858. Restauré, le marché abrite une ribambelle d'étals d'épices, de textiles brodés de Madagascar et d'artisanat de La Réunion, de sculptures sur bois et de souvenirs bon marché. Probablement le marché le moins cher de l'île. Snack à l'entrée.

– **Le marché forain** (plan A2) : *sur le front de mer, en plein air. Sam 5h-12h.* C'est l'un des plus beaux marchés de l'île avec celui de Saint-Paul, très animé et sans conteste l'un des plus beaux de France. On y trouve un concentré de produits régionaux et d'artisanat, à des prix abordables. En vrac, on côtoie l'un des derniers écaillistes de l'île (qui réalise des bijoux avec de l'écaille de tortue), de superbes fleurs tropicales, des bijoux réalisés avec des graines locales de fruits et légumes... Bref, plein d'idées originales à mettre dans son cabas.

– **Autres marchés** : *le* ***marché aux fleurs*** *(mer mat) se situe derrière le marché couvert. La* ***brocante de Saint-Pierre*** *est organisée le 2e dim de chaque mois (jusqu'à 13h), sur le parking du lycée professionnel, dans la rue Luc-Lorion.*

À voir. À faire

Visite guidée possible avec le Pôle Valorisation du patrimoine. Voir « Adresses et info utiles », plus haut.

Le siège des TAAF *(plan C2)* **:** *rue Gabriel-Dejean. ☎ 02-62-96-78-78. • taaf.fr • Lun-ven 8h30-12h, 14h-17h. GRATUIT.*

« TAAF » ? Ouh, une très vague notion qui remonte au lycée... Allez, on vous aide : les « terres Australes et Antarctiques françaises ». Elles constituent une collectivité territoriale atypique qui englobe, dans l'océan Indien, les archipels de Crozet, des Kerguelen, les îles Saint-Paul et Amsterdam, les îles Éparses et, plus isolée encore, la terre Adélie (Antarctique). À vos mappemondes ! À la tête des TAAF, un préfet qui a une double casquette (car qui dit pas d'habitants permanents dit pas d'électeurs... le préfet est donc à la fois représentant de l'État et exécutif de la collectivité).
Ces territoires représentent divers intérêts pour la France : maintien de la souveraineté française, soutien de programmes scientifiques, préservation d'un environnement unique, zone de pêche (légine, thon, langouste) – une zone de pêche exclusive, 3 fois supérieure à celle de la métropole quand même ! Chaque année, une centaine de personnes sont réparties sur les bases pour des missions de 1 an le plus souvent. Pour préserver ces espaces fragiles, la réserve naturelle nationale des terres Australes françaises a été créée en 2006. Il s'agit de la réserve naturelle la plus étendue de France.
Une petite exposition intéressante présente le travail des hommes, militaires, scientifiques ou civils, qui s'invitent une poignée de mois sur ces territoires pour protéger et effectuer des recherches, reliés à la terre ferme par avion militaire (îles Éparses) ou par bateau (jusqu'à 15 jours de mer pour rallier les îles australes). Qui n'a jamais rêvé de leur emboîter le pas ?

DES LAPINS TROP CHOUX

Le chou de Kerguelen est la plante emblématique des îles Kerguelen. Il a sauvé de nombreux marins du scorbut (d'où son nom latin Pringlea antiscorbutica*). Depuis la création de la réserve naturelle nationale des terres Australes françaises, toutes les espèces natives qu'elle abrite sont protégées, y compris donc ce fameux chou. Malheureusement, les lapins introduits par l'homme il y a plusieurs décennies sur l'archipel en raffolent, et le chou disparaît petit à petit.*

La rivière d'Abord *(plan C1-2)* **:** jetez un œil sur l'embouchure de cette rivière qui fut au départ de la création de ce quartier. Il prit le nom de Saint-Pierre en 1731, en hommage au gouverneur Pierre-Benoît Dumas (qui n'était pourtant pas un saint). Voir aussi la grotte de Notre-Dame-de-Lourdes, dans la rue Gabriel-Dejean, où le culte de la Vierge et celui de saint Expedit sont associés.

L'hôtel de ville *(plan C2)* **:** *entre la rue du Port et la rue Auguste-Babet.* Long bâtiment typique de l'époque coloniale (fin XVIIIe s) puisqu'il servait à la fois d'entrepôt et de bâtiment administratif à la Compagnie des Indes. Classé Monument historique en 1982. C'est l'un des plus anciens édifices de la ville. Remarquez l'horloge de la façade principale et, à travers les hautes fenêtres, les plafonds en bois. Construit par des ingénieurs de marine, son toit d'origine était probablement en forme de carène de vaisseau renversé. On peut y jeter un coup d'œil dans les parties communes aux heures de bureau, ça sent bon l'encaustique. En face, un petit jardin fleuri, bien agréable avec sa fontaine et un point d'eau.

Dans le centre-ville, nombreuses ***cases créoles historiques,*** certaines luxueuses, notamment rue Marius-et-Ary-Leblond (face à l'église). Au no 18, la maison Motais de Narbonne, aujourd'hui la sous-préfecture, avec ses murs jaunes et les piliers blancs de la galerie, au 1er étage. Au no 21, la maison Adam de Villers, sans doute la plus ancienne de la ville (1770-1780). Au no 46, le temple chinois (pagode Guan Di), rouge et jaune, sous un tapis de verdure, dégage une certaine sérénité. Il suffit de passer sous la porte arrondie pour se retrouver dans l'espace spirituel. Il ne faut pas hésiter à se perdre dans les hauteurs de Saint-Pierre, traîner du côté des coiffeurs, des petites boutiques, prendre un café avec les joueurs de cartes sur le front de mer, manger un bonbon au miel... bref, vivre au rythme créole.

Les plages : longues et bien pratiques, elles s'animent de bon matin, avec les joggeurs et les nageurs matinaux. Il n'y a pas d'oursins dans le carré délimité devant le poste MNS et devant l'hôtel *Alizé Plage.* Douches publiques sur la promenade et aménagements pour les enfants. Le lagon de la plage de Saint-Pierre est très populaire, un vrai plaisir que de se balader sur la jetée et d'admirer les bateaux... Et il est bordé de plusieurs restos tout aussi populaires, profitant d'une belle vue.

Le quartier de Terre-Sainte *(plan C2)* **:** un quartier autrefois entièrement consacré à la pêche (espadon, thon, zomar...), qui a conservé beaucoup de charme et d'authenticité même si la tendance est à un début de boboïsation. On peut, en fin de journée, s'installer sous un banian avec les joueurs de dominos – il y a parfois du Pagnol créole dans les intonations – ou prendre un verre en terrasse en admirant le coucher du soleil. Noter que la route est en sens unique. La ruelle Lallemand (si vous la trouvez !) mène dans un quartier de *p'tites cases créoles* de pêcheurs. Quant au port de plaisance Lislet-Geoffroy, il a été aménagé pour qu'on puisse s'y balader et assister au départ des bateaux de pêche.

Les temples tamouls Karli et Nassaringua-Perournal *(plan A1)* **:** *rue Mahatma-Gandhi, à l'entrée ouest de la ville, quartier Ravine-Blanche, Saint-Pierre. En principe, ne se visitent pas (le 2d est théoriquement accessible le mer 15h-16h) mais méritent un coup d'œil de l'extérieur.*
Le temple Karli est considéré comme le plus beau de l'île, avec celui de Saint-André. C'est en tout cas un des plus grands, consacré à la divinité Skri Maha Bada Karli.
Un peu plus à l'ouest, un autre temple tamoul, celui de Nassaringua-Perournal.

Le cimetière *(plan B2)* **:** *à l'entrée ouest de la ville, le long du bd Hubert-Delisle.* L'autre nécropole fameuse de La Réunion (avec celle de Saint-Paul). Depuis l'entrée principale, prendre l'allée de gauche. Une croix noire signale la tombe rouge d'un certain Sitarane, bandit légendaire de l'île à qui la population attribua des pouvoirs maléfiques. Au début du XXe s, une mystérieuse série de cambriolages, parfois suivis de meurtres, terrorisèrent les habitants de la région. Les méfaits avaient lieu sans le moindre bruit. Seules traces laissées : de curieux trous dans les portes... Pratiqués à l'aide d'un vilebrequin, ils permettaient de faire passer le bras d'un homme, qui actionnait le loquet. En 1909, après un cambriolage manqué, la bande est démasquée. À sa tête, Sitarane, un gardien de nuit africain qui se prétendait immortel. Parmi ses complices, un sorcier du nom de Saint-Ange qui préparait des poudres spéciales pour endormir les victimes et des morceaux de viande empoisonnés pour les chiens !

ÇA FOUT LA TROUILLE !

Malgré son exécution après un procès retentissant, le tueur Sitarane, à qui l'on prêtait des pouvoirs occultes, continue à fasciner, un siècle après sa mort. Sur sa tombe, l'herbe ne pousse pas, car celle-ci est piétinée par des visiteurs nocturnes, qui déposent bougies votives et bandeaux de tissu rouge, couleur symbolique chez les Malbars. Certaines nuits, des verres de rhum sont déposés sur la tombe et de la terre est prélevée pour jeter un sort à un ennemi.

Sports et loisirs

■ ***Association nautique de Saint-Pierre*** *(plan C2, **8**)* : *7, rue Gabriel-Dejean. 📱 06-92-82-20-10. • contact@ansp.re • ansp.re •*

– ***Voile :*** même local que l'*Association nautique de Saint-Pierre.* 📱 *06-92-81-38-16.* Cours de planche à voile, Optimist...
– ***Tour de l'île en hélico :*** *avec* ***Corail Hélicoptères,*** *aéroport de Pierrefonds (hall d'accueil), situé entre Saint-Louis et Saint-Pierre. ☎ 02-62-22-22-66. • corail-helicopteres.com •* Voir la rubrique « Sports et loisirs » dans le chapitre « La Réunion utile ».
– ***ULM :*** moins cher que l'hélico (mais pas donné non plus) et aussi plus impressionnant. Plusieurs compagnies à l'aéroport de Pierrefonds. Voir la rubrique « Sports et loisirs » dans le chapitre « La Réunion utile ».

Manifestations

– ***Sakifo Festival :*** *3 j. en mai ou juin. • sakifo.com •* Gros festival de musique, avec des pointures nationales et internationales.
– ***Grand Raid*** *(ou encore la Diagonale des Fous)* **:** *en oct. • grandraid-reunion.com •* Départ de Saint-Pierre, traversée des 3 cirques et arrivée à Saint-Denis dans la même journée pour les meilleurs. Les plus lents mettent 3 jours ! Une course mythique de 165 km de parcours qui rassemble des milliers de participants. D'autres parcours sont également proposés en parallèle.

DANS LES ENVIRONS DE SAINT-PIERRE

La Saga du Rhum *(hors plan par A1)* **:** *chemin Frédéline. ☎ 02-62-35-81-90. • sagadurhum.fr • ♿ À env 5 km au nord-ouest de Saint-Pierre (panneaux). Tlj 10h-18h (dernier billet à 17h). Fermé certains j. fériés et 3 sem en juin. Entrée : env 10 € ; réduc. Visites guidées à 10h, 11h, 14h, 15h et 16h. Audioguide : 2 €.*
En partenariat avec les 2 autres distilleries de l'île, *Rivière du Mât* à Saint-Benoît et *Savanna* à Saint-André, la vénérable distillerie familiale *Isautier* (175 ans en 2020 !) a créé ce beau musée pour promouvoir le rhum réunionnais. Sa particularité, à la différence des Antilles, c'est l'utilisation de la mélasse pour produire un rhum dit « traditionnel » et non « agricole », ce qui lui vaut une moindre réputation. Pourtant, le rhum réunionnais mérite d'être mieux connu. C'est tout le propos de cet espace à la muséographie claire et bien documentée.
Les différentes sections évoquent tour à tour l'histoire mouvementée du sucre à La Réunion, les méthodes de production, le vieillissement du rhum et sa commercialisation. Le circuit emprunte même une passerelle permettant de jeter un coup d'œil à d'impressionnantes machines, et au laboratoire où sont contrôlés les précieux breuvages.
On conseille la visite guidée, très pédagogique, avec des anecdotes, des explications sur les procédés d'extraction, sur l'utilisation de la bagasse (résidu ligneux) dans les centrales thermiques, ou sur la manière dont fonctionne une colonne de distillation, par exemple.
🍷 Après l'effort, le réconfort, en fin de visite, direction le bar pour une dégustation de rhum(s) dans les règles !

Le Domaine du Café Grillé *(hors plan par A1)* **:** *10, allée des Cèdres, à* ***Pierrefonds.*** *☎ 02-62-24-15-40. • domaineducafegrille.fr • ♿ (fauteuil à dispo). À env 7,5 km à l'ouest de Saint-Pierre. Tlj sauf lun 9h30-17h (dernier billet 1h avt). Congés : 3 sem en juin. Entrée du jardin : 7 € ; ½ tarif moins de 12 ans (accès gratuit au bar et à la boutique). Compter min 1h30 pour la visite guidée* *(mar-sam 10h30 et 14h30, dim 10h30 et 15h) ; en visite libre, des livrets très détaillés sont fournis. Prêt d'ombrelles pour se protéger du soleil. En principe (selon météo), concert de maloya le dim ap-m devant la boutique.*

Ce superbe jardin botanique créole est la création d'un horticulteur passionné, M. Luspot, qui a patiemment préparé son projet avant d'embarquer sa famille et une équipe enthousiaste dans l'aventure. Depuis, l'entreprise fait feu de tout bois et ne cesse d'améliorer le site. Après une vidéo de présentation, les visiteurs pénètrent dans ce domaine merveilleux, plus de 4 ha divisés en zones thématiques qui se succèdent au fil de la balade. On passe ainsi du jardin « moderne », riche de centaines de variétés de plantes fleuries, au jardin créole de grand-père avec des plantes nourricières, puis à celui de grand-mère avec des plantes médicinales, et enfin à une forêt endémique de basse altitude reconstituée. On y trouve aussi tous les arbres fruitiers de La Réunion (plus d'une centaine différents !). Impossible de tout citer : la richesse et la variété de la flore sont étourdissantes. Gros avantage, une bonne partie de la balade s'effectue à l'ombre, au frais.

À la fin du circuit, petite halte pour admirer un ajoupa (hutte où étaient logés les journaliers agricoles), un atelier de transformation et, à côté, l'alambic utilisé pour la distillation des huiles essentielles, derrière lequel s'étendent des plants de café Bourbon rond (le domaine est le seul producteur de l'île !). Ces étapes, permettant d'aborder d'autres sujets emblématiques, font de cette visite décidément très complète un voyage à la fois géographique (nombre d'essences viennent d'ailleurs et leur parcours est raconté), historique et écologique, nourri par un commentaire passionnant et plein d'humour, mais aussi très engagé dans la défense de l'environnement (pas de pesticide dans le jardin).

– ***Boutique-café :*** profitez-en absolument pour déguster et comparer le fameux café Bourbon pointu et le rare café Bourbon rond. Ce dernier, vendu au célèbre *Procope* à Paris, était l'un des favoris de Balzac ! On peut aussi se laisser tenter par un mélange subtil de ces cafés mythiques, le *Sublime,* à moins d'essayer l'étonnant thé de feuilles de café (une infusion entre le thé blanc et le thé noir) ou encore des créations originales, comme le *Bullokafé,* une boisson à base de café glacé et d'eau gazeuse. En salle ou en terrasse c'est le bonheur, surtout le dimanche lorsque des musiciens mettent le feu ! Enfin, la boutique décorée par une immense fresque est top : du café bien sûr, mais aussi des mélanges d'épices, des sirops, et même le parfum *Fleur de café,* élaboré à partir des fleurs de café du domaine. Très délicat.

Au nord de la ville, avant l'aéroport de Pierrefonds : la ***pointe du Diable,*** une péninsule basaltique, s'avance dans la mer et est assaillie par d'énormes vagues qui éclatent en embruns. De part et d'autre, les plages sont réputées pour la pratique du surf, mais cette activité est interdite en raison de la présence de squales.

DE SAINT-PIERRE À SAINT-JOSEPH PAR LA CÔTE

GRANDS-BOIS ET MONT-VERT

Grands-Bois est un ancien quartier de Saint-Pierre, à la limite de Petite-Île, devenu un village résidentiel. On peut y retrouver les vestiges de son usine sucrière, des aires de pique-nique, à moins de préférer le piton Mont-Vert, un des rares espaces préservés de la capitale du Sud. On trouve des fraises délicieuses à ***Mont-Vert-les-Hauts,*** pour les amateurs.

Où dormir ?

Chambres d'hôtes La Cour Mont-Vert : *18 ter, chemin Roland-Garros, Mont-Vert-les-Bas, 97410 **Saint-Pierre.** ☎ 02-62-31-21-10. • resa@courmontvert.com • courmontvert.com • De Grands-Bois, D 72 sur 4,5 km puis dir. Petite-Île (D 29) et panneau à droite. Double 69 €, sans petit déj.* Difficile de se faire une idée de ce domaine agricole bio depuis la route, car il faut d'abord traverser 4 ha de manguiers et de litchis pour atteindre la maison des propriétaires, qui précède 4 petits bungalows en bois. Pimpants, confortables, et joliment aménagés, ils profitent tous d'une vue superbe sur la côte depuis leurs terrasses privées. Au petit déj, délicieuses confitures maison. Mais on peut aussi faire sa popote soi-même en profitant de la cuisine commune mise à disposition. L'environnement est tranquille, on s'en doute, et l'accueil très sympathique et attentionné.

Hôtel Le Victoria : *8-10, allée des Lataniers, route principale de Grand-Bois, 97410 **Saint-Pierre.** ☎ 02-62-50-95-67. • reservation@levictoria.re • levictoria.re • ♿ À 5 km de Saint-Pierre. Doubles en bungalow ou dans la partie hôtel 90-110 €. Réduc de 10 % sur le prix de la chambre en résa directe sur présentation de ce guide.* Un établissement qui ne manque pas d'atouts : à taille humaine, conçu dans un style balnéaire agréable, et situé dans un environnement privilégié puisqu'il flirte avec l'océan qui, ici, n'a rien de pacifique. On a le choix entre des bungalows organisés autour de la belle piscine et des massifs de fleurs, ou des chambres plus classiques avec balcon (et super vue sur la mer !), dans un petit édifice de 2 étages. Restaurant sur place.

À voir. À faire

Le domaine du Relais : *suivre Mont-Vert puis les panneaux. Tt en haut, à droite.* *Le Relais* est un site aménagé pour les pique-niqueurs et les sportifs à 900 m d'altitude. Des sentiers de randonnée partent en direction de Saint-Joseph, des Hauts de Saint-Pierre et du Tampon. Vous ne serez pas seul, des familles viennent la veille réserver les kiosques pour être sûres de pouvoir en disposer le lendemain. On y trouve également un club équestre de randonnées *(**L'Écurie du Relais,** 06-92-00-42-98)* : belles balades dans cette immense forêt.

GRAND-ANSE ET PETITE-ÎLE

Le flot des voitures mène à la plage de Grand-Anse, largement en contrebas de Petite-Île... dans les terres. Village des Hauts du Sud, il fut appelé ainsi en raison de la seule île (on dirait un rocher) de La Réunion, qui pointe à quelques dizaines de mètres du rivage. Les bonnes terres se trouvant en hauteur, le quartier s'est déplacé vers 1727 et a gardé le nom d'origine de l'endroit. Cette bourgade considérée comme le grenier de l'île s'est développée au rythme de ce qu'on appelait alors les « spéculations agricoles » : café, épices, canne à sucre. Elle est maintenant réputée pour son ail et ses « pommes en l'air » (famille de l'igname), et elle organise une fête en octobre. Mais c'est surtout pour sa plage de Grand-Anse que l'on s'y arrête.

➢ ***Bus :*** liaisons quotidiennes avec Saint-Paul et Saint-Pierre (ligne S3), ainsi que Saint-Joseph, Saint-Philippe et Saint-Benoît (ligne S1).

Où dormir ? Où manger ?

Bon marché

Les Badamiers : *22, chemin Neuf, 97429 **Petite-Île.** ☎ 02-62-56-97-53. Après Grands-Bois, en allant vers Saint-Joseph, au rond-point,* *prendre la D 30 à droite ; c'est 600 m plus loin. Ouv seulement le midi en sem. Congés : 15 j. fin déc-début janv. Repas env 15-20 €. CB refusées. Digestif maison offert sur présentation de ce guide.* Planqué en contrebas de la rue, un resto bien connu des chanceux fidèles au poste le midi. On mange sur des tables recouvertes de toile cirée, certes, mais disposées sur une terrasse face à une vue sur l'océan que de nombreux établissements huppés pourraient jalouser... Cuisine créole généreuse et pur jus (civet de cerf, rougail-poisson, etc.), les plats sont affichés au tableau. On ne peut plus authentique.

De chic à beaucoup plus chic

La Bohème : *36, chemin Sylvain-Vitry, 97429* ***Grand-Anse.*** *☎ 02-62-01-10-20. • locataire@billikerseurope.com • laboheme.re • Apparts à partir d'env 90 € pour 2-4 pers ; min 4 nuits.* Accrochée sur un versant face au soleil couchant, cette grande maison propose 5 appartements très cosy dans un esprit actuel et élégant, avec un équipement bien complet (cuisine équipée, TV...). Depuis les terrasses, la vue sur l'océan est franchement top ! Rien ne manque, jusqu'à la super piscine.

Palm Hôtel & Spa : *43, rue des Mascarins,* ***Grand-Anse,*** *97429 Petite-Île. ☎ 02-62-56-30-30. • hotel@palm.re • palm.re • Après Grands-Bois, en allant vers Saint-Joseph. Doubles à partir de 290 €, avec petit déj. Offres intéressantes sur le site.* C'est l'un des plus beaux établissements de l'île, niché au cœur d'un environnement de toute beauté, en surplomb de la baie de Grand-Anse. Raffiné, élégant et certifié Ecolabel européen. Les chambres et suites avec jacuzzi sont réparties dans des villas créoles disséminées au sein d'un vaste jardin. Pour un coup de folie, les lodges isolés et perchés sur la falaise font face à l'océan avec bain à remous sur la terrasse. Superbe... 2 piscines dont 1 chauffée, 2 restos de cuisine réunionnaise, spa, bains à remous et hammam, terrasses avec panorama d'anthologie. Chemin privé pour rejoindre la belle plage de Grand-Anse. Si votre budget vous le permet...

À voir. À faire

Grand-Anse : *après Grands-Bois, en allant vers Saint-Joseph, au rond-point, prendre la D 30 à droite (fléché).*
Une route descend en tournicotant vers une plage blottie entre 2 pointes rocheuses. Une grande plage de sable très prisée des Réunionnais du Sud pour les pique-niques, à l'ombre des palmiers. Sur place, toilettes, buvettes, snacks et poulets grillés (même en semaine et hors saison). Ambiance familiale très bon enfant. Autour, les courants sont forts même quand la mer paraît calme. Les fleurs et les croix, sur les rochers à droite de la plage, sont autant d'appels à la prudence. Et puis les panneaux du genre « Attention aux requins » sont dissuasifs... On rappelle à ce sujet que les arrêtés préfectoraux interdisent la baignade jusqu'à nouvel ordre. Pour faire trempette sereinement, la municipalité a aménagé une zone protégée par des enrochements.
Si vous avez le cœur à marcher un peu, au niveau de l'aire de pique-nique (avant la plage) démarre un sentier qui, en 1h environ, fait le tour du piton Grand-Anse et que les Réunionnais appellent le « Z'Indien couché ». Joli point de vue sur la côte et le cap Petite-Île.

Au Cœur des Bois : *village artisanal Argamasse, ZAC Verger-Hémery, 26, rue des Merisiers, atelier B3, 97429* ***Petite-Île.*** *06-92-15-81-54. • aucoeurdesbois.fr •* Cet artisan d'art spécialiste du tournage sur bois d'essences *péi* possède sa boutique. Un bon moyen de découvrir les bois bruts et les étapes de fabrication. Du mobilier, mais aussi des objets pour la maison et de déco.

Loisirs sportifs

■ ***Adrenal'île :*** *06-92-75-04-00. • aarenalile.com •* Une agence tenue par une équipe au top qui propose canyoning, escalade et stages photo. Labellisé Qualité Tourisme Île de La Réunion.

MANAPANY-LES-BAINS

Un peu avant Saint-Joseph, une petite route en corniche conduit à ce charmant village construit en surplomb de la mer, au creux d'une jolie baie. Le « les-Bains » est un peu usurpé puisque la plage est couverte de cailloux. Mais on peut s'y baigner... dans un grand bassin naturel, au milieu des rochers (en contrebas du parking). Le bassin est plus profond qu'à Grand-Anse mais beaucoup moins long. C'est un endroit tranquille (enfin... en dehors des vacances scolaires et des dimanches qui voient débouler la foule des grands jours) à l'ombre du grand badamier, avec douches publiques. Le site, souvent chanté par les artistes de l'île, vaut le coup d'œil.
On peut continuer la rue jusqu'au bout en longeant la mer, par la petite croisette. De jolies cases donnent un cachet balnéaire.
Superbe site sauvage au niveau de l'ancien four à chaux, dont il reste des ruines en pierre qui côtoient les éléments naturels.

Adresse et info utiles

Maison du tourisme du Sud sauvage : *15, allée du Four-à-Chaux. ☎ 02-62-37-37-11. • sudreuniontourisme.fr • Tourner à gauche à 100 m avt le bassin de baignade de Manapany-les-Bains. Lun-ven 9h30-12h, 13h-17h30 ; sam 10h-17h.* Infos et doc sur les communes du Sud sauvage (Saint-Joseph, Petite-Île, Saint-Philippe). Différentes animations proposées toute l'année. Boutique artisanale et de terroir (beaux objets en vacoa).

➢ ***Bus :*** liaisons quotidiennes avec Saint-Paul et Saint-Pierre (ligne S3), ainsi que Saint-Joseph, Saint-Philippe et Saint-Benoît (ligne S1). Plus bus *Alternéo* Littoral 2 jusqu'à Saint-Louis.

Où manger ?

Restaurant Chez Jo : *143, bd de l'Océan. ☎ 02-62-31-48-83. Sur le parking au niveau de l'accès conduisant au bassin aménagé. Ouv le midi tlj sauf mer, plus le soir ven-sam. Plat env 13-30 € au resto ; env 6 € au comptoir à emporter. Café offert en fin de repas pour les clients en salle sur place sur présentation de ce guide.* Tout le monde connaît *Chez Jo.* Forcément c'est bon, et même très bon. Sur la géniale terrasse face aux grondements de la mer, c'est préférable d'arriver tôt. La salle offre aussi une jolie vue. La carte propose les classiques créoles, quelques salades et des plats du jour. Le poulet est *péi,* ça change beaucoup au goût. On peut aussi choisir l'option à emporter ou sandwichs.

À voir. À faire

La Maison des terroirs : *96, rue Maxime-Payet (N 2). 06-92-36-32-20. • laboutiquedesterroirs.com • En face de la chapelle de Manapany. Tlj 9h-17h.* Cette jolie maison créole construite en 1887 abrite désormais une boutique de produits de terroir, le plus souvent bio, provenant de petits producteurs (miel, confitures, tisanes, sirops, savon, etc.). Propose également des visites guidées dans le coin qui permettent d'aborder la culture et le patrimoine locaux *(tarifs : 9 €/pers ; réduc enfants).* Labellisé Qualité Tourisme Île de La Réunion.

Manifestation

– ***Manapany Festival :*** *3 j. mi-sept.* • *manapanyfestival.com* • Dans le cadre somptueux de la baie de Manapany au sud de l'île. Festival autour des « musiques en cuivre », fanfares, ska, chanson française et de l'océan Indien. Avec, en prime, une compétition d'escalade qui remplace celle de surf depuis que les requins se sont invités au rendez-vous.

SAINT-JOSEPH (97480) 38 500 hab.

• Carte Les environs de Saint-Joseph *p. 183*

Agréable ville au charme à l'ancienne avec quelques sympathiques promenades à faire dans les Hauts, du côté de la sauvage rivière des Remparts (que l'on peut remonter) et de la rivière Langevin (superbe cascade).

Arriver – Quitter

Gare routière : *rue du Général-de-Gaulle.*

➢ ***Saint-Pierre :*** plusieurs fois/j. avec *Car Jaune* (lignes S1 et S3).

➢ ***Saint Philippe et Saint-Benoît :*** plusieurs fois/j. avec *Car Jaune* (ligne S1).

➢ ***Le Tampon :*** 2 fois/j. sauf dim (ligne S6).

Infos utiles

Informations touristiques : *s'adresser à la maison du tourisme de* ***Manapany-les-Bains.***

– ***Marché :*** *ven mat, pl. François-Mitterrand. Également un marché artisanal et de produits de terroir le 2e dim du mois.*

Où dormir ? Où manger ?

De très bon marché à bon marché

Les Bons Enfants : *47 bis, rue Raphaël-Babet. ☎ 02-62-21-82-26. Au bord de la route principale. Tlj 8h-22h. Plats à partir d'env 8 €.* Saint-Joseph ne brille pas par sa gastronomie. On a connu plus glamour comme cadre, mais ce self qui propose de nombreux plats du jour à emporter ou à avaler sur un petit bout de terrasse peut rendre service…

De bon marché à prix moyens

Chambres d'hôtes L'Arpège Austral : *53, rue des Prunes. ☎ 02-62-56-36-89.* • *arpegeaustral@orange.fr* • *arpegeaustral.minisite.fr* • *Doubles à partir de 55 €. Repas sur résa env 25 €.*

Une adresse très conviviale et un brin bohème, à deux pas du centre, mais dans un quartier paisible. 2 chambres sous le toit avec salle de bains se partageant un coin lecture, un peu comme à la maison, et, dans le beau jardin, 1 bungalow coloré avec kitchenette... Accueil charmant de la propriétaire, qui est aussi pianiste. On peut éventuellement prendre le repas.

La Caz à Éva : *225 bis, rue Raphaël-Babet. ☎ 02-62-47-58-95. Au centre-ville, à 50 m de la poste. Fermé dim-lun. Plats env 12-28 €.* Éva a eu la bonne idée de monter son petit resto dans cette ville où l'offre se fait rare. Qu'elle en soit remerciée ! Cadre très blanc, sobre et lumineux. On a une petite préférence pour la terrasse de poche dans la ruelle. La carte joue dans un registre métro : salades, burgers, poissons (généreuse truite du Langevin aux amandes), grillades... C'est simple et bon.

Où dormir ?
Où manger dans les environs de Saint-Joseph ?

Du côté de Grand-Coude

Au Lapin d'Or : *55 bis, chemin Concession, à* ***Jean-Petit.*** *☎ 02-62-56-66-48. 06-92-66-89-20. De Saint-Joseph, compter 20 mn de voiture ; indiqué dans le hameau, quelques km avt Grand-Coude. Double env 75 €. Repas env 26 €.* À l'étage d'une maison moderne, 3 chambres confortables et pleines de gaieté, à l'image de cette famille d'éleveurs... devinez de quoi ! Leur joie de vivre est contagieuse jusqu'au repas, car qui *Lapin d'Or* dîne, c'est bien connu !

Chambres d'hôtes L'Eucalyptus : *24, chemin de la Croizure, à* ***Grand-Coude.*** *06-92-03-54-78. Double env 60 €. Repas possible.* L'accueillante Marie-Claude Grondin propose 2 chambres toutes simples mais impeccables pour 2-3 personnes (douche et w-c privés), réparties de part et d'autre d'un espace commun avec frigo et TV, le tout dans un petit bâtiment léger indépendant. Également un petit bungalow avec cuisine équipée à l'arrière du jardin. Les propriétaires sont très impliqués dans le développement du fameux café pointu (lire « La Maison du Laurina » à Grand-Coude, dans les environs de Saint-Joseph).

Vers Langevin

Chambres d'hôtes Le Rougail-Mangue : *12, rue Marcel-Pagnol, plateau Vincendo. ☎ 02-62-31-55-09. 06-92-20-21-63. • contact@rougailmangue.com • rougailmangue.com • À 5 km de Saint-Joseph, en dir. de Saint-Philippe. Double env 61 € ; bungalow 72 € ; petit déj en plus.* Beaucoup d'espace, à l'intérieur comme à l'extérieur, et un beau jardin qui surplombe l'océan. Grande piscine et jacuzzi (payant). Les 4 chambres (jusqu'à 6 personnes), aménagées au rez-de-chaussée de la maison, sont colorées, confortables (clim en option) et se partagent un agréable salon commun. Également un bungalow pour les amoureux. Sinon, spacieuse cuisine extérieure commune, très pratique. S'il fallait trouver un bémol, ce serait la situation de la maison elle-même, au bord de la route. Mais bon, ce n'est pas une autoroute non plus et les hébergements sont à l'écart, côté mer. Location de vélos.

Sur le versant du volcan

Chambres d'hôtes Îlet aux Palmistes : *25, rue Claude-Marion, 97480* ***Vincendo.*** *☎ 02-62-20-21-14. 06-92-22-30-22. À env 12 km de Saint-Joseph ; 200 m après le panneau de fin d'agglomération de Vincendo en dir. de Saint-Philippe, bifurquer à gauche vers Matouta (D 37). Double env 75 €. Table d'hôtes possible sur résa.* Au rez-de-chaussée de sa maison moderne, un couple d'agriculteurs a aménagé 2 chambres à l'accès indépendant, dont une grande suite familiale pouvant accueillir 4 personnes. Cuisine d'appoint à disposition, et belle terrasse commune installée sous une galerie. Magnifique vue sur l'océan depuis l'espace où sont servis les bons petits déjeuners. Accueil charmant.

Chambres et ferme-auberge Desprairies : *44, route de Matouta (dans le hameau de **Matouta,** sur les Hauts de Saint-Joseph). ☎ 02-62-37-20-27. ● matouta@wanadoo.fr ● ferme-auberge-desprairies.com ● À env 13 km de Saint-Joseph. Double 55 €, avec petit déj. Repas sur résa 25 €.* Un village du bout du monde, auquel on accède par une petite route qui grimpe à travers les plantations de canne à sucre. Au cœur du hameau, une grosse maison moderne abrite une poignée de chambres simples mais bien équipées. Fonctionnel, propre et confortable. Cuisine créole, copieuse et familiale, élaborée principalement avec les produits de la ferme. Pas de jardin mais un petit kiosque où se poser. Accueil souriant.

À voir. À faire à Saint-Joseph et à proximité

Art Sud, centre des arts du feu : *6, impasse du Bellay. ● artsud.re ●* L'association organise en principe une exposition par an, et forme aux techniques de poterie et de céramique. C'est aussi une résidence d'artistes.

Far Far de Bézaves : *205, rue Edmond-Albius, à **Besaves.** 06-92-19-97-93. Visite sur résa lun et mer à 9h15 et 13h45. À partir de 8 €.* Didier est l'un des rares agriculteurs à cultiver le vétiver. La visite est centrée sur cette précieuse graminée, et permet d'aborder toutes les étapes de sa production et de son exploitation (jusqu'à la fameuse et très chère huile essentielle).

DANS LES ENVIRONS DE SAINT-JOSEPH

LA PLAINE-DES-GRÈGUES

Dans les hauteurs de Saint-Joseph, à 11 km par la D 3. On appelle ce secteur « La Plaine-des-Grègues » en référence à un filtre à café (*inn grèg* en créole). Belle image pour évoquer l'eau qui, traversant les sols perméables, ne réapparaît que bien plus bas par infiltration... Ce bourg ne manque en tout cas pas de charme. On y produit safran, curcuma et autres épices.

La Maison du curcuma : *14, chemin du Rond, dans le village de La Plaine-des-Grègues. ☎ 02-62-37-54-66. Tlj 9h-12h, 13h30-17h. GRATUIT.* Brève explication étoffée d'une vidéo sur le travail de l'or jaune (le curcuma ici), du gingembre et de la rouroute, 3 racines cultivées localement. Quelques infos sur la préparation du confit de gingembre, du curcuma, de la marmelade de tangor, du sirop de cannelle, etc. Dégustation et boutique.

Rando de la boucle des Margosiers : *prendre à 100 m à droite de l'église, l'entrée du sentier est indiquée par un panneau sur la gauche de la route (5h A/R). Balisé.* Il est aussi possible de faire la petite boucle (***boucle du Curcuma*** ; compter 1h30), il s'agit juste de ne pas manquer le raccourci (indiqué).

GRAND-COUDE

À 15 km au nord de Saint-Joseph. À Grand-Coude, on n'est plus vraiment à La Réunion, mais dans des paysages de montagne, à 1 100 m d'altitude, avec des prairies vertes, des vaches et des plants de thé sauvages, témoignages des années 1950-1960 où cette culture pesait lourd dans l'économie locale... Un vrai bout du monde, bien au frais, parsemé de géraniums que l'on cultive ici, et parfois au-dessus des nuages. C'est sur les vues aériennes, et donc le plus souvent en carte postale, qu'on distingue le mieux les méandres de ce plateau en forme de coude entre 2 précipices verdoyants. On accède à Grand-Coude par la D 33, entre rivière Langevin et rivière des Remparts. Pour en redescendre, on peut emprunter le raccourci qu'on trouve à 5 km au niveau de la rue des Papyrus, sur la gauche. La rue rattrape la route, 1,4 km plus loin. Prendre ensuite la rue Aimé-Turpin. On passe dans les champs de canne et on arrive dans un lotissement. Il faut toujours viser la mer.

Sur la route qui monte à Grand-Coude, peu avant d'arriver, ne pas manquer le ***belvédère*** et l'***aire de pique-nique du Petit-Serré,*** qui dominent la rivière des Remparts (côté gauche). On a un plan large sur la rivière et l'Îlet-Dimitile. Un peu plus haut, à 200 m, en empruntant un escalier, on trouve un autre belvédère, mais cette fois-ci sur la rivière Langevin et sa cascade, tout en bas, côté droit.

Le Labyrinthe en Champ Thé : *18, rue Émile-Mussard.* *06-92-60-18-88. • info@enchampthe.com • enchampthe.com • Tlj 9h-17h (ne pas arriver après 15h30 au risque de manquer de temps). Entrée : 5,50 € (8,50 € pour une visite guidée de 1h30, sur résa à 10h ou 14h) ; 4,50 € moins de 12 ans ; gratuit moins de 6 ans. Labellisé Qualité Tourisme Île de La Réunion.*
Cette étonnante forêt de thé datant des années 1950 a bien failli tomber dans les oubliettes. Mais c'était sans compter sur des passionnés qui ont entrepris de lui rendre son lustre d'antan et de récolter ainsi la seule culture (bio) de thé en France, sur un peu plus de 3 ha. Un pari un peu fou, puisque pour 1 kg ramassé… il ne reste que 130 g de produit fini ! Et on parle là d'un thé parmi les meilleurs au monde, paraît-il, que l'on retrouve à la table du *Palm Hôtel* notamment.
La visite ne manque pas d'originalité. Après une introduction détaillée sur la région, les plantations et le thé, les visiteurs sont dotés de questionnaires ludiques avant d'être lâchés dans un vaste labyrinthe de 1 ha formé par les vieux théiers d'origine, désormais de taille colossale, et des bambous. Fascinant. De plus, l'endroit reste frais, même en plein après-midi. C'est aussi l'occasion de distinguer le théier (feuilles dentelées) du caféier (feuilles lisses) et de découvrir de nombreuses autres plantes (le vétiver et ses propriétés antimites, différentes variétés de géranium aux propriétés diverses…). Après un petit tour du côté de l'atelier de transformation, place à la dégustation (thé blanc et thé vert). Ici, on découvre le thé, de l'arbre à la tasse. Également un petit topo sur la distillation du géranium pour étoffer le tout. Profitez-en pour admirer le poster du plateau de Grand-Coude et de la route que vous avez empruntée pour y accéder. On ne s'en rend pas bien compte quand on est dans sa voiture, mais l'environnement est spectaculaire.

La Maison du Laurina : *15, chemin de la Croizure.* *06-92-03-54-78 ou 06-92-68-78-72. • lamaisondulaurina@gmail.com • lamaisondulaurina.fr • Visite sur résa (env 1h30-2h) : 15 €/pers ; réduc.* Ici, la star, c'est le café Bourbon pointu (son nom scientifique : *Laurina*), une variété haut de gamme, sauvée de la disparition par une association de passionnés. Il s'agit d'un arabica qui a muté dans les années 1700, naturellement décaféiné (c'est cette particularité qui avait apparemment causé sa disgrâce à la Cour et son remplacement par du café de Moka) et bio à 100 %. La visite comprend une balade dans les caféières, une dégustation, la découverte de l'unité de production et celle du petit musée.

LE SUD SAUVAGE

• Carte *p. 185*

Un peu après Saint-Joseph et jusqu'à Sainte-Rose, la route côtière traverse un univers radicalement différent. Les falaises remplacent les plages, les villages se font moins nombreux, la lave devient omniprésente. On entre sur le territoire du volcan.

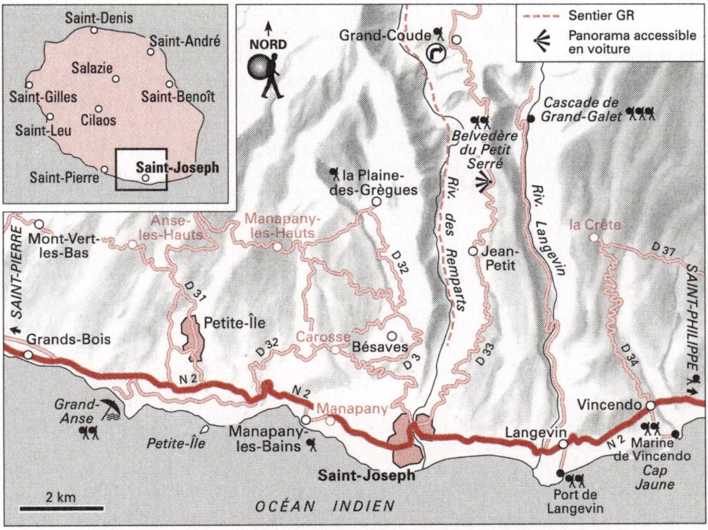

LES ENVIRONS DE SAINT-JOSEPH

DE SAINT-JOSEPH À SAINT-PHILIPPE

La rivière Langevin et la cascade de Grand-Galet (ou Grande-Ravine) : *à 13 km au nord-est de Saint-Joseph ; juste après le pont de la rivière Langevin, fléché sur la gauche.*

Au niveau du pont, les ruines d'une ancienne sucrerie et de la balance sont le point de départ d'une route spectaculaire et « fruitière ». Pendant la saison, on trouve tout au long du trajet des vendeurs d'ananas, de bananes et de litchis. On remonte le lit de la vallée sur une dizaine de kilomètres pour admirer la superbe cascade de Grand-Galet. Attention, toutefois, le long de la rivière, la baignade est interdite à cause des brusques montées d'eau dues à la centrale hydroélectrique. Pourtant, en semaine, c'est toute la vie créole qui s'y joue. Des *gramounes* (personnes âgées) jouent aux dominos sous les kiosques, tandis que le week-end, c'est carrément la foule des grands jours qui s'entasse sur les berges. Certaines années, à cause de la sécheresse, ne s'écoule qu'un simple filet d'eau ! Les voitures se garent au petit bonheur la chance, on est victime des bouchons, mais quelle ambiance !

À la pancarte « Trou-Noir », un sentier mène après 200 m à un joli bassin avec une 1re cascade. Mais on n'est pas encore arrivé. La route qui monte

COULÉ... SERRÉ

La force de l'érosion et les pluies diluviennes creuseront à coup sûr d'autres cirques sur l'île. Ainsi, par exemple, les 2 rivières parallèles coulant au sud du massif du piton de la Fournaise, celles des Remparts et Langevin, ont commencé à entamer dangereusement les hautes falaises qui les séparent. Le village du Serré porte bien son nom : situé entre les 2 rivières, il attend son heure avant d'être englouti.

à la cascade de Grand-Galet est parfois très raide et en épingle à cheveux. Il arrive aussi qu'elle soit fermée, après de fortes pluies. La prendre en première et klaxonner à chaque virage. Une fois arrivé aux chutes, un fabuleux spectacle se présente à vous : un voile de cascades rafraîchissantes dans une sorte de cirque de verdure. Il s'agit de développer son ingéniosité pour photographier le voile dans son entier ! Les cascades sourdent à mi-hauteur dans la falaise, en raison du parcours souvent souterrain de l'eau dans un sol basaltique truffé de failles. La route se termine au village de Grand-Galet. C'est aussi le départ du sentier de rando qui mène à la plaine des Sables.

Les Fleurettes : *Maison de la ruralité, 8, route de la Passerelle, à* ***Langevin.*** *06-92-03-18-56. Juste au début de la route qui mène à la cascade de Grand-Galet (en face des ruines de l'ancienne sucrerie). Lun-jeu 9h (13h mer-jeu)-17h.* Vanneries et artisanat vacoa confectionnés par les femmes de la coopérative.

Le petit port de Langevin : *à env 1 km plus à l'est de la rivière de Langevin. Après le pont de la rivière Langevin, au 1er rond-point, tourner à droite et suivre le fléchage.* Un tout petit port, très mignon, aménagé parmi un chaos de roches noires. Avant l'installation d'un câble, en 1995, les pêcheurs devaient s'entraider pour remonter leurs barques. La mise à l'eau et le retour (vers 12h-13h) restent quand même des moments très pittoresques. En dehors de ces temps forts, des pêcheurs *chauffe-galets* jouent aux cartes devant les cases. Sinon, le sentier qui commence derrière la baraque des pêcheurs vaut également le coup (direction Saint-Philippe). Il longe la côte et livre quantité de points de vue spectaculaires sur les falaises déchiquetées, inlassablement fouettées par d'énormes vagues qui s'y engouffrent violemment et rejaillissent en gerbes étincelantes. Éminemment photogénique ; à l'opposé, un autre sentier longe la rivière depuis son embouchure. Cascades et talus escarpés. Attention aux chutes ! Voir au passage les constructions en sacs et en pierre pour la saison des bichiques (à l'embouchure). Les pêcheurs attendent avec leur nasse que les alevins remontent la rivière.

La marine de Vincendo : *à* ***Vincendo,*** *à 7 km à l'est de Saint-Joseph ; au rond-point, prendre la dir. du lycée.* Très prisée en fin de semaine par les familles qui pique-niquent sous les vacoas en admirant les rouleaux. Il est d'ailleurs dangereux de se baigner, mais on peut faire une petite balade dans les rochers pour se dégourdir les jambes. Le site est superbe, largement protégé par de hautes falaises et une épaisse végétation. Noter que la plage de sable noir n'est qu'épisodique : en fonction des saisons, elle apparaît et disparaît, laissant parfois la place à des rochers. En arrivant à la marine, sur la droite, débute un sentier discret et facile qui mène au cap Jaune, une falaise teintée d'ocre. Sa couleur surprenante est liée à la présence de soufre *(compter 1h30 A/R).* Le Sud sauvage dans toute sa splendeur !

Le cap Méchant : *à env 12 km à l'est de Saint-Joseph et à 8 km à l'ouest de Saint-Philippe. Après le pont de Basse-Vallée, venant de Saint-Joseph, prendre tt de suite à droite et descendre vers la mer.* Un site assez étonnant où les coulées de lave du volcan ont formé une falaise noire comme du charbon, d'une dizaine de mètres de haut, plongeant dans la mer bleue. Plusieurs points de vue sur la falaise, notamment sur une arche naturelle. Juste au niveau de l'eau, noter la manière dont la roche volcanique s'est étrangement dépigmentée et couverte de lichens. Une atmosphère d'autant plus étrange qu'une minuscule graminée, formant un tapis mousseux, s'est développée à la lisière de la forêt, elle-même formée de vacoas « bord de mer », reconnaissables à leurs racines aériennes... Ces plantes à l'aspect de palmiers ont été importées de Madagascar pour lutter contre l'érosion. Puis on les a utilisées pour le tressage et la fabrication d'objets artisanaux. Plus récemment, on a découvert leur intérêt culinaire, notamment celui de leurs fruits,

LA CÔTE SUD-EST

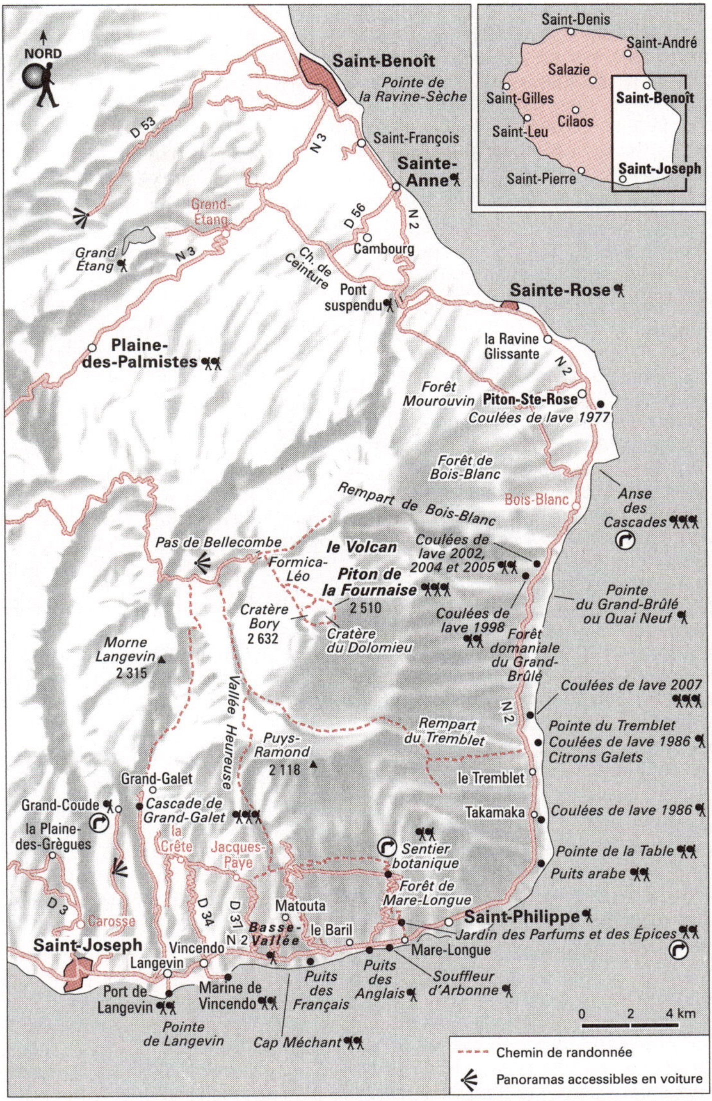

LE SUD SAUVAGE ET LA CÔTE EST

les *pinpins*, qui sont délicieux. Sur place, plusieurs aires de pique-nique à l'ombre et des petits restos (voir « Où manger dans le coin ? » à Saint-Philippe).

Basse-Vallée : *après le pont de Basse-Vallée, venant de Saint-Joseph, au niveau de l'église, prendre à gauche. Env 6 km.* Quelques centaines de mètres avant un gîte d'étape isolé au bout de la route débute sur la droite le sentier de la route du Volcan, par Puys-Raymond. De là, on peut entamer une bonne rando vers le volcan en passant par le GR R2 jusqu'à Puys-Raymond. Mais bien se renseigner avant pour savoir si ce sentier est ouvert et praticable. Par ailleurs, une route forestière pour 4x4 seulement rejoint Saint-Philippe pour faire une boucle. Des balades à faire à VTT ou à pied. Prévoir une bonne carte IGN, ou s'adresser à un guide expérimenté qui vous fera découvrir la flore locale.

La Bertelle : *47, rue du Général-de-Gaulle, au* ***Baril.*** *06-93-91-66-52. Lun-ven 9h30-18h.* On y trouve de bien jolies choses à acheter, on assiste à des démonstrations de tressage, et les plus motivés peuvent même participer à des initiations. Sympa et original.

La piscine du puits des Anglais : *panneau, 1 km après Le Baril. Accès libre.* En bord de mer, cette piscine creusée dans la roche est alimentée par l'eau de mer. Beaucoup de monde le week-end et pendant les vacances, évidemment. Certains s'aventurent dans le bassin naturel à côté. Le puits est un escalier un peu sinistre (accès grillagé aujourd'hui) qui s'enfonce dans la roche, non loin du bord de mer. Construit entre 1813 et 1822 par des habitants de la région, il doit son nom au fait que l'autorisation de le construire fut donnée par les Anglais.

– Dans les environs également, entre le puits des Anglais et Mare-Longue, le ***souffleur d'Arbonne,*** une curiosité géologique en forme d'arche où s'engouffre la mer.

QUI VEUT GAGNER DES MILLIONS ?

Les contes et les légendes locaux s'accordent au moins sur un point : il y aurait, cachées sous la margelle du puits des Anglais, des quantités de jarres bourrées d'or, abandonnées il y a des lustres par des pirates. Mais les forbans, pas fous, y auraient également enseveli un esclave pour surveiller le magot !

Le sentier botanique de Mare-Longue : *depuis la N 2, 200 m après le puits des Anglais, fléché sur la gauche, puis continuer 4 km. Possibilité d'y aller depuis le jardin des Parfums et des Épices (voir ci-dessous).* Un sentier de promenade facile (qui peut être réalisée en boucle en 1h) permet d'explorer cette forêt primaire riche en espèces rares : sapotacées, bois de cannelle, bois de lait, joli cœur, etc. Quelques panneaux explicatifs jalonnent la balade. On se croirait dans la jungle avec toutes ces lianes, ces fougères et les chants d'oiseaux. Le GR R2 passe dans le coin.

Le jardin des Parfums et des Épices : ***forêt de Mare-Longue*** *; depuis la N 2, 1 km après le puits des Anglais, fléché sur la gauche ; c'est 500 m plus loin. ☎ 02-62-37-06-36. 06-92-66-09-01. • jardin-parfums-epices.com • Visites guidées à 10h30 et 14h30 (compter 1h30) ; sinon visite libre 9h-16h30. Résa la veille en hte saison. Entrée : 6,10 € (env 5,50 € en visite libre) ; réduc. Labellisé Qualité Tourisme Île de La Réunion.* Une plongée d'environ 1h30 dans un jardin d'éden tropical, planté d'arbres fruitiers, de plantes médicinales, ornementales, de bois de couleur, de plants d'épices et autres espèces aromatiques propres à l'océan Indien. Ici sont rassemblées 1 500 espèces sur 3 ha. C'est un concentré de senteurs et de couleurs, régal pour les yeux et véritable révélation pour l'esprit. Enchanteur, donc, mais ce qui donne tout le sel à la visite, ce sont les commentaires savoureux des guides, qui vous font partager leur savoir encyclopédique sur chaque espèce. Science botanique, culture créole et anecdotes s'entremêlent pour créer une partition bien rythmée. En sortant, vous ne regarderez plus un jardin de la même façon ! Belle boutique (notamment de la vanille bio produite au jardin, ferme à 17h).

SAINT-PHILIPPE (97442) 5 100 hab.

Village principal du Sud sauvage, Saint-Philippe est devenu commune par décision de Louis-Philippe en 1830. Une bourgade qui n'a pas vendu son âme aux démons du modernisme ! Grâce probablement à la présence de ce puissant volcan toujours actif, qui a su apaiser les esprits frénétiques.
Si Saint-Philippe ne présente pas un charme particulier, il y règne une ambiance paisible et agréable. On dirait qu'on s'attache ici plus à l'essentiel qu'à l'éphémère, c'est-à-dire à la qualité de la vie et de l'environnement. D'ailleurs, avec un pareil monstre au-dessus de la tête, mieux vaut réfléchir à 2 fois avant d'enfoncer sa pioche en terre. Le volcan est capable de se réveiller à n'importe quel moment, de rugir, d'exploser et de cracher ses rivières de lave incandescente jusqu'à l'océan. Ici, on vit en permanence sous une épée de Damoclès, menaçante, terrible, mais majestueuse.
Pour beaucoup d'habitants, le piton de la Fournaise a sauvé la région de l'invasion du béton. Saint-Philippe s'est spécialisée dans la pêche, le tressage du vacoa et la culture de palmiers palmistes, dont le bourgeon donne un légume – le palmiste –, rouge ou blanc, très apprécié dans le coin.
Les habitants vécurent longtemps des ressources de la culture du girofle et de la muscade introduite par Joseph Hubert, un grand ami de Poivre. Mais, aujourd'hui, c'est plutôt la vanille Bourbon qui fait la réputation du quartier du Tremblet. En saison, de petites pancartes fleurissent aux abords des maisons. N'hésitez pas à vous arrêter pour acheter quelques gousses...

LA PORTE DU SUD SAUVAGE

Voici donc, enfin, ce Sud sauvage, si différent du reste de La Réunion. Derrière cette appellation se trouve l'arc de cercle formé par le littoral au sud-est de l'île, de Saint-Joseph à Sainte-Rose. Autrefois, les bourgeois de Saint-Denis ignoraient cette partie-là, qu'ils considéraient comme la face cachée de la lune ! À Saint-Philippe, on le sent immédiatement, le voyageur entre sur un nouveau territoire. Ce n'est pas tout à fait la lune, mais un royaume à part quand même, dont le volcan serait l'incontestable souverain. Préservé et fleuri, le village profite aussi de la fertilité de la terre volcanique qui permet à une végétation tropicale luxuriante de s'épanouir librement.
Ici, on se laisse bercer, nuit et jour, par les vagues de l'océan Indien. Il suffisait de quelques règles strictes et bien pensées en matière d'urbanisme (pente de toit minimum de 40 %, dalles en béton interdites, hauteur des maisons limitée à 7,50 m...) pour que l'environnement ne soit pas dénaturé. Les paysages n'ont donc pas été enlaidis par de hideuses constructions. Le style créole des habitations a été sauvegardé.

LE FIEF DU VACOA

En entrant dans le pays du vacoa, ou *Pandanus utilis,* on entre dans l'histoire de ce village. On en cuisine le fruit (le *pinpin*) et le chou (grande spécialité locale). À l'origine, le vacoa servait à fabriquer les emballages du café, du sucre et des épices cultivés sur l'île. De cette époque, il reste le fameux sac *bertel,* qu'on retrouve sur le dos des coupeurs de canne... et des touristes. Des associations sont nées pour sauvegarder ce savoir-faire. Sacs, paniers gigognes, huches à pain, cartables, paniers à linge, sets de table, on trouve de tout désormais en vacoa. La technique de tressage est même enseignée. Il faut enlever les épines des feuilles, puis elles sont fendues, réunies en bottes et séchées au soleil. Les feuilles devenues blanches sont rafraîchies dans un linge humide pour les assouplir, et puis c'est la technique du tressage. Il y a plusieurs façons de tresser : droit, en biais, en tresse, en cannage. C'est la même technique depuis le début du peuplement du Sud.

– À noter : la fête du Vacoa en août, où l'on peut le manger à toutes les sauces.

Arriver – Quitter

➢ Saint-Philippe est le terminus du GR R2, sentier de randonnée qui traverse l'île au départ de Saint-Denis.

➢ ***En bus :*** Saint-Philippe est desservie par la ligne S1 de *Car Jaune* (Saint-Pierre – Saint-Benoît). Env 6 bus/j. dans les 2 sens.

Adresses utiles

■ ***Office de tourisme :*** *41 A, rue Leconte-de-Lisle, dans la rue principale. ☎ 02-62-97-75-84. • sudreuniontourisme.fr • Lun-sam 9h-17h.*

■ ***Distributeur de billets :*** ***Crédit agricole,*** *presque en face de l'église.*

Où dormir dans le coin ?

Le dimanche soir, certaines chambres d'hôtes du secteur ferment pour leur repos hebdomadaire et n'acceptent pas de clients à la dernière minute. Pas de problème en revanche pour ceux qui arriveraient dès le samedi soir et souhaiteraient prolonger leur séjour. Mieux vaut l'anticiper.

De très bon marché à bon marché

■ ***Le Refuge de Basse-Vallée :*** *route forestière 36, à* ***Basse-Vallée.*** *06-92-23-31-93. Résas dans les offices de tourisme ou sur • explorelareunion.com • À env 13 km de Saint-Philippe ; par la N 2 en dir. de Saint-Joseph, 50 m avt l'église de Basse-Vallée, prendre à droite puis grimper sur 8 km. Env 18 € la nuitée, petit déj 7 €. Repas sur résa 20 €.* Perché à 700 m, au bout d'une belle route très étroite (pour ne pas dire à une seule voie) qui monte jusqu'à la forêt. Difficile de faire plus isolé ! L'environnement est génial, mais côté confort, c'est très sommaire. Le gîte est vieillot, et les infrastructures un peu justes pour 2 dortoirs de 4 lits superposés et un autre de 8 places. En dépannage.

■ ***Ferme-auberge Le Rond de Basse-Vallée :*** *route forestière 36, à* ***Basse-Vallée.*** *06-92-85-40-37 ou 06-92-69-65-51. À env 11,5 km de Saint-Philippe ; par la N 2 en dir. de Saint-Joseph, 50 m avt l'église de Basse-Vallée, prendre à droite, puis grimper sur 5,5 km. Double env 40 €, avec petit déj. Repas sur résa.* Isolé au milieu de la forêt et à 2 enjambées du GR, cette adresse champêtre est tout indiquée pour les randonneurs et les adeptes de nature. En contrebas de l'habitation principale, un chalet renferme 4 chambres simples et rustiques avec salle de bains, largement ouvertes sur le jardin. La table généreuse est à l'image des sympathiques propriétaires. Une adresse authentique typique des Hauts.

■ ***Chambre d'hôtes Le Palmier :*** *8, rue de la Pompe, à Saint-Philippe. ☎ 02-62-37-04-11. 06-92-02-85-71. • nicolelepalmier@yahoo.fr • Double env 55 € ; familiale. Également un meublé tt équipé : 520 €/sem pour 6 pers (min 2 nuits).* Dans une aile indépendante de la villa des charmants propriétaires, 3 chambres (2 doubles et 1 grande familiale) sobres, nickel et d'un bon confort (clim). Cuisine à disposition (moyennant une petite participation), accès à une agréable salle de séjour commune, et une super piscine dans le jardin. Un excellent rapport qualité-prix.

Prix moyens

Dan'n Tan Lontan : *19, allée des Palmiers, à Saint-Philippe. 06-92-65-14-29. • dantanlontan.com • Doubles env 54-70 € (120-150 € w-e et j. fériés) ; dégressif à partir de 3 nuits. Réduc de 10 % sur le prix de la chambre sur présentation de ce guide.* Enfouies sous la végétation luxuriante, et pourtant à deux pas du centre, 3 cases de charme climatisées pour 2 à 4 personnes, à proximité de la maison des proprios. Elles ont été bien agencées et bien équipées (cuisine). La plus petite, située au bord de la piscine et du jacuzzi, réserve un peu moins d'intimité que les 2 autres, légèrement à l'écart. Un bon rapport qualité-prix en semaine.

Chambres d'hôtes Le Four à Pain : *63 C, N 2,* **Le Baril.** *06-92-36-61-55. À env 4 km de Saint-Philippe. Double 80 €. Dîner sur résa.* Il faut dépasser la maison principale et filer tout au fond du grand et beau jardin pour découvrir l'espace dédié aux hôtes. Et dans le genre, c'est le top : une grande piscine, des terrasses, et plusieurs bungalows renfermant la salle à manger, un salon de lecture, et des chambres modernes et tout confort (clim, salles de bains contemporaines). Que demander de plus ? Une visite du jardin ? Le propriétaire, un agriculteur chaleureux, fait ça très bien !

Chambres d'hôtes Le Crabe sous la Varangue : *1, N 2,* **Le Tremblet,** *Saint-Philippe. 06-92-92-13-56. • lacazboyer@laposte.net • À 6 km de Saint-Philippe. Fermé mer-jeu et dim. Double 85 €, avec petit déj bio. Table d'hôtes sur résa mar et sam.* Le nom original reflète bien la sympathique atmosphère familiale qui règne. Catherine et Juanito ont aménagé 3 chambres : 2 dans la maison principale et 1 quadruple dans une jolie maisonnette dans le jardin. Déco hyper colorée et soignée (avoir bossé à la conception de décors de cinéma, ça aide !), de même que le petit déj d'ailleurs, maison et bio. Profitez des conseils avisés de Juanito, accompagnateur en montagne. Et visite possible des cultures de vanille avec vente à la case.

Chambres d'hôtes Le Puits des Français : *31, rue Labourdonnais, à* **Basse-Vallée.** *06-92-36-26-16. • huet.jacky@hotmail.fr • À env 6,5 km de Saint-Philippe ; au cap Méchant. Fermé dim. Double 75 €. Dîner sur résa 28 €.* Dans un jardin, en contrebas de la maison des propriétaires et indépendantes, 5 chambres réparties dans de jolies cases créoles, avec terrasse. Elles sont spacieuses et confortables (clim et pas de TV), disposées autour d'une agréable piscine de poche. Des prestations de qualité et un accueil tout en douceur qui donnent envie de prolonger le séjour, d'autant que le bon dîner traditionnel servi dans la bonne humeur vaut le coup.

Chambres d'hôtes Au Domaine du Vacoa : *12, chemin Vacoa, à Saint-Philippe. ☎ 02-62-37-03-12. 06-92-64-89-89. • bigot.anna@live.fr • domaineduvacoa.fr • Prendre la ruelle juste sur la droite de l'office de tourisme (panneau). Double 75 €. Table d'hôtes sur résa env 30 €.* Perchée au sommet d'une ruelle tranquille, cette adresse propose 2 chambres colorées et de bon confort (clim), dans un petit pavillon à l'écart de la maison principale, avec un accès privé. Le jardin est fleuri, l'atmosphère champêtre. Également une piscine. Accueil sympathique et discret.

Où manger dans le coin ?

C'est dans les parages qu'il faut apprécier la salade palmiste, délicieuse quand elle est bien relevée, mais qui devient fâcheusement insipide quand elle est mal préparée. Eh oui, il faut le coup de main ! Noter qu'il est difficile de trouver des restos ouverts le soir, en particulier le dimanche.

Vers l'ouest, sur la route de Saint-Joseph

L'Étoile de Mer : *13, rue de l'École, au* ***cap Méchant.*** *☎ 02-62-37-04-60. À env 6,5 km de Saint-Philippe. Ouv le midi tlj. Plats chinois et créoles 10-25 € ; à emporter 5-9 €.* Un immense resto au cadre quelconque, qui fait face aux vacoas et à la mer (du moins, on la devine entre les troncs) et dont la réputation se maintient. Le resto voisin, **Le Cap Méchant** *(☎ 02-62-37-00-61 ; ouv le midi tlj sauf lun ; menus autour de 25 €),* propose une bonne cuisine créole et chinoise, de qualité régulière, avec pas mal de spécialités de fruits de mer. Là encore, la salle ne fait pas dans la dentelle : hyper vaste, fonctionnelle et relativement bruyante.

Snack La Mer Cassée : *101, rue Nationale, à* ***Mare-Longue.*** *☎ 02-62-46-56-18. À env 1,5 km de Saint-Philippe. Ouv le midi tlj sauf mer. Env 10-15 €.* Un snack brut de décoffrage avec un kiosque et une terrasse de part et d'autre de la route, près des vacoas. Cuisine toute simple, du genre salade composée, brochette et plat créole. Super vue côté mer (si le temps permet l'installation des tables).

Vers l'est, sur la route de Sainte-Rose

La Case Volcan : *123 A, N 2,* ***Le Tremblet.*** *☎ 02-62-46-69-46. À env 10 km de Saint-Philippe. Ouv tlj le midi. Plats env 12-16 €.* Le concept est génial. En guise d'amuse-bouche, on vous apporte une ribambelle d'échantillons des plats du jour et de jus frais du moment. L'idée étant de commander ceux qu'on préfère, pas d'erreur de commande possible, et tout le monde se régale de bonnes spécialités créoles mijotées. De quoi passer un moment festif dans une grande véranda verdoyante.

La Marmite du Pêcheur : *18 A, N 2, au lieu-dit* ***Ravine-Ango.*** *☎ 02-62-37-01-01. • la.marmite.du.pecheur@orange.fr • À env 2 km de Saint-Philippe. Ouv le midi tlj sauf mer. Menu env 22 € en sem ; buffet créole env 26 € dim ; plats 14-40 €.* Spécialités de poisson, on s'en doute, mais surtout 2 plats qui sortent du lot : la marmite du pêcheur et le riz pilé pour 2 (dégustation de 4 caris sur une feuille de bananier)... Accueil sympathique et cadre agréable (une grande salle accueillant de joyeuses tablées familiales). Terrasse côté jardin.

Le Vieux Port : *112, N2,* ***Le Tremblet.*** *06-92-59-09-23. À env 9,5 km de Saint-Philippe. Ouv le midi tlj sauf sam. Plats 15-20 €. Apéritif maison offert sur présentation de ce guide.* En voilà un qui a eu chaud aux fesses ! La redoutable coulée de 2007 s'est répandue à quelques encablures, épargnant de justesse le village et ce petit resto de bord de route. Les spécialités maison : le rôti de porc et le poulet palmiste.

À voir. À faire

Le port de pêche : *prendre la rue à droite au niveau de la station-service, puis au bout à droite.* Un port de poche, caractéristique du coin : une simple rampe taillée dans la roche et une poignée de barques colorées. Autour, quelques cases de pêcheurs, toute simples. Essayez d'assister au retour de la pêche (le matin vers 11h en général).

Un ***sentier*** de 11 km a été aménagé ***du cap Méchant au Tremblet,*** le long de la côte, en passant par Saint-Philippe. Compter environ 6h30 de marche. Pas besoin d'user vos semelles pour le trajet retour : en rejoignant la route nationale, des bus assurent la liaison dans un sens comme dans l'autre.

L'EST VOLCANIQUE

DE SAINT-PHILIPPE À PITON-SAINTE-ROSE

Entre Saint-Philippe et Piton-Sainte-Rose, on entre vraiment dans le vif du sujet : la Fournaise ! La route traverse l'enclos, cette zone entre le rempart du Tremblet et celui de Bois-Blanc, interdite à l'habitation (vous comprendrez vite pourquoi !). On peut y admirer les différentes coulées qui ont marqué l'actualité de ces dernières années. Spectaculaire depuis la route, et encore plus sous terre ! L'exploration de tunnels de lave rencontre, en effet, un vrai succès depuis quelques années.

Le Jardin volcanique (Puits arabe) : *à 4 km au nord de Saint-Philippe, indiqué sur la droite de la route. Parking en bord de mer, prolongé par une aire de pique-nique.*
À l'entrée du site, sur la gauche, le Puits arabe (juste avant le parking) et son escalier de lave percé dans la roche, qui s'enfonce dans les profondeurs jusqu'à la nappe phréatique. Creusé selon de vieilles techniques connues depuis le roi Salomon, un puits que les 1ers archéologues ont attribué aux Arabes, d'où son nom. Mais cette citerne est l'œuvre d'Européens et daterait seulement de 1830. Il faudra attendre 1984 pour que l'eau courante arrive dans tous les foyers, seulement 2 ans avant que la source ne soit tarie, suite à une éruption (la fameuse de 1986).
Un sentier en boucle de 2h (2 km) démarre du bord de mer et emprunte la coulée de 1776, recouverte en partie par celle de 1986. Différents panneaux jalonnent le parcours sur le thème du volcanisme. Prévoir de bonnes chaussures et un chapeau, car l'immense étendue de roche plissée et fissurée en plein soleil est traîtresse pour les chevilles. Très bonnes explications sur les différents types de coulées et leurs formes, parfois surprenantes !
Le sentier permet de rejoindre la ***pointe de la Table.*** Il s'agit de 2 avancées de lave, résultat de la coulée de 1986. On aperçoit nettement la coulée, large boulevard grisâtre, sur le flanc du volcan. En s'écoulant jusqu'à la mer, la lave a formé de noires falaises, sortes de plates-formes de magma séché, aux boursouflures et aux fissures caractéristiques. Grâce à cette coulée de 1986, l'île de La Réunion (donc la France) s'est agrandie de 30 ha ! Et il faut voir comment la végétation a déjà repris le dessus, avec des vacoas de plusieurs mètres de hauteur.
C'est par le Puits arabe que l'on accède le plus facilement à la pointe de la Table. Depuis la route, un peu plus loin en remontant vers le nord, un autre chemin non carrossable en indique la direction, mais nous le déconseillons à cause de son mauvais état.

L'Escale Bleue : *7, N 2, au* ***Tremblet,*** *97442 Saint-Philippe. ☎ 02-62-37-03-99. • escale-bleue.fr • À 8 km après Saint-Philippe, vers Piton-Sainte-Rose. Tlj sauf dim 9h30-17h30. Visites guidées de 45 mn lun-ven à 11h, 13h30 et 16h30 (5 € ; 3 € enfant).*
Si vous hésitez à pousser la porte des habitants qui vendent de la vanille le long de la route au Tremblet, voici un endroit où s'en procurer facilement, et de la meilleure qualité. C'est avec humour et passion qu'Aimé – chevalier de l'ordre du Mérite agricole – et Nicole Leichnig expliquent en détail la culture de cette gousse si prisée et font visiter leur atelier. En récompense de leur travail, de prestigieux prix leur ont été remis, dont un à New York. Ils vendent aussi une gamme de produits pour le corps contenant de la vanille (la leur, bien sûr).

Les coulées de lave de 1986 : le 20 mars 1986, un flot de lave jaillit du volcan, se scinde en 2 branches qui descendent jusqu'à la mer. La 1re se trouve au lieu-dit Takamaka. La 2de, appelée coulée de lave « Citrons Galets », est située au niveau

LA CÔTE SUD-EST

de la ravine du Tremblet, avant d'entrer dans la forêt domaniale du Grand-Brûlé. Elle détruisit 8 maisons, coupa la route à 17h, atteignit l'océan à 21h, prolongeant le promontoire de la pointe de la Table de plusieurs dizaines de mètres. Aujourd'hui, la végétation a repris ses droits, et il n'y a déjà plus grand-chose à voir depuis la route.

Les coulées de lave de 2007 : là, ça devient on ne peut plus réel ! Durant tout le mois d'avril 2007, la Fournaise a connu l'une de ses éruptions majeures, avec 140 millions de m³ de lave déversée, la naissance de 2 plages, une plate-forme de 30 ha gagnée sur la mer et l'effondrement du Dolomieu un peu plus haut... Fontaines de lave de 200 m de haut, pluies acides, explosions au niveau du littoral, bruits indescriptibles... Toute l'artillerie était au rendez-vous.
Il est interdit de s'aventurer sur la lave refroidie, mais un point de vue a été aménagé au cœur du site, légèrement en surplomb de la route, pour mieux apprécier les dimensions de cet océan de roches noires comme l'ébène, de part et d'autre de la route. Paysage à la fois superbe et désolé, quand on pense qu'une forêt dense de bois de couleur se trouvait là avant. Peut-être apercevrez-vous toujours des fumerolles dues à l'évaporation de l'eau quand il pleut. Tout simplement spectaculaire... Avec les odeurs de soufre et la chaleur, on a le sentiment que ça pousse encore là-dessous, à 60 m de profondeur.

SPÉCIAL BELLE-MAMAN

Les coulées de lave refroidies créent un paysage particulièrement minéral et hostile que colonisent des plantes fort tenaces. Il s'agit bien souvent de bois de rempart (Agarista salicifolia), *un arbuste d'origine africaine. Mais, attention, pas touche ! S'il présente de nombreuses vertus médicinales, notamment contre les éruptions... de boutons cette fois-ci, une seule feuille peut tuer un bœuf. Allez savoir pourquoi, on le surnomme aussi « bois de belle-mère » !*

➢ Depuis l'ancien port du Tremblet, au bord de l'eau, autre point de vue magnifique et peu connu sur cette coulée de 2007. Pour y accéder depuis Saint-Philippe, prendre juste après la ravine Citrons Galets, la petite route à droite (pas d'indication) qui serpente dans la forêt sur 1,2 km, jusqu'à un petit parking. À pied, juste 10 mn de descente le long d'un sentier et d'un escalier, et vous voilà directement sur la mer face à l'ancien port du Tremblet, en bas des ***coulées de lave de 2007.*** Devant vous, une belle plage de sable noir aux reflets verts. Le site est magnifique.

Les coulées de lave de 1998, 2001, 2002, 2004 et 2005 : évidemment, on ne les traverse pas dans l'ordre chronologique, mais bien au gré des caprices de la nature. Souvent, une même éruption donnait lieu à plusieurs coulées, ce qui explique que l'on aperçoive parfois plusieurs pancartes portant la même date mais à différents endroits. Certaines coulées sont encore bien impressionnantes, d'autres commencent à disparaître sous la végétation...
Jaillies le 9 mars du piton Kapor, les coulées de 1998 se sont ainsi succédé à l'intérieur de l'enclos pendant plus de 6 mois, pour s'arrêter à quelques mètres de la route nationale. C'était probablement la plus longue éruption de l'histoire de l'île depuis sa colonisation. Dans la nuit du 5 janvier 2002, le piton de la Fournaise fait encore parler de lui.
La célèbre statue de la Vierge au Parasol, qui ne compte plus les péripéties volcaniques depuis son installation sur ce site en 1896 (elle est d'ailleurs désormais mise en sécurité à l'église Notre-Dame-des-Laves de Piton-Sainte-Rose !), est déplacée le 14, quelques heures avant que la lave ne rencontre la mer, entre Bois-Blanc et Grand-Brûlé. Le village de Bois-Blanc est évacué le lendemain ; il faut remonter à 1977 pour qu'une telle mesure soit prise. Une grande partie de cette coulée de lave a disparu sous celle de février 2005, mais l'île s'est agrandie de

24 300 m², une plate-forme qui s'avance fièrement dans la mer. Quant à la belle coulée double de 2004, plusieurs sentiers ont été dessinés dessus. À chaque fois, la zone de l'enclos étant inhabitée, les dégâts ont surtout été matériels, la route coupée et la circulation sur la côte sérieusement perturbée.

La Vanille des Laves : *567, N 2,* ***Bois-Blanc.*** *☎ 02-62-51-71-02 (accueil de Bras-Panon). • provanille.fr • Boutique mer-dim 9h-17h. Sur résa de préférence, visites guidées de 1h (10 €), de 1h30 (12 €) ou de 2h (15 €), avec un café à la vanille offert.* C'est le 2d site de la coopérative de producteurs de Bras-Panon (consulter « À voir. À faire » à Bras-Panon), mais dans une version nature. Et comme tout se passe au cœur d'une plantation, mieux vaut prévoir chaussures de marche et antimoustiques pour participer aux excursions. En fonction de la visite, les guides insistent sur l'histoire (depuis les origines de l'introduction de la vanille dans le secteur), sur le travail du producteur, ou sur les 2 thématiques combinées pour la formule la plus chère. On apprend notamment que la vanille pousse ici sur un sol volcanique, ce qui lui confère des arômes recherchés et délicats. D'où son prix.

L'anse des Cascades : *à env 3 km au nord du village de Bois-Blanc, vers Piton-Sainte-Rose (petite pancarte discrète sur la droite après* Le Joyau des Laves*). Snack et restos sur place.* On découvre une adorable forêt de palmistes ceinte d'une muraille de pitons couverts par la végétation, d'où coulent de hautes cascades en filets. Celles situées derrière le restaurant sont à portée de main. Le spectacle est des plus ravissant, complété par une petite anse composée d'énormes galets volcaniques, où reposent quelques barques de pêche. Très pittoresque lorsque la flottille rentre au bercail en fin de matinée, les filets lourds de poissons de toutes sortes. Sans conteste le port de pêche le plus mignon de la côte, idéal pour pique-niquer (le coin est d'ailleurs envahi le week-end). Le chemin continue sur la gauche jusqu'à une autre aire de pique-nique. Tout ce secteur est géré par le Conservatoire du littoral. Baignade interdite, et gare aux moustiques qui prolifèrent dans le coin.

➢ À noter que c'est d'ici que part une magnifique balade le long de la côte. Le ***sentier du littoral*** emprunte un itinéraire préservé, dans un environnement de vacoas et de rivages sauvages, en direction de Piton-Sainte-Rose (vers le nord, départ derrière le bloc toilettes). Compter 1h30-1h45 aller. Enchanteur, vraiment, mais avec une partie sur la lave durcie, ce n'est pas toujours facile pour les enfants.

L'exploration de tunnels de lave : la coulée de lave de 2004 a laissé près de 6,5 km de galeries souterraines que l'on peut en partie explorer. Mais, attention, activité à ne pratiquer qu'avec des guides diplômés et aguerris à ce monde jules-vernien unique dans son genre. Toutes les infos dans notre rubrique « Sports et loisirs » du chapitre « La Réunion utile ».

PITON-SAINTE-ROSE

On ne peut pas rater la fameuse église de ce beau petit village, rebaptisée Notre-Dame-des-Laves, que les touristes viennent régulièrement contempler : une coulée de lave qui a traversé le village en 1977, largement hors enclos, engloutissant quelques maisons au passage, est restée figée autour de l'église... qui se retrouve du coup à demi enterrée côté porche ! Lois de la physique ou intervention divine ? Très théâtral, ce volcan, quand il s'y met. En empruntant à pied l'ancienne route de Piton-Sainte-Rose (côté montagne), on peut encore voir la coulée de lave qui traversa la route.

Le village lui-même est charmant, avec ses cases bleues, vertes, blanches ou rouges, disséminées dans une végétation luxuriante. Le long de la route menant à Sainte-Rose, on aperçoit quelques hameaux compacts, aux toits de tôle rouillée, dans les cours desquels sèche le linge d'une population modeste. Entre Piton-Sainte-Rose et Sainte-Rose, n'hésitez pas à chercher les petits coins tranquilles, sous les vacoas, comme à La Ravine-Glissante.

Où manger ?

Le Corail : *en bordure de nationale (n° 398), à 300 m de l'église, en dir. de Saint-Philippe, sur la droite. ☎ 02-62-23-75-36. Tlj 9h30-17h. Plats env 12-22 € (6-8 € à emporter).* Une petite case sans prétention mais aux couleurs gaies pour de revigorants plats créoles, goûteux et épicés, bien adaptés aux palais locaux. Également de belles grillades. Petite terrasse sur le côté.

À voir. À faire

La Vierge au Parasol : *dans l'église.* Ex-voto et nombreux bouquets de fleurs au pied de cette célèbre statue de la Vierge sous un parasol bleu. Installée à l'origine au Grand-Brûlé par le propriétaire d'un champ de vanilliers qui pensait que Dieu épargnerait ainsi ses récoltes, elle échappa à plusieurs coulées de lave, mais pas à celle de 1961. Elle fut remplacée et bénie en 1963. Pour la coulée de 2002, la Mairie a attendu le dernier moment avant de la mettre à l'abri. Ayant été déplacée plusieurs fois depuis, elle a finalement été définitivement installée à Piton-Sainte-Rose suite à des actes de vandalisme. Elle est toujours vénérée par les habitants de la région et fait l'objet une procession le 15 août (bonjour les bouchons ce jour-là !).

Balade jusqu'à la mer : ne pas hésiter à rejoindre le littoral (prendre la petite route à droite de l'église, puis au bout à droite) pour avoir une autre vision du phénomène volcanique. Garer sa voiture et suivre la traînée de roches noires jusqu'à la mer, où l'on rejoint le sentier du littoral vers l'anse des Cascades. Très beau point de vue sur les rouleaux se fracassant contre les récifs. Et une plage de sable noir aux étranges reflets. Les roches que l'on trouve sur le site sont en effet des océanites, constituées de cristaux d'olivine, ces petits cristaux verts qui brillent au soleil.

SAINTE-ROSE (97439) 6 800 hab.

Une furieuse bagarre entre Anglais et Français eut lieu par ici en août 1809. Sur le port, quelques vestiges de canons et un monument rendant hommage au commodore britannique Robert Corbett, mort l'année suivante lors d'une autre attaque de l'île. Curieux, ce monument, pour un ressortissant de la perfide Albion ! Il a en fait été construit pendant l'occupation britannique.
Sainte-Rose est un village tranquille, typique de la côte est, qui semble loin de tout. Le joli petit port mérite un coup d'œil, avec ses quelques barques, des gamins qui se baignent et quelques canons pointés vers le large. À la sortie nord de la ville, un grand pont suspendu franchit la rivière de l'Est. Cet ouvrage très pittoresque (tablier de 150 m soutenu par 103 km de câbles) conçu en métropole et installé en 1894 à cet endroit stratégique n'est plus en service depuis 1979.

Adresses utiles

■ ***Gabiers*** *(distributeurs de billets) : au* ***Crédit agricole*** *et à la* ***poste,*** *sur la nationale.*

Le Bazar d'André (La Caverne aux Touristes) : *88, N 2. ☎ 02-62-47-20-46. À la sortie du village vers le nord, à gauche avant un virage. Tlj sauf dim ap-m et lun mat 8h-11h, 14h-18h.* Une caverne d'Ali Baba ! Il faut se frayer un chemin et baisser la tête pour ne pas se prendre une cafetière. On y trouve un *bon peu* de souvenirs et ça vaut le coup d'œil. Pour un panier, une horloge en plastique, un vieux 45 tours, un arrosoir en fer-blanc... Un vrai poème, où même Prévert n'y retrouverait pas ses petits.

Où dormir ? Où manger ? Où boire un verre ?

Chambres d'hôtes Matilona : *84, chemin du Petit-Brûlé. 06-92-85-86-86. • matilona@laposte.net • matilona.monsite.orange.fr • Après le rond-point de l'église en dir. de Sainte-Anne, prendre la rue qui monte sur la gauche. Doubles et studios env 67-72 €. Repas sur résa 30 €.* Retirée dans une rue tranquille des hauteurs de Sainte-Rose, une structure un peu datée mais d'un bon rapport qualité-prix. De vastes espaces bien agencés : salon avec billard, table de ping-pong et bibliothèque, pièce à vivre avec cuisine américaine, enfilade de chambres sans fioritures mais plutôt agréables et spacieuses (avec terrasse et kitchenette pour les studios). Et un vrai point fort : une piscine cernée par une végétation luxuriante. Bonne table d'hôtes, évidemment cuisinée au feu de bois.

Ferme-auberge La Cayenne : *317, N 2, à* ***La Ravine-Glissante.*** *☎ 02-62-47-23-46. • ferme-auberge-lacayenne@orange.fr • ferme-auberge-lacayenne.fr • À quelques km avt Sainte-Rose (panneau indiquant l'entrée du chemin privé). À l'écart de la route et au bord de la mer. Fermé dim soir. Double 60 €, sans petit déj. Menus sur résa à partir de 28 € (25 € pour les résidents). Pas de wifi.* Compte tenu de la faiblesse de l'offre dans le coin, cette petite auberge est une option intéressante pour ses chambres, certes très simples, mais donnant sur le large. Préférer celles à l'étage, pour la vue dégagée. On y sert aussi une cuisine traditionnelle convenable. Accueil parfois un peu routinier.

Hôtel La Fournaise : *154, N 2. ☎ 02-62-47-03-40. • hotellafournaise2@wanadoo.fr • hotellafournaise.fr • À l'entrée de Sainte-Rose en arrivant de Sainte-Anne, sur la droite. Resto seulement le soir. Doubles à partir de 71 €. Plats env 15-20 €.* C'est le seul vrai hôtel du secteur, un établissement à taille humaine où l'on est reçu chaleureusement (avec un nom pareil !). Les aficionados apprécieront à coup sûr sa piscine, ses chambres classiques, fonctionnelles et tout confort, et la vue géniale sur la mer depuis les terrasses ou les balcons (éviter par conséquent celles sur l'arrière). Table métro-créole tout à fait convenable, avec petite terrasse (une aubaine, car peu de restos ouvrent le soir).

Cana Suc : *219, N 2. 06-92-77-81-96. • noulela@canasuc.re • canasuc.re • À la sortie sud de Sainte-Rose. Double et gîtes env 100-110 € (2-3 nuits min pour les gîtes).* Ambiance tropicale garantie dans ce parc superbe de 2 ha, où s'épanouit une végétation luxuriante qui fait le bonheur de toutes sortes d'oiseaux et autres petits animaux. L'hébergement aussi fait dans le local, avec 1 chambre et 2 gîtes occupant chacun 1 bungalow de style créole chic, mais traditionnel. Comprendre qu'ils sont très joliment meublés, équipés de douches à l'italienne, d'une varangue, d'une cuisine pour les gîtes... mais pas de clim (on leur préfère les ventilos et l'aération naturelle). Quant à l'accueil, il est aux petits soins. Mme Adam de Villiers est une véritable ambassadrice de La Réunion, à l'image de son petit déj au top et de ses bons conseils.

Demandez-lui d'expliquer d'où vient la maquette XL d'un engin spatial dans son jardin !

Pizza La Marina : *chemin de la Marine, env 150 m avt le port, sur la droite. ☎ 02-62-47-30-78. Tlj sauf lun, à partir de 18h. Env 9-11 €.* Une petite pizza au feu de bois, ça change des caris et du rougail-saucisse, non ? En plus, elles sont très bonnes. Quelques tables sur place, mais c'est tellement plus sympa de les emporter pour les dévorer au bord de l'eau.

Snack Chez Louiso : *46, chemin de la Marine. ☎ 02-62-47-26-37. Tlj 6h-19h sauf lun. Plats sur place env 12 € (moitié moins cher à emporter).* L'emplacement de cette petite cahute est génial : un œil sur les barques du port, un autre sur le grand large. En terrasse, on y dévore dans la bonne humeur des plats créoles simples, mais du jour et tout à fait honorables. On peut aussi se contenter de sandwichs et de gratinés pour quelques euros. Bien aussi pour boire un verre.

À voir

La plantation Vanilla Bourbon : ***Le Petit-Brûlé.*** *06-92-15-76-37. • plantationvanillabourbon@yahoo.com • vanille-reunion.fr • Dans les Hauts de Sainte-Rose (explications sur le site ou appeler, c'est bien plus simple). Visite seulement mer et ven à 13h, sur rdv. Visite guidée : 9 € ; réduc. Le rdv est donné au bout d'une minuscule route. Labellisé Qualité Tourisme Île de La Réunion et marque « Esprit Parc National ».* Visites guidées dans une forêt endémique de 5 ha qui abrite plusieurs milliers de pieds de vanille. Chaussures de marche obligatoires ! Maryse n'a pas sa pareille pour faire partager sa passion de la vanille.

Randonnée

Le sentier littoral ou sentier des pêcheurs : point de départ derrière le *Snack Chez Louiso.* Petit sentier facile d'accès, au milieu des bananeraies, des vacoas et des bouquets de hauts bambous qui chantent en se pliant au vent. Une vraie leçon de botanique. On longe les falaises où se fracassent les rouleaux de l'océan.

LA CÔTE AU VENT (NORD-EST)

La côte est de La Réunion, entre Sainte-Rose et Saint-Denis (à ne pas confondre avec la côte « sous » le vent, autrement dit la côte ouest), est plus sauvage, surtout dans sa moitié sud, et donc beaucoup moins touristique car elle ne possède pas de plages à proprement parler. Mais les paysages y sont plus verdoyants et il y pleut bien plus fréquemment. Une Réunion différente, à explorer sans modération. De là, on accède au cirque de Salazie et à la route des Hautes Plaines et du volcan.

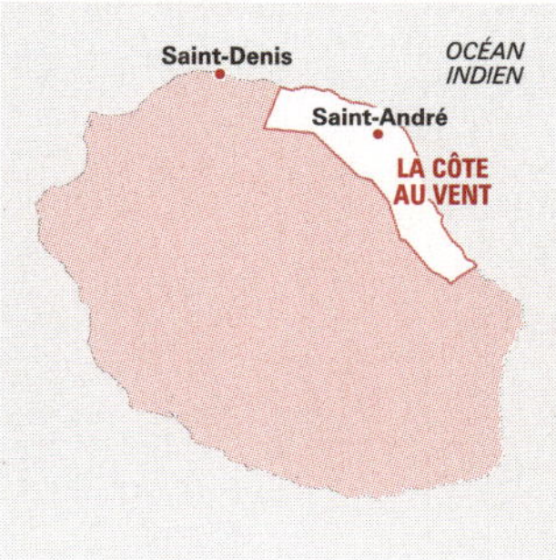

SAINTE-ANNE (97437)

• Plan De Sainte-Anne à Bras-Panon *p. 198-199*

On enchaîne ici les villages côtiers, souvent snobés par la rapide N 2 qui ne nous laisse pas le temps de les apercevoir. À Sainte-Anne, pourtant, il faudra faire une halte. Cette bourgade, administrativement rattachée à Saint-Benoît, s'est développée à l'écart de sa grande voisine distante de quelques kilomètres. Ici, pas d'immeubles sans âme, mais une atmosphère de village, et surtout le grain de folie d'un curé pas comme les autres. On peut également voir de jolies cases créoles à la sortie de la ville.

Adresses utiles

i ***Office de tourisme intercommunal de l'Est, antenne de Saint-Benoît*** *(plan D3)* **:** *pl. de l'Église. ☎ 02-62-47-05-09. • reunionest.fr • Tlj sauf dim-lun 9h-12h30, 13h30-17h.* Toutes les infos à la fois sur Sainte-Anne et sur Saint-Benoît. Vaste boutique d'artisanat. Excellent accueil.

✉ ■ ***Poste et distributeur* :** *au bord de la N 2, à env 100 m de l'office de tourisme.*

Où manger dans le coin ?

De bon marché à prix moyens

|●| ***Le Saint-Michel*** *(**Chez Éric** ; plan D2, **22**)* **:** *sur la N 2 (nº 33), 97400 Saint-François. ☎ 02-62-88-14-45. À 1,5 km de Sainte-Anne, en dir. de Saint-Benoît. Fermé dim et lun soir. Plats et pizzas env 8-17 € ; plat à emporter env 6 €. Café offert sur présentation de ce guide.* En bord de

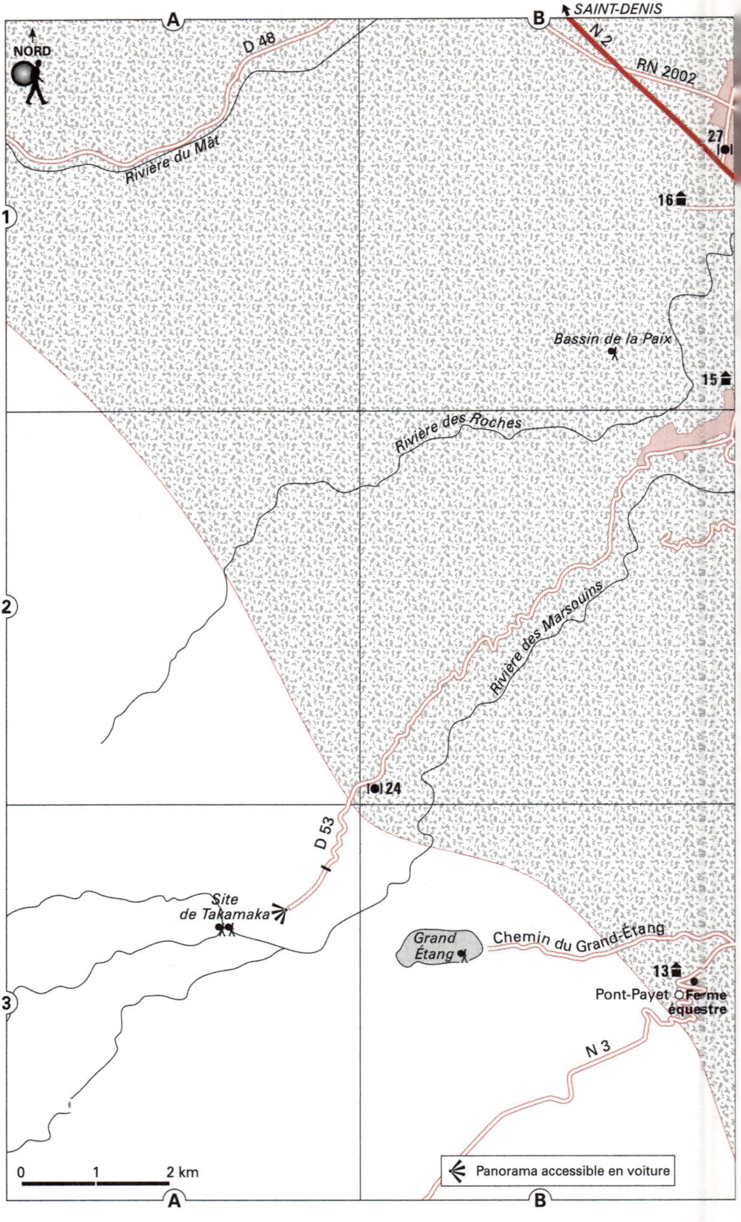
A
B
SAINT-DENIS
NORD
D 48
N 2
RN 2002
27
Rivière du Mât
16
1
Bassin de la Paix
15
Rivière des Roches
2
Rivière des Marsouins
24
D 53
Site de Takamaka
Grand Étang
Chemin du Grand-Étang
13
Pont-Payet
Ferme équestre
3
N 3
0
1
2 km
Panorama accessible en voiture

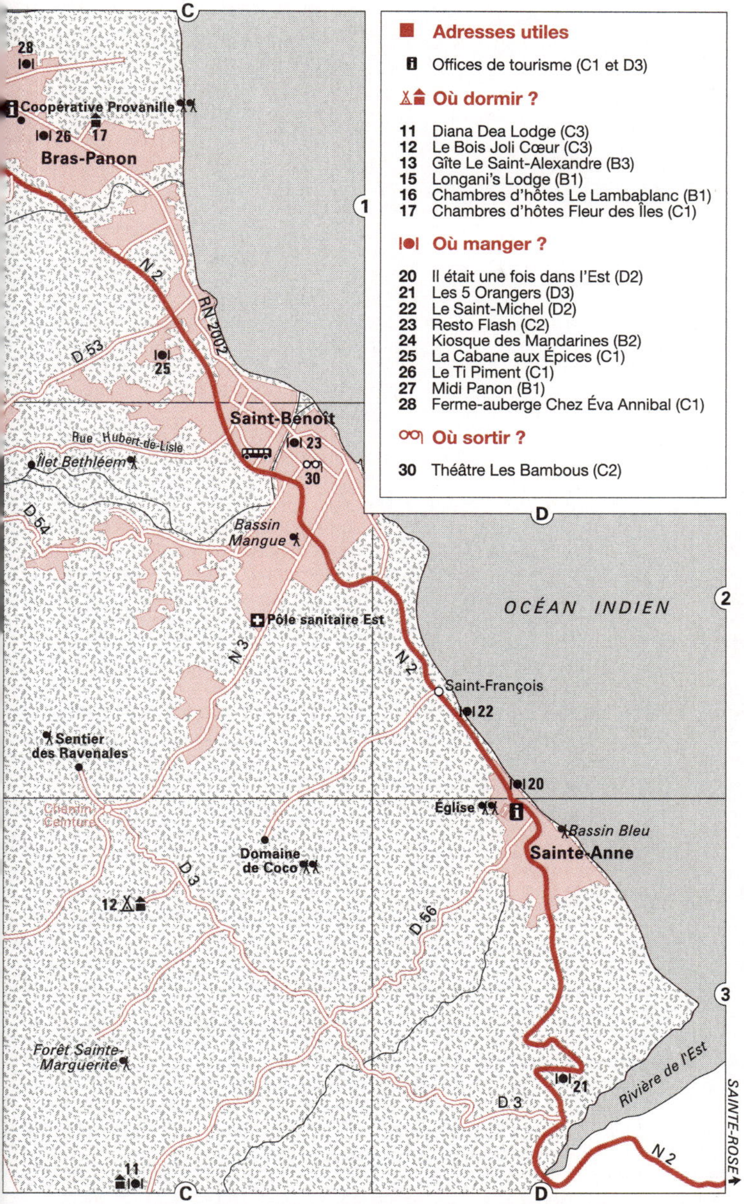

Adresses utiles

Offices de tourisme (C1 et D3)

Où dormir ?

11 Diana Dea Lodge (C3)
12 Le Bois Joli Cœur (C3)
13 Gîte Le Saint-Alexandre (B3)
15 Longani's Lodge (B1)
16 Chambres d'hôtes Le Lambablanc (B1)
17 Chambres d'hôtes Fleur des Îles (C1)

Où manger ?

20 Il était une fois dans l'Est (D2)
21 Les 5 Orangers (D3)
22 Le Saint-Michel (D2)
23 Resto Flash (C2)
24 Kiosque des Mandarines (B2)
25 La Cabane aux Épices (C1)
26 Le Ti Piment (C1)
27 Midi Panon (B1)
28 Ferme-auberge Chez Éva Annibal (C1)

Où sortir ?

30 Théâtre Les Bambous (C2)

DE SAINTE-ANNE À BRAS-PANON

nationale, une adresse bien connue des locaux. Au choix, petite terrasse ou salle climatisée proprette, avec carrelage et toiles cirées. À la carte, sélection de caris honorables et quelques plats chinois ou métros également, à prix serrés. Le soir, place aux pizzas généreuses. Le tout correct.

Il était une fois dans l'Est (plan D2, **20**) : *133, N 2. 06-92-64-60-11. À 80 m de l'église, en dir. de Saint-Benoît. Ouv le midi tlj. Plats à partir de 13 € (env 6 € à emporter).* Une affaire familiale qui tourne bien. Chaque jour, elle propose une courte sélection de plats traditionnels bons et copieux. Tout se passe à l'arrière, à l'écart de la circulation, dans une petite véranda dont les baies vitrées surplombent le littoral.

Les 5 Orangers (plan D3, **21**) : *12, rampe des Chicots,* ***Les Orangers.*** *06-92-11-60-48. À mi-chemin entre Sainte-Rose et Sainte-Anne. Fermé le soir dim-mar, plus mar midi. Plats env 12-20 € ; également à emporter. Un café ou rhum arrangé offert sur présentation de ce guide.* Petite terrasse joliment colorée, certes en bord de route (très passante en journée, mais calme le soir) où l'on s'attable avec plaisir pour se régaler d'une cuisine créole simple et réussie (magret de canard au miel, bol renversé, civet de *zourites*...), avec vue sur l'océan. Comme c'est l'une des rares bonnes adresses du coin, mieux vaut réserver.

Beaucoup plus chic

Diana Dea Lodge (plan C3, **11**) : *94, chemin Helvetia,* ***Cambourg.*** *☎ 02-62-20-02-02. • resa@diana-dea-lodge.re • diana-dea-lodge.re • À env 10 km de Sainte-Anne : prendre la D 56, puis fléché. Doubles à partir de 245 €, avec petit déj ; dégressif dès la 2e nuit. Menu 80 € ; plats 24-38 € (carte bistrot 13-19 €).* Pour vivre heureux, vivons caché. C'est sans doute le credo de cette adresse d'exception perchée sur les hauteurs, accessible après plusieurs kilomètres d'une route étroite traversant les champs de canne. À l'arrivée, on n'est pas déçu. On découvre dans un parc où gambadent des cerfs un grand édifice moderne, parfaitement intégré au paysage, à la déco design, aux larges baies vitrées, avec vue sur le large, où le bois et la pierre sont à l'honneur. Chambres magnifiques, évidemment, spacieuses et élégantes, avec une baignoire offrant elle aussi une vue remarquable. Matériaux de qualité, finition soignée, service impeccable. Le soir, un feu central anime le chaleureux grand salon. À l'extérieur, en terrasse, une jolie piscine domine la vallée. Pour finir, le restaurant offre une cuisine gastronomique et classique, parfaitement au niveau de l'ensemble. Petit salon de billard, spa... Entre mer et montagne, un lieu de rêve.

À voir. À faire

L'église (plan D3) : *au centre du village ; on ne peut pas la manquer. Tlj (ferme vers 18h).*

Classé Monument historique, voici une sorte d'édifice baroco-naïf que n'aurait pas renié le facteur Cheval. À l'origine, il ne s'agissait pourtant que d'un édifice sans intérêt notable, surmonté d'une haute tour carrée qui devient octogonale dans sa partie la plus haute. Mais de 1922 à 1946, à l'instigation du père Daubenberger, un Alsacien, le vieux bâtiment de 1857 est devenu une maison de Dieu pas comme les autres. Il fut d'ailleurs enterré dans l'édifice en 1946. À la recherche d'un projet collectif pour réunir ses fidèles, le curé se met en tête de décorer l'église avec les enfants du catéchisme. Ce sont eux qui réalisent des moules en ciment d'angelots, de grappes, de motifs floraux et de coquillages qui ornent la façade dans un style d'inspiration mi-baroque, mi-gaudienne, pour en faire un véritable décor de théâtre émouvant.

À l'intérieur, même poème une fois passé la nef principale d'une grande sobriété. Tout se passe dans la chapelle Sainte-Thérèse, sur la gauche, décorée, là encore par les enfants, un peu à la manière d'un temple hindou, façon gâteau meringué. Noter les 2 globes terrestres de chaque côté du maître-autel où apparaissent La Réunion sur l'une et la planète entière sur l'autre. Une *Dormition* et une *Déposition* complètent ce tableau angélique.

François Truffaut y a célébré le mariage de Belmondo et Deneuve dans son film *La Sirène du Mississippi* (1968).

***Le bassin Bleu** (plan D3) : dir. Sainte-Rose et, après la poste, indiqué à 100 m sur la gauche.* Petits bassins à l'embouchure de la rivière et gros rochers pour sécher au soleil. On peut s'y baigner toute l'année, mais très fréquenté le week-end. Kiosques à pique-nique. Attention, en période de pluie, l'eau peut monter très vite.

SAINT-BENOÎT

(97470) 38 100 hab.

• Plan De Sainte-Anne à Bras-Panon *p. 198-199*

Saint-Benoît porte le 2d prénom d'un gouverneur de l'île, Pierre-Benoît Dumas. La capitale de l'Est n'est pas spécialement jolie avec ses petits immeubles modernes, son centre-ville bétonné qui a oublié de garder ses cases créoles (un incendie en 1950 y est pour quelque chose) et ses insupportables embouteillages aux heures de pointe. La ville fait pourtant un réel effort culturel avec une médiathèque, un théâtre et un cinéma.
Et puis Saint-Benoît constitue l'une des portes d'entrée pour les hautes plaines, un coin propice à de nombreuses balades : La Plaine-des-Palmistes n'est qu'à 20 km par la N 3 et les bords de mer ont été aménagés en piste cyclable ou piétonne. Noter qu'en décembre-janvier c'est la saison des litchis et, en février, celle de leurs cousins, les longanes.

Arriver – Quitter

***Gare routière** (plan C2) : av. François-Mitterrand, en longeant la rivière des Marsouins. ☎ 02-62-50-10-69.*
– ***Car Jaune :*** *• carjaune.re • – appli mobile disponible sur App Store et Play Store, et page Facebook.*
➢ ***Saint-Denis :*** avec les lignes E1 et E2 avec *Car Jaune*. Départs très réguliers, mais fréquence plus faible le dim.
➢ ***Saint-Pierre par La Plaine-des-Palmistes et Plaine-des-Cafres :*** ligne S2. Tlj, départs réguliers, 3 fois moins nombreux dim et j. fériés, durée 1h45.
➢ ***Saint-Pierre par Le Grand-Brûlé (côte) :*** ligne S1. Env 6 bus/j. Durée : 2h20.
– Les petits bus locaux du réseau *Estival* desservent également les Hauts de Saint-Benoît.

Adresses et info utiles

Office de tourisme** (plan D3) : à **Sainte-Anne.
***Pôle sanitaire Est** (plan C2) : 30, N 3. ☎ 02-62-98-80-00. • gher-reunion.fr •* Un hôpital récent, sur la route de La Plaine-des-Palmistes.
– ***Marché :*** *sam mat. Parking de la Savane.*

Où dormir dans le coin ?

Camping

***Le Bois Joli Cœur** (plan C3, **12**) : chez Edvin Payet, 120, propriété Payet, 97437 **Sainte-Anne.** 06-92-61-56-02. • contact@campingleboisjolicoeur.re • campingleboisjolicoeur.re • À env 8 km de Saint-Benoît ; dir. La Plaine-des-Palmistes (N 3) puis,* *à Chemin-Ceinture, suivre Cambourg sur la gauche (D 3) ; à 1,6 km, panneau discret sur la droite. Env 15 €/pers en camping ; bungalow (1-2 pers) 40 €.* Les amoureux de la nature seront aux anges. Après 1 km de route étroite et sinueuse, on parvient dans ce camping de poche sur une exploitation agricole. Seulement 5 emplacements pour les tentes et 3 petites cases rustiques (en tôles et bardeaux, avec 1 lit), qui se partagent les sanitaires et des kiosques couverts (dont un équipé d'une cuisine extérieure). Attention, pas d'eau potable. Sympa et atypique.

De prix moyens à plus chic

Gîte Le Saint-Alexandre *(plan B3,* ***13****) : 14, chemin Grand-Étang, à* ***Pont-Payet****. 06-92-60-80-25. • saint.alexandre@hotmail.fr • saintalexandre974.fr • ♿ À env 8 km. Prendre la N 3, dir. La Plaine-des-Palmistes, jusqu'à Pont-Payet, puis à droite juste avt le pont et suivre le chemin. Env 72-135 €/nuit selon taille (2-4 pers). Réduc de 10 % en résa directe sur présentation de ce guide.* On oublie complètement la nationale, bien cachée par un rideau de végétation, dès qu'on pose le pied dans ce ravissant verger de 5 ha où sont alignées une poignée de maisonnettes. Elles sont spacieuses, décorées aux couleurs de l'océan Indien (créole, malgache, indien, chinois...) et surtout hyper confortables. Rien ne manque, jusqu'à l'accueil aux petits oignons des adorables propriétaires.

Longani's Lodge *(plan B1,* ***15****) : 95, chemin Harmonie, Abondance, à Saint-Benoît. 06-92-76-84-52. • contact@longanilodge.com • longanilodge.com • À env 7 km de Saint-Benoît, en dir. de Takamaka puis à droite le chemin de l'Abondance et enfin le chemin Harmonie. Compter env 115 € pour 2 (env 155 € pour 4-5 pers) ; possibilité de petit déj et de table d'hôtes.* Un gîte hors norme. Il s'agit en réalité d'une superbe maison d'architecte qu'on loue en entier. On est donc seul à profiter de ses espaces lumineux et aérés ouverts sur le magnifique jardin. Déco étudiée, avec de beaux objets d'Afrique, d'Inde, du Japon, mais aussi des meubles chinés. Un lieu plein de charme, où l'on se sent vraiment bien.

Où manger dans le coin ?

De très bon marché à bon marché

Resto Flash *(plan C2,* ***23****) : 1, rue Pierre-Benoît-Dumas, à l'angle de l'av. Jean-Jaurès, à Saint-Benoît. ☎ 02-62-50-00-64. ♿ Fermé dim soir et j. fériés. Plats 4-7 € (même prix sur place ou à emporter).* Ne pas se fier à la façade, vraiment pas reluisante. La grande salle est nickel en revanche, tout comme les plats, plusieurs différents chaque jour, créoles, parfois métros et surtout chinois, sur place ou à emporter. Simple, propre, rapide et pas cher. Un bon *ti chaud*.

Kiosque des Mandarines *(plan B2,* ***24****) : 747, route de Takamaka (D 53), à env 9 km de l'embranchement depuis Saint-Benoît, sur la gauche. 06-92-84-91-92. Tlj le midi, jusqu'à ce qu'il n'y ait plus rien. Plats env 14-16 €. CB refusées. Digestif maison offert sur présentation de ce guide.* Pour une halte revigorante après une balade à Takamaka. Case rustique et agréable, sur les hauteurs, cuisine traditionnelle préparée au feu de bois et un accueil tout sourire du patron, Jacky (1er roi du royaume de Takamaka !), et de ses belles moustaches. Tous les jours, 3-4 plats différents à base d'ingrédients au maximum locaux, comme le poulet VTT (volaille tout terrain).

De prix moyens à chic

La Cabane aux Épices *(plan C1,* ***25****) : 22, chemin Maingard. 06-92-43-39-34. Ouv lun-sam le midi seulement. Fermé dim. Plats 15-25 €.* L'agitation de la ville se fait vite oublier dans cette oasis de verdure. La maison, une belle bâtisse contemporaine en bois, déploie ses terrasses ravissantes et renferme une jolie salle chaleureuse. Un cadre idéal pour goûter aux spécialités traditionnelles comme le canard à la vanille, le poulet aux palmistes ou le cari *camarons,* tous réalisés avec soin et servies avec le sourire. La belle adresse du coin.

Où sortir ?

Théâtre Les Bambous (plan C2, **30**) **:** *2, rue Jean-Moulin. Rens et résas : ☎ 02-62-50-38-63. • lesbambous.com •* Théâtre alternatif qui présente des pièces contemporaines ou anciennes. Très dynamique.

À voir. À faire dans le coin

Le Domaine de Coco (plan C3) **:** *06-92-27-75-19. À Saint-François, 1,5 km au nord de Sainte-Anne, prendre la route qui monte sur 2,6 km (c'est indiqué). Tlj (sauf s'il pleut ; mieux vaut téléphoner avt donc) à 10h30 ; sur résa et min 10 pers le w-e. Durée : env 1h30. Tarif : 7 € ; réduc.* Une exploitation de 11 ha, incluant 9 ha de canne, dont la visite permet d'aborder l'histoire de la canne à sucre et sa place dans l'île, sans oublier les difficultés du métier de coupeur. Vous sortirez également incollable sur les nombreux arbres du domaine rencontrés au cours de la visite.

■ ***Ferme équestre du Grand Étang*** (plan B3) **:** *N 3, à* ***Pont-Payet.*** *☎ 02-62-50-90-03. 06-92-86-88-25. • riconourry@wanadoo.fr • À 10 km de Saint-Benoît, dir. La Plaine-des-Palmistes. Prendre à gauche juste avt le pont et suivre la contre-allée.* Si le centre est franchement rustique et vétuste, il propose néanmoins de belles balades (sorties de 2h, à la demi-journée...).

– Pas mal de ***sports en eaux vives*** praticables dans la région : rafting, hydrospeed, canyoning, etc. Voir la rubrique « Sports et loisirs » dans le chapitre « La Réunion utile ».

DANS LES ENVIRONS DE SAINT-BENOÎT

Le sentier des Ravenales (plan C2) **:** *à env 6 km ; prendre dir. La Plaine-des-Palmistes jusqu'au rond-point de Chemin-Ceinture ; tourner alors à droite (fléché) et faire 1 km.* Le sentier se partage en 2 boucles, une facile (environ 45 mn) et une plus difficile (environ 1h15), avec 2 passages d'échelle. Mais tout cela n'est pas bien indiqué. Beaucoup se cassent le nez... Si vous faites le sentier, vous verrez une poignée de *ravenales,* appelés aussi « arbres du voyageur ».

La forêt Sainte-Marguerite (plan C3) **:** *à env 10 km. Gérée par l'Association de protection des milieux naturels de l'Est (APMNEST ; ☎ 02-62-51-60-15). De Saint-Benoît, prendre la N 3 dir. La Plaine-des-Palmistes ; au rond-point de Chemin-Ceinture, prendre à gauche. Fléché ensuite sur la droite à 2 km, puis monter sur 2,3 km le chemin de Lamandière. Site ouv (en accès libre) lun-ven 9h-17h, w-e 9h-18h. Balade seul ou guidée (payante) sur rdv auprès de l'office de tourisme.* Cette forêt de bois de couleur de moyenne altitude, un « espace naturel sensible », est appelée le « paradis du tangue », ce petit mammifère ressemblant au hérisson. En vérité, on le voit assez rarement. On y observe aussi, entre autres, des orchidées sauvages. Prévoir de bonnes chaussures.

Le Grand Étang (plan B3) **:** *à 10 km de Saint-Benoît ; suivre la N 3 en dir. de La Plaine-des-Palmistes, puis, juste avt le panneau « Pont-Payet », prendre à droite (indiqué « Grand Étang ») et continuer sur 3 km.* C'est le seul lac d'altitude d'origine volcanique de 7 km de diamètre, entouré de remparts verdoyants, d'une végétation foisonnante... et traversé de fils électriques ! Depuis le parking, compter 15-20 mn pour rejoindre l'étang. Au 1er croisement, en poursuivant le chemin incertain sur la droite, on atteint un point de vue en 10 mn et les cascades de Bras-d'Annette en 1h environ. Sinon, promenade facile de 2-3h pour en faire le tour, mais le sentier, entouré par les fougères, est rapidement boueux en cas de pluie. On passe dans une végétation abondante : goyaviers, *grains rouges,* nattes et *tans rouges.*

Le bassin Mangue (plan C2) **:** *à env 1,5 km ; depuis la N 2, prendre dir. Bras-Canot, puis, à 1 km, bifurquer à droite sur le chemin en contrebas juste après le 1er pont.* Le bassin est situé sur la rivière des Marsouins, au cœur de la nature verdoyante. Le week-end, il est prisé par les familles qui viennent pique-niquer et s'y baigner. Comme toujours, bien vérifier la possibilité de baignade auprès de l'office de tourisme ou sur • *vigicrues.gouv.fr* •

L'îlet Bethléem (plan C2) **:** *à env 5 km ; depuis la N 2 (bien fléché), une route à travers les champs de canne mène au parking. Terminus, tt le monde descend, et on prend le sentier qui suit le rempart de la rivière des Marsouins au milieu des bambous. Compter 20 mn de marche.* On a une vue sur les vergers de litchis et de longanes de l'îlet Coco, puis on arrive sur le site, où l'on se baignerait bien s'il n'y avait pas tant de déchets ! Cet îlet servait de refuge aux familles qui redoutaient les incursions des pirates. Hubert Delisle, gouverneur de l'île de 1852 à 1858 et natif de Saint-Benoît, y fit construire une chapelle en pierre de lave, et sa femme créa un atelier dirigé par les religieuses, tout cela pour inculquer les principes chrétiens à ceux qui, en se retirant dans l'îlet, les avaient oubliés. Aire de pique-nique.

Le site de Takamaka (plan A3) **:** *à env 18 km ; de Saint-Benoît, prendre dir. Abondance (D 53). Les bus de la ligne n° 12 s'arrêtent un peu plus haut qu'Abondance.*

Une charmante et sinueuse route traverse d'abord de jolis champs de canne avant de grimper à flanc de montagne. Nature épaisse et primitive comme aux 1ers jours... Au bout, on est récompensé par un spectacle grandiose de pitons acérés, de gorges profondes recouvertes d'une végétation dense, striée de cascades gigantesques (quand il a plu). Le site est souvent sous la pluie : on est à 763 m et les nuages s'en donnent à cœur joie. L'endroit est parmi ceux qui battent les records de pluviométrie... au monde !

Environ 3 km avant le bout de la route, sur la gauche, quelques kiosques et BBQ pour pique-niquer. La route se termine par un cul-de-sac où une station EDF a élu domicile (les 2 centrales hydroélectriques, elles, sont tout au fond, dans des salles souterraines). Tout le long du parcours, magnifique vue sur la nature environnante et la rivière des Marsouins. Sentier conduisant à la forêt de Bébour, mais ***vérifier s'il est praticable et ouvert.***

BRAS-PANON (97412) 13 030 hab.

• Plan De Sainte-Anne à Bras-Panon *p. 198-199*

Village côtier assez animé, sans charme particulier mais qui dégage une sympathique atmosphère. Entre l'océan et la ville, la région est couverte par quelques hectares de champs de canne à sucre traversés par de jolies petites routes. Un coin plutôt agréable pour flâner aux heures crépusculaires. Mais l'attrait principal du village réside dans la visite de la coopérative de producteurs de vanille.

Adresse et info utiles

Office de tourisme de l'Est, bureau de Bras-Panon (plan C1) **:** *dans le hall d'entrée de la coopérative Provanille. ☎ 02-62-23-98-36. Lun-ven 8h30-12h30, 13h30-17h.* Quelques infos touristiques.

– **Marché :** *jeu mat, au centre-ville.*

Où dormir ?

De prix moyens à plus chic

Chambres d'hôtes Fleur des Îles (plan C1, **17**) **:** *69, rue Lamartine. 06-92-95-56-92. • alapt974@live.fr • fleurdesiles.re • En arrivant en ville par le sud, prendre à droite le chemin Ma Pensée, puis encore à droite. Double env 60 €. Repas possible sur résa.* Dans un quartier résidentiel, à 1 km du centre, derrière la maison du sympathique proprio, 3 petits bungalows en bois dans une courette au calme, propres et fonctionnels, tous avec salle de bains et microterrasse. Minuscule piscine sur le devant pour se rafraîchir et jacuzzi. Un bon plan pour une étape.

Chambres d'hôtes Le Lambablanc (plan B1, **16**) **:** *4, lotissement Les Bambous, chemin La Caroline. 06-92-45-94-11. • lambablanc974@gmail.com • lelambablanc.fr • De Bras-Panon, prendre à gauche la D 48-1. Suivre le chemin Barbier puis le chemin Bras-Pétard qui devient chemin Caroline. Double env 125 €. Réduc de 10 % fév-juin sur présentation de ce guide.* Au fond d'une impasse, une intéressante maison d'architecte, moderne et fort bien pensée. Elle borde une petite rivière qui bercera vos nuits. Parfait pour déconnecter, d'autant que les chambres sont intelligemment conçues et superbement équipées, chacune étant prolongée par une généreuse terrasse privée. Pas mal de petits plus, comme la cuisine ouverte à disposition et le jacuzzi. Un ensemble très séduisant tenu par des hôtes charmants.

Où manger ?

De bon marché à prix moyens

Le Ti Piment (plan C1, **26**) **:** *1 bis, rue Roberto. ☎ 02-62-23-46-79. À env 150 m de la coopérative* Provanille, *au niveau de la contre-allée. Tlj sauf dim soir-lun. Plats env 13-20 €.* Un bâtiment à la façade rouge comme un piment, à l'intérieur moderne, à la terrasse colorée et ombragée. Au menu, des plats métros et des classiques créoles convenables. Un resto apprécié le midi par les gens du coin. Service parfois longuet.

Ferme-auberge Chez Éva Annibal (plan C1, **28**) **:** *6, chemin Rivière-du-Mât. ☎ 02-62-51-53-76. • eva.annibal@wanadoo.fr • Tlj sauf dim soir. Résa obligatoire la veille, voire l'avt-veille, car, en plus des routards, Éva reçoit parfois des groupes. Table d'hôtes env 25 € midi et soir.* Éva est une célébrité. Elle a ouvert son activité en 1986 et fonctionne depuis toujours selon le même principe. Tout se passe dans la bonne humeur autour d'une longue table commune où elle sert son fameux canard à la vanille accompagné d'un cari de poisson, d'un rougail et d'un gratin de chouchous, sans oublier le ti-punch en guise d'apéro et la ribambelle de rhums arrangés au digestif. Une adresse pittoresque, une institution appréciée des touristes comme des locaux...

Midi Panon (plan B1, **27**) **:** *99, rue des Limites, à 300 m du rond-point principal. ☎ 02-62-11-05-76. Ouv le midi lun-sam, plus le soir jeu-sam. Buffet le midi env 15 € ; carte le soir.* Un peu à l'écart du centre, un resto discret comme tout. Il faut pousser la porte, anodine, pour découvrir une salle proprette et surtout la terrasse tout au fond. Mais la star, c'est le buffet, qui régale chaque jour les employés de la ville et quelques touristes égarés. Plats créoles vraiment bien faits et pas chers.

À voir. À faire

La coopérative Provanille (plan C1) : *21, N 2002. ☎ 02-62-51-71-02. • provanille.fr • ♿ À la sortie sud du village, après le stade (panneaux). Boutique tlj 8h30-12h30, 13h30-17h. Visites guidées : 9h-11h15, 14h-16h15 ; départ ttes les 45 mn. Entrée : 6 € (un café à la vanille offert) ; gratuit moins de 10 ans. Durée : env 40-45 mn. Labellisé Qualité Tourisme Île de La Réunion.* La coopérative de Bras-Panon, la seule de l'île, regroupe plus de 170 petits producteurs de vanille. Voilà qui fait du monde, aussi chaque producteur met-il sa marque (un poinçon) sur la gousse verte avant récolte pour qu'on s'y retrouve (et aussi pour prévenir les vols !). La visite a l'avantage de présenter l'ensemble du processus, de la fécondation pratiquée par les « marieurs » qui peuvent en féconder environ 1 500 en une seule matinée (démonstration pendant la saison, sinon on admire les plants en écoutant les explications) jusqu'aux dernières étapes : récolte, échaudage, étuvage, séchage, triage, mise en malle, calibrage et conditionnement, le tout effectué sur place, dans un bâtiment au fond du jardin. Pour les amateurs, il y a une gamme bio, plus parfumée. Explications claires et détaillées sur cette plante hémiépiphyte. Petite vidéo. Boutique également, mais diantre que les prix sont élevés !

Le sentier du front de mer : *débute à côté de l'embouchure de la rivière des Roches, sur la droite du resto* Beauvallon. *Compter 1h30 A/R.* Parcours facile et bien aménagé (se munir toutefois d'un chapeau et d'eau).

DANS LES ENVIRONS DE BRAS-PANON

La cascade du Chien et le belvédère de l'Éden : *suivre dir. Rivière-du-Mât, ensuite c'est fléché.* Ça monte sur 8 km, dans un paysage de champs de canne, avec parfois quelques cases cachées dans la verdure. À la pancarte « Cascade du Chien », un petit promontoire sur la droite permet d'admirer la chute, mais de loin seulement.

SAINT-ANDRÉ (97440) 56 000 hab.

• Plan *p. 208-209*

Tout en longueur, assez animée et même régulièrement embouteillée aux heures de pointe, la ville de Saint-André ne présente pas de cachet particulier. Sa population est en grande partie d'origine tamoule. Après 1848 et l'abolition de l'esclavage, les « engagés » venus d'Inde affluèrent vers Saint-André, centre d'une région sucrière très importante. Ils s'y sont implantés, contribuant au développement économique de la zone.
Témoins de cette composante ethnique, 4 temples tamouls à l'architecture colorée, dont le fameux Colosse, considéré comme le plus important de l'île. On y pratique les marches sur braises fin décembre-début janvier. La fête hindoue du *Cavadee* (janvier-février) est également très importante.

Pour y assister, le mieux est évidemment de se faire inviter par des familles tamoules. Une très grande discrétion est requise, surtout pendant les scènes de transe. Également une communauté tamoule chrétienne et musulmane. Autre particularité de Saint-André : sa production de vanille, d'une qualité exceptionnelle. Cette épice de luxe ne fut qu'une plante ornementale, avant qu'un jeune esclave, Edmond Albius, mette au point la fécondation manuelle en 1841 (voir la rubrique « Personnages » dans le chapitre « Hommes, culture, environnement » en fin de guide).

Adresses et info utiles

Office de tourisme intercommunal de l'Est, bureau de Saint-André (plan B2) : *maison Martin-Valliamée, 1590 Chemin du Centre. ☎ 02-62-46-16-16. 06-92-24-30-83. • reunionest.fr • Lun et mer-ven 8h30-12h30, 13h30-16h30.* Logé dans un Monument historique qui vaut largement le coup d'œil (lire « À voir. À faire »). Infos sur les visites guidées. Excellent accueil. Propose des animations et journées de découverte à dates fixes, sur des thèmes variés comme le rafting, la tyrolienne, les visites patrimoniales. Également un guide *péi* pour explorer les environs.

Gare routière (plan B2) : *rue du Lycée.* Pour Salazie *(réseau Alizé géré par la Estival, ☎ 02-62-92-53-44),* ligne n° 83, 6 bus/j. (3 bus seulement dim). Env 30 mn de trajet. Avec la compagnie *Car Jaune (• carjaune.re • – appli mobile disponible sur App Store et Play Store, et page Facebook)* pour Saint-Denis (via Sainte-Marie et Sainte-Suzanne) et Saint-Benoît, lignes E1 (Express) et E2 (avec arrêts). Nombreuses fréquences.

– ***Marché :*** *ven mat, entre l'av. de la République et la rue de la Gare (plan B2).*

Où manger ?

Snack Ti Coin Créole (plan B2, **20**) : *482, chemin Lefaguyes. 06-92-54-84-62. Tlj sauf sam soir-dim et j. fériés 10h30-14h30, à emporter 17h-21h. Congés : autour des fêtes de fin d'année. Formule déj env 15 € (plats env 6-9 € à emporter).* L'environnement extérieur n'est pas génial, mais une fois dans la cour intérieure, la terrasse agréable permet de prendre ses aises pour profiter de bons plats du jour créoles. Les locaux sont d'ailleurs nombreux à venir chercher leurs plats à emporter.

Restaurant Velli (plan C1, **23**) : *336, chemin Colosse (à côté du temple tamoul). ☎ 02-62-46-03-38. • restaurant.velli@gmail.com • Ouv le midi seulement, tlj sauf sam. Congés : fêtes de fin d'année. Formules déj 15-20 € ; repas env 25-30 €. Apéritif maison offert sur présentation de ce guide.* Ce joli petit resto est une valeur sûre dans le quartier. Sa terrasse au calme sur l'arrière est impeccable pour découvrir de bons plats créoles. Des caris évidemment, civets, rougails, poulets palmistes, *ti'jaque* boucané, mais aussi quelques plats non créoles. Une bien bonne cuisine en définitive.

À voir. À faire

La distillerie de Savanna et la sucrerie de Bois-Rouge (hors plan par A1) : *2, chemin du Bois-Rouge. ☎ 02-62-58-59-74. • distilleriesavanna.com • À env 4 km de Saint-André. De Saint-Denis, dir. « Bois Rouge ». Usines (distillerie et sucrerie) l'une à côté de l'autre (voiture nécessaire pour s'y rendre). La distillerie se visite (avec guide seulement) tte l'année et sur résa téléphonique obligatoire au moins la veille. La sucrerie se visite sur résa également, mais seulement pdt la campagne sucrière (voir plus bas pour les dates ; visite combinée de la distillerie et de*

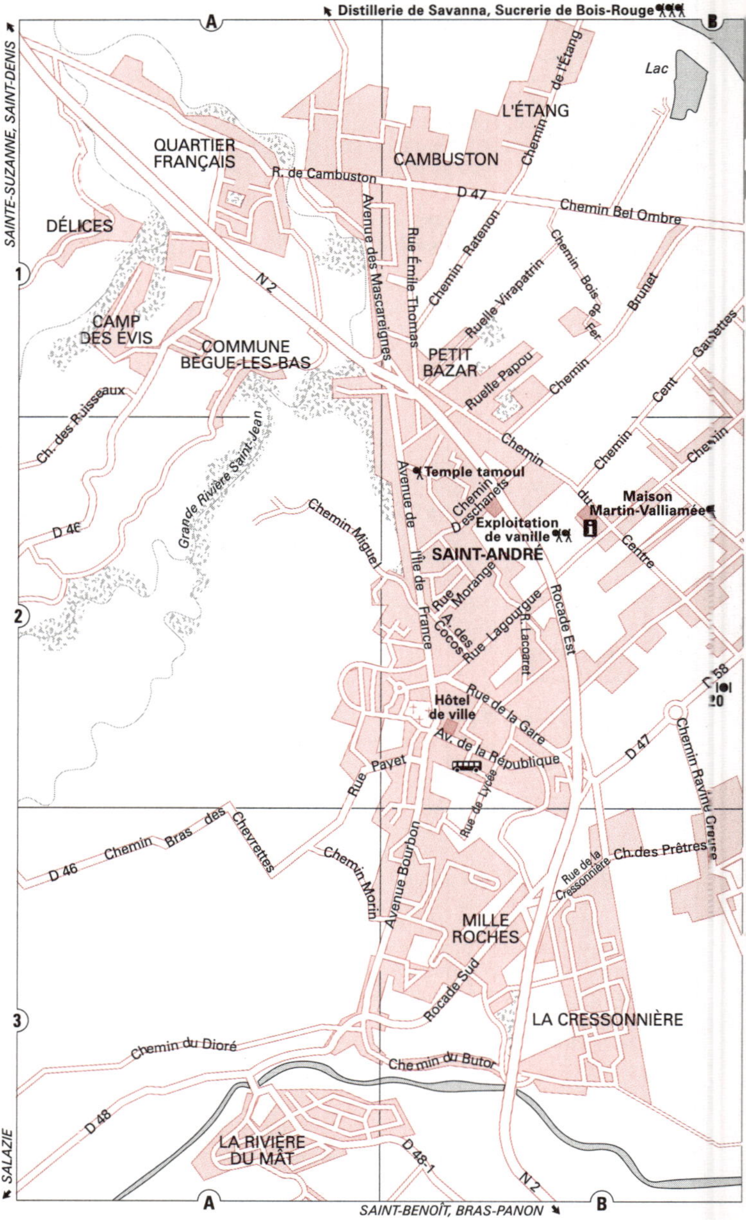

LA CÔTE AU VENT

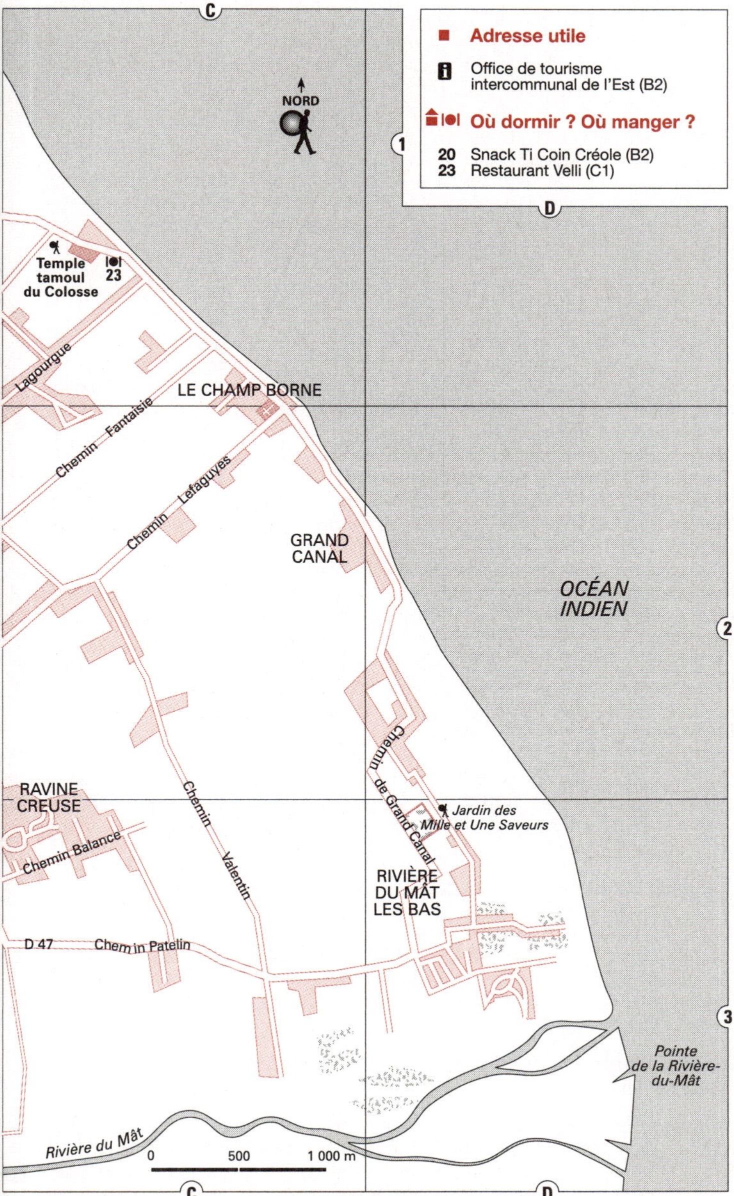

Adresse utile
Office de tourisme intercommunal de l'Est (B2)
Où dormir ? Où manger ?
20 Snack Ti Coin Créole (B2)
23 Restaurant Velli (C1)
NORD
Temple tamoul du Colosse
23
Lagourgue
LE CHAMP BORNE
Chemin Fantaisie
Chemin Lefaguyes
GRAND CANAL
OCÉAN INDIEN
Chemin de Grand Canal
Jardin des Mille et Une Saveurs
RAVINE CREUSE
Chemin Balance
Chemin Valentin
RIVIÈRE DU MÂT LES BAS
D 47
Chemin Patelin
Pointe de la Rivière-du-Mât
Rivière du Mât
0
500
1 000 m
C
D
1
2
3

SAINT-ANDRÉ

la sucrerie). Attention, à partir de 12 ans seulement pour des raisons de sécurité. Prévoir pantalon ou short (pas de jupe ni de robe) et des chaussures recouvrant entièrement le pied et les talons. Déconseillé aux pers sujettes au vertige (et pour la sucrerie aux pers appareillées d'un pacemaker). Pas d'effets personnels non plus (comme les bijoux), excepté l'appareil photo muni d'une bandoulière (portable interdit). Accueil et billetterie à la boutique à l'entrée : juil-début déc, tlj sauf dim 9h-20h (18h sam) ; le reste de l'année, lun-sam 9h-18h.
Horaires et infos :
*– **Pdt la campagne sucrière, de juil à mi-déc :** tlj sauf dim. Le tour comprend un film (excellent), la visite guidée de 1h30 sur le site et 30 mn de dégustation ; dernier départ à 18h ou 18h30 selon les jours. Compter 12 € ; réduc. À noter que les visites de nuit (celles après 18h) distillent une atmosphère assez particulière à cette découverte.*
*– **De mi-déc à début juil :** visite guidée de la distillerie seulement (1h30 avec le film et la dégustation). Compter 8,50 € ; réduc.*
D'emblée, ce vaste complexe en impose, car en plus de la distillerie et de la sucrerie, il possède sa propre centrale thermique (qui, pour sa part, ne se visite pas). À l'origine, elle brûlait un mélange de charbon et de bagasse (les résidus de la canne), mais elle tend à produire une énergie issue uniquement de la biomasse, dont le surplus est vendu à EDF. Les visites sont captivantes, qu'il s'agisse de la distillerie seule ou de la visite combinée. Côté sucrerie, on assiste à la réception des cannes, la manutention, l'extraction des jus, le traitement, les évaporations, la cristallisation, le séchage... Très impressionnant, et il faut savoir que cette mécanique bien huilée permet de produire près de 900 t par jour durant la saison de récolte !
Pour la distillerie, on se balade au cœur des installations pour observer les cuves de fermentation, les colonnes à distiller et le vaste chai où le rhum vieillit dans d'anciens fûts de cognac. Ici, on produit 3 styles de rhums : des rhums dits « de sucrerie » issus de la fermentation de la mélasse, qui donneront soit des rhums légers, soit des grands arômes, mais aussi des rhums agricoles issus de la fermentation du jus de canne. À noter que l'odeur entêtante d'alcool est due à la fameuse « part des anges », joli nom pour évoquer l'évaporation naturelle du rhum pendant le vieillissement. La maison produit mine de rien plus de 60 000 bouteilles par an. Puis direction la boutique pour la dégustation. Pour les amateurs, c'est le moment de découvrir le rhum maturé dans des fûts de chêne (18 mois maximum), et les vieux rhums (à partir de 5 ans d'âge). Vente de sucres spéciaux également et de toutes sortes de gourmandises. Labellisé Qualité Tourisme Île de La Réunion.

Le temple tamoul du Colosse *(plan C1)* ***:*** *à 4 km du centre-ville, près du bord de mer. De la pointe du Champ-Borne, prendre dir. Cambuston. À env 1,2 km, sur la gauche de la D 47, se dresse un grand temple tamoul, considéré comme le plus imposant de l'île. Horaires d'ouverture aléatoires.* Le Colosse mérite au moins un coup d'œil en passant, du bord de la route. Tout en longueur, multicolore, orné d'une kyrielle de divinités et de sous-divinités ; le meilleur moment pour y aller est le jour de la fête de *Pandialé* (marche sur le feu), en début d'après-midi.

Le temple tamoul du Petit Bazar *(plan B2)* ***:*** *av. de l'Île-de-France.* On doit se contenter de l'extérieur. Fin janvier s'y déroule le *Cavadee.*

La maison Martin-Valliamée *(plan B2)* ***:*** *1590, chemin du Centre. Au bout d'une belle allée arborée, presque à l'intersection entre le chemin du Centre et le chemin Lagourgue. L'office de tourisme s'y est installé. Visite libre aux horaires de l'office de tourisme.* Construite en 1925 par le docteur Martin, un médecin fortuné, elle est rachetée en 1954 par un cultivateur d'origine modeste, M. Valliamée. Certains disent, pour expliquer sa subite richesse, qu'il aurait trouvé un fabuleux trésor en labourant son lopin de terre. Mais à la mort du bonhomme, personne n'a réussi à mettre la main sur le magot ! C'est une des plus belles pièces du patrimoine créole, que les guides sympathiques font visiter salle par salle : 2 chambres, la salle à manger, la salle du coffre...

L'exploitation de vanille de la famille Roulof *(plan B2)* **:** *470, chemin Deschanets. 06-92-10-87-15. • lavanilledelareunion.com • Visite tlj (sauf dim et j. fériés) à 11h, 14h et 15h. Env 4 €/pers ; gratuit moins de 12 ans. Durée : env 1h.* Il s'agit d'une vraie exploitation en activité. Les Roulof, qui produisent de la vanille depuis 5 générations, réalisent toutes les étapes de la production, de la plantation à la commercialisation. On accompagne donc l'un des membres de la famille dans les champs derrière la maison, pour une visite de terrain pleine d'anecdotes vécues : vous saurez tout des techniques de fécondation, de la différence entre la culture de la vanille en sous-bois ou en serre... Comme M. Roulof est l'un des derniers producteurs à Saint-André (2 t par an), c'est logiquement l'un des rares endroits du secteur où vous verrez les gousses in situ. Les plus chanceux pourront même réaliser une fécondation, en septembre-octobre uniquement. La visite s'achève par une petite expo permettant d'expliquer les étapes suivant la récolte (étuvage, séchage...) et bien sûr par un petit coin boutique. Sympa, très complet et authentique.

Le jardin des Mille et Une Saveurs *(plan D3)* **:** *1321, chemin Grand-Canal. 06-92-76-49-85. • jardindesmillesetunesaveurs.com • À env 6 km du centre-ville, par la D 47. Visite libre (avec livret-guide) lun-ven 9h-16h. Entrée : 5 €. Sinon, visite guidée de 1h30 sur résa seulement (10 pers min), suivie d'une dégustation.* Aniel, un agriculteur passionné, a créé ce beau jardin sur 4 ha pour faire découvrir plantes, fruits, fleurs et quelques plantes médicinales de La Réunion. Un site très soigné où l'on peut retrouver sans difficulté les arbres, arbustes et plantes grâce au livret-guide fort bien fait.

Le site du Dioré : *du centre de Saint-André, suivre dir. Salazie ; après la station-service, prendre le chemin à droite sur 5,4 km. Le sentier pédestre est indiqué. Compter 3h A/R.* Randonnée dans les Hauts, vers un point de vue sur Salazie et jusqu'au Trou-de-Fer quand il fait très beau. Sur place, flore très riche, dont des orchidées endémiques.

Fêtes et manifestations

- ***1er et 2 janvier :*** *Pandialé,* ou marche sur le feu, et *fête de Kali.*
- ***Fin janvier :*** fête du *Cavadee.*
- ***Février :*** Jour de l'an chinois.
- ***Avril :*** Jour de l'an tamoul.
- ***Fin octobre-début novembre*** *(date variable)* **:** *Dipavali,* fête de la Lumière. La ville est aux couleurs de l'Inde ; plats indiens et spectacles de danse dans les restaurants ; « souk indien » dans le parc du Colosse.

SAINTE-SUZANNE (97441) 22 620 hab.

En 1667, le gouverneur Régnault encourage les 1ers arrivants sur l'île, jusqu'alors restés à Saint-Paul, à s'installer plus à l'est, où les terres sont meilleures. Une chapelle est alors construite et quelques habitations forment le noyau du futur village. Aujourd'hui, Sainte-Suzanne possède un beau phare en bord de mer, le seul de l'île. Ne pas manquer la visite de la *Vanilleraie* à 5 mn du village. Enfin, les adeptes de sports en plein air seront gâtés (canyoning du côté des bassins de la rivière Sainte-Suzanne et canoë-kayak au Bocage).

Adresse et info utiles

Office de tourisme intercommunal du Nord : *18, rue du Phare (dans le jardin du phare). ☎ 02-62-52-13-54. • lebeaupays.com • ♿ Lun-jeu et sam 9h-12h30, 13h30-17h.*
– **Marché :** *mar mat.*

Où dormir ? Où manger ?

Hôtel-restaurant Pharest : *22, rue Blanchet. ☎ 02-62-98-91-10. • pharest-reunion@wanadoo.fr • pharest-reunion.com • ♿ À 10 mn de l'aéroport. Resto tlj sauf dim, sur résa. Compter 50-68 € pour 2, avec petit déj, clim en sus (3 €) ; familiales également. Menus à partir de 22 €.* Patrick et Nadège, eux-mêmes grands routards, ont posé leurs valises au pied du phare de Sainte-Suzanne. D'où le nom de leur petite structure intime qui, dans l'esprit, tient beaucoup plus de la chambre d'hôtes que de l'hôtel. Les petits bungalows aux couleurs vives et gaies encadrent un joli bout de jardin agrémenté d'une piscinette. L'un est composé de 2 chambres et d'un coin salon, et peut loger jusqu'à 7 personnes. Toilettes extérieures pour la chambre la moins chère. À table, spécialité de canard à la vanille ou aux litchis. Une adresse simple et très conviviale.

Les Terrasses de Niagara : *12, chemin Marencourt. 📱 06-92-22-37-40. • terrasses.niagara@gmail.com • terrasses-niagara.com • Dans les hauteurs, suivre « Cascade Niagara », passer sous la 4-voies puis 2ᵉ à droite. Panneau. Bungalows 2-4 pers 100 €/nuit (2 nuits min) ; cabane perchée 2 pers 80 €/nuit. Ménage en plus. Petit déj possible, non compris.* Derrière la vénérable demeure du XIXᵉ s plantée sur une colline (une belle bâtisse qui fut le pavillon de chasse du gouverneur de l'île), tout au fond de la propriété, se cachent 2 bungalows récents et superbement équipés, noyés dans la végétation et bien espacés. Ils disposent de 2 chambres chacun et de beaucoup d'espace. Varangue devant le salon, et un peu à l'écart, une autre terrasse de bois avec vue plongeante sur la cascade Niagara en contrebas. À deux pas, la cabane perchée dans un arbre (et sur pilotis) est un must dans son genre : jolie, cosy et super équipée. Des hébergements de qualité et un accueil sympathique comme tout.

Auberge des 12 Mutins : *58, av. Raymond-Vergès, Quartier Français. 📱 06-92-78-14-87. Ouv le midi tlj ; le soir, seulement des barquettes à emporter. Plat env 12 € (6 € à emporter).* Gentille cuisine créole familiale, avec chaque jour de bons petits plats différents et bien ficelés. Salle conviviale. Accueil sympa.

À voir. À faire

Le phare de Bel-Air : *18, rue du Phare (dans le jardin du phare). Mêmes horaires que l'office de tourisme. GRATUIT.* C'est l'unique phare de l'île, toujours en activité. Expos temporaires d'artistes locaux. Un peu d'artisanat aussi. En revanche, le sommet n'est pas accessible.

■ **Ateliers de cuisine :** *avec* ***Far Far Kréol,*** *à Bagatelle. Infos à l'office de tourisme. Sur résa seulement. Tarif : env 40 €/pers ; gratuit moins de 18 ans.* *Massalé* de poisson, rôti de porc à la patate douce, samoussas... Préparation du repas au feu de bois avant de déjeuner ensemble. Et avant, évidemment, on passe au marché !

DANS LES ENVIRONS DE SAINTE-SUZANNE

La Vanilleraie : *domaine du Grand-Hazier, 2 ter, allée Chassagne. ☎ 02-62-23-07-26. • lavanilleraie.com • À 2,5 km du centre ; prendre dir. Bagatelle (indiqué sur*

LA CÔTE AU VENT

la droite, après le 2e rond-point), puis env 500 m et fléché à droite. Visites guidées seulement, ttes les heures tlj sauf dim 9h-11h, 14h-16h. Durée : env 1h. Tarif : 6 € ; réduc. Labellisé Qualité Tourisme Île de La Réunion. Une visite instructive et bien rodée d'une vanilleraie qui entend promouvoir la production de cette épice emblématique, à laquelle l'île est historiquement très attachée. Après une vidéo de présentation de 10 mn, direction les plantations pour découvrir la star in situ, avant d'aller dans l'atelier pour suivre le parcours de la vanille jusqu'à sa commercialisation.

COMPLÈTEMENT GIVRÉS

Saviez-vous que la vanille a son caviar : les gousses givrées ? Alors que les gousses arrivent en surmaturité, la vanilline cristallise au contact de l'air, recouvrant les gousses de petits filaments blancs étincelants. Ils ont l'avantage de contenir une forte concentration en vanilline (d'où un arôme incomparable) et l'inconvénient de coûter terriblement cher. Les grands restaurateurs en sont... fous !

La cascade Niagara : *à env 5 km du centre-ville ; du quartier la Marine, prendre dir. « La Renaissance » (D 53), puis fléché sur la droite ; on suit sur un peu plus de 2 km un chemin bétonné étroit (le w-e, on se croise collé-serré).* Petit cirque du haut duquel se jette une assez jolie cascade de quelques dizaines de mètres avec un bassin à ses pieds. Mais la baignade est interdite. L'ensemble se révèle rafraîchissant, sans plus. Les abords sont assez sales et la plage caillouteuse. Apprécié par les locaux pour le pique-nique dominical.

La cascade Délices : *bien fléché à partir de Quartier Français. Petit parking puis env 10 mn à pied. Monter les escaliers et 1re à gauche.* Agréable point de vue mais pas de baignade possible !

SAINTE-MARIE (97438) 33 460 hab.

Quasiment les faubourgs de Saint-Denis, à une dizaine de kilomètres seulement. On peut y séjourner pour rayonner dans le Nord-Est ou y passer 2 ou 3h avant de reprendre l'avion. Les bords de mer présentent de beaux points de vue depuis qu'un sentier littoral a été aménagé, de Saint-Denis à Sainte-Suzanne. C'est à Sainte-Marie qu'est enterré le frère Scubilion (1797-1867), l'« esclave des esclaves », béatifié en 1989 (voir en fin de guide la rubrique « Personnages » dans le chapitre « Hommes, culture, environnement »), dont le mausolée se situe derrière l'église. Si vous êtes par là le 20 décembre, jour de la fête de l'Abolition de l'esclavage, passez-y : bel exemple de piété populaire.
– *Marché :* *sam 6h30-12h30.*

Où dormir ?

Prix moyens

Chambres d'hôtes Nicole Maillot : *54, rue Nono-Robert. ☎ 02-62-53-81-64. • chambre54nicolemaillot@hotmail.com • chambresdhotesnicolemaillot.jimdo.com • À 15 mn de l'aéroport, sur les hauteurs. Double 60 €.* Perchée au sommet d'une ruelle archipentue, cette maison moderne constitue un vrai belvédère. Les chambres sont de bon confort, modernes et impeccables. Agréable terrasse où est servi le petit déj. Les arbres fruitiers et la piscine se partagent le petit jardin. Vaste cuisine à disposition, super bien équipée. On apprécie aussi l'accueil souriant des proprios et les anecdotes de monsieur, facteur à Mafate pendant 10 ans.

Beaucoup plus chic

Villa des Cannes : *17, lotissement Lisa, Chiendent, route du Paradis. ☎ 02-62-37-32-13. • lavilladescannes.com • À plusieurs km, dans les Hauts de Sainte-Marie, par la D 62. Suivre les panneaux et indications complètes pour se rendre sur le site, car c'est assez labyrinthique ! Double 155 € (2 nuits min), petit déj compris.* Villa moderne très classe et pleine de charme, nichée dans un quartier résidentiel. Belle piscine, jardin soigné et surtout des chambres à l'aménagement luxueux et à l'esprit très déco, chacune avec son style. Ça vaut le coup de casser sa tirelire, d'autant que l'accueil est très sympa.

Où manger ?

Le Domaine Moka : *route de Moka, chemin Fontaine. 06-92-78-78-05. Sur l'îlet Moka, au-dessus de la rivière des Pluies (compter 10 mn en voiture depuis la Vierge noire). Menus midi en sem env 25-30 € ; brunch dim env 50 € ; carte hors de prix (env 80 € le repas).* Superbe domaine sur les hauteurs, avec une maison de maître en son cœur, transformée en restaurant de qualité. On déjeune à l'extérieur, sous les arbres, dans un cadre assez exceptionnel. Pour ne pas exploser le porte-monnaie, on vient en semaine et le midi pour profiter du lieu et de la cuisine métro joliment revisitée. Ou le dimanche pour le beau brunch.

DANS LES ENVIRONS DE SAINTE-MARIE

La Vierge noire de Rivière-des-Pluies : *dans le centre de* ***Rivière-des-Pluies.*** *Accès par la D 61 depuis Sainte-Marie ou depuis le rond-point de l'aéroport sur la N 2.* Le petit village de Rivière-des-Pluies abrite, à gauche et sur l'arrière de l'église, une Vierge noire que la population vient honorer, en particulier le 1er mai. Elle est située dans un petit parc, sur un monticule de pierre couvert de fleurs... en plastique. La légende raconte qu'elle aurait sauvé Mario, un esclave marron, en lui permettant de se cacher derrière une bougainvillée qu'elle aurait fait pousser en un clin d'œil. L'histoire est un peu confuse, et nombre de fidèles ne savent pas vraiment pourquoi elle est là. L'essentiel est ailleurs, dans la foi avec laquelle elle est honorée. Elle fut longtemps la seule Vierge noire de l'île, puis il semblerait qu'une autre soit apparue à la Bretagne. En métropole, les Vierges noires (Perpignan, Toulouse, Rocamadour...) sont signes de fécondité.

> **JEU DE DAMES**
>
> *Peu connaissent l'existence de la sœur jumelle de la Vierge noire de Rivière-des-Pluies, blanche celle-ci, à droite de l'église. À l'époque, il arrivait souvent que les objets soient cassés pendant le long voyage, aussi on commanda 2 statues en fonte. Elles arrivèrent intactes. Comme la fonte noircit en vieillissant, en 1856 on peignit celle du rocher en marron sombre et celle de la place de l'Église en blanc.*

L'aire de pique-nique Maison Martin : ***Beaumont-les-Hauts.*** *Depuis la N 1, prendre la sortie « Piton Fougères/La Ressource », compter 30 mn de route.* L'aire de pique-nique, classique, propose des kiosques et des aires de jeux. C'est la route d'accès qui se révèle intéressante, car elle serpente dans les champs de canne et d'ananas et offre des points de vue époustouflants sur le littoral nord-est. En mai-juin, le site regorge de goyaviers en fleur. Pour les randonneurs, c'est le départ de la boucle de Piton-Fougères (5h de marche en forêt tropicale humide).

L'INTÉRIEUR DE L'ÎLE

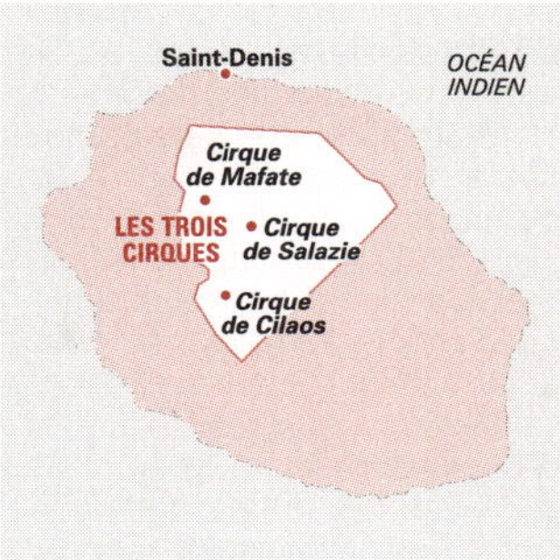

Les habitants vous le diront : les véritables beautés de La Réunion se cachent dans l'intérieur. Encore sauvage, souvent difficile d'accès, l'arrière-pays montagneux abonde en surprises de taille : volcan, pitons, cascades, forêts denses, villages perdus (les îlets), chemins de crêtes, plaines et cirques spectaculaires. « Pitons, cirques et remparts de l'île de La Réunion » : ces richesses naturelles d'une beauté époustouflante sont classées depuis 2010 au Patrimoine mondial de l'Unesco. En plus de ces paysages vertigineux, les Hauts, comme on les appelle ici, conservent les traditions créoles, que la modernité a encore un peu de mal à atteindre. L'exemple est surtout frappant dans le cirque de Mafate, l'une des 5 régions distinctes de l'intérieur de l'île, avec le cirque de Salazie, celui de Cilaos, les hautes plaines (des Palmistes et des Cafres) et le piton de la Fournaise. C'est, bien sûr, le paradis des randonneurs.

LES CIRQUES

LE CIRQUE DE CILAOS (9741) 5 400 hab.

• Carte *p. 217*

Par son côté « bout du monde » inaccessible, Cilaos fait penser à ces villages du Far West conquis par l'homme avec audace et violence. Mais il s'agit d'un Far West peu ordinaire, situé dans une des feuilles du « grand trèfle » central que dessine sur la carte de l'île l'assemblage des 3 cirques (Mafate, Salazie, Cilaos). Hauts remparts, pitons et corniches, multitude de torrents et îlets solitaires, le cadre est souverain. Perchées à 1 200 m, entourées des principaux sommets de l'île (le Grand Bénare, les Trois-Salazes, le Gros Morne et, au centre, le piton des Neiges qui culmine à 3 071 m), les maisons de Cilaos émergent souvent au-dessus de la couche de nuages, qui monte en s'agrippant aux parois vertigineuses, comme si ce village était plus attiré par le ciel que par la terre. Un paysage digne de la cordillère des Andes. Un air frais et pur. Cerise sur le gâteau : la route pour s'y rendre est elle aussi de toute beauté (lire plus loin).
Ce point de chute unique reste l'une des meilleures étapes pour les randonneurs de passage, qui arrivent ou qui partent explorer les environs et les autres cirques. La région est réputée pour ses lentilles (fête début octobre), mais aussi pour ses vins. Elle l'est également pour ses fameuses broderies, tradition introduite autrefois par la fille d'un médecin.

UN PEU D'HISTOIRE

Dérivé d'un mot malgache signifiant « qu'on ne quitte pas », Cilaos fut autrefois un ***repaire de marrons,*** ces esclaves en fuite qui se regroupaient en clans sous les ordres de grands chefs rebelles, et rêvaient de construire un royaume plus juste. En 1744, devant le nombre croissant de marrons réfugiés dans le cirque, les Blancs, avec à leur tête le tristement célèbre ***« chasseur » Mussard,*** décident d'organiser des expéditions punitives aux méthodes radicales. Une prime est offerte pour chaque main ou oreille coupée ! Mussard deviendra riche, et les marrons disparaîtront... Après la découverte de sources dans le cirque, au début du XIXe s, des concessions sont accordées aux colons et un sentier est tracé. Malgré les difficultés d'accès, le village de Cilaos prend de l'importance à la fin du siècle, grâce aux plantations de *grains* (les ***lentilles***) et à son ***petit établissement thermal,*** puis avec l'apparition des fameuses ***broderies*** de Cilaos. Avec la construction d'une vraie route à partir de 1932, la station est lancée. C'est désormais l'un des lieux de séjour favoris des Réunionnais.

PAS MARRONS POUR AUTANT

Lors des blocus américains et anglais de la Seconde Guerre mondiale, aucun navire n'arrivait plus à La Réunion. Mais si elle fut épargnée par les combats, un autre problème menaçait l'île : elle n'était plus approvisionnée en vivres. La population des Hauts et des cirques fut celle qui souffrit le moins, vivant naturellement en autarcie. Cette ancienne terre d'esclaves marrons chassés à outrance retrouva pour quelque temps sa vocation première de refuge et de terre nourricière.

LE CIRQUE AUX LENTILLES

Fines de goût, onctueuses, faciles à cuire et excellentes sur le plan diététique, les lentilles de Cilaos figurent sur toutes les cartes des restaurants du cirque, accompagnées de riz, de sauce et d'une viande fumée (saucisse ou côte de porc). Si son histoire est récente, le succès de la lentille ici a été foudroyant. Elle fut d'abord importée, puis cultivée par les 1ers habitants (vers 1850). Elle devint si populaire qu'elle servit même, à une époque, de ***monnaie d'échange.*** On disait alors qu'une livre de lentilles rendait le centuple à son heureux propriétaire tant la terre de Cilaos était fertile. Aujourd'hui, le cirque ne compte plus qu'une ***trentaine de planteurs,*** exploitant une vingtaine d'hectares. Semée en avril-mai, elle est récoltée en octobre, sauf à Îlet-à-Cordes (en août). Séchée et battue, elle donne lieu à un spectacle haut en couleur.
La moyenne par hectare est faible, la récolte de ces dernières années – une trentaine de tonnes – est en nette diminution par rapport aux riches années 1970. La cause : l'épuisement des terrains, les pilleurs que sont les oiseaux, le petit ver blanc, l'oïdium (champignon)... Du coup, la lentille de Cilaos est sacrément onéreuse !

LE VIN DE CILAOS

Le cirque de Cilaos est le seul endroit de l'île de La Réunion qui produise du vin. ***Les vendanges se déroulent en janvier et février,*** pendant les mois cycloniques. À cette période souvent agitée, les viticulteurs travaillent sous la menace de voir leur récolte détruite du jour au lendemain sous les effets d'un cyclone dévastateur. Au commencement, il y avait un ***cépage hybride*** américain, nommé ***isabelle,*** qui fut introduit à La Réunion vers 1771 par les colons français. Puis, pour éviter d'avoir à descendre sans cesse à Saint-Louis

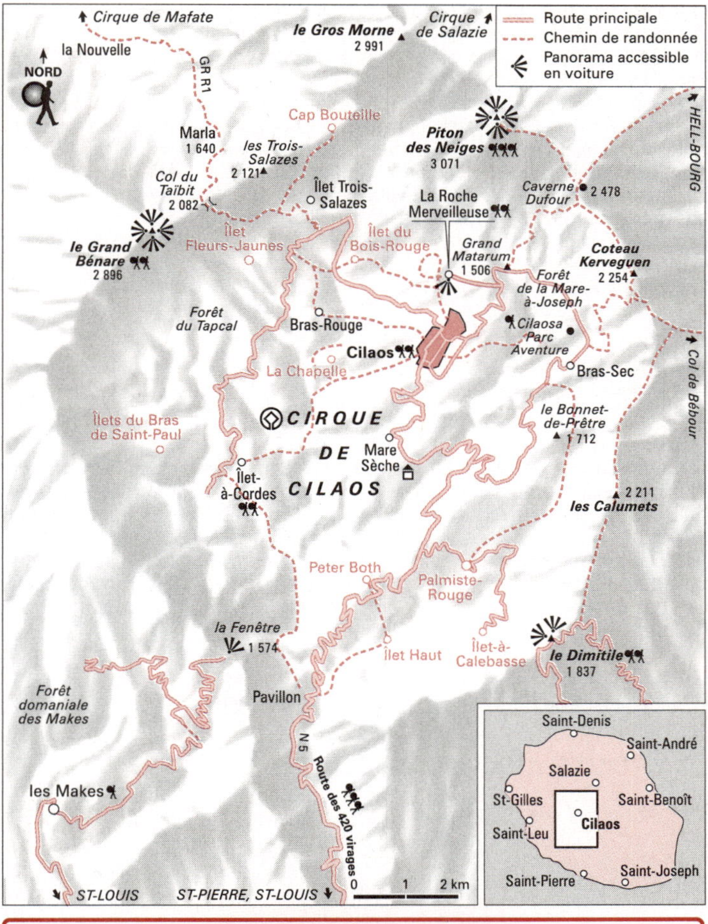

LE CIRQUE DE CILAOS

pour le ravitaillement, les 1ers habitants de Cilaos, isolés, eurent l'idée de produire leur propre vin sur place (vers 1860). Les viticulteurs firent alors pousser leurs pieds de vigne sur des treilles, un type de culture toujours prédominant aujourd'hui. Ce cépage résistant et naturellement peu chargé en sucre échappa au phylloxéra.

Il existe ***2 productions*** de vin à Cilaos : le ***vin « historique »,*** et artisanal donc, et un récent ***cépage noble.*** Le 1er – et le plus ancien – est un vin traditionnel issu de cépages hybrides (couderc et *isabelle*), de qualité médiocre. Il est très sucré et en raison de sa haute teneur en alcool méthylique (il agit sur le système nerveux), il ne peut être commercialisé ni à La Réunion ni en métropole. Reconnaissable à sa robe quasi pourpre, le vin *isabelle* s'apparente au muscat ou au vin doux ; il ne se boit qu'en apéritif, jamais à table. Il est produit à partir du moindre pied de vigne sur le terrain des habitants du cirque. Pour accélérer la chaptalisation, du sucre

(et même du rhum) est souvent ajouté. Il est toléré pour la production familiale destinée à la consommation privée. On n'échappe pas à son petit verre dès qu'on arrive chez un habitant, et n'hésitez pas à vous arrêter chez les viticulteurs pour goûter à leur vin.
La 2de production de vin de Cilaos est plus classique. Au début des années 1990, quelques producteurs ont essayé 3 autres cépages, en « rangs palissés », tout à fait légaux et autorisés ceux-là : le ***chenin*** (ayant comme région d'origine le Val de Loire), le ***malbec*** (région de Cahors) et le ***pinot noir*** (région de Bourgogne), qui se boivent en vins de table. Depuis, 4 autres cépages ont été sélectionnés (verdelho, gros manseng, gamay et syrah). Le vin de Cilaos ne ressemble à rien de connu : atypique, floral avec des notes minérales et d'agrumes. Le rouge couleur rubis est puissant, et les 1ers arômes fruités laissent place à des fragrances épicées. La cuvée Saint-Vincent est un rouge plus qualitatif. Tous ces vins sont à découvrir au chai de Cilaos, face à l'église.

Arriver – Quitter

En bus

➢ ***Saint-Louis :*** ligne n° 60 ; env 12 bus/j., seulement 8 dim et j. fériés. Il faut 1h30 pour faire la route au départ de Saint-Louis. À l'aller, les amateurs de sensations fortes s'installeront côté droit, pour admirer les paysages sous les roues.
Infos auprès de la compagnie *Alternéo* (● *alterneo.re* ●).
– Attention : pas de bus *Alternéo* le 1er mai et le 20 déc.

En voiture

➢ ***L'Entre-Deux et Le Tampon :*** une alternative à la 4-voies pour redescendre. Arrivé à Rivière-Saint-Louis, prendre la direction Ouaki, puis suivre les pancartes « Saint-Pierre ». Plus pittoresque.
➢ ***Le piton de la Fournaise et le sud-est de l'île :*** 100 km, compter plus de 2h.
➢ ***Saint-Denis et l'aéroport :*** 130 km, compter 3h.
➢ ***Saint-Gilles :*** compter 2h.

LA « ROUTE AUX 420 VIRAGES »

Accès par la N 5 de Saint-Louis, soit 38 km et une bonne heure et quart de route, selon le temps. Compter 2h de trajet pour ceux qui viennent de Saint-Gilles. Superbe, la route n'en est pas moins fatigante : on la surnomme « ***la route aux 420 virages*** » ! Elle date de 1932 et reprend dans sa globalité l'itinéraire d'un sentier construit dans les années 1800, le sentier du cap Noir. Les ingénieurs de l'île de La Réunion ne disposant pas d'un équipement aussi précis que ceux du tunnel sous la Manche, au moment où les équipes se rejoignirent, les 2 tronçons n'étaient pas en face. Il fallut tracer de nouveaux virages et construire un pont pour relier les 2 tronçons, si bien qu'en montant un peu au-dessus du Pavillon on a l'impression de faire un étrange demi-tour.
Un peu après Rivière-Saint-Louis, on découvre un ***décor sauvage de montagne*** à pic. D'un côté de la route, une gorge profonde, de l'autre, une paroi rocheuse, puis

LES SHERPAS DE CILAOS

Avant la construction de la route, des porteurs assuraient le transport des marchandises et des riches habitants entre Saint-Louis et Cilaos. Il fallait une douzaine d'heures pour arriver à Cilaos, à l'assaut de pentes vertigineuses. Ils se relayaient tous les 2 km. Le prix de la course était en fonction du poids du colis. Le dernier porteur de Cilaos est mort en 2006. Il avait 102 ans ! À présent, ce sont des centaines de véhicules qui empruntent cette route chaque jour.

un couloir de végétation. À 5 km avant Cilaos et avant Mare-Sèche, au niveau d'un pont et d'un emplacement aménagé pour le pique-nique, se trouve sur la droite un petit chemin qui mène aux bassins du *Bras de Benjoin* (c'est un arbre avec lequel les habitants font une tisane très rafraîchissante). On peut facilement se baigner dans les piscines naturelles (mais prudence dans les lits de rivières) ; vous en aurez besoin après l'émotion des virages...
– ***Attention :*** comme toutes les routes de montagne, pendant la période cyclonique, des éboulements de pierres, des glissements de terrain, de l'eau et de la boue peuvent entraîner la fermeture de la route le temps du nettoyage.

CILAOS

• Plan *p. 221*

Le centre-ville a été aménagé à l'européenne. Contrairement à Hell-Bourg (cirque de Salazie), qui a gardé son centre-ville historique, Cilaos ressemble à un village de haute montagne, sans les pistes de ski. On trouve néanmoins quelques beaux exemples de maison créole, comme la *villa Soledad,* au 31, rue du Père-Boiteau. Ici, eaux réputées bienfaitrices, dont la 1re eau gazeuse de l'île : voici donc un mini-Aix-les-Bains au cœur de l'océan Indien !

Adresses et infos utiles

i *Destination Sud Réunion, antenne de Cilaos* *(office de tourisme ; plan A1)* **:** *2 bis, rue Mac-Auliffe.* ☎ *0820-203-220 (prix d'un appel local).* • *sudreuniontourisme.fr* • *Lun-sam 8h30-12h30, 13h30-17h ; dim et j. fériés 9h-12h.* Infos sur les randos, l'état des sentiers, la météo du jour... Central de réservation pour le refuge de randonnée du piton des Neiges (entre autres). Belle boutique de produits locaux.

■ ***Météo France :*** ☎ *0892-68-08-08.*

■ ***Secours en montagne (PGHM) :*** ☎ *02-62-930-930.*

■ ***Gabiers*** *(distributeurs)* **:** *à La Banque postale et pl. du Marché-Couvert.* Parfois vides le week-end, donc prévoir un peu d'avance au cas où...

✚ ***Hôpital*** *(plan B1)* **:** ☎ *02-62-31-70-50.*

■ ***Station-service Engen*** *(plan B2,* **1***)* **:** *lun-sam 7h-19h, dim 8h-12h.*

Supermarché *(plan A2,* **2***)* **:** *rue du Père-Boiteau. Tlj sauf dim ap-m.*

Transport en navette SCT *(plan A2)* **:** ☎ *02-62-31-85-87.* 📱 *06-92-66-13-30.* La *Société cilaosienne de transport* propose des navettes au départ de Cilaos vers les sentiers, mais aussi vers la côte, ainsi que des visites guidées. Tarif en fonction du nombre de personnes.

– ***Marchés :*** *marché couvert (plan A2), dans une ruelle perpendiculaire à la rue du Père-Boiteau (tlj sauf dim ap-m 7h-18h).* Rassemble producteurs et artisans. *Également un marché hebdomadaire dim mat.* Produits du terroir (miel de *bibasse,* lentilles, *brèdes,* bois de songe, vin...). Enfin, l'*Archipel des Métiers d'Art (plan A1),* situé en bas de la rue du Père-Boiteau. Une petite galerie sur 2 niveaux regroupant quelques boutiques d'artisanat.

Transports en bus dans le cirque

Avec *Alternéo (• alterneo.re •).*

➢ ***Bras-Sec :*** ligne n° 63 (panoramique) ; 9 bus/j. (4 les dim et j. fériés).

➢ ***Îlet-à-Cordes :*** ligne n° 62 (panoramique) ; 9 bus/j. (4 les dim et j. fériés).

➢ ***Palmiste-Rouge :*** ligne n° 61 (panoramique) ; 4 bus/j. (3 les dim et j. fériés).

– Noter que le tarif du billet est le même pour tous les trajets : *1,70 € au guichet, 2 € à bord.*

– Attention : pas de bus *Alternéo* le 1er mai et le 20 déc.

Où dormir ?

On conseille fortement de réserver longtemps à l'avance, surtout le week-end et dans les chambres chez l'habitant les moins chères. En effet, les Réunionnais de la côte viennent passer parfois plusieurs semaines à l'intérieur de l'île, et les adresses à petits prix sont prises d'assaut. L'ONF tolère le bivouac (sur ses sites et pour une seule nuit), au départ du GR du Taïbit pour Mafate, route d'Îlet-à-Cordes, ainsi qu'au plateau des Chênes, route de Bras-Sec au départ du sentier Kerveguen. Si vous avez une voiture, vous pouvez dormir à Bras-Sec ou à Îlet-à-Cordes, vous y serez plus proche de Mère Nature.

De très bon marché à bon marché

Chez Lucette (plan B1, **13**) : *7, rue des Fleurs-Jaunes. 06-92-62-70-98. • ttfd.lucette@orange.fr • chezlucette.wifeo.com • Résa impérative. Doubles 32-40 € ; nuitée 16 €/pers ; petit déj en plus. Repas sur résa 15 €.* Une super adresse chez l'habitant. Chez Lucette, c'est simple, mais nickel et convivial. Au rez-de-chaussée de sa maison créole, 3 chambres avec lits doubles et superposés, et une salle de bains commune. À l'arrière de la maison, un T2 plus grand et tout équipé. Repas à base de plats créoles ou chinois. Sinon, micro-ondes à disposition. Mais ce qui fait la différence, c'est l'accueil. Lucette, dynamique, attentionnée et femme de caractère, est d'une rare générosité, en plus d'être une randonneuse hors pair.

Gîte de la Roche Merveilleuse (plan B1, **11**) : *1, rue des Platanes. ☎ 02-62-31-82-42. 06-93-30-69-41. Résas dans les offices de tourisme ou sur • explorelareunion.com • Nuitée env 18 € en dortoir ; doubles sans ou avec sdb privée 45-50 €. En tente 10 €/pers. Petit déj 7 €. Repas sur résa 22 €.* Grand gîte rustique en surplomb de la ville et au départ des randonnées, avec différents bâtiments renfermant 4 petites chambres doubles, un dortoir de 13 personnes et un dortoir de 4 personnes. La maison taillée dans d'épais rondins de bois, façon trappeur, a un certain charme. Vue imprenable sur Cilaos depuis la terrasse et la grande salle à manger panoramique. En revanche, pour l'accueil, c'est variable.

La Case Bleue (plan A2, **12**) : *15, rue Alsace-Corré. 06-92-65-74-96. • payetmarie5812@gmail.com • gitecasebleu.e-monsite.com • Nuitée en dortoir env 19 € ; double env 50 €, taxe de séjour comprise ; petit déj 7 €. Dîner sur résa 25 €. Réduc de 10 % sur le prix de la chambre double en résa directe sur présentation de ce guide.* Cette petite case créole aux volets bleus dispose d'une dizaine de couchages dans le dortoir (lits superposés) et d'une double. 3 douches communes et cuisine à disposition, donnant sur une terrasse de poche. C'est simple, à l'ancienne mode, mais tout à fait suffisant. Et on est tellement bien accueilli !

Le Cryptomeria (plan B1, **14**) : *21, route de Bras-Sec. ☎ 02-62-31-91-03. 06-92-29-81-20. • gerard.turpin4@wanadoo.fr • le-cryptomeria.com • Congés : fêtes de fin d'année. Nuitée en dortoir env 16 € ; double 42 € ; petit déj 5 €. Repas sur résa 22 €.* Au bord de la route, un petit gîte à l'ancienne mode, dont les chambres rustiques (sans chauffage) sont entièrement couvertes de lambris, avec sanitaires privés et entrée indépendante. Sous les toits, dortoir avec 2 salles de bains communes et des matelas répartis dans 3 espaces. Pas de jardin mais une simple terrasse pour refaire le monde sous la voûte céleste. Correct pour une étape. Juste à côté, un petit snack propose des plats à emporter.

La Carte Postale (plan B1, **16**) : *9, rue de la Mare-à-Joncs. ☎ 02-62-52-84-29. 06-92-32-74-84. • rdulac974@gmail.com • Env 23 €/pers (½ tarif moins 10 ans).* En surplomb de la Mare-à-Joncs, 2 jolis chalets jaunes pour 6 personnes avec cuisine, très lumineux, et dotés d'une belle hauteur sous plafond au rez-de-chaussée. Séduisante vue sur le plan d'eau et le cirque. Pas de chambre,

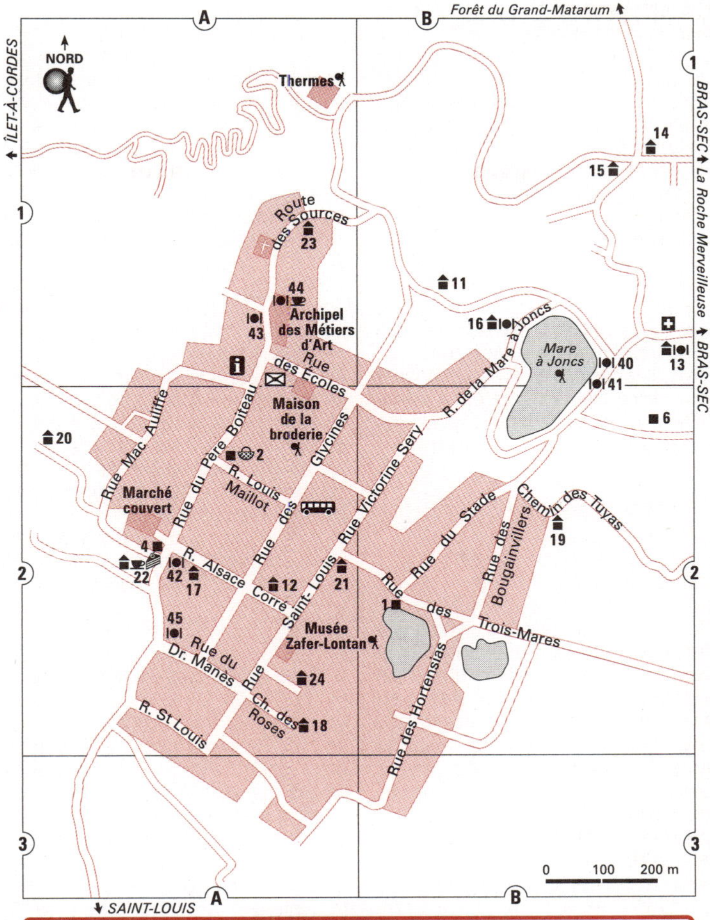

CILAOS-VILLE

Adresses utiles

- Destination Sud Réunion (office de tourisme ; A1)
- Hôpital (B1)
- **1** Station-service Engen (B2)
- **2** Supermarché (A2)
- **4** Run Évasion (A2)
- **6** Fabrice Bouisset (B2)

Où dormir ?

- **11** Gîte de la Roche Merveilleuse (B1)
- **12** La Case Bleue (A2)
- **13** Chez Lucette (B1)
- **14** Le Cryptomeria (B1)
- **15** Le Rosier (B1)
- **16** La Carte Postale (B1)
- **17** Résidence Églantine (A2)
- **18** Le Bois de Senteur (A2)
- **19** La Cabane du Raideur (B2)
- **20** Case Nyala (A2)
- **21** Le Vieux Cep (A2)
- **22** Tsilaosa (A2)
- **23** Le Bois Rouge (A1)
- **24** Villa Kazuera (A2)

Où manger ?

- **16** La Perle du Lac (B1)
- **40** Kiosque Cass'Dale (B1)
- **41** Snack du Cirque (B1-2)
- **42** L'Atelier des Saveurs (A2)
- **43** Le Petit Randonneur (A1)
- **44** Lentilles & Co et Chez Luçay (A1)
- **45** L'Instant Plaisirs (A2)

Où boire un thé ? Où manger une douceur ?

- **22** Salon de thé de l'hôtel Tsilaosa (A2)
- **44** Lentilles & Co (A1)

mais une mezzanine et un convertible dans le séjour. À noter toutefois : on a le nez sur les pentes du toit une fois allongé sur les 3 lits à l'étage (1 double et 2 simples), où il peut faire un peu chaud. Également un bon resto, ***La Perle du Lac,*** qui propose, midi et soir, un intéressant buffet créole (voir la rubrique « Où manger ? »). Accueil sympa et pas compliqué.

Le Rosier *(plan B1,* ***15****) : route de Bras-Sec. ☎ 02-62-31-28-98. Presque à l'angle du carrefour. Double 34 € (40 € avec utilisation de la cuisine) ; possibilité de petit déj.* Petit pavillon pimpant avec 3 chambres doubles fonctionnelles et impeccables qui se partagent une cuisine bien équipée et un salon. Salle de bains commune pour les 2 chambres à l'étage. Accueil gentil.

Prix moyens

Villa Kazuera *(plan A2,* ***24****) : 38, rue Saint-Louis. 06-92-79-89-39. • villa.kazuera@gmail.com • villa-kazuera.fr • Doubles 50-90 €.* Retirée au fond d'une impasse, cette petite villa moderne cumule les bons points : des chambres contemporaines tout confort (hammam privé dans la plus chère !), une terrasse à l'étage pour lézarder en profitant de la vue, un jacuzzi dans le jardinet et une cuisine commune. Impeccable pour cocooner entre 2 randos !

Résidence Églantine *(plan A2,* ***17****) : 2-4, rue Alsace-Corré. 06-92-82-64-64. • residence.eglantine@wanadoo.fr • residence-eglantine.re • Studios (2-4 pers) sans ou avec mezzanine 60-90 €. Réduc de 10 % en résa directe sur présentation de ce guide.* En plein centre, précédée par son parking privé, une jolie maison créole dont la façade aux balcons fleuris est accueillante. Studios fonctionnels bien équipés, confortables et agréables. Mezzanine pratique pour les familles. Petite terrasse ou balcon devant chaque logement pour profiter de la belle vue. Accueil gentil et discret.

Le Bois de Senteur *(plan A2,* ***18****) : 4 C, chemin des Roses. ☎ 02-62-31-91-03. 06-92-29-81-20. • gerard.turpin4@wanadoo.fr • leboisdesenteur.com • Double 63 €, avec petit déj. CB refusées. Repas sur résa 22 €. Mêmes proprios que le gîte* Le Cryptomeria*.* Au bout d'une impasse, au calme. Dans cette maison bien tenue, une dizaine de petites chambres simples et datées, mais tout à fait convenables dans un style chalet de montagne, avec couleurs gaies et lambris. Celles du haut disposent d'un minibalcon. Accueil sympathique.

La Cabane du Raideur *(plan B2,* ***19****) : 32, impasse Ethève. 06-92-02-90-34. • lacabaneduraideur.com • Bungalow pour 6 pers 195 € (min 2 nuits pdt vac scol).* Marie et Frédéric savent recevoir. 2 bungalows de bois vernis, avec lambrequins, genre chalets au fin fond de la Laponie. Ils sont nickel et bien aménagés : 2 lits joignables en mezzanine, 2 x 2 lits superposés au rez-de-chaussée, salle d'eau et cuisine. Terrasse abritée pour les repas (avec BBQ et vue partielle sur le cirque), et même un jacuzzi en option. « Bienvenue à Zot' », c'est écrit dessus.

De chic à plus chic

Case Nyala *(plan A2,* ***20****) : 8, ruelle des Lianes. ☎ 02-62-31-89-57. • casenyala@orange.fr • case-nyala.fr • Doubles 90-100 €, avec petit déj.* Coup de cœur pour cette pépite cachée dans un quartier résidentiel paisible. Adorable, la maison créole est entièrement dédiée aux hôtes et renferme de jolies chambres confortables et décorées avec goût. Les amoureux choisiront le charmant bungalow à l'arrière de la maison, tout aussi cosy mais plus intime ! Différents espaces communs (jardin de curé, cuisine à disposition, véranda et petit salon avec cheminée et bouquins). En prime, les jeunes et dynamiques propriétaires proposent de délicieuses confitures pour le petit déj et ne sont pas avares en bons conseils.

Le Vieux Cep *(plan A2,* ***21****) : 44, rue Saint-Louis. ☎ 02-62-31-71-89. • contact@levieuxcep.re • levieuxcep.re • ♿ Doubles 105-135 € ; petit déj 13 €.* Un hôtel d'allure plaisante comptant une bonne quarantaine de chambres qui se répartissent dans 2 bâtiments et en 3 catégories. Les standard non rénovées sont franchement vieillissantes ; les supérieures, en revanche, ont été relookées dans un esprit contemporain. La plupart disposent d'un balcon tourné vers le fameux piton des Neiges. Sauna, hammam, jacuzzi (payants), possibilité de massages, salle de fitness et piscine chauffée pour le bonheur des hôtes. Resto apprécié pour son pâté créole, sa côte de porc et son canard maïs.

Tsilaosa *(plan A2,* ***22****) : 21, rue du Père-Boiteau. ☎ 02-62-37-39-39. • reception@tsilaosa.com • tsilaosa.com • ♿ Doubles à partir de 100 €.* Le bel hôtel de la ville, dans une séduisante demeure de caractère à taille humaine. Chambres élégantes mêlant tradition et modernité, dotées de douches à l'italienne bien actuelles. En se levant le matin, un peu d'air frais sur le balcon avec vue sur le piton des Neiges... ça jette ! Une adresse de charme, où le petit déj est servi dans un ravissant salon de thé (voir plus bas la rubrique « Où boire un thé ? Où manger une douceur ? »).

Le Bois Rouge *(plan A1,* ***23****) : 2, route des Sources. 06-92-43-81-66. • giteleboisrouge@gmail.com • facebook • Double env 120 €, avec petit déj.* Maison d'hôtes de charme dans une grande case créole pleine de cachet, proposant 5 chambres réalisées dans les bois nobles de La Réunion. Toutes différentes, soignées, et prolongées par une varangue avec vue sur la ville et le cirque. Petit déj que l'on peut prendre près de la cheminée ou sur la terrasse. Chic, intime et romantique à souhait.

Où manger ?

À Cilaos, on sert dans l'ensemble une solide cuisine de montagne, qui tient au corps après une journée de marche.

Très bon marché

Boulangerie *(plan A2) : 64, rue du Père-Boiteau, à côté de la mairie.* Pains spéciaux, très bons pour la rando au piton. Sandwichs, *macatias* au chocolat, rochers au coco...

Kiosque Cass'Dale *(plan B1,* ***40****) : rue de la Mare-à-Joncs, face à la mare. ☎ 02-62-31-84-29. Tlj sauf jeu 9h-19h30. CB refusées.* Sandwichs, salades, caris sur place ou à emporter, glaces, gaufres, tartes... On mange face à l'étang et ses jets d'eau à l'ombre des filaos, et les enfants peuvent se détendre sur la pelouse. Le dimanche midi, c'est pris d'assaut.

Snack du Cirque *(plan B1-2,* ***41****) : rue de la Mare-à-Joncs, face à la mare. Fermé le soir.* Juste à côté du précédent, mais moins coté. En revanche il propose des burgers.

De bon marché à prix moyens

Le Petit Randonneur *(plan A1,* ***43****) : 61, rue du Père-Boiteau. 06-92-66-21-04. • jeanmarc34310@gmail.com • Ouv le midi tlj sauf ven (plus le soir sam hors vac scol). Plats à partir de 12 €. Café offert sur présentation de ce guide.* On s'attable sur la grande terrasse couverte ou dans le jardin. Un environnement simple et agréable pour goûter à des plats locaux sans complication mais bien réalisés : saucisses-lentilles évidemment, mais on s'y satisfait aussi très bien d'émincé de poulet à la vanille et, pourquoi pas, de crêpes, salées ou sucrées.

L'Instant Plaisirs *(plan A2,* ***45****) : 28, rue du Père-Boiteau. 06-92-45-71-99. En principe, ouv tlj sauf mar jusqu'à 20h (20h30 ven-dim). Formules autour de 15 € ; carte 10-20 €.* Une crêperie au pays du boucané ? Ça fait exotique, et c'est idéal pour une pause gourmande à toute heure ! Qu'il s'agisse d'une crêpe (au caramel ou au sucre à l'orange, tous maison) ou d'une galette, tout est tourné à la commande et savoureux. Ajoutez une petite salle pimpante, une terrasse dans le jardin et un accueil charmant, et vous obtenez l'une des bonnes adresses du coin.

Chez Luçay *(plan A1,* ***44****) : 82, rue du Père-Boiteau, à l'étage de l'Archipel des Métiers d'Art. ☎ 02-62-97-87-40. Fermé lun. Menus env 22-27 € ; plats env 12-25 €. Chez Luçay,* c'est un classique à Cilaos. Dans un registre créole et métro, c'est copieux et sans surprise, mais tout à fait convenable. Comme l'accueil est gentil et le cadre sympa (une grande terrasse et une salle simple et pimpante), c'est une bonne option lorsqu'en soirée les adresses se font rares. Et l'on apprécie le rhum arrangé certains soirs !

La Perle du Lac *(plan B1, **16**) : 9, rue de la Mare-à-Joncs. ☎ 02-62-52-84-29. 06-92-32-74-84. Fermé mar soir et jeu. Autour de 22 €. Digestif maison offert sur présentation de ce guide.* Au rez-de-chaussée des gîtes *La Carte Postale* (voir « Où dormir ? »). Propose, midi et soir, un buffet de plats créoles mijotés à base de légumes *lontan* (comprendre « d'autrefois ») comme la calebasse ou la patole. Au menu, entre autres, le gâteau lentilles. Vue sur la Mare-à-Joncs depuis la terrasse. Accueil sympa.

Lentilles & Co *(plan A1, **44**) : rue du Père-Boiteau, au rdc de l'Archipel des Métiers d'Art. Ouv jusqu'à 17h. Plats 7-10 €.* En salade, en plat, ou, plus original, en garniture de galette, tout est bon pour mettre à l'honneur la spécialité du coin : la lentille. Dans tous les cas, c'est délicieux, et servi avec le sourire dans un petit local moderne et rutilant où l'on s'attable avec plaisir. Fait aussi salon de thé.

Chic

L'Atelier des Saveurs *(plan A2, **42**) : 46, rue du Père-Boiteau. ☎ 02-62-30-71-36. Fermé lun-mar. Compter 35-50 €.* Pour changer du cari, direction cette belle adresse au cadre chaleureux, où un couple sympathique s'efforce de revisiter la tradition. En salle, madame dorlote ses hôtes du jour, tandis qu'en cuisine monsieur élabore des plats savoureux à base de produits locaux.

Où dormir ? Où manger dans les environs ?

À Mare-Sèche

La Petite Fleur de Lentilles : *4 bis, chemin Paradis. ☎ 02-62-31-72-51. 06-92-03-53-59. • mariereinepayet97413@gmail.com • À env 2,5 km avt Cilaos, en venant de Saint-Louis. À Mare-Sèche, bifurquer à droite au niveau de l'arrêt de bus Petite-France, puis fléché. Double env 50 €, plus 1 triple, petit déj en plus.* Dans une maison moderne cachée au fond d'une allée privée. L'étage, réservé aux hôtes, comprend 4 chambres simples, colorées et impeccables (avec salles de bains privées), ainsi qu'une cuisine équipée donnant sur une grande véranda commune.

À Bras-Sec

De Cilaos, prendre la D 241, derrière l'église. Petit hameau de 500 habitants à 6 km de Cilaos-Ville, au pied du Bonnet-de-Prêtre, qu'on reconnaît facilement. Ce sont essentiellement des Dijoux, Payet et Grondin qui habitent ici. Ne pas laisser sa voiture au départ des sentiers : attention aux vols, surtout en période de vacances scolaires.

Les Mimosas : *29, chemin Saül. ☎ 02-62-96-72-73. • gitelesmimosas@gmail.com • Dans la rue principale. Compter 17 €/pers la chambre de 6 pers, 40 € la double, avec petit déj. Repas 25 €.* Une maison vert et jaune au bord de la rue, presque collée à l'église et noyée dans les fleurs. Une poignée de doubles toutes simples avec salle de bains et une familiale de 6 places. Le tout bien entretenu et d'un confort correct. Petits coins de détente dans le jardin. Propriétaires très sympathiques qui élèvent leurs animaux et mitonnent, au feu de bois, une savoureuse cuisine locale. Très convivial.

Les Cascades : *3 C, chemin Saül. 06-92-28-82-15. Panneau à gauche en arrivant au village. Double env 50 € ; petit déj 8 € ; repas sur résa.* Grande maison isolée dans un beau jardin, au bout d'un court chemin. Chambres mignonnes façon chalet, avec salles de bains privées pour les 3 du rez-de-chaussée, et salle de bains commune pour les 2 autres à l'étage.

Dans tous les cas, c'est très propre, l'environnement est agréable et le salon impeccable pour faire des rencontres. Accueil discret et gentil.

À Îlet-à-Cordes

À 12 km au sud-ouest de Cilaos-Ville, accès par une étroite route aux virages parfois féroces (compter 20 mn), la D 242, indiquée derrière l'église de Cilaos. Le trajet pour s'y rendre est à couper le souffle (se reporter à la rubrique « À voir. À faire dans les environs »), encore plus si on s'y rend à pied.

De bon marché à prix moyens

Chambres d'hôtes Au Petit Coin Charmant, chez Hélène Payet : *13, chemin Terre-Fine. ☎ 02-62-35-18-13. Double env 45 €. Dîner sur résa.* L'accueil du couple Payet est vraiment charmant et attentionné. Ils ont aménagé dans leur maison 4 chambres avec douche et w-c privés. Rutilant de propreté. Bonne cuisine créole au feu de bois. Une adresse sans chichis, simple et authentique.

Gîte de l'Îlet, Chez Mme Grondin : *27, chemin Terre-Fine. ☎ 02-62-25-38-57. 06-92-64-74-48. • grondin.gite@gmail.com • gitedelilet.re • Au centre du village. Dortoirs 5-6 pers 22 €/pers ; doubles 53-58 €, avec petit déj. Repas le soir 25 €.* Vaste *Gîte de France* familial, rénové et parfaitement tenu, au pied du Grand Bénare. Une dizaine de chambres spacieuses en lambris pour 2 à 6 personnes, équipées de salles de bains, avec balcon ou petite terrasse. Et une piscine pour couronner le tout. Dîner copieux et savoureux cuisiné au feu de bois et partagé dans la bonne humeur autour d'une longue tablée. Accueil sympathique.

Épicerie Le Reposoir : *27 bis, chemin Terre-Fine. ☎ 02-62-25-38-57. Au centre du village, face au Gîte de l'Îlet. Lun-sam 7h-19h ; dim 7h-12h, 17h-18h30.* Une épicerie qui en a vu d'autres, avec quelques comptoirs antiques garnis de vin *isabelle* (celui qui est interdit en métropole) et de lentilles. Sandwichs, *bouchons* et samoussas pour caler une petite faim. Et il y a même un vieux baby-foot pour digérer ! Sympa.

Le Comptoir du Pays : *à l'entrée du village sur la droite. Tlj sauf w-e 7h-18h.* Vaut l'étape pour une dégustation de vin de Cilaos. Également du vin d'orange, de *bibasse,* de litchi ou de pêche.

Plus chic

Chambres d'hôtes Le Tapacala : *2 C, chemin Les Orangers. 06-92-84-55-67. • gonthier.mickael@orange.fr • En arrivant au village, au panneau « Îlet-à-Cordes », tourner à droite. Double env 140 €. Repas 30 €.* Le luxe au bout du monde ! Les suites de cette chambre d'hôtes atypique sont immenses (70 m² quand même !), dotées de grands lits, de belles salles de bains de pierre (avec double vasque et douche à l'italienne), et disposent de terrasses donnant sur le jardin luxuriant. Quant aux repas, ils sont soignés et servis avec le sourire. Très reposant.

Où boire un thé ? Où manger une douceur ?

Salon de thé de l'hôtel Tsilaosa (plan A2, **22**) **:** *21, rue du Père-Boiteau. Tlj 15h-18h.* Une spécialité : le lait alouda (au sirop de rose), pour accompagner une crêpe ou un gâteau maison. Cadre cosy pour se réchauffer au coin de la cheminée, quand il pleut à l'extérieur.

Lentilles & Co (plan A1, **44**) **:** voir « Où manger ? ».

À voir. À faire

Les thermes (plan A1) **:** *8, route de Bras-Sec, BP 8, derrière l'église. ☎ 02-62-31-72-27. • thermescilaos.re • En principe, lun-sam (sauf mer ap-m) 8h-12h (13h* *mer), 13h-17h ; dim et j. fériés 9h-17h. Soins à partir de 13 €, formules à partir de 45 €.* L'établissement Irénée-Accot gère les fameuses sources de Cilaos, riches en minéraux (dont le magnésium et le calcium), qui émergent à une température de 39 °C. Vous pouvez tester l'hydromassage (bain à bulles avec jet d'eau) ou vous offrir une petite séance de sauna ou de massage. Labellisé Qualité Tourisme Île de La Réunion.

DES THERMES AU FIL

Quel lien entre la célèbre broderie de Cilaos et les thermes ? Débarqué de sa Bretagne natale, le docteur Jean-Marie Mac-Auliffe commença vers 1899 l'exploitation du 1er établissement thermal de la commune. Sa fille Angélique était brodeuse et initia les femmes du village à son art, transformant un loisir en tradition. Il s'agit véritablement d'un art, puisque les fameux « jours de Cilaos » ont aujourd'hui une renommée mondiale.

La Maison de la broderie *(plan A1-2)* **:** *rue des Écoles. ☎ 02-62-31-77-48. Tlj 9h30-12h, 14h-17h. Fermé 1er janv, 1er mai, 20 et 25 déc. Entrée : env 2 € ; réduc.* Petite salle d'expo consacrée à la grande spécialité artisanale de Cilaos, la broderie, réputée dans le monde entier pour son raffinement et sa perfection technique. De belles vitrines modernes mettent parfaitement en valeur de véritables chefs-d'œuvre : nappes, mouchoirs, robes de baptême... Les brodeuses travaillent sur place, donc si vous avez des questions, c'est le moment, notamment sur le fameux et très délicat « jour de Cilaos ». La relève est aujourd'hui incertaine, alors si la visite pouvait susciter des vocations, tant mieux ! D'ailleurs, la maison propose des cours... Vente de petites pièces de broderie, pas si chères compte tenu du temps de travail nécessaire pour les réaliser.

Le musée Zafer-Lontan *(plan A2)* **:** *30, rue Saint-Louis. ☎ 02-62-31-94-21. 06-92-03-61-48. • techerj@wanadoo.fr • Tlj sauf mar et dim 10h-12h, 13h30-17h30 (ou sur résa pour 8 pers min). Entrée : env 5 € (en visite libre, ou sur résa pour une visite guidée de 30 mn) ; sinon, possibilité d'une visite guidée « complète », sur résa seulement, incluant une projection de dessins animés et une dégustation de café grillé et gâteau pays env 7 € (compter 1h).* Un petit musée attachant, genre d'inventaire à la Prévert, qui rassemble une ribambelle d'objets très insolites pour certains, plus courants pour d'autres, mais qui ont tous une histoire à raconter, bien locale : la chaise à porteur, le pilon, les chaînes d'esclaves marrons, des fusils ayant servis à la traque des fugitifs, la reconstitution d'une cuisine au feu de bois... Autant de trouvailles qui sont le prétexte à des anecdotes savoureuses. Dans le hall d'accueil sont exposées les œuvres (gravures et sculptures) de Jean-Luc Técher, le propriétaire.

La Mare-à-Joncs *(plan B1-2)* **:** tout autour du petit plan d'eau aménagé pour la promenade et les pêcheurs, des bancs surmontés d'un fragment d'un poème de Leconte de Lisle. Location de bateaux électriques et d'embarcations à pédales *(tlj à partir de 10h pdt vac scol, le w-e le reste de l'année ; infos à Julmos Loisirs, 06-92-05-38-99).* Un peu de pelouse pour jouer ou se poser, et quelques restos et snacks pour prolonger le plaisir. Toilettes et point d'eau.

Le graveur sur cuivre : *route de Bras-Sec, en contrebas de la route, env 200 m après l'église (panneau). ☎ 02-62-31-73-64. GRATUIT. Téléphoner avt pour s'assurer de trouver l'artiste dans son atelier.* Philippe Turpin édite ses albums de gravures en assurant lui-même l'impression en typographie manuelle au plomb. Il est aussi sculpteur.

À voir. À faire dans les environs

La Roche Merveilleuse : *à env 2,5 km de Cilaos ; prendre la route de Bras-Sec, puis fléché sur la gauche ; point de vue à 2 mn à pied du parking.* Du parking, un escalier conduit rapidement à un belvédère aménagé sur un piton rocheux, offrant un beau panorama sur le village, les montagnes du cirque et les forêts.

Cilaosa Parc Aventure : *à env 5 km de Cilaos, dans la forêt de Bras-Sec ; env 300 m avt d'arriver dans le hameau de* ***Bras-Sec.*** *06-92-03-26-27. • cilaos parc.com • Ouv w-e, j. fériés et tlj pdt vac scol 9h-17h. Entrée : 21 € ; réduc moins de 13 ans. Labellisé Qualité Tourisme Île de La Réunion.* Parcours accrobranche.

Îlet-à-Cordes : *à 12 km au sud-ouest de Cilaos (20 mn de voiture), accès par une étroite route (souvent coupée après un cyclone ou de fortes pluies), la D 242, indiquée derrière l'église de Cilaos.* La balade pour s'y rendre en voiture est à couper le souffle. La route semble plonger dans les entrailles du cirque. Une route qui n'a été ouverte qu'en 1972 ; jusque-là, des porteurs transportaient encore occasionnellement en chaise malades et femmes enceintes. Les amateurs de chutes d'eau seront comblés. Quelques impressionnants pitons aux parois abruptes cisaillent l'horizon. Après 1 000 virages en épingle à cheveux et quelques aires de pique-nique judicieusement placées, on parvient à un village du bout du monde de quelque 500 habitants, perdu et entouré de magnifiques paysages de montagne et de champs de lentilles (de mai à octobre). Mais pas seulement d'ailleurs, puisqu'il y a pas mal de maraîchage (haricots, choux, chouchous...). On peut y acheter du vin et des lentilles, directement auprès du producteur. Les habitants dressent parfois des tables devant leur maison, à l'attention de ceux qui voudraient goûter et acheter. Un sentier de 4 km rejoint Cilaos en passant par la très verte forêt et des champs de maïs (voir plus loin « Quelques randonnées... »). On peut sinon revenir en bus ; voir les horaires à *Destination Sud Réunion* (l'office de tourisme) et dans la rubrique « Adresses et infos utiles ».

DES ESCLAVES AU BOUT DE LA CORDE

Îlet-à-Cordes était un bout du monde tellement inaccessible qu'il fallait y descendre par des cordes jetées depuis le haut des murailles dominant le village. D'où son nom. Ce petit plateau isolé était le refuge idéal des esclaves en fuite. Mais l'îlet fut découvert par Mussard, le chasseur de marrons, en 1751. Sa mission : ramener les esclaves « morts ou vifs », mais plus morts que vifs en fait. Figaro, l'esclave qui trahit les siens durant la révolte de Saint-Leu, reçut l'îlet en récompense.

Le jardin botanique du piton Betoum : *chemin Saül, à* ***Bras-Sec.*** *06-92-64-30-26. Au niveau du stade. Mar-sam 9h30-17h. Sur résa. Entrée : env 7 €.* Un luxuriant jardin abritant des plantes indigènes et endémiques. Très sauvage.

L'INTÉRIEUR DE L'ÎLE

Quelques randonnées à partir de Cilaos

Le cirque de Cilaos, qui compte les plus hautes montagnes de l'île (dont le piton des Neiges), offre toutes sortes de randonnées, de la plus facile à la plus ardue. Vous avez l'embarras du choix. **Avant toute rando, consulter *Destination Sud Réunion* à Cilaos (voir plus haut la rubrique « Adresses et infos utiles »), qui procure tous les renseignements pratiques et complets.**

L'îlet des Salazes : un îlet habité et cultivé de nouveau depuis peu, situé sur le sentier du col du Taïbit, vers le cirque de Mafate. Compter une bonne heure de marche à partir du début du sentier du Taïbit, sur la route d'Îlet-à-Cordes.

Bras-Rouge : randonnée assez facile, d'environ 2h30 aller-retour, mais ça grimpe bien au retour. Prévoir de bonnes chaussures et tout l'attirail en cas de chaleur et de soleil. Départ à proximité de *Destination Sud Réunion.* On emprunte d'abord le sentier des Porteurs (départ du resto *Le Petit Randonneur,* fléché). On arrive à une route, la remonter sur 200 m en suivant les balises GR rouge et blanc. On peut aussi gagner ce point en voiture et économiser 15 mn de marche en se garant sur le bord de la route (route d'Îlet-à-Cordes). Le sentier de la cascade est alors indiqué sur la gauche. Descendre pendant environ 45 mn, puis traverser le lit de la rivière au niveau d'une 1re minicascade. Puis, après encore 10-15 mn de descente, on parvient au lit de la rivière. ***Attention aux enfants (et aux autres), le site n'est pas sécurisé et dangereux.***

Si vous continuez en suivant toujours le chemin balisé rouge et blanc, vous partez dans la direction du ***col du Taïbit*** ; mais là, c'est de la vraie rando pour confirmés. Vous pouvez récupérer la route d'Îlet-à-Cordes. Méfiez-vous du temps. S'il pleut fort au Taïbit, la rivière Bras-Rouge monte vite ! Tenez-vous au courant de la météo.

Le sentier des Calumets : plus long et moins évident que les précédents, ce parcours permet de rallier les villages de Bras-Sec et de Palmiste-Rouge. Environ 2h30 de marche aller et au moins 5h30 aller-retour. Le sentier démarre à la sortie de Bras-Sec, dans un virage (panneau). En cours de route, on passe au pied du Bonnet-de-Prêtre, on longe un joli cours d'eau, puis on atteint l'îlet isolé de Palmiste-Rouge. Le retour depuis Palmiste-Rouge est assez pénible, car il faut tout remonter. Heureusement, il est possible de prendre les bus pour Cilaos.

De Cilaos à Îlet-à-Cordes : une route spectaculaire (mais souvent coupée pendant les pluies) conduit en 10 km à cet îlet perdu dans le cirque (on peut y aller en bus). On peut également s'y rendre par l'ancien chemin, balisé (en blanc) pour les randonneurs. Randonnée pas évidente (plutôt en descente à l'aller, dur, dur au retour !) mais superbe. Compter 6h aller-retour pour 4 km de sentier. Le départ s'effectue du chemin de La Chapelle, à l'entrée de Cilaos (à gauche en venant du sud). Après 45 mn de marche, on parvient à l'intersection d'un sentier conduisant (en 30 mn) à La Chapelle. Prendre à gauche pour Îlet-à-Cordes. On arrive alors à Bras-Rouge, ruisseau qu'on longe pour parvenir à un site grandiose, d'où l'on admire le piton de Sucre, les Trois-Salazes. Le sentier devient ensuite plus difficile. Attention dans les descentes !

Pour le cirque de Mafate : 1 journée de marche jusqu'à l'îlet de Marla, en prenant son temps, via le col du Taïbit (2 081 m). Départ du sentier route d'Îlet-à-Cordes (on peut s'y rendre en bus). Attention, pas de parking surveillé. Depuis la route, compter à peu près 2h30 de marche jusqu'au col. Au niveau de la source Ti-Louis, l'herbe se fait grasse, puis il vous reste 1h de marche jusqu'au col. On passe dans un sous-bois de brandes et de bois de couleur, puis le sentier part en lacet jusqu'à la plaine des Fraises. Ensuite le parcours se poursuit dans la rocaille. L'ombre fait défaut, mais il ne reste que la descente, qui se fait en 1h15. Marla constitue une bonne étape et cette rando se révèle l'une des plus variée et originale de l'île au point de vue botanique.

L'ASCENSION DU PITON DES NEIGES

Sans conteste la plus belle randonnée de Cilaos, pour ne pas dire de La Réunion. La randonnée au départ de Cilaos peut se faire en 1 journée, en partant très tôt, vers 4h (retour vers 16h), avec une lampe de poche. Être bien entraîné à la marche (dénivelée de 1 700 m) et prévoir un minimum d'équipement (si vous partez plus tard et préférez dormir au refuge à mi-chemin, le sac à viande est idéal, mais le sac de couchage est recommandé en hiver, d'autant que les couvertures, au refuge, ne sont pas lavées très souvent...).
L'itinéraire le plus rapide part du lieu-dit le Bloc, situé sur la D 241, qui conduit à Bras-Sec, via le GR R1. Les bus passent devant. Prévoir tout de même 2h30-3h de

marche pour parvenir au *refuge de la Caverne Dufour* (2 478 m). Si vous dormez sur place, et on vous le conseille, vous entreprendrez tôt le lendemain matin les 2 dernières heures d'ascension qui vous permettront d'assister au lever du soleil depuis le sommet (3 071 m, pensez à la lampe de poche). C'est grandiose. Emportez un K-way, des vêtements chauds, de l'eau, des fruits secs.

UNE FOI À TOUTE ÉPREUVE

La messe de l'Ascension (la bien nommée) s'est longtemps déroulée au sommet du piton des Neiges, au lever du soleil, en présence de plus de 2 000 croyants. Voir les gramounes (les personnes âgées) monter si haut au nom de leur foi constituait un véritable chemin de croix. Depuis 2001, pour des raisons de sécurité et de protection de l'environnement, la cérémonie a lieu dans les environs de Saint-Denis.

En cours de route, on traverse une forêt de cryptomerias, de goyaviers, de bois de couleur et d'arbres recouverts de « barbes de capucins », qui laisse ensuite la place aux scories. Après les sous-bois, la marche devient de plus en plus difficile à cause des cailloux et des traînées de lave. N'oublions pas que le piton est le cratère de la cheminée principale d'un ancien volcan ! Au sommet, le panorama est le plus fantastique et le plus complet de La Réunion. On domine 2 des 3 cirques (Cilaos et Salazie s'il n'y a pas trop de nuages), les plaines (des Cafres et des Palmistes) et les sommets voisins, le Grand Bénare et le Gros Morne. Au niveau des antennes, continuer jusqu'à la pointe, on a un panorama sur Salazie et Mafate. On passe devant une tête de gorille (pour ceux qui ont de l'imagination, ou l'ivresse de l'altitude).
La redescente du piton des Neiges jusqu'à la route de Cilaos par le même chemin prend environ 3h30-4h. Une grande partie de la descente est constituée de marches.
Du refuge, on peut rejoindre Salazie en 5h par le GR R1 ; descente douce et parfois boueuse dans la forêt. À la caverne Mussard, suivre Hell-Bourg sur la gauche, ou tout droit pour ceux qui vont vers le gîte de Bélouve.

Refuge de la Caverne Dufour : *06-93-13-54-10 (pour la résa des repas et petits déj). Sinon, résas dans les offices de tourisme, notamment à Cilaos (☎ 0820-203-220), sur • reunion.fr • ou sur • explorelareunion.com • Accueil à partir de 15h. Réserver 2-3 mois à l'avance pour les w-e et vac scol. Env 17-20 € le lit (payable à la résa) ; petit déj 7 €. Plat unique seulement le soir env 22 € (payable sur place et sur résa, repas à 18h30 précises). Avr-nov, possibilité d'hébergement en bungalows sous bâche (14 €).* On n'est pas dans un hôtel de montagne mais dans un vrai refuge pour les marcheurs, aux conditions très *roots*. On vient ici pour être fin prêt pour l'ascension des dernières pentes du piton au petit matin. Dortoirs de 9 lits superposés sur 3 étages, 48 en tout, un peu les uns sur les autres. Toilettes et lavabos (pas de douche), à sec parfois... Prévoir des lingettes pour faire un brin de toilette ! Une grande salle pour dîner. Venir avec son repas froid (pas de plaques ni de brûleurs à disposition) ou s'attabler pour profiter du dîner (sur résa) – souvent du boucané. Une partie des vivres est montée à dos d'homme, les grosses charges sont livrées par hélico. D'ailleurs, l'eau n'étant pas potable, il faut absolument prévoir le coup (ou acheter des bouteilles sur place). Terrasse avec vue panoramique.

Sports et loisirs

Penser à réserver à l'avance toutes les activités. On ne part pas pour du canyoning au pied levé. Il faut un minimum, et même un maximum, d'organisation et de logistique. C'est d'autant plus simple quand on constitue un petit groupe.

Canyoning, escalade et randonnée

Pour les amateurs d'eau, de nature, de sensations, Cilaos et ses environs offrent d'excellents sites d'apprentissage. Au programme, Fleurs-Jaunes et son célèbre rappel-toboggan de 55 m, le must du coin. Une dizaine de sites, parmi les plus beaux de l'île (Bras-Rouge, Gobert, Ferrière...), tous niveaux.
Même si la roche basaltique est incompatible avec la pratique de l'escalade (un vrai millefeuille), Cilaos offre différents sites intéressants. Le massif du piton de Sucre a une bonne réputation, avec plus de 300 m de voies en longueur. Sur le toit de La Réunion, quelques courses d'arêtes vers les Trois-Salazes, et une autre qui consiste à rallier le sommet du piton des Neiges à celui du Gros Morne. Des Trois-Salazes, on découvre le cirque de Mafate à gauche, celui de Cilaos à droite.

■ ***Nature Péi :*** *06-92-67-94-50.* • *nature-pei.com* • Luciano propose de belles séquences émotions dans les canyons de Bras-Rouge ou de Fleur-Jaune, mais ce qui le distingue, c'est qu'à l'issue de l'activité sportive tout le monde se retrouve à déjeuner autour d'un bon repas créole. Super ambiance et super concept !

■ ***Run Évasion*** *(plan Cilaos-Ville A2,* ***4****) :* *23, rue du Père-Boiteau.* ☎ *09-70-35-94-88.* • *runevasion.re* • Canyoning, escalade et randos accompagnés à la journée avec un moniteur breveté d'État. Location et vente de matériel de montagne, de canyoning : du sac à dos aux chaussures en passant par la gourde, le couteau, vous trouverez tout, tout, tout pour la rando !

■ ***Cilaos Aventure :*** *06-92-66-73-42.* • *cilaosaventure.com* • Canyoning, escalade, randos et treks à la carte. Généralement plus sportif que ludique mais de très bon niveau. Labellisé Qualité Tourisme Île de La Réunion.

■ ***Fabrice Bouisset*** *(plan Cilaos-Ville B2,* ***6****) :* *06-92-66-22-73.* Canyoning, randonnée...

■ ***Philippe Motheré :*** *06-92-85-36-23.* • *canyoning-la-reunion.fr* • Un pro du canyoning, très apprécié pour sa gentillesse et sa patience. Des vertus indispensables pour l'accueil des débutants !

■ ***Aparksa Montagne :*** *06-92-66-50-09.* Thomas Percheron est spécialisé dans le canyoning et la randonnée. Il organise aussi des virées dans les tunnels de lave au sud de l'île.

Fêtes et manifestation

– ***Fête de la Saint-Vincent :*** *2 j. fin janv.* Le saint protecteur de la vigne est associé à la fête qui célèbre le début des vendanges. Des fêtes dans le village, à Îlet-à-Cordes et à la Confrérie du pied de raisin.
– ***Cross du piton des Neiges :*** *1 j. en mai.* Également appelé « Les Cabris en liberté », c'est la plus ancienne course en montagne de l'île. Ne soyez pas impressionné par ceux qui s'entraînent ; sans votre sac à dos, vous pourriez peut-être faire aussi bien !
– ***Fête des Lentilles :*** *4-5 j. en oct, avec élection de Miss Lentille !* Et un cross, encore ! On court beaucoup autour du cirque !

LE CIRQUE DE SALAZIE (97433) 7 500 hab.

• Carte *p. 231*

À partir de Saint-André, on grimpe au cœur du cirque de Salazie par la RD 48. La route suit le cours de la rivière du Mât où, en fin de semaine,

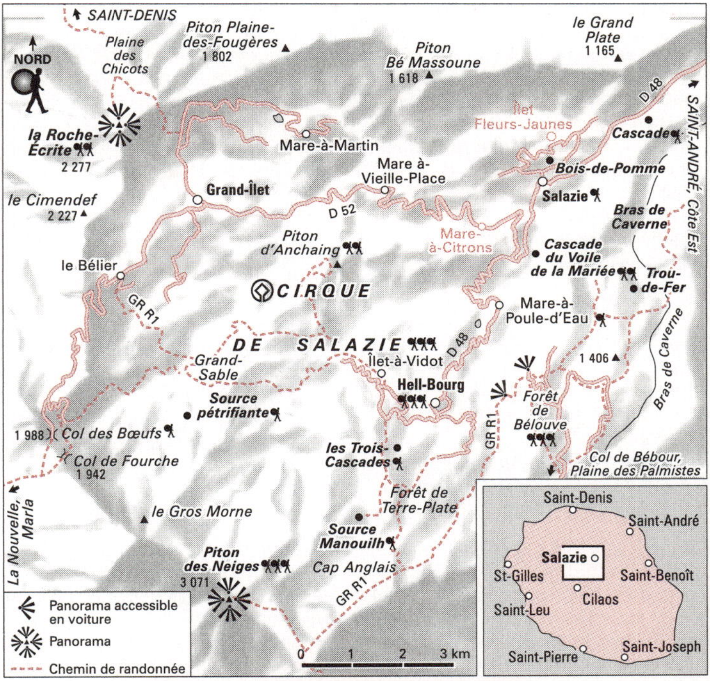

LE CIRQUE DE SALAZIE

des clubs de canoë-kayak ou de raft viennent faire des descentes (voir en début de guide la rubrique « Sports et loisirs » dans « La Réunion utile »). Cette même route se fraie doucement mais sûrement un chemin au pied de remparts couverts d'une épaisse végétation d'où jaillissent, étroites et majestueuses, de superbes chutes. De la route, on aperçoit notamment la *cascade Blanche,* très belle, juste après le grandiose « pisse-en-l'air », et, une fois le village de Salazie passé, sur la gauche, le *Voile de la mariée,* des chutes vertigineuses que vous ne pourrez pas manquer. Formidable point de vue depuis les 1ers virages sur la route de Grand-Îlet. Elle est également visible depuis la route principale entre Salazie et Hell-Bourg et depuis Mare-à-Poule-d'Eau.

– Le 1er village rencontré, qui s'appelle Salazie même, possède la seule station-service (sur la gauche en arrivant) et 2 des 3 distributeurs de billets du cirque, dont un à la poste (l'autre se trouve à Hell-Bourg). Faites vos provisions ! D'autant que la carte de paiement n'est pas acceptée partout. Malgré son nom qui signifie « bon campement » en malgache (à moins que, selon d'autres, ce terme n'ait désigné le trépied sur lequel on pose une marmite, évoquant les 3 pics rocheux appelés les Trois-Salazes, situés entre le Grand Bénare et le Gros Morne), Salazie-Village n'est qu'un lieu de passage. Une fourche permet ensuite de se rendre à Hell-Bourg (le véritable centre névralgique du cirque) ou à Grand-Îlet (d'où l'on peut gagner Mafate à pied).

– ***Salaozy Festival Nature :*** *4 j. en mai à Grand-Îlet.* Trails, randonnées, mais aussi balades à cheval, à vélo et même de la tyrolienne. 4 jours dédiés aux activités de plein air pour tous niveaux.

– ***Fête du Chouchou et des Produits du terroir :*** *3 j. en juin, au champ de foire de Hell-Bourg.* Salazie produit 80 % des chouchous de La Réunion. Ce légume est utilisable dans son intégralité : on en consomme le cœur, les racines et le fruit. Quant aux tiges, elles servaient à la fabrication de chapeaux, autrefois connus sous l'appellation de « chapeaux de paille d'Italie ».
– ***Festival Détakali :*** *3 j. en oct, à Hell-Bourg.* Le principe, c'est de « faire sauter le verrou » (ou enlever le taquet), mettre la culture à portée de tous en proposant toutes sortes de spectacles de rue : concerts, théâtre, défilés, ateliers d'art du cirque.

Arriver – Quitter

En bus

Liaisons de la gare routière de Saint-André pour Hell-Bourg, Îlet-à-Vidot, Grand-Îlet-col du Bélier et Mare-à-Goyave avec *Estival (☎ 02-62-92-53-40). ● estival.re ●*

➢ ***Liaisons Saint-André/Salazie/Hell-Bourg/Îlet-à-Vidot*** *(ligne n° 83)* **:** 6 bus/j. Compter 30 mn-1h selon destination.

➢ ***Liaisons Saint-André/Salazie/Grand-Îlet/Le Bélier/col des Bœufs*** *(ligne n° 82/82 c)* **:** 6-7 bus/j. avec la ligne 82 jusqu'au Bélier, puis 2 bus/j. avec la ligne 82c pour le col. Compter 2h jusqu'au col des Bœufs.

SALAZIE-VILLAGE

Le cirque de Salazie apparaît petit à petit en arrivant au village du même nom. Au centre, une mairie et une église, fière comme une cathédrale, sur laquelle on peut lire « Chez nous, soyez reine », phrase issue d'un cantique populaire en l'honneur de la Vierge. Ici, on cultive les chouchous et le cresson (on peut voir les champs au pied de la cascade du Voile de la mariée, sur la route de Hell-Bourg).

Adresses utiles

■ ***Station-service :*** *à l'entrée du village.* La seule du cirque.

■ ***Gabiers*** *(distributeurs automatiques de billets)* **:** *à la poste et à la station-service.*

■ ***Pharmacie et épiceries :*** *au cœur du village.*

Où manger ?

De bon marché à prix moyens

|●| ☂ ***Le P'tit Bambou :*** *166, rue Georges-Pompidou, au centre du village, face à l'église. ☎ 02-62-47-51-51. Fermé le soir et mer. Plats env 13-15 €.* En surplomb de la rue, une grande maison en bois couverte de tôle rouge, avec une galerie extérieure, une agréable terrasse et une salle bien proprette. Bonne cuisine créole et métro généreusement servie. Le bœuf sur lit de cresson, le porc au gingembre et le rougail de morue aux chouchous sont 3 spécialités du coin. Accueil pro.

|●| ☂ ***Restaurant de la Cascade Blanche :*** *3, pl. de l'Escalier, RD 48, au niveau du pont de l'Escalier, à 5 km sur la gauche avt d'arriver au village de Salazie. ☎ 02-62-58-39-97. ♿ Tlj 9h-17h. Plats 16-29 €.* Un lieu idéalement situé, à côté d'une petite chapelle aux volets rouges. On vient donc pour le cadre, mais aussi pour la bonne cuisine créole et les quelques plats métros. En salle ou en terrasse, l'ambiance est relax. Pas donné cela dit.

HELL-BOURG *(97433 ; 2 500 hab.)*

• Plan *p. 235*

Ancienne station thermale de renom, à 950 m d'altitude, dont le cyclone de 1948 a fait s'égarer la source curative... et sa principale source de revenus. Il lui aura fallu de nombreuses années pour redresser la tête en jouant la carte du tourisme. Ce petit bourg, baptisé en l'honneur du gouverneur de Hell (un Alsacien qui a également donné son nom à Hell-Ville, aujourd'hui Andoany, sur l'île malgache de Nosy Be), possède un charme indicible qui se respire plus qu'il ne se décrit. C'est un endroit où l'on se sent bien, tout simplement. Il fait bon y séjourner. Seul village d'altitude dont le plan soit quadrillé, à la manière coloniale, il est le 1er village d'outre-mer à avoir été classé Plus Beau Village de France. Subsistent quelques belles maisons créoles, dont la *maison Folio* (qui se visite).
De Hell-Bourg, on embrasse la Roche-Écrite (2 277 m), le Cimendef (2 227 m), mais aussi le piton des Neiges (3 071 m). Hell-Bourg constitue le point de départ de nombreuses randonnées de tout niveau (dont le GR R1). Beaucoup de monde le week-end.

Nid douillet pour poètes et exilés

Au départ, il fallait fuir la torpeur de la côte et trouver un coin verdoyant et frais, qui soit respirable et relié par une route. Hell-Bourg, ce bout du monde méconnu, plus intime et plus accessible que Cilaos, moins isolé que Mafate, convenait parfaitement aux aspirations des nobles et des bourgeois du XIXe s. Ils y firent construire des « maisons de changement d'air ». Puis arrivèrent les fonctionnaires. Un hôpital militaire ouvrit ses portes : les soldats en poste à Madagascar venaient y reprendre des forces. Le préfet vint aussi, histoire de se mettre au vert. On lui construisit une belle et discrète résidence, la *Villa Bourbonia,* nichée sur un flanc de montagne, loin des miasmes et des tracas de Saint-Denis. Aujourd'hui encore, le préfet de La Réunion séjourne de temps à autre à Hell-Bourg pour se reposer de ses fonctions.
Coquet, préservé dans un écrin de verdure, relativement isolé, le village vit également une kyrielle de poètes et d'aventuriers, de têtes couronnées en exil et même Zitte, un bandit de grand chemin. Du côté des écrivains, le poète Charles Baudelaire y serait passé lors de son voyage à La Réunion.

LA PÊCHE EST BONNE

À l'automne 1995, renversé provisoirement par le vieux mercenaire Bob Denard, le chef d'État des Comores fut « déporté » dans la résidence préfectorale de Hell-Bourg, aux frais de la France. Comme le bonhomme s'ennuyait ferme, il passait ses journées à taquiner la truite directement à la ferme piscicole et pêchait jusqu'à 5 000 F de truites par jour. Toujours aux frais de la France.

Adresses et infos utiles

Office de tourisme de l'Est, bureau de Salazie *(plan B1-2)* **:** *47, rue du Général-de-Gaulle, à l'étage.* ☎ *02-62-47-89-89.* *06-92-09-31-88.* • *reunionest.fr* • *Lun-sam 9h-12h, 13h-17h ; plus dim mat en janv, de mi-juil à mi-août et d'oct à mi-déc.* Le seul point d'accueil du cirque, mais il est excellent. Renseignements sur la praticabilité des sentiers (important en saison des pluies) et sur les différentes randonnées, y compris vers Mafate. Une carte en relief du cirque très bien faite permet de mieux visualiser ce qui attend vos mollets !

– ***Station de trail*** : *à l'office de tourisme.* La seule station de trail de La Réunion propose des infos sur les parcours de randos-trail. Il y a même du matériel pour se mettre en jambes (tapis de course et vélos).

✉ ***Poste*** *(plan A1-2)* **:** *dans une vieille case.* Gabier (distributeur).

– ***Attention :*** pas de station-service à Hell-Bourg, la plus proche se trouve à Salazie.

Où dormir ?

Si toutes les chambres de Hell-Bourg sont réservées (capacité hôtelière réduite), on peut se rabattre sur les adresses de Grand-Îlet (voir plus loin).

Camping

⛺ ***Camping à la ferme Le Relax, chez Techer*** *(hors plan par A2,* ***10****)* **:** *21, chemin Bras-Sec. 📱 06-92-66-58-89. • facebook • ♿ À 2 km de Hell-Bourg, en dir. d'Îlet-à-Vidot, prendre à droite (indiqué), puis parcourir 400 m. Env 12 €/pers. CB refusées.* Un petit camping simple et bien tenu, en pleine nature, face aux montagnes, avec un verger de pêches, *bibasses...* que l'on peut déguster selon la saison. Ce cadre n'est pas son seul atout : emplacements bien espacés, grande cuisine équipée à disposition, BBQ, tables sous un abri... Sanitaires un peu datés en revanche.

De très bon marché à bon marché

🏠 🍽 ***Gîte La Mandoze*** *(plan B1,* ***11****)* **:** *14, chemin de l'École. 📱 06-92-65-65-28. • lamandoze@hotmail.fr • Congés : 15 j. en janv et pour les fêtes de fin d'année. Env 16-18 € en dortoir ; double 45 € (sdb commune) ; petit déj 6 €. Repas env 22 €, le soir seulement. CB refusées. Mandoze,* c'est un nom poétique pour les amateurs de rhum. Dans une vieille case créole en surplomb de la route, une sorte d'auberge de jeunesse à l'ancienne mode. Une salle à manger, un salon commun, 4 dortoirs basiques de 7 ou 8 lits, où l'on a tendance à s'entasser, le tout prolongé par une annexe abritant 3 chambres doubles simples et colorées. Toilettes et douche en commun rustiques. Grande pelouse extérieure. Ambiance parfois musicale à la fin du repas (qui n'est toutefois pas toujours assuré lorsqu'il n'y a pas assez de monde).

🏠 🍽 ***Dortoir et chambres d'hôtes La Bourgeoise*** *(plan A1,* ***18****)* **:** *19, rue Amiral-Lacaze. 📱 06-92-40-81-47. • facebook • Lit en dortoir 6 pers 19 €/pers et double 29 €/pers, avec petit déj. Repas sur résa 25 €.* Maison agréable et bien refaite. L'unique dortoir est bien petit mais les matelas sont bons. 2 chambres également pour 2 à 4 personnes (1 lit double et 1 lit superposé). Une seule grande salle de bains commune. Très propre. Salon dépouillé. Accueil sympa (Judicaelle s'adapte aux horaires matinaux, dès 5h !).

🏠 🍽 ***Le Tableau d'Hell-Bourg*** *(plan A1,* ***13****)* **:** *17, impasse des Dahlias. 📱 06-93-40-54-42. • cervaujessica@gmail.com • Chambres env 45 € pour 2, 85 € pour 4. Petit déj 6 €. Repas 20 €.* Planqué au fond d'une impasse donnant sur les montagnes, ce gîte modeste a un atout majeur : son accueil généreux par une jeune famille dynamique. On se sent tout de suite à l'aise, et les (bons) repas servis autour d'une table commune sont de vrais moments de partage. Pour dormir, 4 petites chambres pour 2 à 4, toutes simples mais correctes, qui se partagent 2 salles d'eau et 1 salon.

🏠 🍽 ***Le P'tit Blanc des « O »*** *(hors plan par B2,* ***12****)* **:** *13, impasse des Songes. 📱 06-92-70-65-14. • marcellino.nativel@orange.fr • facebook • À 1,5 km de Hell-Bourg ; accès*

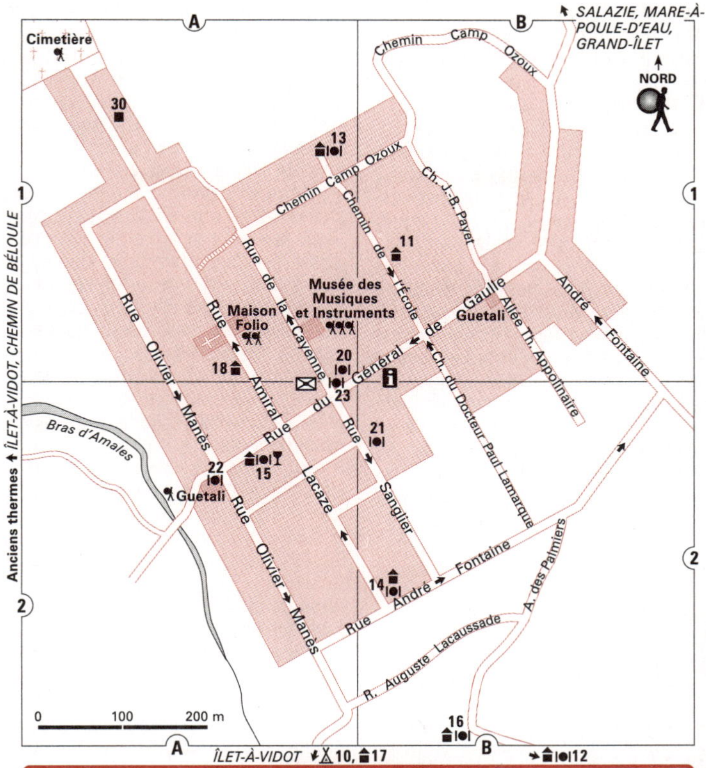

Adresses utiles

- Office de tourisme de l'Est (B1-2)
- **30** Austral Aventure (A1)

Où dormir ?

- **10** Camping à la ferme Le Relax, chez Techer (hors plan par A2)
- **11** Gîte La Mandoze (B1)
- **12** Le P'tit Blanc des « O » (hors plan par B2)
- **13** Le Tableau d'Hell-Bourg (A1)
- **14** Le Relais des Gouverneurs (B2)
- **15** Le Relais des Cimes (A2)
- **16** Les Jardins d'Héva (B2)
- **17** Chambres d'hôtes Les Agrumes (hors plan par A2)
- **18** Dortoir et chambres d'hôtes La Bourgeoise (A1)

Où manger ?

- **15** Le Relais des Cimes (A2)
- **16** Les Jardins d'Héva (B2)
- **20** Ti Chouchou (A1)
- **21** Restaurant Chez Alice (B2)
- **22** Villa Marthe (A2)
- **23** Le Gouléo (A1-2)

par la route Auguste-Lacaussade, que l'on suit jusqu'au bout ; arrivé au minuscule rond-point, prendre l'impasse de Bellevue à gauche, puis, 200 m plus bas, la 1re à gauche. Congés : juin. Doubles avec sdb 57-76 €, avec petit déj. Repas sur résa env 22-25 €. À 5 mn du centre, cette adresse bien cachée au fond d'une impasse propose des chambres simples, mais fort convenables. Le plus : l'accueil sympa.

Prix moyens

🏠 |●| ***Le Relais des Gouverneurs*** *(plan B2,* ***14****) : 2 bis, rue Amiral-Lacaze. ☎ 02-62-47-76-21. Résas sur • contact@relaisdesgouverneurs.fr • relaisdesgouverneurs.fr • Doubles 70-85 €, avec petit déj ; familiales. Repas env 25 €.* Ancienne bâtisse restaurée ? Vieille maison de famille entretenue avec amour ? Rien de tout cela : cette noble demeure a été construite en... 2003 par le propriétaire. Chapeau bas ! Rien d'extravagant cependant, mais une belle adresse qui ne manque ni de charme ni d'atmosphère. Autour et en contrebas d'un petit jardin fleuri, les édifices de style créole rassemblent une poignée de chambres sobres et confortables (plus simples pour les familiales). À table, bonne cuisine de tradition. Point de chute convivial, accueil gentil et service pro.

Chic

🏠 ***Le Relais des Cimes*** *(plan A2,* ***15****) : 67, rue du Général-de-Gaulle. ☎ 02-62-47-81-58. • info@relaisdescimes.com • relaisdescimes.com • ♿ Doubles 85-95 €.* Une structure moderne mais au style créole, dont les bâtiments s'intègrent bien à l'architecture locale. Chambres sans charme particulier, mais classiques, fonctionnelles et d'un niveau de confort convenable. On préfère la coquette annexe, installée de l'autre côté de la rue dans de vieilles cases créoles rénovées. Fait aussi resto (voir « Où manger ? »).

🏠 ***Les Jardins d'Héva*** *(plan B2,* ***16****) : 16, rue Lacaussade, chemin de Bellevue. ☎ 02-62-47-87-87. Double env 100 €, avec petit déj.* C'est l'une des belles adresses du bourg, qui n'en compte pas tant dans cette catégorie. Il faut reconnaître qu'elle ne manque pas d'atouts : un emplacement privilégié sur les hauteurs, un charmant jardin, et des chambres sobres et colorées réparties dans 5 cases (belles charpentes et plancher en bois), chacune avec une déco personnalisée et zen (pas de TV). Accueil sympa comme tout. Autre point positif : une bonne table (voir « Où manger ? »).

🏠 |●| ***Chambres d'hôtes Les Agrumes*** *(hors plan par A2,* ***17****) : 7, chemin Manouilh. 📱 06-92-65-51-82. • begue.rene-paul@orange.fr • chambredhotesdesagrumes.fr • ♿ À 2,5 km de Hell-Bourg, en dir. d'Îlet-à-Vidot, fléché sur la gauche (c'est 100 m plus loin). Doubles 90-110 €. Repas 25 €.* Dans un superbe jardin luxuriant et remarquablement entretenu où s'épanouissent fougères arborescentes et bégonias, 4 bungalows en bois aussi spacieux que confortables. Chacun dispose d'une terrasse, de 2 chambres, de grands lits (l'un d'eux dispose même d'un lit suspendu). Coin BBQ commun sous un kiosque, au bord d'une fontaine, mais ça vaut le coup de se laisser tenter par l'excellente table d'hôtes. Une adresse de qualité dans un site de charme.

Où manger ?

Prenez soin de réserver dans la journée pour un repas le soir car les restaurants peuvent réduire leurs horaires ou carrément fermer s'il n'y a pas assez de touristes dans le village – et parfois même s'ils sont suffisamment nombreux !

De bon marché à prix moyens

|●| ⛱ ***Villa Marthe*** *(plan A2,* ***22****) : 71, rue du Général-de-Gaulle. ☎ 02-62-21-02-02. • villa-marthe974@gmail.com • Ouv le midi seulement, tlj sauf ven. Plats 10-13 €. Digestif maison offert sur présentation de ce guide.* Tout au bout de la rue principale, sur une très belle terrasse verdoyante et paisible à l'écart du passage. Chaque semaine, une dizaine de plats traditionnels, mais pas uniquement. Mention spéciale pour les bols renversés, très appréciés. Bons desserts et service gentil comme tout.

|●| ***Ti Chouchou*** *(plan A1,* ***20****) : 42, rue du Général-de-Gaulle. ☎ 02-62-47-80-93. Tlj sauf jeu soir-ven en*

L'INTÉRIEUR DE L'ÎLE

basse saison (dernier service 19h45). Congés : fin mai-début juil. Plats env 13-26 €, menus 19-26 €. CB refusée. Résa conseillée, surtout le soir. Digestif maison offert sur présentation de ce guide. Dans une jolie case colorée de la rue principale, dotée de 2 petites salles accueillantes. L'équipe dynamique veille à adapter ses menus à la clientèle touristique. Cela donne une cuisine créole simple et agréable à base de truite à la crème de cresson ou au gingembre, de poulet (à la vanille, hmm !) et de chouchou, forcément. Mais on peut aussi se faire plaisir avec une entrecôte.

Restaurant Chez Alice *(plan B2,* ***21****) : 1, rue Sanglier, dans le centre. ☎ 02-62-47-86-24. Tlj sauf dim soir et lun-mar, dernier service 19h45. Résa conseillée. Plats 12-22 €.* Cuisine familiale, simple et sans chichis : caris, truites (au cresson ou au gingembre), chouchous, toutes les spécialités du coin sont à la carte. Le tout servi dans des salles façon chalet ou sur un bout de terrasse. Accueil un peu irrégulier en fonction de l'affluence.

Les Jardins d'Héva *(plan B2,* ***16****) : 16, rue Lacaussade (voir « Où dormir ? »). Tlj. Le soir, buffet à volonté env 32 €, boissons incluses.* De la salle à manger lumineuse, vue extraordinaire sur le cirque et le piton d'Anchaing. Pour un peu, on en oublierait son assiette ! Ce qui serait dommage, car le chef propose chaque jour un buffet bien ficelé comprenant plusieurs spécialités créoles typiques, préparées avec de bons produits. Pour accompagner le festin, du punch, du vin et une ribambelle de rhums arrangés. Ne prenez pas la voiture !

Le Gouléo *(plan A1-2,* ***23****) : 46, rue du Général-de-Gaulle. 📱 06-92-62-36-24. Tlj sauf mar (en théorie). Plats et pizzas 10-15 €.* Petite salle chaleureuse en pierres apparentes, prolongée par une terrasse de poche à l'arrière. Outre le poulet aux litchis, on sert ici un bel espadon laqué au miel et un *massalé* de porc bien fait. À moins que l'on vienne pour déguster les bonnes pizzas à la pâte très fine, goûteuses et garnies de produits locaux. Accueil très sympa.

Le Relais des Cimes *(plan A2,* ***15****) : 67, rue du Général-de-Gaulle (voir « Où dormir ? »). ☎ 02-62-47-81-58. Tlj jusqu'à 21h (en principe). Plats 15-20 €.* Cuisine créole correcte servie dans un cadre classique. Spécialité de truite vanille flambée au rhum ou grillée sauce cresson et quelques plats malgaches comme le *romazava* ou le *ravin'toto.* L'avantage, ce sont les horaires.

Achats dans les environs

Créa Passion 974 : *58, route du Téléphérique, à* ***Mare-à-Poule-d'Eau.*** *☎ 02-62-28-88-80. À env 3 km de Hell-Bourg, au « Village artisanal » ; à l'entrée du village, au bord de la route principale, sur la gauche. Tlj sauf dim-lun 9h-17h. Labellisé Qualité Tourisme Île de La Réunion.* Un magasin tenu par une association d'une quinzaine d'artisans : vannerie, vêtements, cosmétiques, bijoux, petits objets décoratifs, peinture, produits alimentaires, etc. Tout est fait à La Réunion ou presque. Accueil fort sympathique.

À voir. À faire

Le circuit des Cases créoles : *visite guidée de 1h30 lun-sam à 10h et 14h (plus dim sur résa). Compter 10 € (5 € jusqu'à 12 ans).* Une visite dans le village, à la recherche des plus belles demeures dont on vous contera l'histoire.

Visites guidées thématiques : *avec* ***Les Aventuriers de l'Est,*** *📱 06-92-34-45-21. • facebook •* Une équipe dynamique propose des visites bien rythmées et pleines d'anecdotes sur la culture, les croyances, la faune et la flore, à Hell-Bourg évidemment *(env 10 €/pers),* mais aussi à l'îlet Bethléem (axée sur l'agriculture, la pêche et l'agrotourisme), ou encore à Sainte-Rose.

Le musée des Musiques et Instruments – Maison Morange *(plan A1)* **:** *4, rue de la Cayenne. ☎ 02-62-46-72-23. • maisonmorange.fr • Tlj 10h-18h sauf lun. Entrée : env 7 € ; réduc ; gratuit moins de 8 ans. Billet combiné possible avec la maison Folio : 9 €. Labellisé Qualité Tourisme Île de La Réunion.* Un excellent musée, vraiment étonnant (surtout dans un si petit village !), qui expose une fabuleuse collection privée d'instruments de musique, accumulés au fil des années par 2 passionnés. Le musée est divisé en sections thématiques : Chine-Tibet, Afrique, Inde et Madagascar. Pas bien grand, mais la muséographie est moderne et les infos, très pédagogiques, sont habilement illustrées par de nombreux extraits sonores. Le couloir à gauche de l'entrée présente les 4 grandes familles d'instruments de musique (cordophones, idiophones, aérophones et membranophones). Certains instruments sont de véritables œuvres d'art, les uns connus, les autres oubliés, parfois très simples, souvent insolites, toujours superbes. Chacune des salles dispose par ailleurs d'une borne tactile proposant plusieurs vidéos de qualité, tournées par les créateurs du musée (festivals, cérémonies, fêtes, mariages ou autres). Muni d'un audiophone, on se laisse emporter par les sonorités d'un instrument religieux tibétain, d'une flûte indienne, des percussions malgaches, d'une guitare bricolée... Salle d'expo temporaire également. Un passionnant voyage musical à travers l'océan Indien. Bravo !

La maison Folio *(plan A1)* **:** *20, rue Amiral-Lacaze (face à l'église). ☎ 02-62-47-80-98. 06-92-22-22-98. Tlj 9h-11h30, 14h-17h. Fermé 1er janv, 1er mai et 25 déc. Entrée : env 6 € (visite guidée en continu de 1h-1h30, pas d'attente) ; 4 € en visite libre (avec un feuillet explicatif) ; gratuit moins de 11 ans. Billet combiné possible avec le musée des Musiques et Instruments : 9 €. Labellisé Qualité Tourisme Île de La Réunion.*

La famille Folio a eu la bonne idée d'ouvrir son petit coin de paradis au public et de faire visiter cette maison créole datant de 1870 qu'elle habite encore. La visite guidée, riche en anecdotes, se passe en grande partie dans le jardin regorgeant de curiosités végétales qu'on vous présentera en détail.

Après le jardin, on poursuit la visite dans les dépendances (collection d'objets anciens), avant de découvrir la maison. Elle est assez petite mais quasiment inchangée depuis sa construction par des charpentiers de marine, avec ses traditionnels lambrequins appelés aussi « casse-gouttes ». Vieux parquets, meubles d'origine et plafonds créoles. Quelques pièces toutes simples, encore bien dans leur jus, mélange d'ancien et de moderne.

Le cimetière *(plan A1)* **:** *au bout de la rue Amiral-Lacaze.* En surplomb d'un petit vallon, ce cimetière est l'un des plus colorés qu'on connaisse. Toutes les pierres tombales sont en effet remplacées par des fleurs. On a l'impression d'être dans un jardin. Quelques tombes d'inconnus célèbres, comme celle du bandit de grand chemin Zitte. La sépulture se remarque à sa grosse pierre blanche, à gauche derrière la croix principale. Le cimetière abrite également depuis février 2006 les cendres d'Auguste Lacaussade, le poète réunionnais qui a chanté Salazie et a révélé Leconte de Lisle.

FAIS PAS LA TÊTE !

Zitte, un des bandits les plus meurtriers de l'histoire de l'île de La Réunion, repose au cimetière de Hell-Bourg. Mais pas tout à fait en paix ! Pour être sûr que le meurtrier était bel et bien passé de vie à trépas, on le décapita après sa mort. Sa tête fut envoyée à Saint-Denis pour authentification et son corps enterré à Hell-Bourg. Il paraîtrait que son âme erre encore entre les 2, fâchée. Mais chut ! Ici, on ne rigole pas avec ces choses-là.

La maison avec « guetali » *(plan A2)* **:** *à l'angle des rues du Général-de-Gaulle et d'Olivier-Manès.* Ce petit pavillon d'angle, en bois couvert de tôle, s'appelle un *guetali.* Il semble être – modestement – inspiré des moucharabiehs des maisons arabes de la côte swahilie (Kenya, Tanzanie). Planté au coin d'un jardin, dominant la chaussée, le *guetali* permettait aux habitants de la maison d'observer et de guetter les mouvements de la rue sans être reconnus. Beaucoup d'entre eux ont malheureusement disparu. Celui-ci est l'un des derniers exemples encore présents dans l'île. Il a été classé. On en trouve un autre, toujours dans la rue du Général-de-Gaulle, à l'angle de l'allée Théodore-Appolinaire *(plan B1).*

À voir. À faire dans le coin

Les anciens thermes : *départ du sentier au bout de la rue du Général-de-Gaulle, à droite juste près le petit pont (plan A2). Compter 30 mn A/R. Accessible en permanence.* On a peine à imaginer que ce furent les 1ers thermes (en importance) de l'île, dès les années 1830, avant que Cilaos ne prenne le dessus. Ils commencèrent à décliner entre les 2 guerres mondiales, et le cyclone de 1948 donna le coup de grâce. Aujourd'hui, il ne subsiste que quelques ruines.

La Mare-à-Poule-d'Eau : *à env 3,5 km de Hell-Bourg ; à la sortie du village de* ***Mare-à-Poule-d'Eau,*** *en dir. de Saint-Benoît, fléché sur la gauche. On se gare où l'on peut. Un petit sentier sur la gauche conduit à la mare, 200 m plus loin.* Une mare paisible où l'on trouve toutes sortes d'oiseaux et, avec un peu de chance, certains oiseaux endémiques comme une espèce de héron très rare. Quelques familles s'installent ici pour pique-niquer, tandis que des pêcheurs titillent le tilapia.

Quelques randonnées au départ de Hell-Bourg

L'office de tourisme intercommunal de l'Est propose des ***brochures*** consultables sur les sites • *reunionest.fr* • *randopitons.re* • et répertoriant les randonnées et balades possibles. Plans de situation succincts mais tout à fait lisibles, données chiffrées (durée moyenne et distance) sur les différentes balades à réaliser, mais aussi temps de route pour rallier en voiture ou en bus les villages et hameaux du cirque entre eux. De plus, on trouve à l'office de tourisme la liste des sentiers de randonnée fermés provisoirement (en particulier en saison des pluies). Noter que Salazie fait partie du réseau international des Stations de trail. Enfin, on peut également glaner pas mal d'infos sur l'appli *rando tec-tec.*
Parmi les plus belles promenades :

La forêt de Bélouve et le Trou-de-Fer (La Plaine-des-Palmistes) : compter 3h de marche aller-retour. À notre avis, la plus belle rando à faire dans le coin. Le sentier d'accès à Bélouve part de la mairie annexe de Hell-Bourg et suit le balisage (très bien fait) du GR R1. Sentier pas évident et souvent humide (voire boueux). Après 1h30-2h de marche, on atteint un plateau d'où l'on peut admirer le piton des Neiges et le cirque de Salazie. On arrive ensuite au gîte de Bélouve (voir « Où dormir ? Où manger au cœur de la forêt de Bélouve ? » à La Plaine-des-Palmistes plus loin). Retour sur Hell-Bourg par le même chemin.
Pour le Trou-de-Fer, ajouter 3h aller-retour depuis le gîte de Bélouve. On peut effectuer la randonnée dans la journée sans dormir à Bélouve à condition de partir de très bonne heure (6h, afin d'arriver au but avant la montée des nuages). Dans tous les cas, il faut y être au moins à 12h. Attention à la dernière heure de marche : terrain très boueux par temps de pluie. Prévoir de bonnes chaussures donc. Autre possibilité : dormir au gîte et faire la rando

sur 2 journées. On décrit plus en détail la forêt de Bélouve et les randos à faire dans les environs de La Plaine-des-Palmistes.

La boucle Hell-Bourg/cap Anglais/Bélouve : randonnée demandant 5h30 à 6h30 d'effort (1 400 m de dénivelée positive tout de même !). À ne pas mettre dans toutes les chaussures. Difficile également en raison de l'état du sentier : les nombreuses sources du secteur en font une pataugeoire dès la 1re ondée. Il démarre au fond du stade municipal (prendre les escaliers) sur le GR R1. Il faut monter au cap Anglais (2 160 m) et même si, d'en bas, il ne paie pas de mine, on change d'avis pendant la grimpette. On traverse la forêt de Terre-Plate (cryptomerias). En haut, belle vue sur l'ensemble du cirque. On peut revenir par le même chemin ou prendre à gauche et longer le rempart du cap Anglais jusqu'au gîte de Bélouve (1h30 à 2h), puis redescendre sur Hell-Bourg par le sentier de Bélouve qui est plus agréable (1h30). Attention, dans cette configuration, cette randonnée peut prendre au total 8 à 10h, en fonction des conditions climatiques et de votre forme.
À partir du cap Anglais, le chemin de droite rejoint le piton des Neiges, Cilaos... Le refuge de la caverne Dufour est encore à 2-3h de marche. En prenant cette direction pendant quelques minutes, on arrive à la caverne des Anglais. Une grotte bariolée des noms de ses visiteurs. De Hell-Bourg à la caverne Dufour, prévoir 5h aller et au moins 8 à 10h de marche aller-retour. La rando est classée « difficile ».

Terre-Plate : balade sans grande difficulté de 3h30 environ, sur 4 km aller-retour. Même départ que pour la boucle Hell-Bourg/cap Anglais, mais on s'arrête au niveau du kiosque, à l'embranchement pour Îlet-à-Vidot et la source Manouilh. Du kiosque, belle vue sur le cirque puis retour par le même chemin. Cette rando peut aussi se faire en boucle. Compter alors environ 3h30.

La source Manouilh : elle a été découverte en 1906 par un jeune coureur des bois, Lucien Lucilly, dit... Manouilh. Toujours la même direction, vers Terre-Plate, et près de 6h au total aller-retour, pour une dénivelée de 600 m. En arrivant au cours d'eau, on découvre quelques cascades. La source Manouilh se trouve sur le versant opposé, dans une petite niche, creusée dans la falaise. Une légende raconte que les lieux étaient un cimetière marron. Soit on revient par le même chemin, soit par Îlet-à-Vidot et, de là, vers Hell-Bourg.

Le piton d'Anchaing : on peut faire le tour de cette belle montagne haute de 1 352 m, plantée au cœur du cirque de Salazie. Attention, cette randonnée d'environ 4-5h de marche aller-retour s'adresse aux sportifs chevronnés, car elle considérée comme difficile à cause des passages étroits qu'il faut emprunter (avec parfois du vide de chaque côté !). Mais la récompense est à la hauteur, puisqu'on domine tout le cirque du sommet du piton. Celui-ci doit son nom à une légende. Anchaing et sa femme Héva étaient les esclaves d'un riche propriétaire de la côte au vent. Un matin, le maître ayant battu Héva, le couple prit la décision de s'enfuir, devenant ainsi des marrons. Ils vécurent heureux et eurent de nombreux enfants, jusqu'à l'arrivée du chasseur d'esclaves Bronchard. En réalité, il y a autant de fins à cette histoire que de conteurs, nourrissant les espoirs des uns, le sens du tragique des autres. Mais pour tous, Anchaing symbolise la liberté et la résistance devant l'oppression.

Mafate par le col de Fourche : c'est la porte d'entrée pour le cirque de Mafate depuis Hell-Bourg. Départ du sentier au fond du village d'Îlet-à-Vidot (à 2 km de Hell-Bourg). Suivre le balisage du GR R1 et, du col de Fourche, prendre la direction La Nouvelle. Compter 1 journée de marche au total jusqu'à La Nouvelle pour l'aller. À La Nouvelle, nombreux gîtes d'étape et chambres d'hôtes (voir la rubrique qui lui est consacrée).

Mafate par le col des Bœufs : l'accès le plus facile, en passant par Grand-Îlet. Voir plus loin à « Randonnées vers Mafate au départ de Grand-Îlet ».

Sports et loisirs

■ ***Austral Aventure*** *(plan A1,* ***30****)* **:** *42, rue Amiral-Lacaze, Hell-Bourg, 97433 Salazie. ☎ 02-62-32-40-29. 06-92-87-55-50. • australaventure.fr •* *Austral Aventure* propose tous les parcours de canyons et randonnées aquatiques de La Réunion, particulièrement le fameux canyon de Trou-Blanc de Salazie. Labellisé Qualité Tourisme Île de La Réunion.

GRAND-ÎLET

Un village typique situé à 15 km de Salazie et 21 km de Hell-Bourg. Très étiré, il est d'une tranquillité totale dans ce merveilleux bout du bout du monde où l'on peut séjourner si on veut rejoindre le cirque de Mafate aux aurores.
2 mots d'histoire sur l'église classée. Le 1er édifice datait de 1873, il fut remplacé par un 2e, plus grand, en 1901. Les cyclones de 1932 et 1935 lui firent subir de graves dommages. Puis vint Hollanda en 1994, la destructrice, qui réduisit à néant la maison de Dieu. Plus d'église du tout, jusqu'à sa reconstruction 2 ans plus tard, en bois et bardeaux.
On compte ici aujourd'hui plus d'une centaine de Maillot, Grondin ou Damour, les Clain sont plutôt à Hell-Bourg et les Sisahaye à Mare-à-Martin. Les descendants d'esclaves s'appellent Cocotier, Laup (pour Paul) ou encore Enilorac (Caroline).

Adresses utiles

Office de tourisme : *à* ***Hell-Bourg.***
■ ***Épicerie, boulangerie et pharmacie :*** *près de l'église.* Pratique pour le ravitaillement et les petits soins.

Où dormir ? Où manger ?

À Mare-à-Vieille-Place *(97433)*

À mi-chemin entre Salazie et Grand-Îlet, à environ 8 km de l'embranchement.

Gîte de la Colline : *82, chemin Plateau. ☎ 02-62-47-59-08. 06-92-66-13-08. • gdc.run@gmail.com • gitesdelacolline.jimdofree.com • À la sortie du village, en dir. de Grand-Îlet, prendre, sur la gauche, le chemin Bègue ; le suivre jusqu'au chemin Plateau (la 1re vraie rue sur la gauche), le gîte est au bout. Par nuit, env 60-68 € pour 2-4 pers en sem (3 nuits min), env 162-180 € le w-e (2 nuits).* À 1 000 m d'altitude, au calme, dans un joli jardin, avec belle vue sur la montagne, un gîte en bois très mignon, pouvant accueillir 4 personnes dans 2 chambres (1 double et 1 à lits jumeaux). Eau chaude, cuisine équipée et, grand luxe, les lits faits à l'arrivée. Attention, il y fait froid pendant l'hiver malgré les radiateurs... En revanche, dès le printemps, on profite à fond de la petite terrasse couverte et du joli jardin fleuri.

Restaurant Le Belvédère : *sur la D 52, à la sortie du village, sur la gauche. ☎ 02-62-20-40-16. Tlj 11h-17h (16h en saison creuse). Plats env 7-14 €. Digestif maison offert sur présentation de ce guide.* Snack-resto tout simple tenu par des jeunes très sympa. Bons plats du jour (caris, civets, sautés...), mais aussi des salades et des *lords* bien maousses (un genre de gros sandwich). En attendant sa commande, on peut même profiter du billard ou du baby-foot.

À Grand-Îlet (97433)

Très bon marché

Chambres Chez Arlette Maillot : *16, chemin des Corbeilles-d'Or.*

☎ 02-62-47-70-92. *De Grand-Îlet, prendre la route vers Mafate, à gauche en arrivant (D 52). À env 400 m, juste après le resto* Chez Serge, *emprunter le 1er chemin à droite. C'est au bout. Double env 42 €, avec petit déj.* Charmantes maisons en bois, de plain-pied, en contrebas de celle des proprios avec une petite terrasse commune et un bout de pelouse sur le devant. Environnement paisible et plaisant avec une belle pelouse. Une poignée de chambres très simples et sans grand charme (murs de séparation en panneaux de particules), mais chacune avec salle de bains. Elles sont un peu sombres mais propres, fonctionnelles et pas chères. Pas de cuisine à dispo (seulement des couverts pour dépanner). Une adresse basique mais au rapport qualité-prix imbattable, et c'est pour ça que l'on vient. Accueil gentil.

Bon marché

Ferme-auberge et chambres d'hôtes La Tourte Dorée : *chez Mme Jeanne-Marie Grondin, 7, chemin Damour (dans le village, 80 m après l'église, fléché sur la gauche).* ☎ *02-62-47-70-51.* • *latourtedoree974@wanadoo.fr* • *latourtedoree.com* • *Doubles env 45-55 € ; 1 familiale. Repas sur résa 25 €.* Dans une grande maison en bois de style néocréole montagnard, 6 chambres simples et spacieuses au charme suranné, mais nickel et confortables. Celles du rez-de-chaussée donnent sur une terrasse ou le jardin, tandis que celles de l'étage (les plus chères), profitent d'une galerie commune pour admirer la vue. À la table d'hôtes (excellente), on mange la volaille de la basse-cour, les légumes du jardin et bien sûr la fameuse tourte aux *brèdes* chouchous. Accueil gentil et discret.

Chambres d'hôtes Le Jean Robert : *10, chemin Bord-Fontaine.* ☎ *02-62-97-51-74.* 📱 *06-93-20-03-61.* • *gilette.robert@live.fr* • *lejeanrobert.re* • *De Grand-Îlet, prendre la route vers Mafate, à gauche en arrivant (D 52). À 1,5 km, prendre le chemin à gauche (fléché). Double 50 €.* Une imposante maison en bois, très au calme. Grande véranda sur l'avant pour les repas et pour profiter de la jolie vue. Chambres sans prétention, dont une familiale, toutes avec salles de bains et à prix doux. Côté déco, c'est désuet, mais c'est propre et confortable. Le plus, c'est l'accueil jovial du propriétaire, toujours de bons conseils sur les randos dans le coin, notamment à Mafate. Bonne ambiance autour de la table d'hôtes.

Chambres d'hôtes Le Cimendef : *chez Noëline et Daniel Campton, 735, route du Bélier (D 52).* ☎ *02-62-47-73-59.* • *campton.cimendef@wanadoo.fr* • *À 2 km du village, sur la route de Mafate. Double avec sdb 55 € ; et une grande plus chère. Repas sur résa 25 €.* Daniel a construit lui-même sa jolie maison de style créole. Chambres coquettes avec boiseries, mobilier agréable et couleurs pimpantes (rouge, verte, bleue, orange...). La plus chère est vraiment très spacieuse et dispose d'un jacuzzi, tandis que la familiale est équipée de lits superposés pour les enfants. Une adresse de qualité, à prix doux. Très bon accueil. Bref, carton plein.

Restaurant Le Grand-Îlet (Chez Serge) : *48, rue du Père-Mancel.* ☎ *02-62-47-71-19.* ♿ *De Grand-Îlet, prendre la route vers Mafate ; c'est 400 m plus loin, sur le côté droit de la route. En principe, tlj sauf jeu (mieux vaut téléphoner). Plat env 12 € (6 € à emporter).* Au rez-de-chaussée d'une maison particulière, un snack-resto à l'ancienne, avec quelques tables en terrasse et une petite salle carrelée. On y propose chaque jour 2 plats du jour simples et savoureux (saucisses, manchons de canard aux olives, sauté de poulet aux légumes, *brèdes...*), préparés avec cœur et générosité par Serge, l'adorable patron. Il n'hésitera pas à se plier en quatre, voire en huit, pour vous apporter une aide ou une info.

Prix moyens

Chambres d'hôtes Le Guétali : *29, chemin Camp-Pierrot.*

06-92-82-84-83. • le-guetali-salazie.hotelmix.fr • Doubles env 72-80 €. Table d'hôtes sur résa env 25 €. Une maison moderne de plain-pied perchée en haut de la côte. Autant dire que la vue depuis les terrasses vaut la photo ! Quant aux chambres, elles sont nickel, dans un style sobre et actuel, et bien sûr de bon confort. Tables d'hôtes de qualité et très conviviale.

La Croisée des Sentiers : *21, chemin du Stade. 06-92-31-51-97. • lacroiseedessentiers974@gmail.com • la-croisee-des-sentiers-salazie.hotelmix.fr • Double env 70 €, petit déj 8 €.* Entre 2 randos, un peu de luxe ne fait pas de mal. Les chambres sont vraiment bien arrangées (du contemporain parfaitement équipé), le coin salon est impeccable pour préparer ses itinéraires et les terrasses idéales pour bouquiner. Mais ce qui fait vraiment la différence, c'est la piscine avec vue sur les montagnes. Super.

Randonnées vers Mafate au départ de Grand-Îlet

De Grand-Îlet, on peut poursuivre vers le col des Bœufs, point de départ pour gagner ***Mafate.*** Le stop fonctionne bien, beaucoup de randonneurs l'empruntent ; ou demandez aux propriétaires de chambres d'hôtes s'ils peuvent vous y conduire. Sinon, le bus n° 82 relie Salazie jusqu'au village de Bélier, où le bus 82c prend le relais jusqu'au col (2 bus/j. seulement pour ce dernier). ATTENTION : en raison de vols, ne pas laisser sa voiture sur le bord de la route. Au bout de la route, on parvient au parking payant du col des Bœufs, à 1 920 m d'altitude, surveillé jour et nuit *(4 € 6h-18h, 14 €/nuit ; penser à faire ses provisions avt !).* De là, on gagne à pied le col des Bœufs proprement dit, en 15-20 mn de grimpette pour débuter la descente vers La Nouvelle et Marla. Se reporter plus loin à la rubrique « Comment accéder à Mafate ? Du cirque de Salazie » dans « Le cirque de Mafate ».

MARE-À-MARTIN

C'est un petit îlet au bout de la route. Pique-nique au lit-dit Ravine-Blanche avec possibilité de rando en boucle (30 mn), sans difficulté avec des enfants. Table d'orientation au lieu-dit la Croix, avec vue sur le piton des Neiges, le piton d'Anchaing, Cimendef. Il y a un petit lac, la Mare-à-Martin. Joli effet photographique, avec le reflet d'une case dans l'eau et les montagnes derrière, c'est très beau.

Possibilité de loger dans ***Les Bungalows d'Emma*** : *117, chemin Mare-à-Martin. 06-92-11-97-37. Compter env 50 €.* Des bungalows en dur simples et fonctionnels (1 double et 1 familial), avec frigo et micro-ondes. Pratiques à défaut d'être charmants, mais l'environnement est champêtre.

LE CIRQUE DE MAFATE

800 hab.

• Carte *p. 245*

Le plus sauvage des 3 cirques de l'île est aussi le moins fréquenté. Et pour cause : Mafate, malgré sa superficie d'environ 100 km², a la particularité d'être coupé du monde ! Aucune route n'y mène. On s'y rend

L'INTÉRIEUR DE L'ÎLE

uniquement à pied, par de petits sentiers de montagne. Le cirque est approvisionné essentiellement par des hélicoptères (qui évacuent aussi les 25 t de déchets mensuels) et l'installation d'une antenne de télévision en 1987 a révolutionné la vie des habitants !
Malgré son isolement, le cirque est peuplé d'environ 800 Mafatais, vivant pour la plupart dans des conditions encore assez simples. Si, d'un côté, on ne peut échapper au va-et-vient des hélicoptères, on y voit aussi beaucoup de « cases-la-misère », comme les appellent les créoles. Mais l'isolement n'a pas que de mauvais côtés : les Mafatais sont très hospitaliers et ont toujours du temps pour discuter avec les randonneurs.
L'autre intérêt du cirque, outre ses habitants, c'est bien sûr la nature. Elle explose à chaque détour de sentier (en tout, plus de 100 km). Les montagnes sont omniprésentes, le cirque étant encerclé par des remparts et dominé par 5 sommets de plus de 2 000 m. L'érosion a donné aux pitons les formes les plus inimaginables, les ravines sont légion, la forêt est partout. Isolé à la pointe d'un plateau ou au creux d'une vallée secrète, surgit de temps à autre un îlet, groupement de maisons en bois sous tôle, quasi anachroniques, où une poignée de familles nombreuses tente d'arracher au sol quelques lopins où planter haricots et maïs.

UN PEU D'HISTOIRE

Mafate était un chef marron qui devint le chef d'une communauté d'esclaves en fuite avant d'être tué en 1751 par ***Mussard,*** le ***chasseur de marrons.*** Son nom vient du malgache, soit d'un mot signifiant « celui qui tue », soit d'un autre ayant pour sens « celui qui pue » (car il s'était installé près d'une source sulfureuse). À la fin du XVIIIe s, une fois les derniers marrons partis, des Petits Blancs s'installent dans le village d'Aurère. Vers 1860, les thermes de ***Mafate-les-Eaux*** voient venir des bourgeois en chaise à porteurs depuis Saint-Denis ou Saint-Paul. Le peuplement de Mafate s'accentue et les îlets de Roche-Plate, Marla et La Nouvelle sont créés. Avant la fin du XIXe s, près de 200 familles se sont installées, malgré le refus des autorités de leur accorder des concessions et l'opposition du service forestier, qui tente de chasser les Mafatais pour transformer le cirque en zone protégée. Devant l'ampleur de cette colonisation « sauvage », les autorités de l'île choisissent la répression : des maisons sont brûlées, les gardes forestiers constituent des milices armées, et des lois impitoyables sont imposées aux habitants. Il était par exemple strictement interdit de ramasser du bois ! Ce contrôle avait tout de même un sens : en déboisant le cirque, les Petits Blancs des Hauts aggravaient l'érosion. Et les inondations menaçaient Le Port et Saint-Paul...
Les problèmes de gestion de Mafate ne sont réglés qu'au XXe s, dans les années 1960 : ***la population est regroupée en îlets*** et les terres sont louées pour des sommes symboliques. Économiquement, la solution des coopératives est choisie pour tenter d'améliorer le sort des habitants. Le reboisement et l'irrigation ont résolu les problèmes d'inondation. La ***culture du géranium et des lentilles*** est relancée. Et l'ONF, en employant une grande partie des Mafatais pour des travaux forestiers, leur donne la possibilité de subvenir à leurs besoins, les petites cultures vivrières et l'élevage de quelques volailles n'étant pas suffisants.
Dans les années 1980, le conseil général a transformé la vie dans le cirque en finançant des chauffe-eau solaires et des blocs sanitaires ! Le projet du XXIe s sera l'électricité... sans fil, mais l'idée ne semble pas plaire à tout le monde. Des infirmières visitent les îlets (à pied !) et des assistantes sociales y font également des tournées. À l'école, les cours sont donnés du lundi midi au vendredi midi (y compris le mercredi), pour laisser le temps aux instituteurs de rentrer chez eux.

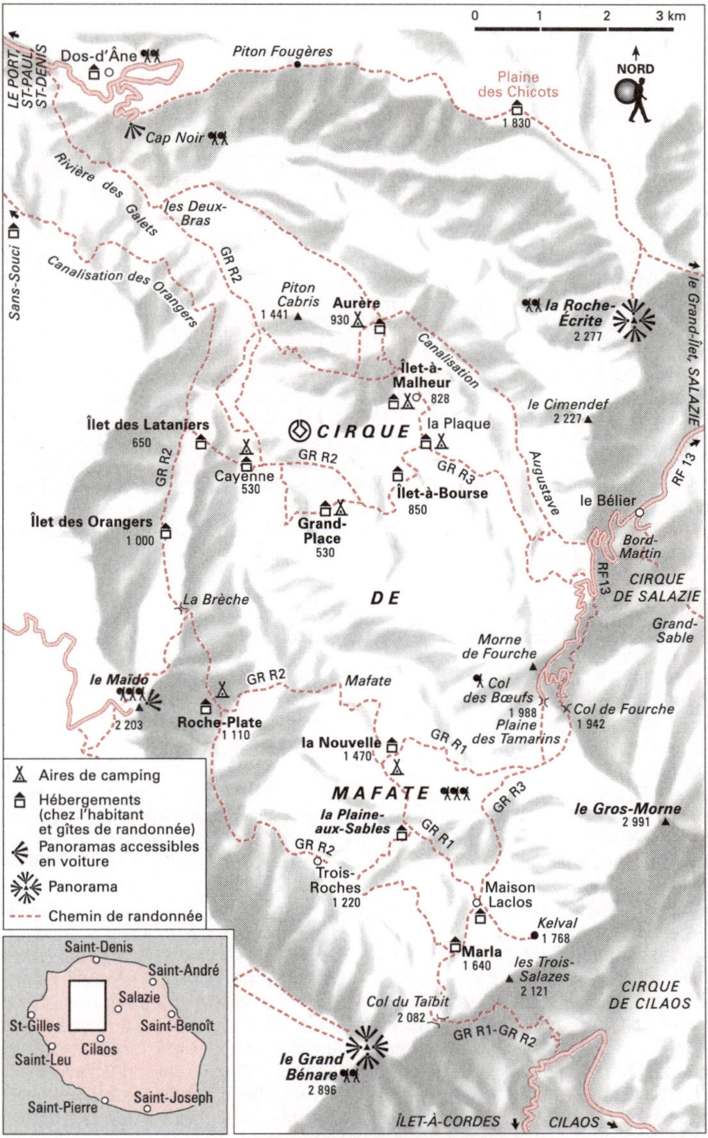

LE CIRQUE DE MAFATE

Le nombre d'habitants a diminué de moitié durant les 2 dernières décennies, même si aujourd'hui cette chute est nettement enrayée. Ceux qui sont restés sont bien décidés à ne pas quitter leur cirque, et, grâce au tourisme, ils peuvent espérer trouver un emploi. Mais gare aux travers du tourisme : l'accueil en chambres d'hôtes n'est plus toujours ce qu'il a été, certains gîtes sont devenus de vraies usines à randonneurs... Alors que la fréquentation touristique augmente dans le cirque (on parle de 80 000 randonneurs par an).

LE FACTEUR DE MAFATE

Depuis le départ à la retraite d'Angelo Thiburce, le facteur de Mafate, le courrier est distribué par hélicoptère (et collecté une fois par semaine, sachez-le). Des facteurs mafatais se chargent ensuite de le distribuer aux 300 familles éparpillées sur la centaine de kilomètres carrés du cirque. Mafate possède son propre cachet, et si vous postez votre courrier dans une des boîtes du cirque, celui-ci portera le dessin d'une montagne, un sentier, une case, 2 traces de pas et un hélicoptère. Ce sont les enfants de Roche-Plate qui l'ont dessiné. Ils ont recherché tout ce qui pouvait faire penser à Mafate, et l'hélicoptère leur est venu en 1er.

UN INLASSABLE FACTEUR

Tout le monde connaît Angelo Thiburce, l'ancien facteur de Mafate, depuis que celui-ci est passé à la télévision. La 1re fois, il a raconté qu'il devait changer régulièrement de chaussures, non remboursées par la Poste... et il en a reçu en quantité suffisante pour marcher jusqu'à la retraite ! Chaque tournée lui prenait 4 jours. Il a pris sa retraite en 2002, au terme d'une longue carrière et de 180 000 km parcourus à pied, soit plus de 4 fois le tour de la planète.

Comment accéder à Mafate ?

Amoureux de nature, de randonnée et de calme, vous êtes ici chez vous ! Tous les sentiers sont balisés : on ne peut pas se perdre (en principe). Compter au minimum 5 jours pour visiter l'ensemble des îlets, tous différents. Les 2 sentiers de grande randonnée, le GR R1 et le GR R2, passent par Mafate. Le GR R3 fait le tour du cirque. La partie basse du cirque (au nord) est la moins visitée. Le village de La Nouvelle est le plus fréquenté avec celui de Marla. Pour avoir un panorama de choix sur Mafate, se rendre au piton Maïdo (on en parle en détail dans le chapitre qui lui est consacré) ou à Dos-d'Âne. On compte 6 voies d'accès principales au cirque, mais les degrés de difficulté ne sont pas les mêmes ! Certaines randonnées de Mafate peuvent se faire avec des enfants, à condition de choisir les sentiers les plus faciles, comme Rivière-des-Galets/Cayenne (en boucle) ou encore col des Bœufs/La Nouvelle par exemple.

➢ ***Du cirque de Salazie :*** c'est l'option la plus fréquente et la plus appréciée des randonneurs. On passe par Grand-Îlet ; arrivée au parking du Petit-Col sous le col des Bœufs, où on laisse sa voiture (parking payant surveillé). En bus, monter jusqu'au Bélier, et ensuite prendre le minibus qui dessert le parking les lundi, mercredi et vendredi tôt le matin et en début d'après-midi ainsi que les dimanche et jours fériés ; sinon, compter 2 à 3h de marche sur la RF 13 du Bélier au parking.

Du col des Bœufs (compter 20 mn depuis le parking), on gagne ***La Nouvelle*** ou ***Marla*** (respectivement en ***2h*** et ***2h30*** au total). La descente se fait d'abord par de larges marches (environ 30 mn), puis on traverse la ***plaine des Tamarins,*** mi-féerique, mi-jurassique (Park). De là, bifurcation possible sur la gauche vers Marla ou Trois-Roches. Sinon, continuer tout droit et effectuer une 2e descente de 1h environ pour atteindre La Nouvelle. Une variante possible mais pas indispensable dans cette dernière descente (surtout en cas de pluie) : par Plateau-Chêne (sur la gauche). C'est un peu

plus sportif, mais on profite d'un beau point de vue. La remontée est raide, mais c'est faisable dans la journée avec des enfants.
Il est également possible, sans monter au parking mais à partir de la même RF 13 d'où part le GR R3, de gagner d'autres îlets : Aurère (en 5h), Îlet-à-Malheur (4h30) ou Îlet-à-Bourse (5h30).

➢ ***De Saint-Paul*** (côte ouest), 3 solutions :
- soit *par le piton du Maïdo* en descendant sur Roche-Plate (on décrit le sentier dans la rubrique « Randonnées au départ du Maïdo » dans les environs de Saint-Paul). Bus *Kar'Ouest* (ligne n° 2) au départ de Saint-Paul et jusqu'au début du sentier (pas de bus le dimanche). Ce n'est que de la descente jusqu'à Roche-Plate pendant 2h, puis moins de 1h jusqu'à l'îlet ;
- soit *en longeant la rivière des Galets* (variante du GR R1). C'est vraiment à éviter, car marcher pendant des heures dans la rivière des Galets n'a rien d'extraordinaire, de plus il faut souvent se déchausser pour la traverser. Une solution assez rapide consiste à se faire transporter en 4x4 dans la rivière des Galets et à terminer à pied. Convenez de l'heure du rendez-vous pour le retour. Solution peu coûteuse quand le véhicule est plein. Contacter par exemple M. Budel (*06-92-03-50-84 et 06-92-42-77-25 ; • taxiteur mafate.wix.com/taxi-de-mafate •*), M. Thomas ou M. Thiburce (*06-92-62-82-10 et 06-92-08-00-47) ; • 4x4-mafate.fr •*), peuvent vous y conduire en 4x4 : environ 7-8 € par personne (bien se mettre d'accord sur les tarifs avant). Ensuite, on marche un peu dans la rivière jusqu'au barrage, puis le chemin se sépare sur Aurère ou Grand-Place et Les Lataniers (1h de marche). À Deux-Bras, si vous prenez la direction Aurère, en montant vous apercevrez une case face à vous. Dans l'épaisseur de la végétation, on peut parfois voir des taches blanches sur le piton Diane. Ce sont des cabris. On contourne le piton Cabris par une forêt et on arrive à l'embranchement Aurère ou Îlet-à-Malheur ;
- soit *par la canalisation des Orangers* du village de Sans-Souci (pas loin de La Plaine-Saint-Paul) jusqu'à l'îlet des Orangers (4-5h de marche de Sans-Souci). C'est l'un des chemins les plus faciles (il est quasi plat sur tout le parcours, 12 km) et qui offre de manière grandiose une vision globale sur une partie du cirque. Mais on le déconseille aux personnes sujettes au vertige. On peut aller en bus *Kar'Ouest* (*• karouest.re •*) jusqu'à Sans-Souci. Il existe un raccourci avant le virage indiqué par le chauffeur. Possibilité de bivouac à la réserve d'eau. Compter 1h de marche du départ du sentier, près d'une citerne, jusqu'au début de la canalisation.
La canalisation commence en longeant la rivière des Galets. Attention au vertige, parfois le sentier ne fait que 1 m de large et on marche ainsi pendant 3-4h. La vue est belle sur la rivière qu'on domine, puis sur l'entrée de Mafate. Assez facile, mais terrain découvert en plein soleil. On trouve de l'eau à 1h environ du départ, dans un creux de falaise. Attention, le sol est très glissant. Le 1er groupe de cases qu'on aperçoit est l'îlet des Lataniers, puis, au-dessus, celui des Orangers. La bifurcation a lieu quand on arrive à la rivière, au bruit de l'eau des cascades. Si on prend le petit chemin qui descend, on rejoint les Lataniers en 30 mn.

➢ ***De Cilaos :*** on peut atteindre en 3h (de bonne marche, jonction D 242) et en empruntant le col du Taïbit (balisage du GR R1, puis du GR R2) l'îlet de Marla ou, plus loin, La Nouvelle. Itinéraire assez difficile : ça grimpe !

➢ ***De Dos-d'Âne*** *(au sud-ouest de La Possession)* **:** de Saint-Denis, prendre la N 1 jusqu'à la rivière des Galets, puis la D 1 pour Dos-d'Âne (15 km), où un sentier est indiqué 200 m après l'église, sur la gauche. On peut prendre le bus *Kar'Ouest* au départ du Port et monter jusqu'à Dos-d'Âne. Chemin difficile et déconseillé en cas de pluie. On descend en 2h d'une marche très, très sportive jusqu'à Deux-Bras, d'où partent d'autres sentiers pour les îlets voisins, mais il faut encore marcher pendant 2h pour arriver à Aurère.

Avant de partir en randonnée

Temps de marche

Attention, nos commentaires ne suffisent largement pas pour se lancer dans ce genre de rando : une bonne carte IGN ou un topo-guide est INDISPENSABLE. Les temps de marche ne sont que très indicatifs (au minimum), variables en fonction du niveau de chacun, de ses conditions physiques et des conditions météo. Ceux indiqués sur les bornes sont pour les marcheurs aguerris, sans sac à dos. Attention de bien vous renseigner avant et de ne pas vous surestimer !

– ***Conseils :*** il est imprudent de randonner seul, et surtout seule. Mieux vaut être mal accompagné(e) que solitaire... et égaré(e). N'oubliez pas de prendre de l'eau, une lampe de poche, des fruits secs, des savates pour vous reposer les pieds et traverser les cours d'eau...

– ***Ravitaillement :*** on trouve des épiceries presque dans chaque îlet, mais elles manquent cruellement de produits frais et les prix sont très élevés. Hormis les conserves, peu de choses à se mettre sous la dent. Donc prévoir les produits frais avant de partir. 2 boulangeries à La Nouvelle et 1 à Marla pour acheter du pain frais. Peu de pain dans les épiceries en général.

– ***Hébergement et restauration :*** les petits déjeuners coûtent en général autour de 7 € pour manger souvent des biscottes et de la confiture en pot, et ne sont pas inclus dans le prix de la nuitée. Commander les repas quelques jours avant pour éviter les surprises.

– Dans tous les cas, il est ***IMPORTANT de se renseigner au préalable pour connaître l'état des sentiers*** : les éboulements sont en effet fréquents, certains sentiers sont alors fermés, et on se casse le nez. Consulter par exemple le site • *reunion-mafate.com* • Les arrêtés préfectoraux d'ouverture et de fermeture sont également en ligne sur le site du central de réservation : • *explorelareunion.com* •

Idées de circuits de 1 à plusieurs jours

Choisissez un itinéraire de randonnée en fonction du temps dont vous disposez et de l'endroit d'où vous partez. Les touristes pressés se contentent généralement de se rendre à la « capitale » de Mafate (La Nouvelle) au départ du cirque de Salazie. C'est dommage, car cet îlet ne peut pas résumer à lui seul la particularité de l'habitat et des traditions mafatais. De plus, il est très fréquenté le week-end. Une bonne alternative consiste à visiter l'îlet de Marla, plus joli et dont l'accès est tout autant possible depuis Salazie. ***Nous conseillons de visiter au minimum 3 ou 4 îlets,*** par exemple :

– Marla/Roche-Plate/La Nouvelle, si vous venez de Cilaos ou du cirque de Salazie ;
– Grand-Place/Roche-Plate/La Nouvelle, si vous venez du cirque de Salazie ;
– Les Deux-Bras/Aurère/Îlet-à-Malheur/Îlet-à-Bourse/Grand-Place, si vous venez de La Possession et de Dos-d'Âne ;
– îlet des Lataniers/Grand-Place/Îlet-à-Bourse ou Roche-Plate/Marla/La Nouvelle, si vous venez du Maïdo.

Le sentier reliant Grand-Place-Cayenne à La Nouvelle par le fond de la rivière des Galets est fermé. Il vous faudra donc monter à Roche-Plate par le sentier Dacerle avant de rejoindre La Nouvelle (parcours difficile).

Voici quelques idées d'itinéraires, non exhaustives, à compléter en fonction de vos envies. Certaines journées sont plus chargées que d'autres. Plusieurs sites à consulter pour vous aider : • *reunion-mafate.com* •, • *randopitons.re* • ou encore • *runraid.free.fr* •

À la journée

➢ ***Randonnées faciles :*** du parking du col des Bœufs à La Nouvelle (4-5h A/R), 40 m de dénivelée positive et 530 m en négatif. Du col des Bœufs à Marla (5h A/R). Du col des Bœufs à La Nouvelle par Marla (environ 7h A/R, en boucle). Des Deux-Bras (si vous avez choisi l'option 4x4) à Grand-Place (3-4h A/R). De Sans-Souci dans les Hauts de Saint-Paul à Captage (6-8h A/R).
➢ ***Randonnées moyennement faciles :*** de Bord-Martin à Îlet-à-Malheur (9h A/R). Du Maïdo à Roche-Plate (6h A/R).
➢ ***Randonnée plus difficile :*** de Cilaos à la jonction D 242 à Marla (7h A/R).

Sur 2 jours avec 1 nuit sur place

➢ Du parking ***du col des Bœufs*** (cirque de Salazie) : 1re demi-journée jusqu'à La Nouvelle (2h) ou jusqu'à Marla (3h) avec une nuit en gîte. Le lendemain, sortir par Roche-Plate (tronçon pas évident venant de La Nouvelle), mais la sortie par le Maïdo est difficile ainsi que celle par le col du Taïbit pour Cilaos. Ou faire la boucle.
➢ ***Du Bélier*** à Marla (5-6h). Nuit en gîte. Le lendemain, sortir par le col du Taïbit pour arriver sur la route d'Îlet-à-Cordes et de Cilaos (3-4h). Autre option : du Bélier, marcher jusqu'à Îlet-à-Malheur, Aurère ou Îlet-à-Bourse (4-5h). Nuit en gîte. Le lendemain, sortir par la rivière des Galets (8h, ou 2 à 4h en utilisant l'option 4x4 jusqu'au village de Rivière-des-Galets).
➢ ***Du Maïdo :*** descente du Maïdo à Roche-Plate (3h), passer une nuit en gîte. Sortie par l'îlet des Orangers, celui des Lataniers et Deux-Bras puis 4x4 jusqu'au village de Rivière-des-Galets (5-6h).
➢ ***De la rivière des Galets :*** une partie de la rivière des Galets peut se faire en 4x4. Marcher ensuite vers Aurère ; dormir sur place ou à Îlet-à-Malheur pour ceux qui peuvent encore marcher (45 mn). Le lendemain, sortir par Bord-Martin jusqu'au Bélier (3-4h).
➢ ***De la canalisation des Orangers :*** 1 journée pour aller jusqu'à l'îlet des Orangers ou pousser vers Roche-Plate et y passer la nuit. Le lendemain, sortir par le Maïdo (difficile). Ou aller à l'îlet des Lataniers et ressortir le lendemain matin par la rivière des Galets (facile).

Sur 3 jours avec 2 nuits sur place

➢ Départ du parking ***de la rivière des Galets*** (en 4x4) : assez facile, pour marcheurs moyens.
– 1re demi-journée (moins de 3h de marche) : à Deux-Bras, départ du sentier jusqu'à Grand-Place (2h30-3h).
– 2e journée (5-6h) : prendre la direction d'Îlet-à-Bourse/La Plaque, pour aller dormir à Aurère (2-3h).
– 3e demi-journée (2-3h) : direction Deux-Bras, la rivière des Galets à pied puis en 4x4.

Sur 4 jours avec 3 nuits sur place

➢ Du parking ***du col des Bœufs*** (cirque de Salazie).
– 1re demi-journée jusqu'à La Nouvelle (2h) et 1re nuit. Inutile de partir très tôt dans ce cas, au risque de tourner en rond à La Nouvelle !
– Journée du lendemain vers Roche-Plate (5h) ; attention, certains tronçons étroits et glissants avec une partie de descente pentue avant la rivière des Galets. 2e nuit à Roche-Plate.
– Le lendemain, direction Marla (6h) avec un arrêt pique-nique à Trois-Roches, le long de la rivière, près des cascades. 3e nuit à Marla.
– Retour vers le col des Bœufs (3h), sans difficulté particulière.

Hébergements

Gîtes

Les gîtes se répartissent sur une dizaine d'îlets. Confort parfois sommaire pour certains, autant le savoir. Pensez impérativement à réserver, y compris pour les repas (notamment dans les offices et maisons de tourisme de l'île ou sur le site ● *explorelareunion.com* ●). Hors saison, les gîtes sont souvent fermés jusqu'à 15h. Les serviettes de toilette ne sont généralement pas fournies.

Campings

Le bivouac est toléré 1 nuit à proximité des sentiers et dans les îlets, à condition de respecter l'environnement (pas de feu, collecte des déchets...).
Il existe quelques ***aires de camping payantes ou non à La Nouvelle, La Plaque, Aurère, Cayenne, Roche-Plate, Grand-Place-les-Hauts***... Enfin, plusieurs ***campings chez l'habitant*** théoriquement à La Nouvelle, Grand-Place et Aurère.

ROCHE-PLATE *(1 110 m ; 97419 La Possession)*

Petit village d'à peine 20 familles. On y trouve 2 épiceries, une dans chaque hameau de l'îlet. Un petit ruisseau coule à proximité.
De Roche-Plate, on peut rejoindre le fond de la rivière des Galets, site à proximité du lieu-dit Mafate, ancien village thermal. Il n'en reste rien, mais il fut pendant une cinquantaine d'années un centre de villégiature très recherché, au même titre que Cilaos ou Hell-Bourg. On remontait alors à cheval les 15 km de la rivière des Galets et on poursuivait à pied ou en chaise à porteurs.
➢ ***De Roche-Plate à La Plaine-aux-Sables ou La Nouvelle en passant par Trois-Roches :*** compter de 5h30 à 6h pour La Nouvelle. À Trois-Roches, superbe endroit pour une halte et se tremper les pieds dans les bassins. Petite cascade devant laquelle se dressent 3 énormes blocs de basalte. Solide ascension au départ de Roche-Plate dans la caillasse et sous le soleil.
➢ ***De Roche-Plate au Maïdo :*** compter en temps normal 3h de montée pour arriver sur la route (3 bus/j.).

Où dormir ? Où manger ?

Camp de bivouac : *derrière l'école.* Épicerie-bar *Chez Bègue.*

Gîte Mahafaty Be : *06-92-32-80-95. Compter 49-54 €/pers en ½ pens en dortoir ou en double.* Une chambre double ou 2 dortoirs de 6, et une terrasse extra pour la vue. Bon accueil de Jean-Pierre, qui n'hésite pas à raconter avec passion l'histoire de Mafate. Possibilité de camper.

Auberge du Bronchard : *06-92-20-83-86. Nuitée en ½ pens env 42 €/pers.* 2 doubles et 2 dortoirs de 6, terrasse verdoyante, chambres bien décorées. Épicerie sur place. Accueil chaleureux.

Gîte chez Thomas Judex : *06-92-04-59-78. À la sortie du village, en dir. du Maïdo (passer le petit pont). En ½ pens : compter env 48 €/pers en dortoir et env 53 € en double.* 2 doubles, un dortoir de 4 et un autre de 8. Sanitaires et chambres bien tenus. Terrasse pour profiter du paysage sur le cirque.

Gîte chez Juliette : *06-92-34-01-49. Résas dans les offices de tourisme, sur ● reunion.fr ● ou ● explorelareunion.com ● Nuitée 18 €/pers ; petit déj 7 €. Repas 20 €.* Rando-refuge avec environ 25 lits (dortoirs). Accueil réservé et confort spartiate.

LA NOUVELLE *(1 470 m ; 97433 Salazie)*

C'est l'îlet le plus habité de Mafate (une petite trentaine de familles) et le plus touristique. L'endroit a vite compris la notion de « business ». On y trouve une aire de camping, une dizaine de gîtes, 1 resto, 4 épiceries-bars et 1 boulangerie (mieux vaut commander son pain la veille). À ne pas manquer : le plateau des Tamarins des Hauts, au-dessus de La Nouvelle. Voir aussi, dans l'îlet, la jolie chapelle recouverte de bardeaux.

➢ Le sentier qui passe par le lieu-dit ***Mafate*** est ouvert vers Roche-Plate, fermé vers Grand-Place-Cayenne.

➢ On peut rejoindre ***Hell-Bourg*** en prenant le GR R1 puis le col de Fourche en 7h30.

Où dormir ? Où manger ?

Camping

Le Cryptomeria : *chez Jérôme Collet. 06-92-45-59-33. Compter 5 €/pers. Loc de tentes et de matelas.* Comme son nom l'indique, situé dans la forêt de cryptomerias de La Nouvelle. Équipement sommaire, mais bien tenu.

De bon marché à prix moyens

Gîte Le Tamaréo, chez Marion et Jean-Yves : *☎ 02-62-26-50-74. 06-92-32-08-28. • letamareo@gmail.com • letamareo.re • Résas également dans les offices de tourisme, sur • reunion.fr • ou • explorelareunion.com • Double env 60 € (serviettes de toilette fournies) ; lit en dortoir 25 €/pers ; petit déj 8 €. Repas 30 €.* Dans ce gîte en forme de U dominant le village, 16 couchages répartis en 4 chambres doubles et 2 dortoirs de 4 personnes. Chambres carrelées et fonctionnelles. Sanitaires communs bien tenus. De plus, on y mange fort bien (tout est préparé par le propriétaire cuistot revenu au pays). Location de VTT électriques.

Chez Marie-France Gravina : *après l'aire de camping, sur le chemin de Plaine-aux-Sables (indiqué « Plats à emporter »). ☎ 02-62-43-31-12. 06-92-99-46-67. Ouv le soir seulement. Sur résa 48h avt. Plat à emporter env 8,50 €, sur place env 20 €.* Très pratique pour les randonneurs et les campeurs. Marie-France prépare des plats créoles chez elle. Possède également un gîte.

Gîte de randonnée de Jacques Bègue : *06-92-27-86-46. Compter env 15 €/pers en dortoir, petit déj env 8 € ; double env 40 €, petit déj 7 €. Repas env 25 €.* Chalet créole en bois au toit rouge délavé avec 2 chambres doubles et 2 dortoirs de 4 lits. Douche chaude et toilettes en commun.

Gîte de randonnée Le Relais de Mafate : *☎ 02-62-43-61-77. Au centre de La Nouvelle. Congés : autour des fêtes de fin d'année. Résas dans les offices de tourisme, sur • reunion.fr • ou • explorelareunion.com • Double 60 € (serviettes de toilette fournies) ; nuitée en dortoir env 17 € ; petit déj 7 €. Le soir, menu 25 €.* Sorte de complexe comprenant un gîte avec des chambres doubles et 2 dortoirs de 6 personnes, mais aussi des chambres en bungalow, plus chères mais plus confortables. Également un bar-pub avec parfois des animations. Épicerie et laverie. Une adresse rodée et pas mal de monde en saison, pour des tarifs plutôt élevés.

Gîte-rando d'Yvon Gravina : *☎ 02-62-43-38-72. Résas dans les offices de tourisme, sur • reunion.fr • ou • explorelareunion.com • Compter 38-40 € pour 2 ; petit déj 7 €. Repas 20 €.* 6 chambres doubles propres, avec un sanitaire pour 2 chambres. La famille est accueillante et le repas délicieux, à volonté.

Bungalows La Nouvelle Mafate – Le Bistrot des Songes : *06-92-37-97-37. • bistrotdessonges@gmail.com • bistrotdessonges.com • ½ pens 63-75 €/pers selon saison. Sinon, sandwichs, plats ou menus (env 27 €).* L'adresse de charme de

La Nouvelle. Des bungalows contemporains tout en bois, sobrement et joliment meublés, avec leurs terrasses privées : pour 2 personnes, pour 5, avec 4 lits de 1 place... Agréable et spacieuse terrasse, salle de restaurant boisée avec de grandes tables et cheminée, masseuse sur place.

LA PLAINE-AUX-SABLES *(97419 La Possession)*

À ne pas confondre avec la plaine « des » Sables sur la route du piton de la Fournaise ! Celle qui nous intéresse ici se trouve à 1h20 de Marla, sur le chemin de La Nouvelle. Un gîte et un accueil qui ne vous feront pas regretter d'avoir fait le détour.

Où dormir ? Où manger ?

Gîte de randonnée de Martial Gravina : ☎ *02-62-43-01-73. Dans des cases neuves, lit en dortoir 18 €/pers ; 2 chambres doubles 38 € ; petit déj 6 €. Repas 20 €.* Quelques animaux de ferme constituent vos compagnons ! Une adresse agréable, loin de tout. Cuisine authentique. Bref, de bons moments de simplicité en perspective.

MARLA *(1 640 m ; 97433 Salazie)*

À l'extrême sud du cirque, on aime bien ce village attachant avec ses cases dispersées et ses champs bien entretenus. Marla accueille aujourd'hui 7 familles, soit une cinquantaine de personnes (et à peine 10 élèves à l'école). À une altitude de 1 640 m, c'est l'îlet le plus élevé du cirque. Une petite épicerie au village. L'élevage de bovins et la culture des lentilles restent aujourd'hui les 2 ressources principales de l'îlet. On peut également admirer un bel élevage de cerfs.

➢ ***La Nouvelle*** (5,2 km), indiqué en 1h30 mais on met plus facilement 2h (succession de montées et descentes vite fatigantes). Il faut passer la rivière des Galets, soit à gué, soit par une passerelle. De la *maison Laclos,* à environ 25 mn de Marla, on repart sur La Nouvelle ou vers le col des Bœufs, ou alors on sort du cirque pour celui de Salazie via le col de Fourche, mais on le déconseille par temps de pluie. Possibilité de rallonger la balade en passant par Les Trois-Roches (à 1h30 de Marla) au lieu de Maison-Laclos.

➢ À 1h de Marla (1 640 m), le ***plateau de Kelval*** (1 768 m) est une vaste clairière entourée par une belle forêt de bois centenaires : tamarins des Hauts, change écorce, bois de nèfles, mahot... C'est là que viennent s'abreuver des bovins qui vivent en liberté dans la forêt. Il se dégage une étrange atmosphère dans ce cadre insolite. Un arrêté préfectoral interdit l'accès à Kelval.

➢ Pour sortir du cirque vers ***Cilaos,*** une montée de plus de 1h (1,8 km), assez raide en plein soleil. Du col du Taïbit, une superbe vue sur les 2 cirques, encore 2h30 avant de rejoindre la bifurcation avec la D 242. Aux 2/3 de la montée, on trouve un bar à tisanes un peu incongru : on dit où l'on a mal et on vous sert la boisson adéquate ! « L'ascenseur » à base de fleurs jaunes est censé vous aider à... monter ! Très *roots* mais hyper accueillant. Possibilité de manger et de camper. On arrive sur la route entre Cilaos et Îlet-à-Cordes, et il faut ensuite marcher jusqu'à l'arrêt de bus. Le bus démarre à Îlet-à-Cordes. Sinon, essayer le stop.

Où dormir ? Où manger ?

La Miellerie de Marla : *chez Sébastien Ladrange.* 📱 *06-92-03-20-99. • mielleriedemarla.com • À 10 mn de l'école, sur le chemin des Trois-Roches. Nuitée 19 € ; petit déj 8 €. Repas 20 € avec punch.* Un appréciable effort de déco pour les 2 chambres de 4 personnes avec sanitaires communs (2 douches) de cette structure familiale et accueillante. Visite possible de la miellerie biodynamique et point d'observation des papangues (oiseaux endémiques et protégés de La Réunion). Cuisine traditionnelle au feu de bois avec produits du jardin (bio lui aussi). L'adresse nature par définition.

Gite Le Gros Morne : *chez Brigitte Clain. 06-92-29-47-75. À 5 mn de l'école, sur le chemin des Trois-Roches. Nuitée 19 € ; petit déj env 8 €. Repas env 21 €.* Élégante maison gris et vert posée sur un terre-plein face à la montagne. Structure récente, avec de l'espace et bien conçue, abritant 2 dortoirs de 6 lits. Salle de bains rutilante. Accueil gentil comme tout de Brigitte.

Snack Chez Jimmy : *à l'entrée de l'îlet, venant de La Nouvelle. 06-92-04-14-64 ou 06-92-04-49-55. Sandwichs env 4-6 €, formules env 10-20 €. CB acceptées.* Petit chalet bien accueillant avec sa terrasse pour se requinquer et sa déco amusante. Boissons, sandwichs, samoussas, plat du jour... Le rendez-vous des randonneurs, dans une ambiance conviviale. Possibilité de réserver un pique-nique.

Gîte privé de Mme Paulina Giroday-Hoareau : *derrière l'épicerie. 06-92-09-16-80. ½ pens env 48 €/pers.* Case en bois sous toit en tôle, c'est génial mais un peu sommaire et plutôt frais l'hiver (juillet-août) si vous n'avez pas pensé au pyjama ! 4 dortoirs de 6 personnes et 1 de 8 personnes. L'accueil est parfait, et la cuisinière un vrai cordon-bleu. Très sympa.

Gîtes de randonnée de Yolande Hoareau : *☎ 02-62-43-78-31. 06-92-35-44-00. Résas dans les offices de tourisme, sur • reunion.fr • ou • explorelareunion.com • Env 20 places, 17-19 € le lit ; double 45 € ; petit déj 8 €. Repas env 22 €.* À quelques mètres de l'épicerie, Yolande propose 2 gîtes. Beau point de vue sur la montagne.

Gîte et chambres de randonnée Maison Laclos : *06-92-07-86-54. À env 1 km de Marla, sur le chemin du col des Bœufs et de La Nouvelle. Nuitée en dortoir env 21 € ; double 47 € ; petit déj 8 €. Repas env 22 €.* Sur le site de la plus vieille maison de Mafate, 5 chalets avec chambres doubles et dortoirs pour 4, douches et sanitaires. Propre et confortable. Accueil chaleureux, dans un site spacieux.

Chambres d'hôtes Le Bois de Couleur : *06-93-11-70-00. Double 110 €. Repas env 28 €.* Après l'effort, le réconfort. Car ici on est très loin des dortoirs rugueux : chaque chambre occupe un beau bungalow contemporain et est aménagée dans un style sobre et classe (mobilier moderne, parquet et une super terrasse pour la vue). Tout pour plaire, jusqu'aux repas préparés avec des produits au top, comme du cerf élevé par la famille du proprio !

GRAND-PLACE *(97419 ; La Possession)*

Au nord, c'est l'un des îlets les plus peuplés de Mafate, puisqu'il regroupe 3 îlets : Grand-Place-les-Bas (530 m), appelé aussi ***Cayenne,*** Grand-Place-École (ou Boutique) et Grand-Place-les-Hauts. L'église de Cayenne a été emportée par un cyclone, mais celle qui a été reconstruite abrite encore la plus vieille cloche de l'île (XVIIIe s) ; elle provient de Madras et a été envoyée à La Réunion après la prise de la ville par Mahé de La Bourdonnais en 1745. Cayenne est un joli petit îlet avec des jardins entourés de murets de pierre. C'est le 1er îlet quand on vient des Lataniers. Pain disponible à l'épicerie de Benoît Boyer à Grand-Place-les-Hauts et à la boutique d'Ivrin Pausé à Grand-Place-École.

➢ De Grand-Place, balade de 3,7 km en 1h-1h30 vers la ***source Cabris*** par la passerelle du Bras-d'Oussy. Le sentier conduit à Aurère et retarde le moment de se mouiller les pieds dans la rivière des Galets. À gauche de la passerelle, un magnifique jamblon (arbre) offre en mars ses bizarres petits fruits noirs. À quelques mètres de là, on découvre un point de vue superbe sur les méandres de la rivière.

Le sentier se sépare en 2 branches. Préférez celle de droite, si vous allez à Aurère ; celle de gauche, si vous allez au point d'eau de la source Cabris.

➢ De Grand-Place vers la ***rivière des Galets,*** 4,7 km en 1h-1h30. Toujours s'informer de la météo et des pluies tombées dans la nuit, car du jour au lendemain la rivière peut être submergée. Une fois dans la rivière, vous avez le choix entre sortir du cirque vers La Possession ou Dos-d'Âne (on vous le déconseille).

➢ De Grand-Place, on peut rejoindre ***Îlet-à-Malheur*** en passant par Îlet-à-Bourse (présence d'un gîte) en 4-5h. Petit passage difficile à flanc de montagne avec main courante. Sinon, joli chemin bordé de filaos, en arrivant à Îlet-à-Bourse.

Où dormir ? Où manger ?

Gîte de randonnée d'Éloïse : *☎ 02-62-43-31-05. 06-92-29-13-70. À* ***Grand-Place-les-Hauts,*** *à la croisée des sentiers pour La Nouvelle et Aurère. Capacité de 16 places. Nuitée 17 €/pers (40 € en ½ pens).* Confortable et bon repas. Éloïse habite la maison verte dans le carreau de bananes, à gauche du gîte.

Gîte Grand Place de Cayenne (Chez Sandrine Thomas) : *au lieu-dit* ***Cayenne.*** *06-92-50-43-60. Résas dans les offices de tourisme, sur • reunion.fr • ou • explorelareunion.com • Une vingtaine de places, 17-19 € la nuitée ; double 45 € ; petit déj 6 €. Repas 18 €.* Terrasse à l'extérieur. On y mange bien et tout est propre.

Gîte de randonnée et boutique Le Pavillon : *à* ***Grand-Place-les-Hauts,*** *à 45 mn de Cayenne, en montant. ☎ 02-62-43-66-76. 06-92-66-60-83. • gite.lepavillon@gmail.com • Résas dans les offices de tourisme, sur • reunion.fr • ou • explorelareunion.com • Congés : autour des fêtes de fin d'année. ½ pens en double 96-115 € pour 2. Repas seul 19 €. CB acceptées.* Établissement propre et de belle allure. Une trentaine de couchages et une grande salle à manger. Jardin agréable – où l'on peut planter gratuitement sa tente si on mange là – avec ses tables et ses parasols, et une vue imprenable. Benoît Boyer tient aussi une épicerie, pas celle de l'ancien facteur, mais l'autre. Accueil jeune et sympa.

Gîte de randonnée Cœur de Mafate (Chez Virginie et Nicolas Bulin) : *à* ***Grand-Place-les-Hauts.*** *☎ 02-62-55-01-68. On ne peut pas le rater, c'est le plus haut de l'îlet, sur le chemin de La Nouvelle, une maison au toit vert lagon. Résas dans les offices de tourisme, sur • reunion.fr • ou • explorelareunion.com • ½ pens 40 €/pers.* Ensemble de 3 bungalows avec 2 dortoirs de 6 places et 2 chambres de 4 personnes. Vue magnifique sur le piton Cabris et la Roche-Écrite. Une adresse accueillante qui plaît, notamment pour sa cuisine.

L'ÎLET DES LATANIERS *(650 m ; 97419 La Possession)*

Charmant petit îlet qu'on aperçoit en 1er quand on arrive par la canalisation. Comme il n'est pas très haut, il fait moins froid pendant l'hiver austral que dans les autres îlets du cirque de plus haute altitude. On peut venir par Grand-Place, mais ça monte, ou par la canalisation des Orangers. L'îlet est plus proche que l'îlet des Orangers, et puis, à l'embranchement, c'est en descente. Joli petit village, avec ses cases en tôle et sa boutique. Elle fait aussi bar ; on prend un verre en assistant à la vie du village, surtout quand les enfants sont de sortie. Plusieurs gîtes sur place. Pour la petite histoire, c'est ici que Mussard, le chef des chasseurs de marrons, captura le chef Samson.

➢ ***Cayenne/Grand-Place*** est indiqué en 1h-1h15. Il faut descendre jusqu'à la rivière (une passerelle a été construite), le chemin est plutôt bien entretenu, puis, après la traversée, prendre tout de suite le chemin qui monte sur la droite. Ça monte doucement, doucement jusqu'à Cayenne. En mars-avril, c'est la saison des jamblons (fruits noirs d'un petit arbre), meilleurs avec du rhum que nature...

L'ÎLET DES ORANGERS *(1 000 m ; 97419 La Possession)*

À l'ouest de l'îlet des Lataniers. On y passe quand on vient de Saint-Paul par la canalisation des Orangers. Joli petit îlet, avec ses cases éparpillées, ses jardins. Épicerie *(CB acceptées)* à côté de l'église. On y trouve une petite vingtaine de familles, quelques gîtes et une épicerie-bar-gîte. Difficilement accessible en raison de la configuration des lieux, l'îlet était autrefois très prisé des esclaves marrons.

➢ Vers ***Roche-Plate*** (7 km), vous pouvez mettre 2h-2h30. Marche sans difficulté. On peut facilement rejoindre La Nouvelle dans la journée (6h de marche).

➢ Vers le ***Maïdo,*** normalement direction Roche-Plate et, au lieu-dit la Brèche, remontée sur le Maïdo. Compter 3h pour 5,5 km de pente, avec 750 m de dénivelée, ouf. C'est une des sorties les plus difficiles du cirque. Une fois à la croix blanche, la pente se fait moins raide. On n'arrive pas au point de vue du Maïdo, mais quelques kilomètres plus bas. Le stop fonctionne bien en matinée pour redescendre sur Saint-Paul.

Où dormir ? Où manger ?

Chez le Facteur : *06-92-03-83-93. • facteurdemafate@gmail.com • facteurdemafate.com • Nuitée 40 €/pers en ½ pens.* 2 doubles et 2 dortoirs de 6 places, accueillants et propres.

Gîte du Cirque : *06-92-111-392. • giteducirque@gmail.com • Double 50 €/pers, nuitée 20 €. Repas 22 €. Petit déj 8 €.* 2 doubles et 3 dortoirs de 4 places. Belle vue depuis la terrasse. Mini-bar.

AURÈRE *(930 m ; 97419 La Possession)*

Sur un joli plateau et à 930 m d'altitude, c'est l'un des plus anciens îlets de Mafate, découvert au XVIIIe s par des chasseurs de cabris, Lemarchand et Leyritz (des Malouins). Ils rencontrèrent un marron qui inventa le nom du site en leur disant *orera* (« je suis seul » en malgache). On voit une large population de *yabs* à Aurère, suite à la colonisation par des agriculteurs blancs.

L'éloignement, aggravé par un accès difficile, explique le faible peuplement actuel : moins de 20 familles. On trouve une boutique, un bar et une maison forestière. Aurère est coupée d'Îlet-à-Malheur par la ravine Bémale, que l'on peut franchir sur une solide passerelle qui surplombe le vide de 55 m. Pour repartir d'Aurère, vers Dos-d'Âne par Deux-Bras (12 km), la marche est pénible ; c'est plus facile par la rivière des Galets. Mais la marche dans le lit de la rivière est longue et le stop ne fonctionne pas vraiment, vu que les 4x4 sont habitués à être payés. La canalisation Augustave qui rejoint Salazie (1 200 m de passerelles) est susceptible, comme tout sentier de ce type, d'être refermée si un tronçon n'est pas praticable ou jugé trop dangereux. Bien se renseigner avant évidemment.

Où dormir ? Où manger ?

Camping de la Bonne Terre : *☎ 02-62-55-98-20. 06-92-39-32-93. Emplacement 5 €/pers ; 12 €/pers en tente équipée (2 pers max). ½ pens 35 €.* Jean-Pierre Thomas est mafatais et a ouvert ici un camping en terrasses, offrant une vue magnifique avec tentes et bons matelas pour ceux randonnant léger. Délicieux dîner à base de produits de l'exploitation agricole.

Gîte de François Libelle : *☎ 02-62-42-31-36. 06-92-40-06-02. Résas dans les offices de tourisme, sur • reunion.fr • ou • explorelareunion.com • Gîte de 10 places. Nuitée*

20 €/pers, repas 20 € également. Possibilité de camper (payant). François a travaillé à l'ONF avant de prendre sa retraite et connaît bien les sentiers du cirque.

Gîte de randonnée de Georget Boyer Le Poinsétia : *derrière la maison forestière. 06-92-08-92-20. Résas dans les offices de tourisme, sur • reunion.fr • ou • explorelareunion.com • Une vingtaine de places. Nuitée env 18 €/pers ; petit déj 7 €. Repas 19 €.* 3 chambres pour couples, 1 dortoir de 10 lits, 2 chambres de 5 places, le tout dans 2 gîtes. Sanitaires privés par chambre. Également une petite épicerie. Très bon accueil.

Gîte de randonnée Auberge du Piton Cabris : *à l'écart de l'îlet, au pied du piton Cabris. ☎ 02-62-43-36-83. 06-92-26-33-59. Résas dans les offices de tourisme, sur • reunion.fr • ou • explorelareunion.com • Nuitée 19 €/pers ; petit déj 7 €. Repas 20 €.* 4 chambres de 4 personnes et 3 salles de bains. Le gîte et l'accueil de la famille de Charlemagne Libelle font l'unanimité.

ÎLET-À-MALHEUR *(828 m ; 97419 La Possession)*

Au sud, non loin d'Aurère. En 1829, Guichard, un chasseur de primes, affronta avec son détachement une quarantaine d'hommes, malgaches pour la plupart. Il les extermina et l'îlet prit ce nom en souvenir. Il abrite actuellement une dizaine de familles, des Maillot, Libelle et Grondin en majorité. On y trouve un bar-épicerie qui fait gîte. Belle petite chapelle, recouverte de bardeaux.

➢ Vers le cirque de ***Salazie,*** le chemin suit une rangée de filaos, passe par une passerelle et monte doucement dans la forêt avant de suivre la crête qui mène au Bélier. La dernière partie est une montée interminable sur un sentier assez monotone, de difficulté moyenne.

➢ De ***La Plaque,*** compter 1h30 pour Îlet-à-Bourse, 3h Bord-Martin, 5h La Nouvelle. Sentier botanique à La Plaque.

Où dormir ? Où manger ?

Camping des Filaos : *06-92-53-15-21. • contact@gite-filaos.re • gite-filaos.re • Tente 5 €/pers. Dortoir 40 €/pers en ½ pens.* En plus du camping, 2 dortoirs de 4 et 2 de 6 qui sont prévus. Table d'hôtes que l'on recommande.

Gîte de randonnée de M. Guy (dit Guyto) Libelle : *☎ 02-62-43-56-96. 06-92-23-23-44. Résas dans les offices de tourisme, sur • reunion.fr • ou • explorelareunion.com • Dans le village, sur la petite place, à côté de la jolie chapelle. Le gîte est derrière l'épicerie. Compter 18 € le couchage ; petit déj 7 €. Repas 18 €.* 2 chambres de 4 lits et 2 chambres de 6 lits. Coin cuisine pour réchauffer les plats uniquement. Excellent repas de Mme Libelle, notamment sa tarte à la banane... hmm, un délice ! Très bon endroit pour vivre au rythme des habitants.

ÎLET-À-BOURSE *(850 m ; 97419 La Possession)*

Jolie allée plantée de filaos. Un point d'eau, une petite épicerie et un bar. La dizaine de familles installées là s'appellent presque toutes Thomas. Un dispensaire gratuit, une école et un instit qui vient de Saint-Paul...

➢ Vers ***Grand-Place,*** il y a un coin sympa pour le bivouac (avec le hamac, c'est l'idéal), à 30 mn de l'îlet. Au bord de la rivière, un petit coin avec de la place pour 2 ou 3 couchages. Un bassin pour se baigner à deux pas et un autre, plus profond, à 10 mn en descendant la rivière.

➢ Vers ***Îlet-à-Malheur,*** une petite difficulté sur le sentier à flanc de montagne.

Où dormir ? Où manger ?

Gîte de randonnée de Christophe et Martine Thomas : *06-92-19-76-05. Résas dans les offices de tourisme, sur • reunion.fr • ou • explorelareunion.com • Gîte de 16 lits (4 chambres de 4 ; 17-19 €/pers) et 2 doubles (50 €) ; petit déj 7 €. Repas 18 €.* Le gîte jouit d'un panorama sublime et d'une cuisine complète. Très bonne adresse avec de bons repas dans une ambiance sympa. Eau chaude et bons lits.

LES HAUTES PLAINES

• Carte *p. 259*

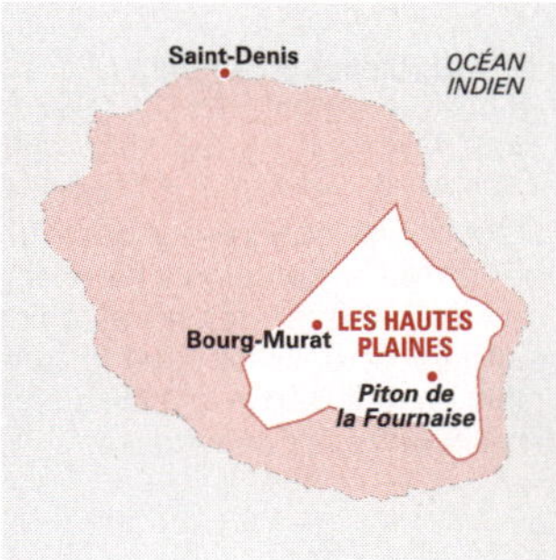

Entre les cirques d'un côté (Cilaos et Salazie) et le piton de la Fournaise de l'autre, 2 hautes plaines, celle des Cafres et celle des Palmistes, séparées par le col de Bellevue (1 606 m), forment un couloir naturel entre la côte ouest et la côte est. On est là en plein parc national.
On peut accéder à ces hautes plaines soit de Saint-Pierre (via Le Tampon), soit de Saint-Benoît. D'une côte à l'autre, la belle route qui traverse les 2 plaines (la N 3) ne nécessite pas plus de 2h30, du moins si l'on se contente de la traverser. Mais la principale attraction des lieux étant le volcan, accessible à partir de Bourg-Murat, prévoir au moins 1 journée, voire 2, pour le découvrir en prenant son temps. Dans le cratère, de formidables randonnées de tous niveaux vous attendent, et il serait vraiment dommage de ne pas fouler les terres arides de ce formidable volcan. Dans les environs, de charmantes chambres d'hôtes et de bons restos permettent de faire ici une halte de qualité.
La *plaine des Cafres* est ainsi nommée parce que des cafres (esclaves noirs) s'y étaient cachés. Quant à la *plaine des Palmistes,* elle n'en a plus que le nom : ces petits palmiers, dont le cœur est tellement succulent, ont été décimés ! Longtemps, les hautes plaines sont restées quasi désertes : les habitants de l'île craignaient leur climat trop rude. La colonisation ne se fera qu'au XIXe s avec l'arrivée des « Petits Blancs des Hauts ». Les animaux s'y plairont et la plaine des Cafres est devenue une région d'élevage. On en parle même parfois comme d'un petit « Jura tropical », et ce n'est pas totalement faux au vu de certains paysages. Superbes pâturages, vallons verdoyants, vaches grasses et bonnes odeurs de campagne au programme.

Arriver – Quitter

➢ ***En bus :*** la ligne S2 de *Car Jaune* relie Saint-Pierre à Saint-Benoît (et inversement) via Le Tampon, Bourg-Murat et La Plaine-des-Palmistes (6 bus/j., 4 le dim). Infos sur *• carjaune.re •*. Attention, de Bourg-Murat, pas de bus pour le volcan (compter env 45 mn à 1h en voiture).

➢ On peut également prendre des ***taxis collectifs*** depuis la plupart des bourgs importants, mais c'est plus cher.

LE TAMPON (97430) 80 000 hab.

À 10 km au nord de Saint-Pierre, une grosse ville très étendue et dense, située sur les contreforts du plateau de la plaine des Cafres, assez calme et surtout résidentielle, dont le climat plus frais que celui de la côte attire de plus en plus d'habitants. Grâce à son antenne de l'université de Saint-Denis, la ville est aussi jeune. Sur le plan touristique, on n'y séjourne pas, mais on peut y faire halte le temps de visiter la coopérative des huiles essentielles.

Où dormir ? Où manger ?

Très bon marché

Aux Délices des Îles : *87, rue du Général-de-Gaulle. ☎ 02-62-57-34-31. Tlj midi et soir jusqu'à 21h. Plats env 7-8 €, sur place ou à emporter.* Petite adresse bien connue des gens du coin, où l'on fait la queue pour piocher parmi des spécialités créoles et chinoises simples et bonnes. Une dizaine de plats en tout, servis en belles portions. Quelques tables en terrasse.

Prix moyens

Le Rosier : *19 H, chemin des Bibassiers, Pont-d'Yves. 06-92-69-24-26. • rosier4@wanadoo.fr • À l'ouest du Tampon, sur les hauteurs (ça grimpe et vire sec). Double env 70 €. Table d'hôtes sur résa 28 €.* C'est la vraie chambre d'hôtes traditionnelle. Ce qui signifie qu'on y est reçu comme des amis dans une ambiance familiale. Monsieur est toujours disponible pour présenter son île, tandis que madame, un cordon-bleu, mitonne de bons plats typiques au feu de bois. Quant aux chambres, simples et vastes, elles sont à l'ancienne et bien nickel. Agréable piscine à l'arrière.

Le Long Board : *265, rue Jules-Bertaut, une rue qui descend depuis la poste. ☎ 02-62-27-10-27. Fermé dim-lun et certains j. fériés. Plats env 15-25 €.* Une adresse colorée à la déco surf évidemment et ambiance dans le même ton. Salades copieuses, pâtes, plats classiques et grillades correctes.

L'Ambéric : *13, chemin Raoul-Hoarau, à Trois-Mares. ☎ 02-62-57-77-68. Depuis la mairie, suivre dir. Trois-Mares ; à env 1,5 km, fléché sur la droite. Fermé dim soir et lun-mar. Plats env 15-26 €.* L'adresse créole chic et typique, avec ses familles en goguette le week-end, cachée dans un jardin tropical perdu dans un quartier résidentiel. Cuisine de tradition préparée dans les règles au feu de bois avec, à la carte, des gratins et des caris bien sûr, mijotés des heures, selon des recettes inspirées à la chef par sa grand-mère : cari patte cochon, agneau *massalé*, civet-*zourites* et même, pour les plus courageux, des guêpes. Oui, des guêpes, dont on fait griller les larves et les nymphes !

À voir

La coopérative agricole des huiles essentielles de Bourbon : *83, rue Kerveguen. ☎ 02-62-27-02-27. En venant de Saint-Pierre, au 2e rond-point, prendre la 1re à droite (dir. Petite-Île), puis suivre les panneaux « CAHEB ». Lun-sam 9h-12h, 14h-17h. Visite guidée sans résa lun-ven à 15h. Durée : 30-40 mn. Tarifs : env 3 € (4 € si une distillation est en cours) ; gratuit moins de 6 ans. Le reste du temps, visite libre possible (gratuite).*

Pendant la visite commentée du jardin arboré, les mérites de chaque plante sont vantés et toutes les étapes de la fabrication des huiles détaillées au niveau de

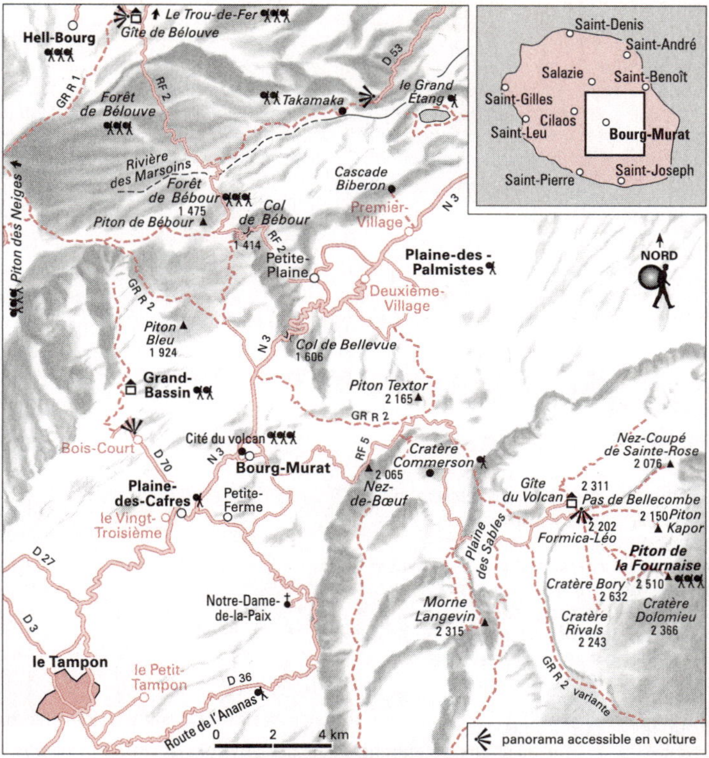

LES HAUTES PLAINES ET LE PITON DE LA FOURNAISE

la plate-forme. On y distille 8 huiles essentielles, notamment le géranium, dont Le Tampon est la « capitale », mais aussi le cryptomeria, le curcuma, le *ravintsare* (camphre pays), la baie rose (pour son caractère poivré), la citronnelle et le vétiver.

Comme il s'agit d'une coopérative regroupant plusieurs centaines de producteurs, vous aurez peut-être la chance d'en croiser un occupé à distiller sa récolte. Une opération longue et délicate, puisqu'il faut environ 400 kg de feuilles de géranium pour obtenir 1 l ! À la boutique, vente d'huiles essentielles, d'huiles alimentaires produites sur place, mais aussi des tisanes *péi* et des plantes médicinales. Propose également des ateliers découverte olfactifs *(lun-ven sur résa 48h à l'avance ; min 5 pers ; 10 €/pers)* et des ateliers de fabrication de produits de bien-être d'où l'on repart avec un échantillon *(sur résa ; min 5 pers ; 10-30 €/pers selon produit fabriqué).*

Le parc des Palmiers : *à env 2 km du centre-ville ; depuis la mairie, suivre dir. Trois-Mare, puis prendre 500 m à gauche après le stade sur la CD 3 (chemin Dassy) ; indiqué à 300 m. Tlj 7h-18h30. GRATUIT.* Un parc où des milliers de palmiers ont été plantés sur 6,5 ha. Partout, des petits panneaux permettent de distinguer les (nombreuses) variétés. Vue imprenable sur la côte et la chaîne de montagnes.

Randonnée

Le sentier Dassy : *depuis la mairie, suivre Bras-de-Pontho, puis la RD 27 dir. Ravine-des-Cabris et L'Entre-Deux ; le sentier est signalé sur la droite. Compter 2h A/R.* Rivière en contrebas où viennent pique-niquer les familles. Pas de difficulté majeure ; juste quelques passages un peu raides et caillouteux. Sinon possibilité de rejoindre L'Entre-Deux en randonnée (7 km, compter 1h30).

Manifestation

– **Les Florilèges :** *10 j. en oct. Rue du Père-Rognard, dans le parc Jean-de-Cambiaire, à côté de l'église, mais aussi dans le centre-ville et à la SIDR 400.* Exposition florale, nombreux stands de fleurs et fête foraine, animations, concerts...

PLAINE-DES-CAFRES (97418)

La plaine des Cafres inclut toute la région, densément peuplée, depuis Le Tampon jusqu'à Bourg-Murat. Le village même de Plaine-des-Cafres se trouve au bord de la N 3, au km 23 (la distance depuis Saint-Pierre). On traverse juste cette zone pour rejoindre le volcan. Mais on aurait tort d'oublier la superbe balade de Grand-Bassin (même si on ne descend pas, aller au moins admirer la superbe vue depuis le belvédère) ou, un peu plus à l'est, la balade sur le sentier botanique de Notre-Dame-de-la-Paix.

LA PLAINE DES ESCLAVES

Le terme de « cafre » était le nom des esclaves déportés en masse au début de la colonisation de l'île, en provenance d'Angola, du Mozambique, de Zanzibar ou de Madagascar. À la fin du XVIIIe s, les esclaves composaient d'ailleurs 80 % de la population de l'île !

L'INTÉRIEUR DE L'ÎLE

Où dormir dans le coin ?

Bon marché

Le Relais du Volcan : *38, chemin Mathias, à* ***Petite-Ferme.*** *☎ 02-62-59-30-84. 📱 06-92-74-89-33. • sylvie.arquier@gmail.com • sylviearquier.wixsite.com/relaisduvolcan • ♿ À env 2 km de Plaine-des-Cafres, dir. Notre-Dame-de-la-Paix. Double 65 €, avec petit déj. CB refusées.* Coquette maison créole toute jaune tenue par Sylvie (à l'accent ariégeois), dont l'accueil, chaleureux, plein d'humour et dynamique, séduit d'emblée. À l'intérieur, un salon rustique où il fait bon se réunir près de la cheminée allumée le soir. Puis 3 petites chambres simples et colorées. Chacune possède sa propre salle de bains privée, située de l'autre côté du couloir. Un lieu idéal pour les randonneurs. Cuisine équipée et BBQ à disposition. À l'extérieur, une terrasse avec une grande table commune complètent le tableau. Super !

Auberge La Fermette : *40, rue Raphaël-Douyère, à Plaine-des-Cafres. ☎ 02-62-27-50-08. • auberge-la-fermette@wanadoo.fr • ♿ Sur la route de Bois-Court (indiqué sur la droite). Double env 45 € ; familiale ; petit déj en sus.* Une dizaine de chambres toutes simples et datées, mais propres et correctement équipées (salle de bains, TV), alignées de plain-pied le long d'une galerie extérieure. Comme dans un motel, sauf qu'à la place d'un parking bétonné s'étend une vaste pelouse. Endroit calme et plaisant, d'autant que l'accueil est sympa comme tout. On peut même, en prévenant, manger sur place un plat créole ou métro.

Chambres d'hôtes Le Lok Alizé : *24, chemin Jean-Baptiste, à 1,5 km du centre, à Plaine-des-Cafres. 06-92-08-74-49. • lelokalize@hotmail.fr • Double env 55 €* À l'étage de cette maison coquette et au calme, 3 chambres colorées (bleue, verte et indienne), avec salle de bains et distribuées autour d'un salon comme à la maison, réservé aux hôtes. Une adresse familiale où l'on se sent bien.

Chez Dan's : *40 A, route Notre-Dame-de-la-Paix, à* **Petite-Ferme.** *02-62-59-14-84. 06-92-26-50-22. • chez.dans@orange.fr • chezdans.fr • Env 17 €/pers ; petit déj en sus. Repas env 17 €.* Dans une maison blanche à l'entrée du village, une bonne étape pas chère, et c'est son argument principal. On passe donc sur la déco datée et le confort simple des chambres, pour ne retenir que la super ambiance, très conviviale, garantie par l'adorable propriétaire.

De prix moyens à chic

Les Chalets Aurore : *292, rue Raphaël-Douyère, à Plaine-des-Cafres. 06-92-76-03-72. • jpchrismounier@gmail.com • À env 3 km du village de Plaine-des-Cafres (km 23), prendre la D 70 qui mène au belvédère de Grand-Bassin, c'est sur la droite. Chalets pour 2-3 pers (ou 2 adultes + 2 enfants) 80-110 € (2 nuits min) ; 480 €/sem pour 2.* Au fond d'un beau jardin hyper soigné, 2 amusants petits chalets en rondins de bois perchés sur pilotis. Rustiques et pleins de charme, ils sont entièrement équipés avec kitchenette, salle de bains et une minuscule (vraiment minuscule !) mezzanine pour un enfant. Endroit reposant, avec jeux pour les marmailles, BBQ, mobilier de jardin... et quel plaisir de marcher pieds nus sur l'épaisse pelouse !

Chambres d'hôtes Le Millepertuis : *8, allée des Mimosas, à* **Piton-Hyacinthe.** *06-92-56-39-05. • lemillepertuis@orange.fr • lemillepertuis.fr • À env 11 km du Tampon et à 3 km de Plaine-des-Cafres. Depuis la N 3, suivre les panneaux à partir du rond-point du km 19. Double env 85 € ; dégressif à partir de 2 nuits. Repas sur résa 35 €.* Petite propriété pleine de charme, où une ravissante case créole traditionnelle est dédiée aux hôtes. Les 2 chambres y sont entièrement lambrissées, coquettes et soignées, avec salle de bains. Elles donnent sur une belle pelouse avec transats. Vue plongeante depuis le kiosque commun où l'on peut faire sa popote. Accueil gentil comme tout dans cette adresse à la fois loin de tout et pratique pour rayonner dans le coin. À la table d'hôtes, légumes du jardin, œufs du poulailler, fruits du verger et confitures maison, tous bio. Il faut dire qu'ici on prend l'écologie au sérieux : visez un peu les panneaux solaires et la petite éolienne !

Gîtes Crypto Sign : *48, chemin de la Chapelle,* **Notre-Dame de la Paix,** *à Plaine-des-Cafres. 06-92-82-33-26. • waro-lauret@wanadoo.fr • À env 7 km de Plaine-des-Cafres ; 2 km après le village de Notre-Dame-de-la-Paix, prendre la route de la chapelle (D 36). Compter env 410-1 210 €/sem selon capacité (2-5 chambres) ; également loc au w-e.* Isolés en pleine campagne, de beaux gîtes en bois de cryptomeria, façon gros chalets de montagne avec leurs cheminées et la vue sur les prairies. Bien tenus et tout équipés (mais pas de wifi), avec terrasse et barbecue. En revanche il peut faire un peu frisquet à certaines périodes, et c'est excentré.

Chic

Les Géraniums : *11, rue Alfred-Lacroix ; à la sortie de Plaine-des-Cafres, en dir. de Bourg-Murat. 02-62-59-11-06. • hotelgeranium@wanadoo.fr • hotelrestaurantlesgeraniums.com • Resto tlj midi et soir. Double env 110 €, avec petit déj. Plats env 15-25 €.* Cet ancien bâtiment connaît un sympathique vent de fraîcheur depuis sa reprise en main. Les chambres, datées, sont progressivement rénovées. Le rapport qualité-prix est par conséquent un peu juste pour les anciennes. Mais la vraie cerise sur le gâteau, c'est la vue sur les montagnes et le piton des Neiges depuis certaines d'entre elles et la terrasse du resto. Quelques chambres donnent sur le parking ; vérifiez-le à la réservation car c'est le même prix ! Accueil très sympa.

Où manger ?

– ***Aire de pique-nique du belvédère de Grand-Bassin :*** plusieurs kiosques ombragés, pelouses, toilettes... et, depuis le belvédère, vue superbe sur Grand-Bassin tout au fond du précipice. Le dimanche, des producteurs de Grand-Bassin s'y rassemblent.

Fraîcheur du Jour : *5, rue Raphaël-Dcuyère, au niveau du rond-point, face à la mairie. ☎ 02-62-59-19-90. Tlj sauf dim 5h-20h. Plat env 7 € sur place ou à emporter.* Une boulangerie-pâtisserie qui propose en plus des sandwichs des plats créoles du jour tout simples. Rien d'extraordinaire, mais pratique pour le pique-nique quand on descend à Grand-Bassin.

L'Annabella : *11-15, N 3. 06-92-60-64-16. En retrait de la rue, dans un minicentre commercial. Tlj. Plat du jour env 11 € au déj (avec le café) ; plats env 15-22 € à la carte.* C'est un local moderne, pimpant et propret, où une équipe sympathique propose le midi 2 ou 3 plats du jour créoles bien faits et bien présentés. Bon rapport qualité-prix, d'autant que le café est inclus dans cette formule déjeuner. Sinon, la carte propose aussi des spécialités métro, comme des burgers ou du magret de canard.

Le Vieux Bardeau : *N 3, km 24. ☎ 02-62-59-09-44. En surplomb de la nationale, sur la droite en dir. de Bourg-Murat (bien indiqué). Fermé mer et le soir dim-mar. Formule déj lun-sam env 17 €, formule « 3 buffets » dim env 35 € ; plats env 15-25 €.* Dans une belle case ancienne dotée d'une petite terrasse. La bonne affaire, c'est la formule déjeuner du lundi au samedi avec le buffet à volonté qui permet de découvrir différentes facettes de la cuisine créole. Jolie salle au plancher sombre et nappes en tissu. Les préparations sont goûteuses, l'accueil excellent. Une bonne étape sur la route du Volcan.

À voir dans le coin

Le Cabaret Pat'Jaune : *39, rue du Père-Favron, à* ***Piton-Ravine-Blanche.*** *06-92-85-81-14. • patjaune.com • Après le village (km 23), signalé sur la droite dans un virage ; c'est 1 km plus loin, sur la gauche. Ven-sam, spectacle et dîner 19h30-23h30. Résa indispensable par e-mail. À partir de 53 €/pers env. Labellisé Qualité Tourisme Île de La Réunion.* La vie créole pur jus dans une maison aux allures de faux chalet où l'on vient pour passer une soirée originale, écouter un spectacle musical et déguster des plats traditionnels cuits au feu de bois. Humour, bonne humeur, anecdotes sur les *pat'jaunes,* comme on appelait les habitants des Hauts... Voilà le programme de ce sympathique groupe de 4 musiciens-clowns pleins de ressources et talentueux.

Randonnées

Le sentier botanique de Notre-Dame-de-la-Paix : *de la N 3 à la sortie du village de Plaine-des-Cafres, en dir. de Bourg-Murat, prendre à droite la D 36 (rue du Père-Favron) : c'est à 9 km (un peu au-delà du hameau de Notre-Dame-de-la-Paix).* Boucle de 45 mn environ, bucolique comme tout et facile : petits panneaux explicatifs pour tout savoir sur les bois de couleur des Hauts (mahot, mapou, tan rouge, bois de joli cœur...) sans oublier les fanjans, ces fougères arborescentes typiques de La Réunion. Également un point de vue époustouflant sur la rivière des Remparts, plus souvent dégagé le matin que l'après-midi (on est à 1 700 m tout de même). Lieu idéal pour une halte pique-nique.

La tamarinaie de la Ravine-Blanche : *après le village (km 23), prendre sur la droite dans un virage la rue du Père-Favron ; 2 km plus loin, prendre à gauche rue du Coin-Tranquille ; parking à 100 m.* De là, sentier facile de 3 km (1h) à travers une forêt de tamarins et d'eucalyptus. La boucle commence tout à gauche, puis, une fois qu'on est revenu quasiment au parking, continue par une autre boucle qui passe par des serres vitrées et une aire de pique-nique. Très beaux points de vue sur le Grand Bénare.

Le piton des Neiges : *à 3 km de Bourg-Murat en dir. de La Plaine-des-Palmistes, fléché sur la gauche ; continuer 2,5 km jusqu'au départ du sentier au niveau du parking. Une alternative à l'accès plus « classique » depuis Cilaos.* Une randonnée pour sportifs avertis, réalisable en 2 jours en fonction de votre rythme de marche, avec nuit en refuge. Compter environ 6h aller et 5 à 6h retour. On traverse des pâturages avant de pénétrer dans une forêt primaire (chemin boueux et glissant). Ensuite, panorama sur Cilaos et montée jusqu'au gîte du piton. Il se trouve à environ 1h30 du sommet, que l'on gagne le lendemain matin tôt. Panorama génial à l'arrivée, puis redescente et arrivée dans l'après-midi au parking.

Manifestation

– ***Fête du Miel vert :*** *10 j. début janv.* Concours des vaches laitières et des mérens, ces chevaux de montagne introduits à La Réunion en 1989 et qu'on retrouve par centaines dans les clubs équestres de l'île. Vente de miel, concerts, gastronomie créole... Sans oublier l'élection de Miss Plaine-des-Cafres !

L'ÎLET DE GRAND-BASSIN (97418)

Surnommé « la vallée perdue », l'îlet de Grand-Bassin, à 700 m d'altitude, ne compte que quelques habitations délimitées par des murets de pierre. Ici, c'est un petit Mafate (accessible à pied uniquement, donc), et pour ceux qui voudraient goûter à la vie créole, voici une expérience vraiment intéressante. On peut déjà se contenter de la vue depuis le belvédère et sa plate-forme en bois s'avançant au-dessus du vide. L'un des plus beaux panoramas de l'île (accessibles par la route) sur ce village et sa cascade très attirante, le *Voile de la mariée*. Les bons marcheurs peuvent faire l'aller-retour en une journée, en partant le matin, en déjeunant au village ou en pique-niquant à la cascade et en remontant en fin d'après-midi. Sachez tout de même que la remontée est vraiment physique (dénivelée positive de 670 m). Par ailleurs, le sentier est très fortement déconseillé quand il a plu abondamment. Le plus sympa est encore de passer la nuit dans l'îlet, en essayant de vivre le temps d'une journée au rythme du soleil. Penser en tout cas aux bonnes chaussures, au chapeau, à la bouteille d'eau pour la marche et au maillot de bain pour se rafraîchir.
Grand-Bassin, c'est un peu, selon la saison des fruits et des légumes, un jardin d'éden. Litchis, *bibasses,* haricots, pamplemousses, raisins, maïs, mangues, chouchous, ananas, bananes, longanes... Près de 250 familles vivaient au début du XXe s dans ce paradis perdu ; il reste actuellement une poignée de personnes. L'école a fermé et la moitié des familles sont parties s'installer là-haut, à Bois-Court et à Plaine-des-Cafres, pour la scolarisation des enfants. Le reste des habitants s'est reconverti en tenant des gîtes et des chambres d'hôtes. Le village est alimenté par une canalisation d'eau potable (avec un robinet à la station à mi-chemin, bon à savoir pour remplir sa gourde !) et par une benne qui fait le va-et-vient.

Arriver – Quitter

➢ ***En voiture :*** pour se rendre au ***parking de départ,*** prendre la D 70 au centre de Plaine-des-Cafres, direction Bois-Court. On roule environ 5 km jusqu'au parking du belvédère, où se trouvent quelques kiosques et des toilettes. Le stationnement est gratuit en journée, mais interdit la nuit. Pour laisser son véhicule plus longtemps, aller au parking de la rue Thomas-Payet, à 200 m sur la gauche avant d'atteindre le belvédère : *3 € la journée (pas vraiment utile, autant se garer au parking gratuit du belvédère), 8 € la nuit. ☎ 02-62-59-13-26.*

➢ ***En bus :*** bus n° 12 de la mairie du km 23 jusqu'à Bois-Court. *☎ 02-62-21-11-00.* Env 10 liaisons/j. (env 5h30-18h).

– La ***randonnée*** débute soit de la rue Thomas-Payet, sur la gauche, avant le parking du belvédère, soit du belvédère même. Vous êtes à 1 388 m et la descente jusqu'à Grand-Bassin dure 1h30-2h aller et 2h-2h30 retour (en fonction des conditions physiques de chacun). Classée difficile. La descente casse les jambes si l'on va trop vite : beaucoup de marches et de gradins à franchir. Cela dit, on a vu des enfants réunionnais descendre sans broncher. Une fois en bas, compter 30 mn de plus jusqu'au bassin de la cascade, car il faut encore traverser le village, puis les rochers de la petite rivière (pas indiqué), avant d'atteindre la chute d'eau. De là, un sentier sur la droite descend au bassin. Pour le retour, ça grimpe en continu !

Où dormir ? Où manger ?

Avant de descendre, il est indispensable de réserver nuit et repas (du midi et du soir) pour éviter toute mauvaise surprise. *En règle générale, compter env 50 €/pers en ½ pens. Déj env 20-25 €.* Les draps et couvertures sont fournis mais pas les serviettes de toilette, ni le gel douche. Paiement en liquide.

Prix moyens

🏠 🍽 ***Gîte Le Paille en Queue :*** *📱 06-92-24-31-73. • paille-en-queue.re • À l'entrée du village.* Petit gîte de bois, bien tenu, pouvant recevoir une petite trentaine de personnes, réparties en chambres et dortoirs très simples de 3 à 8 personnes. Belle terrasse sous une tonnelle de vigne. Sanitaires communs. Mais ce qui fait la différence, c'est l'accueil adorable de Josée et ses bons repas servis dans une case toute mignonne.

🏠 🍽 ***Gîte La Vieille Tonnelle :*** *au centre du village. ☎ 02-62-27-51-02. • gite-reunion-vieille-tonnelle.fr •* Dispose de 20 couchages répartis en chambres doubles et dortoirs de 4 à 10 lits, agréablement restaurés avec du bois de cryptomeria. Sanitaires communs. Grande et charmante tonnelle qui procure une fraîcheur bienvenue, et sous laquelle sont servis les repas et le rhum... assez généreusement d'ailleurs !

🏠 🍽 ***Chez Dany :*** *au centre du village. 📱 06-92-31-77-62. • contact@chez-dany.fr • chez-dany.fr •* Agréable petit bâtiment en bois, entièrement restauré par Dany, le propriétaire. 2 chambres doubles et 2 dortoirs de 6 lits avec sanitaires communs. L'ensemble est soigné et on sent le souci de bien faire. Plusieurs petites terrasses et salon commun pour se poser (il y a même des jeux de société en cas de pluie). Jardinet fleuri, mur d'orchidées et accueil charmant. C'est tout bon !

🏠 🍽 ***L'Oasis, chambres d'hôtes Chez Jean-Marie Nativel :*** *📱 06-92-65-38-89. Le dernier du village, vers la cascade. Fermé aux fêtes de fin d'année.* Lits en dortoir de 4 à 10 personnes. Très simple et ambiance on ne peut plus créole. À 100 m de là, la même famille propose une autre maison avec des chambres et dortoirs encore plus simples, et un peu moins chers.

Beaucoup plus chic

Chambres d'hôtes Les Mimosas : *prendre à droite dans le village. 06-92-61-88-88. • michel@ducrot.re • mimosas.re • Congés : de mi-déc à mi-janv. Compter 210 € pour 2 en ½ pens et 370 € pour 4.* L'adresse de charme du village. Les 2 ravissantes chambres doubles se partagent la salle de bains (et sont louées ensemble uniquement si les 4 personnes se connaissent). Bois, terrasses, jardin fleuri et verdoyant, bassins, massages... L'ambiance est résolument zen et conviviale, et le pari réussi pour les concepteurs de ce lieu, un couple chaleureux et aux petits soins. Saluez pour nous l'âne Robinson : il se fait rarement tirer les oreilles quand les enfants veulent faire un tour !

BOURG-MURAT *(97418)*

Également appelé « le 27e » (kilomètre), Bourg-Murat constitue la porte d'accès au piton de la Fournaise. C'est dans ce gentil village que se trouve la Cité du volcan. Une étape obligée pour ceux qui partent explorer le monstre. Peu de commerces, toutefois.

Adresses utiles

Office de tourisme du Tampon/plaine des Cafres : *160, rue Maurice-et-Katia-Krafft (près des grands kiosques), N 3. ☎ 02-62-27-40-00. • tampontourisme.re • Tlj 9h-17h. Parfois fermé à l'heure du midi.* Cet office couvre Bourg-Murat, Le Tampon, la plaine des Cafres et le volcan.

Supérette du Volcan : *face à la Cité du Volcan. Tlj sauf lun et dim ap-m 8h30-12h, 14h30-18h.*

Station-service : *au centre du village ; à 50 m de la Cité du Volcan. Tlj (pratique). Fermé dim à l'heure du déj.*

Gabier : *juste à côté de la station-service* (Crédit agricole).

– **Météo France :** *• meteofrance.re •*

Où dormir ?

Bivouac toléré sur la route du Volcan, dans les kiosques équipés. Ils sont souvent pris d'assaut le week-end par les familles.

Bon marché

Marmite Lontan : *200, route du Volcan, à* ***Grande-Savane.*** *06-92-60-51-38. À env 5 km sur la route du Volcan, c'est la dernière maison sur la droite (ouvrez l'œil, le panneau est petit). En ½ pens, env 42 €/pers ; petit déj possible à partir de 5h30.* Un lieu pas comme les autres. Pilou, un z'oreille sympa comme tout, de penchant contestataire, a ouvert ce gîte d'étape, en pleine nature, à la manière d'une chambre d'hôtes... dédiée à la rando, ou plutôt aux pieds : des chaussures de marche ont été converties en pots de fleurs, tandis que des tongs couvrent intégralement la façade de la maison. On est accueilli comme de vieux amis : apéro dans la bibliothèque parmi les B.D. ou dans la jolie salle à manger envahie d'objets anciens. Nuitée dans des chambres toutes simples, petites et lambrissées (de 2 à 5 lits). Douches et w-c en commun, mais tout est correct. Le soir, Pilou concocte un repas créole généreux servi à la grande table commune. Ambiance évidemment conviviale.

Chambres d'hôtes Chez Clément Alicalapa-Tenon : *154, chemin du Champ-de-Foire. ☎ 02-62-59-10-41. 06-92-08-80-09. • calicalapatenon@gmail.com • À la sortie, dir. La Plaine-des-Palmistes, indiqué sur la droite (c'est à 500 m de la nationale). Double 50 €. Repas sur résa*

20 €. Efficace et fonctionnel : Clément a fait construire une maison en bois pour y aménager 6 chambres lambrissées, simples et confortables, de part et d'autre d'un couloir, avec salles de bains privées. Accueil vraiment adorable et repas très complet servi dans une salle commune rustique et chaleureuse.

Prix moyens

Chambres d'hôtes les Hortensias : *44, chemin de la Grande-Ferme. 06-92-24-14-33. • face book • Dans une rue proche de la route du Volcan. Double env 70 €. Repas sur résa 29 €.* Un excellent point de chute. D'abord, c'est proche du bourg, mais dans un coin calme en direction du volcan. Ensuite, les chambres, certes pas immenses, sont nickel, colorées et confortables. Situées à l'étage, 2 sur l'arrière, 2 sur l'avant, elles se partagent un petit coin salon et un balcon (vue sur le piton des Neiges sur l'avant). Enfin, les repas créoles cuisinés au feu de bois sont savoureux et servis avec le sourire. On peut même commander un plateau petit déj pour les départs à l'aube !

Chambres d'hôtes Côté Volcan : *8, rue Josemont Lauret. ☎ 02-62-70-40-53. • contact@cote-volcan.fr • cote-volcan.fr • Dans une rue proche de la Cité du Volcan. Doubles env 75-85 €. Repas sur résa 25 €.* Les sympathiques propriétaires ne laissent rien au hasard. Leurs chambres sont impeccables (dans un style moderne, pimpant et coloré), les repas créoles sont de qualité et l'ambiance est à la fois familiale et conviviale. Le tout dans une maison contemporaine très bien située. Difficile de ne pas se sentir à l'aise.

Hôtel L'Écrin : *km 27, N 3 ; à l'entrée de Bourg-Murat en venant du Tampon, sur la gauche. ☎ 02-62-59-02-02. • reception@hotel-ecrin.re • hotel-ecrin.re • Réception fermée à 21h. Doubles env 88 €, avec petit déj ; familiales.* Il y a du potentiel. C'est stratégiquement situé et la disposition des chambres dans différentes maisonnettes sur une grande pelouse ne manque pas de charme. En revanche, la déco et l'équipement datent d'un autre temps. Mais c'est propre et les prix sont raisonnables, d'autant que l'accès au jacuzzi est inclus. Possibilité de plateau petit déjeuner pour ceux qui veulent partir très tôt à l'assaut du volcan. Accueil très gentil et serviable.

Où manger ?

Très bon marché

Snack du resto Ti' Resto Lontan : *N 3, 209, rue Maurice-et-Katia-Krafft, en face de la Cité du Volcan (et à gauche du resto du même nom). Tlj sauf mer 10h30-20h. Sandwichs et plats env 4-10 €.* Un bout de terrasse aux sièges jaunes pour manger sur place, mais la plupart des locaux emportent les bonnes barquettes bien remplies.

Le Panwich : *à la Cité du Volcan pour ts les événements. 06-93-01-76-26. Planning sur • facebook • . Env 5 €.* C'est un *food truck* bien connu dans le coin pour ses sandwichs originaux à base de pâte façon pancake. Avec des ingrédients bien frais et des frites maison, c'est un repas sur le pouce aussi bon qu'original.

De bon marché à prix moyens

Le Ti' Resto Lontan : *N 3, 209, rue Maurice-et-Katia-Krafft, en face de la Cité du Volcan. ☎ 02-62-43-90-42. Tlj sauf mar-mer. Plats env 12-21 €.* Adresse populaire, au cadre soigné et au service efficace, qui propose une bonne cuisine traditionnelle au feu de bois. Tout est bien préparé et la qualité régulière. Grand choix de caris et grillades, mais aussi des plats moins ordinaires préparés à la crème de gingembre, ou au miel-citron... Pas de terrasse.

Le Relais Commerson : *2, rue Josemont-Lauret (peu après la Cité du Volcan, à un croisement sur la gauche, sur la route du Volcan).*

☎ 02-62-27-52-87. • lerelaiscommerson@orange.fr • ♿ Fermé dim soir et lun-mar. Congés : août. Buffets le midi mer-sam env 20-25 €, puis menus 20-30 € et le dim 25-33 €. Une valeur sûre dans le village, pour une cuisine métisse, fort bien réalisée. Cari-poulet fermier aux palmistes frais bien goûteux, mais aussi des beignets chouchous, des achards de papaye verte et des desserts à tomber. Ambiance familiale et service impeccable.

À voir. À faire

La Cité du Volcan : *N 3, au début de la route du Volcan. ☎ 02-62-59-00-26. • museesreunion.re/laciteduvolcan • ♿ Tlj 9h30 (13h lun)-17h (dernier billet à 16h15). Fermé 1er janv, 1er mai, 1er nov et 25 déc ; ferme à 13h30 les 24 et 31 déc. Entrée : 9 € (+ 2 € pour un film en 4D et 2 € pour l'audioguide) ; 6 € pour les 4-12 ans. Compter 2h. Labellisé Qualité Tourisme Île de La Réunion.*
Un espace muséographique high-tech que l'on conseille vivement de découvrir avant d'attaquer le volcan pour avoir toutes les explications nécessaires, surtout en attendant que le ciel s'éclaircisse ! En plus, on ne s'ennuie pas une minute, la visite étant particulièrement attractive, ludique et instructive : tunnel de lave dès l'entrée, salle de projection panoramique sur 270°, cinéma 4D sur les entrailles du piton (ou la mission Apollo), hologrammes, effets sonores, bornes interactives, vidéos thématiques, expériences, etc. On découvre toutes les facettes de l'activité volcanique à La Réunion, le piton de la Fournaise faisant bien sûr l'objet de toutes les attentions. Mais la Cité du Volcan aborde le volcanisme au sens large, terrestre comme sous-marin, sans oublier le volcanisme extraterrestre, le tout en s'amusant. Superbe lithothèque exposant des pierres volcaniques de toute beauté, mais aussi un fragment de météorite découvert à Sainte-Rose en 1983. Intéressante expo sur le rapport entre l'homme et le volcanisme à travers les croyances populaires. Par le biais de photos et documents agrandis, on passe ensuite en revue l'histoire de l'exploitation du piton. Pour finir, un petit coup d'œil sur le réseau d'instruments de mesures et les webcams qui surveillent le volcan.
Également un centre de doc (accès gratuit), des expos temporaires, des concerts, des spectacles, des conférences et des circuits découverte du volcan (sur résa).

■ **Centre équestre Alti Merens :** *120, rue Maurice-et-Katia-Krafft (ou N 3), km 26, avt l'entrée de Bourg-Murat en venant du sud, sur la droite. 📱 06-92-31-47-92. • alti-merens.re • Sur résa.* Balades de 1 à 3h ou à la journée avec des chevaux adaptés pour tous les niveaux. Sorties de plusieurs jours également, pour les cavaliers confirmés.

■ **Écuries du Volcan :** *chemin du domaine de Bellevue, un peu à l'écart de la N 3 après Bourg-Murat, en dir. du col de Bellevue et de La Plaine-des-Palmistes. 📱 06-92-66-62-90. • ecuriesduvolcan.e-monsite.com •* Propose des randonnées à cheval pour tous niveaux et de toute durée (à partir de 1h), dans la région du volcan.

Itinéraire vert : si l'on n'est pas pressé, une alternative à la route des Plaines (N 3) pour retourner sur Le Tampon en prenant la direction de Petite-Ferme (D 36).

LE PITON DE LA FOURNAISE

L'attraction numéro un de La Réunion, qui lui doit son appellation d'île « intense »... En 1er lieu, rassurons les « zoreilles zincultes » : la Fournaise, qui s'élève à 2 632 m d'altitude, est un volcan effusif mais pas explosif, nuance. Les volcans « gris » ou explosifs émettent des laves « andésitiques » qui produisent cendres et nuées ardentes. Les volcans « rouges » ou effusifs, quant à

eux, émettent des laves « basaltiques » fluides qui se contentent de dégueuler une lave incandescente (à 1 150 °C tout de même !). Les 1ers sont les plus dangereux (comme la montagne Pelée à la Martinique). Les « rouges » (dont le piton de la Fournaise), même si des explosions peuvent parfois survenir, ne causent des accidents que lorsque les coulées s'étendent dans les lieux habités.
Quoi qu'il en soit, le volcan de La Réunion est placé sous haute surveillance ! Sismomètre, GPS, inclinomètre et autre extensomètre de l'Observatoire volcanologique de l'île auscultent le monstre 24h/24. On en a fait un véritable « volcan laboratoire » grâce auquel la volcanologie a considérablement évolué.
Tout cela pour dire qu'il ne faut surtout pas hésiter à approcher la bête, car vous rateriez un paysage absolument fantastique. D'ailleurs, elle n'effraie plus beaucoup les Réunionnais... Au contraire, les habitants lui vouent une admiration pleine de respect : lors de l'éruption du siècle en 1998, presque toute l'île s'est donné rendez-vous autour du volcan pour l'admirer ! Il faut dire que l'éruption a duré 6 mois. Il suffit d'en parler autour de vous pour que les yeux brillent à l'évocation du souvenir, parole de routard.
Depuis, le volcan « *l'a pété* » régulièrement presque chaque année, à raison de 3 ou 4 éruptions en moyenne. Les plus belles restent celles qui sont arrivées jusqu'à la mer (2002, 2004, 2005 et 2007). Mais l'éruption d'avril 2007 restera l'une des plus importantes de la Fournaise, avec plus de 200 millions de m³ de lave émis en un mois, l'effondrement spectaculaire du cratère principal (Dolomieu) et la naissance de 2... plages ! En cas d'actualité chaude, consulter le site • *fournaise.info* •

UN PEU D'HISTOIRE VOLCANIQUE

Selon l'écrivain Jean-François Samlong : « L'île de La Réunion est fille d'un volcan qui blessa la mer Indienne il y a près de 3 millions d'années. » Un million d'années plus tard, il pointe son museau par-dessus les flots. Ce volcan, plus tard appelé ***piton des Neiges,*** déverse au fur et à mesure de ses éruptions des millions de tonnes de basalte qui constitueront le sol de l'île. Les importants effondrements de chambres magmatiques forment un relief tourmenté sur lequel se développe la vie.
En même temps que le piton des Neiges, un autre volcan apparaît, celui des Alizés. Mais celui-ci ne fera pas long feu si l'on peut dire. Il disparaît, recouvert par les laves d'un 3e volcan dont l'acte de naissance remonte à 500 000 ans : le ***piton de la Fournaise.***
Piton des Neiges et piton de la Fournaise, les 2 voisins, crachent leur lave ensemble, de bon cœur, pendant plus de 400 000 ans. Mais le plus vieux « cesse » le combat (cela dit il n'a peut-être pas dit son dernier mot !) : la dernière éruption du piton des Neiges date d'il y a 12 000 ans, soit une bonne nuit de sommeil pour un volcan âgé d'environ 8 millions d'années. En revanche, le p'tit jeune reste en pleine forme. On peut voir le résultat sur la côte sauvage, dans le sud-est de l'île : des plates-formes basaltiques, véritables falaises de lave, se sont formées au-dessus de l'océan. ***L'île s'agrandit*** par la même occasion de plusieurs hectares.
Bloqué à l'ouest par le piton des Neiges, le piton de la Fournaise aurait ***tendance à glisser vers l'est.*** Là même où se trouve la zone de faiblesse et où se produit la majorité des éruptions. Il existe une autre zone de faiblesse, moins connue du grand public, qui part de l'enclos Fouqué, au niveau du pas de Bellecombe, et se prolonge vers le nord-ouest en direction de la plaine des Cafres en passant par le Nez-de-Bœuf. Une éruption hors enclos a eu lieu au cratère Commerson il y a 2 000 ans avec une coulée de lave de 25 km de long dans la rivière des Remparts jusqu'à la mer. La plate-forme créée par la lave a depuis été colonisée par... la ville de Saint-Joseph (ce n'est pas si vieux) !

UN PEU D'HISTOIRE TOUT COURT

Si les 1res observations du piton datent de l'arrivée de l'Homme sur l'île, ce qui permet de savoir que, depuis 1650 environ, 300 éruptions ont eu lieu, il faut attendre le milieu du XVIIIe s pour voir les 1res explorations. ***Philibert Commerson,*** le naturaliste de Bougainville lors de son voyage autour du monde, dirige la 1re expédition scientifique sérieuse en 1771. En 1801, ***Bory de Saint-Vincent,*** géographe et naturaliste, mène, alors que le cratère Dolomieu est en éruption, 2 missions plus approfondies dont il publiera une relation détaillée. Des cratères de la Fournaise portent le nom de ces 2 savants. Le cratère Dolomieu, lui, rend hommage à... ***Dolomieu,*** géologue qui n'est jamais venu à La Réunion mais qui a été le maître de Bory de Saint-Vincent.
Ce n'est qu'au début des années 1960 que la fréquentation du volcan devient chose normale : auparavant, en effet, l'absence de route pour y monter supposait qu'il fallait organiser de véritables expéditions, longues et coûteuses, avec porteurs.

Comment y aller ?

➢ ***Une seule route conduit au piton de la Fournaise :*** *la RF 5, qui part de Bourg-Murat (km 27), dans la plaine des Cafres (voir à « Plaine-des-Cafres » plus haut).* Il a fallu 12 ans pour la construire, de 1957 à 1968. De Bourg-Murat au pas de Bellecombe, compter de 45 mn à 1h pour env 25 km (les derniers km sont défoncés). Pas de bus malheureusement. En stop, c'est faisable, mais prévoir de partir de bonne heure.
Voici d'autres moyens d'accès.

➢ La ***marche,*** pour ceux qui ont du temps (et du courage). Périple de 2 jours + 1 nuit, à faire impérativement avec la carte IGN Top 25, nº 4 406 RT. De Bourg-Murat, monter au piton Textor (2 165 m), puis jusqu'à l'oratoire Sainte-Thérèse (2 411 m) et descente dans le paysage lunaire de la plaine des Sables. Compter près de 6h. Nuit au *Gîte du Volcan.* 2e jour : descente dans l'enclos depuis le gîte en 1h env. Retour par le même chemin. Possible aussi au départ de La Plaine-des-Palmistes : départ du Bras-des-Calumets, puis piton Doré d'où l'on rejoint le piton Textor.

➢ L'***hélico*** ou l'***ULM,*** pour ceux qui ont les moyens (voir nos adresses dans la rubrique « Sports et loisirs » du chapitre « La Réunion utile » en début de guide) !

➢ ***Original :*** à ***vélo couché*** avec ***Atmosphère péi*** *(📱 06-92-44-47-17 ; • atmospherepei.com •)* ou ***à cheval*** *(infos à l'office de tourisme du Tampon, ☎ 02-62-27-40-00 ; • tampontourisme.re •).*

Où dormir ? Où manger ?

🏠 |●| ***Gîte du Volcan :*** *sur la route du Volcan, 500 m avt le pas de Bellecombe, tourner à gauche puis continuer sur 1,3 km. 📱 06-92-85-20-91. Résa impérative par tél ou sur • explorelareunion.com •). Tte l'année sauf Noël et Nouvel An. Resto ouv à ts tlj sauf mer midi ; sur résa le soir. Lit env 16-18 € en dortoir selon saison ; doubles 60-65 € ; bungalow 4 pers 100 € ; petit déj sur résa env 8 €. Le midi, plats 17-26 € ; le soir, repas env 21 € (dîner à 19h).* Une adresse du bout du monde, pittoresque mais un peu *roots.* Elle se compose d'une bâtisse principale en bois sur pilotis et de plusieurs petits édifices disséminés dans un jardin. En tout, près de 60 lits (ce qui fait du monde), répartis en dortoirs de 4 à 12 personnes, pas bien grands mais propres. Sanitaires communs pour la plupart, bien tenus, avec eau chaude quand tout va bien (panneaux solaires). De même, l'électricité étant limitée, ce n'est pas ici qu'on rechargera les batteries. Pour le chauffage, on se contente d'un poêle à granulés par bâtiment en hiver, mais ça fonctionne bien. Le resto a fière allure : la salle profite d'une vue panoramique géniale sur les environs. Pas de la grande cuisine, mais du solide bien ficelé. Un bon camp de base sans chichis.

Snack : *au pas de Bellecombe. En hte saison, ouv lun-ven 8h-16h, w-e 8h-18h ; sinon, ouv tlj env 8h30/9h-16h.* Un simple snack, mais qui dépanne bien quand on n'a pas prévu la glacière. Sandwichs, viennoiseries et pains *bouchons* ainsi que des boissons.

À voir sur la route du Volcan

Après avoir quitté Bourg-Murat, la route traverse une forêt de cryptomerias, conifères d'origine japonaise (quelques petits espaces de pique-nique). Puis les arbres se raréfient. Au bout de 8 km, arrêtez-vous au ***belvédère du Nez-de-Bœuf*** (2 065 m), sur l'aire de stationnement sur la droite de la route, pour admirer la vue plongeante sur la vallée de la rivière des Remparts et les montagnes prisonnières des nuages. Elle porte bien son nom, cette vallée, avec ses fantastiques falaises de 800 à 1 000 m de hauteur qui dégringolent sèchement jusqu'à la rivière. Le paysage se mue ensuite en un curieux mélange de lande, aux beaux dégradés de vert et de gris, et de chaos basaltique.

Le piton de l'Eau : *à env 12 km de Bourg-Murat (env 500 m après la grande antenne). Parking, puis prendre à pied la piste caillouteuse sur env 200 m. Le sentier débute sur la droite. Compter env 3h l'aller et 5h l'A/R.* Pas facile de s'y retrouver : signalisation fantaisiste (bien se renseigner avant !). Dénivelée positive de 220 m. C'est l'unique lac dans un cratère volcanique de l'île, à 1 887 m d'altitude.

Le belvédère du cratère Commerson : *à env 15 km de Bourg-Murat, petite aire de stationnement sur la droite de la route ; suivre alors un sentier de 160 m (panneau).* Ce cratère invisible depuis la route porte le nom d'un célèbre scientifique du XVIIIe s. La vue depuis le belvédère est absolument impressionnante. Il faut dire que ce cratère est né il y a 2 000 ans et mesure 200 m de diamètre pour 235 m de profondeur (et on est à 2 310 m d'altitude). Des dimensions pour le moins colossales dues à une « éruption phréato-magmatique explosive », excusez du peu. Attention aux enfants, il n'y a pas de barrières de sécurité au-delà du point de vue qui, lui, est sécurisé.

Le sentier vers le morne Langevin : *à env 18 km de Bourg-Murat ; le sentier débute sur le côté droit de la route, au niveau du parking du pas des Sables, juste avt de descendre dans la plaine des Sables. Compter 3h-3h30 A/R (dénivelée positive de 210 m).* Ne pas prendre le chemin sur la droite, mais longer le rempart des Sables, avec vue sur la plaine. Après une petite heure de marche, on atteint le sommet du Morne (avec son antenne à 2 403 m). Après le belvédère panoramique, il faut revenir sur ses pas.

Le belvédère de la plaine des Sables : à 2 360 m, il faut absolument faire une halte à ce belvédère qui domine la ***plaine des Sables,*** ce « paysage lunaire au bout duquel on tombe dans le vide du ciel » (Bataille). Néant minéral et palette d'artiste, ce désert rouge et noir évoque aussi un décor à la Spielberg : on jurerait une piste d'atterrissage pour Martiens ! Seulement, il faut attendre que les nuages fugitifs s'estompent... et vous apercevrez le cône grisonnant du volcan, juste en face, au bout de la route ! Pour bénéficier d'une vue d'ensemble, plusieurs belvédères (certains avec petits parkings) permettent d'embrasser ce paysage incroyable. Ils sont tous facilement accessibles.

À partir de la plaine des Sables, la route serpente et descend. Le bitume cède la place à une piste de terre carrossable mais minée de nids-de-poule vicieux.

Après avoir traversé tant bien que mal la plaine des Sables, 5 km plus loin, on parvient au parking du ***pas de Bellecombe*** (2 354 m d'altitude), terminus de la route. Snack (voir plus haut) et toilettes sèches sur place, accessibles en permanence, mais pas d'eau potable. Prévoir des vivres. Panorama de rêve sur le sommet du piton de la Fournaise (enfin, le voilà !). À ses pieds, le fameux ***enclos*** (l'enclos Fouqué), vaste cuvette naturelle (une caldeira formée il y a moins de 10 000 ans) chargée de contenir les flots de lave du monstre volcanique. En bas à gauche, on remarque le Formica Leo, un joli petit piton tout rouge, « grain de beauté volcanique » comme on l'appelle ici. À gauche du belvédère, les escaliers (un peu plus de 400 marches, gardez des forces pour le retour !) mènent au départ du sentier de randonnée vers le volcan... Pour les connaisseurs, on peut apercevoir, en descendant les marches, un dyke (cheminée volcanique solidifiée). Bien lire les panneaux des consignes avant de randonner.

Visite au cœur du monstre

L'une des plus belles randonnées de l'île : un aller-retour dans l'enclos qu'on peut faire avec les enfants, s'ils sont préparés à l'aventure !
On peut passer la nuit au *Gîte du Volcan,* pour être à pied d'œuvre dès l'aube. Le départ de la rando se trouve au ***pas de Bellecombe,*** 500 m plus loin. Au sommet du rempart, vous surplombez l'enclos Fouqué, en forme de fer à cheval (9 km de large sur 13 km de long). C'est là que commence le sentier, balisé tout le long par de gros points blancs. Balisage refait régulièrement.

Conseils aux randonneurs

– ***Prévoir de bons vêtements :*** très bonnes chaussures (la marche est difficile, tout n'est qu'arêtes et cassures), un pull, un coupe-vent genre K-way, car il fait froid le matin de bonne heure. De juin à septembre, passage de fronts froids et températures autour de 0 °C (en août 2003, la neige a réussi à tenir 24h !). Et surtout, un chapeau, même si le temps est à la grisaille, ainsi que de la crème solaire ! Le soleil est beaucoup plus traître qu'on ne le croit, et même par temps de brouillard, à plus de 2 000 m d'altitude, les coups de soleil sont redoutables.
– Ne pas oublier d'***emporter de l'eau,*** car il n'y a pas de point d'eau au parking. Compter 2 l par personne.
– Prévoir 5-6h de rando au minimum (aller et retour) pour le ***belvédère du Dolomieu*** (le must), mais d'autres balades plus courtes existent également.
– ***Partir dès l'aurore,*** et même avant, pour être sur le volcan le plus tôt possible et bénéficier de la plus belle lumière de la journée et du lever du soleil. De plus, il y a moins de monde et les températures sont plus clémentes. Mais sachez que la météo est imprévisible. Le ciel peut se couvrir en 15 mn, la brume peut laisser place à un soleil radieux tout aussi rapidement, même en plein après-midi. Contrairement à une idée reçue, les nuages n'apparaissent pas systématiquement en fin de matinée, comme dans les cirques où la végétation est abondante. Sachez aussi que si le ciel est bouché à Bourg-Murat, il peut être dégagé au piton de la Fournaise. N'hésitez pas à consulter les webcams qui diffusent les images en léger différé sur le site • *fournaise.info* • Mais n'oubliez pas que le temps de monter, les conditions peuvent changer...
– ***En cas de mauvais temps*** (brume), ***suivre scrupuleusement les balises du sentier*** (marquage blanc tous les 2 m en moyenne), ne pas chercher à en sortir. Tous les ans, des randonneurs imprudents se perdent, certains ont été retrouvés morts de froid ou de déshydratation !
– Évidemment, ***ne laisser aucun détritus ni déchet sur le sentier,*** les rapporter à votre point de départ.

Roches et curiosités volcaniques

Voici une petite digression sur les différentes roches à observer.
– ***Le graton*** *(ou de type « áá »)* **:** c'est la roche qui constitue les énormes fleuves noirs (nommés à juste titre « coulées de gratons »). Vous avez dû les remarquer car on risque de se tordre les pieds en marchant dessus. Ces coulées sont épaisses, pleines d'anfractuosités.
– ***Les laves pahoehoe*** (mot hawaiien) **:** prononcer « pa-hoï-hoï » ! Laves lisses qui recouvrent une bonne partie de l'enclos, issues d'une lave plus visqueuse. Les coulées d'août 2004, à voir sur la route des laves, sont en *pahoehoe,* contrairement à celles de 2002 ou 2005 (graton). Les laves dites « cordées » appartiennent à cette famille.
– ***Les projections :*** ces pierres très lisses, d'aspect luisant et très riches en bulles, ont été projetées à haute altitude et ont donc refroidi vite. Leur couleur va du bleu au rouge (oxydation du fer) en passant par le beige, le jaune (riche en sulfate de sodium) et le noir. Superbes ! Toutes ces projections forment les pitons. Parmi ces projections, on distingue particulièrement les ***lapilis.*** Il s'agit de toutes petites pierres friables et fragiles, de différentes couleurs. C'est l'essentiel de la texture de la plaine des Sables (qui porte mal son nom puisqu'elle n'est pas constituée de sable).
– ***Les cheveux de Pélé :*** rien à voir avec le Dieu du foot... mais plutôt avec Pélé, déesse hawaiienne des volcans. Gouttelettes de lave échappées d'une « fontaine », étirées en fil de verre volcanique. Très fragiles et très belles, elles rappellent un peu la peinture japonaise.
Enfin, petites précisions : si toutes les roches sont pleines de trous, c'est que le magma, roche en fusion, est riche en gaz. Au cours d'une éruption, la lave est projetée et le gaz fait « gonfler » les projections (comme la levure produit du gaz qui fait gonfler la mie du pain). C'est ainsi qu'apparaissent toutes ces alvéoles rendant les pierres si légères.

La marche sur le volcan

🚶🚶 ***Le sentier du Dolomieu :*** départ du pas de Bellecombe. Compter 12 km et environ 5h aller-retour. Malgré notre descriptif, il est indispensable de se munir d'un topoguide, qu'on trouve par exemple à la boutique de la Cité du Volcan. En fonction de l'activité du volcan, il peut être interdit au public. Ne pas enfreindre cette interdiction, les risques sont réels. Le pas de Bellecombe est l'unique voie d'accès au sommet du volcan. De là, ***3 randonnées principales*** : le ***sentier du Dolomieu,*** le ***sentier Kapor*** et le ***sentier du Rivals.*** Compter tout d'abord 15 à 20 mn de descente (à peu près 150 m de dénivelée) pour arriver en bas, dans l'enclos, au paysage totalement lunaire. Puis encore 15 mn pour aller jusqu'au ***Formica Leo.*** C'est un minuscule piton, situé juste en bordure du sentier. Il a été décrit dès 1753 : son nom signifie « fourmi-lion » car il forme un entonnoir rappelant le piège édifié par la larve du fourmi-lion, qui projette du sable pour faire tomber ses proies. Avant, il était beaucoup plus haut mais, il y a 200 ans, une coulée de lave l'a enseveli.
Tout autour, d'immenses plateaux de lave. Ce sont des plaques en *pahoehoe* (prononcer « pa-hoï-hoï » !), dues à une coulée visqueuse de 10 cm à 2 m d'épaisseur. Cette lave a refroidi très lentement, ce qui explique sa couleur et sa texture. Observez la lave cordée : elle se produit, d'une manière générale, en fin d'éruption. Comme elle était très chaude (1 150 °C), donc très fluide et pratiquement sans gaz, elle a formé en se refroidissant lentement ces étranges dessins. La traversée de ce plateau de lave se termine à la « Chapelle » de Rosemont, en fait un gros tumulus de lave.
De là, il est possible de prendre sur la droite vers le ***cratère Rivals*** (2 243 m), une promenade plus facile. Si vous êtes toujours en jambes, continuez sur la gauche, direction le ***balcon du Dolomieu*** (2 366 m). Le sentier commence à monter pour de bon et les gratons, de plus en plus nombreux, rendent la progression plus difficile. Certaines de ces coulées en gratons sont très récentes (décembre 2010). On

continue en contournant la montagne par le nord-est, et au bout de 2h30, voici devant vous le gouffre créé par l'effondrement, le 6 avril 2007, de 100 millions de m³ de roches : 1 000 m de diamètre, 350 m de profondeur, enfin... au moment où ces lignes sont écrites, car chaque nouvelle éruption peut modifier la donne en accélérant son comblement (les petites éruptions de 2008 et 2010 ont déjà permis au plancher de remonter de plus de 70 m : certains ont calculé que d'ici 100 à 200 ans le Dolomieu sera comblé !). Prévoir à peu près la même durée pour le retour.

Le piton Kapor-piton Payankë *(2 150 m)* **:** beaucoup plus facile que le balcon du Dolomieu (300 m de dénivelée seulement ; 7,5 km à parcourir et environ 3h aller-retour, sans se presser). Descendre dans l'enclos, laisser sur la droite le sentier pour la « chapelle » de Rosemont et poursuivre sur le sentier de gauche. Retour par le même itinéraire. C'est ce piton qui a alimenté la coulée de lave pendant 196 jours en 1998. La coulée est arrivée à 1 m de la N 2, près de la Vierge au Parasol sur la côte est. De petites coulées hors enclos se sont produites au nord-ouest et à l'aval du Nez-Coupé de Sainte-Rose. En 2003, une éruption se produisit juste à l'est du piton Kapor. Un nouveau cône se forma : le piton Payankë.

Le Nez-Coupé de Sainte-Rose *(2 076 m)* **:** compter 3h30-4h aller-retour (dénivelée positive de 460 m). Du pas de Bellecombe, ne pas descendre dans l'enclos mais continuer le sentier sur la gauche jusqu'au piton Partage. De là, point de vue sur tous les derniers-nés des cratères : piton Célimène (2000), cratère Legros (2000), piton Payankë (2003, accolé au Kapor) et piton Jacob (2016). Ensuite, le sentier est plus raide jusqu'au Nez-Coupé avec sa table d'orientation.

Randonnée de 2 jours vers Mare-Longue sur le GR R2

Pour cette rando, il faut avoir la carte IGN Top 25, n° 4 406 RT. Pour randonneurs expérimentés. Départ du parking du *Gîte du Volcan,* arrivée à Saint-Philippe. Partir très tôt. Le 1er jour, il faut marcher jusqu'au gîte de Basse-Vallée (19,5 km ; 7h) en longeant le rempart du volcan par le sentier du Tremblet, puis descendre à travers la forêt des Hauts vers Basse-Vallée. La descente prend 3h à travers les landes puis la forêt de tamarins. Ensuite, il faut traverser le lit à sec de la Vallée Heureuse jusqu'à une forêt de cryptomerias. Le gîte de Basse-Vallée se trouve là. Réservation obligatoire auprès du central de réservation *Île de La Réunion Tourisme* (se reporter à la rubrique « Où dormir dans le coin ? » à Saint-Philippe). Cette 1re journée offre le plaisir d'alterner les paysages, d'abord lunaires en marchant sur un sol sec et rocheux sans végétation, puis dans une exubérance de sous-bois verts accompagnés des chants d'oiseaux, pour finir dans une canopée à 20 m.
Le lendemain, marche de 5h sur le GR R2, jusqu'au sentier botanique. On se retrouve sur la N 9 : essayer le stop ou attendre le bus. Préférable de le faire avec un guide ou accompagnateur de moyenne montagne. Infos dans les offices de tourisme, notamment celui de Bourg-Murat.

Pour en savoir plus...

Pour découvrir le volcan en compagnie d'un guide spécialisé, plusieurs possibilités :

- Contacter la ***Cité du Volcan*** (voir plus haut à Bourg-Murat) ou le ***central de résa Île de La Réunion*** à Saint-Denis. ☎ *0810-160-000 (prix d'un appel local).* ● *explorelareunion.com* ● *Tarifs selon prestation (durée, avec ou sans repas, nombre de participants).*
- Renseignements sur les randonnées dans le volcan et autour auprès de

l'***office de tourisme*** situé à Bourg-Murat *(☎ 02-62-27-40-00).* Délivre une brochure sur les principales randonnées (toutes balisées) à réaliser dans l'enclos, avec durée, difficulté et dénivelée.

LA PLAINE-DES-PALMISTES (97431) 6 200 hab.

• Plan *p. 276-277*

Une fois traversée la plaine des Cafres, on franchit le col de Bellevue. Dans la descente, la route se dandine en dessinant de nombreux lacets et offre de superbes points de vue sur les pitons recouverts de verdure. N'hésitez pas à faire un crochet par Petite-Plaine (route de gauche en venant de Bourg-Murat), au pied des remparts à pic de la forêt de Bébour. Quelques jolies cases anciennes au bord de la route. En arrivant au Deuxième-Village (c'est son nom !), c'est-à-dire dans le centre-ville de La Plaine-des-Palmistes, remarquez sur la gauche la villa des Tourelles, maison de *changement d'air.* Plaine-des-Palmistes est une agréable bourgade, calme et fleurie. Son nom lui vient des nombreux palmistes (une variété de palmiers) que l'on trouve dans cette haute région verte et humide où poussent également les fougères et les orchidées. La plaine est connue pour ses très bons fromages, aux fines herbes, au gingembre, au combava, au miel, au goyavier, à la cardamome...

Arriver – Quitter

Bus : en plus de la ligne S2 avec *Car Jaune* reliant Saint-Pierre à Saint-Benoît par les plaines (6 bus/j. ; *• carjaune.re •*, liaison avec Saint-Benoît par bus *Estival 65* (9 bus/j., 1 le dim ; *☎ 02-62-92-53-40*).

Adresses et info utiles

Office de tourisme de l'Est, bureau de La-Plaine-des-Palmistes *(plan C2)* **:** *258, rue de la République ; dans la Maison du parc national de La Réunion, reconnaissable à son architecture en bois. ☎ 02-62-41-17-70. • reunionest.fr • ville-plainedespalmistes.fr • Tlj sauf jeu et dim 8h30-12h30, 13h30-17h.* Équipe sympathique et efficace.

■ ***Luco Sautron :*** *06-92-28-87-19. • luco.sautron@wanadoo.fr • Prévoir 11 €/pers pour 2h ; min 2 pers.* Un guide qui organise différentes visites et balades contées sur l'histoire et le patrimoine naturel et culturel du coin.

■ ***Domaine des Tourelles*** *(plan C2)* **:** *en face de l'office de tourisme. ☎ 02-62-51-47-59. • tourelles.re • Lun-ven 9h-18h (17h mar), w-e 10h-17h.* Quelques boutiques et ateliers d'artisans. Ouverture aléatoire pour certains.

✉ ■ ***Poste et distributeurs :*** *à côté de l'hôtel de ville (plan C1). Autre gabier au Crédit agricole, à proximité.*

– ***Marché forain :*** *dim 6h-12h, derrière l'hôtel de ville (plan C1).*

Où dormir ?

Bon marché

Gîte d'étape Le Pic des Sables – chambres d'hôtes Les Agrumes *(plan A3,* ***11****)* **:** *2, allée des Filaos, à* ***Petite-Plaine.*** *☎ 02-62-51-37-33. 06-92-64-54-97. • facebook • Résas sur • reunionest.*

fr • ♿ À 4 km du village, prendre la route de Petite-Plaine (D 55), c'est sur la gauche (petit panneau). En gîte, lit env 20-25 €/pers, avec petit déj ; double en chambre d'hôtes 75 €. Repas sur résa env 28 €. Il y a d'abord le gîte dans une maison en bois de plain-pied, avec 2 dortoirs basiques de 4 et 11 lits. Ils sont communicants et se partagent le bloc sanitaire. Au fond du jardin, dans une autre maison en bois plus classe, 2 chambres d'hôtes pour plus de confort. Elles sont modernes, spacieuses, vraiment agréables, et disposent sur le devant d'une terrasse commune. Quant aux repas, ils sont servis dans la salle à manger rustique de la maison principale. Le très sympathique patron vous donnera toutes les infos nécessaires sur les possibilités d'activité.

De prix moyens à chic

Chambres d'hôtes Le Conflore du Piton *(hors plan par D1,* ***14****) : 91, rue Dureau, Bras-Piton. ☎ 02-62-51-41-04. 06-92-67-62-33. • leconfloredupiton@gmail.com • ♿ À la sortie du village vers Saint-Benoît, sur la droite. Faire env 2,5 km dans la rue Dureau. Double env 62 €. Repas env 28 €.* Une jolie case créole isolée dans un écrin de nature, avec une belle façade colorée et une varangue bien agréable. À l'intérieur, 2 chambres confortables, modernes, avec salle de bains privée. Les repas sont préparés avec les légumes du jardin.

Chambres d'hôtes L'Échelle *(plan C2,* ***13****) : 16, allée des Agapanthes. ☎ 02-62-51-48-55. 06-92-08-99-38. • nicole.plantec974@gmail.com • Congés : juin-août. Double 72 €. Dîner env 25 €.* Au cœur d'un quartier très calme, une grande maison créole revisitée posée au milieu d'un beau jardin fleuri. On y est accueilli par un couple de Bretons sympathiques. Ils proposent des chambres classiques et colorées de bonne taille (2 d'entre elles peuvent être combinées en suite parentale) et concoctent de bons repas servis dans une salle commune chaleureuse. Pour digérer, direction la jolie petite terrasse à l'arrière.

Chambres d'hôtes Chez Marilou *(plan D2,* ***16****) : 9, allée des Jacinthes. 06-92-25-87-86. • facebook • Double 75 €. Dîner sur résa env 28 €.* Dans une maison moderne, une bonne adresse chez l'habitant où l'on est reçu comme des amis. Les chambres sont nickel, rénovées récemment et tout confort. La plus grande, à l'étage, est idéale pour les familles. Mais le vrai plus, c'est le repas partagé avec les adorables propriétaires, après un apéro gourmand au coin de la cheminée (beignets tout chauds et rhums arrangés à gogo !). Jean-Louis prépare de délicieuses recettes traditionnelles au feu de bois, tandis que Mary-Line se réserve les desserts. On est bien ici, à l'image du coin salon cosy avec ses B.D. et la TV.

Chambres d'hôtes Chez Béa *(plan C3,* ***15****) : 86, rue Georges-Lebeau. 06-92-95-10-02. • chez.bea@orange.fr • Résas sur • book.reunion.fr • ♿ Congés : janv-avr. Double 75 €.* Au cœur d'un superbe jardin, 2 chambres aménagées dans une maison à l'écart de l'habitation principale. Elles sont spacieuses, lumineuses, décorées dans un style sobre et moderne. Le top, ce sont les terrasses et la belle vue dégagée sur la campagne. Un bon rapport qualité-prix.

Plus chic

Hôtel La Ferme du Pommeau *(plan D2,* ***10****) : 10, allée des Pois-de-Senteur. ☎ 02-62-51-40-70. • resa@ferme-du-pommeau.re • ferme-du-pommeau.re • Double env 100 €, avec petit déj. Plats env 16-22 €.* Dans une impasse au cadre verdoyant, parfaitement au calme, de petits édifices abritent une vingtaine de chambres modernes, fonctionnelles et bien équipées. La piscine chauffée et semi-couverte constitue le grand plus de cette adresse classique. Accueil très aimable.

– Voir aussi les ***chambres d'hôtes Les Agrumes*** *(plan A3,* ***11****),* plus haut.

Adresse utile

Office de tourisme de l'Est (C2)

Où dormir ?

10 Hôtel La Ferme du Pommeau (D2)
11 Gîte d'étape Le Pic des Sables et chambres d'hôtes Les Agrumes (A3)
13 Chambres d'hôtes L'Échelle (C2)
14 Chambres d'hôtes Le Conflore du Piton (hors plan par D1)
15 Chambres d'hôtes Chez Béa (C3)
16 Chambres d'hôtes chez Marilou (D2)

Où manger ? Où boire un café ?

20 Le Relais des Pitons (C1)
21 Le Délice des Plaines (C2)
22 Le Café des Arts (C1)
23 Le Petit Four (C3)
24 Le Relais des Plaines (C1)

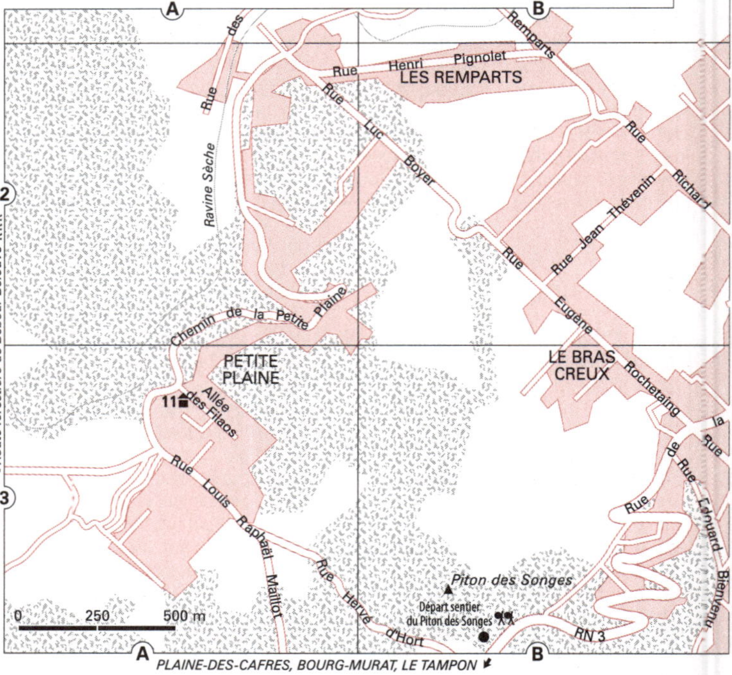

Où manger ? Où boire un café ?

Très bon marché

Le Délice des Plaines (plan C2, **21**) : *333, rue de la République (rue principale) ; repérer le large chapiteau, sur la droite en venant de Plaine-des-Cafres. 06-92-64-61-02. Tlj sauf lun. Buffet à volonté 10 € en sem, 15 € le w-e ; barquettes 5-6 €.* Vaste cantine populaire dont la salle est abritée sous une toile style chapiteau. Rien de glamour ici, mais c'est idéal pour se rassasier à moindres frais, les buffets proposant un large choix de plats classiques. Du coup, c'est vite pris d'assaut le midi. Accueil et ambiance très sympa.

Le Café des Arts (plan C1, **22**) : *rue principale, en face de la poste. 06-92-65-57-41. Tlj sauf mar 9h30-18h30 (18h dim).* Un snack

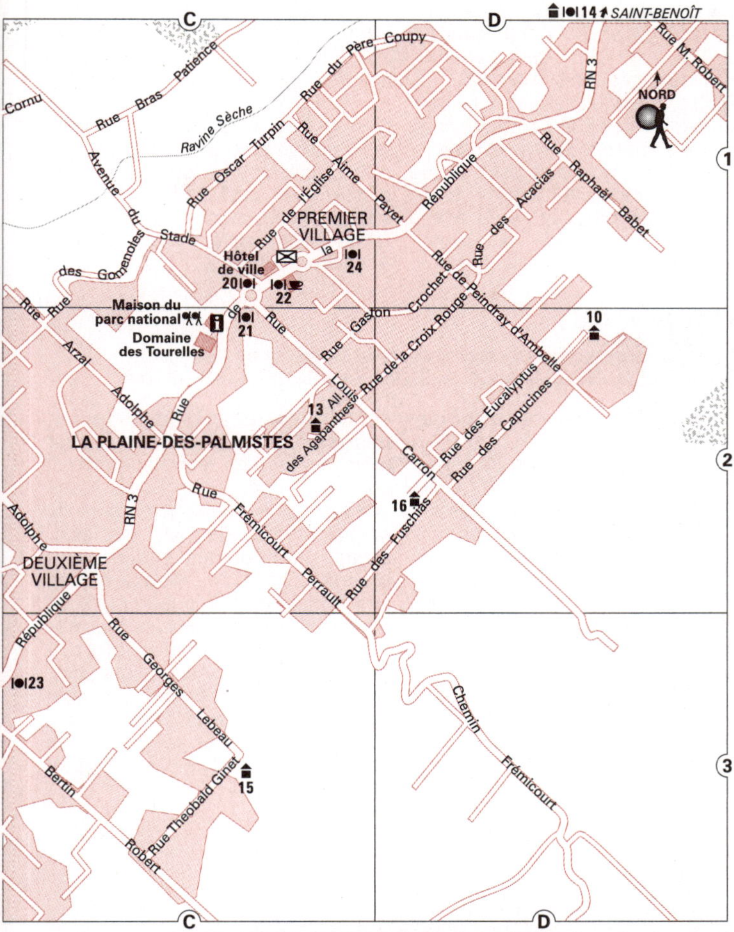

LA PLAINE-DES-PALMISTES

tout simple pour manger sur le pouce salades et sandwichs le midi, puis crêpes, gaufres, glaces... Et surtout bon café à toute heure. Pratique. Quelques tables en terrasse en surplomb de la rue.

De bon marché à prix moyens

Le Petit Four *(plan C3,* ***23****) : 513, rue de la République (N 3).* *☎ 02-62-53-38-79. ♿ Ouv le midi tlj sauf lun, plus le soir tlj sauf lun et ven. Salades, quiches, pizzas 7-12 € ; plats env 10-15 € ; sandwichs env 2-4 €.* Un sympathique petit snack tout pimpant, qui aligne fièrement ses salades et sandwichs gratinés pour quelques euros. Demandez sans piment si vous n'êtes pas habitué, et prenez place sur l'une des quelques tables en terrasse ou dans la coquette minisalle. Tous les jours, un cari différent.

Le Relais des Plaines (plan C1, **24**) **:** *303, rue de la République. ☎ 02-62-20-00-68. Tlj sauf mar soir, mer et dim soir. Plats env 11-20 €.* D'emblée, la grande salle éclairée par des baies vitrées sur 3 côtés donne envie de s'asseoir. Et l'on fait bien, car la cuisine ne déçoit pas : plats asiatiques, créoles ou métros, tous sont bons, généreux et servis avec un grand sourire. Une excellente adresse.

Le Relais des Pitons (plan C1, **20**) **:** *232, rue de la République. 06-93-20-40-02. Ouv le midi tlj sauf mar, plus le soir ven-sam. Formule 18 € ; plats env 14 €.* On aime bien ce petit bout de resto familial avec sa terrasse de poche abritée. À l'ardoise, courte, quelques bons plats du jour bien créoles, du genre boucané, cari, ou civet de cerf (parfois), accompagné de jolis gratins. Accueil adorable.

Où dormir ?
Où manger au cœur de la forêt de Bélouve ?

Gîte de randonnée de Bélouve : *06-92-85-93-07. (sur demande au préalable par tél). À 21 km de la N 3, tt au bout de la RF 2 de Bébour-Bélouve, face au cirque de Salazie. On se gare sur un grand parking à 400 m du gîte. Ouv tte l'année (sauf Noël et Nouvel An). Pas de resto en fév le midi, sinon ouv tte l'année, mais sur résa de préférence. Résas des nuitées dans les offices de tourisme et sur • reunion.fr • ou • explorelareunion.com • Nuitée en dortoir 16-18 €/pers ; double 45 € ; petit déj sur résa 6 €. Draps et couvertures fournis. Sur résa, pique-nique 8 €, menu le soir env 20 €.* Ici, on est loin de tout et on a juste le silence de la nuit pour fond sonore. Les repas sont servis sur des tables communes, dans une ambiance d'auberge du bout du monde, chaleureuse et fraternelle. Quant aux hébergements, ils sont proposés dans des mobile homes (en formule dortoir pour 4 ou 6) en attendant la fin des travaux de rénovation des gîtes. Également une aire de bivouac surplombant Salazie, gratuite et tolérée pour 1 nuit seulement. Gérants vraiment sympa qui peuvent vous renseigner sur les différentes randos alentour et le canyoning au Trou-de-Fer.

À voir

La Maison du parc national (plan C2) **:** *même adresse que l'office de tourisme, mais ferme 30 mn plus tôt. ☎ 02-62-90-01-31. • parcnational.fr • reunion-parcnational.fr • Lun-sam 8h30-12h30, 13h30-17h.*
Reconnaissable à ses bardeaux de bois en façade et au zinc pour les toitures, elle est 100 % bioclimatique et accueille un centre d'interprétation très bien conçu, une véritable mine d'infos. Ce petit espace scénographique présente la variété des paysages et la biodiversité des pitons, cirques et remparts. Traversée virtuelle de l'île, films grandeur nature, jumelles interactives, plan en relief du parc, audioguide... Une façon ludique de découvrir les particularités géologiques, biologiques ou encore culturelles de l'île et comment l'homme y a forgé sa place. Gros avantage, il y a toujours un employé du parc pour répondre aux questions.
Terminez la visite dans les petits jardins endémiques à l'arrière de la maison, typiques de la forêt de bois de couleur des Hauts. Circuit qui traverse une petite forêt tropicale de montagne et une pandanaie (type de végétation qui survit sur des zones marécageuses ou très humides). Les plus chanceux pourront même apercevoir un papangue en vol ou un *zoizo la Vierge* à travers les feuillages.

Fête

– ***Fête des Goyaviers :*** *le 1er ou 2e w-e de juin.* Dégustation de produits du terroir et concours culinaires, le tout dans une ambiance de fête foraine, avec concerts en soirée. Élection de Miss Goyaviers, mais pas de défilé en maillot de bain vu la fraîcheur du climat.

DANS LES ENVIRONS DE LA PLAINE-DES-PALMISTES

Randonnées

C'est l'endroit idéal pour entreprendre une randonnée, même si vous n'êtes pas un grand marcheur, car le choix est vaste. Plusieurs ***balades familiales*** entre 1 et 3h autour de La Plaine-des-Palmistes, dont les plus intéressantes partent de la route forestière de Bébour-Bélouve (véhicule nécessaire). D'autres débutent du *Gîte de Bélouve,* tout au bout de la route. L'office de tourisme délivre un feuillet répertoriant toutes ces balades.
Parmi la dizaine de randos faciles, en voici quelques-unes : le *sentier botanique de la Petite-Plaine* (1 km ; 45 mn) ; le *sentier de la Tamarinaie* (voir plus loin) ; le *sentier de Hell-Bourg* ; le *tour du piton de Bébour* (2,1 km ; env 1h15) ; le *sentier de la cascade Biberon* (1,5 km ; env 30 mn de trajet jusqu'au belvédère, sachant que l'accès au bassin est interdit). À ces balades faisables sans difficultés s'ajoute un incontournable de niveau moyen, le *sentier du Trou-de-Fer* (voir plus loin le détail de la rando). Ces randos sont toutes balisées, mais on conseille vivement de ***vérifier que les sentiers sont en bon état*** lors de votre passage, auprès de la Maison du parc et de l'office de tourisme (situé au même endroit). On vous donnera un feuillet explicatif bien fait sur chaque balade, et des spécialistes pourront vous conseiller en fonction de vos envies et capacités.

🥾🥾🥾 ≪ ***Les forêts de Bébour et Bélouve*** *(hors plan par A3)* **:** *de La Plaine-des-Palmistes, prendre la D 55 vers Petite-Plaine puis la route forestière sur la droite, étroite et sinueuse, bordée d'arums en oct-nov, qui traverse la forêt de Petite-Plaine (nombreuses aires de pique-nique) et continue vers les forêts de Bébour-Bélouve. On passe par le col de Bébour (1 414 m). Le terminus est à env 22 km de La Plaine-des-Palmistes.* Ces 2 forêts d'altitude, magnifiques, séparent Plaine-des-Palmistes du cirque de Salazie. La végétation est dense et on y trouve plantes épiphytes, mousses, bois de couleur... Lieu de pique-nique favori des gens du coin, c'est aussi l'endroit idéal pour de petites randonnées pédestres à faire en famille ou des circuits à VTT. Des panneaux indiquent les randonnées (avec parfois les temps de marche) le long de l'unique route. La route s'arrête environ 400 m avant le *Gîte de Bélouve.*

🥾 Parmi les 5 balades faciles indiquées le long de l'unique route, on a, entre autres, le sentier du Piton de Bébour (1,3 km après le col : 2,1 km de longueur ; environ 1h15), le sentier pédagogique de Bras-Cabot (1,5 km ; 30 mn ; facile), le sentier des mares et bois de couleur, la piste menant à un point de vue sur Takamaka (8 km A/R) et encore le sentier de la Rivière.

🥾🥾 ***Le sentier botanique du piton des Songes*** *(plan B3)* **:** *à env 3,5 km du centre-ville ; suivre la N 3 dir. Plaine-des-Cafres. Au Bras-des-Calumets, parking sur la droite.* Balade facile (4 km en boucle ; env 1h30-2h) passant par un chemin de croix. Joli point de vue sur La Plaine-des-Palmistes.

🥾 ***Le sentier de la Tamarinaie :*** départ du *Gîte de Bélouve* (3,5 km ; compter 1h30-2h, en boucle). Balade facile qui permet de découvrir un bout de la forêt primaire de manière aisée. Panneaux pédagogiques tout le long.

Juste en face du *Gîte de Bélouve,* petit ***musée du Tamarin*** *(tlj sauf mer 9h-18h30 ; GRATUIT)* consacré à l'ancien téléphérique construit en 1953. Il cessa de fonctionner en 1982, lorsque la route forestière fut créée (voir l'impressionnante maquette). À proximité, sentier pédagogique de 200 m de long, entièrement aménagé sur un ponton (accessible en fauteuil roulant). Nombreuses bornes permettant de découvrir la richesse de la faune, la flore et les activités humaines.

Le sentier du Trou-de-Fer : *on accède au belvédère du Trou-de-Fer par un chemin balisé qui débute au Gîte de Bélouve. Compter env 3h30 pour faire cette rando de niveau moyen en A/R, et 5h pour effectuer le circuit en boucle. Dans ce cas, une fois parvenu au Trou-de-Fer, on récupère le sentier de l'École normale. Partir de préférence tôt le mat en raison des nuages qui se forment dans la matinée.* Des passerelles surélevées et en bois ont été aménagées aux endroits les plus boueux. On traverse une belle forêt de tamarins des Hauts, gérée par l'ONF, puis une forêt de cryptomerias. Le chemin, même pavé de rondins, est souvent boueux, il traverse la forêt primaire. Le Trou-de-Fer est un canyon spectaculaire de 900 m de profondeur dans lequel se déversent de hautes chutes d'eau et, de l'avis de tous, c'est l'un des plus beaux spectacles naturels offerts par La Réunion (avec le volcan). À découvrir depuis une plate-forme aménagée. Le Trou-de-Fer est aussi un endroit très prisé par les adeptes du canyoning.

Le sentier de Hell-Bourg (et retour) : on peut rejoindre Hell-Bourg à partir du *Gîte de Bélouve* en 3h aller-retour (1h à la descente, 2h à la remontée). Sentier assez facile qui offre un bel aperçu de la forêt primaire. Plus de détails à Hell-Bourg plus haut.

HOMMES, CULTURE, ENVIRONNEMENT

ACHATS

L'artisanat est porté par des initiatives intéressantes comme le village artisanal dans les Hauts de Saint-Gilles, les artisans du village de L'Entre-Deux, des Hauts de Saint-Joseph, de la région de Saint-Philippe, des marchés forains de Saint-Paul et de Saint-Pierre, le Grand marché de Saint-Denis... À noter que le marchandage n'est généralement pas pratiqué.

La ***vannerie*** est la spécialité principale de La Réunion : avec le bambou fendu et le vacoa tressé (région de Saint-Philippe), les habitants fabriquent des paniers (appelés *tentes*) que l'on trouve sur les marchés. Évidemment, difficile d'égaler les prix serrés de l'artisanat malgache, notamment les ***nappes brodées*** aux motifs naïfs, que l'on trouve un peu partout. Plus facile à rapporter en tout cas que les ***meubles*** de style Compagnie des Indes (région de Saint-Louis), ou même les ***chaises du Gol*** (en filaos et jonc) réalisées près d'Étang-Salé, dans le Sud-Ouest. Enfin, Cilaos (dans l'intérieur) produit de délicates ***broderies*** très célèbres (mais chères), et L'Entre-Deux (dans les Hauts de Saint-Pierre) des ***pantoufles*** en fibres de *chocas* tressées.

LA SAVATE DEUX DOIGTS

C'est le surnom local donné aux tongs. Évidemment, c'est la chaussure la plus utilisée ici, aussi bien à la plage qu'à la ville. Elle a le triomphe modeste, puisqu'elle est toujours aussi bon marché.

Plus faciles à trouver et à transporter, les nombreux produits locaux : ***lentilles*** et ***vin*** (de Cilaos), ***fruits tropicaux*** (à acheter la veille du départ), gousses de ***vanille...*** On conseille d'acheter celles-ci sèches et non tout juste cueillies, car même si ces dernières paraissent plus appétissantes (plus charnues), elles sont en fait beaucoup moins parfumées. Il leur manque en effet quelques mois de séchage pour que tout leur potentiel aromatique se libère. Choisissez-les de couleur noir-brun et non vert-jaune, collantes et pouvant être enroulées autour du doigt sans casser. Sans oublier les bouteilles de ***rhum,*** de punch et de rhum arrangé (moins chères dans les supermarchés que dans les boutiques touristiques), les achards, les épices, etc. Attention aux objets interdits à base de coraux, de coquillages ou d'écaille de tortue. Enfin, en librairie, grand choix de ***livres*** de cuisine, de compilations (avec photos d'archives) ou de romans consacrés à La Réunion ou à l'océan Indien.

Les principaux marchés

- ***Marché de Saint-Paul :*** le vendredi toute la journée et le samedi matin. Stands d'artisanat plus riches le vendredi ; le samedi, on vient plutôt pour les fruits et légumes. Moins intéressant, le ***marché artisanal couvert de Saint-Paul*** : ouvert du lundi au vendredi.
- ***Marché couvert de Saint-Leu :*** fermé le dimanche après-midi. Surtout de l'artisanat.
- ***Marché de Saint-Pierre :*** le samedi matin. Et surtout ***marché couvert*** à côté de la gare des bus *Alternéo,* du lundi au samedi. On y trouve fruits tropicaux, épices, textiles brodés de Madagascar et artisanat de La Réunion, plutôt bon marché.

Grand Marché de Saint-Denis : tous les jours sauf le dimanche (voir à Saint-Denis). Artisanat malgache dans un hall couvert (il y a aussi un ***Petit Marché,*** tous les jours sauf le dimanche après-midi, où on trouve fleurs et denrées alimentaires).
Marchés forains du Chaudron (Saint-Denis) les mercredi et dimanche matin, ***des Camélias*** (autre quartier de Saint-Denis) le vendredi matin. Enfin, au Barachois (bord de mer à Saint-Denis), marché ***de nuit*** le 1er samedi de chaque mois de 19h à minuit.
Association Cass Le Coin : tous les jours au cap Méchant (région de Saint-Philippe), artisanat de vacoa.
Village artisanal de L'Éperon : à Saint-Gilles-les-Hauts, un « village » dans l'ancienne usine de canne à sucre. Les quelques artisans travaillent la poterie, le coco, la céramique, les vitraux, etc.

BOISSONS

Les vins, bières et eaux minérales

On trouve des vins de métropole de bonne qualité à prix peu près corrects dans les grandes surfaces. Mais puisque vous êtes dans l'océan Indien, ce sera peut-être plutôt l'occasion de goûter aux **vins du « nouveau monde »** comme ceux d'Afrique du Sud, souvent de bonne qualité. On trouve à La Réunion une grande variété de **bières d'importation** (dont la *Phoenix* de l'île Maurice), mais les vedettes incontestées sont **la *Bourbon,* gentiment appelée *Dodo,*** et **la *Fischer,*** toutes 2 brassées sur place, cette dernière sous licence. La *Dodo* a même une petite sœur : la *Métiss, Dodo* fruitée (aux litchis). La région de Cilaos, dans l'intérieur, produit les seuls **vins de La Réunion.** Le vin *isabelle,* très sucré, se prend en apéritif mais pas comme vin de table. D'autres cépages ont été introduits à Cilaos, qu'on déguste à table (voir à Cilaos pour une information plus complète sur le chai). Cilaos est par ailleurs bien connue dans l'île pour sa production d'eau pétillante. Mais la vraie boisson locale est évidemment le rhum, omniprésent.

UNE INTERDICTION EN VAIN

*L'*isabelle, *produit dans le cirque de Cilaos, est un vin assez exécrable qui sent... le renard. Sa promotion a été interdite en 1975. Le vin « qui rend fou » a été remplacé par des cépages nobles. Cela n'empêche pas chacun de cultiver encore sa vigne d'*isabelle *au bout de son champ ou sous une treille, pour la consommation locale et familiale. Et le vin ne peut être vendu hors du cirque. Tant mieux !*

Le rhum

Bien malins, les insulaires ne se sont pas contentés de fabriquer du sucre avec la canne. Ils produisent aussi énormément de rhum. Mais la qualité diffère selon la matière première utilisée, le jus de canne (rhum agricole) ou la mélasse (rhum traditionnel). La ***mélasse*** est un résidu de la fabrication du sucre. Vous apercevrez dans les villages reculés les locaux avec leur petite bouteille de ***rhum charrette*** (du nom de la marque la plus populaire à La Réunion) ; elle se nomme *pile*

PRIS EN GRIPPE

Au XVIIIe s, la Royal Navy n'hésitait pas à abreuver ses matelots de rhum. Mais le sévère amiral Edward Vernon – surnommé « Old Grog » par les hommes à pompon qui l'avaient dans le nez – décida de couper les rations avec de l'eau chaude pour ramener sobriété et obéissance dans les rangs. Une décision peu populaire, mais au passage Vernon avait inventé le grog, remède à beaucoup de maux, dont le rhume (avec un « e » cette fois-ci !) et la grippe.

plate. Vous en apprendrez plus en visitant la sucrerie de Saint-Louis, la distillerie de Savanna à Saint-André ou le musée Saga du Rhum à Saint-Pierre.
Attention au ***rhum maturé*** (moins de 18 mois) : léger en apparence mais redoutable, dans le genre boomerang...
Avec le rhum, on peut confectionner des rhums arrangés, des punchs (avec jus de fruits et épices) ou des cocktails. Enfin, n'oubliez pas de goûter au *café-vanille.* On trouve dans les supermarchés des bouteilles « Pause Café », qui sont en fait des punchs café-vanille au goût de liqueur de café.

Le rhum arrangé

À La Réunion, « arranger » le rhum est un sport national. C'est un ***mélange de rhum traditionnel et de beaux fruits*** qu'on laisse macérer de 6 mois à 2 ans avec le *faham,* une orchidée sauvage. Effet garanti ! Un peu comme les eaux-de-vie dans les campagnes de métropole. Vous verrez souvent, chez l'habitant ou même sur les comptoirs des bars et des restaurants, de grosses bonbonnes dans lesquelles macèrent les fruits et/ou des épices destinés à parfumer le rhum arrangé.
Tous les fruits tropicaux de La Réunion servent à faire des rhums arrangés qui portent bien leur nom : rhum-coco, rhum-vanille, rhum-ananas, rhum-goyave, rhum-mangue, etc. Offrir un *p'tit rhum* après un bon repas est une marque du savoir-vivre créole. On vous en proposera parfois dans les restaurants.
On trouve sur les marchés des « préparations pour rhums arrangés ». Et des recettes sur les sites ● *distilleriesavanna.com* ● *rhum-charrette.com* ●

CUISINE

Essentiellement ***créole,*** même si l'on trouve des restaurants ***indiens, chinois*** et bien sûr « ***métros*** », la cuisine réunionnaise est bonne, copieuse et parfois épicée. On y sent une nette influence indienne, notamment dans le cari, le rougail et les achards. Les recettes rappellent aussi les ***plats malgaches et africains.*** Les produits locaux sont pour beaucoup dans l'originalité de la cuisine réunionnaise. Certains fruits cueillis verts sont avant tout cuisinés en tant que légumes. Ils sont utilisés comme fruits une fois mûrs. Étonnante richesse de saveurs, à l'image des Réunionnais eux-mêmes ! Noter que les restaurants ferment généralement tôt, midi et soir (sauf sur la côte ouest, et encore !).

Petit lexique culinaire

– ***Achards :*** mélange de légumes râpés, salade, choux, carottes, gros piments, conservé sous forme de hachis dans de l'huile safranée.
– ***Baba figue :*** fleur de bananier, délicieux en cari.
– ***Bonbons piments :*** attention, ces bonbons de *grains* (pois) pimentés ne sont jamais sucrés, mais bien pimentés.
– ***Boucané :*** se dit de tout ce qui est fumé, en général le lard. À l'époque coloniale, toutes les viandes étaient boucanées pour la conservation.
– ***Bouchons :*** très fréquents dans les boutiques chinoises et créoles. Ce sont des boulettes de viande de porc enroulées dans une pâte de riz et cuites à la vapeur. Bons, pratiques, pas chers. On les mange avec une sauce au piment ou au soja. Ou en sandwichs doublement gratinés, dans les camions-bars !
– ***Brèdes :*** vient du mot portugais *bredos* ou *bledos.* Ce sont des feuilles provenant de certains légumes (chouchou, *songe*) ou de plantes, et utilisées sous forme de bouillon, ou servies avec un *shop suey,* ou encore cuites nature (comme des épinards) avec de l'ail.
– ***Bringelle :*** aubergine, du portugais *brinjela.* En beignet, c'est délicieux.
– ***Chouchou :*** appelé « chayotte » dans le midi de la France et « christophine » aux Antilles, le chouchou fait penser à une poire ou à un avocat de couleur vert-jaune

pâle. Vous en verrez surtout à Cilaos et à Salazie, au bord des routes, reconnaissable à ses grosses feuilles et à ses longues tiges en forme de lianes. Il se mange principalement en gratin, voire en salade. Certains le préparent même en dessert. Pratique, dans le chouchou, tout est bon, comme dans le cochon ! Pas étonnant que ce soit le légume favori des Réunionnais.

– ***Combava :*** sorte de petit citron vert au goût exquis. C'est le zeste qu'on râpe pour parfumer les plats. Il faut en mettre peu.

– ***Grains :*** désignent les lentilles, haricots, pois qui accompagnent le cari.

– ***Lentilles :*** elles sont servies surtout avec les caris. C'est la spécialité de Cilaos.

– ***Macatias :*** *macatia* est un nom d'origine swahilie. Ce sont de petits pains ronds légèrement briochés, parfois fourrés aux pépites de chocolat. Divins au goût, ils fondent dans la bouche.

– ***Palmiste :*** sorte de palmier délicieux dont on déguste le cœur. Préparé en salade, en gratin ou en achards. Le « chou » de palmiste – c'est-à-dire le cœur – est très apprécié, mais c'est un mets rare, donc cher. On appelle d'ailleurs « salade du millionnaire » la salade de palmiste, car il faut attendre qu'il ait 7 ans avant de pouvoir le cuisiner et chaque cœur ne donne que 600 g.

– ***Pinpin :*** fruit du vacoa. Son cœur (ou chou), même s'il est moins fin que celui du palmiste, peut se consommer en salade ou en gratin. Il sert aussi pour la préparation des achards, voire du rhum arrangé.

– ***Samoussa :*** « amuse-bouche » d'origine indienne, de forme triangulaire, farci de légumes, de viande hachée et d'épices. Vraiment pas cher. Les meilleurs se trouvent sur les marchés.

– ***Sarcive :*** travers de porc enrobé de miel et grillé à la chinoise.

– ***Sauté de mines :*** spécialité chinoise, sorte de spaghettis accompagnés de jambon coupé en petits morceaux, œufs, légumes. Plat bon marché.

– ***Songes :*** plantes des forêts humides, qui ressemblent à de la rhubarbe ; elles se mangent en salade, en gratin ou en gâteau.

– ***Vanille :*** elle accompagne entre autres les volailles, et c'est à elle que vous devrez vos meilleures glaces.

Viande ou poisson ?

Concernant la viande, on trouve surtout des volailles (poulet en cari, canard fumé), de temps en temps du cabri, du porc ou du bœuf.
En poissons et crustacés, au choix : espadon, marlin, thon banane, grosses crevettes (les *camarons*) et langoustes (chères les unes comme les autres). À Salazie et à la rivière Langevin, on profite de bonnes truites d'élevage. À noter que le poisson est parfois... congelé. Dommage.

Quelques curiosités

– Les ***bichiques*** sont des alevins, le caviar réunionnais. Chaque nuit de pleine lune de septembre à décembre, ils remontent de la mer vers les cours d'eau. Sur les marchés, ils sentent très fort, sont vendus séchés et à un prix exorbitant ! Très bon en cari ou en rougail. Vu le prix des bichiques locaux, il n'est pas rare qu'on vous en serve en provenance d'Indonésie...

L'AUTRE CAVIAR RÉUNIONNAIS

Les Réunionnais sont friands de larves de guêpes. L'autre caviar réunionnais avec les bichiques. So chic ! La saison commence en avril. Elles se vendent à prix d'or. Frites, avec du sel, elles sont subtilement craquantes et dégagent un goût... subtil. Le plus dur reste la technique pour décrocher les nids.

– Le ***tangue*** est une sorte de hérisson, mais contrairement à celui-ci, il ne peut pas se mettre en boule. Il est très difficile à cuisiner, et si on n'enlève pas correctement certaines glandes, l'animal est immangeable. C'est l'un des

mammifères les plus prolifiques du monde (jusqu'à 30 petits par portée) et sa chasse est réglementée par arrêté préfectoral.
– Les ***zourites*** (poulpes) sont excellentes en cari ou en civet. On en trouve souvent au menu des restaurants et dans les camions-bars.

Les plats traditionnels créoles

– ***Le cari :*** à La Réunion, un repas traditionnel sans cari est presque impensable. Tous les restaurants créoles en proposent et certaines tables d'hôtes ne servent que ça. Mais il existe tellement de façons d'accommoder le cari que vous n'aurez pas l'impression de manger tous les jours des plats identiques. Il y a le *cari-poulet* (le plus fréquent), le *cari-poisson,* le *cari-zourites,* le *cari-langouste,* le *cari-ti'jaques,* le *cari-bichiques,* etc. En fait, on met quasiment ce qu'on veut dedans ! Car le cari est une préparation non pimentée qui respecte des règles de base : dans une cocotte en fonte (règle impérative), saisir la viande ou le poisson, faire réduire des tomates et ajouter curcuma (safran-pays), ail et oignon, puis laisser mijoter. Bien sûr, il existe des variantes, mais en principe le cari réunionnais, même si son nom l'évoque, ne contient pas de poudre de curry. L'accompagnement est tout aussi important : du riz (en grosse quantité) et des petits bols remplis l'un de *grains* (légumes secs en sauce, généralement lentilles ou pois), l'autre de *brèdes* (feuilles de certaines plantes, malheureusement de moins en moins servies), sans oublier les différents types de rougails (condiments en principe très pimentés, lire plus loin « Pièges »). Manger le cari répond à tout un cérémonial : se servir en premier du riz, sur lequel on dispose les *grains,* puis la viande ou le poisson (ou autre) et, enfin, les condiments. Ne pas mélanger le tout, c'est très mal élevé ! Le mélange ne se fait qu'au bout de la fourchette et dans la bouche.
– D'autres plats ressemblent beaucoup au cari et sont aussi très fréquemment proposés : c'est le cas du ***massalé*** (mélange d'épices : coriandre, cumin, fenugrec, curcuma et *caloupilé,* ce dernier étant la feuille de curry) et du ***boucané*** (manière de préparer certaines viandes), mais surtout du ***rougail,*** à ne pas confondre avec le condiment du même nom (cité plus haut) qui accompagne le cari.
– ***Le rougail :*** préparation quasiment identique à celle du cari, à la différence près que la cuisson des épices, oignons, etc., se fait à feu vif et qu'il n'y a pas de curcuma. Le rougail que vous trouverez le plus fréquemment dans les restaurants est le fameux rougail-saucisse, suivi par le rougail-boucané. Dans les autres cas, le rougail est un condiment accompagnant le cari (voir plus loin « Pièges »).
– ***Les civets :*** les Réunionnais cuisinent beaucoup de civets ; civet-coq, civet-*zourites,* civet-canard, civet-cerf.
– ***Le pâté créole :*** le pâté créole est aux Réunionnais ce que la dinde aux marrons est aux habitants de la métropole, un plat des grandes occasions. On ne peut même pas dire que c'est un plat d'hiver, par ici (quoique, en pleine chaleur !)... Ce pâté se présente sous forme de tourte, avec une pâte brisée ou briochée, et garnie avec une farce de poulet ou de porc agrémentée d'épices, de tomates, d'oignon, d'ail... et d'une goutte de vermouth.

Tour culinaire de l'île

– ***Hell-Bourg :*** on y cuisine le chouchou. Préparé en gratin, sauté avec du porc, sous forme de tourte, il accompagne aussi très bien les poissons comme la morue. À ce propos, on dit de 2 vieux amis qui s'entendent bien qu'ils sont « pareils chouchou avec la morue ».
– ***Sainte-Rose et Piton-Sainte-Rose :*** en plus des babas figues et des salades de palmiste, sont à l'honneur les caris de poisson rouge accompagnés d'une sauce au thym et à la tomate.
– ***Saint-Philippe :*** palmiste cru ou cuit, en salade ou en accompagnement d'un cari. À découvrir aussi, le chou de vacoa *(pinpin).*

– ***La Plaine-des-Grègues et Grand-Coude :*** essayer les *brèdes,* l'ensemble des feuilles et tiges comestibles de certaines plantes. La Plaine-des-Grègues est la capitale du « safran-pays », le curcuma. Tirée d'une racine, cette épice est incontournable dans la cuisine de ce village.
– ***Saint-Louis et Saint-André :*** cabri *massalé,* spécialité des Tamouls. Les meilleurs cabris *massalé* sont servis sur des feuilles de bananier lors des fêtes religieuses.
– ***Plaine-des-Cafres et La Plaine-des-Palmistes :*** goyaviers et salades de palmistes. Bourg-Murat est connu pour ses fromages.
– ***Cilaos :*** célèbre pour ses lentilles et viandes fumées, servies accompagnées d'une bouteille de vin de Cilaos. Avec un verre d'*isabelle* pour ouvrir l'appétit, si l'on a le courage.
– ***L'Entre-Deux :*** seul endroit de l'île où déguster du *choca,* plante grasse dont on tire des fibres tressées pour l'artisanat, et qu'on peut aussi manger. Un peu filandreux mais original ; en légume d'accompagnement.
– ***Maïdo et La Petite-France :*** le géranium superstar. Alternative à la canne à sucre dans cette région, on tire de la plante des huiles cosmétiques, mais elle entre aussi dans la composition de plats et de desserts, et évidemment du rhum arrangé !
– ***Mafate :*** rougail-saucisse ou rougail-boucané.
– ***Saint-Leu et dans les Hauts :*** le *zatte.* Mais *what is that* ? Un fruit aux écailles qui s'écartent sur une pulpe blanche autour de graines noires. Goût crémeux et sucré.

Les principaux fruits de La Réunion

Outre les ananas, les mangues, les avocats, les bananes, les cocos et les pêches, on trouve une ribambelle de fruits tropicaux. Paradoxalement, les restaurants en servent peu. Allez sur les marchés !
– ***Ananas :*** l'*ananas Victoria* est, selon les connaisseurs, le meilleur au monde ! Les plus petits sont excellents. La saison s'étend de novembre à février ; le reste de l'année, ce sont des ananas dits « hormonés ». En décembre, le long de la rivière Langevin, les habitants vendent leur production. Les créoles ont une manière savante et très esthétique de couper l'ananas.

LE SECRET DE L'ANANAS

Ce fruit contient de la broméline, une enzyme qui attaque les protéines. Voilà pourquoi les récoltants sont obligés de porter des gants, car la peau des mains (composée de chair, donc de protéines), sinon, serait agressée.

– ***Banane :*** on trouve des petites bananes (appelées ici « figues ») beaucoup plus savoureuses que les grandes. On en fait de la crème de banane quand elles sont bien mûres.
– ***Bibasse :*** l'autre nom de la nèfle, fruit comestible du néflier. Très bon dans du rhum.
– ***Carambole :*** originaire de Malaisie, elle est reconnaissable à sa forme étrange, parsemée de côtes. De goût acidulé, elle est riche en vitamine C.
– ***Fruit de la Passion :*** originaire d'Amérique tropicale, ses baies sont rouge-orange. Souvent utilisé dans la fabrication des punchs.
– ***Goyavier :*** même famille que la goyave, ressemble à une grosse groseille rouge. Pendant la saison, les Réunionnais vont aux goyaviers à Plaine-des-Cafres, comme on va aux mûres, pour les confitures et les rhums. D'ailleurs, un dicton local dit : *Ké'yir goyavié lé pa un métié.* Pas faux ! On peut les goûter toute l'année en confiture ou en glace.
– ***Jaque :*** fruit du jaquier (voisin de l'arbre à pain), de couleur verte, vendu à l'unité ou bien déjà découpé en petits morceaux. Mûr, il est très gros et hérissé de pics. Consommé avant maturité, il est appelé *ti'jaque* et cuisiné comme légume.

– ***Jujube :*** fruit de la taille d'une olive, essentiellement dans la région de La Possession (vendeurs en bord de route).
– ***Litchi :*** ou encore letchi. Originaire d'Asie du Sud-Est, très fréquent au Vietnam, à Madagascar et dans la région de Saint-Benoît, il ressemble à une petite boule rouge, hérissée de petits pics. Sous cette écorce rude se cache un délicieux fruit sucré à la chair blanche. De novembre à janvier, on en trouve partout. Ceux de Bras-Canot (quartier de Saint-Benoît) sont très prisés.
– ***Longane :*** originaire de Chine et d'Inde, on le trouve sur les marchés à partir de janvier, juste après les litchis. S'il leur ressemble un peu, une fois l'écorce enlevée, son goût est différent.
– ***Mangue :*** une des merveilles du verger créole de l'île. Importée d'Inde, la *mangue Carotte* se mange verte, avec un peu de sel et du piment. On trouve d'autres variétés de mangues : la *mangue Auguste, Lise, Léonard* ou la *mangue José,* d'une finesse remarquable, et une petite dernière, la *mangue Lirfa.*
– ***Papaye :*** fruit du papayer, arbre originaire d'Amérique tropicale, introduit à l'île Maurice avant 1750, puis à La Réunion.
– ***Tamarin :*** petit haricot à la pulpe sucrée mais aussi acidulée. On peut le trouver en boisson et en sirop. Facilite la digestion et est indiqué contre la constipation et les maux de gorge.
– ***Tanghor :*** l'orange *péi,* très juteuse.

Les saisons des fruits

Contrairement à ce que beaucoup imaginent, dans cette île tropicale, on ne trouve pas très facilement de fruits dans la nature mais plutôt des pancartes « propriété piégée ». Voici toutefois les périodes d'éclosion des principaux fruits.
– ***Janvier :*** litchis, jujubes, fruits du philodendron (appelés « délicieux »), ananas, raisins à Cilaos.
– ***Février :*** longanes. Préférer les gros avec beaucoup de chair.
– ***Mars :*** arbres à pain, *badame,* baies, arachides, *zatte* (sorbets en mars-avril).
– ***Avril :*** avocats.
– ***Juin :*** goyaviers.
– ***Juillet :*** jujubes.
– ***Août :*** *bibasses.*
– ***Novembre et décembre :*** litchis et mangues (jusqu'en février selon l'altitude).
– ***Toutes saisons :*** bananes, ananas, papayes.

Pièges

– ***Piments :*** sur les marchés, lorsque vous goûtez à un piment comme si c'était une fraise, attention, feu au palais garanti ! Dans certains snacks, on vous sert des sandwichs avec de la sauce piment. Sitôt le dernier morceau avalé, les bouches s'enflamment. Vous voilà prévenu !
– ***Gingembre :*** dans certains caris à base de poisson, le gingembre remplace le poivre. Éviter de le goûter cru ! On le retrouve aussi dans les rhums.
– ***Rougail :*** dans beaucoup de restaurants, le rougail est un condiment servi à part, à côté des *grains* et du riz, et accompagné d'un légume vedette. Selon la variante choisie, il peut alors s'appeler rougail-tomate, rougail-mangue (accompagnant respectivement les viandes et les poissons), rougail-*dakatine,* rougail-*bringelle*

LE PIMENT, CET INCONNU

Le « piquant » n'est pas une saveur, car il n'agit pas sur les papilles mais sur les nerfs. La sensation est donc une douleur dont l'intensité est graduée de 1 à 10 selon l'échelle de Scoville. Il est fort utilisé dans les cuisines tropicales, car c'est un bactéricide et il réduit les infections intestinales. Pour l'atténuer, ni eau ni pain mais... du lait.

(à base d'aubergine roussie sur le gaz, délicieux) ou rougail-*zavoca.* L'habit ne fait pas le moine. Demandez toujours ce que recouvre exactement le nom du plat que vous avez commandé.

Usages de table

Le vrai repas créole se contente d'un plat. Il n'y a ni entrée ni dessert. Mais cette tradition n'est guère respectée dans les tables d'hôtes, où l'on sert parfois 2 gratins en entrée et un dessert maison, genre gâteau de patate douce (un délice) ou de différentes saveurs : coco, banane, maïs, manioc, haricot (avec des fèves), carotte, goyaviers, etc. C'est bon, mais c'est souvent trop (et parfois assez cher) ! Ne pas oublier la solution « plats à emporter ». Une barquette bien remplie nourrit facilement 2 affamés !
Au restaurant, un cari vous rassasiera largement, c'est tellement copieux ! Signalons aussi une « nouvelle cuisine » créole, excellente, où se mêlent plats traditionnels, parfums et fruits : canard à la vanille, magret de canard à l'ananas, gratin de papayes, crevettes au combava, etc.

CURIEUX, NON ?

– Les éruptions du piton de la Fournaise de ces dernières années qui ont plongé jusque dans la mer ont fait remonter à la surface des poissons et ont ainsi permis la découverte de ***nouvelles espèces endémiques.***
– Entre Saint-Philippe et Piton-Sainte-Rose, la coulée de lave de 2004 a créé un ***réseau de tunnels.*** Il abrite d'ailleurs la grotte la plus jeune de la planète que l'on peut explorer !
– La ***tôle*** est très souvent utilisée en guise de toit sur les cases. Ce n'est pas forcément un signe de pauvreté, en tout cas pas aux yeux des Réunionnais, sauf quand la tôle est rouillée.
– Au XIXe s, ***La Réunion,*** pourtant française, ***eut sa propre monnaie*** : le kreutzer. On la devait à Gabriel de Kerveguen (1800-1860), un riche négociant en café, qui possédait 12 % de la surface de l'île ! La monnaie eut un tel succès qu'elle fut supprimée pour ne pas concurrencer le franc.
– Sur la côte ouest, il pleut rarement, tandis qu'à l'est il pleut très souvent. L'île figure d'ailleurs en tête de peloton au niveau mondial pour certains ***records de pluie*** !
– Le cirque intérieur de ***Mafate,*** malgré sa superficie d'environ 100 km^2, a la particularité d'être ***coupé du monde.*** Aucune route n'y mène. On s'y rend uniquement à pied, par de petits sentiers de montagne. Malgré cela, les Mafatais sont au nombre de 800 environ.
– À Saint-Pierre se trouve le siège des TAAF, les ***terres Australes et Antarctiques françaises,*** une collectivité territoriale atypique qui englobe, dans l'océan Indien, les archipels de Crozet, des Kerguelen, les îles Saint-Paul et Amsterdam, les îles Éparses et, plus isolée encore, la terre Adélie (Antarctique).

ÉCONOMIE

Une « région ultra-périphérique »

En 2019, La Réunion a célébré ses 35 ans en tant que région, mais, dans les couloirs de l'Union européenne, on en parle comme d'***une des « régions ultra-périphériques »*** (RUP). Les experts de Bruxelles ont calculé que les DOM-TOM coûtaient à l'économie du pays 4 fois plus qu'ils ne lui rapportaient. À titre d'exemple, les champs de canne ayant pris le dessus, il ne reste plus guère de terres agricoles disponibles pour nourrir les Réunionnais. D'où la nécessité d'importer la majorité

de l'alimentation, ce qui représente un coût exorbitant (sans parler de l'empreinte carbone). Ce discours est connu, mais on oublie de préciser, car c'est plus difficilement quantifiable, ce que ces DOM-TOM « perfusés » apportent à la métropole :
– ***Une immense zone de pêche :*** la France est très présente dans l'océan Indien et possède ainsi une Zone d'exclusivité économique (ZEE) de plusieurs centaines de milliers de km^2, plus grande que la France métropolitaine, et plus importante que la zone malgache. Une mine d'or que Paris... loue aux flottes étrangères. L'océan Indien est devenu un eldorado et La Réunion un passage obligé pour les gros bateaux de pêche. Il faudra donc que les installations portuaires suivent, demander de nouvelles subventions, et qui dit subvention dit souvent... subversion politique, la droite comme la gauche étant impliquées dans des scandales de corruption.
– ***Une présence dans les 3 océans*** et une base pour l'armée.
– ***Une destination touristique*** où les Français peuvent « voyager très loin tout en restant chez eux » et un paradis pour les fonctionnaires puisque leurs salaires y sont très supérieurs à ceux de leurs collègues métropolitains.

Le télescopage social

À partir des années 1950, la société créole est passée d'une économie de plantation à la société de consommation en l'espace d'une génération. De 1970 à 2000, le solde migratoire a d'abord été négatif avec un départ massif des Réunionnais vers la métropole, avant de s'équilibrer, avec un retour au pays, l'arrivée des fonctionnaires, puis des investisseurs dans le tourisme.
Les sociologues parlent de ***société de télescopage entre le modèle créole et le modèle européen,*** avec une prise de conscience que vivre à l'occidentale n'a pas que de bons côtés. Malgré le soleil et les cocotiers, le ***taux de chômage avoisine les 23 %.*** Des signes prouvent d'ailleurs un réel mal de vivre chez les plus jeunes (39 % des habitants ont moins de 25 ans) avec un taux de chômage record au niveau européen (près de 50 % des moins de 24 ans étaient au chômage en 2019), tandis que le ***taux d'illettrisme avoisine les 23 %*** dans la population réunionnaise (7 % en métropole). Et la moitié de la population active travaille pour l'État.
Malgré une apparente aisance générale (toute relative), une partie de la jeunesse paraît sans avenir. Fin 2018, le ras le bol d'une partie de la population a conduit au blocage de l'île pendant les manifestations des gilets jaunes, dont les principales revendications portaient sur la ***vie chère.*** Certes, l'essence coûte moins cher à La Réunion qu'en métropole (le prix au litre est fixe et moins taxé), mais les prix à la consommation sont plus élevés, jusqu'à 35 % en plus pour certains produits alimentaires !

La filière canne

La filière canne reste la 2e source de revenus sur l'île, après le tourisme. Plus de la moitié de la surface agricole utile est consacrée à la culture de la canne, soit environ 23 000 ha. En 2018, on estimait que la filière assurait près de 18 000 emplois directs, indirects et induits (soit un peu plus de 13 % des emplois du secteur privé, et la ***1re source d'emplois dans le domaine de l'agriculture*** avec 3 000 planteurs). Avec près de 210 000 t de sucre injectées sur le marché, La Réunion est de loin la 1re région productrice d'Europe.
Mais la suppression des quotas sucriers et la fin de la politique des prix garantis décidées en 2017 par l'Union européenne, auxquelles s'ajoute la menace d'une diminution des subventions par l'Union européenne et la France dans les années 2020, sont en train de changer radicalement la donne.
La filière doit désormais faire face à la concurrence du sucre venu d'autres pays, où la main-d'œuvre est moins chère. Certaines sucreries s'inquiètent même de pouvoir encore exister dans quelques années. D'autant plus que le secteur est confronté à la diminution des surfaces agricoles, évaluée à environ 400 ha par an,

en raison notamment de la démographie croissante. L'heure est à la recherche scientifique : création de variétés à haut rendement et plus résistantes aux maladies, amélioration des performances énergétiques, etc. Le but : utiliser la matière à 100 %, notamment en produisant de l'électricité.

Une situation qui s'améliore ?

La croissance a redémarré en 2014, et s'est maintenue (3,2 % en 2017), soutenue par la consommation et un rebond des investissements. Ce taux est bien supérieur à celui de la métropole. Mais près de 23 % de la population active est encore au chômage. Une famille réunionnaise sur 5 vit des allocations familiales et près de 40 % de la population vit sous le seuil de pauvreté. En fait, entre débrouille, petits boulots, aides sociales et vrais emplois (grâce au tourisme notamment), La Réunion se bricole en permanence un point d'équilibre... instable, car régulièrement mis à mal par des maux qui viennent de l'air (les moustiques), de la mer (les requins) et surtout d'on ne sait où avec le coronavirus depuis 2020. Les indicateurs économiques s'affolent, les conséquences de cette crise sanitaire sont inédites et se feront certainement ressentir pendant longtemps sur l'île comme ailleurs.

Dans ce contexte, le tourisme est en 1re ligne. Si ***beaucoup de visiteurs viennent à La Réunion pour des raisons familiales,*** le tourisme d'agrément a pris le dessus ces dernières années avec une moyenne de séjour de 17 jours. Et pas seulement chez les Français de métropole : l'île attire de plus en plus de touristes allemands, belges, mauriciens, chinois... L'objectif affiché : atteindre à terme 625 000 touristes par an (dont 40 % d'étrangers, contre 10 % avant la crise de Covid-19).

Pour dynamiser le tourisme, une réserve naturelle marine et un parc national ont été créés et l'inscription de ses « pitons, cirques et remparts » au Patrimoine mondial de l'Unesco en 2010 a eu un effet positif. Un tourisme vert et durable, axé sur la qualité, s'est donc mis en place, en contre-pied de la voisine île Maurice... Dans les cartons : la création de 1 500 lits hôteliers supplémentaires, une diversification de l'offre aérienne et l'accueil de croisiéristes (40 000 en 2018).

Cette conquête d'image de longue haleine est malheureusement mise à mal par les attaques de requins à répétition ces dernières années, et évidemment par le coronavirus depuis 2020. À La Réunion plus qu'ailleurs, le combat n'est jamais gagné d'avance.

ENVIRONNEMENT ET PARC NATIONAL

Vers une autonomie énergétique ?

Si l'île n'a pas de pétrole, elle ne manque pas de sources d'***énergies renouvelables*** : les objectifs tablent sur ***50 % dans la part de consommation énergétique totale en 2023,*** ce qui serait déjà remarquable. Et les prévisions, ambitieuses, visent les... 100 % en 2030 (au moins pour la consommation électrique).

Les ***centrales hydrauliques*** des rivières produisent pour l'heure 20 % de l'électricité consommée, les ***résidus des usines de canne à sucre*** 15 % (lorsqu'elles fonctionnent). Le reste de l'électricité dépend encore des importations de combustibles fossiles (fuel et charbon). Mais l'une des plus grandes centrales photovoltaïques de France se trouve au Port, et la 1re « ferme agrinergie » (alliant production agricole et énergie solaire) a été inaugurée en 2010 à Pierrefonds. On teste, par ailleurs, les éoliennes et on réfléchit à l'***océanothermie,*** autrement dit aux énergies maritimes. Au niveau individuel, un tiers des logements sont équipés de chauffe-eau solaires (avec le taux d'équipement solaire le plus élevé d'Europe après Chypre). Et un quartier « écodurable » a vu le jour aux portes de Saint-Denis. Allez, soyons optimistes...

N'en jetez plus !

Si l'île a une longueur d'avance en matière d'énergie, le tri des déchets n'en est qu'à ses balbutiements. La ***collecte sélective s'organise*** mais certains déchets sont envoyés à l'étranger. Aïe ! Et les centres d'enfouissement technique arrivent à saturation. Quant au cuivre et au zinc provenant des sols volcaniques, on les retrouve dans le compost. Pas terrible au regard de la législation. Une autre source d'inquiétude : les ***pesticides et désherbants*** utilisés dans la culture de la canne à sucre. Une étude sur plusieurs décennies révélée par Santé publique France en 2019 fait froid dans le dos. Cancérogènes, perturbateurs endocriniens... ***cette exposition concernerait aujourd'hui 6 000 personnes.*** Si l'on connaît bien le scandale du chlordécone à la Martinique et en Guadeloupe, ici, c'est surtout le glyphosate qui se retrouve dans le viseur.
Le long des ***sentiers de randonnée,*** La Réunion prend parfois l'allure d'une vilaine décharge, notamment aux alentours du piton des Neiges. Une seule règle : remportez tous vos emballages, mais aussi vos déchets organiques. Ces déchets, même s'ils sont « biodégradables », favorisent la prolifération des rats et des chats, féroces prédateurs des oiseaux.

Parc national et patrimoine mondial

Pour la protection de l'environnement, de louables initiatives ont vu le jour ces dernières années. La plus remarquable : le parc national de La Réunion, qui a été ***créé en 2007.*** C'est le 9e du pays, mais le 1er en proportion de territoire protégé (42 % de la surface de l'île). L'île montre ainsi sa volonté de protéger les précieux atouts naturels qui font d'elle l'un des hauts lieux de la biodiversité mondiale. La Réunion a su conserver une grande partie de son environnement originel, contrairement aux autres îles des Mascareignes (Maurice et Rodrigues).
Un tiers du territoire est encore constitué de ***zones naturelles originelles,*** comme ont pu les découvrir les 1ers habitants de l'île Bourbon au XVIIe s. Par exemple, la forêt primaire de Bébour n'a jamais été défrichée. La fougère arborescente qui y pousse, haute de plusieurs mètres et endémique de La Réunion, sert d'emblème au parc national.
Entouré par une « aire d'adhésion » de 528 km², le « cœur » du parc occupe 1 054 km². Majoritairement couvert de forêts et de milieux naturels originels extraordinairement variés, il inclut une zone habitée : les îlets de Mafate et des Salazes (col du Taïbit). Le ***« cœur » du parc national*** s'étend des côtes au nord jusqu'au littoral du sud, marqué en son centre par le volcan actif, piton de la Fournaise, et celui éteint du piton des Neiges (3 070 m) ainsi que plusieurs sommets à plus de 2 000 m.
Les paysages grandioses des remparts (falaises) plongeant dans les vallées intérieures encaissées, les « cirques », la biodiversité unique et bien préservée, ainsi que les particularités culturelles qu'ils abritent (pas de route pour accéder à Mafate, par exemple) justifient ce statut.
Toute la zone cœur du parc national a été inscrite en 2010 sur la liste du ***Patrimoine mondial par l'Unesco*** pour la nature exceptionnelle et unique de ses

COLONS CONTRE NATURE

Dès leur arrivée au XVIIe s, les colons importèrent avec eux, volontairement ou non, une multitude de plantes et d'animaux. C'est un combat inégal qui s'engagea alors avec les écosystèmes vierges de La Réunion, préservés de toute influence humaine depuis 3 millions d'années. Victimes de l'appétit des matelots, les tortues terrestres disparurent vers 1840. Et en buvant une bière Dodo, ayez une petite pensée pour cet animal endémique de Maurice qui, comme le solitaire de La Réunion, n'a pas résisté à l'arrivée de l'homme car incapable de voler...

« pitons, cirques et remparts » et pour la richesse de la biodiversité concentrée sur les Hauts de l'île. S'y ajoutent le piton d'Anchaing dans le cirque de Salazie, le piton de Sucre et La Chapelle dans le cirque de Cilaos, la Grande-Chaloupe au nord et Mare-Longue dans le Sud. C'est le 1er parc national français à obtenir une telle distinction. Ce sont ces espaces remarquables que le parc national entend protéger. Et ce n'est pas une mince affaire, compte tenu de leur fragilité et des menaces qui pèsent sur eux, à l'image des ***terribles incendies de 2010*** (800 ha détruits) ***et 2011*** (2 800 ha), sur les abords du Maïdo notamment.

– Pour en savoir plus, rendez-vous à la ***Maison du parc national*** à ***La Plaine-des-Palmistes.*** ☎ *02-62-90-11-35.* ● *parcsnationaux.fr* ● *reunion-parcnational.fr* ● Ce bâtiment de bardeaux de bois et de zinc est 100 % bioclimatique et accueille un centre d'interprétation sur les paysages et la biodiversité des pitons, cirques et remparts.

La réserve naturelle marine de La Réunion

Une particularité à La Réunion : le ***lagon,*** dans lequel on se baigne pour la joie de tous, n'en est pas véritablement un. À la différence de Maurice ou, mieux, de Mayotte, qui ont un vrai lagon très étendu, celui de La Réunion, qui sépare le récif de corail de la plage, est bien petit, et d'autant plus fragile. Or, ce plateau étroit et peu profond aux eaux calmes, claires et ensoleillées, paradis pour le corail, est menacé par les baigneurs et les déchets de l'urbanisation côtière. Conséquence : ***il se dégrade à grande vitesse,*** et les plages moins protégées contre les vagues s'érodent trop vite.

En seulement 10 ans, durant les années 2000, les paysages coralliens ont perdu leur couleur. À l'origine de ce phénomène alarmant, la pression humaine : trop d'engrais et des stations d'épuration des eaux usées insuffisantes entraînent une prolifération des algues, qui, à leur tour, asphyxient le récif corallien. D'où la création en 2007 de la réserve naturelle marine de La Réunion, couvrant 3 500 ha d'espaces halieutiques et récifs coralliens.

Elle s'étend sur 40 km de côtes (à l'ouest), entre le cap de La Houssaye et Étang-Salé, et doit protéger les 150 espèces de coraux réunionnais. Pêche et activité humaine y sont réglementées. Sur ce récif corallien, déjà 3 500 espèces animales et végétales ont été répertoriées. Ce si petit territoire abrite donc la concentration la plus riche en espèces de l'île !

Quelques règles pour protéger le littoral

Les lagons sont les seuls endroits où l'on est actuellement autorisé à pratiquer des activités nautiques de surface, comme le snorkelling et le *stand up paddle.* Or, le récif corallien réunionnais est jeune (8 200 ans) et fragile. Quand vous nagez, on vous invite donc à utiliser vos palmes avec beaucoup de précaution, et lorsque vous êtes au niveau des coraux, à faire attention à ne pas poser vos pieds dessus pour ne pas les écraser. Leur destruction constitue une infraction punie par la loi.

Ceux qui voudraient rapporter un bout de corail en souvenir (oh, juste un petit bout !) doivent savoir qu'une fois séché ça pue et ça se retrouve 9 fois sur 10 à la poubelle car il perd toutes ses couleurs (c'est un animal, un corps vivant, et non un minéral) ! Bon, les touristes ne sont pas les seuls à dégrader le récif corallien, il y a aussi le braconnage, les eaux pluviales, l'assainissement insuffisant, etc. Les douanes verbalisent allègrement.

■ ***Réserve naturelle marine de La Réunion :*** *39, rue du Lagon, Dayot 1, 97434* ***La Saline-les-Bains.*** ☎ *02-62-34-64-44.* ● *reservemarine reunion.fr* ● *Accueil du public : lun-ven 8h-12h, 13h-16h.* Cette structure fournit plein de renseignements sur le lagon et sur tout ce qui y vit. Gère et protège efficacement le littoral, en sensibilisant les gens, notamment avec des panneaux d'information sur les plages. Elle a aussi ouvert un sentier sous-marin dans le lagon de L'Ermitage et propose régulièrement des sorties guidées (planning sur leur page facebook). Son site internet délivre par ailleurs de judicieux conseils et infos pratiques pour apprécier et respecter les plages du littoral et les lagons.

FAUNE ET FLORE

900 espèces de plantes

L'île de La Réunion étant apparue à la suite d'une éruption volcanique, on peut dire que tous les végétaux présents aujourd'hui proviennent d'ailleurs. L'homme a introduit un certain nombre d'espèces. Mais avant lui, les courants marins, les vents cycloniques et les oiseaux ont largement contribué à la colonisation végétale de l'île. On admet que 70 % des plantes à fleurs et la quasi-totalité des fougères proviennent d'Afrique et de Madagascar, 20 % d'Inde et 10 % d'Australie ou de contrées lointaines.

DES PLANTS GALÈRES

Ne cherchez pas le « bois de senteur blanc » (Ruizia cordata), *cette espèce endémique de La Réunion se fait rare. Il n'en restait que 3 plants dans les années 1980, à partir desquels le conservatoire botanique de Brest réussit à produire in extremis 2 autres plants puis... 500. Ouf ! Des campagnes de réintroduction ont lieu depuis dans la ravine de la Grande-Chaloupe, son milieu naturel, mais aussi auprès de particuliers. Mais les étés secs à répétition ne facilitent pas la tâche des scientifiques...*

Le relief escarpé de La Réunion et sa richesse d'écosystèmes expliquent en partie cette ***variété exceptionnelle de végétation,*** depuis la côte où l'on observe notamment filaos ou vacoas jusqu'à très haute altitude, en passant par les caféiers ou la canne à sucre du secteur sec (région « sous le vent ») et les forêts de basse et moyenne altitude. À ces hauteurs intermédiaires, on retrouve le géranium, le tamarin des Hauts ou encore un curieux bambou, le calumet *(Nastus borbonicus).* C'est aussi dans ces régions que l'on peut se promener dans des ***forêts primaires*** encore intactes.

Au final, le parc national de La Réunion abrite une biodiversité plus riche que celle de l'ensemble des autres parcs nationaux (Guyane mise à part), marquée par un taux d'endémisme élevé. Mais une étude de l'UICN (Union internationale pour la conservation de la nature), en 2010, révèle que ***sur les 900 espèces de plantes*** à fleurs et de fougères connues sur l'île (dont 237 endémiques), ***1/3 sont menacées,*** à l'image du *bois de lait* (un arbuste) et de diverses orchidées, sans compter la cinquantaine d'espèces déjà disparues. La faute à l'homme, bien sûr, entre développement urbain, pratiques agricoles, concurrence d'espèces introduites, prélèvements abusifs, incendies, etc. À noter que dans le nord de l'île, à La Grande-Chaloupe, un projet de reboisement de la forêt semi-sèche est porté par le parc national en partenariat avec le Conservatoire du littoral. Au total, ce sont 100 000 plants d'une cinquantaine d'espèces indigènes ou endémiques qui sont replantés. Tous les volontaires, même les touristes de passage sur l'île, sont les bienvenus. Il suffit qu'ils contactent la SREPEN *(● srepen.re ●),* une association locale de protection de la nature.

La faune, diverse et menacée

Côté ***faune,*** là encore, une ***remarquable diversité,*** évidemment, même si les vertébrés sont relativement peu nombreux. L'étude de l'UICN révèle toutefois des ***menaces*** tout aussi inquiétantes que pour la flore. Ainsi, l'île ne compte que 3 rares espèces de reptiles terrestres (sur 7 à l'origine) : les *geckos verts de Bourbon et de Manapany* ainsi que la *tortue verte.*

Au rayon avifaune, notons le *tuit-tuit,* un passereau emblématique, dont l'avenir est préoccupant, de même que le *papangue,* seul rapace nicheur de l'île. Concernant les insectes, un papillon de jour sur 7, comme le *salamide d'Augustine,* et une libellule sur 5 sont menacés. Dans les rivières, mentionnons la *chevrette australe* (une crevette) et l'*anguille du Mozambique* parmi les bébêtes remarquables mais de plus en plus rares.

Les mammifères ne sont pas en reste avec la *baleine à bosse* (dont l'observation croissante en bateau à des fins touristiques – de début juillet à début octobre sur la côte ouest – fait parfois polémique) et le *renard volant de Maurice* (ou roussette noire).

NID VU, NID CONNU

Il aura fallu 15 années de recherches à des ornithologues du monde entier pour découvrir en 2016 des terriers de reproduction de pétrels noirs de Bourbon (Pseudobulweria aterrima), *l'une des 15 espèces d'oiseaux les plus rares et menacées au monde. Les derniers avaient été observés il y a... 130 ans ! Des mesures de protection sont désormais possibles pour que ce pétrel – que l'on croyait disparu – ne connaisse pas le sort du dodo.*

Des efforts sont faits pour enrayer ces atteintes à la biodiversité, sous l'égide du parc national. En 2020, 3 postes de louvetiers (chargés de réguler les nuisibles et de lutter contre les espèces envahissantes) ont été créés. Et plusieurs projets soutenus par l'Europe visent à sauvegarder les oiseaux endémiques (*tuit-tuit,* papangue, pétrel noir, pétrel de Barau) ou encore des habitats rares, comme la forêt sèche.

VENT DE PANIQUE POUR LE *TUIT-TUIT*

Vers la Roche-Écrite, les plus chanceux pourront observer un petit oiseau endémique, l'échenilleur de La Réunion (Coracina newtoni) *nommé localement le « tuit-tuit ». C'est l'un des oiseaux forestiers les plus menacés dans le monde ! Manque de chance, leur période de reproduction coïncide avec celle des cyclones.*

Des nouvelles espèces

De manière plus positive, on note aussi la ***découverte de nouvelles espèces endémiques ces dernières années,*** ce qui n'est pas si fréquent ! Les éruptions volcaniques de 2007 qui se sont déversées en bout de course dans la mer ont fait remonter à la surface des poissons, comme la *demoiselle.* Mais on compte aussi une nouvelle espèce de plante découverte en 2006 et décrite en 2008 *(Heterochaenia fragrans),* une orchidée *(Liparis microcharis)* jusque-là considérée comme endémique de Madagascar, des arbres, comme le *Pisonia lanceolata* que l'on croyait uniquement mauricien, des oiseaux, à l'instar du *Calidris melanotos* (un bécasseau migrateur observé pour la 1re fois en 2008), des fougères, des papillons de nuit, des insectes, etc. Tout n'est pas perdu ! Et, mauvaise nouvelle, il y a toujours autant de moustiques à la fraîche...

FÊTES ET MANIFESTATIONS

Réunion festive

Les Réunionnais conservent de rares fêtes traditionnelles. Les Chinois fêtent fin janvier-début février leur propre Nouvel An, avec moins de faste qu'ailleurs, mais avec autant de pétarades. Les fêtes les plus impressionnantes sont celles des Tamouls.

– ***Fête de Pandialé :*** il y en a régulièrement – sauf en mai, juin, septembre, octobre et novembre –, avec une majorité en décembre et début janvier. Surtout célébrée dans les villes de Saint-Pierre et de Saint-Louis, et dans les petits temples familiaux des Hauts de l'île. Le mieux est sans doute de se faire inviter par une famille ou par le *pusari* (prêtre) d'un petit temple. Ce carême de 21 jours consiste à pratiquer le jeûne végétarien, l'abstinence sexuelle et à prier. Les fidèles participent à des cérémonies, de jour comme de nuit, qui se terminent par la marche sur le feu. Cette fête a conservé toute son authenticité, malgré les curieux. Le 18e jour, les pénitents préparent eux-mêmes l'espace sacré, divisé en 2 parties : le « carré d'feu », sur lequel sont étalées les braises, et le « bassin d'lait », où ils plongent les pieds après avoir traversé le brasier. Il s'agit d'une cérémonie sacrée : tenue de ville (pas de short), se déchausser et comportement respectueux (silence, ne pas rentrer dans l'espace sacré – réservé à ceux qui ont fait 21 jours de carême) sont indispensables.
– ***Fête du Cavadee :*** à la pleine lune de fin janvier-février à Saint-André et à Saint-Louis (avril à Saint-Pierre et mai à Saint-Paul et Saint-Benoît). Une autre pénitence, dont le spectacle n'est pas pour les âmes trop sensibles : les pratiquants s'enfoncent des broches acérées et des crochets dans la peau pour montrer qu'ils sont prêts à souffrir pour Mourouga, le dieu de la Jeunesse et de la Beauté. La plus belle, la plus émouvante des cérémonies religieuses tamoules. Cette fête est célébrée associativement et en famille pendant 10 jours par des prières, rituels et bénédictions. Les familles se réunissent à côté d'une rivière et préparent leur arche fleurie, le *Cavadee* : offrandes, fruits, bougies, encens... La Mortification se passe à l'abri des regards, derrière des tentures. La cérémonie dure une matinée, de la rivière au temple. Sur le chemin, les pénitents, qui portent leur arche fleurie sur les épaules, dansent et récitent des mantras en hommage au divin, leur famille les accompagnant au rythme des tambours malabars.
– ***Fête du Dipavali :*** « fête de la Lumière », entre le 25 octobre et le 15 novembre. Le jour de la pleine lune et les 2 jours qui suivent sont une grande fête de lumière au pays des Tamouls. Le dieu Vishnu est associé au *Dipavali.* C'est l'occasion d'une *méla* (fête indienne et stands) et d'une grande procession avec des chars fleuris. Plusieurs grandes villes de l'île organisent des spectacles de danses indiennes (Saint-André et Saint-Pierre notamment).
Autant que possible, évitez de visiter seul les lieux de culte (mosquées, temples tamouls...) ou demandez de le faire très poliment et en tenue de ville. Certains Tamouls n'apprécient pas la vue des caméras et appareils photo. Soyez donc le plus discret possible.
– ***Pour en savoir plus :*** consulter ● *indeenfrance.com* ● *indereunion.net* ● sur l'Inde à La Réunion et la malbarité. Également ● *dcrp.free.fr* ● sur la culture réunionnaise.

Calendrier des principales fêtes et manifestations

Pour connaître les lieux des fêtes et manifestations, consulter par exemple le site ● *habiter-la-reunion.re* ● Voir également les principaux festivals musicaux à la rubrique « Musiques ».
Voici une liste non exhaustive, mois par mois :

Janvier-février-mars

– Fête du Miel vert à La Plaine-des-Cafres (foire agricole) en janvier.
– Marche sur le feu (cérémonie tamoule) en janvier.
– *Cavadee* (rituel tamoul) en janvier ou février à Saint-Louis et Saint-André.
– Nouvel An chinois fin janvier ou début février selon la lune, suivi de la fête des Lanternes.
– *Francofolies* de La Réunion en mars.

Avril-mai-juin

– Nouvel An tamoul en avril. Nous avons juste un peu plus de 3 000 ans de retard sur le calendrier indien. L'occasion de voir des troupes de danseurs venus d'Inde.
– *Cavadee* (rituel tamoul) en avril à Saint-Pierre, Saint-Paul et Saint-Benoît.
– *Les Électropicales* à Saint-Denis en mai. Musique électro sur une semaine.
– Sakifo Musik Festival à Saint-Pierre fin mai. Le plus grand festival musical de l'océan Indien.
– Leu Tempo Festival à Saint-Leu en mai. Spectacles de rue à La Ravine, la route nationale est fermée pour la fête.
– Fête des Goyaviers à La Plaine-des-Palmistes, le dernier week-end de juin.
– Fête du Chouchou en juin à Hell-Bourg (Salazie).

Juillet-août-septembre

– Fête du Choca à L'Entre-Deux en juillet.
– Fête du Vacoa à Saint-Philippe en août.
– Tour cycliste international de La Réunion (sur 800 km tout de même !) en août.
– Fête de la Vanille à Sainte-Suzanne en août.
– Manapany Festival : entre sport, musique, culture et écologie.
– Fête de la Salette à Saint-Leu en septembre : 6 jours de spectacles en tout genre autour du pèlerinage.

Octobre-novembre-décembre

– Les Florilèges au Tampon : à la Toussaint. Toutes les espèces de fleurs de l'île y sont réunies, dans un spectacle haut en couleur.
– Fête de la Lentille à Cilaos en octobre.
– Grand Raid, en octobre : la course de référence *(La Diagonale des Fous)*, avec plus de 160 km de traversée et 10 000 m de dénivelée positive. Arrivée à Saint-Denis.
– Le *Dipavali* (fête de la Lumière) en novembre à Saint-André, à Saint-Paul, à Saint-Denis, à Saint-Louis, à Saint-Pierre, aux Trois-Bassins. À voir absolument.
– Mégavalanche : course mythique de descente de VTT à Saint-Paul (en novembre ou décembre).
– Fête cafre (Fet Kaf) : la fête de l'Abolition de l'esclavage dans toute l'île (20 décembre, jour férié). La musique est à l'honneur. Cette date est l'occasion d'assister aux *kabars* gratuits, avec les meilleurs musiciens de l'île, et au festival Liberté Métisse à Sainte-Marie.
– Trans-Dimitile (course de montagne) : descente du Dimitile jusqu'à L'Entre-Deux, début décembre.

GÉOGRAPHIE

Située dans l'océan Indien, l'île de La Réunion fait partie de l'***archipel des Mascareignes,*** au même titre que l'île Maurice et la petite île Rodrigues.
Parmi les îles voisines : Madagascar (800 km à l'ouest, bon *Routard* à lire sur le sujet !), l'île Maurice (200 km à l'est, et un autre *Routard* !), les Comores et les Seychelles (bien plus loin au nord). Paris est à environ 9 200 km à vol d'oiseau. Ce qui n'empêche pas La Réunion

OUBLIÉS 2 FOIS

L'île française de Tromelin, perdue en plein océan Indien à 540 km au nord de La Réunion, n'est pas bien grande (1 km² de désert). Mais sa souveraineté est réclamée par l'île Maurice depuis 1976. Entourée de dangereux récifs, elle fut le théâtre d'un naufrage mémorable en 1761 : 80 esclaves malgaches furent abandonnés par l'équipage, puis « oubliés » pendant 15 ans. Seuls 8 d'entre eux survécurent. L'hommage officiel aura attendu quant à lui... 2013.

d'être un ***département français*** (dont le numéro est le 974) ***ainsi qu'une région administrative.*** Superficie totale : 2 512 km^2.

N'imaginez pas l'île comme une vaste plage bordée de cocotiers (on n'est pas aux Antilles !). C'est avant tout une île volcanique et montagneuse : ***point culminant à 3 070 m, le piton des Neiges,*** ancien volcan qui donna naissance à l'île en sortant des flots. Il constitue le 1er massif montagneux, entouré de plusieurs sommets dépassant les 2 000 m. En août 2003, le piton fut vraiment recouvert de neige, ce qui ne lui était pas arrivé depuis des décennies, un véritable événement local !

En s'affaissant, ce vieux volcan a provoqué la création de ***cirques magnifiques : Cilaos, Salazie et Mafate.*** Plus à l'est, un 2d massif montagneux, celui du fabuleux ***piton de la Fournaise*** (1er volcan français et toujours actif), séparé du 1er massif par de hautes plaines : la plaine des Cafres et la plaine des Palmistes. L'ensemble (« l'intérieur », comme on dit ici) constitue l'âme et l'originalité de La Réunion. C'est l'attraction principale : sentiers de randonnée, paysages à couper le souffle, forêts, cascades, villages perdus (les « îlets »), etc. Les noms de villages ont pour origine la langue malgache (comme Cilaos, « lieu qu'on ne quitte pas »), voire les noms des esclaves eux-mêmes.

Enfin, il y a le littoral : ***plus de 200 km de côtes,*** au pied des montagnes, dont ***30 km de plages*** (essentiellement au sud-ouest). La côte ouest est appelée « côte sous le vent » (ce qui veut dire qu'il y en a peu), la côte est se nomme « côte au vent » (ce qui veut tout dire). Chaque pôle touristique a sa « capitale » : Saint-Paul/Saint-Gilles à l'ouest, Saint-Pierre au sud, Saint-Benoît à l'est et Saint-Denis au nord. Les villes ont des noms de saints sur les côtes, ce qui complique la connaissance de l'île au début (on confond facilement !). Les côtes ne se ressemblent absolument pas. Un tour complet de l'île est donc nécessaire pour se faire une idée précise de la diversité de La Réunion : lagons et sable à l'ouest (protégés par une barrière de corail), falaises et lave au sud-est (à l'ombre du volcan). Les villes se cantonnent au littoral et l'industrie est quasiment inexistante : sucre de canne et tourisme essentiellement.

HISTOIRE

Des origines sulfureuses

La Réunion est née dans les fumigènes. Il y a 3 millions d'années, dans une fosse au large de Madagascar, un volcan fait bouillir l'océan. Mille millénaires plus tard et 4 000 m plus haut, il pointe son nez à l'air. Le plus dur est fait. L'histoire humaine, elle, tiendra en quelques secondes. La dater ? Impossible : le Colomb local ne s'est pas fait connaître.

Certains historiens évoquent une présence humaine bien avant J.-C., peut-être des Hanuman qui peuplent aujourd'hui les îles Andaman au large du Sri Lanka. Des plaques du IVe s av. J.-C. retrouvées à Cilaos dans les années 1980 et des textes arabes du VIe s rapporteraient déjà la présence d'habitants sur l'île. Avec Vasco de Gama au cap de Bonne-Espérance en 1497, les Portugais ne pouvaient pas manquer cet îlot de verdure, haut perché par-dessus l'océan : ***Pedro de Mascarenhas*** y accoste vers ***1512.***

L'ÎLE FANTÔME

Revenant de Goa, Pedro de Mascarenhas ne cherchait qu'à gagner Madagascar. Des îles lui clignaient de l'œil. Il leur donna son nom : les Mascareignes. La Réunion, Maurice, Rodrigues... Mais certains auraient juré en avoir vu 4. On commença par inscrire la petite sœur sur les cartes. Et puis on la chercha... jusque vers 1750 ! Joo de Lisboa, l'île fantôme, n'exista sans doute jamais qu'au fond d'un tonneau de rhum...

Ses compatriotes ont décrit La Réunion comme un paradis. Pour que les gens de mer en fassent une étape gastronomique, il charge quelques chèvres et cochons de se multiplier sur l'île. Ça se sait... On fait alors un crochet par La Réunion pour réparer les mâts et casser la croûte. Un forban nommé Blackwell y passe en 1613, et c'est le flash : « Elle est partout verte et agréable, avec plusieurs sortes d'arbres dont la hauteur est admirable. » Il faut croire que la piraterie tisonne le mal du pays : il rebaptise l'île « England Forest ». Après cette pub, les Anglais et les Hollandais s'habituent à s'y fournir en eau et en vivres.
La Réunion est encore un éden vierge. Plus pragmatiques ou plus amoureux, les Français vont la garder. En ***1638,*** le jour de la Saint-Paul, le sieur Salomon Goubert, commandant du vaisseau normand le *Saint-Alexis,* jette l'ancre dans une baie qu'il baptise Saint-Paul, pour ne pas se tromper. Pas âme qui vive... Profitant de l'aubaine, il déclare ***« Mascarin » française.*** En 1642, le cardinal de Richelieu, surintendant du roi Louis XIII, concède l'île pour 10 ans à la Compagnie française de l'Orient, qu'il vient de fonder et qui, déjà, a bâti Fort-Dauphin à la pointe sud-est de Madagascar.
4 ans plus tard, le gouverneur dudit fort, M. de Pronis, n'a pas encore eu la tête à s'occuper de l'île : une mutinerie ravage Fort-Dauphin. Et il se retrouve avec 12 soldats à châtier. Il ordonne qu'on les dépose à Mascarin. Mais voilà, établis sur les bords de la rivière Saint-Jean, les Robinsons ont planté les semences et bu le lait des chèvres qu'on leur avait laissées... L'île est donc bien colonisable, l'enthousiasme des « exilés » en est la preuve vivante. ***Flacourt,*** qui a succédé à Pronis, la rebaptise d'un nom plus fringant – l'***île Bourbon,*** du nom de la famille royale – et retient la leçon pour la prochaine mutinerie. Il y exilera – toujours à Saint-Paul – le chef des mutins, Antoine Couillard, avec 13 hommes et 6 esclaves, des graines et un petit cheptel. Les melons poussent, le tabac sèche, les légumes prospèrent... jusqu'à ce que 2 cyclones décrètent la fin des haricots. L'île est même totalement abandonnée durant 5 ans en 1658 ! En 1663, Louis Payen et Pierre Pau s'installent avec 10 esclaves. Les Blancs s'accrochent à leur plantation. Les esclaves vont « marronner » dans la montagne (se reporter à la rubrique « Marrons »). C'est le début de la colonisation.

Colons, pirates et esclaves

La ***Compagnie des Indes orientales,*** nouvelle mouture de la Compagnie de l'Orient, en sera le maître d'œuvre. Elle a le monopole du trafic des bois, épices et autres produits vers tout l'océan Indien. Colbert l'a créée, le roi la subventionne, les grands la financent. En 1665, seulement 1 an après sa création, elle dépêche 5 vaisseaux avec une vingtaine de colons, menés par celui qui deviendra le ***1er gouverneur*** de Bourbon, un ancien employé de Colbert du nom d'***Étienne Régnault.*** 2 ans plus tard, une flotte de 10 navires partie de La Rochelle apporte des renforts. Des colons de Madagascar s'installent ensuite avec leurs esclaves.
En 1671, les Réunionnais sont près de 80 autour de Saint-Paul et Saint-Denis. Chacun avec sa hutte, sa basse-cour, sa bergerie et son potager. Mais la Compagnie veut plus : « Il faudrait des Noirs pour cultiver ces terres. [...] On peut les tirer de Madagascar. Mais il faudrait les tenir dans la crainte, car ils pourraient se rendre maîtres de l'île. » Pendant qu'on organise l'esclavage, d'autres s'amusent. Des femmes de France, des Indes et de Madagascar viennent égayer les 269 colons (donnée de 1686). Arrivent aussi des mâles de tout poil – Espagnols, Hollandais, Allemands. À Saint-Paul, on mène joyeuse vie, « buvant sec, jouant gros et travaillant peu ». Parmi les fêtards, les colons s'effraient de remarquer beaucoup d'anciens forbans. En 1711, sur 109 chefs de famille, pas moins de 29 sont des retraités du pavillon à tête de mort. Certains sont venus après la destruction de Libertalia, la « république » qu'ils avaient fondée sur la côte malgache. D'autres pirates continuent de fréquenter l'île. ***La Buse,*** par exemple. En 1721, il capture dans la rade de Saint-Denis le vice-roi des Indes portugaises. Mais bien mal

acquis ne profite jamais. Capturé 10 ans plus tard, La Buse est pendu. Il a juste le temps de jeter à la foule le plan de la cachette de son trésor. On cherche toujours... Mais le vrai trésor est trouvé en ***1715.*** C'est le ***caféier de Moka,*** introduit par des Malouins, bien supérieur au caféier local qui, lui, ne contient pas de caféine ! Et voilà que Paris se met à raffoler du moka ! Les colons affluent, attirés par l'argent facile. Et les esclaves avec eux. En 20 ans, la population grimpe de 1 500 à 8 000 habitants. On manque de Blanches ? Qu'à cela ne tienne, on se métisse allègrement. Le café, lui, l'avait déjà fait. Mais les amateurs français réalisent bientôt que le moka de Bourbon ne vaut pas le pur arabica – d'autant que les mauvaises manières de la Compagnie, ainsi que le transport, plus long, gâtent les arrivages. Dès lors, il suffira qu'un puceron prolifère pour que les 1 250 t de café exportées vers 1760 tombent en quenouille.

L'année ***1735*** ouvre l'âge d'or de La Réunion. Il se résume en un nom : ***Mahé de La Bourdonnais.*** Ce Malouin est fait gouverneur des îles de l'océan Indien. Il préfère Maurice, la voisine, mieux pourvue en ports. Il lui offre les Affaires navales, l'Administration, la gloire et la richesse. Mais Bourbon n'est pas oubliée. Elle servira de garde-manger. Il faut bien nourrir les troupes, les équipages, fournir les marchands... La Bourdonnais y développe les cultures vivrières, dote Saint-Denis d'un pont de bateaux pour embarquer les marchandises, enrôle sur ses vaisseaux les fils de famille, les forbans et les esclaves, forme une milice pour juguler l'essor du marronnage. En 10 ans, La Bourdonnais transforme « ses » îles en fleuron d'outre-mer français. Mais il doit voler au secours de Dupleix en Inde et, malgré ses succès militaires, il tombe en disgrâce. On le rappelle à Paris, on l'embastille, on le juge. Acquitté en 1751, il meurt 2 ans plus tard.

ASSURANCE DÉCÈS

Ce n'est pas une légende, les pirates portaient bien une boucle d'oreille. Ces anneaux avaient la réputation d'éviter la noyade et d'améliorer la vue. De plus, si les matelots mouraient loin de chez eux, ces boucles en or étaient destinées au prêtre, afin de payer les funérailles.

Épices, révolutions et cyclones

Au temps des pirates, la Compagnie des Indes orientales a voulu vendre l'île aux Portugais. Motif : elle ne rapporte pas assez... Quelle ingrate ! Car la Compagnie s'est copieusement servie ! En surtaxant aux Réunionnais les produits importés, en payant 3 fois rien ce qu'ils lui vendaient, elle engrangeait des profits de 150 %. Mais il y a une justice. Montesquieu participera à la chute de la Compagnie. Poussé par l'indignation publique, le ministre Choiseul rachète les îles 7,5 millions de livres : tout ce qu'il reste de français dans l'océan Indien après la perte des Indes. Les nouveaux gouverneurs nommés par le roi conservent le schéma général : à Maurice la mer, à Bourbon les vivres. Et puisque la route des épices est exclusivement hollandaise (Indonésie) ou anglaise (Indes), pourquoi ne pas les produire ici ? L'intendant ***Pierre Poivre*** fait planter les arbres à épices : cannelle, muscade, gingembre, safran, clou de girofle et... poivre. Il y a de bons gros profits dans l'air. Les colons ne vont plus en guenilles, comme au début. On rencontre « de gros bourgeois et de hautes dames, tous montés dans le bon goût, gens de festins et de bals avec chaises à porteurs, filles de chambre pour madame, négrillons et négrillettes pour le petit monsieur ».

NAPOLÉON ESCLAVAGISTE

En 1792, la Révolution française abolit l'esclavage. Les beaux-parents de Bonaparte étaient de riches planteurs qui exploitaient 300 esclaves en Martinique. En 1802, il décida de rétablir l'esclavage dans les îles afin de reconquérir le cœur de sa femme, Joséphine de Beauharnais. Il était cocu. Il le resta.

Après La Bourdonnais, un autre amiral surdoué se présente : ***Suffren.*** Avec ses équipages recrutés à Bourbon, il mène la vie dure aux Anglais. Et quand la marine, affaiblie par la Révolution, ne peut plus mener des opérations d'envergure, les corsaires prennent la relève. Pour les Anglais, Maurice et La Réunion ne sont rien d'autre que 2 nids de guêpes. Et Surcouf, à lui seul, fait figure de super-frelon ! Lassée de voir capturer ses beaux vaisseaux des Indes, la couronne anglaise envoie une énorme escadre prendre Bourbon et Maurice. La 1re, ils la rendront après la chute de Napoléon. Mais ils garderont Maurice pour la surveiller. Délestées de leur pouvoir stratégique, les 2 îles vont rentrer dans le rang.
Le nom de « Bourbon » écorche les oreilles des révolutionnaires. En ***1793,*** l'île est débaptisée, par décret de la Convention nationale, pour s'appeler ***La Réunion.*** Pendant l'Empire, on l'appelle « Bonaparte ». Revenus au pouvoir, les Bourbons lui rendent son nom : le leur. En 1848, la IIe République revient définitivement à l'appellation révolutionnaire. Réunion : ce nom étrange (mais il y a bien des îles « de la Société »), choisi par Monge « pour sa valeur symbolique », est bien la seule chose que la Révolution ait laissée ici. Les esclaves, que le Directoire avait failli libérer (le décret d'abolition était prêt mais les colons, comme à Maurice et à la Martinique, ont ramené au bateau les agents chargés de l'appliquer), ont perdu leurs dernières illusions avec la volte-face de Napoléon. Seule issue : marronner dans les Hauts. Ou bien se révolter. Pendant les 5 ans de l'***occupation anglaise (1810-1815),*** les colons affrontent le plus vaste soulèvement d'esclaves de leur histoire. De plus, une kyrielle de cyclones meurtriers ruine les cultures, si bien que pour le pain quotidien, esclaves et maîtres sont souvent logés à la même enseigne. Et puis, le ***20 décembre 1848, l'esclavage est aboli.*** Enfin.

Des plantations à la modernité

Cette page tournée, d'autres problèmes apparaissent. Premièrement : qui va travailler aux champs ? Inutile de demander aux 62 000 anciens esclaves : ils ont déjà donné. Les ***marrons*** descendaient de Cilaos et de Salazie pour louer leurs services, la tête haute, pendant que les ***Petits Blancs*** (voir le texte sur Mafate), eux, montaient se tailler des terres dans les cirques. Alors, comme aux Antilles, on profite de la filière anglaise pour importer la main-d'œuvre de la côte des Malabars, du Tamil Nadu et de toutes les Indes. Malgré les salaires de famine, les ***engagés*** affluent toujours plus. Et l'économie, soudain, se porte beaucoup mieux. Sous le Second Empire, La Réunion retrouve la prospérité et l'aura du siècle précédent. Les lycées se peuplent, les sociétés savantes prospèrent. En ces temps où les colonies sont en vogue, La Réunion – 51 médailles à l'Exposition universelle de 1856 – incarne le modèle à suivre.

ET ON INDEMNISA LES ESCLAVAGISTES !

En 1848, l'État indemnisa les planteurs qui perdaient leurs esclaves à cause de l'abolition. Avec cette nouvelle fortune, les propriétaires en profitèrent pour créer une banque prospère, le Crédit foncier colonial. *Ils purent ainsi se lancer dans le commerce et l'importation.*

Mais elle déchante vite. Devant la ***concurrence du sucre de betterave,*** on se repent d'avoir sacrifié au « tout-canne ». Et lorsque survient le borer – le phylloxéra de la canne –, la déconfiture est complète. De 130 usines sucrières en 1860, on passe à 20 en 1914. Les gros s'en sortent, souvent par l'émigration, mais le peuple (Petits Blancs et affranchis) glisse dans la misère. Géopolitiquement, ce n'est pas la joie non plus. Le canal de Suez a détourné la route des Indes par l'Arabie, et la métropole, qui devrait couver son île, n'a d'yeux que pour Madagascar. Il manquait quelques catastrophes naturelles. En plus des traditionnels cyclones, ce seront les épidémies. Les immigrés indiens ont apporté avec eux le choléra. Le paludisme suit et devient endémique. C'est l'hécatombe. Pourtant, la natalité reste forte. Les planteurs réagissent à la crise de la canne en panachant les cultures. On exporte la vanille, le manioc (pour le tapioca), les plantes à parfum (ylang-ylang, vétiver...), le thé et le coton. C'est mieux. Pas assez, pourtant, pour séduire des immigrants autres que sporadiques (musulmans de l'Inde, Chinois...).

L'après-guerre

Au lendemain de la ***Seconde Guerre mondiale,*** La Réunion a la gueule de bois. L'économie est en rade, la situation sanitaire pas terrible. Aux Grands Blancs s'opposent de plus en plus les *Ti'Mouns,* c'est-à-dire le peuple : Petits Blancs, Africains, Indiens... On réclame d'urgence un sauvetage. Ce sera la ***départementalisation de 1946*** : l'île jouit du même régime fiscal, administratif, électoral, judiciaire et social qu'un département de métropole. C'est ainsi que, d'aménagement en transformation, l'île finit par accéder – peu ou prou – aux standards de revenus hexagonaux.

Mais difficile d'ignorer le sort des « enfants volés de la Réunion » à partir des années 1960 (voir l'encadré) et celui des femmes qui, dans les mêmes années, subirent de manière organisée avortements et stérilisations à la chaîne pour enrayer la natalité sur l'île. Une pratique alors illégale aux yeux de la loi. Une trentaine de ces femmes eurent le courage de porter plainte.

LES ENFANTS VOLÉS DE LA RÉUNION

En 1963, Michel Debré, député de La Réunion, décida de repeupler la Creuse avec des « orphelins » réunionnais. En réalité, on récupéra surtout des mineurs ayant encore leurs parents, on sépara les fratries... Cette scandaleuse déportation dura jusqu'en 1982 (19 ans !) et concerna plus de 2 100 enfants, devenus une main-d'œuvre bon marché pour les agriculteurs. Il a fallu attendre 2014 pour que l'Assemblée nationale reconnaisse que « l'État a manqué à sa responsabilité morale » et 2016 pour que soit créée une « commission nationale des enfants de la Creuse ». Il était temps !

Années 2000-2010

Au 1er semestre ***2006,*** l'***épidémie de chikungunya*** sévit. D'une ampleur inattendue : 266 000 cas répertoriés (1/3 de la population), des réservations touristiques qui s'écroulent, une vie économique fortement affectée. En ***2010,*** on retiendra, sur le plan politique, une révolution locale : un désaccord entre le PS et le PCR au 2d tour des ***élections régionales*** qui mène à l'***évincement des Vergès*** à la tête de la région depuis 12 ans, au profit du jeune Didier Robert, tête de liste UMP. Ce revirement politique ouvre la voie au colossal et controversé projet de route du littoral sur pilotis au nord-ouest.

Les années récentes

Depuis 2011, La Réunion se trouve sous les feux de l'actualité avec un nombre anormalement élevé d'***attaques de requins.*** Pour assurer la sécurité des activités nautiques, des filets infranchissables pour les requins sont installés à partir de 2015 sur la côte ouest. Des filets dernière génération pour une première mondiale qui ne résistent pourtant pas toujours aux fortes houles.

Dans un autre registre, 3 ans après les ***grèves générales*** dans les DOM-TOM et les accords contre la vie chère en 2009, de nouvelles nuits d'émeutes ont éclaté en 2012, 2013 et 2014, dans les quartiers les plus défavorisés, puis en 2018-2019 avec le mouvement des ***Gilets jaunes.*** La crise est passée par là, les inégalités sont toujours aussi évidentes, les salaires ont stagné et le secteur du BTP est en berne... Quant au titanesque chantier de la ***Nouvelle Route du littoral*** (baptisée NRL) initié en 2013, s'il a généré plus de 1 800 emplois, il suscite de nombreux débats sur ses « dérapages financiers » (plus de 3 milliards d'euros tout de même, le double du budget initial !) et les conséquences environnementales. La partie viaduc de 5,4 km jusqu'à la Grande-Chaloupe devrait entrer en service fin 2021, raccordée à l'actuelle route du littoral. Mais la Région, initiatrice du projet, semblait résolue en juin 2020 à ajourner le 2e tronçon, la partie endiguée du chantier. Celui-ci manque en effet de roches locales. Et il en faut quelques millions de tonnes !

Cette info de poids est passée presque inaperçue en pleine ***crise du coronavirus*** au printemps 2020. Dans un 1er temps, l'île semblait plus épargnée que la métropole, effet insulaire oblige. Mais l'épidémie s'étant généralisée, au moins 1/3 de son activité cessait dans les mois suivants. Fortement dépendante du tourisme, La Réunion subira de plein fouet et pendant plusieurs années, comme partout ailleurs, les conséquences économiques de cette crise exceptionnelle.

MARRONS

C'est le nom donné aux esclaves fugitifs, appelés *cimarrones* en espagnol. Beaucoup d'entre eux étaient d'origine malgache. Mais leur ennemi commun est le colon. Le marron, sachant quel sort l'attend s'il est capturé, doit se cacher à l'intérieur de l'île, dans les coins les plus reculés, les plus inaccessibles. Quel meilleur refuge que les cirques Cilaos, Salazie et, surtout, Mafate ? Dans des vallées perdues, dans la profonde forêt ou au sommet des pitons, ils parviennent à trouver une éphémère liberté. Ils vont même jusqu'à former des communautés, puis des clans. Chaque région a son chef, et certains, assoiffés de vengeance, rêvent d'un royaume intérieur dont ils seraient les maîtres. Parmi ces petits rois légendaires dont on peut voir les tombes : Fetic, chef du piton des Neiges, Sankouto, chef de la Fournaise, Anchaing, à Salazie, mais aussi Matouté, Dimitile, Samson, Diampare et Cimendef, « celui qui ne courbe pas la tête », ou encore Phaonce, qui règne sur un petit royaume à Piton-Rouge.

La propagande menée par les propriétaires blancs pour tenter d'endiguer le « marronnage » consiste d'abord à répandre des rumeurs pour semer la terreur dans la population. Ainsi l'esclave Kalla, qui a fui ses maîtres, devient une sorcière dévoreuse d'enfants ! Et les chefs des marrons sont tous des sanguinaires... Au milieu du XVIIIe s, devant la recrudescence des cas de marronnage, les autorités confient à un certain Mussard un détachement chargé d'explorer les cirques pour en ramener les marrons « morts ou vifs ». Il s'agira surtout de morts : une prime est offerte pour chaque dépouille d'esclave ! La main est le « justificatif » qui permet d'être payé. Les chasseurs, en plus d'une somme d'argent sonnante, se voyaient même offrir un esclave, mais vivant celui-ci. Avec de telles méthodes, les Blancs emportent la partie. Il y a bien un début de révolte organisée en 1811, mais celle-ci est dénoncée par l'esclave Figaro. Les marrons disparaissent donc. Restent les légendes populaires et les noms de ces héros malgré eux, désormais associés aux lieux où ils trouvèrent un semblant de liberté.

LE CODE NOIR

Promulgué par Louis XIV, ce texte abject régissait les conditions de vie des esclaves dans les « îles à sucre ». Il s'agissait notamment d'éviter le métissage. En effet, les enfants nés de l'union d'une esclave avec un maître blanc sortaient de leur statut d'esclave pour devenir libres. Aucun mariage entre esclaves ne pouvait se faire sans le consentement du maître. Ils étaient considérés comme des « biens meubles » : on se répartissait donc les esclaves lors des successions comme n'importe quel objet.

MÉDIAS

Votre TV en français : TV5MONDE, la 1re chaîne culturelle francophone mondiale

Avec ses 11 chaînes et ses 14 langues de sous-titrage, TV5MONDE s'adresse à 370 millions de foyers dans 198 pays par câble, satellite et sur IPTV. Vous y retrouverez de l'information, du cinéma, du divertissement, du sport, du documentaire... Préparez votre séjour grâce à son site voyage • *voyage.tv5monde.com* • et, sur place, restez connecté avec les applications et le site • *tv5monde.com* • Demandez à votre hôtel le canal de diffusion de TV5MONDE et contactez • *tv5monde.com/contact* • pour toutes remarques.

Presse, télévision, radio

– 2 journaux quotidiens sur l'île, ***Le Quotidien*** *(• lequotidien.re •)* et le ***JIR*** *(Journal de l'île de La Réunion ; • clicanoo.re •).* ***Témoignages,*** le quotidien du Parti communiste réunionnais, n'est plus diffusé que par Internet *(• temoignages.re •).* Le site d'information • *zinfos974.com* • est aussi très actif, ainsi que • *linfo.re* •, le site d'information de la chaîne de télévision ***Antenne Réunion.*** Voir aussi le site de l'agence de presse locale • *ipreunion.com* • et celui de ***Radio Freedom*** • *freedom.fr* •

– Pour connaître toutes les sorties sur l'île (concerts, spectacles vivants, expos...) • *azenda.re* •, • *buzbuz.re* • et • *monticket.re* •

– Côté radios, on en compte une cinquantaine sur la bande FM, les principales stations diffusant les musiques locales sont ***Exo FM, Kreol FM, Radio Est, Réunion Première...***

Signalons également ***Radio Pikan*** *(• radiopikan.re •),* une radio très, très créole, avec beaucoup de musique locale et des annonces publicitaires rigolotes. La radio d'État ***Réunion Première*** (ex-RFO) a beaucoup perdu de son audience avec la forte concurrence des radios privées, voire celle de France Inter.

NRJ Réunion fait un tabac auprès des jeunes aux côtés d'autres antennes locales franchisées de radios nationales : RTL Réunion, Nostalgie, Rire & Chansons... ***France Inter*** émet en direct sur toute l'île.

– La chaîne de télévision publique de l'île, c'est ***Réunion Première*** (journal d'actualités locales, mais aussi internationales à 19h), dont l'audience s'est considérablement réduite depuis quelques années au profit d'***Antenne Réunion.*** Cette chaîne privée outre ses émissions locales reprend des programmes de TF1 et de M6. Il existe 2 autres chaînes privées locales essentiellement musicales, ***Télé Kréol*** et ***Kanal Austral.***

RADIO FREE DOM

Véritable phénomène de société, Radio Free Dom fut la 1re radio « libre » de l'île lancée en 1981 par Camille Sudre. Il en est toujours le directeur. Elle reste la plus populaire grâce à sa libre antenne, prévenant par exemple les auditeurs des embouteillages, accidents sur la route et autres faits divers en temps réel. Sans parler des annonces-rencontres en direct tous les soirs... Mais, surtout, elle a redonné la parole aux Réunionnais, qui en avaient tant besoin après les périodes oppressantes de leur histoire.

MUSIQUES

Autrefois seulement bercée par la musique des vagues, le folklore pour touristes, les bals populaires, la variété française ou internationale, La Réunion a connu depuis les années 2000 une explosion musicale à l'image de sa diversité culturelle, qui rejaillit parfois jusqu'en métropole et même au-delà.

Des artistes et groupes comme Alain Peters, Luc Donat, Ziskakan, Baster, Danyèl Waro, Firmin Viry, Ousanousava, Ravan', Ti Fock, Françoise Guimbert, Jacqueline Farreyrol, René Lacaille, Carrousel et d'autres furent les ***pionniers de la musique réunionnaise dans les années 1970-1980.*** En ouvrant et en modernisant la palette musicale réunionnaise, ils ont ouvert les portes à une ***2e génération dans les années 1990*** : Patrick Persée, Sabouk, Ti Sours, Afatia, Apolonia, Pat'Jaune, Zarboutan, College Brothers, Na Essayé, qui a été le chef de file d'un courant alors très populaire, le malogué (maloya-reggae)...
Dans cette période, le succès de Granmoun Lélé, aujourd'hui disparu mais dont la famille a repris le flambeau (avec les groupes Groove Lélé et Urbain Philéas), et de Danyèl Waro a propulsé le ***maloya traditionnel,*** hérité de l'esclavage, sur les scènes internationales. Depuis le début des années 2000, la création s'est encore enrichie avec le succès d'artistes puisant en même temps dans leurs racines et dans la modernité : Davy Sicard, Nathalie Natiembé, Christine Salem, Lindigo, Meddy Gerville, Kom Zot, Rouge Reggae, Gren' Semé, Maya Kamaty, Jim Fortuné... Ces groupes locaux connaissent un succès grandissant hors des frontières de l'île sur les traces de leurs aînés encore en activité : Danyèl Waro, Ziskakan, Ousanousava ou Baster...
Autrefois, les autorités considéraient la création locale avec un certain mépris. Le maloya, associé dans les années 1970 au message autonomiste du Parti communiste réunionnais de l'époque, fut interdit dans certains lieux publics et sur l'antenne de la radio d'État jusqu'en... 1981 ! Les Réunionnais boudaient les spectacles payants d'artistes locaux. Aujourd'hui, la musique locale est reconnue des institutions qui aident la professionnalisation du secteur.
Il en va ainsi des ***kabars,*** ces fêtes musicales populaires, gratuites et en plein air, mettant notamment à l'honneur les rythmes traditionnels et la langue créole. On peut notamment y participer autour du 21 juin (fête de la Musique), début octobre (anniversaire du classement du maloya au Patrimoine mondial de l'Unesco) et autour du 20 décembre (anniversaire de l'abolition de l'esclavage).
On assiste aussi à un renouveau des ***fanfares créoles,*** appelées « musiques en cuivre », que l'on peut écouter lors des fêtes locales en animations de rue. Les nouvelles tendances de la sono mondiale influencent les groupes : rock, reggae, électro, hip-hop, ragga... La « musique soleil » fait l'objet de nombreuses compilations et concerts. Kaf Malbar, Malkijah, New Generation et Zorro Chang, stars du ragga dancehall ont inspiré d'innombrables jeunes artistes qui émergent au sein de collectifs ou de soirées très populaires. ***Une scène électro se développe*** avec des DJs ou créateurs sonores de plus en plus performants et éclectiques : Jako Maron, Labelle, Psychorigid, Kwalud, Karl Hungus, Do Moon, Loya...
La musique la plus populaire chez les Réunionnais reste le ***séga,*** qui anime toutes les soirées dansantes familiales et se décline en formes plus ou moins festives, voire en « *Séga love* » avec des artistes qui trustent les sommets des hit-parades comme Manyan, Séga'El, Emmanuelle Ivara, Missty, Olivier Brique, Natacha Tortillard, et toujours Ousanousava, Frédéric Joron...
Outre les nombreux concerts en plein air et dans les bars, une bonne vingtaine de ***salles de spectacle*** très bien équipées sur toute l'île proposent de plus en plus de concerts parallèlement à la diffusion d'autres spectacles vivants (théâtre, danse...) dont la création professionnelle se développe aussi.
– Pour en savoir plus sur les traditions musicales de La Réunion, lire la belle réédition réactualisée en 2015 de l'ouvrage de référence *Musiques traditionnelles de La Réunion* de Jean-Pierre La Selve (éd. associative Kreol'Art).
– Consulter aussi le site du ***Pôle régional des musiques actuelles (PRMA),*** fondé en 1997 par Alain Courbis : ● *prma-reunion.fr* ●

Le maloya

Muselé par « le bon goût français », seul valable aux oreilles des autorités régnant sur le DOM, le maloya, qui porte en lui l'histoire de l'île, dut se terrer au fond des cases jusqu'à la fin des années 1970. Les spécialistes considèrent le maloya – dont le nom proviendrait du malgache *malahelo* (tristesse) – comme la ***forme originelle du séga.*** Ce genre venu d'Afrique de l'Est, dont on trouve des formes spécifiques à Maurice, à Rodrigues et aux Seychelles, s'est trouvé un style à La Réunion en se mélangeant aux polka, mazurka, quadrille ou valse de l'Europe. Multiforme, dominé par les percussions, l'accordéon ou le violon, il a été synonyme de musique populaire ou folklorique.

MALOYA QUI MAL Y PENSE

Musique créée par les esclaves dans les plantations, étrangement, le maloya doit sa renaissance au Parti communiste réunionnais ! Jouant pendant les années 1970 la carte de l'autonomie, le PC local s'en est servi comme outil de contestation politique. Mais avec des textes en créole et très orientés politiquement, le maloya fut longtemps censuré. Les temps ont bien changé : en 2009, il a été inscrit sur la liste du Patrimoine immatériel de l'Humanité par l'Unesco et est célébré avec faste début octobre par toutes les collectivités...

Dans le sillage des anciens aujourd'hui disparus ou encore actifs (comme Firmin Viry ou Gramoun Sello), une nouvelle génération de groupes de maloya traditionnel enflamme toujours les scènes d'ici et d'ailleurs : Lindigo, Kiltir, Loryzin, Destyn, Kaloubadya, Mélanz Nasyon, Simangavole (seul groupe féminin), Votia...

Nos artistes préférés

– ***Alain Peters** (1952-1995) :* son album posthume, *Parabolèr,* est une perle du point de vue des mélodies et des textes. Depuis la sortie de cet album en 1998, de nombreux artistes nationaux et internationaux s'approprient son œuvre et lui rendent hommage (Piers Faccini, Bernard Lavilliers, Moriarty, Tue Loup, Girafe...).

– ***Granmoun Lélé** (1930-2004) :* figure emblématique du maloya réunionnais, il a sillonné le monde avec son groupe familial. 4 albums dont *Namouniman* (1993). 2 groupes familiaux, Groove Lélé et Urbain Philéas, entretiennent toujours le flambeau.

– ***Baster :*** groupe fondé en 1983, une valeur sûre avec un reggae métissé de séga-maloya s'étant offert des duos avec Cali *(Wiyo)* ou encore la Cap-Verdienne Mayra Andrade (*Nou lé la*).

– ***Ziskakan :*** le groupe du charismatique chanteur Gilbert Pounia est pionnier de la world music créole depuis la fin des années 1970, en mariant aussi bien le biniou au sitar que le tabla au rouleur ou au *kayamb...* Son album culte *Bato Fou* a été réédité en vinyle !

– ***Meddy Gerville** (né en 1974) :* ce talentueux pianiste a réussi depuis plusieurs années une magistrale fusion de jazz et de maloya, tout en produisant parallèlement des albums de ségas et des romances plus populaires sur le marché local tels que *7e Ciel* ou *Ek Out lamour.* Pour son dernier album, *Tropical Rain,* il s'est adjoint les services de jazzmen internationaux.

– ***René Lacaille** (né en 1946) :* son duo étonnant séga-maloya-blues avec le guitariste américain Bob Brozman sur l'album *Digdig* (2002) est le 1er album réunionnais ayant bénéficié d'une distribution mondiale. Excellent guitariste et maître accordéoniste, c'est l'un des artistes réunionnais les plus demandés à l'international, où il a reçu de multiples prix. En 2018, il a fêté (en musique évidemment) ses 65 ans de scène.

– ***Lindigo :*** c'est le groupe de maloya le plus en vue depuis quelques années. De jeunes musiciens ayant grandi dans les « servis kabaré » qui s'imposent par leur énergie sur les scènes internationales de world music comme chez eux. Après *Komsa gayar,* fusion réussie entre maloya et musique cubaine, l'album 2020 s'intitule *Kosa néna.*

– ***Davy Sicard** (né en 1973) :* issu d'un quatuor vocal a capella très populaire dans les années 1990, Davy Sicard a entamé une carrière solo dans les années 2000. Plusieurs albums dans un registre chanson world qui ne renie pas ses racines maloya. Nouvel opus prévu en 2020.

– ***Danyèl Waro** (né en 1955) :* ses 1ers albums furent enregistrés dans une case sur la route du Maïdo, et il reçut un World Music Award en 2010 pour l'ensemble de sa carrière. En 2014, un de ses titres est « samplé » par Kanye West pour un titre de Beyoncé... Choc des cultures ! Il effectue des tournées internationales chaque année et sort un nouvel album en 2020 *Tinn' tout.*

– ***Zanmari Baré :*** écouter le 1er album déjà culte, *Mayok Flèr* (2013), de ce chanteur-auteur-compositeur qui aujourd'hui rivalise avec son ami Danyèl Waro, tant pour la qualité de ses textes et mélodies que pour ses prestations scéniques. Le 2d album, *Voun,* sorti en 2018, confirme ce talent et son succès.

– ***Maya Kamaty** (née en 1985) :* fille du leader de Ziskakan, elle affirme sa propre personnalité artistique avec un bel album chanson folk soul métissé, *Santié papang,* salué en 2015 d'un coup de cœur de l'Académie Charles-Cros. Le 2e opus, *Pandiyé,* est sorti en 2019.

– ***Gren Semé :*** emmené par le charismatique chanteur-poète Carlo de Sacco, ce groupe s'est imposé ces dernières années avec une chanson inspirée de maloya, mais aussi de rock, de jazz ou d'électro... Après l'album, *Hors sol* (2016), encensé par la presse nationale, le nouvel EP *Poussière* est sorti en 2019.

– ***Christine Salem** (née en 1971) :* grande voix féminine du maloya. Après *Larg pal lo kor* (2016), teinté de blues avec la participation du guitariste français Seb Martel, un nouvel album était annoncé en 2020.

– ***Jérémy Labelle :*** il est en 1re ligne de l'électro réunionnaise en créant une musique à base de sons et rythmes qui évoquent la diversité culturelle de l'île. Signé sur un des plus importants labels français d'électro, *InFiné,* avec son album *Univers-Île* suivi en 2019 du projet « Orchestre Univers ».

Festivals

– ***Les Francofolies de La Réunion :*** *3 j. mi-mars, à Saint-Pierre.* • *francofolies.re* • En lien avec le célèbre festival de La Rochelle, cet événement organisé par la même équipe et sur le même site que le Sakifo Festival a connu sa 4e édition en 2020.

– ***Leu Tempo Festival :*** *mi-mai à Saint-Leu.* • *lesechoir.com* • Spectacles de rue, concerts, jongleries, marionnettes et défilés carnavalesques. Une bonne programmation d'artistes du monde entier. Ce festival a fêté ses 20 ans en 2018.

– ***Les Électropicales :*** *mi-mai, à Saint-Denis, sur le Barachois (front de mer)* • *electropicales.com* • Sons électroniques du monde, live et DJs. 12e édition en 2020.

– ***Sakifo Musik Festival :*** *3 j. début juin, Ravine-Blanche, à Saint-Pierre.* • *sakifo.com* • Tous les genres de musiques, avec des pointures locales, nationales et internationales.

– ***Opus Pocus :*** *fin juil-début août, à Saint-Paul et dans d'autres communes.* • *opuspocus.re* • Ce festival décline chaque année la thématique d'un instrument pendant 2 semaines en concerts et actions culturelles dans tous les styles : jazz, classique, musiques du monde, rock, etc.

– ***Manapany Festival :*** *3 j. mi-sept, baie de Manapany.* • *manapanyfestival.com* • Autour des « musiques en cuivre » et festives, fanfares, ska, chanson française, rock et musiques de l'océan Indien.

– ***Les Nuits du Piton :*** *autour du 20 déc (date anniversaire de l'abolition de l'esclavage), à Saint-Joseph, caverne des Hirondelles.* Musiques créoles.

PATRIMOINE

Cases créoles

C'est l'un des styles architecturaux particuliers à La Réunion, avec les quelques vestiges coloniaux de la Compagnie des Indes. Les cases créoles de l'île évoquent, bien sûr, les maisons antillaises, mais aussi certaines demeures de La Nouvelle-Orléans (Louisiane). Néanmoins, les matériaux diffèrent. À La Réunion, les maisons sont appelées ***cases,*** ou « changements d'air » pour les maisons secondaires. Certaines sont recouvertes de ***bardeaux,*** sortes d'ardoises de bois. Les cases sont toujours ***peintes,*** le plus souvent en blanc, mais on en trouve de toutes les couleurs dans la plupart des villages.
La disposition architecturale des cases est toujours la même, que l'on soit coupeur de canne ou grand propriétaire. L'entrée du jardin est presque toujours fermée par un ***barreau*** (grille), haut et en fer forgé. On voit de la rue ce que le propriétaire a bien voulu montrer : d'abord le jardin et son allée, mais aussi la ***varangue,*** une véranda améliorée.
Certaines varangues, très ouvragées, sont superbes, notamment à Hell-Bourg et à L'Entre-Deux, surtout dans les grandes maisons de maître (aussi appelées « villas »). La varangue, traditionnellement meublée en rotin et décorée de plantes vertes, reste ouverte sur le jardin et permettait autrefois aux propriétaires de recevoir les invités. Dans les Hauts, climat oblige, les varangues sont vitrées. Elles sont souvent décorées de ***lambrequins.*** D'inspiration indienne, ce sont des sortes de frises en tôle ou en bois qui font le tour du toit, entourant la varangue. Dans l'ancienne société créole, les signes extérieurs de richesse étaient les plus importants : il fallait paraître et voir sans être vu. C'est le rôle du ***guetali*** (« guetter à lui »), un petit kiosque ouvert. En coin de jardin, il permettait aux dames de *moucater* les passants. Le *guetali* était aussi le lieu où les Virginie guettaient leur Paul pour échanger des mots doux...

Un patrimoine fragile

Malheureusement, ce patrimoine architectural souffre : usure du bois et légèreté des couvertures en ont fait la proie du temps et des cyclones. En majorité, les cases vraiment anciennes sont encore à l'abandon, leur entretien coûte cher. Certaines municipalités tentent pourtant de sauvegarder leur ***patrimoine historique*** et de nombreux projets de restauration ont été lancés. Cela commence à donner des résultats, à Saint-Denis notamment. Il reste des endroits merveilleux ***(L'Entre-Deux, Cilaos, Le Brûlé, Hell-Bourg, La Rivière-Saint-Louis)*** et des rues avec des trésors cachés ***(Saint-Denis, Saint-Pierre).***
Les villas créoles puisent dans le répertoire des constructions de la Compagnie des Indes. Les plus belles aujourd'hui et les plus visitées sont certainement celles de la famille Desbassayns (musée de Villèle, dans les environs de Saint-Gilles-les-Hauts), l'ex-école franco-chinoise à Saint-Paul (construite par la même famille Desbassayns), la villa Folio à Hell-Bourg, la maison Chateauvieux à Saint-Leu (domaine des Colimaçons) et le domaine du Grand-Hazier à Sainte-Suzanne.

PERSONNAGES

– ***Raymond Barre*** *(1924-2007)* **:** économiste et homme politique, né à Saint-Denis. On peut y voir sa maison natale, rue de Paris. 1er ministre sous Giscard, ancien maire de Lyon, il s'est présenté à la présidentielle de 1988.
– ***Jean Chatel*** *(1884-1948)* **:** homme d'affaires et homme politique. Les alcools Chatel voient le jour en 1907. Il crée de nombreuses œuvres sociales qui le rendent

populaire et le conduisent à la mairie de Saint-Denis de 1925 à 1937. Réélu en 1946, Jean Chatel meurt dans son bureau de l'hôtel de ville en 1948.

– ***Françoise Chatelain*** *(1654-1730)* **:** la « grand-mère » des Réunionnais. Elle fut de celles qu'on expédia en bateau à Bourbon pour servir de compagne aux pauvres colons exilés... Elle eut 10 enfants de 4 maris.

– ***Gérald de Palmas*** *(né en 1967 à Saint-Denis)* **:** auteur-compositeur-interprète de pop-rock français, en 1995, il reçoit une Victoire de la musique pour son album *Dernière année* (et la chanson à succès *Sur la route*). Parmi ses autres tubes : *J'en rêve encore* et *Tomber.*

LE GOSSE À LA GOUSSE

Edmond Albius *(1829-1880) était un esclave de 12 ans quand il découvrit le procédé de la pollinisation manuelle de la vanille et ouvrit ainsi la voie à son exploitation agricole. La vanille sauvage avait bien été rapportée de Guyane, mais pas l'abeille qui la féconde naturellement. Edmond ne tira aucune gloire de cette découverte, car on ne pouvait alors permettre qu'un esclave dépasse ses maîtres. Il passa 3 ans au bagne pour une histoire de vol et mourut dans la misère. Peu de rues portent son nom et pourtant les producteurs du monde entier lui doivent beaucoup.*

– ***Antoine Sosthène d'Armand de Chateauvieux*** *(1804-1885)* **:** le jeune marquis, issu d'une famille ruinée par la Révolution, débarque à l'île Bourbon et y restera jusqu'à sa mort. L'histoire des Chateauvieux est liée à celle du domaine des Colimaçons à Saint-Leu (actuellement Jardin botanique de La Réunion). Personnage infatigable, Chateauvieux gère les propriétés des Desbassayns, construit des usines, sa propre maison, son église, dessine la route des Colimaçons, devient maire de Saint-Leu et vice-président du conseil colonial. Mais c'est surtout un passionné de botanique qui introduisit sur l'île de nombreuses espèces.

– ***Ombline Desbassayns*** *(1755-1846)* **:** propriétaire, chef d'entreprise, esclavagiste, elle fut tout cela à la fois. Fille unique, élevée par une nourrice noire qu'elle considérait comme sa mère, elle se retrouva à la tête de 200 esclaves et plusieurs habitations. Lorsqu'elle épouse en 1770 son voisin Henri-Paulin Panon, dit Desbassayns, il a 38 ans et elle en a 15. Ils possèdent la plus riche propriété de l'île et l'une des plus grosses entreprises agricoles de France. Un beau roman de Jean-François Samlong retrace le parcours de cette fresque esclavagiste : *Madame Desbassayns* (Jacaranda, 1985).

– ***Juliette Dodu*** *(1848-1909)* **:** née à Saint-Denis, la « Jeanne d'Arc réunionnaise », belle-sœur du peintre Odilon Redon, travailla au bureau télégraphique de Pithiviers durant la guerre de 1870. Un grand doute subsiste quant à ses réelles activités d'espionne contre les Prussiens, qui auraient sauvé la vie de 40 000 soldats français, mais des rues portent son nom et *La Poste* lui a consacré un timbre en 2009 !

– ***Gabriel de Kerveguen*** *(1800-1860)* **:** fils d'un aristocrate breton venu chercher fortune loin de chez lui sous la Révolution. Il s'enrichit dans la miroiterie et le négoce du café, investit dans la terre et construit son domaine au Tampon de Saint-Louis à Saint-Philippe. Il achète 227 000 pièces (au poids !) d'une monnaie autrichienne obsolète, le kreutzer, pour payer ses engagés indiens et malgaches. Il faut dire que

UNE VIE À TIR D'AILES

Sacrée tête brûlée que l'aviateur **Roland Garros** *(1888-1918), né à Saint-Denis. Sportif accompli sur terre et dans les airs, il réalisa la 1re traversée aérienne de la Méditerranée en 1913 (780 km). Engagé volontaire comme pilote de guerre en 1914, il mit au point une technique permettant le tir à travers l'hélice d'un avion. Prisonnier des Allemands, il s'échappa au bout de 3 ans, mais mourut dans les Ardennes lors d'un combat aérien en 1918, la veille de ses 30 ans.*

3 600 personnes travaillent pour lui dans les 16 usines qu'il possède en 1860... La monnaie a un tel succès qu'elle fait de l'ombre au franc et on lui demande de retirer ses kreutzers du marché. C'est le début de la faillite économique ; les Kerveguen paient leur dette, mais petit à petit le domaine est vendu.

– ***Gouzous :*** peut-être croiserez-vous ces petits personnages orange et sans visage, humoristiques et parfois accompagnés d'une vache qui ont envahi murs, affiches et autres supports inattendus du paysage urbain réunionnais depuis plus de 2 décennies. La famille (très) nombreuse se retrouve dans le monde entier et surtout en métropole. Le papa s'appelle Jace et est originaire du Havre. Localisation des œuvres sur ● *gouzou.net* ●

– ***Mémona Hintermann-Afféjee*** *(née en 1952 au Tampon)* **:** journaliste, présentatrice de journal télévisé et grand reporter pour France 3, puis membre du CSA. Elle a grandi dans une famille pauvre et multiculturelle, d'un père indien et d'une mère créole aux origines bretonnes. Un lycée réunionnais situé à Bois-de-Nèfles et spécialisé dans les filières de l'audiovisuel porte son nom depuis 2018.

– ***Charles-René-Marie Leconte de Lisle*** *(1818-1894)* **:** poète et académicien, né et enterré à Saint-Paul (cimetière marin). Quand la monarchie de Juillet est renversée, en 1848, ce républicain convaincu prend la tête d'un groupe de créoles à Paris qui revendique l'abolition de l'esclavage. Les années qui suivent sont une sorte de « descente aux enfers ». Découragé, il se réfugie dans l'écriture.

– ***Frédéric Levavasseur*** *(1811-1882)* **:** prêtre anti-esclavagiste, né à Sainte-Suzanne. Il est, pour les Réunionnais, le « prêtre des Noirs ».

– ***Bertrand-François Mahé de La Bourdonnais*** *(1699-1753)* **:** le plus grand gouverneur de l'île. Né à Saint-Malo, il se forge dès 35 ans une solide réputation de voyageur et amasse une belle fortune. Il devient gouverneur des Mascareignes (Bourbon et Isle de France), développe les cultures, forme des militaires, crée le dispositif militaire français le plus puissant que la région ait jamais connu. Il écrase la flotte anglaise de Peyton et prend Madras. Il s'oppose à Dupleix, le gouverneur de Pondichéry qu'il avait libéré quelque temps auparavant. La Bourdonnais meurt 2 ans après avoir été acquitté.

– ***Manu Payet*** *(1975, Saint-Denis)* **:** tout d'abord animateur de radio sur NRJ, il travaille pour Laurent Ruquier et *Le Grand Journal* sur Canal+, avant de se lancer dans le one-man-show comme humoriste. Par ailleurs acteur et réalisateur, il présida la 43e cérémonie des Césars en 2018.

– ***Pierre Poivre*** *(1719-1786)* **:** aventurier, botaniste, intendant né à Lyon. Poivre n'est pas l'inventeur du poivre, mais son nom le prédestine à mettre son nez dans les épices. À Pondichéry, il fait la connaissance de La Bourdonnais. En 1766, Poivre est nommé intendant des îles de France et de Bourbon. Il dote la France du plus grand jardin botanique tropical au monde (jardin de Pamplemousses à Maurice). Il est en outre à l'origine du peuplement de l'archipel des Seychelles en arbres fruitiers. Comme à Maurice et à La Réunion, il acclimate là-bas des arbres à épices : muscadier, giroflier, cannelier, poivrier, etc., tous venus d'Extrême-Orient.

– ***Joseph Sarda-Garriga*** *(1808-1877)* **:** gouverneur, né dans les Pyrénées-Orientales, il porte le prénom de son illustre parrain, Joseph Bonaparte. Après un emprisonnement pour délit d'opinion – il a des convictions républicaines –, il fait tout de même carrière dans l'administration des Finances. Ami de Victor Schœlcher, l'ardent anti-esclavagiste, il est nommé commissaire général de la République à La Réunion avec les pleins pouvoirs. Sarda-Garriga fait appliquer le décret d'abolition de l'esclavage du 27 avril 1848 et met en œuvre le suffrage universel.

– ***Frère Scubilion*** *(1797-1867)* **:** homme d'Église, il arrive à Bourbon en 1833 et découvre une situation sociale tendue et empoisonnée par le problème de l'esclavage. Il fait le tour de l'île pour éduquer et instruire les plus démunis. Mgr Aubry dira de lui qu'il se fit « esclave des esclaves ». Tous les ans, le 20 décembre, jour de la fête des Esclaves, une foule considérable lui rend hommage devant son mausolée, à Sainte-Marie. Le 2 mai 1989, il a été béatifié par le pape.

– ***Camille Sudre** (1948) :* arrivé dans les années 1970 comme médecin, il crée en 1981 la 1re radio libre de l'île, Radio Free Dom. L'homme réveille la vie politique réunionnaise en donnant la parole aux Réunionnais, notamment au communiste Vergès, interdit d'antenne officielle. Puis le CSA lui refuse d'émettre Télé Free Dom. Il est élu royalement président du conseil régional en 1992, mais son élection est invalidée pour temps de parole dépassé sur sa radio. Il revient sur la scène politique à partir de 1998 comme vice-président du conseil régional. Réélu conseiller régional en 2010, il est toujours actif sur sa Free Dom, 1re radio privée de l'île.

– ***Marguerite Sudre** (1943) :* ex-épouse de Camille Sudre, surnommée Margie, de père franc-comtois et de mère vietnamienne. Elle s'installe à La Réunion en 1976 comme médecin. Margie représente l'aile droite du mouvement *Free Dom.* Présidente de région (1993-1998) à la suite de l'annulation de l'élection de son mari, elle devient secrétaire d'État chargée de la francophonie sous le gouvernement Juppé (1995-1997). En 1998, avec 7 % des voix, elle redevient conseillère régionale dans l'opposition alors que son ex-mari rejoint la majorité de Paul Vergès (communiste). Députée européenne de 1999 à 2009.

– ***Paul Vergès** (1925-2016) :* homme politique, fils de Raymond et frère de l'avocat Jacques (décédé en 2013). Il est président-fondateur du PCR (Parti communiste réunionnais) après avoir quitté le PCF. Paul Vergès, qui militait pour l'indépendance de La Réunion, s'est retrouvé à la tête de la région de 1998 à 2010. Il a été détrôné par Didier Robert (LR, ex-UMP) en 2010 mais a régné sur le monde politique réunionnais pendant 60 ans jusqu'à sa mort à 91 ans.

– ***Ambroise Vollard** (1866-1939) :* critique d'art et écrivain. Né à Saint-Denis, il part rapidement pour Paris, où il ouvre, à 24 ans, une galerie d'art. Il devient marchand de tableaux, se spécialisant dans la peinture d'avant-garde : Cézanne, Renoir, Gauguin, Picasso, Rousseau, Van Gogh, Matisse. Il meurt dans un accident de voiture. Sa famille a légué au musée Léon-Dierx de Saint-Denis une riche collection de tableaux.

– ***Les écrivains :*** Axel Gauvin (né en 1944 à Saint-Denis), Jean-François Samlong (né en 1949 à Sainte-Marie), Monique Agénor (née en 1940 à Saint-Denis), mais aussi Daniel Vaxelaire, Lorrain installé à La Réunion depuis 1971... Une galerie de portraits d'écrivains à découvrir plus longuement dans la rubrique « Livres de route » en début de guide.

– ***Les musiciens :*** maloya, séga, kabars... La liste des talents musicaux réunionnais est impressionnante ! Rendez-vous dans la rubrique « Musiques » plus haut, vous saurez tout !

– ***Parmi les sportifs,*** allons droit au but avec le handballeur international ***Daniel Narcisse*** (né en 1979 à Saint-Denis), qui évolua en équipe de France jusqu'en 2017. Il fut élu meilleur handballeur international de l'année 2012. Un digne héritier de ***Jackson Richardson*** (né en 1969 à Saint-Pierre), également ex-handballeur international de grand talent. Parmi les footballeurs, signalons bien sûr la recrue de l'OM et de l'équipe de France ***Dimitri Payet*** (né en 1987 à Saint-Pierre), mais encore ***Laurent Robert*** (né en 1975 à Saint-Benoît) ou ***Guillaume Hoarau*** (né en 1984 à Saint-Louis). Et puis le surfeur ***Jérémy Florès*** (le plus jeune surfeur de l'histoire qualifié pour l'élite mondiale, WCT), la karatéka ***Lucie Ignace*** et tant d'autres...

POPULATION

La Réunion est le département d'outre-mer le plus peuplé avec 860 000 habitants, dont 40 % ont moins de 20 ans ! Les estimations prévoient que le million d'habitants sera dépassé en 2040. Une population diversifiée, métissée et cosmopolite, vivant à 80 % sur la côte. Le métissage vient de 10 pays différents, répartis sur 3 continents. Le cocktail d'origines ne pouvait être que subtil et riche, et c'est tant mieux.

Ici, le racisme n'existe guère, les religions se côtoient en harmonie, la langue créole constitue la colonne vertébrale de cette société composite et aucune ethnie ne peut se réclamer « d'origine » puisque, avant la colonisation au XVIe s, l'île était totalement inhabitée.

Bien sûr, comme dans d'autres lieux multiculturels de la planète (Singapour, la Malaisie), les différents groupes ethniques ont tendance à rester entre eux, mais s'il existe des divergences, elles sont plutôt d'ordre social, notamment entre ceux vivant dans les Hauts (20 % de la population) et ceux habitant sur la côte.

Est ***créole*** toute personne née dans l'île de parents réunionnais. Quelques familles anciennes descendent des 1ers arrivants (français et malgaches), rien de particulièrement extraordinaire à ce qu'ils aient imposé la culture francophone et européenne dans toute l'île. Les créoles sont le résultat d'un métissage de plusieurs siècles entre différents groupes ethniques.

« MEETIC », DÉJÀ !

Louis XIV décida de peupler l'île Bourbon (la future Réunion) en envoyant orphelines et prostituées rencontrer les colons, bien souvent célibataires. Les convois étaient encadrés par des prêtres qui jouaient le rôle d'entremetteurs !

– ***Les « yabs »,*** descendants des Petits Blancs, aux yeux clairs (nombreux dans les Hauts et dans le Sud), composent la couche populaire.

– Les descendants des ***Gros Blancs*** (notables, aristocratie locale, planteurs).

– ***Les Cafres,*** nom donné aux Africains. « Cafre » vient du mot *kafir,* qui signifie « infidèle » en arabe. Ils portent le plus douloureux des héritages, celui des esclaves déportés en masse au début de la colonisation de l'île, en provenance d'Angola, du Mozambique, de Zanzibar (d'où vient le *moringue*), mais aussi de Madagascar. À la fin du XVIIIe s, les esclaves composent 80 % de la population de l'île ! Les marrons (voir plus haut cette rubrique) sont les esclaves en fuite. Aujourd'hui, les Cafres descendent donc des esclaves affranchis, les marrons étant morts de froid et de faim ou ayant été décimés. En 2009 fut inaugurée, au cimetière du Père-Lafosse au Gol, une stèle à la mémoire de tous les Réunionnais sans sépulture, tous ces esclaves enterrés anonymement et dans le mépris, conformément au « Code noir ».

– ***Les Malabars*** *(ou Malbars)* **:** ce sont les descendants d'esclaves mais surtout d'immigrés indiens non musulmans. Ce terme ne fait pas la distinction entre ceux venus de la côte Malabar en 1678 (côte ouest de l'Inde) et les Tamouls, majoritaires, venus des comptoirs français du sud de l'Inde, différents des autres Indiens par leur physique, leur langue et leur organisation sociale. À l'origine, les 1ers Malabars apparus sur l'île Bourbon furent quelques femmes (métisses indo-portugaises) de Goa (comptoir portugais du sud de l'Inde) destinées à devenir les compagnes des 1ers colons. Avec la culture du café puis de la canne à sucre, au tournant du XIXe s, l'immigration se développa. Ils furent ainsi environ 115 000 à émigrer d'Inde vers La Réunion entre 1848 (date de l'abolition de l'esclavage) et 1882 (date à laquelle le recrutement fut officiellement interdit, même s'il continua jusqu'au début du XXe s). L'intégration de cette communauté est marquée par de nombreuses souffrances, des épreuves, des révoltes et de fortes tentatives de christianisation, générant

L'HUMILIATION DU NOM

En 1848, les esclaves découvrent enfin la liberté. La loi les oblige à s'inscrire dans les mairies. La plupart n'ont jamais eu de nom de famille. Juste un prénom ou un surnom. Cette formalité sera souvent accomplie par leur ancien maître qui, par vengeance, les affublera d'un nom insultant ou grotesque : Macabre, Crétinoir, Bonarien, Trouabal, Vulgaire...

une double pratique, à la fois chrétienne et hindoue. En fait, leurs conditions de travail à l'époque ne différaient guère de celles des esclaves. Le culte hindouiste était honni par l'Église catholique car concurrentiel et dès lors assimilé au culte du diable. Dès que les Malabars pouvaient échapper à la plantation, ils ouvraient des commerces illicites, légalisés avec le temps. Ils représentent aujourd'hui environ 25 % de la population.

– ***Les « z'arabes »*** ne sont pas des Arabes, mais des Indiens de confession musulmane, originaires du Gujarat, une région côtière au nord-ouest de l'Inde, située à la frontière du Pakistan. Ils représentent environ 5 % de la population totale. Ils ont immigré à La Réunion à partir du milieu du XIXe s, pour des raisons économiques et de conflits religieux. Voyant des musulmans débarquer sur l'île, les créoles les ont confondus avec des Arabes, une grossière erreur historique qui consiste à croire que tous les musulmans sont des Arabes, alors que ceux-ci sont aujourd'hui minoritaires dans l'islam. L'Inde compte actuellement près de 170 millions de musulmans et l'Indonésie constitue la 1re nation musulmane du monde. Agriculteurs à l'origine, ils se sont lancés très tôt dans le commerce, domaine dans lequel ils excellent aujourd'hui. D'innombrables magasins de vêtements, de chaussures, de quincaillerie, de bimbeloterie et de bricolage leur appartiennent. Pugnaces, économes, très solidaires, ils ont à leur actif une réussite économique spectaculaire, et ils ont su rester discrets. Dans les années 1950, les Indo-musulmans ont notamment développé le « décrochez-moi ça », c'est-à-dire le prêt-à-porter. Ils pratiquent un islam sunnite. Certains ont atteint de hautes responsabilités dans la finance et la politique. La communauté indo-musulmane a un poids économique considérable dans l'île.

– ***Les Chinois :*** environ 50 000 Réunionnais sont d'origine chinoise. Ils sont arrivés sur l'île à partir de 1844 pour le travail du sucre, mais furent vite plus motivés par le commerce et la fameuse *boutik sinoi,* genre de bazar hétéroclite où l'on vend de tout. Les 1ers Chinois venaient de Malaisie, où leurs ancêtres étaient déjà installés depuis le XVIe s. Puis arrivèrent des familles hakkas, du Fujian et du Guangdong (région de Canton), dans le sud-est de la Chine, qui s'installèrent dans le sud de La Réunion. Agriculteurs devenus ouvriers dans les plantations, puis très rapidement commerçants en gros et en détail, ils tiennent une partie du petit commerce (restaurants, épiceries) et pratiquent toujours le culte des ancêtres, tradition essentielle qu'ils accommodent sans heurt avec les principes du christianisme. Beaucoup de Réunionnais d'origine chinoise ont des prénoms européens accolés à des noms chinois. Exemples : Josepha Chane Woon Ming ou Jules Lung Yut Fong. Une communauté intégrée depuis les origines où les membres sont très solidaires et où la famille reste la base de la société.

– ***Les Malgaches :*** les 1ers immigrés de Madagascar étaient des esclaves et se sont largement métissés avec les Européens puis les créoles. Mais vu la proximité de la grande île et les points communs culturels et historiques, pas mal de Malgaches viennent aujourd'hui vivre et travailler à La Réunion.

– ***Les Comoriens :*** le niveau de vie étant bas aux Comores voisines, ils viennent ici – via Mayotte tels des « *boat people* » – chercher du travail et sont souvent la cible des pauvres gens, qui leur reprochent de venir prendre leur emploi ou d'être prioritaires pour un logement social. Les femmes comoriennes se reconnaissent facilement à leur paréo en foulard et leur masque de santal sur le visage, masque de beauté, protecteur du soleil. Les Comoriens sont souvent confondus avec les Mahorais, ces derniers étant des citoyens français venus de Mayotte, une des 4 îles de l'archipel des Comores, de même culture (des estimations, difficilement vérifiables, font état de la présence de 30 000 à 45 000 Mahorais à La Réunion).

– ***Les « z'oreilles » :*** ce nom typiquement créole désigne les métropolitains. On vous donnera une explication de ce terme différente selon qu'on estimera que vous êtes à même ou non de comprendre l'histoire de l'île. On préfère parler du choc des Réunionnais découvrant, lors de la Première Guerre mondiale, que les soldats blancs envoyés à Madagascar avaient les oreilles rouges ou, plus historiquement, qu'on coupait les oreilles des esclaves en fuite depuis plus d'un mois, en guise de punition. Mais à cause de sa connotation un peu péjorative, il est rare d'entendre les Réunionnais utiliser le terme « z'oreilles » devant les interlocuteurs concernés. On emploie plus généralement l'expression « métro » (« cuisine métro » dans les menus des restaurants, par exemple). Les « métros » représentent aujourd'hui environ 10 % de la population, contre 1,7 % en 1967 ! Une partie d'entre eux est constituée de fonctionnaires et l'autre partie a été attirée par l'« effet cocotiers », espérant se construire une vie plus douce sous les tropiques. Un « z'oréole » est soit issu d'un couple mixte (métro-créole), soit un « z'oreille » ayant beaucoup apporté à La Réunion. Noter enfin qu'on utilise le terme « kréopolitain » pour un créole célèbre en métropole.

OUVREZ GRAND VOS OREILLES !

Fraîchement débarqués, les immigrés de métropole tendaient l'oreille pour comprendre le créole, d'où le mot « z'oreille ». L'appellation de « z'oreille marron » doit être considérée comme un compliment. Elle signifie qu'un métropolitain a eu suffisamment d'intelligence du cœur pour saisir l'âme créole. Elle est rarement attribuée.

RELIGIONS ET CROYANCES

Le christianisme

24 communes à La Réunion, dont plus de la moitié portent le nom d'un saint, et autant de pratiques cultuelles différentes sur ce petit caillou de 200 km de circonférence ! Ici, les commandements de la Bible se mêlent joyeusement aux traditions païennes, comme en Amérique centrale où la mémoire des anciennes pratiques reste très vive. C'est ce qui s'appelle le christianisme créole : un fond de pensée universelle, accommodé au mode de vie tropical. Ajoutez à cette ferveur une bonne dose de superstition, de magie, de sorcellerie et d'épices variées. Et voilà un drôle et puissant cocktail religieux !
Tout commence par l'arrivée, vers 1665, de prêtres lazaristes français venus de Madagascar. 3 premières paroisses sont fondées à Saint-Paul, Saint-Denis et Sainte-Suzanne. « Les habitants de Bourbon ne sont pas très vertueux », disaient ces pionniers de Dieu envoyés par le roi Louis XIV. Réputés râleurs et buveurs, les prêtres n'ont aucun scrupule à posséder des esclaves. Après l'abolition de l'esclavage (en 1848), une bonne partie des « engagés » indiens embrassent le catholicisme, alors que les Noirs affranchis, animistes, sont convertis de force. Bien que les catholiques soient majoritaires aujourd'hui (95 %), les Églises protestantes progressent en nombre : pentecôtistes, adventistes, Église évangélique et Église réformée officielle comptent 20 000 croyants environ et sont très présents sur le terrain.

L'hindouisme

La 2e religion de l'île est arrivée avec les nombreux immigrants indiens (Malabars et Tamouls) venus ici pour échapper à une vie misérable et travailler. Traités en esclaves puis « engagés », après l'abolition de l'esclavage dans les plantations de canne à sucre, à partir du milieu du XIXe s. Il existe une vingtaine de grands temples sur l'île, consacrés au dieu Mourouga, et une multitude de plus petits consacrés à Mariamen ou Karli. Les temples hindouistes les plus anciens se trouvent d'ailleurs dans les prospères zones sucrières comme Le Colosse à Saint-André, sur la côte est. Les fêtes religieuses tamoules sont parmi les plus spectaculaires, comme celle de *Pandialé,* aussi appelée « marche sur le feu » (voir la rubrique « Fêtes et manifestations »). Les Tamouls de La Réunion vénèrent Mourouga (ou Çiva Soupramanien), fils cadet de Çiva, et célèbrent sa fête, le *Cavadee* (en février, avril et mai). Dans certains temples, on pratique encore des sacrifices de coqs et de cabris en l'honneur de Kali à la fin des marches sur le feu et le 2 janvier au temple de Ravine-Creuse. Mais les prêtres hindous orthodoxes, végétariens, ceux qui officient dans les grands temples des villes, ne suivent pas ces coutumes traditionnelles, estimant qu'elles ne sont pas essentielles à la foi et peuvent être remplacées par des offrandes végétariennes.

– ***Vishnu :*** dieu solaire, surnommé L'Agissant dans le *Rigveda* (un des 4 livres sacrés en Inde), il fait partie de la Trinité de l'hindouisme et incarne le Protecteur aux côtés de Brahma, le Créateur, et de Çiva, le Destructeur.

– ***Çiva :*** le 3e dieu de la Trinité hindoue. Il est le dieu de la Destruction du Mal, ayant comme mission d'anéantir Avidya, l'Ignorance.

– ***Ganesh :*** une tête d'éléphant et 4 mains sur un petit corps dodu, au ventre rebondi, c'est ainsi que Ganesh, fils de Çiva et de Parvati, est souvent représenté. Il est la divinité qui enlève les obstacles et garantit le succès dans l'existence terrestre comme dans la vie spirituelle. Bref, un dieu sage et bienveillant (et sûrement gourmand !).

Les Tamouls fêtent leur Jour de l'an, le *tamil varoucha pirappou,* le 14 avril. Chaque année tamoule porte un nom ; nous sommes dans la 10e année du cycle *kaliyugam,* commencée en 1987 et qui durera jusqu'en 2047.

Certains temples hindous peuvent être approchés extérieurement à condition de se déchausser à l'entrée et d'être en tenue de ville (pas de short). Éviter les jours de cérémonies. Parfois, les photos seront mal accueillies.

L'islam

L'islam a été introduit à partir du milieu du XIXe s, par les immigrés indiens originaires du Gujarat, un État situé au nord-ouest de l'Inde, à la frontière du Pakistan. Ces nouveaux venus furent nommés *z'arabes,* parce que les créoles pensaient que les seuls musulmans du monde étaient les Arabes du Moyen-Orient et d'Afrique du Nord.

– ***L'islam sunnite :*** majoritaire sur l'île (environ 30 000 à 35 000 croyants). Une douzaine de communes possèdent une mosquée. La 1re mosquée française et donc réunionnaise, celle de la rue du Maréchal-Leclerc à Saint-Denis, fut terminée en 1905. Puis l'islam prit son expansion. Et la communauté indo-musulmane prospéra, au point qu'aujourd'hui elle représente 5 % de la population totale, contrôlant entre 35 et 40 % de l'économie réunionnaise. Ces Indo-musulmans forment une communauté active, solidaire, très fervente.

Les mosquées peuvent se visiter à condition de porter une tenue correcte et décente et d'éviter les heures de prières et le vendredi, jour de la « grande prière ». Dans chaque mosquée, on peut croiser ou rencontrer les membres du mouvement Tablighi-Jamaat, fondé en Inde par Maulana Mohammed Ilyas (1885-1944). Musulmans sunnites, orthodoxes, proches des fondamentalistes, ils sont chargés de propager l'islam dans l'île et dans le reste du monde, à raison de 3 jours par mois pris sur leur temps personnel (soit 10 % de leur temps).

– ***Le cercle des Mourides de l'océan Indien :*** c'est une toute petite confrérie adepte du soufisme, la partie la plus mystique de l'islam. Créée au Sénégal au XIXe s par le cheikh Ahmadou Bamba, elle se fonde sur la tradition islamique, mais accorde plus d'importance à l'esprit qu'à la lettre de l'islam. La vie spirituelle (la face cachée du Coran) prévaut sur la prédication et les démonstrations extérieures de la foi. Cette communauté est basée à Saint-Louis.

– ***L'islam chiite :*** il ne concerne qu'une minorité de musulmans de La Réunion, pour la plupart des Karanes venus d'Inde via Madagascar, mais aussi des

Comoriens et des Mahorais. Cette communauté chiite compte en son sein les 3 plus petites minorités religieuses de l'île : les ismaéliens, les duodécimains et les dawoodi bohras.

Le bouddhisme

L'erreur consiste à croire que les Réunionnais d'origine chinoise sont bouddhistes, alors qu'une large majorité d'entre eux se sont convertis au christianisme au XIXe s ou pratiquent le confucianisme. Une très petite minorité de Réunionnais pratiquent le bouddhisme et ils sont le plus souvent « métros ». À La Réunion, comme ailleurs, cette philosophie orientale (née en Inde) se fonde essentiellement sur les enseignements délivrés par le Bouddha : le détachement des illusions terrestres, le rejet des désirs, causes de la souffrance, et l'obligation pour chaque croyant de prononcer des paroles justes et de réaliser des actes justes. Pourtant, le bouddhisme réunionnais a sa propre originalité, car il ne rejette pas mais au contraire intègre les grandes vertus morales et certains rites hérités du confucianisme et du taoïsme.

Les confucianistes de l'île perpétuent, quant à eux, le culte des ancêtres et rendent hommage à une divinité particulière, un général déifié nommé *Guan Di* (ou *Kuan Ti*).

La pratique du confucianisme ne signifie pas que les pagodes soient pleines de fidèles, car les Chinois prient généralement chez eux. La communauté s'y retrouve à certaines dates précises de l'année comme le Nouvel An chinois (fin janvier-début février), ainsi que pour la fête de Guan Di justement, la fête des Morts (printemps et automne) et la fête du Double Dix.

Un petit monastère bouddhique, non ouvert au public et situé à Saint-Pierre, abrite une ancienne communauté de religieuses vouées au culte des saints du Ciel et du Tao.

Les croyances

Les vieux Réunionnais croient parfois aux âmes errantes *(zom lé pa ramassé)*, celles qui ne sont pas montées au paradis. Dans l'île, les croyances existent sous différentes formes. Ce sont les coqs rouges ou noirs, la plupart du temps, qui en font les frais ! Par exemple, les restes de rites de désenvoûtement déposés à la croisée des chemins, sur un *van* en vacoa, plateau circulaire tressé : fruits, fleurs et un coq sacrifié.

Côté religieux, n'oublions pas les *ti bon dié* (petit bon Dieu). De tous les saints, *Expedit* est incontestablement le plus réputé de l'île. On lui consacre toutes sortes de petites niches rouges, aménagées au bord des routes, des sentiers et même dans les cours des habitations (en 2001, on a dénombré sur l'île 334 statues et oratoires). À la tombée de la nuit, ces autels s'illuminent de cierges allumés par des mains anonymes : le saint protège ainsi des voleurs. Sa devise a convaincu plus d'un catholique : « Il ne faut pas attendre demain pour s'adresser à moi, car tout m'est possible. » C'est donc le spécialiste des causes urgentes !

Si l'origine de ce culte reste énigmatique à La Réunion, il

LE CACHET FAISANT FOI

Honoré sur l'île dans des autels à dominante rouge, saint Expedit, ce saint patron des écoliers et des candidats au permis de conduire, n'est pas vraiment reconnu par les autorités religieuses. Au début du XXe s, des religieuses de l'île reçurent les reliques d'un saint pour une nouvelle chapelle mais ne trouvèrent comme indications que celles inscrites sur l'emballage : « Spedito » (= envoyé). Ignorant l'italien, elles en conclurent qu'il s'agissait de leur saint et baptisèrent leur chapelle... Saint-Expedit.

existe bel et bien un Expedit, qui fut martyr au IVe s, en Arménie, puis sanctifié, mais il a été retiré du calendrier liturgique officiel car des Réunionnais le priaient en espérant nuire à leurs ennemis... Il a été décapité pour sa foi, et on retrouve encore aujourd'hui sur les bords des routes des petites statuettes dégarnies de leur tête. 2 explications possibles à cela : soit c'est la réponse apportée aux dévots catholiques que l'on peut quand même venir prier Expedit pour faire le mal (alors que c'est un saint) ; soit, symboliquement, couper la tête, c'est ôter le pouvoir d'action du personnage. Bref, il y a surtout beaucoup de malice dans ces pratiques.

La sorcellerie

Pour beaucoup d'anciens Réunionnais, la maladie n'est pas perçue comme un processus purement biologique. Elle est plutôt le fait d'un mauvais sort : d'où son nom de maladie *prêtée* (provoquée). Lorsque la médecine moderne se révèle impuissante et que la famille croit au « mauvais œil », on préfère s'en remettre aux religions ou aux superstitions, voire au mélange de plusieurs religions. Le malade se tourne alors vers un sorcier *(l'oreille du pays)*, à qui, mieux que quiconque, il peut se confier.

Grateurs ti'bois, tizaneurs et autres guérisseurs ont chacun une pratique particulière, inhérente le plus souvent à leur origine ethnique et à celle de leur clientèle. Les sorciers comoriens et malgaches manipulent les *ti'bois* et possèdent un pouvoir magique prétendu supérieur, car les esprits qu'ils invoquent sont inconnus des Réunionnais. Le sorcier malabar, lui, chasse le mauvais esprit grâce à ses incantations et à ses sacrifices de poules noires et de cabris. Il y a aussi le spécialiste *blanc* aux potions bienfaisantes : tisanes et onguents miraculeux. D'autres vouent un culte particulier au fameux criminel-magicien Sitarane, un assassin de légende dont le procès en 1910 fit grand bruit. Sa tombe, au cimetière de Saint-Pierre, sert régulièrement de lieu de cérémonies secrètes : on y retrouve, à l'aube, cierges brûlés, fruits offerts, cigarettes à moitié consumées, verres de rhum et lambeaux de tissus rouges... voire des coqs sacrifiés.

SITES INSCRITS AU PATRIMOINE MONDIAL DE L'UNESCO

Pour figurer sur la liste du Patrimoine mondial, les sites doivent avoir une valeur universelle exceptionnelle et satisfaire à au moins un des 10 critères de sélection. La protection, la gestion, l'authenticité et l'intégrité des biens sont également des considérations importantes.

Le patrimoine est l'héritage du passé dont nous profitons aujourd'hui et que nous transmettons aux générations à venir. Nos patrimoines culturel et naturel sont 2 sources irremplaçables de vie et d'inspiration. Ces sites appartiennent à tous les peuples du monde, sans tenir compte du territoire sur lequel ils sont situés. Pour plus d'informations : • *whc.unesco.org* •

Notez que le ***maloya,*** un art traditionnel réunionnais mêlant chant, musique et danse, a été classé au Patrimoine mondial immatériel par l'Unesco en 2009. Dans la foulée, la partie centrale de l'île a été classée, en 2010, au Patrimoine mondial de l'Humanité pour ses « ***pitons, cirques et remparts*** ».

Enfin, à quelques milliers de kilomètres de là, les **terres Australes et Antarctiques françaises** (TAAF), englobant l'archipel Crozet, les îles Kerguelen, Saint-Paul et Amsterdam ainsi que 60 petits îlots situés dans la zone subantarctique, ont rejoint en 2019 la liste des biens inscrits.

TRADITIONS

La Réunion est indéniablement une île métissée. Voici quelques exemples de traditions spécifiques, toujours vivaces aujourd'hui.

– ***La pêche aux bichiques*** *(d'octobre à mars)* **:** les bichiques sont de petits alevins de la forme d'une anguille. Ils naissent en mer et pondent leurs œufs en remontant les rivières. C'est là que les pêcheurs les capturent avant qu'ils n'aient eu le temps de pondre... Pêchés à l'aide de *vouves,* des nasses coniques, transportés à tête d'homme dans des paniers de bambous tressés, ils sont ensuite vendus en bordure des routes ou sur les marchés. À table, on peut les déguster préparés en cari ; la saveur de ce mets ne fait pas l'unanimité.

– ***La « batay-kok » :*** comme aux Antilles, les combats de coqs constituent une tradition ancestrale de l'île particulièrement cruelle. Les coqs, qui ont entre 12 et 18 mois, combattent dans une arène de 8 m de côté. Gagne celui qui parviendra à mettre la crête de son adversaire à terre. Seuls 5 gallodromes officiels (les « ronds ») existent sur l'île. Les spectateurs font d'importants paris, en principe interdits par la loi, tolérés dans la pratique, un peu comme une exception culturelle. Un détail insolite et cruel : pour que les coqs blessés souffrent moins lors de ces combats, les propriétaires leur font ingurgiter, à l'aide d'une petite éponge, une mixture à base de *zamal* (le cannabis local). Des coqs dopés en somme, comme des athlètes.

– ***Le Jacquot malabar :*** danseur grimé, de religion hindoue, qui se produit au début de l'année en l'honneur du dieu Hanuman. Son corps est recouvert de peinture à l'huile de toutes les couleurs. Il fait peur en parcourant les rues de son quartier. Si un badaud lui lance une pièce de monnaie, il doit la saisir avec sa bouche pour la déposer dans sa cagnotte. La tradition revit à Piton-Saint-Leu et à Saint-Benoît.

– ***La « batay kréol » ou moringue :*** d'origine afro-malgache, cet art guerrier, pratiqué au son des percussions et des tambours, met en scène des combattants dont les gestes et les mouvements ancestraux évoquent à la fois la danse et les arts martiaux. Déjà connu au XVIIIe s dans les grandes plantations de café et de canne, remis à la mode il y a quelques années, il a marqué des générations d'esclaves africains à travers le monde entier. La *batay kréol* (ou *moringue*) a été influencée par la lutte bretonne et par l'art malgache du combat à mains nues. On peut assister à des démonstrations lors des grandes fêtes réunionnaises (*kabar* Sida, *kabar* Réunion, 20 décembre).

VANILLE

> **BIZARRE MAIS VRAI**
>
> *La vanille est une orchidée qui a la même étymologie que « vagin ». Ces 2 mots viennent du latin* vagina, *qui signifie « étui, fourreau ».*

La vanille appartient à la ***famille des orchidées.*** Comme les lianes (et non comme un parasite), elle a besoin d'un support pour se nourrir directement dans la terre et s'enroule donc autour de ses arbres préférés (bois de chandelle, filaos, vacoas), qui lui servent de tuteurs. Et comme toutes les orchidées, elle est extrêmement fragile. Elle se développe essentiellement sous les tropiques, dans des forêts de basse altitude, et a besoin d'un juste taux d'humidité et d'une température minimale de 12 °C.

Il n'existe pas moins de ***110 espèces de vanille*** dans le monde. Mais sur les 15 espèces qui possèdent un parfum, seules 3 en ont un suffisamment développé pour être utilisé : celle de Tahiti, celle de Guyane et des Antilles, et enfin celle du Mexique et du Costa Rica. La ***vanille Bourbon*** est originaire de Guyane, où elle est développée à la demande de Louis XIV, désireux de casser le monopole mexicain. Il faut attendre 1819 pour que la vanille débarque à La Réunion. Cependant, à cette époque, les fleurs donnent bien peu de gousses. Car, du fait de la séparation par une membrane de ses organes mâles et femelles, la fécondation réussit rarement, même avec le concours des abeilles.

L'histoire de la vanille et de l'île bascule quelques années plus tard grâce à ***Edmond Albius,*** un jeune esclave réunionnais de 12 ans, originaire de Sainte-Suzanne. En 1841, il pollinise pour la 1re fois artificiellement la vanille.

Aujourd'hui encore, en serre ou en plein champ, chaque fleur (floraison entre septembre et décembre du côté de Saint-Philippe, par exemple) est ***fécondée à la main.*** La fleur sèche et permet au fruit – un par fleur – de se développer. Il ne reste alors plus qu'à attendre... 9 mois, le temps de la maturation de la gousse, qui est récoltée verte (elle n'a alors aucune odeur). Les gousses sont ensuite échaudées (plongées dans une eau à 65 °C pendant 3 mn) pour éviter qu'elles ne s'ouvrent, séchées 1 semaine au soleil puis 1 mois à l'abri de la lumière, et enfin placées pendant 9 mois dans une caisse, le temps de la maturation aromatique. L'art réside dans le fait de parvenir à faire sécher (la sève se transforme en huile) les gousses sans qu'elles ne se dessèchent ni moisissent.

Contrairement à ce que l'on peut croire, l'***arôme*** n'est pas dans les graines mais dans la gousse elle-même. En ce qui concerne la technique dite « de précipitation » (qui fait gagner 50 % de rendement), il faut compter 2 ans entre la récolte et la commercialisation, et 4 à 5 kg de vanille verte pour 1 kg de vanille sèche. Pour une méthode naturelle, il faut compter 7 à 8 kg de vanille verte (soit le double). Ce qui explique, avec la manipulation exclusivement manuelle, le prix du kilo de vanille réunionnaise (1 % de la production mondiale contre 80 % à Madagascar). Le meilleur moyen de conserver une gousse de vanille est de la mettre dans un bocal en verre.

PETITS TRUCS ET ASTUCES POUR ÉVITER LES ABUS ET MAUVAISES SURPRISES

Un routard informé en vaut 2 ! Pour éviter les désagréments en tous genres, il est bon de les connaître. Voici un petit vade-mecum destiné à parer aux coûts et aux coups de bambous.

Bien sûr, nos enquêteurs veillent au grain, et les établissements qui ne répondent plus à nos critères ou abusent sont vite supprimés de nos guides. La réciproque est aussi valable. N'oublions pas que les hôteliers et restaurateurs font un métier difficile. S'ils se doivent de toujours garder le sourire, nous nous devons de les respecter en n'arrivant pas chez eux en terrain conquis.

À L'HÔTEL

1 – Arrhes ou acompte ? : au moment de réserver votre chambre par téléphone – par précaution, toujours confirmer par écrit (ou mail) –, il n'est pas rare que l'hôtelier vous demande de verser à l'avance une certaine somme, celle-ci faisant office de garantie. Il est d'usage de parler d'arrhes (et non d'acompte). Légalement, aucune règle n'en précise le montant. Toutefois, ne versez que des arrhes raisonnables : 25 à 30 % du prix total, sachant qu'***il s'agit d'un engagement définitif sur la réservation*** de la chambre. Cette somme ne pourra donc pas être remboursée en cas d'annulation de la réservation, sauf cas de force majeure qu'il vous faudra justifier (maladie ou accident) ou en accord avec l'hôtelier si l'annulation est faite dans des délais jugés raisonnables. Si, au contraire, l'annulation est le fait de l'hôtelier, il doit vous rembourser le double des arrhes versées. Si vous avez réservé une chambre (sans avoir rien versé) et que vous avez un empêchement, ***passez un coup de téléphone pour annuler,*** c'est la moindre des politesses.

2 – Subordination de vente : les hôteliers ont interdiction de pratiquer la subordination de vente. C'est-à-dire qu'***ils ne peuvent pas vous obliger à réserver plusieurs nuits d'hôtel si vous n'en souhaitez qu'une.*** Dans le même ordre d'idées, on ne peut vous obliger à prendre votre petit déjeuner ou vos repas dans l'hôtel ; ce principe, illégal, est cependant toléré en pratique, surtout en haute saison, dans les zones touristiques, où la demande est bien plus importante que l'offre !

3 – Les réservations en ligne : elles se sont généralisées. Mais voilà, si les centrales de réservation en ligne sont devenues incontournables, elles ne garantissent pas systématiquement de meilleurs prix qu'en direct. En outre, les promesses ne sont pas toujours tenues et l'on constate parfois des dérives, telles que promos bidons, descriptifs exagérés, avis d'internautes truqués... Les hôteliers s'estiment souvent étranglés par les commissions abusives prélevées au passage. ***N'hésitez pas à réserver directement auprès de l'hôtel.*** Aujourd'hui, la plupart alignent leurs prix sur ceux des sites commerciaux. Autre avantage, vous pouvez préciser le type de chambre souhaité (sur rue, sur jardin) et obtenir des renseignements fiables sur l'établissement.

4 – Responsabilité en cas de vol : un hôtelier ne peut en aucun cas dégager sa responsabilité pour des objets volés dans la chambre d'un de ses clients, même si ces objets n'ont pas été mis au coffre. En d'autres termes, les éventuels panonceaux dégageant la responsabilité de l'hôtelier n'ont aucun fondement juridique.

AU RESTO

1 – Les prix : ils sont libres, mais ***l'affichage est obligatoire*** à l'extérieur de l'établissement, de manière visible. Tous les menus doivent être affichés, même le moins cher. Ils doivent être identiques à ceux que l'on vous présente à l'intérieur.

2 – Formule ou menu ? Généralement, la formule est une proposition écourtée comprenant entrée + plat ou plat + dessert. Avec parfois un verre de vin et/ou le café. De fait, elle est moins chère que le menu, en principe complet (entrée + plat + dessert). Très souvent, les formules et les 1ers menus (les moins chers) ne sont ***servis qu'en semaine et/ou seulement au déjeuner,*** et plus rarement avant certaines heures (12h30 et 20h environ). C'est parfaitement légal, à condition toujours que ce soit clairement indiqué sur le panneau extérieur et sur le menu que l'on vous présente une fois installé. Il arrive qu'il disparaisse comme par enchantement (humm, mauvais signe…). Demandez-les, ça ne mange pas de pain.

3 – Attention aux suppléments. Certains menus imposent 3 suppléments pour 5 plats proposés. Cherchez l'erreur !

4 – Le « fait maison » : depuis que la législation existe, pour parer au sous-vide et tout congelé, et parallèlement valoriser le travail de restaurateurs scrupuleux, le « fait maison » (logo d'une casserole surmontée d'un toit de maison avec cheminée) apparaît comme un faire-valoir évident et rassurant. Même s'il ne garantit pas le 100 % maison (la loi est un peu tordue, et il n'y a pas de contrôle), ni la qualité du chef ! Cela dit, ***c'est un bon début.***

5 – La carte en dit long ! Voici, foi d'enquêteur, quelques trucs très simples pour analyser un menu : tout d'abord la ***brièveté de la carte*** est un bon gage de fraîcheur ; quand les produits sont locaux et de saison, c'est encore mieux ! On peut aussi questionner le serveur. Sa franchise (ou son embarras) vous en dira long. Autre indice : si la carte n'est composée que de plats passe-partout dont certains peuvent nécessiter des cuissons très longues (parmentier de canard, suprêmes de volaille en sauce, souris d'agneau, bourguignon...), ce n'est pas forcément bon signe, surtout s'ils sont servis trop rapidement. Même topo avec les desserts bistrotiers type tarte Tatin, mi-cuit ou mousse au chocolat, crème brûlée, panna cotta, tiramisù qui sortent soit du congélateur, soit d'une brique ! Tout comme les mignardises qui accompagnent le café gourmand souvent surfacturé, insipide… et certainement pas « maison ». Un bon chef n'est pas forcément un bon pâtissier. Et il a rarement le temps de préparer 36 desserts ! Enfin, en dehors des zones côtières, on évite les poissons et fruits de mer le lundi… les livraisons ayant rarement lieu le week-end !

6 – Commande jugée insuffisante : sachez qu'il est illégal de pousser le client à la consommation.

7 – *Doggy bag :* la lutte anti-gaspi a du bon ! Si la pratique du *doggy bag* est déjà bien répandue dans certains pays, en France on a longtemps traîné la patte. À partir de juillet 2021, les restaurateurs seront dans l'obligation de proposer à leurs clients ce qu'ils auront laissé dans leur assiette. Dans les faits, certains le pratiquent déjà. Alors, n'hésitez pas à le demander, même si cela n'est pas (encore) dans nos habitudes culturelles.

8 – Eau : une carafe d'***eau du robinet*** est ***gratuite*** à condition qu'elle accompagne un repas. On ne peut pas vous la refuser, sauf si elle est jugée impropre à la consommation par décret. Dans certains restos, on vous l'apporte d'office en guise de bienvenue. Un vrai bon point ! La bouteille d'***eau minérale*** doit, quant à elle, comme le vin, être ouverte devant vous. L'arnaque consiste parfois à proposer d'emblée une eau minérale, facturée au prix fort. À la question du serveur : « … et pour l'eau, plate ou gazeuse ? », vous pouvez répondre : « une carafe, s'il vous plaît ».

9 – Vins (et autres alcools) : la marge la plus importante des restaurateurs ! Et certains en abusent… Au-delà de 2 verres (gare aux prix exorbitants), il peut être plus intéressant de commander une bouteille, quitte à l'emporter en fin de repas si elle n'est pas terminée. Sinon, ne pas hésiter à demander un ***petit vin de pays en pichet,*** l'occasion de découvrir ainsi des petites cuvées locales et bon marché.

les ROUTARDS sur la FRANCE 2021-2022

(dates de parution sur • *routard.com* •)

Découpage de la FRANCE par le ROUTARD

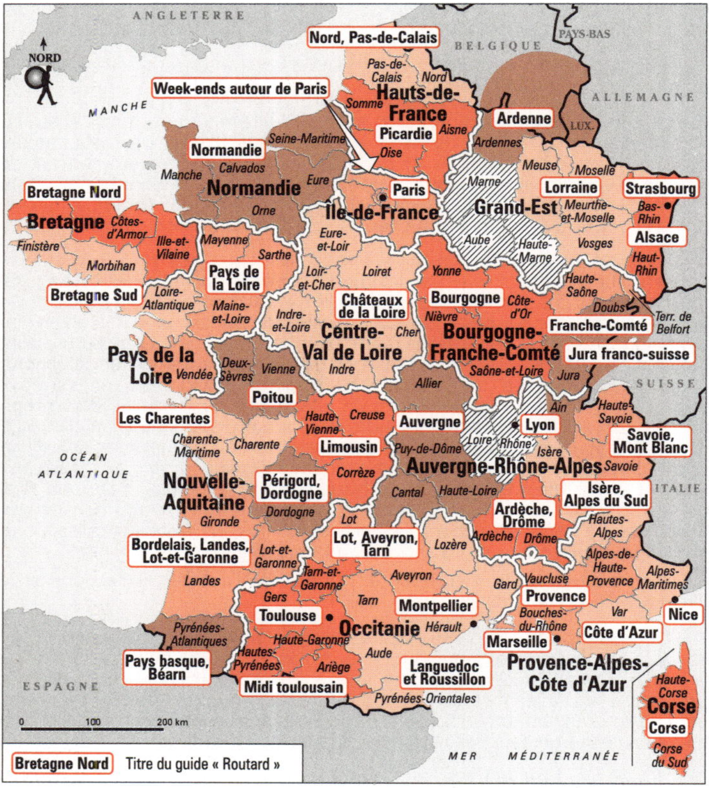

Autres guides sur la France

- Nos meilleurs campings en France
- Nos meilleures chambres d'hôtes en France

Autres guides sur Paris

- Paris
- Paris balades
- Restos et bistrots de Paris
- Le Routard des amoureux à Paris
- Week-ends autour de Paris

Le Routard à vélo

- EuroVelo6
- La Bourgogne du Sud à vélo
- La Flow Vélo
- La Loire à Vélo
- La Vélodyssée (Roscoff-Hendaye)
- Le Canal des 2 mers à vélo
- Paris Île-de-France à vélo
- ViaRhôna
- Les plus belles escapades à Vélo en France

les ROUTARDS sur l'ÉTRANGER 2021-2022

(dates de parution sur • **routard.com** •)

Découpage de l'ESPAGNE par le ROUTARD

Découpage de l'ITALIE par le ROUTARD

Autres pays européens

- Allemagne
- Angleterre, Pays de Galles
- Autriche
- Belgique
- Bulgarie
- Crète
- Croatie
- Danemark, Suède
- Écosse
- Finlande
- Grèce continentale
- Hongrie
- Îles grecques et Athènes
- Irlande
- Islande
- Madère
- Malte
- Norvège
- Pays baltes : Tallinn, Riga, Vilnius
- Pologne
- Portugal
- République tchèque, Slovaquie
- Roumanie
- Suisse

Villes européennes

- Amsterdam
- Berlin
- Bruxelles
- Budapest
- Copenhague
- Dublin
- Lisbonne
- Londres
- Moscou
- Naples
- Porto
- Prague
- Saint-Pétersbourg
- Stockholm
- Vienne

les ROUTARDS sur l'ÉTRANGER 2021-2022

(dates de parution sur • **routard.com** •)

Découpage des ÉTATS-UNIS par le ROUTARD

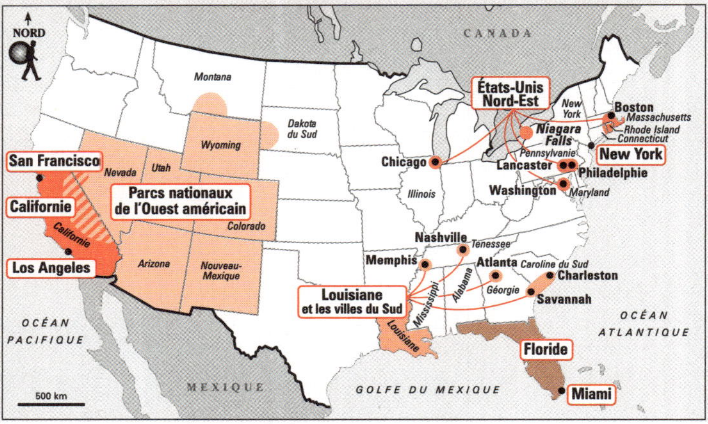

Autres pays d'Amérique

- Argentine
- Brésil
- Canada Ouest
- Chili et île de Pâques
- Colombie
- Costa Rica
- Équateur et les îles Galápagos
- Guatemala, Belize
- Mexique
- Montréal
- Pérou, Bolivie
- Québec et Ontario

Asie et Océanie

- Australie côtes est et nord + Red Centre
- Bali, Lombok
- Bangkok
- Birmanie (Myanmar)
- Cambodge, Laos
- Chine
- Hong Kong, Macao, Canton
- Inde du Nord
- Inde du Sud
- Israël et Palestine
- Istanbul
- Jordanie
- Malaisie, Singapour
- Népal
- Shanghai
- Sri Lanka (Ceylan)
- Thaïlande
- Tokyo, Kyoto et environs
- Turquie
- Vietnam

Afrique

- Afrique du Sud
- Égypte
- Kenya, Tanzanie et Zanzibar
- Maroc
- Marrakech
- Sénégal
- Tunisie

Îles Caraïbes et océan Indien

- Cuba
- Guadeloupe, Saint-Martin, Saint-Barth
- Île Maurice, Rodrigues
- Madagascar
- Martinique
- République dominicaine (Saint-Domingue)
- Réunion

Guides de conversation

- Allemand
- Anglais
- Arabe du Maghreb
- Arabe du Proche-Orient
- Chinois
- Croate
- Espagnol
- Grec
- Italien
- Japonais
- Portugais
- Russe
- G'palémo (conversation par l'image)

Livres-photos/Livres-cadeaux

- La France de Stéphane Bern (**nouveauté**)
- Voyages
- Voyages : États-Unis
- Voyages : France
- Voyages : Italie
- Road Trips Monde
- Road Trips en France (**nouveauté**)
- 120 coins secrets en Europe
- 50 voyages à faire dans sa vie
- 1 200 coups de cœur dans le monde
- 1 200 coups de cœur en France
- 52 week-ends dans les plus belles villes d'Europe
- 52 week-ends coups de cœur en France
- 52 week-ends Nature en France (**nouveauté**)
- Cahier de vacances du Routard

Visa
Guide
Médocs
Passeport
Assurance
AVI

Nous tenons à remercier tout particulièrement Loup-Maëlle Besançon, Thierry Bessou, Gérard Bouchu, François Chauvin, Grégory Dalex, Fabrice Doumergue, Cédric Fischer, Carole Fouque, Nicolas George, Michelle Georget, David Giason, Claude Hervé-Bazin, Emmanuel Juste, Dimitri Lefèvre, Fabrice de Lestang, Romain Meynier, Éric Milet, Pierre Mitrano, Jean-Sébastien Petitdemange, Thomas Rivallain et Jean Tiffon pour leur collaboration régulière.

Brice Andlauer
Jean-Jacques Bordier-Chêne
Agnès Debiage
Coralie Delvigne
Jérôme Denoix
Tovi et Ahmet Diler
Clélie Dudon
Sophie Duval
Alain Fisch
Bérénice Granger
Adrien et Clément Gloaguen
Sébastien Jauffret
Alexia Kaffès
Augustin Langlade
Jacques Lemoine
Aline Morand
Louis Nagot
Caroline Ollion
Martine Partrat
Odile Paugam et Didier Jehanno
Céline Ruaux
Prakit Saiporn
Nejma Tahri Hassani
Alice Tonasso
Caroline Vallano

Direction : Sidonie Chollet
Direction éditoriale : Élise Ernest
Édition : Matthieu Devaux, Olga Krokhina, Gia-Quy Tran, Julie Dupré, Emmanuelle Michon, Pauline Janssens, Amélie Ramond, Margaux Lefebvre, Julie Wood, Ionah Vasseur
Cartographie : Frédéric Clémençon et Aurélie Huot
Contrôle de gestion : Jérôme Boulingre et Yannis Villeneuve
Secrétariat : Catherine Maîtrepierre
Fabrication : Nathalie Lautout, Liza Sacco et Audrey Detournay
Relations presse : COM'PROD, Fred Papet. ☎ 01-70-69-04-69.
● *info@comprod.fr* ●, Martine Levens (Belgique) et Maureen Browne (Suisse)
Direction marketing : Stéphanie Parisot, Élodie Darty et Charlotte Brou
Couverture : le-bureau-des-affaires-graphiques.com
Silhouette du Routard : Clément Gloaguen (d'après Solé)
Maquette intérieure : le-bureau-des-affaires-graphiques.com, Thibault Reumaux et npeg.fr
Direction partenariats : Jérôme Denoix ● *jeromedenoix@gmail.com* ●
Contact Partenariats et régie publicitaire : Florence Brunel-Jars
● *fbrunel@hachette-livre.fr* ●

INDEX GÉNÉRAL

LISTE DES CARTES ET PLANS

UNE PANDÉMIE INOUÏE !

Depuis toujours, le ***Routard*** **apporte son soutien aux hôteliers et restaurateurs** qui accueillent nos lecteurs avec sourire et professionnalisme. Inlassablement, nos enquêteurs sont à l'affût de ces établissements, pour le plus grand bonheur de nos lecteurs. Des adresses familiales et accueillantes que nous continuerons à soutenir et mettre en valeur. Malgré toute notre vigilance, certains d'entre eux auront fermé quand ce livre sortira. Cette terrible **pandémie de Coronavirus** a, on le sait, des conséquences importantes pour tous les professionnels du tourisme. **Nous sommes de tout cœur avec eux !**

Remarque importante aux hôteliers et restaurateurs

Les enquêteurs du *Routard* travaillent dans le plus strict anonymat. Aucune réduction, aucun avantage quelconque, aucune rétribution n'est jamais demandé en contre-partie. Face aux aigrefins, la loi autorise les hôteliers et restaurateurs à porter plainte.

Avis aux lecteurs

Le Routard, ce n'est pas comme le bon vin, il vieillit mal. On ne veut pas pousser à la consommation, mais évitez de partir avec une édition ancienne. Les modifications sont souvent importantes.
Les réductions accordées à nos lecteurs ne sont jamais demandées par nos rédacteurs afin de préserver leur indépendance. Les hôteliers et restaurateurs sont sollicités par une société de mailing, totalement indépendante de la rédaction, qui reste donc libre de ses choix. De même pour les autocollants et plaques émaillées.

Avec routard.com, choisissez, organisez, réservez et partagez vos voyages !

✓ Rejoignez la plus grande communauté francophone de voyageurs : **plusieurs millions d'internautes.**

✓ Échangez avec les routarnautes : forums, photos, avis d'hôtels.

✓ Retrouvez aussi toutes les informations actualisées pour choisir et préparer vos voyages : près de 300 guides destinations, une centaine de dossiers pratiques et un magazine en ligne pour découvrir tous les secrets de votre destination.

✓ Enfin, comparez les offres pour organiser et réserver votre voyage au meilleur prix.

Les **Routards** *parlent aux* **Routards**

Faites-nous part de vos expériences, de vos découvertes, de vos tuyaux et de vos coups de cœur. Aidez-nous à remettre l'ouvrage à jour. Indiquez-nous les renseignements périmés. Faites profiter les autres de vos adresses nouvelles, combines géniales... On adresse un exemplaire gratuit de la prochaine édition à ceux qui nous envoient les meilleurs courriers, pour la qualité et la pertinence des informations.
Quelques conseils cependant:
– Envoyez-nous votre courrier le plus tôt possible afin que l'on puisse insérer vos tuyaux sur la prochaine édition.
– N'oubliez pas de préciser l'ouvrage que vous désirez recevoir, ainsi que votre adresse postale.
– Vérifiez que vos remarques concernent l'édition en cours et notez les pages du guide concernées par vos observations.
– Quand vous indiquez des hôtels ou des restaurants, pensez à signaler leur adresse précise et, pour les grandes villes, les moyens de transport pour y aller.
Si vous le pouvez, joignez la carte de visite de l'hôtel ou du resto décrit.
En tout état de cause, merci pour vos nombreux mails.

122, rue du Moulin-des-Prés, 75013 Paris

• *guide@routard.com* • *routard.com* •

Routard Assurance *2021*

Enrichie au fil des années par les retours des lecteurs, *Routard Assurance* est devenue une assurance voyage référence des globes-trotters. Tout est inclus : frais médicaux, assistance rapatriement, bagages, responsabilité civile... Avant votre départ, appelez *AVI* pour un conseil personnalisé. Besoin d'un médecin, d'un avis médical, d'une prise en charge dans un hôpital ? Téléchargez l'appli mobile *AVI international* pour garder le contact avec *AVI Assistance* et disposez de l'un des meilleurs réseaux médicaux à travers le monde. *AVI Assistance* est disponible 24h/24 pour une réponse en temps réel. De simples frais de santé en voyage ? Envoyez les factures à votre retour, *AVI* vous rembourse sous une semaine. *40, rue Washington, 75008 Paris. ☎ 01-44-63-51-00. • avi-international.com • Ⓜ George-V.*

Édité par Hachette Livre (58, rue Jean-Bleuzen, CS 70007, 92178 Vanves Cedex, France)
Photocomposé par Jouve (1, rue du Docteur Sauvé, 53100 Mayenne, France)
Imprimé par Lego SPA Plant (via Galileo Galilei, 11 38015 Lavis, Italie)
Achevé d'imprimer le 10/12/2020
Collection n° 13 - Édition n° 01
46/5132/8
I.S.B.N. 978-2-01-787106-4
Dépôt légal : décembre 2020

PAPIER À BASE DE FIBRES CERTIFIÉES